苏州市职业大学年鉴 2019

Suzhou Vocational University Yearbook

苏州市职业大学年鉴编纂委员会　编

古吴轩出版社
中国·苏州

图书在版编目（CIP）数据

苏州市职业大学年鉴. 2019 / 苏州市职业大学年鉴编纂委员会编. -- 苏州 : 古吴轩出版社, 2019.12
ISBN 978-7-5546-1498-3

Ⅰ. ①苏… Ⅱ. ①苏… Ⅲ. ①苏州市职业大学—2019—年鉴 Ⅳ. ①G719.285.33-54

中国版本图书馆CIP数据核字(2019)第291138号

责任编辑：周　娇
见习编辑：任佳佳　祝文秀
责任校对：李爱华
责任照排：吴　静

书　　名：苏州市职业大学年鉴（2019）
编　　者：苏州市职业大学年鉴编纂委员会
出版发行：古吴轩出版社
地址：苏州市十梓街458号　　邮编：215006
电话：0512-65233679　　传真：0512-65220750
出 版 人：钱经纬
印　　刷：苏州市大元印务有限公司
开　　本：889×1194　1/16
印　　张：26　　插页：36
版　　次：2019年12月第1版　第1次印刷
书　　号：ISBN 978-7-5546-1498-3
定　　价：150.00元

1月16日，苏州市委副书记、市长李亚平（右二），副市长曹后灵（右三）等一行莅校调研学校建设发展情况

9月14日，江苏省教育厅副厅长王成斌（左三）等一行莅校调研

11 月 8 日，苏州市委常委、秘书长俞杏楠（左二）等一行莅校调研

12 月 5 日，苏州市人大常委会原主任黄俊度（右四），苏州市委宣传部原副部长高志罡（右一）等 12 位市人大代表一行到校视察

科技创新工作暨重点建设年动员大会

3 月 30 日，学校召开科技创新工作暨重点建设年动员大会

3 月 30 日，学校成立“中国丝绸产品技术创新与应用公共服务平台”，副校长陶亦亦（右）与苏州丝绸行业协会秘书长张觉敏（左）共同为平台揭牌

3 月 30 日，学校开展“点激智慧　共话知识产权创新”科技创新服务主题沙龙活动

3 月 30 日，学校开展“点激智慧　共话社会服务创新”科技创新服务主题沙龙活动

2017 年度综合表彰暨创新创业重点建设年总结大会

3 月 9 日，学校召开 2017 综合表彰暨创新创业重点建设年总结大会

校长曹毓民宣读学校《关于公布 2017 年度综合表彰项目的决定》

校党委书记钮雪林为受表彰“特别贡献项目”颁发奖杯

校长曹毓民为受表彰“突破项目”颁发奖杯

校党委副书记、副校长刘丹，副校长熊贵营、陶亦亦为受表彰“创优项目”颁发奖杯

副校长张健、校纪委书记蔡晓平为受表彰“特色项目”颁发奖杯

副校长熊贵营做“创新创业重点建设年”工作总结报告并宣读学校《“创新创业重点建设年”表彰决定》

校长曹毓民为受表彰“创新创业重点建设年”先进单位颁发奖牌

副校长熊贵营、陶亦亦为受表彰“创新创业重点建设年”优秀单位颁发奖牌

副校长陶亦亦宣读“十佳优质示范课”获奖名单

校党委副书记、副校长刘丹，副校长陶亦亦为“十佳优质示范课”获奖人员颁发荣誉证书

校党委书记钮雪林做总结讲话

3月16日，学校召开2018年工作部署暨党风廉政建设会议

4月4日，学校召开2018年平安校园建设工作会议

5月4日，学校召开2018年学生工作暨“五四”表彰大会

6月27日，学校举行苏州市职业大学2018届毕业典礼暨优秀毕业生表彰大会

6月28日，学校召开纪念建党97周年暨第十二届"先锋论坛"总结表彰大会

7月2日，学校召开第九次工会会员代表大会暨第七届教职工代表大会

7月4日，学校召开2018年改革发展研讨会

9月10日，学校召开2018年教师节庆祝大会

10月7日，学校参与举办第二届枫桥夜泊文化节“诗泊枫桥”诗词大会

10月16日，学校举行2018级国际学生开学典礼

11月14日，学校举行与苏州市相城区人民政府校地全面合作签约仪式

11 月 21 日，学校举行张继馨艺术奖学金捐赠仪式暨吴门花鸟画艺术研究院落成仪式

12 月 14 日，学校召开 2018 年度党组织书记述党建、思政及意识形态、党风廉政建设工作汇报会

1 月 12 日，学校举行与友达光电（苏州）有限公司“现代学徒制”校企合作签约仪式暨第三届“友达班”开班典礼

3月12日，学校召开国家级教学成果奖申报成果鉴定会

4 月 14—15 日，学校举行 2018 年职业教育智能制造专业教学资源库共建共享联盟大会

4 月 20 日，学校举行兼职教授受聘仪式暨师生交流会

4月21日，由江苏省美术家协会、苏州市职业大学、苏州日报报业集团联合主办，苏州市美术家协会、古吴轩出版社和在苏各高职院校共同协办的“梅花三弄：诗画乐”——大学生素质教育活动周在学校图书馆开幕

5月23日，湖南省产教融合调研组到校考察

6 月 8 日，学校举行与苏州市安全技术防范行业协会共建苏州市职业大学安防学院签约仪式

6 月 29 日，学校举行江苏省中华成语研究会教学科研实践基地揭牌仪式

6 月 29 日，学校举行与中国移动通信集团江苏有限公司苏州分公司共建移动学院签约仪式

8月15日，学校举行与中国联合网络通信有限公司苏州分公司校企合作签约仪式

9月12日，学校举行与阿里巴巴跨境电商人才培养合作高校揭牌仪式暨表彰大会

10月24日，学校举行与科大讯飞股份有限公司战略合作签约暨智能应用技术学院揭牌仪式

10 月 31 日，江苏省教育厅专家组到校开展现代职教体系建设专题调研

11 月 29 日，学校召开适应高质量发展要求优化整合高职教育资源苏州市调研专题座谈会

11 月 29 日至 12 月 2 日，学校召开 2018 年职业教育智能控制技术专业教学资源库建设工作会暨共建共享联盟年会

12 月 11 日，上海高职高专经济类专业教学指导委员会一行到校交流

1月4日，江西现代职业技术学院一行到校交流

4月12日，南通职业大学一行到校交流

5月10日，湖南汽车工程职业学院党委副书记、校长罗先进等一行到校考察交流

5月16日，杭州科技职业技术学院一行到校参观交流

5月29日，广东省中山市科协副主席沈小龙（主持工作）等一行到校调研考察

9月21日，陕西交通职业技术学院一行到校交流

9 月 26 日，澳门科技大学基金会顾问吴晓宁博士、研究生院高级培训中心项目总监周瑞敏等一行到校考察交流

11 月 12 日，中山开放大学一行到校交流

11 月 14 日，镇江高等专科学校党委书记林枫、副书记王桂龙等一行到校考察交流

11 月 19 日，南京金星职业技术学院一行到校交流

11 月 25 日，茂名开放大学党委书记、校长董艳清等一行到校考察交流

12 月 6 日，苏州幼儿师范高等专科学校校长杨建良，副校长吕红、陶华山等一行到校交流

6月5日，学校和澳大利亚维多利亚省政府、澳大利亚启思蒙学院、苏州国际教育园管理办公室联合主办“《悉尼协议》范式下中澳合作工程专业建设论坛”

8月25日，马尔代夫共和国马累市青年代表团在中马文化交流协会副主席 Ali Waheed 的带领下到校访问交流

9月13日，刚果（布）黑角市政府代表团到校访问交流

9月25日，南非高教部工业与制造业培训署代表团到校访问交流

10月8日，澳大利亚维多利亚州立大学和坎根学院师生到校参加吴文化体验营

10月25日，西班牙阿利坎特市政府代表团到校访问

1月3日，苏州科技大学温波教授到校做“人文社会科学研究中的几个重要问题”的学术讲座

4月19日，南京林业大学郑琰燚副编审到校做“营建作者与学术期刊编辑交流的良好氛围”的学术讲座

5月9日，苏州市政府研究室副主任毛文元等一行到校调研科学研究现状及未来合作

7月3日，学校召开苏州丝绸创新与应用研讨会

10 月 17 日，学校召开苏州市人工智能学会人工智能教育专业委员会成立大会

10 月 26 日，学校举办“共同体视野下地方高校学报地域文化栏目建设”研讨会

10 月 31 日，瑞士科学工程院院士、IEEE Fellow、瑞士洛桑联邦理工学院 EPFL 教授 Adrian M. Ionescu 到校做《可穿戴设备及传感器》的学术报告

11 月 15 日，苏州市社科联主席刘伯高、副主席王明国等一行到校调研苏州石湖智库建设工作

12 月 28 日，学校举行苏州石湖智库首批特约研究员聘任仪式

校园阅读节

5 月 9 日，“午间‘识’堂”亲子阅读专场

5 月 23 日，“悦读最美丽”手绘大赛

6 月 1 日，“阅读非遗——文化之旅”——走进吴文化园，感受吴地文化魅力

10 月 17 日，苏州市职业大学首届 3D 打印大赛决赛

10 月 17 日，“阅读非遗——文化之旅”——走进苏州丝绸博物馆

11 月 9 日，江苏省高职院校第一届（2018）大学生文献信息检索技能大赛决赛

11 月 14 日，“Readers 来挑战”馆藏利用大赛

12 月 12 日，阅读成就美好人生——宸冰老师苏州专场演讲

12 月 20 日，“悦读在石湖”——知名作家张嘉佳新书校园分享会

“砥砺奋进新时代　聚力改革铸辉煌”——纪念改革开放 40 周年文艺汇演

“见·证”——纪念改革开放 40 周年摄影作品展

“相聚职大　炫动青春”——2018 新生才艺大赛

2018 级新生军训成果汇报会

2018 年集体项目体育竞赛

2018 年田径运动会

5月19日，江苏省大学生核心就业能力培训在学校开班

9月19日，江苏省教育厅专项督查组莅校督查就业创业工作

喜迎 2018 级新生

校园招聘会

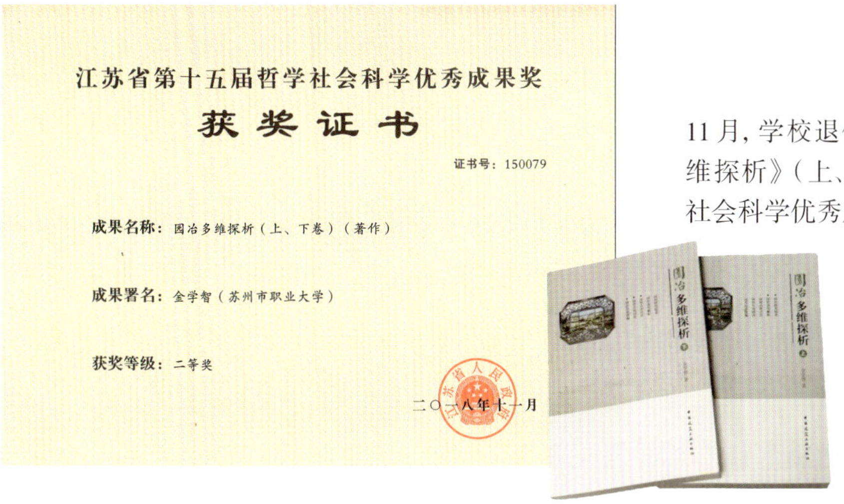

11月，学校退休教授金学智的著作《园冶多维探析》（上、下卷）获江苏省第十五届哲学社会科学优秀成果二等奖

5月，学校代表队获2018年全国职业院校技能大赛（高职组）“光伏电子工程的设计与实施”赛项团体二等奖

5月，学校代表队获2018全国职业院校技能大赛（高职组）“虚拟现实（VR）设计与制作”赛项二等奖

5月，学校代表队获2018年全国职业院校技能大赛（高职组）“智能电梯装调与维护”赛项团体二等奖

8月，学校参赛作品分获“挑战杯——彩虹人生”2018全国职业学校创新创效创业大赛一等奖、三等奖

6月，学校获全国工业和信息化职业教育教学指导委员会教学成果奖二等奖

9月，学校发明创新成果《基于GIS的气体安全监测预警系统》获第十届国际发明展览会暨第三届世界发明创新论坛“发明创业·项目奖”金奖

11月，《苏州市职业大学学报》入选“2018年度中国高校优秀科技期刊”

12月，学校图书馆入选中国图书馆学会“2017年全民阅读先进单位”名单

4月，学校师生分获第二届 ETTBL 全国商务英语翻译大赛总决赛专科组口译二等奖、笔译三等奖

5月，学校参赛队分获第五届全国高校物联网应用创新大赛总决赛挑战赛二等奖2项、命题赛三等奖1项

5月，学校师生获全国高校商业精英挑战赛经贸会展总决赛一等奖

5月，学校学生分获第九届“蓝桥杯”全国软件和信息技术专业人才大赛全国总决赛二等奖、优秀奖

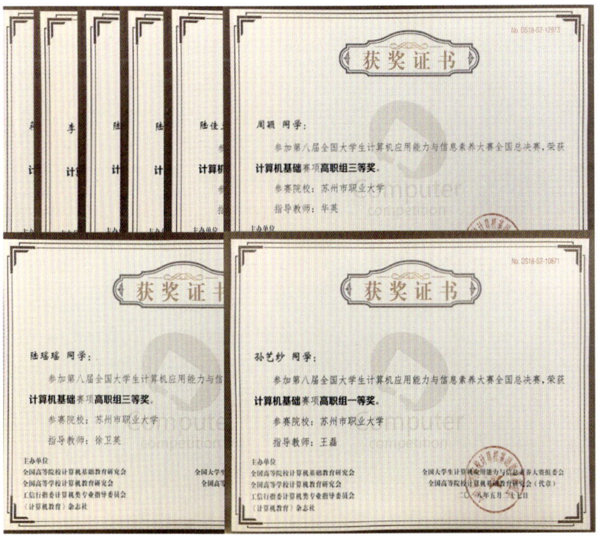

5月，学校学生在第八届全国大学生计算机应用能力与信息素养大赛中再获佳绩

5月，学校学生获"盼盼食品杯"第八届全国职业技术院校在校生创意西点技术大赛二等奖

5月，学校学生分获"慧文杯"第八届全国商务秘书职业技能大赛专科组团体一等奖、本科组团体二等奖

6月，学校啦啦操队获"瑞升杯"2017—2018年全国啦啦操联赛（南通站）青年组技巧1~2级自选动作混合冠军

7月，学校参赛队获2018年第八届全国大学生机械创新设计大赛决赛一等奖

8月，学校参赛队获2018中国汽车工程学会巴哈大赛（襄阳站）三等奖

10月，学校学生获2018年第三届全国高职高专人力资源管理技能大赛总决赛团体特等奖

11月，学校学生获第七届全国高等职业院校日语技能大赛个人赛二等奖

11月，学校学生获2018年全国高职院校财税技能大赛全国总决赛三等奖

12月，学校学生获第九届“外研社杯”全国高职高专英语写作大赛总决赛专业组二等奖

苏州市职业大学教学校区平面图

干将路校区

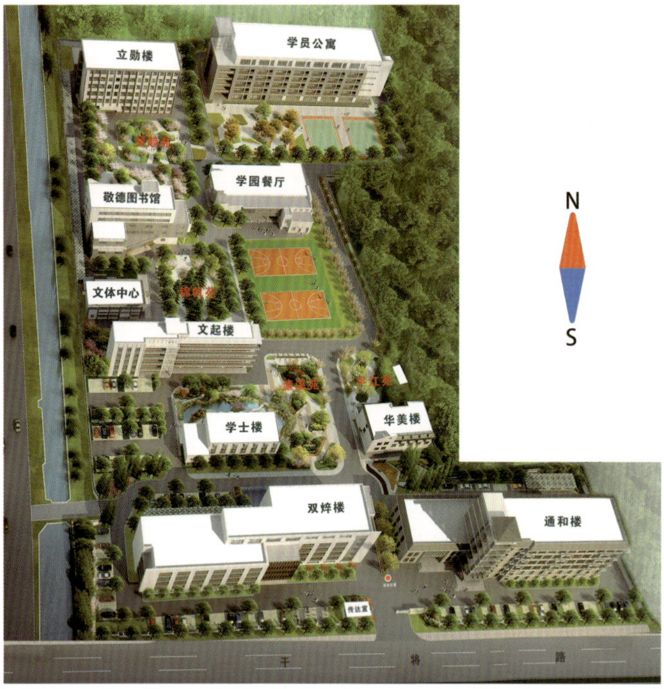

越溪校区

苏州市职业大学机构沿革示意图（1911—2018）

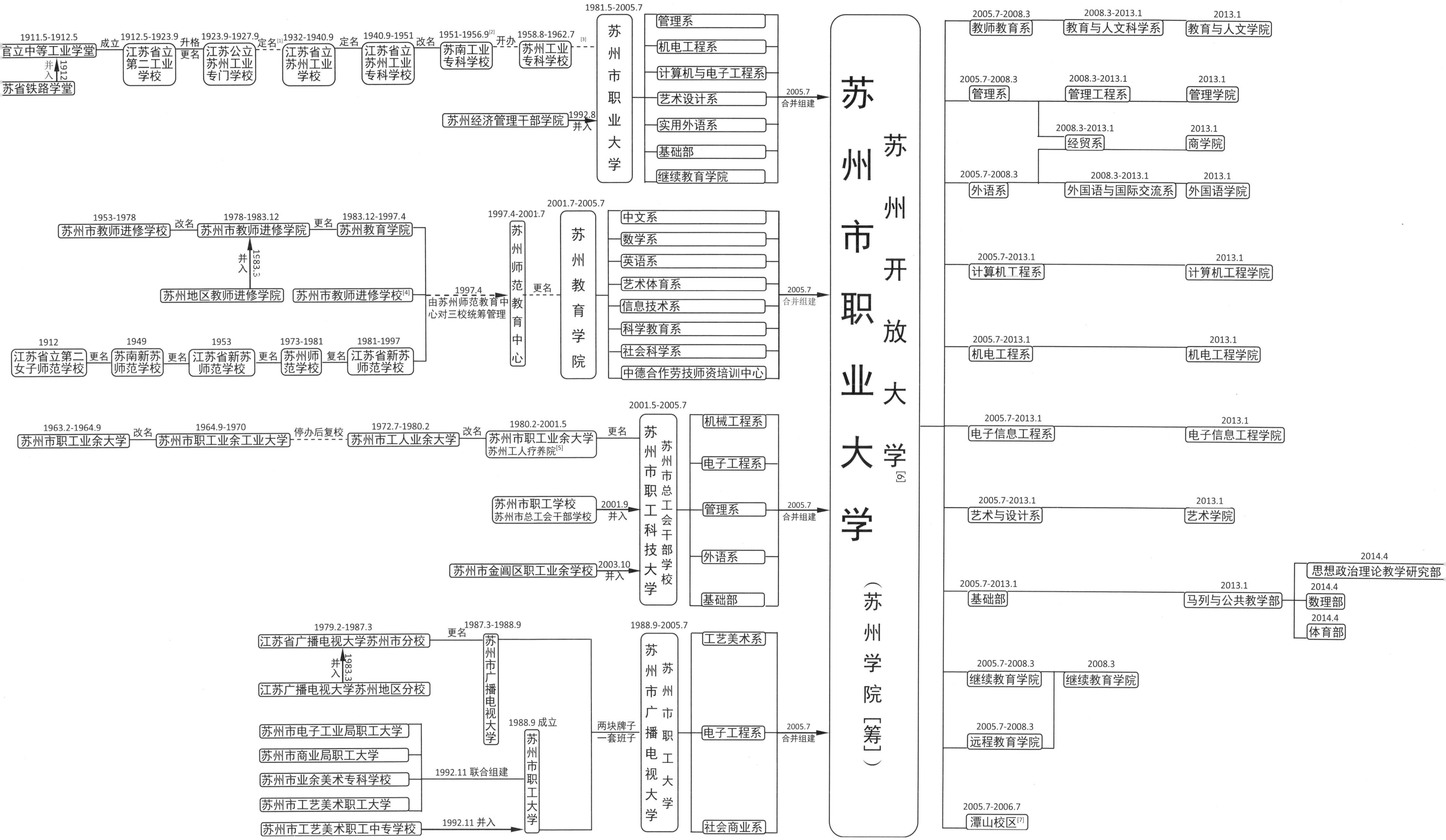

注：[1] 1927年9月，苏工各科与东南大学等9所高校合并组成国立第四中山大学，高中班（预科）并入苏州中学，甲种班、职业班停办一年后于苏工原址开办中山大学工学院附设苏州职业学校；1932年改归江苏省办后定名“江苏省立苏州工业学校”。（苏州工专八十周年纪念刊）

[2] 1951年，改名“苏南工业专科学校”；后历经全国高等学校布局调整，学校于1956年9月停办。（苏州工专八十周年纪念刊）

[3] 1979年9月，苏州市工业专科学校筹备处成立；1981年5月，与苏州市职业大学合并，实行两块牌子一个机构，工专学生结业后，工专筹备处即行撤销。（苏宣发〔1979〕29号）、苏府发〔1981〕60号）

[4] 1984年4月重建，2001年8月撤销建制。（《苏州市志》第三册第四十四卷、苏教人〔2001〕33号）

[5] 2000年7月，苏州市职工业余大学与苏州工人疗养院实施“两块牌子，一套班子”。（苏工〔2000〕第43号）

[6] 2014年11月、12月，苏州市职业大学副牌“苏州市广播电视大学”更名为“苏州开放大学”。（苏办抄〔2014〕字第6号、苏编发〔2014〕16号）

[7] 2006年7月，撤销濂山校区。（苏职大委〔2006〕57号）

苏州市职业大学年鉴
编纂委员会

目　录

第一章　学校概况

第二章　会议文献

第三章　要闻特辑

第四章　专题活动

第五章　组织机构与人员

第六章　师资队伍

第七章　院（部）简介

第八章　教育教学

第九章　学术科研

第十章　国际交流与合作

第十一章　校园文体活动

第十二章　团学教育与学生管理

第十三章　表彰与奖励

第十四章　大事记

第十五章　附　录

SUZHOU VOCATIONAL UNIVERSITY

第一章 学校概况

学校简介

苏州市职业大学是经江苏省人民政府批准、教育部备案，由苏州市人民政府主办的全日制普通高等专科学校，前身为创办于1911年的苏州工业专科学校。自1981年成立以来，秉承“勤、勇、忠、信”的校训，赢得了显著的社会声誉，成为区域品牌院校。学校牢牢把握社会主义办学方向，紧紧抓住立德树人、成就师生根本任务，积极推进教育供给侧结构性改革，加强整体规划，坚持质量为先，坚定精准发展，大力培养“高品德、高技能、高适应”的人才队伍，实现学校发展与地方经济社会协同创新、融合共赢，努力建设全国一流品质院校，并积极实现应用型本科高校的办学目标。

学校现有石湖、干将路、潭山和吏舍弄四个校区，占地面积1262亩，校舍建筑面积49万余平方米，馆藏纸质图书161.67万册，教学科研仪器设备总值3.27亿元。设有12个学院（部），现有涵盖理工、文史、艺术、师范、体育等科类专业共56个，普通全日制在校生1.3万余名。专任教师793名，其中正高职称64名，副高以上职称354名，具有硕士以上学位的教师占专任教师的77.78%；有江苏省突出贡献中青年专家1人，省“六大人才高峰”培养对象3人，省“333高层次人才培养工程”培养对象19人，省高校“青蓝工程”培养对象36人，省级“教学名师”1人，省级优秀教学团队2个，省级科技创新团队2个。

学校以培养高素质技术技能型和应用型人才为己任，围绕地方产业发展重点和社会对紧缺人才的需求，深入推进教育教学改革，打造人才培养特色。现有教育部重点专业和教改试点专业3个，省“十二五”高等学校重点专业群3个，省级品牌特色专业9个，省高校品牌专业建设工程一期A类项目1个，省高水平骨干专业3个。省级精品（优秀）课程8门次，省级优秀课程群1个，省高等学校精品教材9部，省重点教材7部，教师主参编各类教材300余部。学校建有集教学、培训、服务于一体的校内综合实训基地93个，其中教育部职业教育实训基地建设项目1个，省级实训基地4个；与苏州市吴中区人民政府、苏州市相城区人民政府、苏州市质量监督局等政府部门签订全面合作战略合作协议，全方位、全领域、全过程推进校地深度合作，全面深化产教融合、校地合作。牵头成立苏州市现代装备制造职业教育集团、苏州市现代光电职业教育集团，与阿里巴巴（中国）网络科技有限公司、科大讯飞股份有限公司等著名企业实现了校企深度合作，建有企业（行业）学院16个，校外实训基地369个。

学校致力技术技能的积累与服务，坚持将科技创新与培养造就创新型科技人才紧密结合，坚持知识创新、技术创新与成果转化、社会服务协同推进。学校建有3个省级工程中心、5个省级研究所（基地），8个市级重点实验室（平台）。近五年来，承担各级各类科研项目850项，其中承担或合作承担国家自然科学基金项目10项、省部级项目21项；获省市两级科研成果奖101项，其中省部级科学技术进步奖1项，获省哲学社会科学优秀成果奖3项，市厅级科技进步奖3项，授权发明专利370项。学校积极服务地方经济社会发展，建设吴文化研究院、石湖智库等研究院所，在多个领域为地方经济建设、政府决策和行业企业发展提供决策咨询并承担课题研究，为吴地文化传承保护、丝绸工艺传承与创新、苏州古城墙恢复重建、城市旅游竞争力评价、模具特色小镇创新发展等做出了重要贡献。

学校注重国际合作与交流，主动融入国家教育对外开放和江苏经济国际化战略，积极为“一带一路”沿线国家经济社会发展提供人才培养支持。学校围绕地方产业发展和人才需求，积极引进境外优质资源，先后与加拿大乔治布朗学院、新西兰国立理工大学、澳大利亚启思蒙学院、澳大利亚坎根学院、德国北黑森州职业技术学院、英国博尔顿大学、新加坡沙顿商学院、日本金成学院、新西兰奥塔哥理工学院等国外高校在共建专业、课程合作、教师交流、学生交换、学分互认等方面开展了有效合作。学校与澳大利亚启思蒙学院合作举办的机电一体化专业项目、会计与审计专业项目，被江苏省教育厅确定为中外合作办学高水平示范性建设工程培育点。“先进制造技术国际化人才培养项目”入选《江苏外国留学生优才计划高技能人才项目》。

学校先后荣获江苏省文明单位、首批江苏省文明校园、首批江苏省平安校园建设示范高校、江苏省职业教育先进单位、江苏省科技工作先进高校、江苏省模范教工之家、江苏省高校毕业生就业工作先进集体、江苏省高校档案工作先进集体、苏州市职业教育服务经济转型升级先进学校等称号。在高职高专人才培养水平评估中获得优秀，是首批苏州市高技能人才培养示范基地和服务外包人才培养培训基地。

（2018年）

SUZHOU VOCATIONAL UNIVERSITY

第二章　会议文献

工作要点

苏州市职业大学2018年度工作要点

2018年学校工作的总体思路：深入贯彻党的十九大精神，以习近平新时代中国特色社会主义思想为指导，认真执行省委、市委重大决策部署，全面落实党的教育方针，坚持立德树人、成就师生的根本任务，坚持质量为先、精准发展的战略举措，坚持全面履行从严治党的“两个责任”，突出抓关键、求突破，补短板、强弱项，扎实实施“科技创新重点建设年”工程，进一步构建办学特色和优势，积极推进升本进程，努力推动学校进入内涵式高质量发展新时代，加快“全国一流品质院校”建设步伐。

一、深入学习贯彻习近平新时代中国特色社会主义思想，强化全面从严管党治党

1. 以习近平新时代中国特色社会主义思想开启学校内涵式高质量发展新征程。将持续深入学习习近平新时代中国特色社会主义思想和党的十九大精神作为首要政治任务，贯穿到办学治校的全过程和各方面，着力抓好内涵质量指标体系建设和责任落实工作，加快内涵式高质量发展步伐，提升学校发展的核心竞争力。持续推进“两学一做”学习教育常态化制度化，制订党委中心组学习计划，全年中心组集中学习12次以上，深入学习新思想、新政策、新要求，推动广大党员原原本本学、全面系统学、持续深入学，实现师生全覆盖。开展好“不忘初心、牢记使命”主题教育，组织好改革开放40周年系列宣传纪念活动。

2. 加强党对学校工作的全面领导。坚持党委领导下的校长负责制，完善“三重一大”决策制度，不断推进党务、校务信息公开。加强工作的统筹规划、整体推进，抓好学校党委深化改革创新领导小组、学校发展规划委员会确定的22项任务落到实处。强化党建工作主体责任的落实，建立年初签订党建工作责任书、年终进行述职考核的长效机制。做优做强“党建+特色工作”品牌，办好第十二、十三届“先锋论坛”，启动与吴门桥街道党工委开展党建合作共建活动，深化“苏州市光电缆产教融合党建联盟”工作，推动政商企校党建融合创新再上新台阶。实施“领航者”工程，创建基层党组织书记工作室、推进书记项目，增强党建对教学、科研、管理等工作的引领推动作用，使“一名党员、一面旗帜、一个项目”党员树标杆活动取得实效。持续开展“优秀党日活动”评选，培育教师党支部书记“双带头人”，把好党员发展质量关，进一步提升基层党组织的工作水平。今年计划举办中层干部专题培训2次、党务干部培训3次。

3. 强化思想政治和意识形态工作。将社会主义核心价值观教育融入教育教学全过程，开展“一月一主题一项目”活动，广泛传播“四个自信”。制订思政工作质量提升工作方案，推进思政工作“三结合”实践和研究，召开思政工作年会，建立党总支书记年度思政工作述职常态化机制。落实党委意识形态工作责任制，加强意识形态有形阵地和网络阵地建设管理。打造特色主题活动，以开放的视野深化思政课教育教学改革，推进“走基层、看变化、改教法”活动，将“思政课程”和“课程思政”相融合，所有课程的老师都要做到既教学、又育人。完成人文长廊和党建、思政、廉洁文化宣传长廊等项目建设。充分利用校内宣传平台、新媒体，多渠道、新形式向师生传播正能量。加大对外宣传的整体谋划力度，展示学校改革发展成果，扩大学校影响力。

4. 提升干部队伍建设管理水平。坚持德才兼备、以德为先的用人标准，加大对年轻干部的选拔培养力度，注重从教学、科研一线选用年轻干部，同时用好各年龄段干部，切实改善学校干部梯队结构。不断提高各级领导班子和干部队伍适应新时代新要求的能力水平，勇于开拓、敢于担当，创新争先、创优争光，增强凝聚力、执行力和战斗力，积极营造只争朝夕、大力进取、追求质量的发展氛围。坚持从严管理监督党员和干部，加强理想信念、宗旨观念教育，切实增强各级干部讲党性、懂规矩、守纪律的自觉性，努力构建风清气正的政治生态。

5. 加大党风廉政建设力度。进一步厘清校院两级领导班子、第一责任人、班子分管领导等责任主体，明确主体责任与监督责任的内涵与边界，积极推进权力的规范运行，推动党风廉政建设抓常抓细

抓长，确保“两个责任”“一岗双责”落到实处。细化量化党风廉政责任制考核，建立分级分类、逐级传导责任机制，做好全面从严治党“两个责任”履责记实信息平台数据填报工作。认真执行省、市委关于贯彻落实《中央八项规定实施细则》的具体要求，紧盯“四风”问题新动向，严肃查处顶风违纪行为。坚持问题导向，抓住重点领域和关键环节进行专项整治，精心组织实施校内巡察工作，推进离任、任中、专项审计，加强廉洁风险防控。深化运用监督执纪“四种形态”，强化警示教育，抓早抓小、防微杜渐。建设学校吴文化园廉洁文化教育基地，创新党风廉政教育新机制。

二、加强内涵质量建设，提升学校核心竞争力

6.建立内涵质量指标考核体系。根据内涵式高质量发展的新要求，建立学校8个一级指标、60个二级指标、100个三级指标的内涵质量指标体系，制订出2018—2020年三年一个周期的各年度目标任务，并形成若干个专项行动计划，有力推进建设“全国一流品质院校”，并为升本奠定坚实基础。学校与各部门、学院（部）签订年度内涵质量指标责任书，量化指标、明确责任、强化考核，推动各项任务按时保质完成。贯彻“按劳分配、优劳优酬，效率优先、兼顾公平”原则，从整体上改革完善校内绩效分配制度，推动形成“比学赶超”的浓郁氛围，人人为学校发展尽全力、多贡献。

7.深化以质量为核心的教育教学改革。坚持以学生为中心，把握面向市场、服务地方、促进就业的办学方向，注重德技并修、工学结合，培养“高品德、高技能、高适应”的人才。推动职业教育融合发展，实行校企共同开展现代学徒制、订单培养、定向培养、冠名班等人才培养试点。建好学校创新创业学院，推进创新创业教育全方位深层次融入人才培养全过程。加强教学团队建设，形成一批优秀的专业集群、专业和课程团队。积极培育教学成果，争取在国家级奖项上有所突破。加强网络教学资源和在线课程建设，争取在国家资源库建设上有新突破。强化课程体系和教学内容改革，深化学分制改革和分类分层教学；进一步完善质量诊断与评估机制，深入开展“一周一优课”和“十佳优质示范课”评选活动，着力改善课堂教学质量，提高教师教书育人水平；以“科学布局、分类建设、重点引领、共建共享”为导向，集中优势力量建设一批优秀教材，打造一批校级以上重点教材。推进线上线下教学改革，提高教师信息化教学水平。做好学校教育现代化监测工作。

8.促进专业集群对接产业链建设。以专业集群、品牌专业、高水平骨干专业建设为抓手，优化专业结构，强化专业特色，加强专业协同和跨界整合，提升专业竞争力和发展能力。高质量建设省级品牌专业和高水平骨干专业，重点推动综合优势明显、整体实力较强的专业集群建设。主动对接苏州产业发展转型升级需求，打造“先进制造技术”“智能控制技术”“电子信息技术”“软件网络技术”四个优势专业集群，扶持“财会金融”“商务管理”两个专业集群，培育“文化旅游”“国际贸易”两个专业集群和区域特色产业专业，逐步形成“4+2+2”专业集群结构。坚持人才链、产业链、创新链相结合，促进各专业集群的教学、师资、实训和科技创新平台等资源融合共享。

9.加速提升师资队伍能力素质。认真贯彻中共中央、国务院关于《全面深化新时代教师队伍建设改革的意见》，着力加强师德师风和专业能力素质建设。坚持“外引+内培”相结合，持续增强高层次人才队伍，今年计划组织3~4场高层次人才专场招聘会，引进一批急需的高层次人才。鼓励教师积极申报省“333高层次人才培养工程”、省高校“六大人才高峰”、省高校“青蓝工程”、省“教学名师”等各类省级项目，新增省级高层次人才2~3名、省级优秀教学团队1个，选派1~2名优秀青年骨干赴境外开展专业研修。构建教师分层培养机制，抓好“双师型”基地建设，加强“双师型”教师队伍实质性指标的考核，并与发展通道挂钩。实施“博士工程”，落实“名师带徒”工作制和“青蓝工程”培养对象的中期考核。细化明确教师岗位职责任务，做好教师提升专技职务的组织服务工作；筹建学科评议组和评委会两个专家库，为职称评审权下放做好准备。推行师德考核负面清单制度，探索建立干部和教师个人诚信记录信息平台。

三、实施科技创新重点建设年工程，全力服务地方经济发展

10.大力营造科技创新的良好政策环境。召开学校科技工作暨科技创新重点建设年动员大会，认真落实省、市政府和有关部门的科技创新政策，立足放宽放活，激发科研动力，释放创新活力。完善纵向协同机制，明确学校为责任主体、学院（部）为组织主体、科研团队为执行主体的责任分级格局；强化横向协同机制，面向企业、行业、社会寻找科研资源，加强横向合作，优化横向项目和课题管理，赋予一线科研人员更大的自主权。增加科研投入，加大对有实绩贡献科研人员的激励力度。探索对开展科技预研及社会服务等非显性工作的柔性认定机制，构建科技创新服务平台运行管理与考核奖励的协同机制，发挥科研奖励和绩效奖励的杠杆导向作用。进一步完善学术治理体系，建立科学公正的学术评价和学术发展制度。

11. 着力加强科技创新团队和平台建设。建立新型协同创新机制，推动学校与地方政府、行业、企业、科研机构、众创空间等创新主体协同，人才、技术、资金等方面的联合协同，新建一批科技创新团队、协同创新中心和科技服务平台，争创若干个国家级、省级平台。深度挖掘学校科研潜力，以苏州打造先进制造业基地和产业科技创新高地为引领，加快构建能为苏州创新驱动发展提供有效服务的科技平台体系。做好“苏州石湖智库”的建设和运作工作，力争早出成果，为苏州发展献计献策。

12. 积极拓展重点科技项目研究。全年落实科研经费500万元，面向中小企业或与大型企业配套开展实用性紧缺技术研究的合作，在智能制造、人工智能、信息网络、丝绸技术、吴文化传承、财税金融等领域排出一批重点项目，进行重点攻关，努力打造一批能够形成规模和聚集效应的校企合作科技创新项目，培育出一批高水平的创新团队和高质量的科研成果，力争今年完成市级及以上重大科研奖项不少于10项。

13. 全力推进高价值科技成果转移转化。积极响应苏州建设“四个名城”的发展战略，重点推进高新技术产业导航专利的创新创造研究，新增授权各类专利150项以上，其中发明专利70项。加强技术转移和成果转化的组织协调和服务推进工作，建设学校科技创新与技术转移服务中心，统筹科技信息对接、科技成果管理、技术转移转化、法律咨询服务等工作，初步形成市场化的科技成果转移转化机制，今年力争转移转化各类专利20项以上。以“太湖众创”为平台，扩建创客空间，培育和引进优质项目，促进校内科技成果、人才和优质项目相结合。

四、充分发掘校地合作潜力，开创深度开放融合新局面

14. 推动产教融合、校企合作新发展。进一步深化与已签约的地方政府、部门的深度合作，积极拓展与高新区、吴江区等地方政府和市有关部门的融合发展。推进行业、企业学院（大学）建设，提升实质性合作内涵，追求高质量发展，新建企业学院3家以上。创建一批共享型产教深度融合实训实践平台，推行跨专业跨学院合作，进一步拓展校企合作空间。深化校地合作机制建设，推进重点合作项目化管理，建立健全校企合作补偿性机制和激励性政策，完善有利于促进学生全面发展的育人模式和环境，推进课程与岗位、课堂与车间、实习与就业、老师与师傅对接，实现“做中学、学中做”。推动职教集团和校企合作示范组合项目建设，加强“苏州市现代光电职业教育集团”内涵提升，“苏州市现代装备制造职业教育集团”争取成为苏州市优秀职教集团。上半年完成电梯实训中心建设，着手筹建电梯智能制造研究院，争取省级电梯人才培养、考核基地落户学校。

15. 开展校地协同、资源共享新探索。进一步解放思想，积极探索，努力形成校地资源高度双向开放、深度合作共享的局面。深入挖掘全校优势，主动对接地方资源，逐批排出合作项目，以项目化进行对接、合作。探索学校实验室、实训中心、研发平台等面向中小企业、校企合作企业、太湖众创孵化企业的开放利用；推动校内学院之间资源的共享互用，实现协同发展；发挥好学校四个校区的区位和资源优势，加大政府和社会资源的引入利用力度，积极引进研究机构、政府背景智库，合建校中厂、校内车间等，力求产生良好的经济和社会效益。同时要研究建立资源开放共享的政策制度，确保顺利实施。

16. 抓好继续教育、社会培训新拓展。加快继续教育的布局调整，开拓社会教育发展空间，逐步完成成人学历教育从专科到本科、从职大成教到开放教育，从校内学生到社会生源的结构性调整，使招生人数和范围、人才培养方案、对接本科高校类别等多方面指标更趋合理，更有利于提升学校服务社会能力。发挥好市“苏州市社会教育服务指导中心”和“苏州市社会教育培训与研究基地”的作用，形成社区教育的“苏州品牌”推广计划，争取贵州铜仁教育合作项目落户苏州开放大学，实现首个跨省教育结对帮扶合作项目。以原有合作项目为纽带，实现培训项目的拓展和延伸，通过与民政、教育等部门的合作为契机，启动培训师资库建设计划，增强培训的核心竞争力，将培养服务对象从本市单位向外省拓展，争取承办四川遂宁等地区相关培训项目，形成学校社会培训的特色化项目。

17. 扩大对外交流、国际合作新领域。以“江苏外国留学生优才计划高技能人才项目”为依托，办好国际学院，做好多个国家的优质学历生的培养工作，加入国家“澜湄合作”行动，完成首批南非国际生录取工作。以政府奖学金为平台，做强澳洲短期游学项目。推动海外培训多元化，输入输出相促进，实现语言教师培训、专业教师培训、国际证书培训“三结合”格局，完成学校第一阶段的海外教学部署和实施工作，扎实做好中外合作办学高水平示范性建设工程项目。提升外事接待能力，下好政校合作棋，利用好坎根学院合作渠道，拓展与澳大利亚省级、国家级教育行政部门的合作，力争将学校确定为澳方省级游学基地。筹建国际应用技术交流中心，推动国际化办学上新台阶。

五、改善办学条件，强化保障能力

18. 提高经费保障能力与使用效能。加快构建办学经费来源政府、学校、社会的“三元结构”，扩大社会资金利用份额。加强经费预算、经费收支、物资采购、国有资产管理、经济合同签订等方面的内部控制，加强事中事后监管，强化项目绩效评价，推进内部审计监督，形成多位一体的监管体系。强化财务预算控制和执行进程，规范使用好科研经费，严格“三公”经费的使用和管理，严肃财经纪律。

19. 优化教学服务功能。以服务学生需求为导向，完成一站式学生事务与发展中心、抗挫折教育体验馆建设。抓紧推进智能制造共享创新服务平台、智慧工厂生产实训平台、VR虚拟现实实训室等14个重大建设项目、5个实事工程项目建设，力争如期按质完成。实施大学生生活区、校园菜鸟驿站、部分消防设施更新改造工程，推行校园垃圾分类全覆盖，建成教师服务中心。积极参加全国高职高专学报办刊质量评估工作，以特色栏目建设为引领，创建全省领先、全国一流品质高职学报，进一步扩大学报的学术影响力。做好省五星级档案馆的复评工作，并确保顺利通过。

20. 增强校园信息化服务能力。稳步推进智慧校园建设，打造可持续的高校数据生态。依托网上办事服务大厅平台，打通跨部门的业务流程，构建涉及人事、资产、智慧后勤等业务域的一站式服务应用。加强教育大数据探索和信息化数据常态化收集工作，完善学校主数据平台，力争完成图书、教务等业务域的数据整合。利用主数据平台，强化基于基础数据分析和行为数据分析的数据应用服务，提高辅助决策水平。做好数据治理规划，对数据的获取、处理、使用进行监管，推动数据工作的可持续发展。完成部分多媒体教室和实验实训室的改造，实现对改造后的多媒体教室和实验实训室的统一管理，完成与教务系统、实验实训系统集成。加强信息安全工作，完成容灾机房建设。提升改造图书馆信息化功能，更好服务学校师生员工和教学、科研工作。

六、推进依法治校，促进学校和谐稳定发展

21. 严格依法治教、依法治校。认真执行教育方面的法律法规和学校章程，不断健全依法治理的规章制度，完善决策体系和监督机制。涉及师生利益的决策，要注重听取教授专家、师生员工的意见、建议，确保决策科学、公正、合理。加强董事会、基金会、校友会工作，召开新一届工代会、教代会，发挥民主决策、民主监督作用。积极搭建社会参与学校管理的途径，形成多元参与的教育治理格局。开展法治文化建设，深化普法宣传教育。

22. 统筹做好学校“放管服”改革。加强对学校“放管服”改革的组织领导，建立校院联动、各方协同的改革推进机制，实行管理重心下移、管理流程再造、服务流程优化，激发学校和二级学院的办学活力。各部门、学院（部）要对岗位职责进行梳理，明确权力边界，理清交叉职能，确定权力清单，推动管理部门向学院（部）、学院（部）向系（教研室）逐级放权，有序推进。坚持放权与监管同步，学校管理部门要强化规划统筹、质量管控、督查考核、监督执纪工作。要加强学校与学院（部）服务型组织建设，主动服务、跟踪服务、深入服务，为老师教学科研、学生成长成才提供优质高效便捷的各类服务。

23. 加快“成就学生”步伐。加强制度建设，修订辅导员、班主任队伍建设管理规定和学生工作考评办法。提升志愿者队伍建设和服务水平，推进辅导员微课堂和辅导员工作室平台建设，加强阳光体育活动，提高学生身体素质。深化学生心理问题高危人群预警和危机反应机制建设。推进分片负责的招生工作责任制建设，落实生源基地，构建立体全覆盖的招生宣传网络。利用校企合作平台，推行精准就业服务，实现就业与招生、人才培养联动，提高就业质量。实施资助育人质量提升建设，建立“四位一体”发展型精准资助体系。做好国家和省级职业院校技能大赛、第四届全国“互联网+”“挑战杯”“创青春”，江苏省大学生职业规划大赛等赛

事，力争突破获奖层次。

24. 建设更好的校风学风。推动建立标准化、高效化的工作机制，雷厉风行干工作，担当责任创大业。弘扬“勤勇忠信”校训，加强励志教育、诚信教育和社会责任感教育。建设师德高尚、业务精湛的教师队伍，选树先进典型，发挥榜样示范作用。开展“一院一品”学风建设活动，注重校园文化传承和内核文化建设，推进学校质量文化发展。充分发挥共青团和社团的作用，广泛开展“与信仰对话”“我的青春故事报告会”等品牌活动，深化实施“青年马克思主义者培养工程”，创新青年思想引领方式。

25. 打造文明和谐发展新格局。持续开展文明美丽校园提升三年行动计划，创建新一轮省、市文明校园，深化学校精神文明建设。加强统战工作，坚持民主党派人士“双月座谈会”制度，成立“侨之家”为侨服务工作站。广泛开展教职工喜闻乐见的各类活动，推进“模范教工之家”示范建设，做好困难教职工的关怀和补助工作。加强离退休老同志的服务工作，推进两级关工委常态化建设及巩固提高。推动平安校园建设上新台阶，组织开展国防教育系列活动，完善保密和信访工作机制，开通“平安苏职大”微信公众平台，建设智慧安防体系，消除不安全因素，为学校改革发展创造良好的安全稳定环境。

中共苏州市职业大学委员会
苏州市职业大学
2018年3月9日

工作总结

苏州市职业大学2018年工作总结

2018年是贯彻落实党的十九大精神开局之年，也是改革开放40周年。在市委、市政府的正确领导下，苏州市职业大学深入学习贯彻习近平新时代中国特色社会主义思想和党的十九大精神，积极落实全国教育大会精神，围绕建设"全国一流品质院校"的战略目标，以思想大解放凝聚全校师生的智慧和力量，开启内涵式高质量发展新时代的新征程，推动学校工作创新争先、创优争光。

一、人才培养

优化专业布局。学校围绕培养"高品德、高技能、高适应"技术技能型人才，优化完善专业调控机制，做好学校专业设置、调整、增设工作，推进产业链、人才链、创新链的融合。2018年招生专业优化到48个，对接地方产业发展，新增2个专业。制定《专业集群建设专项行动计划》，推动品牌专业建设工作，促进专业特色发展。深入推进1个省品牌专业、7个校品牌专业的建设，落实中期和年度工作检查。在3个省级骨干专业建设项目基础上，立项6个校级骨干专业建设项目。动漫设计与制作专业在苏州市第三批优秀新专业终期检查中获"优秀"，通信技术立项为苏州高职高专院校首批品牌专业。

持续推进教育教学改革。学校出台《苏州市职业大学教育教学综合改革三年行动计划（2018—2020年）》，不断提升专业、课程、教学内涵建设水平。优化教学日常管理，编制《教务工作手册》，优化提升工作效率。优化提升校级高教研究所设置和功能，加强工作研究。完成创新发展行动计划、教育现代化建设监测和教育综合改革重点推进事项工作的总结与督查。加大创新人才培养模式和教学管理模式改革，进行分层教学，开放全校专业选修课程进行跨学院、跨年级选课，满足学生多样化、个性化的发展需要。积极开展"阳光体育"活动，做好学生体质健康测试，顺利通过江苏省高校体育工作督查。立项25项省大创项目，结题29项；立项82项校级研究性课程，结题验收57项；立项30项校级教改课题，完成46个校级教改项目和2个省级教育教学改革课题的结题验收。在苏州市高等教育类教学成果评比中，1个项目获一等奖，2个项目获二等奖。

切实抓好招生就业工作。构建了全校招生宣传工作齐抓共管的格局，圆满完成招生计划，提前招生录取实现新突破。对口单招7个科目中，6个科目组投档线取得全省第一，1个科目组投档线居全省第二。省内外普高计划完成良好，生源充足、质量较高。截至2018年12月底，就业率达99.16%。学校获评2018年江苏省高校就业创业工作考核优秀单位。

有效构建政、行、校、企协同育人机制。全面提升校企合作内涵建设，探索和建立校企共建共管共享机制。2018年与地方政府合作开展项目14个，合作订单班31个；新建企业（行业）学院3个，新增合作企业107家，签署校企合作协议125个；新增校企合作开发课程84门，校企合作开发教材75本。新增3个新型学徒制项目，现代学徒制班总数达到5个。现代装备制造职教集团获选苏州市优秀职教集团称号，博众·凡赛斯自动化学院获评苏州市首批优秀企业学院。学校学报开设"校企合作"专栏，推进校企合作学术理论研究。

聚力打造优质教学资源。持续推进国家专业资源库建设，智能控制技术专业教学资源库继续入选2018国家职业教育专业教学资源库备选库，排名提升至第12位。启动信息化教学能力提升专项行动计划，依托多个网络教学平台，建设内容质量高、教学效果好、课程应用与教学服务相融通的优质在线开放课程。2018年完成预入库课程178门，其中校级在线课程36门，校级精品在线课程5门，智能控制技术专业资源库在线开放课程17门。

拓展师生参赛的广度和深度。在2018年全省高职院校技能比赛中，学校获一等奖2个，二等奖6个。在全国高职院校技能比赛中，学校获全国二等奖3个，实现了技能大赛国赛奖项等级和数量双突破。在全国大学生数学建模竞赛中，学校获省赛二等奖1项、三等奖1项。在全省本专科毕业设计（论文）评比中，学校在同类院校中名列第一，共获一等奖3个、二等奖1个、优秀团队3个。在江苏省知识竞赛（理工组）中，获二等奖1个、三等奖13个，学校获得“优秀学校奖”。

二、创新创业

完善创新创业教育机制。2018年学校进一步完善“三五五”创新创业教育体系，健全创新创业人才队伍培育、教学与指导服务、训练与实践“三大基础体系”，深化课程、培训、训练、竞赛、孵化“五位一体”的创新创业教育实践模式，贯通基础普及、专业培训、体验实践、精英强化、成果孵育“五级推进”的创新创业教育实践路径，完善了创新创业教育实践管理运行机制。

建立创新创业课程体系。学校按照“依次递进、有机衔接、通专结合、校企合作”的建设思路，构建与专业培养相融合的创新创业教育课程体系，把创新意识培养和创新思维养成融入教育教学全过程，深入开展创新实践训练项目。

建设创新创业平台。2018年，学校成立创新创业学院，全面整合校内外优质创新创业资源，系统科学地推进全校创新创业教育与实践工作。学校太湖众创在已获评国家、省、市、区四级众创空间和省教育厅大学生创新创业示范基地、省人社厅大学生创业示范园的基础上，进一步被认定为苏州市众创空间知识产权保护项目、江苏省小型微型企业创业创新示范基地。

创新创业竞赛成绩获新突破。在2018“挑战杯——彩虹人生”全国职业学校创新创效创业大赛中，学校参赛项目获得国赛一等奖1项、省赛一等奖2项，实现了学校“挑战杯”系列竞赛的“两个首次”——首次进入国赛，首次获得国赛一等奖，取得了学校在高级别大学生创新创业竞赛的新突破。同时，学校在“互联网+”大赛获得省赛二等奖1项。

三、成就教师

做优做强高层次人才队伍。2018年，学校共引进各级各类高层次人才42人，其中正高3人、副高5人、博士15人，国家级技能大师1人。出台《高层次人才队伍建设三年行动计划（2018—2020年）》《名誉教授、客座教授、兼职教授聘任及管理办法》《产业教授选聘及管理办法》，聘请3名客座教授，选聘18名产业教授，其中入选省产业教授4名。1人入选省“333高层次人才培养工程”培养对象，3人入选省高校“青蓝工程”培养对象，“数字媒体制作技术”团队入选省高校“青蓝工程”优秀教学团队，2人获得政府资助赴美研修深造。

做好职称自主评审工作。2018年高校教师系列及实验技术系列职称评审权下放后，经学校自主评审，26人晋升专业技术职务，其中3人取得教授资格，20人取得副高专业技术资格。做好其他系列职称评审推荐工作，经相关评委会评审，2人取得正高资格、2人取得副高资格，3人晋升教授三级岗。

建设高素质“双师型”教师队伍。出台《“双师型”师资队伍建设专项行动计划（2018—2020年）》，依托行业大学、企业学院、职教集团等平台，与22家企业共建“双师”基地，提高教师实践与专业发展契合度，建立学校、行业企业联合培养“双师型”教师的机制。深入实施“高校青年博士进企业行动计划”，积极推动“钟锦德技能大师工作室”建设工作，全方位、多渠道推动“双师型”师资队伍建设工作高质量发展。

加快学校人才梯队建设。学校教师规模在省内同类院校中领先，重视师资分层培养，有合理的人才梯队储备；高级职称专任教师占比达到45%以上，省级以上高层次人才60人次。

四、成就学生

加强大学生思想政治教育。召开以“做好思政‘三结合’服务学校内涵建设”为主题的思政工作年会。抓好课堂教学主阵地，开展“课程思政”公开课活动。组建跨学院“专业+思政”团队，在“四对接”双向融入课程思政教改创新实践基础上，逐步将课程情景拓展到校企合作单位。

推进大学生党史国情、革命传统、校史校情教育，深入培育和践行社会主义核心价值观。举办“我的青春故事”报告会等活动，发挥先进典型的榜样示范和表率作用。通过举办校园之星、文明班级、文明宿舍评选等活动，引领和感召广大学生健康生活、快乐学习。充分发挥毕业典礼作为“最后一课”的育人功能，首次举办全体毕业生参加的毕业典礼，加深母校与毕业学生的情感链接。

推进第二课堂建设。持续推进“‘第二课堂成绩单’制度建设三年行动计划”，做好“第二课堂成绩单”课程项目体系的规划设计与组织实施，发挥第二课堂在人才培养中的作用。已完成课程体系构建、积分认定细则制定和PU网络平台功能试运行，通过PU平台完成第二课堂各项课程项目的发布、活动组织和积分认定。举办了首届大学生科技文化艺术节，推进校园文化活动精品化建设，营造浓郁的文化育人氛围。

积极开展大学生实践活动。以“青春大学习

奋斗新时代”为主题，深入开展2018年大学生暑期“三下乡”社会实践活动。学校共组建各级各类实践服务团队54个，其中省级重点团队3个、校级重点团队12个、院级团队30个，新建大学生暑期社会实践基地10个，2000余名师生深入基层开展社会实践活动。“益往黔行　筑梦少年”暑期支教志愿服务团获省暑期“三下乡”社会实践优秀团队、“十佳团队”，学校获省暑期“三下乡”社会实践“先进单位”称号。社会实践工作获得媒体广泛关注。

探索创新资助育人模式。经省学生资助管理中心、省高校招生就业指导服务中心遴选认定，2018年学校作为全省10所获批高校之一，面向全校100名家庭经济困难大学生开展了江苏省大学生核心就业能力培训。让学生在实践中自助，在自助中成长，从“输血”到“造血”，实现精准脱贫。该项目获苏州市优秀资助育人项目一等奖。同时，学校推进实体平台建设，将就创中心、资助中心、心理中心、学生事务与发展中心等进行重新架构与梳理，形成一体化的保障服务平台。

加强学工队伍建设。选派10名辅导员参加全省大学生思想政治教育工作“学工干部领雁行动”培训项目。以赛促建，开展辅导员工作案例征集、辅导员心理主题班会评选；组织参加全省高校辅导员年度人物评选，成功入选提名。开展辅导员工作室建设，成立4个方向的辅导员工作室。面向全校200余名班主任，开展了两期主题培训，提升了班主任的育人理念与实践技能。

有效提升学生心理健康水平。充分发挥三级网络预警作用，成功干预各类心理危机事件24起，及时阻止学生伤害事件的发生。组织全校4700余名2018级新生进行心理健康普查，普测率达100%，全面开展新生心理普查、建档、回访、干预工作。筹建大学生抗挫折教育体验馆，提升大学生心理健康水平。加强班级心理委员的培训力度，提升朋辈心理辅导能力。举办学校第十五届心理健康节，开展形式多样的活动，宣传心理健康知识。继续推动心理健康类社团的发展，指导开展多场心理健康、同伴教育活动。

积极推动群团改革。出台《苏州市职业大学共青团改革实施方案》《苏州市职业大学学生会组织改革方案》，扎实推进“思想引领、素质拓展、权益维护、组织提升”四大行动，开展校学生会组织改革推进督导工作，指导二级学院团委、学生会召开团学代表大会，推动改革落地落实，学校团委被授予江苏省“五四红旗团委”称号。

五、社会影响

引领苏州社区教育工作。苏州开放大学（继续教育学院）拓展服务范围，实施社区教育、社会培训的转型发展，牵头制定了2018年苏州社区教育工作计划、年度报告以及一系列社区教育文件，并承担了苏州社区教育涉及的全部科研课题管理工作，获评江苏省社会教育科研管理优秀组织奖，并与贵州省铜仁市、陕西省延安市结对形成对口帮扶。

举办各类社会培训。2018年，开放大学共承接各类社会培训88期，培训人数近万人，在全省社区教育工作中处于前列。

强化公益志愿服务品牌化建设。围绕社区服务、大型赛会、禁毒宣传等志愿服务项目，依托专业优势，整合服务资源，打造公益志愿服务品牌。大学生志愿者为在苏举办的各级各类赛事活动提供3000余人次的服务。学校学生获2018年度苏州市“优秀青年志愿者”，学校公益项目获江苏省“优秀七彩志愿服务示范项目”等荣誉。

加强对外宣传展示力度。2018年，学校被新闻媒体报道61篇，其中被省级以上媒体报道29篇。《新华日报》发表的《为“一带一路”提供最好的“工匠”》，《光明日报》发表的《学生创新创业的孵化器》，《江苏教育报》发表的《一体两翼，铸就技能型人才培养坐标》等产生了较大的社会影响。《苏州市职业大学学报》荣获2018年度中国高校优秀科技期刊。《苏州教育学院学报》荣获全国地方高校学报“优秀期刊”，《工匠精神》栏目荣获江苏省科技期刊第十届金马奖“十佳品牌栏目奖”，学校成为全省本届金马奖奖项中唯一获奖的专科学校。

主办承办“梅花三弄：诗画乐”——大学生素质教育活动周、江苏省高职院校第一届大学生文献信息检索技能大赛、2018年苏州市电梯安装维修工职业技能竞赛、“诗泊枫桥”等活动，获得社会各方好评。

六、科技服务

建章立制释放新活力。2018年是学校的科技创新重点建设年，学校着力在科研团队、科研平台、成果转化上寻求新发展。学校抓住落实“省创新40条”和市委、市政府新政策的契机，制定了“订政策、强服务、建团队、创平台、推项目、促转化”的工作目标，召开科技创新工作暨重点建设年动员大会，推出了学校《科技创新工作行动方案》。明确科技创新工作的实施路径，出台科研平台建设、科研创新团队建设、科技成果转移转化三个三年行动计划。修订绩效分配方案和科研奖励办法，完善绩效考核评价机制和奖惩机制，激发教师的科研积极性。理顺科研项目管理，实施纵横向分类管理，同步完善了科研项目及经费管理制度。出台学校纵向科研项目、横向科技项目、横向技术合同管理、专利管理等6个管理办法，初步形成了科研管理的制度体系；编制《科研管理制度汇编》《科研相关工作流程》；集中开展科研项目清整扫尾工作，为学校科研工作深入开展打下坚实基础。

创新载体打造新平台。通过搭建校级重大平台、重点平台、面上平台，建立校级、院（部）级科研创新团队，进行分类指导、明确支持重点，提升服务地方经济发展的贡献度，2018年度立项建设了11个校级科研平台。整合工科学院优势力量，“3C产品智能制造”获批江苏省高职院校工程技术研究开发中心。与中国纺织商业协会共同成立“中国丝绸产品技术创新与应用公共服务平台”。“江苏省中华成语研究会教学科研实践基地”“智能水下机器人研究与应用创新公共服务平台”等相继成立，为推进学校科学研究创造条件。

科研成果推广应用成效良好。2018年科研成果增长明显，与上一年相比，纵向项目立项数和横向服务项目到账经费分别增长17%和47.4%。立项省部级科研项目20项、市厅级科研项目39项，纵向科研到账经费191.41万元；公开出版学术著作4部；发表学术论文391篇，其中核心期刊64篇；授权专利228件，其中发明专利80件。学校科研成果获得推广应用的横向项目43项，横向技术开发、咨询服务到账经费129.36万元；获得市级以上科研奖项20项，其中《园冶多维探析》获江苏省第十五届哲学社会科学优秀成果二等奖，是苏州地区唯一获得该奖项的高职院校，实现学校哲学社会科学领域研究成果获奖的突破。“面向户用光伏电站的即插即用型能源系统关键技术研究”获2017年度苏州市科学技术进步二等奖，在2018年底已公示列入省科学进步二等奖。

推进校地融合发展。学校党委、行政班子因势利导，提出实施校地深度融合发展，由校企合作提升到校地合作，实行全方位、全领域、全过程的校地融合发展。与吴中区、相城区建立产学研战略合作联盟，重点培育学校在智能制造、平板设备、光伏产业、软件工程、丝绸织品技术等方面的科研潜力，主动为地方企业开展应用技术研究和技术服务。全面深化与吴中区政府的合作，推动学院（部）与吴中区人社局、文体局、临湖镇、角直镇开展校地合作。积极参与苏州市吴中区博士、青年教师下企业实践活动，40余名博士、青年教师进入吴中区企事业单位一线实践。学校与相城区政府签订了全面合作框架协议，推进学校部门、学院（部）与相城区职能部门和板块签订了5个细化的合作协议。与市级机关部门、行业组织的合作又有新的进展。

七、智力服务

建立高校智库，为地方发展建言献策。建立“苏州石湖智库”，为政府建言献策有了新突破，研究报告被市政府《调研通报》收录3篇，被市社科联《决策咨询》收录1篇。

吴文化研究平台建设有新突破。在挖掘与传承吴文化的基础上，开展吴文化对苏州当代经济社会发展促进作用的应用研究。整合学校吴文化、丝绸技术、明式家具研究的特色，成立“吴文化传承与创新研究中心”，获批江苏省高校哲学社会科学重点建设研究基地，学校成为苏州地区唯一有项目入选的高职院校。

八、管理制度

全面推行党风廉政建设责任制指标体系。分类建立并试行对学院（部）和部门的党风廉政建设责任制指标分解与考核明细，定期组织责任制落实情况监督检查，开展党总支书记年度廉政述职和量化考核。抓好市委巡察整改情况自查，深化推进整改工作。加强审计工作，完成6名中层领导干部的离任审计。根据市委市政府统一部署，完成作风建设自查自纠、整改纠正专项行动。

创新党风廉政建设工作举措。年初召开党风廉政建设工作会议，校党委与各学院（部）、各部门签订党风廉政建设责任书。首次开展校内巡审督查，全面强化源头治理。完成了对外国语学院、体育部、计算机工程学院、开放大学管委会（继续教育学院）、商学院等5个校内二级单位的巡审督查，及时进行整改。紧盯“三重一大”事项，围绕干部人事、财务管理、基建修缮项目、物资设备采购、招生录取、科研经费和学术活动等关键部位，认真组织好廉政风险点的排查工作。结合元旦、春节、五一、端午、中秋等重要时间节点，组织开展全校范围的节假日“清风”行动。

制定内涵质量指标体系。注重顶层设计，围绕推动学校高质量发展，研究出台学校“861内涵质量指标体系”，与每个学院（部）签订责任书，进行千分制考核，并制订2018—2020年涉及党建、师资队伍、教学改革、科研创新、学生工作、校地合作等方面的12个三年行动计划，把高质量发展落到实处。制订学校《2018年度工作要点》，分解成65项工作任务，并2次开展检查督办。

推进决策民主。注重工作程序的合法合规，学校出台重大决策、重要文件，都加强调查研究，自下而上听取情况、征求意见，在此基础上提交党委会、校长办公会研究决定。注意按学校《章程》办事，坚持每年召开教代会，发挥教代会的作用，涉及教职工重大利益的事项提交教代会讨论、表决，并对代表提出的意见、建议，责成有关方面督办、落实。注重学校工作机制的建立、完善，充分发挥管理制度、工作机制的作用。定期举行离退休老干部学校情况通报会，发挥好离退休老同志重要作用。坚持双月座谈会工作制度，定期向党外代表人士通报学校工作情况，自觉接受民主党派、无党派人士的监督。坚持校长接待日、网上校长信箱等制度，使校领导能够更好地做到联系群众并自觉接受群众监督。

深化绩效考核制度改革。修订校内绩效考核管理办法，广泛征求院（部）和职能部门等各方面的意见，进一步优化考核办法。组织开展管理部门和教辅单位绩效考评工作；对照内涵质量建设责任书逐项检查高层次人才引进、师资队伍建设、双师培养、教师培训培养等工作落实情况。通过量化目标考核，推进客观科学的评价方式，为学校实现高质量发展提供科学依据。

完善教学质量监控与评价制度。提升课堂教学质量，着力打造“金课”，建立健全教学激励机制和教学成果评价机制。2018年共开展35节次的“一周一优课”和220节次的学院（部）公开示范课。通过听课、说课、评课等方式促进教师提高课堂教学质量。完成苏州市“教学联盟”第二批立项建设的“微课”作品验收，以及第三批“微课”遴选建设工作。

推动党务、校务信息公开。积极推动党务、校务信息公开，党委会、校长办公会研究的事项，及时进行信息发布。根据上级决策部署，坚持“以公开为常态、不公开为例外”的原则推进信息公开工作。进一步完善信息公开范围，规范信息公开程序，推动依法治校，促进民主管理，不断提升信息公开工作的制度化、规范化、信息化水平。2018年学校信息公开专题网站正式上线。

九、队伍建设

加强领导班子建设。学校领导班子配备到位，为促进学校事业发展提供了有力保障。现有党委班子成员9人，校领导7人，责任分工明确。坚持和完善党委领导下的校长负责制，聚焦主责主业，推动各方面工作发展。学校党委把学习贯彻习近平新时代中国特色社会主义思想和党的十九大精神作为首要政治任务，年初制订党委中心组学习计划，全年开展党委中心组集中学习14次，学校党委书记带队调研25次，深入基层听意见、解难题、抓落实。

狠抓思想政治工作任务的落实，党委会多次专题研究思政工作、意识形态工作，党委书记为师生上“学习新思想，师生共上一堂课”专题党课。出台学校《2018年思想政治、意识形态工作要点》，认真落实意识形态工作责任制，首次由校党委与各单位签订责任书，各单位进行述职报告，接受量化考核。

切实加大干部队伍建设力度。坚持以德为先、德才兼备用人标准，2018年共交流调整中层干部23人次，新提拔中层干部12名，完成50名内设科长的考核续聘和23名内设科长的选拔工作，选派7名优秀干部到地方各级部门进行挂职锻炼。认真执行“一评议两报告”制度，强化对干部选拔任用的监督。制订学校《党政干部鼓励激励担当作为实施细则》，为敢作为、善担当的干部提供制度保障。组织中层以上干部、副科职干部、管理干部共400余人次参加各类培训，进一步提升党员干部履职能力。

实施分层分类师资培养。实施《高级访问研修实施办法（试行）》，加强对优秀青年骨干教师和专业带头人的培养。选派和推荐中青年教学科研骨干到国内重点高校和大中型企业进行研修深造，帮助教师拓展专业知识领域，增强创新意识。同时充分用好国培、省培、校高端研修、教师教学发展中心等培训平台，加强青年教师培养，今年共组织621人次参加各级各类专业培训。

十、经费保障

积极争取财政支持。学校建设发展的资金保障得到市级财政很大的理解与支持，2018年最终追加2018年预算人员经费606.37万，项目经费300万元，经费投入稳步提升。2019年度的预算也得到了财政的大力支持，财政拨款数稳步增长，确保了重点项目建设、学科专业建设和学校可持续发展。

同时，积极争取教育重大政策和项目资金支持。坚持开源与节流并重，优化资金筹划，积极争取银行、社会捐助等，多渠道筹措经费的能力进一步增强。

推进预算执行进度。为进一步提高财政预算编报工作的准确性和及时性，促进预决算分析考评工作，加强前期项目的可行性调研与审定，在2018年5月底提前启动2018年预算追加项目及2019年预算申报工作。2019年预算经过几轮整理、筛选，并多次和财政沟通，在10月底已完成一上申报，11月完成二上申报工作。

推进财务管理信息化建设。为提升预算执行信息化水平，学校在2018年通过招标方式，量身定制“费用管控系统”，坚持以“服务师生、规范运行、透明财务”为管理目标，优化经济业务流程，在系统中嵌入100余个流程，打破原有信息孤岛，建立科学高效的费用管控与监督体系，实现报销业务的网上填单、线上审批，“让信息多跑路、老师报销少跑腿”。

十一、人才培养满意度

人才培养各方满意度高。根据《苏州市职业大学高等职业教育质量年度报告指标（2019）》，2018学校毕业生用人单位满意度为92.8%，毕业生对母校满意度为98.1%。

根据问卷调查，在校学生对教书育人、课程教学、管理和服务工作三个方面的满意度均高于90%。

十二、文明校园

创建文明法治校园。2018年学，校党委中心组先后专题学习了《中华人民共和国监察法》《中华人民共和国保密法》《中华人民共和国宪法》，切实提高依法治校水平。注重工作程序的合法合规，注重工作机制的建立和完善。积极开展校园普法教育工作，通过广播台、微信公众号等平台开设大学生普法用法学习专栏；利用“国家宪法宣传日暨全国法制宣传日”开展系列活动。学校获评2015—2017年度苏州市文明校园。

智慧型校园建设成效显著。推进智慧校园建设，建成一批信息化项目，基本完成“公共能力”构建。促进学校管理的现代化和智能化，实现对原有传统“数字校园”平台的升级改造，将学工、教务、财务、团委、总务后勤、信息中心等6个部门65项服务搬到网上，提供便捷服务。网上办事大厅线下建设已完成，设3个服务区域、7个服务窗口，提供一站式服务。

抓好节约型校园建设。2018年，学校实施校园垃圾分类，并通过苏州市政府专项验收。抓好节能环保工作，修订《苏州市职业大学节能工作条例》等制度，建设新能源科普宣传园、小型太阳能发电装置、风力和太阳能发电路灯等特色项目，利用可视化监控系统，将用电管理融入智慧后勤建设，推动节能工作落到实处，获评省节能示范单位。

推动后勤服务管理方式创新。2018年，学校首次以党委、行政名义召开全校后勤保障服务工作会议，出台《关于进一步加强学校后勤保障服务工作的意见》，全面实行服务网格化管理。以问题为导向，以事项责任清单为依据，依托智能化运行平台，促进学校后勤保障与服务能力提升。

十三、共享服务

服务区域大学生创新创业。学校太湖众创以“立足国际教育园、面向全市”为出发点，在项目引进、创业资源、活动开展等方面都对在苏高校开放共享，已吸引在苏13所本、专科院校项目入驻。

承接社会考试。学校开放大学全年承接教育、财政、人事、建筑等类考试项目40余批次，考生人数超过9万，严格按照委托单位要求，精心安排准备，服务周到，获得各方好评。

开展应急救护公益培训。大学生应急救护培训基地开展各类应急救护知识普及公益培训活动，共培训5000余人次，被认定为市科普教育基地。

创新图文服务载体。完成“智能图书馆”项目一期建设，方便师生阅读、教学、科研，获得中国图书馆学会“2017年全民阅读先进单位”称号。

十四、国际办学

深化“一带一路”合作。拓宽办学渠道，加入国家“澜湄合作”行动，助力国家东盟共同体建设和地区一体化；与南非高等教育与培训部、南非中国文化与国际教育交流中心合作接收南非大学生开展实训项目。“先进制造技术国际化人才培养项目（机电一体化专业）”获批江苏省外国留学生优才计划高技能人才培养项目，是苏州地区同类院校项目中唯一入选的项目。

学校将外国留学生教育纳入人才培养规划，坚持规模与质量并举，为苏州扩展国际交流、增强国际影响力搭建平台，为苏州地方企业参与“一带一路”、跨国发展畅通渠道，现有在校留学生110人。发挥学校国家级大学生文化素质教育基地吴文化园作用，“吴文化体验营”获批2018年江苏高校省级外国留学生暑期研修项目。

成为《悉尼协议》认证高校。创新中外合作项目人才培养模式，与澳大利亚维多利亚省政府、启思蒙学院联合主办“《悉尼协议》范式下中澳合作工程专业建设论坛”，学校成为澳大利亚启思蒙学院《悉尼协议》授权认证试点高校。

国际化师资培养。学校着力推动本土师资的国际化拓展，已开展7批TAE师资培训，已有102名教师获澳大利亚TAE教师资格证书。组织6名专任教师赴新西兰参加雅思考官培训。邀请国家汉办、孔子学院的资深国际汉语教师为学校教师进行培训，10名参训教师获得国际注册汉语教师资格证书。

选派学生赴境外游学研修。为拓宽在校学生的国际视野，体验不同高校的教育教学模式，学校于2018年7月和2019年1月组织学校师生赴澳门科技大学开展交流。

十五、党建工作

着力提升基层党建工作活力。制定出台学校《2018年度党建工作要点》《全面提升基层党建工作质量三年行动计划（2018—2020年）》，加强党建工作责任制考核，全面开展基层党组织书记述党建活动。出台《学院（部）党总支部委员会会议制度实施意见（试行）》和《学院（部）党政联席会议议事规则》，进一步强化学院（部）党政共同负责制。

实施党支部书记“双带头人”培育工程，遴选确定4个“基层党组织书记工作室”创建单位和2个培育单位，“双带头人”比例为88%，达到规定指标。

创新校地党建共建。学校与20余个校外党组织建立了合作共建关系，实现全校二级党总支对外党建合作共建全覆盖，初步呈现“开放性、共享性、融合性”的区域化党建工作新格局。深化与苏州市光电缆行业协会“产教融合党建联盟”活动，双方有77个党支部、1700余名党员参与共建；与沧浪新城（吴门桥街道）党工委共建党建基地。

深化“党建+特色品牌”工作。深入开展“双创双争”活动，推进党建“一院一品”建设。依托“先锋论坛”，围绕“不忘初心、牢记使命”，开展“学讲话、悟初心”“党章党规在我心”和先锋“悦”读等系列活动。苏州市光电缆产教融合党建联盟项目获苏州市总商会优秀党建项目一等奖。学校思政、数理、体育联合党总支报送的微党课入选“全国高校教工党支部特色微党课”，管理学院学生党支部报送的项目入选“全国高校学生党支部推荐展示特色成果”，成为苏州高校中唯一2017、2018连续两年均有两项作品入选的高校。

2019年，学校将不忘初心，牢记使命，奋力前行，推进内涵式高质量发展，努力建设全国一流品质院校，积极服务苏州经济社会创新发展，为苏州勇当“两个标杆”、建设“四个名城”做出新的更大贡献。

苏州市职业大学
2019年2月

领导讲话

落实责任　敢于担当　开启加快内涵式高质量发展新时代的新征程

——校党委书记钮雪林在2018年工作部署暨党风廉政建设会议上的讲话

2018年3月16日

同志们：

刚才，刘丹副书记就2018年的工作要点做了说明，蔡晓平书记就2018年党风廉政建设工作做了布置，有关部门、各学院（部）向学校递交了三份责任书，希望大家对照全年工作任务，认真贯彻落实。

2018年是改革开放40周年，职业大学建校也有38年。经过30余年的努力，学校发展已经有了一个良好的基础，形成了一定的区域品牌效应。面对日益激烈的外部竞争和深化改革创新的内在迫切需求，我们应该走一条什么样的发展道路？应该向人们展示一所什么样的苏州市职业大学？应该怎样将“成就学生、成就教师”落到实处？这是需要我们经常思考和回答的问题。2016年，我们就提出要推动学校办学进入“新质量时代”；2017年9月28日学校第二次党代会提出“坚持质量为先、坚定精准发展”的战略举措，明确了“建设全国一流品质院校”的目标；党的十九大后，习近平新时代中国特色社会主义思想关于“高质量发展”的要求，已成为各行各业的新指针。学校党委经过多次调研分析，认为学校下一步发展要顺应新时代的新要求，要迈入内涵式高质量的发展道路，要为建设“全国一流品质院校”、实现升本目标积聚雄厚实力、打下坚实基础。

从2018年开始，苏州市职业大学要开启加快内涵式高质量发展新时代的新征程。新时代、新征程，就要有新气象、新作为、新成就，让职业大学焕发出新的青春活力。对此，我讲四点意见。

一、坚定目标，担当责任，主动谋求学校新时代的新发展

全校上下要牢牢把握创建“全国一流品质院校”的目标，持续推进应用型本科院校建设，以强烈的使命感和责任感推动学校跨越式发展。

一是强化忧患意识。孟子说“生于忧患，死于安乐”。这几年学校发展中出现了压力有所增大、动力有所增强、质量追求力度有所加大的好现象，但也伴随着“前有标兵，标兵越来越远；后有追兵，追兵越来越近”的情况，这值得我们警惕。进入新时代，我们要克服安逸懈怠、缺乏激情、不敢担当的状况，要克服“小富即安”“小胜即满”的思想，克服“无所谓”“过得去”的意识。要坚定目标，增强信心，强化责任担当，靠实干、靠实力来实现目标，取得新发展。最近有一篇文章说得好：“别在奋斗时，选择了安逸；别在黎明前，放弃了目标。”

二是凝聚改革共识。党的十九大和正在召开的全国“两会”，吹响了改革创新的新号角，新时代的新一轮改革即将到来。当前，中国的职业教育正在进行巨大变革，内涵式发展要求日益提高。我们要深刻把握职业教育改革发展的大局，结合学校实际，精心组织、精准实施学校的改革创新工作，通过改革创新解决存在的问题，激发发展潜力。今年，要围绕内涵式高质量发展，统筹规划、整体推进学校的教学、科研、管理等方面的改革，以改革增动力、添活力、促发展。

三是增强服务地方责任。无论是现在的高职，还是将来升本，本质上都是应用型的，立足点是服务苏州地方经济社会发展。虽然目前学校的体量较大、资源丰厚，但产出有所欠缺，为社会服务的能力还不强、贡献度还不高。所以，我们要牢牢抓住产教融合这根“生命线”、牵住校地合作这个“牛鼻子”，努力实现专业对接产业、专业群对接产业链，加快形成学校资源与社会资源的高度双向开放、深度合作共赢，推动“政校企行”更紧密合作，实现互利协同融合。在苏州勇当“两个标杆”、落实“四个突出”、建设“四个名城”的过程中，学校要在“思想库”“智囊团”方面有建树，要为地方输送大量“高品德、高技能、高适应”的应用型人才，提供更多的实用性科技服务，提升学校服务地方发展的显示度、贡献度、美誉度。

二、自加压力，奋勇进取，深入开展“双创双争”活动

不进则退，慢进也是退。只有自加压力，奋勇进取，才能真正实现创新争先、创优争光。

一是高起点谋划。要把学校融入经济社会发展的大格局中来考虑问题，主动对接国家和区域战略需求，时常关注苏州产业发展状况，时常深入经济社会第一线开展调研，时常研究政府、市场需要什么，研究我们怎么来服务和提供需求。对此，需要我们具有超前意识、创新动作，争取某些方面弯道超车，实现跨越式发展。

二是高标准工作。标准不高、要求不严，是无法取得好成绩的。要坚持高标准、严要求，积极进取，开拓创新，营造干事创业的朝气、勇气、锐气，推动学校不断进步、持续发展。为此，我们制订工作目标时，要坚持“跳一跳，摘得到”的原则，尽力把工作做得更好。

三是高水平服务。要着力推动“放管服”改革。要有序下放权力，学校、管理部门、二级学院（部）层面都有逐级下放权力的任务，权责要对等，有权就要担责，不能只要权、没有责。学校管理部门要把该管的管起来，不能推卸责任，不能把该你管的、该你做的也放下去。对基层一线服务是重点，要创新服务的理念、机制、体系，建设“服务型”组织，“尽心为师生服务，尽量让师生满意”，真正建立“放到位、管得住、服务好”的“放管服”体系。

三、夯实基础，构建特色，着力提升学校核心竞争力

教育领域已是一个市场化的竞争领域，需要运用竞争的手段、市场配置资源的机制开展工作。而学校与学校之间的竞争，关键在于核心能力的竞争，这就要有自己的“拳头产品”“独门秘笈”。

一是要打造特色优势竞争力。学校资源丰富，潜在实力很强。怎么把资源变优势，把沉睡的资源变为苏醒的财富，是必须要研究的重大问题。我们在座的各位中层以上干部，要对学校的基本情况，强项、短板，优势、不足，特色、亮点做到心中有数，要用数据说话。学校发展有没有竞争力，很重要的方面，是你有没有特色，具不具有优势。我们每个条线、每个部门、每个学院（部），都要有明晰的工作对策，不足的要补缺、补软、补短，强项的要进一步做大、做强、做特。要做出品牌，增强品牌竞争力。

二是打造内涵质量体系竞争力。走内涵式高质量发展道路，提升内涵质量竞争力，是学校要重点解决的问题。为此，首先必须建立起内涵质量指标体系，以此落实责任，加强考核。目前，学校研究制订出内涵质量指标体系，即8个一级指标、60个二级指标、100个三级指标。这个“861”内涵质量指标体系是今后学校工作的任务书、路线图。学校每年与各学院（部）、各管理部门（教辅机构）签订责任书，学院（部）要与每个系（室）、每位教师签订责任书，2018—2020年三年一个周期，可以三年之间打统账，今年先试行，人人有任务，人人担责任。与此同时，学校要形成今后三年若干个专项行动计划，实实在在干，扎扎实实做，真正把内涵式高质量发展落到实处。

责任书的签订，要对每个学院、每位教师进行分类指导，发挥特长，发掘潜力。教师的岗位职责、学院（部）的目标任务、年终的绩效考核，是有机统一的整体，超额完成的、贡献大的，就要多奖励，并要提高有贡献实绩个人的奖励比重。学校管理部门与学院（部）管理层，要实行目标任务联动、考核责任共担，这样有利于建立互动的服务机制，真正为教学、科研的一线教师做好服务指导工作，激发干事创业的积极性。

三是打造政策环境竞争力。当前，从中央到地方，在高校自主权的发挥，教学、科研、人才建设等方面出台了一系列有利的政策。我们要深入研究这些政策，结合学校的实际，进一步解放思想，更新观念，积极向市里争取，拿出学校的政策措施，将政策、资源向教学、科研一线倾斜。一方面要有刚性的政策规定，有刚性的任务指标；另一方面要注重政策激励，立足放宽放活政策，激发工作动力，释放创新活力，大力营造良好的政策环境，以政策、机制的力量，推动学校发展。

四、提升素质，强化监督，为内涵式高质量发展提供保障

一是要推进政治素质建设。习近平总书记明确指出，政治能力就是把握方向、把握大势、把握全局的能力，就是保持政治定力、驾驭政治局面、防范政治风险的能力。作为干部，要牢记“四个意识”，提高政治站位、政治觉悟，增强政治定力、政治担当。要注重提高政治上的洞察力、判断力，在事关政治原则的重大问题上，脑子要清醒、立场要坚定，面对大是大非要敢于亮剑，面对矛盾要敢于迎难而上，面对困难要敢于挺身而出。

二是要加快提升干部队伍能力水平。学校进入内涵式高质量发展的新时代，亟须建立一支创新创

业型的干部队伍，敢想敢干敢担当，关键时刻拉得出、打得响。我们要倡导《战狼2》《红海行动》电影中的坚强斗志和敢于夺取胜利的大无畏精神。本届学校党委和行政要成为“服务型”组织，尽力为大家服务，为大家创造干事创业的舞台，为流汗者鼓劲，为实干者撑腰，让实干者有干头、有奔头。由于多种原因，目前一些干部存在不想改革、不敢创新的思想，认为会有“得罪人”“枪打出头鸟”“做得越多责任越大”的风险。对此，学校会建立容错纠错机制，准确把握“三个区分开来”。真正为了学校事业发展，而不是为了个人、小团体利益的改革创新举措，学校党委和行政态度坚决而鲜明：予以支持、保护。

三是要加大廉洁从教工作力度。学校党委、行政和二级学院（部）党政领导班子，以及各管理部门（教辅机构），都要严格落实党风廉政建设“主体责任”和“一岗双责”，从严加强对各级干部的监督管理，重点抓好有权岗位的权力制约和监督，真正使权力在阳光下运行。要组织开展好校内巡察工作和离任、任中、专项审计工作，运用好监督执纪“四种形态”，特别是前两种形态，抓早抓小抓长，及时主动地纠正、解决问题，爱护和保护好干部，为学校的发展创造良好的环境。

同志们，“春种一粒粟，秋收万颗子”。2018年是学校发展承上启下的关键之年，希望大家撸起袖子、扑下身子，凝聚精气神、迸发正能量，开启加快内涵式高质量发展新时代的新征程，谱写好学校深化改革创新发展的新篇章！

校党委书记钮雪林在2018年平安校园建设工作会议上的讲话

2018年4月4日

同志们：

今天我们在这里召开平安校园建设工作会议，主要目的是总结工作，部署任务，进一步号召全校上下提高安全意识，强化责任担当，狠抓工作落实，为学校内涵式高质量发展提供安全保障。2017年，学校平安校园建设工作组织得力、措施到位、成效显著，这是全校各部门共同努力、全体师生积极配合的结果。在此，我代表学校向为安全稳定而辛勤工作的师生表示感谢。下面我就2018年平安校园建设，讲几点想法。

一是认清形势，统一思想，增强平安校园建设的责任感和使命感

安全稳定无小事。高校是教书育人的场所，是青年学生集中学习和活动的地方，为社会各界和千家万户所关注。新时期高校平安校园建设面临众多新挑战和新要求。对此，我们要充分认识学校安全稳定工作对促进教育发展和维护社会稳定的重要作用，切实把平安校园建设摆上学校事业发展的重要位置。在这里，我想强调三种意识：

一要始终坚持生命至上的红线意识。习近平总书记在十九大报告中明确指出，要树立安全发展理念，弘扬生命至上，安全第一的思想。安全不保，何谈教育？这要求全校上下都要牢固树立安全发展理念，做到“以人为本、安全第一、生命至上”，正确处理安全工作和事业发展的关系，时刻把广大师生生命安全放在第一位。安全是教育事业发展、学生成长成才的最底线要求，关系到千千万万家庭的幸福和社会的和谐稳定，我们必须认真学习贯彻习近平总书记关于做好安全工作的重要论述，把安全工作摆在更突出位置，落实到学校教育教学的各环节和全过程。

二要牢固树立“稳定是第一责任”意识。当前我国正处于全面建成小康社会的关键时期、加快推进建设创新型国家的攻坚阶段，各种利益冲突、国际矛盾纠纷错综复杂。随之而来的一些社会问题，都会通过不同的方式和渠道反映到校园里面，引起师生思想上的波动。对此，我们要认真分析学校安全工作出现的新情况、新特点、新问题，提高政治站位，关注政治安全、国家安全等新兴安全领域，坚定自觉地维护习近平总书记的核心地位，始终同党中央保持高度一致，坚持正确的政治方向和价值导向，牢牢把握意识形态工作主导权，强化学校反恐防渗透工作，筑造网络安全堤坝，加强涉稳舆情处置，做好学校保密工作，及时做好风险预防、管控和化解。

三要继续坚持全员、全方位、全过程抓安全稳定的意识。安全稳定，人人有责。平安校园建设不仅是领导的事，更应该是全体师生员工的事；不仅是保卫部门的事，更应是全校各部门的事。安全稳定工作是一个长期的过程，不可能一蹴而就、一劳永逸，它永远在路上，务必要时时反思、时时警醒，做到处处把好关，事事严管理，不疏忽一时，不放过一次。

二是突出重点，明确责任，健全安全稳定工作长效机制

一要进一步落实“党政同责、一岗双责、齐抓共管”的安全生产责任体系。做到“管行业必须管安全、管业务必须管安全”，每一位老师都要有安全责任，每一位学生都要尽安全义务，在工作中讲安全，在学习中讲安全。进一步强化责任意识，做到“谁主管谁负责”“谁使用谁负责”“谁的辖区谁负责”“谁的人员谁负责”。要把安全工作的责任和措施层层分解落实到每个部门、每个区域、每个班级、每个道路、每栋楼、每个岗位、每个人，定岗、定责、定人，做到安全工作人人有责任、层层有人抓、处处有人管、时时有监控，压实责任，分级负责。

二要进一步健全学校安全管理相关制度。制度对于一个组织是不可或缺的，尤其是对于高校这种聚集了大量心理还不够成熟、身体发育已经接近成年人的大学生环境。要结合学校自身实际情况建章立制，深入工作制度、机制、方法创新，健全能够全面覆盖在校师生学习、生活方面的安全管理制度。

三要进一步完善校园安全风险管控机制。利用信息化手段增强校园防范能力，构建坚固稳健的智慧校园网络系统，做到“有隐患能及时发现、有苗头能及时掌握、有事故能及时处置”。严格执行重大突发事件和安全事故的报告和处理制度，建立冲突快速反应机制，健全预警系统，有效规范预警措施的实现，确保突发事件快速反应、有效处置、控制危害于萌芽之中。在加强校内建设的同时，加深与国安、公安、消防、城管和街道综治等各部门的合作，完善防控体系，提高防控能力。

三是强化措施，狠抓落实，持续开展安全隐患排查整治

一要持续开展安全隐患排查整治工作。要深入基层一线，强化安全隐患排查，做到横向到边，纵向到底，不留盲区。特别要检查消防设施、校园交通、食品卫生、危险化学品、用水用电、校舍等各类安全设备设施。隐患排查工作要细化具体项目，细化责任区域，细化排查责任人，做到不走过场、不打折扣、不留死角。对排查发现的各类安全隐患，要根据“全覆盖、零容忍、重实效”的原则，登记造册，落实整改措施、整改时限和整改责任人，及时消除安全隐患，做到隐患不整改不放过，防范措施不落实不放过。对校园安全工作实行精细化管理，制定工作方案，细化工作任务，切实把安全稳定工作做得更细更实更好。

二要坚持开展专项整治工作。突出问题导向，坚持“什么问题突出就整治什么问题，什么地方混乱就整治什么地方”的工作原则，以更加积极的态度、更加坚定的决心、更加有力的措施、更加过硬的作风，一级抓一级，级级抓落实，把校园安全稳定的各个领域、各个环节抓严抓实抓到位。平安校园建设没有忙时和闲时，永远都是战时，一分一秒都不能懈怠，一时一刻都不能大意，必须以一以贯之的作风，坚决打好安全稳定“持久战”，有计划、分步骤地稳妥解决问题。

三要坚决落实责任追究制度。严格按照“一岗双责、失职追责”的要求，以极端负责的工作态度、敢于担当的工作精神、更加务实的工作作风、扎实有力的工作举措，推动平安校园建设。遇到问题要以钉钉子的态度马上办、下去办、想法办，落实举措要严格要求、不留情面、落到实处。因为对工作不重视、组织不得力、保障不及时、整治不到位等而造成重大损失和恶劣影响的，要按照程序坚决问责。

四是加强教育，创新方法，增强群防群治的能力和水平

一要广泛开展安全宣传教育。受多种因素影响，当今发生在大学生中的安全事故频频发生，涉及的面也越来越宽，对受害学生及家庭造成不可估量的损失，社会反响大，发人深省。这些事件绝大多数是由于大学生自身安全意识淡薄、自我防范能力和应急能力较差。对此，我们要防范于未然，通过积极开展国家安全、网络安全、消防安全、治安防范等方面的宣传教育，完善安全文化建设，增强师生的安全意识和防范能力，降低并消除安全隐患。

二要加强师生心理健康教育。心理问题很容易造成校园安全问题，据报道，近年来大学生因心理疾病、精神障碍等原因伤害自己和他人的案例时有发生，且数量有上升的趋势。这些不安定因素对学校平安校园建设造成了严重的制约。对此，要夯实基层心理健康教育基础，构建心理危机防范网络，要抓紧建设并利用好学校抗挫折体验馆，为师生办好实事工程。

三要加强师生法制教育。要增强校园法治教育的渗透力、吸引力和感染力，有效提升学生的法律意识，形成“人人知法、人人懂法、人人守法”的校园环境，防范“校园贷”等诈骗、敲诈勒索犯罪行为，使平安校园建设工作在法治化、规范化、标准化的轨道上不断发展进步，为学校发展保驾护航。

同志们，安全重于泰山，稳定压倒一切。会后各部门、各单位要及时传达会议精神，不断增强意识、完善机制、强化落实。在各司其职、各负其责、看好自己的“责任田”的同时，还要增强大局意识和协调精神，时刻保持高度的责任心和使命感，切实把学校安全稳定工作做实做透、做细做好，实现校园的长治久安。

校党委书记钮雪林在“不忘初心、牢记使命”专题干部培训班上的讲话

2018年4月25日

同志们：

今天，苏州市职业大学“不忘初心、牢记使命”专题干部培训班正式开班。习近平总书记在党的十九大报告中开宗明义指出：不忘初心，牢记使命，高举中国特色社会主义伟大旗帜，决胜全面建成小康社会，夺取新时代中国特色社会主义伟大胜利，为实现中华民族伟大复兴的中国梦不懈奋斗。“不忘初心、牢记使命”主题教育是推动全党更加自觉地为实现新时代党的历史使命不懈奋斗的重要内容。学校举办此次培训班，是深入学习贯彻习近平新时代中国特色社会主义思想和党的十九大精神、提高学校中层干部的党性修养、政治素质、工作作风和能力水平的一项重要举措。校党委对此高度重视，在课程设计、学训形式等各方面都做了精心安排，既有现场教学，又有在线自学，还有现场警示教育，确保大家学有所思、学有所得、学有所获。借培训班开班之际，我谈几点意见。

一是统一思想，充分认识“不忘初心、牢记使命”主题教育的重要意义

不忘初心、牢记使命，是贯彻党的十九大精神的重要举措。党的十九大是在全面建成小康社会决胜阶段、中国特色社会主义进入新时代的关键时期召开的一次十分重要的大会。党的十九大报告，高举旗帜、高瞻远瞩、继往开来，是我们党迈进新时代、开启新征程、谱写新篇章的政治宣言和行动指南。开展“不忘初心、牢记使命”主题教育，就是要用党的光荣历史和革命传统涵养党性、用习近平新时代中国特色社会主义思想武装全党，激励我们共产党人不断前进。

“不忘初心、牢记使命”，是党始终铭记历史的重要力量。一个伟大的民族必需铭记历史，唯有深刻铭记历史、正确看待历史，我们党才能带领广大人民群众完成新的任务、攻克新的挑战、取得新的成绩。本次培训班安排了大家瞻仰南湖红船、参观南湖革命纪念馆，希望同志们深入学习党的历史，提高党性修养水平，进一步发挥先锋模范作用。

“不忘初心、牢记使命”，是党不断开创未来的重要基础。十九大报告指出，“经过长期努力，中国特色社会主义进入了新时代，这是我国发展新的历史方位”。在新时代的新矛盾新挑战新征程中，我们要把“初心”和“使命”融入到学校发展的全过程，贯穿到各个环节，覆盖到各个方面，艰苦奋斗、攻坚克难，推动习近平新时代中国特色社会主义思想在学校的各项工作中落地生根。

二是加强学习，努力提高自身综合素质，发挥模范带头作用

“火车跑得快，全靠车头带”。学习宣传贯彻党的十九大精神是全党全国当前和今后一个时期的首要政治任务。十九大精神怎么学？领导干部的表率作用是极其重要的。“沧海横流显砥柱，万山磅礴看主峰”。党的十八大以来的这五年，从中央八项规定出台，到党的群众路线教育实践活动，再到“三严三实”专题教育，再到“两学一做”学习教育，实际上，认真梳理一下以习近平同志为核心的党中央的执政思路，可以发现一个清晰的脉络，那就是党中央始终坚持领导带头、以上率下，树立标杆、做好示范。

学校中层干部对所在学院、部门的党员有着巨大的影响力和感染力。作为领导干部，要有本领恐慌的意识，要有能力不足的危机感，要有带头学习宣传贯彻党的十九大精神的紧迫感。既要做到先学一步、学深一层，努力提高自己的政治素养和思想理论水平，具备与新时代党的要求、目标定位和自身岗位职责相适应、相一致的工作能力和水平。同时又要带着问题学，把研究和解决本单位本部门的现实问题作为学习的根本出发点和落脚点，不断掌握新知识、熟悉新领域、开拓新视野，真正做学懂、弄通、做实党的十九大精神的榜样，切实用十九大精神武装头脑、指导实践、推动工作，积极投身到学校内涵式高质量发展的新征程中去。

三是严格要求，确保学习培训取得实效，推动全面从严治党向纵深发展

十九大提出了新时代党的建设的总要求，突出政治建设在党的建设中的重要地位，对新时代全面从严治党提出了部署要求。对广大干部来说，必须做到讲政治、强党性，牢固树立“四个意识”，坚定

"四个自信",始终保持对党绝对忠诚,严格遵守党的政治纪律和政治规矩,在思想和行动上与党中央保持高度一致;必须做到责任过硬,树立正确的政绩观,以钉钉子精神担当尽责,发扬求真务实、真抓实干的作风;必须做到知敬畏、存戒惧、守底线,在全心全意为人民服务中提升政治站位、提高工作能力,自觉进行自我反省、自我批评、自我教育,持之以恒克服形式主义、官僚主义,久久为功祛除享乐主义和奢靡之风。

在学习过程中,希望大家端正态度,摆正位置,怀着敬畏之心、保持空杯心态,主动向中央靠拢,主动向历史学习,使思想和心灵得到净化,党性得到锻炼,作风得到锤炼。要严格遵守学习培训和廉洁自律的各项规定,牢固树立大局意识、责任意识,切实做到学而有思、学而见效、学而守规。同时坚持学以致用,将此次培训班的所学所思所悟与从事的工作、肩负的责任、担当的使命紧密结合起来,不断提高战略思维、创新思维、辩证思维等能力,使思想觉悟和认识水平更加符合学校的实际、新时代高等教育的发展要求,切实把校第二次党代会确定的各项任务真正落到实处,全面提升学校发展竞争力,努力推动学校全面从严治党和事业科学发展迈上新台阶。

最后预祝此次"不忘初心、牢记使命"专题干部培训班取得圆满成功!

强化责任　创新方式　主动担当　开启校学生工作和共青团工作的新时代

——校党委书记钮雪林在2018年学生工作暨五四表彰大会上的讲话

2018年5月4日

老师们、同学们、同志们：

今天学校召开这个会议，把学生工作与五四表彰大会合起来开，减少会议。

首先，我代表校党委、行政向受到表彰的先进集体和个人表示热烈的祝贺！向一年来辛勤耕耘在学生工作、共青团工作一线的各位老师各位同学表示衷心的感谢！

过去一年，学校学生工作和共青团工作取得可喜成绩，辅导员职业能力大赛获得华东赛区二等奖，学生资助工作获评全省百佳典型，毕业生就业率达到98.89%，“互联网+”和“挑战杯”取得新突破，院（部）学生工作呈现出百花齐放的局面；学生获各级各类奖励3976人，获奖率达30%，涌现出一批成才典型。刚才，管理学院党总支副书记孟利琴、优秀辅导员代表顾嘉老师分别进行了工作经验交流，机电工程学院祁陆强代表学生进行了发言，讲得都很好。

党的十九大报告明确指出，中国特色社会主义进入了新时代。新时代开启新征程，呼唤新作为。新时代的青年学子特点鲜明，成长于改革开放后中国发展的黄金岁月，欣逢新时代开启的难得机遇。无论是中国走近世界舞台中央带来的开阔视野，还是中华民族从富起来到强起来激发的强烈自信，都使同学们对自身、国家和社会有着更深入、更系统的思考，比以往任何一代更有能力认识这个世界，这是教育普及的结果，更是时代进步的表现，也是做好学生工作和共青团工作的时代大背景。我们要深入分析新时代背景下学生工作和共青团工作的新形势、新要求、新任务，要结合学校“全国一流品质院校”建设的要求，增强学生工作和共青团工作的针对性和实效性。

当前学生工作和共青团工作的总体要求是，以习近平新时代中国特色社会主义思想为指导，按照学校第二次党代会要求，围绕学校中心工作，宣传贯彻党的十九大精神，深入贯彻全国高校思想政治工作会议精神，提升思想政治工作和学生工作、共青团工作质量，助力全国一流品质院校建设。在五四前夕的5月2日，习近平总书记考察了北京大学，对青年人又提出了新的要求，我们要认真学习好，积极贯彻好。

加强学校学生工作和共青团工作，成就学生，要增强围绕主线、聚焦主业、强化主责、自觉主动等四个方面意识。

围绕主线。学生工作的主线分别是思想政治教育的航线、学风建设的长线和安全稳定的底线。学生工作部门及学院（部）要紧紧围绕主线，坚持德育为先，引领学生成长，塑造高品德人才；要以宿舍风气、班级风气建设带动学风校风建设，常抓不懈，构建学风建设长线，塑造高技能人才；要以科学化规范化的管理服务为抓手，坚守安全稳定底线。

聚焦主业。学生工作人员的主业是思想政治引领，合力培养又红又专、德才兼备、全面发展，具有创新精神、实践能力和社会责任感的中国特色社会主义事业建设者和接班人。我们的日常工作是琐碎的，作为学生工作人员要善于分析总结，分清主次，有重点地开展工作。

强化主责。一个人无论从事什么工作，责任意识始终是第一位的，没有强烈的责任意识，什么工作也做不好。学生工作是一项特别重要、十分细致、反复循环、成效缓释的工作，需要学生工作人员有强烈的主责意识，对自己高标准，严要求，本着为学生未来负责、为家长负责、为社会负责的工作态度，真正成为大学生成长成才的引路人。

自觉主动。学生工作部门和学院（部）要充分调动积极性、主动性和创造性，主动思考，主动作为，把握思想政治教育规律，把握学生成长规律，主动履职尽责，服务好学生，促进学生全面健康发展。

围绕主线、聚焦主业、强化主责、自觉主动，至少要从五个方面入手，抓细抓实抓好。

一要抓好学习，增强本领。做学生工作的同志，要通过学习，掌握辩证思维、创新思维、法治思维、底线思维，创新工作方法，有的放矢开展工作，增强做好学生工作的本领。

二要勇于担当，加强教育。每位教师、每位学生工作者都要树立强烈的教书育人的责任，要担当起责任。“因事而化、因时而进、因势而新”是习近平总书记对高校思想政治工作提出的基本方法论。学生工作部门要围绕价值塑造、知识传授、能力培养“三位一体”构建思想政治教育育人模式，与时俱进，积极开展第二课堂思想政治教育活动，要结合学生成长阶段的关键点，开展入学教育、心理适应、学习促进、职业规划等方面的转型教育活动；要创新形式、丰富内容、着眼细节，整合优质思政教育资源，探索打造学生喜闻乐见的思政教育品牌活动。要树立起良好的校风、学风，推动学生成长成才。

三要寓管理于服务之中。一方面要加强并做好学生管理工作，但更重要的是在于通过服务工作来体现管理，坚持“以人为本”理念，要尽一切力量在同学们的学习、生活、思想各方面予以帮助和引导，提高服务质量。学校各类学生工作人员的工作观念，必须实现由“管理型”向“服务型”转变，服务于学生的生活、学习、全面成才。各级领导要深入基层，到老师、学生中间了解情况，要从解决学生最关心的实际问题出发，想学生之所想，急学生之所急，关心、教育、尊重、引导好每一个学生，最大限度地服务每一个学生的成长成才，力求在服务中达到育人的效果。学校将每年为老师、学生办一批实事项目，学生、老师、管理干部层级要进一步推动社区文化中心建设，将社会文化中心作为党建、团建和学生工作深入社区的平台，为同学们开辟学习生活的新阵地。

四要提供更好的创新创业平台。学校将进一步建好太湖众创、图书馆的创客空间等，培养创新创业能力。要通过提高实验室、实训室的开放度，给予学生支持和指导，为学生学习实践创造良好的环境和条件；要以技能竞赛、“互联网+”、“挑战杯”、创青春等赛事为导向，以校内竞赛为平台，以学生创新工作室为基础，强化项目训练，全面提升学生的实践创新能力；要深化暑假学生社会实践、勤工助学、志愿服务等活动，积极推进第二课堂成绩单建设，着力构建“全链条”式校内校外实践育人平台，努力为学生提供更多成才机会。学校将每年投入几千万元用于提升教学科研设施。

五要强化安全稳定，保障改革发展。安全稳定是学校和谐发展的基础。学校从上到下要牢固树立“安全稳定压倒一切”的思想观念，充分发挥教师、学生工作人员、班主任、学生干部的重要作用，达到安全教育全覆盖。要积极开展防范电信诈骗、校园不良网络贷款等教育活动，给予学生安全预警；要通过有效途径，及时发现和处置宗教渗透校园、传销及意识形态方面的敏感事件；要做好校园交通、学生假期、社会实践安全提醒，杜绝各类安全事故的发生；要认真落实学生安全稳定工作责任制，积极化解学生心理障碍，消除安全隐患，让学生在安全稳定的环境中健康成长。

新形势下学生工作和共青团工作任重道远。我们要以敢于开拓的创新精神，勇于负责的担当精神，驰而不息的执着精神，解放思想，真抓实干，锐意进取，攻坚克难，努力提高学生工作和共青团工作质量，不断开创学校学生工作和共青团工作科学发展的崭新局面！

老师们、同学们、同志们，二百年前，马克思的诞生和他开创的事业，使人类历史翻开了崭新的一页；九十九年前的五四运动，激励着一代代青年人爱国爱家，报效祖国；四十年前，改革开放大潮的掀起，使中国从站起来到富起来、强起来。今天中华民族伟大复兴的新时代已经开启，以青春之我、奋斗之我为祖国发展添砖加瓦，已成为青年人的目标。

让我们再次喊出“振兴中华，从我做起”，为实现中国梦贡献青春！

谢谢大家！

校长曹毓民在2018届毕业生毕业典礼大会上的讲话

2018年6月27日

各位老师，各位2018届的同学：

大家好！

当世界杯遇上毕业季，速度激情与伤感离愁碰撞，超越梦想与汗水泪水交织，这个夏天注定是一个非同寻常的季节。今年的毕业典礼，我们首次在校体育馆举行，分上午、下午两场，目的是让2018届所有毕业生能够齐集一堂共同完成三年大学阶段的“最后一课”。在此，我谨代表校党委、行政，向全校圆满完成学业的2018届毕业生表示热烈祝贺！向辛勤培养同学们成长成才的全体教职员工表示衷心的感谢！

各位同学，回望三年的生活，在这个美丽的地方，你们沐浴石湖之畔的春风秋月，流连上方山的花开花谢，品味图书馆的文韵飘香，演绎运动场上的生龙活虎，邂逅同样青春年少的英俊脸庞。可以说，你们的青春芳华温柔了苏职大的岁月，也惊艳了苏职大的时光。当然，苏职大也为你们镌刻了不能磨灭的人生印记与成长符号。

此时此刻，你们或许不会再调侃——我们就读并毕业于拥有十个校门的“多门大学”；你们已经不会再吐糟认真苛刻的专业老师和班主任、辅导员。更多的是珍惜与感恩。借今天这个毕业典礼，我们邀请各个学院（部）的领导代表各自院（部）的老师，起立并向同学们挥手致意；建议同学们以最热烈的欢呼，表达对老师的感谢！

临别时刻，肯定会特别留恋一起“吃鸡”的好兄弟，一起笑过哭过的好闺密。天真烂漫，灿烂如你；见山见水，心里有你；心向阳光，美好如你！三年的朝夕相处，三年的深厚情谊，彼此已经舍不得分离。

临别时刻，同学们也有很多话要对学校说。我要感谢同学们对母校的深深眷恋！你们的那些委婉、率真的建议和意见是对学校工作最大的鞭策和鼓励！我们会加倍努力，让我们的学校成为毕业生的心理地图、精神家园和引以为傲的资本！

借今天这个机会，我想再与你们分享三点希望：

一是希望你们拥有敢于担当、勇于创新的品格。今年是改革开放40周年，习近平总书记指出这是“我们以敢闯敢干的勇气和自我革新的担当，闯出了一条新路、好路，实现了从‘赶上时代’到‘引领时代’的伟大跨越”。在前不久胜利召开的两院院士大会上，习总书记面对纷繁复杂的国际环境，深刻提出“创新决胜未来，改革关乎国运”，这些话道出了所有中国人的心声。敢于担当、勇于创新是中华民族伟大复兴的必由之路，是每一位与国家和民族同呼吸、共命运的中华儿女的必备品格。

二是希望你们拥有踏石留印、抓铁有痕的干劲。幸福不是天上掉下来的，而是撸起袖子加油干出来的；成功不是嗓子喊出来的，而是甩开膀子奋力拼出来的。今天的中国，有着世界上最完备的工业体系，“蓝鲸一号”世界最大钻井平台、“天眼”世界最大单口径球面射电望远镜、首艘自主建造国产航母，一系列大国重器涌现的背后，矗立着一代代大国工匠坚韧不拔和追求极致的精神丰碑，这些都是你们干事创业的榜样。

三是希望你们拥有健壮充沛、健康快乐的身心。“少年智则国智，少年富则国富，少年强则国强”。“世界是你们的，也是我们的，但是归根结底是你们的。你们青年人朝气蓬勃，正在兴旺时期，好像早晨八、九点钟的太阳。希望寄托在你们身上。世界是属于你们的。中国的前途是属于你们的”。“两个一百年”伟大目标的圆满实现，中华民族伟大复兴的梦想成真，需要你们拥有强健的体格和积极的心理，去发挥你们的聪明才智，去挥洒你们的辛勤汗水。强身健体是你们事业有成、家庭幸福的基础，学校南区操场上的那句“每天锻炼一小时，幸福生活一辈子”陪伴了你们三年，更值得你们继续实践和坚持。

学校退休教授，今年93岁的张继馨老师是中央文史研究馆书画院研究员，江苏省花鸟画研究会顾问。他是当下吴门花鸟画领军人物，是全国颇具影响力的花鸟画大家。去年5月，张继馨老师在中国美术馆举办了“吴门馨风”个人画展，他的八幅画作被中国美术馆永久收藏，这在中国美术馆个人画展历史上极为少有。2018年4月，张继馨老师不顾年事已高，专程到校参加“梅花三弄：诗画乐”——大学生素质教育活动周，并捐赠50万元设立奖学金。今年春节，学校党委钮雪林书记和我一起登门看望张继馨老师时，他将九十三年的人生历程凝练为一句话——“拼搏！一生拼搏！”六个字两个感叹号，这是他的人生体悟，更是送给我们的人生“金句”！在此，也作为临别赠言送给2018届的全体毕业生！

我们没有“天之骄子”的光环，但是我们可以有“刻骨铭心”的努力，它让我们有机会成为脚踏实地的“干将”，让我们在人生的赛场上有勇气自己奔跑。在辉煌时懂得收敛光芒，在落寞时能够选择坚强！

“海阔天空，随我去闯”，祝各位鹏程万里！

“哪怕走出半生，归来仍是少年”，愿我们后会有期！

谢谢大家！

校党委书记钮雪林在纪念建党97周年暨第十二届“先锋论坛”总结表彰大会上的讲话

2018年6月28日

同志们：

今天，我们召开会议，共同庆祝中国共产党成立97周年，总结学校第十二届“先锋论坛”活动，表彰2017年度学校优秀共产党员、优秀党日活动，聆听老校友万长森的感人事迹，重温入党誓词，这很有意义。借此机会，我讲几点意见。

一、要提高认识，增强做好新时代党建工作的责任感和使命感

习近平总书记在北京大学师生座谈会上指出：“当代青年是同新时代共同前进的一代。……广大青年既拥有广阔发展空间，也承载着伟大时代使命。青年是国家的希望、民族的未来。”党建工作要从源头抓起，高校作为青年人才集聚地，发挥着吸收新鲜血液的重要作用。

一是切实抓好思想政治工作。党的十九大报告指出，要把党的政治建设摆在首位，旗帜鲜明讲政治是我们党作为马克思主义政党的根本要求。高校思想政治工作是一项战略工程、铸魂工程。学校各级党组织要把思想政治教育寓于学校各项教育教学工作、管理工作、服务工作之中，坚持不懈传播马克思主义理论，坚持不懈弘扬社会主义核心价值观，坚持不懈培育优良校风和学风，确保学校办学的正确方向。

二是持续加强意识形态工作。高校是意识形态工作的前沿阵地，对党的意识形态工作大局有着重要的影响。要用新时代中国特色社会主义思想武装全党，加强对学校意识形态工作的领导，教育引导广大师生党员增强“四个自信”，始终在思想上政治上行动上同党中央保持高度一致。加强对学校讲座、报告会和互联网等阵地的管理，防范校园传教，防范敌对势力渗透，守土有责、守土负责、守土尽责。

三是认真落实立德树人任务。高校立身之本在于立德树人。要切实解决好“培养什么人”“如何培养人”以及“为谁培养人”这一社会主义教育事业的根本问题。要加强师生思想道德建设，把立德树人作为中心环节，把人才培养作为工作重点，围绕学生、关心学生、服务学生，努力实现全员育人、全过程育人、全方位育人。

二、要固本强基，增强基层党组织整体功能和党员队伍生机活力

基层党组织是党全部工作和战斗力的基础，党员是党一切活动的主体。党的工作最坚实的力量支撑在基层，最突出的矛盾问题也在基层。因此，必须把抓基层打基础作为长远之计和固本之举，不断提高基层党建工作科学化水平，凝聚“向心力”，汇聚“精气神”，切实提高党组织的凝聚力和战斗力。

一要加强基层党组织建设。牢固树立大抓基层、严抓基层的鲜明导向，将党建工作重心下移、力量下沉，构建坚强的基层战斗堡垒，真正使基层党组织的战斗力强起来。要扩大基层党组织覆盖面，推动基层党组织设置向行业协会、校企合作、新兴学术组织拓展；要加强院系党组织和基层党支部的规范化建设，进一步提高基层党组织党建工作质量；要深入推进服务型党组织建设，推动基层党组织建设整体上水平。

二要加强党员队伍建设。进一步提高党员素质，教育引导师生党员不忘初心，牢记使命，不断增强“四个意识”，做“四讲四有”合格党员。引导教师党员踊跃投身教育创新实践，不断提高业务能力和教育教学质量，始终保持干事创业、开拓进取的精气神。继续深入实施大学生党员素质工程，提高党员发展质量，加强培训教育管理，广泛开展服务实践活动，教育引导大学生党员坚定理想信念，练就过硬本领，锤炼高尚品格。

三要落实管党治党主体责任。学校各级党组织和党员领导干部要把管党治党责任切实放在心上、扛在肩上、抓在手上，坚持以问题为导向，健全落实党日活动制度，着力提升党建工作成效。广大党务工作者要积极履职尽责，不断提高工作能力水平，把全面从严治党各项工作落小落细落实。

三、要解放思想，增强新时代高质量发展背景下的先锋模范作用

一要深入开展解放思想大讨论活动。今年是中国共产党建党97周年，也是改革开放40周年。改革开放只有进行时、没有完成时，解放思想永无止

境。习近平主席在博鳌亚洲论坛2018年年会开幕式上的主旨讲话中指出，40年来“中国人民坚持解放思想、实事求是，实现解放思想和改革开放相互激荡、观念创新和实践探索相互促进”，深刻地说明了解放思想在推进改革开放中的强大促进作用。对此，学校要把握方向，通过解放思想大讨论把广大师生的思想统一到习近平新时代中国特色社会主义思想和党的十九大精神上来，统一到学校各项决策部署上来，为学校内涵式高质量发展集聚精神力量。下周一，7月2日，学校将召开工代会、教代会，这次会议的一个重要任务就是审议新的绩效考核方案，推动学校高质量发展。大家要理解、支持这个新方案。

二要大力弘扬时代精神。时代铸造精神，精神映射时代。要继续开展“双创双争”活动，用创新的思路解决好学校实践探索中的问题，用改革的办法推动发展质量的全面提升。要在广大师生中大力弘扬以改革创新为核心的时代精神，培养不畏艰险、勇于拼搏、开拓进取的良好品质，始终保持昂扬向上、奋发有为的精神状态，凝聚起实现中华民族伟大复兴的强大精神力量。

三要全面发挥党建品牌和先进典型的模范引领作用。近年来，学校始终坚持“立足院系、注重党建、知行合一、服务师生”的指导思想，把“先锋论坛”作为学校基层党建工作的重要平台，集中体现了学校各级党组织和全体党员的集体智慧和创造力。今后，要继续坚持做好党建品牌的创新建设和先进典型的选树工作，进一步加大对先进典型的宣传力度，在基层党组织和广大党员中营造学先进、比贡献、树形象的浓厚氛围。“先锋论坛”这一党建品牌要继续发扬光大；同时校企、校地合作的党建联盟的创新探索也要品牌化。

各位党员、同志们，今年是贯彻落实党的十九大精神的开局之年，也是全面落实学校第二次党代会精神的开局之年，会后，希望大家进一步统一思想、凝神聚力，增强使命感、责任感，以改革创新的精神全面加强党的建设，敢于担当、勇于作为、鼓舞斗志、顽强拼搏，为推动学校早日建成全国一流品质院校而奋斗。

谢谢大家。

改革再深入　实践再创新　以新时代的思想大解放推进一流品质院校建设

——校长曹毓民在七届一次教代会上的工作报告

2018年7月2日

各位代表、同志们：

现在，我代表学校向大会报告六届五次教代会以来的工作，请予审议，并请特邀代表、列席代表提出意见。

六届五次教代会以来的工作回顾

一年以来，学校认真学习贯彻习近平新时代中国特色社会主义思想，紧紧围绕提高人才培养质量，落实立德树人根本任务，召开学校第二次党代会，坚持质量为先，坚定精准发展，以内涵建设为重点，开展创新创业建设年工程，打造核心竞争力，提升品牌效应和示范效应。学校在“2017年中国大学声誉榜专科百强学校”中排名全省第一，在首次苏州市市属事业单位年度绩效考核工作中位列小组第一。

一、认真学习贯彻习近平新时代中国特色社会主义思想，强化党的领导作用

学校认真学习贯彻习近平新时代中国特色社会主义思想，成立以校党委书记为团长的十九大精神宣讲团，钮雪林书记带头讲授专题党课5次，党委班子成员开展各类调研走访活动76次。深刻领会党在教育工作中的领导作用，配强学校领导班子，党委领导班子成员增至9人，明确分工，形成合力，为学校发展提供有力保障。

学校加强党委对各项工作的全面领导，坚持和完善党委领导下的校长负责制，制定出台《贯彻落实“三重一大”决策制度的实施办法》，明确31项内容需经党委会集体研究决定。强化党的领导，突出顶层设计，注重规划落实，成立学校党委深化改革创新领导小组并下设12个专项小组，成立学校发展规划委员会并下设10个专项委员会。学校强化内涵质量发展，制定出台2018—2020年学校内涵质量指标体系，推进编制2018—2020年内涵质量建设11个专项行动计划。

学校全面强化从严治党，切实推动党委主体责任和纪委监督责任的落实，一年中开展党委会研究与党风廉政建设相关工作18次。年初党委与各单位签订《党风廉政建设责任书》，筑牢廉政“防火墙”。开展全校各单位廉政风险点的排查与防控，全面列出权力清单，排查出风险点409项，创新开展校内巡审督查工作。

二、召开学校第二次党代会，明确发展目标任务

学校顺利召开第二次党代会，回顾以往五年的主要工作，总结提出必须强化党的领导、创新发展、依法治校、价值引领的工作经验。面对新形势、新挑战，学校明确提出坚持质量为先，坚定精准发展，大力培养“高品德、高技能、高适应”的人才队伍，实现学校发展与地方经济社会协同创新、融合共赢，努力建设全国一流品质院校，并积极实现应用型本科高校的办学目标。

为积极实现办学目标，学校明确“八大任务”，即精准深化治理结构，着力推进现代大学制度建设；精准实施教育教学质量引领改革，着力培养高素质人才；精准完善人事管理制度，着力优化师资队伍；精准构建科技激励机制，着力转化科研成果；精准推动校地融合发展，着力强化服务地方能力；精准拓展开放办学，着力形成国际化办学新局面；精准建设质量文化，着力增强育人软实力；精准建设优质服务体系，着力提升办学条件。

三、重点开展创新创业建设年工程，提升创新创业水平

学校打造创新创业新平台。构建创新创业人才队伍培育体系、创新创业教学与指导服务体系、创新创业训练与实践体系“三大体系”，组建课程、培训、训练、竞赛、孵化“五位一体”，实现基础普及、专业培训、体验实践、精英强化、成果孵育“五级推进”。“三五五”立体化综合性平台获评苏州市高职高专校优秀创新创业平台。

太湖众创建设不断深入。太湖众创·苏州市大学生众创空间重点打造文创、科技、电商三个主题孵化群，累计孵化团队62个，涵盖10所在苏本、专科院校。在孵企业拥有各类知识产权105项，3家企业挂牌“新四板”，3个团队被评为江苏省大学生优秀创业项目，1人入选姑苏科技创业天使计划，创业团队累计获得各类奖励90余万元。目前，太湖众创是苏州职业院校中唯一集国家、省、市、区四级众创空间，省、市、区三级大学生创业园（孵化基地）为一身的大学生创业平台，并在2018年市级众创空间运行绩效考核中获得第一名。

创新创业比赛成果显著。学校在第十六届全国大学生机器人大赛中获一等奖1个，在第三届中国“互联网+”大学生创新创业大赛中获全国总决赛铜奖1个、省赛一等奖1个，在第十五届“挑战杯”江苏省比赛中获一等奖2个，获第十届英国工程设计挑战赛（中国赛区）工程挑战第一、二名。学校1名教师获“中国产学研工匠精神奖”，2名师生获苏州市“三新四创”好青年称号，机械类专业创新教学团队获批苏州高职院校优秀教学团队。

四、不断深化教育教学改革，提高人才培养成效

以“专业集群+特色产业专业”为工作思路，重点打造先进产业人才培养基地、新兴应用技术研究基地。通过省品牌专业中期验收1个，立项省高等职业教育高水平骨干专业3个。与澳大利亚启思蒙学院合作举办的机电一体化专业项目、会计与审计项目获批省高水平示范性建设工程培育点。

深化校地、校企合作。新建企业学院、行业大学7个，总数达15个，实现行业企业学院在学院（部）全覆盖。签署校企合作各项协议74个，现代学徒制班3个，合作订单班30个，新增校企合作开发课程62门，校企合作开发教材32本。学校与苏州市吴中区政府签订校地全面合作框架协议，学校牵头成立“苏州市现代光电职业教育集团”。学校牵头成立的苏州市现代装备制造职业教育集团，获评2018年苏州市优秀职教集团第一名。

推进中外合作教育。学校成为启思蒙学院《悉尼协议》授权认证试点高校。成立国际学院，首批招收来自巴基斯坦、蒙古、哈萨克斯坦等6个国家的80名学历教育国际生。学校申报的“先进制造技术国际化人才培养项目”成功获批2018年度江苏省外国留学生优才计划高技能人才培养项目，是苏州地区同类院校中唯一入选的项目。

持续推进教育教学改革。获省教学成果奖一等奖1个，二等奖2个。入选国家职业教育专业教学资源库备选库1项，省“十三五”在线开放课程建设立项2个。学校以赛促教、以赛促学，获全国职业院校技能大赛二等奖3个、三等奖1个；获省高职院校技能大赛一等奖4个、二等奖11个、三等奖31个；获省微课教学比赛二等奖6个、三等奖6个；获省高职院校信息化教学大赛二等奖3个、三等奖4个；获省优秀毕业设计（论文）一等奖3个、二等奖1个、三等奖4个、优秀团队3个。

五、抓住成长成才做工作，成就学生成效鲜明

加强思想政治教育。首创“理想信念教育与基本道德教育相结合，有形载体教育与无形渗透教育相结合，办实事感召教育与树先进典型教育相结合”的“三结合”思政工作新方法。联合市委宣传部、市委教育工委等单位举办“青春与价值对话”活动，获2017年度全市宣传思想文化工作创新成果，成为全市教育系统唯一获奖项目。

积极开展大学生实践创新活动。学校获省、市重点团队立项2项，1个团队被授予江苏省暑期社会实践优秀团队。学校在2018“创青春”江苏省大学生创业大赛中获银奖1项，2018“挑战杯——彩虹人生”江苏省职业学校创新创效创业大赛中获一等奖2项、二等奖2项，入围国赛2项。校团委获2017年度江苏省“五四红旗团委”称号和“苏州市共青团工作先进单位”称号。

持续优化育人条件。2人获省第十二届职业规划大赛职业规划之星称号，学校获最佳组织奖。实现精准资助全覆盖，学生资助工作被评为“全省百佳学生资助工作单位典型”，获在苏高校创业就业优秀资助项目一等奖。获第七届江苏高校辅导员素质能力大赛决赛二等奖，辅导员思政工作案例获苏州市一、二、三等奖各1个。学校创设条件，首次分上、下午两场组织2018届全体毕业生参加毕业典礼，由全体校领导为每一位毕业生现场颁发毕业证书并合影留念。

六、围绕教师发展出举措，成就教师落到实处

加强师资梯队建设。选拔23名校“青蓝工程”优秀中青年专业带头人和优秀青年骨干教师为培养对象。首次开展学校“教学名师”评选活动，6名教师获此称号，推行“名师带徒”工作制度，发挥示范引领作用。

积极培养引进高层次人才。引进各级各类人才51名，其中教授2名、副高6名、博士17名；柔性引进高技能人才6名。鼓励教师提升职称层次，18人晋升高级职称。支持教师申报高层次人才项目，新增省高校“青蓝工程”培养对象6人。新增省级优秀教学团队1个、省级科技创新团队1个。

提升“双师”教师素质。学校遴选13个“双师型”教师培养培训培育基地，推进“高校青年博士进企业行动计划”，促成54名教师与企业达成进企业实践对接意向，提升教师知识技术服务地方经济能力。

七、扩展科技创新服务平台，增强科研成果力度

加强创新服务平台建设。学校启动科技创新暨重点建设年工作，建立目标责任体系科研指标。成立“苏州石湖智库”，开展政策咨询服务、应用理论研究、地域文化服务等工作。学校深化与苏州有关市（区）、市发改委、市教育局、市质监局等地方政府及职能部门的科研合作，在电子信息、机械制造、人文艺术等优势领域，优化科技创新团队，服务区域经济发展。新建苏州市丝绸功能技术试验及检测公共服务平台等科研平台5个，完成超声波钻探结构特征分析实验室等科研建设项目6项，积极推动实现知识产权转移转化14项。

创新应用研究取得系列成果。立项科研项目93项，其中国家社科基金重大项目子项目1项，省高校哲学社会科学研究重大项目1项，省优秀科技创新团队项目1项。授权发明专利89项。获江苏省高校科学技术研究成果奖、苏州市科学进步奖等市级以上科研奖项23项。获中国产学研合作创新奖1项。获得国家自然科学基金委员会主办的“2017中国智能车未来挑战赛”自主驾驶测试第一名、总分第二名。苏州市职业大学作为唯一的高职院校和苏州地区历史上首家主申报单位参选的“分布式光伏发电系统智能控制技术及应用”项目，获“吴文俊人工智能科学技术发明奖”。

八、拓展社会服务领域，扩大学校办学影响

做好社会公益服务。成立苏州青年应急救援志愿服务高校支队。1个项目获苏州市最佳志愿服务项目，1名志愿者被授予苏州市“十佳青年志愿者”称号，一支志愿服务队被授予江苏省青年志愿服务行动组织奖。成功申报立项并建成江苏省红十字会应急救护培训基地，全国首个大学生抗挫折教育体验馆的基建工作已完成，即将面向苏州大学生提供公益服务。

承办重大活动赛事。一批重要活动、大型赛事在苏州市职业大学举办，学校对外形象得到有效展示。成功承办第二届全国高等职业院校体育教师教学技能大赛、第五届全国高校物联网应用创新大赛总决赛、第二届全国智能制造（中国智造2025）创新创业大赛华东赛区决赛等一批大型赛事。江苏省哲学社会科学界第十一届学术大会苏南区域会议、苏州市庆祝第33个教师节座谈会、“梅花三弄：诗画乐”——大学生素质教育活动周等重要活动在苏州市职业大学举办。

强化社会培训服务。与市教育局共建“苏州市社会教育服务指导中心”和“苏州市社会教育培训与研究基地”。与市禁毒委员会挂牌成立“苏州市禁毒社会工作培训基地”，与苏州市民政局合作建设“苏州市社会工作专业人才培训基地”。苏州市发展规划研究院、苏州社科之家、苏州智库联盟落户苏州开放大学。荣获江苏开放大学招生先进集体荣誉称号。

开展图文信息服务。学校图书馆为市人大常委会、教育局等单位提供信息咨询服务，持续做好国际教育园师生开放资源共享服务。学校获批加入中国出版协会年鉴工作委员会高校年鉴工作部（筹），成为首批会员单位。

九、深化校园文明和谐建设，构建智慧美丽校园

营造文明校园氛围。推行党务公开、校务公开。定期召开民主党派双月座谈会、离退休老干部工作通报会，进一步推进关工委工作。做好舆论宣传，推出典型报道，在各类媒体发表新闻报道71篇，其中省级以上媒体29篇。管理用好新媒体，积极传播正能量。组织开展高雅艺术进校园、阳光体育运动等丰富多彩的校园文化活动。启动文明美丽校园提升三年行动计划（2017—2019），规划建设党建、思政、廉洁文化宣传长廊，推动学校党建工作与校园文化建设的有机统一。建设校园南北安全通道、“一站式”学生事务与发展中心、大学生抗挫折教育体验馆、应急救护基地工程（三期）等学校实事项目，推进电梯实训基地、教学资源信息化、数字化校园平台等重大工程，优化师生教学与生活条件。

建设智慧校园。完成数据支撑平台和数据应用平台、网上办事大厅、智慧校园基础建设等项目。建成“智能图书馆”，构建“共同创造知识”体验平台，学校荣获苏州市“2017年度全民阅读先进单位”。《苏州教育学院学报》《苏州市职业大学学报》分获全省高职高专学报类第一和第四名。

深化平安校园建设。开通“平安苏职大”微信公众号，开展安全教育。可视化智慧消防项目硬件建设阶段基本完成，进入系统调试阶段，综合治理能力得到切实提升。

构建节约型校园。成立校节能工作领导小组，推进节能减排工作，建设节约型校园。重点加强实验室安全工作，严格“三废”管理，推进垃圾分类。学校被评为江苏省公共机构节能示范单位。

优化财务管理工作。建立“统一领导、集中管理”的高校财务管理机制和校长负责制的财务工作领导体系，改革预算管理，调整优化支出结构。积极推动网上商城采购，规范采购行为。

十、突出党建工作引领作用，加强党建特色创新

创新党建平台建设。2017年首次开展党总支书记述党建、述思政工作活动。实施党支部书记“双带头人”（党建带头人、学科带头人）培育工程，推进党务工作者能力提升。在全国率先建立校企合作“苏州光电缆产教融合党建联盟”，同时探索开展校地党建共建合作。2018年正式启动苏州市职业大学—沧浪新城（吴门桥街道）校地党建共建基地建设。

做优“党建+特色工作”品牌。深入开展“双创双争”活动，持续办好“先锋论坛”“追随者号”等基层党建品牌项目，推出“一名党员、一面旗帜、一个项目”党员树标杆活动，实施以创建基层党组织书记工作室和基层党组织书记项目为主要内容的“领航者”工程，推进“双创双争、育人先锋”固本强基工程，推动“一院一品”党建品牌创建活动。

做好党员干部思想政治建设。推动“两学一做”学习教育常态化、制度化，被苏州市委宣传部、组织部命名为“苏州市首批学习型党组织建设示范点”。出台加强和改进学校思想政治工作、落实意识形态工作责任制的文件，确定“九个一”主题活动、31项任务。出台学校《党建工作要点》，签订《基层党组织建设工作责任书》，加强党员教育管理。积极发动全校党支部参加第二届全国高校“两学一做”支部风采展示活动，2个优秀作品成功入选。

抓好干部队伍建设。坚持党管干部原则，交流调整中层干部49人次，继续聘用内设科长50人，促进了干部队伍结构的优化。举办“加强党的建设，全面从严治党”“不忘初心、牢记使命”等专题干部培训班，以及基层党组织书记学习贯彻十九大精神集中轮训班等，教育培训力度之大为多年之最。

各位代表，在过去的一年里，全校师生员工在习近平新时代中国特色社会主义思想指引下，围绕学校第二次党代会要求，勠力同心、众志成城、奋勇前进，为学校各项事业发展贡献力量。为此，我代表学校向大家表示崇高的敬意和衷心的感谢！

回顾过去一年学校的各项工作，我们在看到进步和发展的同时，也需要清醒地意识到困难与挑战。我们深刻认识到，在新时代条件下，面对地方经济社会转型升级对高素质技术技能人才的迫切需求、人民群众对高等职业教育的更高要求、师生员工对职业发展成长成才的更高追求，学校在发展过程中还存在不平衡不充分的情况，主要是：内涵式高质量发展步伐还不够快，专业设置布局调整还不够新，科研成果应用转化还不够强，服务地方社会发展水平还不够高。对于这些不足，我们将进一步解放思想、深化改革、深入实践，对准瓶颈、摸准问题，通过质量建设和特色发展，提升核心竞争力，切实增强学校综合实力。

今后的工作思路和重点

学校将深入学习贯彻习近平新时代中国特色社会主义思想，解放思想、深化改革、创新实践，坚持立德树人、成就师生的根本任务，坚持质量为先、精准发展的战略举措，扎实推进“科技创新重点建设年”工程，全面推动内涵式高质量发展。

一、强化内涵质量建设

以思想解放引领发展新征程。将持续深入学习习近平新时代中国特色社会主义思想和党的十九大精神作为首要政治任务，贯穿到办学治校的全过程和各方面，着力抓好内涵质量指标体系建设和责任落实工作，加快内涵式高质量发展步伐，提升学校发展的核心竞争力。

深化党建、廉政、思政工作。将党建作为突出抓手和工作重点，更大发挥党委领导作用和党员示范作用，持续推进党建创新和品牌铸造。全面推进校内巡察审计联动督查，夯实基层党组织管党治党政治责任。建设学校吴文化园廉洁文化教育基地。推进“走基层、看变化、改教法”活动，将“思政课程”和“课程思政”相融合，所有课程的老师都要做到既教学、又育人。

推进内涵质量指标考核。在内涵质量年度考核指标基础上，制订出2018—2020年三年一个周期的各年度目标任务，形成11个专项行动计划，有力推进“全国一流品质院校”建设，为升本奠定坚实基础。推行师德考核负面清单制度，探索建立干部和教师个人诚信记录信息平台。

二、推进科技创新重点建设年工程

大力营造科技创新的良好政策环境。立足放宽放活，激发科研动力，释放创新活力。面向企业、行业、社会寻找科研资源。建立新型协同创新机制，推动学校与地方政府、行业、企业、科研机构、众创空间等创新主体协同，在人才、技术、资金等方面联合协同，争创若干个国家级、省级平台。

积极拓展重点科技项目研究。面向中小企业或与大型企业配套开展实用性紧缺技术研究，在智能制造、人工智能、信息网络、丝绸技术、吴文化传承、财税金融等领域排出一批重点项目，进行重点攻关，努力打造一批能够形成规模和聚集效应的校企合作科技创新项目。

全力推进高价值科技成果转移转化。重点推进高新技术产业导航专利的创新创造研究，新增授权各类专利150项以上，其中发明专利70项。建设学校科技创新与技术转移服务中心，统筹科技信息对接、科技成果管理、技术转移转化、法律咨询服务等工作，今年力争转移转化各类专利20项以上。

三、深化校地融合发展

开展校地协同、资源共享新探索。进一步解放思想，积极探索，努力形成校地资源高度双向开放、深度合作共享的局面。积极拓展与高新区、吴江区等地方政府和市有关部门的融合发展。

推进行业、企业学院（大学）建设，提升实质性合作内涵和质量。加强“苏州市现代光电职业教育集团”内涵提升，推动“苏州市现代装备制造职业教育集团”更好发展。完成电梯实训中心建设，着手筹建电梯智能制造研究院，争取省级电梯人才培养、考核基地落户苏州市职业大学。

扩大对外交流、国际合作新领域。以“江苏外国留学生优才计划高技能人才项目”为依托，办好国际学院，做好多个国家的优质学历生的培养工作。筹建国际应用技术交流中心，推动国际化办学走上新台阶。

四、提高综合保障能力

优化教学服务功能。以服务学生需求为导向，完成一站式学生事务与发展中心、抗挫折教育体验馆建设并投入使用。抓紧推进智能制造共享创新服务平台、智慧工厂生产实训平台、VR虚拟现实实训室等14个重大建设项目、5个实事工程项目建设，力争如期按质完成。实施大学生生活区、部分消防设施更新改造等工程，建成教师服务中心。积极参加全国高职高专学报办刊质量评估工作，创建全省领先、全国一流品质高职学报。

增强校园信息化服务能力。构建涉及人事、资产、智慧后勤等业务领域的一站式服务应用。完善学校主数据平台，力争完成图书、教务等业务领域的数据整合。完成部分多媒体教室和实验实训室的改造。加强信息安全工作，完成容灾机房建设。

统筹做好学校“放管服”改革。加强对学校“放管服”改革的组织领导，建立校院联动、各方协同的改革推进机制，实行管理重心下移、管理流程再造、服务流程优化，激发学校和二级学院的办学活力。

打造文明和谐发展新格局。创建新一轮省、市文明校园，深化学校精神文明建设。加强统战工作，坚持民主党派人士“双月座谈会”制度，成立“侨之家”为侨服务工作站。推进“模范教工之家”示范建设，做好困难教职工的关怀和补助工作。加强离退休老同志的服务工作，推进两级关工委常态化建设及巩固提高。推动平安校园建设上新台阶，完善保密和信访工作机制。

各位代表，学校目前正处在实现跨越发展的重要时期，在这一时期，我们要深刻领会习近平新时代中国特色社会主义思想，深刻总结改革开放40年的高等教育发展经验，以新一轮解放思想为重要契机，用发展目标凝聚改革共识，用责任担当推动创新创优，用质量素养构建特色发展，开启学校加快内涵式高质量发展新时代的新征程，为苏州勇当“两个标杆”、建设“四个名城”贡献我们的智慧和力量。

坚守意识形态主阵地　弘扬创新发展正能量

——校党委书记钮雪林在周乃翔书记调研在苏高校意识形态工作责任制落实情况汇报会上的发言

2018年8月31日

尊敬的周书记，各位领导：

党的十九大报告指出，“意识形态决定文化前进方向和发展道路”，“要牢牢掌握意识形态工作领导权”。校党委高度重视宣传思想政治工作和意识形态工作，努力研判新形势、面对新问题、接受新挑战，不断创新工作方法，在提升工作实效性方面进行了有益的探索。

一、提高政治站位，以党的建设引领意识形态工作

学校始终坚持党管意识形态的原则，不断巩固马克思主义在意识形态领域的指导地位。校党委把方向、明思路，至少每半年专题研究一次意识形态工作，定期分析研判意识形态领域情况，辨析思想领域存在的问题，把牢意识形态工作的主导权。突出党委中心组学习的带动作用，去年以来校党委中心组集中学习24次，被市委宣传部、组织部确定为“苏州市首批学习型党组织建设示范点”。学校每年组织中层干部、党务干部和骨干教师专题培训，党委班子成员多次上党课，推动各级干部学深悟透，为把好意识形态工作方向提供坚强思想保证。做优“党建+特色工作”品牌，在全国率先建立校企合作的“产教融合党建联盟”，持续办好党建“先锋论坛”“一名党员、一面旗帜、一个项目”党员树标杆活动，把握正确的价值取向，推动全校师生的精神力量持续向善向好。

二、强化责任监督，以制度建设保障意识形态工作

学校党委不断加强和改进大学生思想政治教育领导小组和意识形态工作领导小组的工作，将思想政治教育定位为“一把手”工程，党政齐抓，建立完整、系统的工作网络，责任到学院、系、室、部门以及教师，在年终绩效考评中加以严格考核。学校党委近年出台《关于进一步加强和改进新形势下思想政治工作的实施意见》《关于落实意识形态工作责任制的实施细则》并分解工作任务，与各部门、各学院（部）签订思想政治和意识形态工作责任书，每年组织召开思政工作年会。严格会议、论坛、课堂的言论规矩，明确意识形态工作“底线”和“红线”，让意识形态规矩成为“铁纪律”“硬杠杠”。健全意识形态安全预警监测体系，加强网络意识形态和国际合作交流项目管理，抵御宗教渗透，强化舆论监督，规范风险防控，做好正面引导。

三、创新工作方法，以特色活动推动意识形态工作

学校党委积极探索理想信念教育与基本道德教育、有形载体教育与无形渗透教育、办实事感召教育与树先进典型教育的“三结合”工作方法，推动思想政治工作和意识形态工作的创新发展。创新“思政课程”教学与“课程思政”教学双向融入模式，推进思政教育同专业教育在知识传授与价值引领、科学精神与人文精神、教书与育人的对接。加强文明校园环境建设，近年来建有党建、思政、廉政宣传长廊和健身步道人文长廊，开展社会主义核心价值观“一月一主题一项目”活动，在校园操场、橱窗、教学楼、宿舍楼等布置社会主义核心价值观“24字内容”和《高等学校学生行为准则》，体现价值导向。联合政府部门、媒体等多家单位举办“青春与价值对话”活动，采取青年学生喜闻乐见的形式，打造“分享奋斗感悟、共话苏州发展、启迪社会主义核心价值观”的对话与互动平台，有近30万人参加互动，引起社会广泛的良好反响。以“点亮一个微心愿、奉献一份爱心、温暖一颗童心”为主题，今年暑假期间组织师生深入贵州省铜仁市乡村，开展为期20天的支教活动，共建“爱心书屋”，增强大学生的使命意识和责任担当。积极探索生命教育新模式，建成苏州首个大学生应急救护培训基地，被列入苏州市民生实事项目、省级应急救护培训基地，并在全国率先创建大学生抗挫折教育体验馆，让大学生在人文关怀中树立健康向上的人生观。

四、立足时代维度，以文化育人亮化意识形态工作

习近平总书记指出，中华优秀传统文化是我们最深厚的文化软实力，也是中国特色社会主义植根的文化沃土。学校依托苏州深厚的吴文化积淀，重点建设了国家级普通高校大学生文化素质教育基地——吴文化园，开发具有地方特色的吴文化课程，目前省内外11所高校近千名学生选修该课程，该课程使师生深切感受吴地历代先贤的强国梦想、爱国情怀和奉献精神，学习吴文化中流淌着的工匠精神。学校紧密围绕苏州经济社会文化建设需要开展各类研究，在吴文化资源挖掘、保护、传承和创新方面取得较好成果，近三年获批省市厅级科研项目17项，已出版《苏州城墙》《苏州水城》《苏州史纲》等专著12本。近期，响应习近平总书记关于大运河文化带建设重要指示，《苏州大运河》编纂项目已开题。今年上半年学校承办了"梅花三弄：诗画乐"——大学生素质教育活动周，弘扬我国传统文化，陶冶师生思想情操。通过丰富多彩的文化社科普及活动，在思想文化和意识形态工作方面起到了独特的作用。近年来，学校还积极响应国家"一带一路"倡议，与巴基斯坦吉尔吉特地区教育厅合作共建中巴经济走廊文化交流中心，招收80名巴基斯坦、哈萨克斯坦、蒙古国等的国际学历教育留学生以及40名参加实训的南非大学生，通过组织他们参观吴文化园、考察苏州经济社会建设发展风貌等活动，讲好中国故事，传播中国优秀文化。

学校将深入贯彻落实习近平新时代中国特色社会主义思想和党的十九大精神，认真学习最近召开的全国宣传思想工作会议和今天的会议精神，坚定不移地抓好意识形态工作，做到守土有责、守土负责、守土尽责，不断汇聚奋进新时代、奋斗新征程的精神力量，为苏州地方发展作出应有的贡献。

校党委书记钮雪林在教师节表彰大会上的讲话

2018年9月10日

各位老师、同学、同志们：

今天我们隆重集会，对在工作中取得优异成绩的教师进行表彰，共同庆祝第34个教师节。在此，我代表学校党委、行政向受到表彰的各位老师表示热烈的祝贺！向辛勤耕耘在教学、科研一线的全体教师，向默默奉献在各个岗位上的教育工作者，致以节日的祝福和问候！向为学校发展做出贡献的老领导、老教师、老同志致以崇高的敬意！

习近平总书记指出：“一个人遇到好老师是人生的幸运，一个学校拥有好老师是学校的光荣，一个民族源源不断涌现出一批又一批好老师则是民族的希望。”近年来，学校广大教师在教书育人的道路上辛勤耕耘，在科学研究的征途中奋力探索，用心血和汗水、学识和智慧，培育出丰硕的成果。刚才受到表彰的教师们就是教学科研等各方面工作中涌现出来的优秀代表。全校教职员工要以受表彰的同志为榜样，立足岗位创新争先、创优争光，把学习先进、赶超先进化作推动学校教育事业改革发展的强大动力。

借此机会，我提四点希望，与大家共勉：

一、坚持立德树人，形成崇尚师德的良好氛围

立德树人是大学的根本任务，立德修身是教师的立身之本。学为人师，行为世范，一名好的教师应该带头弘扬社会主义道德和中华民族传统美德，时时刻刻注意自己的言行举止，以身作则、以德立身、以德施教；一名好的教师应该有高尚的情操和深厚的修养，面对是非、曲直、善恶、得失等问题时，胸中自有丘壑，坚守人格底线，守望精神家园；一名好的教师应该把教好书育好人作为自己的责任和追求，不忘初心，潜心育人，把责任落实到平凡、普通、细微的教学与管理中去。为此，学校将进一步加强师德师风建设，推行师德考核负面清单制度，健全师德建设长效机制。

二、加强思想引领，做理想信念的引导者

习近平总书记指出，人生的扣子从一开始就要扣好，如果第一粒扣子扣错了，剩余的扣子都会扣错。学校是孕育思想、传播理论的地方，教师是马克思主义科学理论的最佳传播者。马克思主义在中国的传播最早就是在高校知识分子和青年学生中进行的。当前，面对意识形态领域复杂的斗争形势，我们广大教师必须占领意识形态阵地，培育中国特色社会主义的可靠接班人。要把马克思主义理论作为广大教师要传的“道”，将社会主义核心价值观教育融入教育教学全过程，教育引导广大学生坚定理想信念，增强“四个自信”，促进学生全面健康成长。

三、勤修教学内功，做学生学习知识的引路人

扎实的知识功底、过硬的教学能力、勤勉的教学态度、科学的教学方法是教师的基本素质，其中知识是根本基础。在信息时代，教师不仅要有胜任教学的专业知识，还要有广博的通用知识和宽阔的胸怀视野，更要有与时俱进、接轨社会的理念。“水之积也不厚，则其负大舟也无力。”知识储备不足、视野不够，必然会捉襟见肘，更谈不上游刃有余。对此，教师既要自觉树立终身学习理念，又要积极深入经济社会实践、投身学校事业发展，注重科学研究和社会服务，形成教学推科研、科研促教学、教学科研相长的良性循环，为学生做好榜样。

四、立足成就教师，优化教师发展环境

要多措并举，多方努力，为教师提供更好更优的工作条件和发展平台。既要打造良好的“硬环境”，为教师提供更好的工作、学习、生活等条件，学校每年要办一批实事好事；又要建设良好的“软环境”，在政治上、思想上关心教师，在政策上放宽放活，营造更好的政策机制；还要进一步利用好校内外资源，实施11个行动计划，打造教师教学、科研、服务社会的平台，推进内涵质量型建设，充分展现教师的社会价值。暑假期间，学校加班加点建设教师服务中心、苏州石湖智库、学生生活区和部分食堂改造，北部体育场提升改建、南部校区环境改造，新建一批规模型、上档次的实验实训室。在过去发展的基础上，苏州市职业大学进入了思想再解放、改革再推进、发展再创业、内涵式高质量发展的新时代。我们计划争取再用2~3年时间，将学校内涵质量、校区环境、对外影响提高到一个新水平。

老师们、同志们，学校党委、行政将不忘初心、砥砺前行，坚定建设成就教师、成就学生的服务型组织，坚持做你们的“服务员”，努力开启学校内涵式高质量发展新时代的新征程，为建设全国一流品质院校、早日实现应用型本科院校的办学目标而不懈奋斗！

最后，再一次衷心祝愿全校教职员工节日愉快、事业发达、身体健康！

谢谢大家！

校长曹毓民在2018级新生开学典礼暨军训成果汇报大会上的讲话

2018年9月29日

各位老师、2018级的新同学们：

大家上午好！

今天，我们齐集南区体育场，举行2018级新生开学典礼暨军训总结大会。在此，我代表学校党委、行政以及全体教职员工，对来自全国22个省区市的4733名新生的到来表示热烈欢迎，向各位辛勤工作的老师表示衷心感谢！同时，也借此机会，向驻苏部队的领导和教官对苏州市职业大学军训工作的重视和承训表示衷心感谢！

4733名2018级同学中，千禧一代占53%。你们是开启新纪元的一代，随着第一批00后步入成年，属于你们的新世界也即将开启。2018年9月29日，这个日子很有意义，特别是机电工程学院的谢佳乐、顾恒瑜、杨雪峰，管理学院的张国浩，教育与人文学院的段梦茹、王霞、李新梅、邱吴俊昊，外国语学院的陆温沁等9名同学喜逢生日，祝你们生日快乐，别忘了在今天给父母发个微信，感谢他们的养育之恩。借这个机会，也祝愿每一位同学在苏职大的每一天都快乐！

.苏州市职业大学成立于1981年，是全国成立较早的职业大学之一，办学历史可以追溯到创办于1911年的苏州工业专科学校，因此可以说，苏州市职业大学是一家名副其实的“百年老校”。改革开放以来，作为苏州市属高等专科院校，已经为地方经济社会发展输送了8万余名高素质技术技能型和应用型人才，学校知名度不断提升，美誉度不断扩展。当前，学校开启了高质量发展新征程，立足成就老师、成就学生，全面提升内涵质量水平、全面提升创新发展活力、全面提升服务地方能力，努力加快应用型本科院校建设的新步伐，努力创造学校事业发展的新辉煌。

新时代，中国有梦，青年追梦。对于即将开始的大学生活，你们一定寄予了美好的憧憬。但通向梦想的道路总是充满荆棘和挑战。你们见证了问题疫苗给千万家庭带来的伤害，也意识到科技发展缺少道德底线的恐惧；你们目睹了高铁霸座男挑战社会公德的无礼，也看到缺少文化素质的高学历同样让人鄙夷；你们看到了中美贸易战爆发后，“中国芯”面对经济霸权的险境，也认识到中国强国之梦尚需不懈努力。同学们，作为与新时代共同进步的青年一代，你们是否思考，自己应该肩负怎样的历史责任与时代使命？

此时此刻，我想对大家提四点希望：

一是要勤于思考。闻名世界的大科学家爱因斯坦曾经说过：“我没有什么特别的才能，不过喜欢寻根刨底地追究问题罢了。”这不只是这位伟大科学家的谦虚之词，更是他反思自己得出的经验总结。大学与高中不同，大学更强调主动思考，不仅仅是思考考试题目，更要思考专业、思考生活、思考发展、思考人生。

二是要勇于实践。大家都听过“学而不思则罔，思而不学则殆”这句名言，就是讲思考与学习紧密结合起来的重要性。我们给同学们设计的教学计划，虽然不同的专业，总学时有所不同，但是其中实践性环节设置的学时比重，都超过了总学时的50%。大学的学习，更突出理论联系实践，在实践中学习，在实践中求证，在实践中创新。

三是要忠于事业。面对大学的专业学习和思考实践，不能只是看作一种任务，而应该当作一份事业。任务与事业，区别在于态度。看作任务，更多的是被动消极地应付；当作事业，那就会上升到责任与使命的高度，激发巨大热情和干劲。“激情燃烧的岁月”，不是指青春的躁动，而是明白肩上担当的远大理想，埋头苦干，创造辉煌事业的精彩历程。

四是要信于社会。人无信不立，事无信不成，国无信不强。诚信是一个人立足于社会的基本规范，是社会主义核心价值观的重要内容，是对公民个人的基本道德要求。诚信是事业能否取得成功的前提条件，没有诚信，寸步难行。诚信是国家强大的重要保障，中国就是依靠“言必信、行必果”，在错综复杂的国际舞台上展示着大国风范。

上面提到的四点希望，合在一起，就是“勤、勇、忠、信”，“勤、勇、忠、信”是苏州市职业大学秉承的百年校训，是我们学校的文化基因。从今天起，“勤、勇、忠、信”的校训，将伴随你们三年的在校生活，还将塑造你们的未来人生。

军训是你们大学学习的第一课。在十余天的军训中，你们在承训教官的指导下，刻苦练习单人队列技能、分队队列技能和内务整理技能。你们还在学校的组织安排下，参加了消防应急疏散演练。刚才，你们在军训成果汇报中的飒爽英姿和昂扬斗志，给我们留下了深刻印象，我们为你们的点滴成长感到欣慰，为你们的勤奋努力感到鼓舞。

确认过眼神，你们是苏职大的新主人。同学们，你们不仅是学校发展的见证者，也是学校改革与发展的参与者，更要成为走在时代前列的奋进者和开拓者。希望你们秉持校训精神，珍惜大学时光，创造属于你们的辉煌！

青春很贵，请大家不要浪费！三年很短，请大家加倍珍惜！

谢谢大家！

校长曹毓民在苏州市职业大学2018级国际学生开学典礼上的致辞

2018年10月16日

各位领导、老师、同学们：

大家下午好！

非常高兴来参加苏州市职业大学2018级国际学生开学典礼。今年，学校共招收国际学生71名，其中学历生20名，实训生40名，语言生11名，来自南非、巴基斯坦、加纳、老挝等六个国家。我们的学历生是江苏省外国留学生优才计划高技能人才项目学生，你们是从百余名申请者中遴选出来的；我们的实训生来自学校与南非高等教育部的合作项目，你们承担着成为南非职业教育和制造业企业管理和技能人才的重任；我们的语言生大部分已取得硕士学位，但大家怀揣着在中国经济高速发展浪潮中搏击的梦想和对中国文化的热爱，选择继续在中国学习汉语。同学们不远千里从自己的祖国来到苏州市职业大学求学深造，在此，我代表学校对你们的到来表示热烈的欢迎和衷心的祝贺！

苏州是中国首批国家历史文化名城，已有2500多年的历史，是中国吴文化的发源地。当前，苏州是国家重要的历史文化名城和风景旅游城市，国家高新技术产业基地，长江三角洲城市群中心城市。作为我国历史悠久的职业大学之一，苏州市职业大学前身为创办于1911年的苏州工业专科学校。学校现有四个校区，占地面积1262亩，设有12个学院（部），开设64个专业。普通全日制在校生13000名，专任教师776名，高级职称的教师占比为44.07%。学校以培养高素质技术技能型和应用型人才为己任，围绕地方产业发展重点和社会对紧缺人才的需求，深入推进教学改革，构建打造人才培养特色。先后成立了15个行业、企业学院（大学），建有集教学、培训、服务于一体的校内综合实训基地282个，校外实训基地365个。

同时，学校注重国际合作与交流，围绕地方产业发展和人才需求，积极引进境外优质资源，先后与德国、英国、加拿大等国数十所高校在共建专业、课程合作、教师交流、学生交换、学分互认等方面开展合作，开设了9个中外合作办学项目，涉及机电一体化、应用电子、会计、学前教育等专业，积极服务苏州地区各产业发展，尤其是智能制造产业快速发展的人才需求。

同学们，早在2000多年前，丝绸之路就在欧亚大陆的古老文明之间架起了友谊的桥梁，海上丝绸之路打通了中国与东南亚、非洲的贸易与文化交流。而当前，中国正通过“一带一路”倡议，高举和平发展的旗帜，积极发展与沿线国家的经济合作伙伴关系，共同打造政治互信、经济融合、文化包容的利益共同体、命运共同体和责任共同体，与各国共享发展机遇，共创和谐繁荣。在此背景下，各位同学来到中国，来到苏州市职业大学追寻、实现自己的梦想，在此，我想借用你们国家的几句名言，向大家提出几点希望：

越南胡志明主席在中国从事革命活动期间，曾写下了“登山登到高峰后，万里舆图顾盼间”的诗句，求学的道路亦是如此。希望你们珍惜来华留学的宝贵机会，充分利用学校有利的条件和环境，刻苦学习，勤勉上进，学好语言，学好文化，学好专业。

南非总统曼德拉曾经说过，“教育是可以用来改变世界的最强有力的武器”。希望你们可以与苏职大中国同学一起，追寻领悟“勤、勇、忠、信”的校训，在未来的学习中，融会中西，贯通古今，不断提升完善自己的人格，成为拥有创新思维、国际视野和社会责任感的国际公民。

在巴基斯坦，有这样一句乌尔都语诗歌：“朋友的美好形象，就在我心的明镜之中，稍一低头，就能看见。”在漫长的历史岁月里，留学生始终是中外交流史上一支重要的力量。他们来到中国，撒播着双向交流的种子，成为一道亮丽的风景线。希望通过在苏职大的学习，你们可以成为知华、友华、爱华的中国文化传播使者和国与国间的友谊使者。

在未来，

我期待与你们在校园中相遇，

看到你们在绿茵场上矫健的身姿，

看到你们在文化交流活动中展现风采，

看到你们在专业技能实践中增长本领，

看到你们在热烈的师生交流中求真论道，

看到你们与志同道合的伙伴砥砺前行。

祝愿大家在苏职大度过人生中一段弥足珍贵的学习时光，谢谢大家！

全心全意践行“三服务、三育人”宗旨 建设与“全国一流品质院校”水平相适应的后勤保障服务体系

——校党委书记钮雪林在苏州市职业大学首次后勤保障服务工作大会上的讲话

2018年10月24日

各位老师、同学们：

刚才，总务处黄炜处长汇报了学校后勤保障服务工作，张健副校长就进一步加强学校后勤保障服务工作进行了布置，都讲得非常好。这次我们召开全校首次后勤保障服务工作大会，就是要让大家更深入、更全面地认识后勤保障工作。近年来，学校的后勤保障服务工作取得了显著的成效，为学校的发展起到了重要的保障作用，在这里，我谨代表学校党委和行政、代表全体师生员工，向默默奋战在服务第一线的全体后勤保障服务人员，致以崇高的敬意和由衷的感谢！

后勤保障服务工作是学校工作的重要组成部分，是学校教育教学工作得以顺利进行的基础，是保障学校安全与稳定的重要环节，是学校实现立德树人根本任务的重要阵地。后勤保障建设、管理、服务质量的提高，关系到师生的身体健康和人身安全，影响着学校安全稳定的正常运行，影响着高校教育教学工作的开展和总体发展。因此，建立强有力的后勤保障服务体系，既是学校内涵式高质量发展的必然要求，也是树立学校良好形象的重要标志，更是学校建设“全国一流品质院校”的重要保障。为进一步推动学校的后勤保障服务工作，就当前及今后一段时期的工作打算，我讲几点意见：

一、抓观念转变，立足一个“大”字，构建“大后勤”服务格局

事业的发展首先来源于观念的转变。后勤保障服务要牢固树立“三服务、三育人”的宗旨，切实为教学服务、为科研服务、为广大师生服务，在管理育人、服务育人、环境育人上下功夫。

首先，要树立大局观。在高校，学生是中心、教师是主体，这一点是毋庸置疑的，因此，我们把“成就教师、成就学生”作为办学的立足点，这一点也是不可动摇的。所以，从最广泛的意义上说，我们书记、校长，包括其他各级各类行政人员都是为教师、学生做后勤保障服务的。我们的工作应该“一切为了师生、为了一切师生、为了师生的一切”。因此，各个管理部门、教辅部门、各学院（部）要提高站位、着眼大局，树立后勤保障服务“全校一盘棋”的观念。学校后勤保障工作的牵头部门是总务处，因此，总务处首先要担起这个主体责任。但后勤保障服务工作不能是总务处一家在做，其他部门有责任、有义务做好配合工作。在工作中，各个单位要多一点担当、少一点推诿，多一点自省、少一点指责，多一点面对面、少一点背靠背，把“大后勤”的理念落到实处。

其次，要实现大联动。观念层面的大局观，在实践上必然要求各部门之间的大联动。这种大联动不是简单的打打电话、发发邮件，而是要建立一种常态化的联动响应机制。管理部门、教辅机构、学院（部）在这个联动机制中，分工要明确、责任要到位、响应要及时。要定期召开会议，通报有关情况，改进联络机制，重要情况要向学校党委行政进行报告。

再次，要取得大成效。这个大成效包含几个层面，一是要看被服务者的评价，后勤保障服务成效如何首先要问问被服务的对象是否有更多的获得感。二是要看服务人员的自我评价，效率是否更高了、专业化程度是否更高了、投入产出比是否更高了。三是要看社会评价，上级部门的考核评价、来校的校外人员对校园的直接感官是否更高更好了。

二、抓体系建设，做足一个“专”字，建设“网格化”管理体系

高校后勤保障工作面广量大、点多线长，打造网格化管理就是要编织后勤保障服务的“一张网”，实施专业化、精细化管理，构建现代大学后勤保障服务体系，实现后勤保障服务管理的信息化、快捷化、专业化和现代化。

一是要提升制度化建设水平。制度建设是专业化建设的基础性要求，也是持续提升后勤保障服务能力的首要条件。“大联合”下的后勤保障服务工

作，各个部门既要明确分工，又要积极服从总的指挥，这就需要进一步通过制度理顺管理关系，完善和健全部门职责、岗位职责、规章制度、工作规程等一系列具有科学性、规范性和长效性的后勤保障服务工作制度，明确职责，合理分工，通过严明的制度规范来约束后勤保障工作，促进后勤保障工作有章可循、有法可依，促使今后的后勤保障工作更加程序化、规范化和法制化。

二是要打造智慧化网格管理。网格管理的智慧化是后勤保障服务建设的核心。通过智慧化网格管理，让信息在内部管理人员、各部门之间即时传递，有效优化管理体系，推进管理机制去中心化、扁平化。同时，对后勤管理服务模式与流程进行重塑，降低管理成本，提升服务效率，增强制度约束力度，实现后勤可持续发展。智慧化网格管理是学校建设智慧校园的一部分，必须纳入学校智慧校园的大平台之中，将后勤保障服务的“顶层设计”与学校智慧校园建设的“顶层设计”衔接起来，保证后勤保障服务信息化从刚开始的设计上就做到和校内其他信息系统的互联互通，切实避免“信息孤岛”现象。同时，要推进信息技术与管理服务的深度融合，利用多种渠道，广泛宣传“互联网+后勤保障服务”的具体内容和重要意义，形成师生员工和各部门多方参与、多方关心的局面，使智慧化网格管理更加接地气。

三是倡导精细化管理。后勤保障服务工作量大面广、敏感性强、队伍庞大、组成复杂，要从粗放式管理向专业化、集约化转变，在各项工作中把握“精、准、细、严”，建立以精细化理念为指导的各项制度，规范管理流程，提高资源利用率，营造精细化管理文化，把工作做细、把帐算好，打造优质高效的后勤管理体系。推行精细化管理，还要讲勤俭节约。高校是资源占有和能源消耗大户，创建节约型校园是高校履行社会责任、提高办学效益、实现自身可持续发展的需要，要在节能减排、安全防范、维修、绿化、饮食管理等方面下功夫，进一步规范节能管理，提高后勤保障服务的精细化管理水平。

三、抓队伍建设，做好一个“和”字，提高后勤保障队伍的凝聚力

要积极营造以人为本、和谐奋进的文化氛围，打造一支结构合理、综合素质好、专业能力强的后勤保障管理团队。

一是要充分发挥党员干部的率先带头作用。雁飞千里靠头雁。后勤保障服务直接面对师生、影响师生，党员干部必须把践行群众路线作为自己根本的领导方法和工作方法，主动深入基层和师生员工，熟悉他们的语言，了解他们的工作、学习、生活模式，问需于师生、问计于师生，以提高工作的针对性和有效性。党员干部通过发挥先锋模范作用，发挥“传帮带”的辐射作用，团结带领身边的一批人共同做好服务育人工作，提升后勤保障服务工作的凝聚力和战斗力。

二是要切实增进对后勤保障人员的理解支持。后勤保障工作繁杂琐碎，其价值、其绩效不太容易显现。后勤保障队伍构成人员身份多样，有时候自信不足、甚至得不到应有的尊重和理解。学校应切实关心他们的学习、工作和待遇，更要激发他们对教育教学、科研服务和服务育人的热情。要在感情上尊重他们，信任他们和理解他们，提高他们的归属感。在此基础上实施目标激励、信任激励、荣誉激励和情感激励，以此来激发其工作热情，发挥其潜能。

三是要着力提升后勤保障队伍的综合素质。无论是专业化管理还是精细化管理，最终只能通过教育培训使员工素质提升的方式来实现。通过员工教育培训将精细化、专业化的管理理念不断深入人心，努力培养后勤员工严谨扎实的工作风格，不断提高工作执行力。在培训过程中要不断提高员工的团队协作能力。在管理过程中要善于发现员工的优点和长处，因才而施，因人而用，为员工创造一个施展才能、实现自身价值的平台。

四、抓廉洁自律，守住一个“敬”字，打造廉洁型后勤保障服务

后勤保障服务部门为学校的教学、科研、管理等中心工作和师生员工的日常生活提供了重要保障，同时也是人、财、物以及权力运行相对集中的单位，其中蕴含了很多诱发不正之风和腐败的因素，应引起高度重视。

后勤保障部门人员，特别是领导干部，要心怀“敬畏之心”，严以用权，切实履行“一岗双责”，保证学校党政工作部署和党风廉政建设制度的贯彻落实，确保党风廉政建设工作到位。要加强廉洁教育，强化廉洁意识，在思想上构筑起拒腐防变的牢固城墙；健全规章制度，夯实防范基础，加强制度的针对性和可操作性；加大对制度执行情况的督查力度，做到有责必究，建立与之配套的问责机制和惩戒机制；积极构建学校内部相关监督部门之间的联合协作机制，形成各部门既分工负责又相互支

持、相互监督的工作格局。

各位老师，同学们，后勤保障服务工作是一篇大文章，需要全体师生的共同参与、共同努力。当前，学校正在奋力建设“全国一流品质院校”，一流的品质院校必须要有一流的后勤保障作为支撑，让我们一起携手，为推动学校后勤保障服务工作的内涵式高质量发展而不懈努力！

谢谢大家。

校长曹毓民在2018年校田径运动会开幕式上的讲话

2018年10月25日

各位运动员、裁判员、老师们、同学们：

大家上午好！

在秋高气爽、丹桂飘香的金秋时节，我们相聚在绿茵场上，举行苏州市职业大学2018年田径运动会。首先，我代表学校对此次运动会的召开表示热烈的祝贺！对精心筹备本次运动会的组委会工作人员、裁判员表示衷心的感谢！向刻苦训练、积极备战的全体运动员致以亲切的问候！

习近平总书记在全国教育大会的重要讲话中，再次强调了体育工作的重要性。体育是教育的重要组成部分，承载着国家强盛、民族振兴的梦想。高校要积极深入开展阳光体育活动，丰富繁荣校园体育文化，全面提高大学生综合素质，帮助学生在体育锻炼中享受乐趣，增强体质，健全人格，锤炼意志。在学校的大力倡导、有关部门的精心组织和全体师生的积极参与下，学校阳光体育活动不断向日常化、规模化、精品化发展，呈现出欣欣向荣的良好局面。

仅一年来，学校就相继开展了校园乒乓球赛、羽毛球赛、足球联赛、冬季长跑比赛、瑜伽活动、环石湖健步走等丰富多彩的群众体育运动，吸引众多师生走向室外、走上操场、参加锻炼、强身健体。除此之外，学校代表队在各级各类体育赛事中也屡获佳绩，获得2018年江苏省健美操啦啦操锦标赛冠军，江苏省第十九届运动会龙舟比赛综合排名第一，江苏省高职高专院校第二届体能大赛一等奖，在第二届全国高等职业院校体育教师教学技能大赛、江苏省第十九届田径运动会、江苏省第二十五届高校“校长杯”乒乓球比赛等其他多项赛事中也有出色的表现。这为营造学校的积极、健康、向上的校园文化做出了很大的贡献。

老师们、同学们，一年一度的校运会是苏州市职业大学开展体育活动的重要大会，是对全校体育运动水平的一次检阅，更是进一步动员广大师生积极参与全民体育健身活动的良好契机。希望全体同学积极参与、鼓劲加油，全体工作人员忠于职守、热情服务，全体运动员奋力拼搏、勇于进取，全体裁判员严守规程、严格公正，共同做到“友谊第一，比赛第二”，实现运动成绩和精神文明的双丰收。

让我们一起砥砺意志，激发热情，享受快乐，创造荣光，把本届运动会办成一个精彩、热烈、文明、团结的盛会！

最后，预祝本次运动会圆满成功，预祝各位选手取得优异成绩！

谢谢大家！

校长曹毓民在苏州市相城区人民政府、苏州市职业大学全面合作协议签约仪式上的讲话

2018年11月14日

尊敬的毛书记、葛部长、曹区长，各位领导、各合作企业、各位同仁：

大家下午好！

今天，我们非常高兴地迎来了苏州市相城区人民政府与苏州市职业大学校地全面合作协议签约仪式。我谨代表校全体师生员工，向今天前来参加签约仪式的相城区各位领导、企业代表，表示热烈的欢迎！对相城区关心、支持苏州市职业大学的发展表示衷心的感谢！

党的十九大报告提出了“深化产教融合、校企合作”的总体要求，国务院办公厅出台了《关于深化产教融合的若干意见》。今年2月，教育部等六部门印发了《职业学校校企合作促进办法》，明确指出“校企合作实行校企主导、政府推动、行业指导、学校企业双主体实施的合作机制”。苏州市职业大学为全面深化产教融合，促进学校与地方经济社会协同融合发展，充分发挥校地深度融合发展对增强办学活力、提升人才培养质量和提高服务社会发展的能力，于今年9月制定了《苏州市职业大学校地深度融合发展三年行动计划（2018—2020年）》，推动由校企合作向校地全面合作拓展，全面提升学校对经济社会发展的贡献水平。

今天，我们与相城区人民政府的全面合作签约，是苏州市职业大学校地合作三年行动计划制定后的第一个校地全面合作协议。我们将以此为契机，依托相城区人民政府、各部门、各板块、社会组织、行业企业，积极探索校地合作新内涵，加大产教融合推进力度，促进学校资源供给侧和产业发展需求侧紧密对接，努力实现校地双方资源开放共享，学校事业进步和地方产业提升统筹融合、良性互动的协同发展格局。

苏州市职业大学多年来享受了地方政府的阳光雨露，得到了很大的支持和帮助。我们要有所思考、有所动作、有所回报，更好地投身于服务地方经济社会发展的热潮之中。顾书记、张区长虽未能出席今天的签约仪式，但很重视我们双方的合作。从今年7月份李萍副区长专门带队到校调研指导，到如今曹岩副区长亲自协调合作事宜，今天毛书记、葛部长莅临学校指导，经过双方各个方面的多次良好沟通，促成了今天签署的六份合作协议。双方都本着务实落地的目标，进一步发挥各自的优势，树立资源开放、共享共用的理念，全面打造校地融合发展、创新发展共同体，协同创新，协同发展，努力为相城区的创新转型发展贡献我们的力量。

我们将围绕相城经济社会发展特色，全方位、全领域、全过程推进校地深度合作。面向相城区政府和部门、科研机构、社会组织、行业企业等各类对象，全领域拓展校地合作。在人才培养、科技创新、教育培训、文化建设等各个领域开展合作，共同推动地方经济和职业教育相互促进、持续健康发展。我们正在规划新一轮科研创新团队、创新服务平台、重点科研项目，每一项工作都要全过程深入校地合作，在政策、考核上予以支持、倾斜，在校地互动中认认真真出思路、扎扎实实谋发展，踏踏实实促成绩，实现新时代相城区崭新发展和学校全国一流品质院校建设。

祝我们双方成功开启校地合作的新篇章，为打造“苏州新门户、城市新家园、产业新高地、生态新空间”作出更大贡献！

最后衷心祝愿各位领导、各位企业嘉宾、各位同仁工作顺利、身体健康、万事如意！

谢谢大家！

校长曹毓民在2018年职业教育智能控制技术专业教学资源库建设工作会暨共建共享联盟年会上的汇报

2018年11月30日

各位领导、专家、老师们：

大家上午好！

深秋初冬时节，枫叶正红，硕果累累，时隔7个半月，我们又一次相聚在苏州，举行2018年职业教育智能控制技术专业教学资源库建设工作会暨共建共享联盟年会，我是智能控制技术专业教学资源库项目负责人，下面我分六个方面，对职业教育智能控制技术专业教学资源库项目的前期建设情况进行汇报。

一、项目建设基本情况

智能控制技术专业教学资源库由苏州市职业大学、湖南汽车工程职业学院、佛山职业技术学院联合主持，学校所在的苏州、株洲和佛山均为工信部批复的"中国智造2025"试点示范城市，是智能制造发达区域。

联建学校共20家，其中国家示范（骨干）校6所、省高水平优质校建设单位9所。主持国家级资源库项目7项，参与16项。

建设团队联合了世界上最大的电气公司西门子、国内装备制造业销售龙头上海电气、杰出民企亨通集团等25家企业及协会，合作企业与联建学校拥有长期良好合作关系。

2017年3月，学校就启动了国家资源库建设的申报工作，得到了联建院校和企业的大力支持。2017年9月14日，教育部职成司发文，全国高职院校共69个专业资源库入选2017年度职业教育专业教学资源库备选库，苏州市职业大学牵头主持的资源库名列其中。

2018年，学校专门成立了资源库建设办公室，进一步推动新一轮的资源库申报和建设。4月15日学校召开了资源库共建共享联盟大会，6月10日完成了2018年资源库建设申报，其间，与第二主持校湖南汽车工程职业学院、第三主持校佛山职业技术学院进行了申报交流研讨，还得到了联建校天津轻工职业技术学院副院长李云梅，常州信息职业技术学院副院长眭碧霞的建设指导。7月25日在北京国家开放大学进行了面评答辩，其间得到了联建企业北京凡赛斯科技有限公司、上海德研电子科技有限公司的支持和帮助。9月19日，教育部下发《关于公布2018年度职业教育专业教学资源库备选库的通知》（教职成司函〔2018〕121号），智能控制技术专业教学资源库成功入选2018年度职业教育专业教学资源库备选库。资源库的成功入选，离不开所有联建院校课程团队所做的大量工作，在此一并表示感谢。

教育部的通知指出：依序支持会评建议立项、省级和行业企业支持力度大、建设及应用基础好的备选资源库立项建设，建设期自2019年1月1日算起。

因此我们今天再一次汇聚在一起，共同研讨落实职业教育智能控制技术专业教学资源库相关工作，统一资源库建设思路，落实推广应用措施，总结交流前期建设经验，规范经费使用程序，保障资源库建设高标准、高效率的推进。

资源库前期已建成学习平台和门户网站，平台功能完备，符合国家资源库建设标准，8门标准化课程已用于教学，应用效果良好。

二、建设目标

1.总体目标

按照"国家急需、全国一流、面向专业"的总要求，以服务"中国智造2025"国家战略和"一带一路"智能制造产业发展为目标，建成代表国家水平、具有国际视野、展示智能特色、内容丰富、结构优化的智能控制技术专业资源库。

2.具体目标

建成高标准的教学资源库，提供更便捷的个性化服务，带动更有效的专业教师发展，保证更高效的资源持续更新，实施更精益的建设管理机制，设定更明确的绩效目标。

三、建设内容

1.总体架构

围绕能学、辅教要求，面向教师、学生、员工和社会学习者，将资源库结构分成三层：资源层、应用层、管理层。其中资源层包括"一馆二库三中心"。

2.一体化设计

根据最新公布的《国家智能制造标准体系建设指南》对智能制造系统构架从生命周期、系统层级和智能特征等三个方面的描述，对资源库结构进行一体化设计。

3.结构化课程

对智能控制技术专业教学资源库进行结构化课程设计。通过专业调研与企业用人单位调查，结合智能控制技术专业人才培养目标要求，建设团队提出了资源库的课程体系。

4.颗粒化资源

根据教学需求，对具体建设的内容按照颗粒化设计要求进行任务细化。

四、规划与预期成效

1.项目建设进度

资源库建设分四个阶段，分别是筹备设计阶段、前期建设阶段、立项建设阶段、推广应用和持续更新阶段，对工作任务进行合理分解，有清晰的工作任务计划表，各项工作将责任到人。

2.项目建设绩效目标

计划建设“智能传感与检测技术”“机器视觉识别技术”和“智能制造生产设备运行与维护”等标准化课程，以及“集散智能控制技术”“智能产品创新设计”和“FMS柔性制造”等个性课程共25门，构建智能控制技术培训，职业考证培训和企业案例等资源，打造基于虚拟现实技术的“虚拟智能车间”和“智能制造博物馆”，使资源量达到两万一千条，用户数超过一万两千人。

资源库建设还提出了明确的效益指标、满意度指标，并建立了绩效评价机制。

3.预期成效

助推制造行业跨越式发展，推进教学模式改革创新，满足用户个性化学习需要，共促人才培养质量提升，提升教学信息化水平。

五、存在问题与改进方向

资源库虽然已经历了长达一年多的建设和应用，但是根据资源库评审专家的反馈意见，还存在一些问题，主要表现在：

1.资源类型比例未达到要求，素材质量，课程质量有待提高

目前建设的资源中文本图像类静态资源偏多，视频、动画、虚拟仿真等动态资源偏少，希望能加快建设进度并对资源质量加强审核。

2.教师融合资源库开展教学应用不足

组课资源平均利用率低，考试数量不足。希望全体建课教师能够运用好信息化教学平台，使我们的课堂真正活起来。

3.资源库校企融合性不够

接下来我们将和企业深度合作，利用企业资源，一起建好用好资源库。使教育教学改革与职场环境、工作过程、行业企业标准和实训资源紧密结合、同向而行，凸显职业教育信息化的比较优势，真正实现“互联网+职业教育”资源供给的可选择性和分众化。

资源库建设已经成为推动信息技术在职业教育专业教学领域综合应用的重要手段。

六、应用推广机制

下一阶段，我们将构建完善的项目管理、质量管理、服务管理一体化保障体系。充实修订和完善资源库建设相关制度文件。

建立完善的激励机制，与联建单位签订项目建设责任书，推行资源库建设激励政策。建立健全促用机制，推动资源库应用实践，探索实施学分互认制度和优秀学生奖励政策。建立促建机制，开展信息化建设培训、信息化教学观摩、经验交流与成果分享、信息化教学比赛等活动。开展线上线下等教学模式的研究，探索基于资源库教学应用的场景建设。

各位领导，专家，老师们，我们希望能与各联建单位一起建好、用好职业教育智能控制技术专业教学资源库，进一步健全建设机制，提高资源质量，提升应用效果，以服务国家战略和支撑行业发展的使命感，拧成一股绳，下好一盘棋，为构建灵活开放的终身教育体系、促进学习型社会建设贡献力量。

谢谢大家！

校党委书记钮雪林在苏州市电梯业商会二届四次理事会上的发言

2018年12月7日

各位领导，各位朋友：

大家下午好！

今天，苏州市电梯业商会二届四次理事会在苏州市职业大学召开，我谨代表苏州市职业大学对与会嘉宾表示热烈的欢迎！

苏州市职业大学是一所由苏州市人民政府主办的全日制普通高等专科学校，前身为创办于1911年的苏州工业专科学校，是江苏省办学历史悠久的职业大学之一。改革开放以来，学校秉承“勤、勇、忠、信”的校训，坚持“质量立校、人才强校、机制活校、特色兴校”的办学理念，以培养高素质技术技能型和应用型人才为己任，围绕地方产业发展重点和社会对紧缺人才的需求，深入推动教学改革，构建人才培养特色，赢得了良好的社会声誉，成为区域品牌院校。

针对学校发展，学校党委明确了“十三五”路线图。确立“一个目标定位”、把握“两个基本立足点”和实现“三个全面提升”为总体思路，即立足成就学生，立足成就教师，全面提升内涵质量水平，全面提升创新发展活力，全面提升服务地方能力，全力建设一所立足苏州、面向江苏、辐射全国，以工为主、多学科协调发展，具有鲜明办学特色的应用型地方本科院校。

学校为服务地方经济发展，主动对接苏州电梯产业需求，2016年底与苏州市电梯业商会签约合作共建电梯学院，开设“电梯工程技术”专业，建设电梯实训基地，联合开展电梯工程技术人才培养。

学校2018年6月正式毕业的首届电梯订单班19位毕业生除了3位升入本科院校继续深造外，其余毕业生目前全部在商会会员企业从事电梯产品设计、订单配置处理、技术支持等技术类岗位工作。目前，学校电梯工程技术专业共有在校学生159名（其中2017级84人、2018级75人）。

两年来，苏州市职业大学电梯学院的建设和发展得到了苏州市电梯业商会及会员单位的大力支持，从电梯工程技术专业人才培养方案的制定、电梯实训基地建设规划、专业教学团队建设到学生实习就业等，商会从人力、物力等方面给予了全面帮助。特别是在去年学校首届电梯订单班培养过程中，东南电梯、施耐德电梯、歌拉瑞电梯、威特电梯部件等单位“雪中送炭”般地给学校捐赠了教学用电梯零部件，为培养学生扎实的专业技能创造了良好条件；校企教学团队共同指导学生参加并取得了全国职业院校智能电梯装调维护技能竞赛二等奖、2017中国技能大赛——“鲁班杯”全国电梯安装维修工职业技能竞赛优秀奖、2018苏州市电梯维修工职业技能竞赛二等奖等成绩。正是由于商会和相关会员单位的支持与帮助，苏州市职业大学电梯工程技术专业建设取得了快速发展。在此，我代表学校对苏州市电梯业商会再次表示感谢。

今年8月份，由苏州市质量技术监督局、苏州市人力资源和社会保障局、苏州市职业大学等单位主办，苏州市电梯业商会、苏州市职业大学电梯学院承办“e电梯”杯2018年苏州市电梯安装维修工职业技能竞赛并取得了圆满成功。这为提升苏州市职业大学电梯工程技术专业服务行业企业的能力、扩大办学知名度和影响力提供了一次很好的机会，对电梯工程技术专业建设和发展具有积极作用，也是校商合作、资源共享的最好体现。

今年2月，国务院办公厅专门出台了《关于加强电梯质量安全工作的意见》，《意见》对电梯质量安全工作进行了系统全面部署，这是电梯质量安全工作一个重要的里程碑，表明了党中央对电梯质量安全工作的重视上升到了前所未有的高度。苏州市作为全国电梯产业质量提升发展示范区，其中高素质、高技能行业人才培养是确保电梯产业由高速发展向高质量发展转型升级的关键。苏州市职业大学愿与苏州市电梯业商会及其会员单位建立全面战略合作关系，充分发挥校、商双方资源优势，在人才培养、师资建设、课程改革、实训基地建设、技术研发与成果转化、企业培训、社会服务等方面开展更加紧密的合作，为苏州乃至全国电梯产业高质量发展贡献更多力量。

最后衷心祝愿本次大会圆满成功！

谢谢大家！

探索智能化时代职业教育人才培养模式

——校长曹毓民在全国高职高专校长联席会议2018年年会上的发言

2018年12月8日

各位领导，各位专家：

大家好！

感谢主办方提供这样一个交流学习的机会，作为一所市属普通高职院校，此时此刻，更多的是向大家学习和汇报。今天，我汇报的题目是《探索智能化时代职业教育人才培养模式》，内容分四个方面：一是背景，从“制造”走向“智造”；二是思考，数字化带动职教改革；三是实践，信息化重塑课堂教学；四是展望，我们将如何找到角色。

一、背景：从“制造”走向“智造”

分三个层面，国家层面、地方层面、学校层面。

1. 国家层面。习近平总书记强调，人工智能加速发展，呈现出深度学习、跨界融合、人机协同、群智开放、自主操控等新特征，正在对经济发展、社会进步、国际政治经济格局等方面产生重大而深远的影响。国务院办公厅《关于深化产教融合的若干意见》提出：构建教育和产业统筹融合发展格局，适应新一轮科技革命和产业变革及新经济发展，促进学科专业交叉融合，加快推进新工科建设。教育部印发的《教育信息化2.0行动计划》提出：推动从教育专用资源向教育大资源转变，从提升师生信息技术应用能力向全面提升其信息素养转变，从融合应用向创新发展转变。

2.地方层面。当前，苏州以“智能制造”为主攻方向，积极打造“苏州智造”新名片，实施智能制造“十百千万”工程。苏州在建设“中国智造2025”苏南城市群试点示范城市的基础上，积极创建“中国智造2025”国家级示范区，计划到2020年形成10个千亿级优势产业集群。

3.学校层面。学校自2007年起开展数字化校园建设，已完成三期建设，目前进入了智慧化校园建设阶段。学校主动对接苏州产业发展转型升级需求，整合学校优势专业建设资源，构建智能制造专业集群体系，将学校打造成服务苏州智能制造和现代服务业人才培养的聚集地。

二、思考：数字化带动职教变革

智能时代的教育变革正在掀起一场学习方式的“思想解放”，迫切需要职业教育正视现实的冲击和挑战，用互联网思维提高教育教学信息化的应用水平。我这里用三个必须思考的问题来进行概括。

1. “迭代思维”与职业岗位变更。智能化时代的到来，技术方式替代了相当一部分脑力劳动和体力劳动，进一步释放社会生产力，传统岗位受到的冲击越来越大。由于技术的快速迭代，学生学习掌握的技术跟不上行业技术进步的速度。如何培养兼具基本素养、迁移能力和可持续发展潜质的技术技能人才，是我们必须思考的问题。

2. “整合思维”与专业融合重构。智能产业带动了新兴产业的崛起。许多传统专业逐渐无法适应经济社会发展，相关专业面临被淘汰、转型、相互融合或升级改造，同时新专业不断出现。如何围绕产业发展需要，满足不同岗位人才需求，建设一流专业集群，推动专业整合和新工科建设，是我们必须思考的问题。

3. “跨界思维”与产教融合发展。校地、校企合作已成为新常态，多元主体的诉求各不相同，促成产教融合多元异构的态势。如何以教育信息化为抓手，形成新型教育生态，构建多元异构产教深度融合体系，是我们必须思考的问题。

三、实践：信息化重塑课堂教学

苏州市职业大学积极推进“互联网+”教学改革，重构学习空间，探索网络化、数字化、智能化、个性化教育，重塑教育教学形态，持续提升教学质量。

1.搭建新型教学生态圈。学校打造多元异构的产教深度融合体系，搭建新型教学生态圈。

围绕智能制造专业集群建设，牵头成立职业教育智能控制技术专业教学资源库共建共享联盟、苏州市现代装备职业教育集团等教育共同体；共建工业和信息化部软促中心博众·凡赛斯自动化学院、苏州市光电缆行业大学等与智能制造专业人才培养相关的行业企业学院8个。

博众·凡赛斯自动化学院引入企业管理机制，聘用企业专家担任院长，共同探索校企合作管理运行模式。组建互兼互聘、教学与生产相融的“双师型”教学队伍，企业技术团队常驻学校。

对接行业规范与职业标准，构建产训结合的课程体系，开展双习联动的现代学徒制实践，校企联合培养人才。

仅博众·凡赛斯自动化学院一个企业学院，校企合作开发教学项目就有20余项、课程12门、教材15本，接纳实习学生400余人，开设现代学徒制实践班1个。

学校“工业4.0与智能制造新技术”获2017年度江苏省高等职业教育教师培训优秀项目；博众·凡赛斯自动化学院获首批苏州市职业院校优秀企业学院、苏州市校企合作示范组合等称号。

2.重构实境化教学环境。学校按照“基地建设企业化、实践教学生产化”的要求，建设集教学实训、生产实习为一体的虚实结合的国内首条自动化控制教学生产线，构建了标准化、网络化、实境化的教学空间，实现了教学设备与主流技术同步更新。

自主开发并建成具有自主知识产权的智能化实训管理平台和电源智能管理系统。76个实训室使用了知识地图，300余台套设备与二维码绑定。“工业自动化与智能控制产教融合实训平台”获得江苏省高等职业教育产教深度融合实训平台建设立项。

3.共享多元化教学资源。学校依托领航微知库平台，建成职业教育智能控制技术专业教学资源库，成功入选2018年度国家级备选资源库。该资源库标准化核心课程8门，引入企业课程1门，竞赛培训类课程1门，个性化课程多门，面向国内外学习者开放。

同时，学校以资源库建设为引领，全面推进信息化教学应用；已构建国家、区域、学校三级课程教学平台，拥有校本在线课程近300门，对校内师生开放；利用职业教育专业教学资源平台，面向提前招生学生开展“带着学分上大学”活动，实施网络课程学分转换认定；借助信息化教学管理平台，实施分层教学，每学年学习人数超过8000人，课程访问量超过640万次。

4.构建个性化学习型组织。学校在通用智慧教室全覆盖基础上，针对专业特点建成面向专业领域、具备先进信息化技术的智慧教室11个；利用信息技术手段向学生开放学习空间；以讲授为主转变为项目合作、团队协作、自主学习与小组讨论等多样化学习模式，建有个性化学习型组织300余个，充分调动学生学习主动性。

5.应用新型教学手段。学校建设基于ARE（增强现实教育）仿真实践教学平台，仿真制造工厂，设置了5个场景化学习路径、32个情境式团队活动、180个攻略型流程任务，实现“知识+图像、业务+情境、宏观+微观”的场景化教学新模式，为学生认知企业及管理流程提供更加轻松高效的学习环境。

6.提升信息化教学能力。学校积极开展教育信息化素养能力提升工程，组织教师参加信息化应用能力培训，提高教师基于信息技术的教学设计能力。推动教学资源与专业课程建设，调动教师参加课程资源建设的主动性，充分发挥资源库灵活组课功能，实行线上线下多种形式教学。教师积极参与各级各类信息化教学应用比赛，不断提升信息化能力，推动专业建设与人才质量提升。教师在近几年的江苏省信息化教学大赛和微课大赛中多次获奖。

7.强化大数据管理应用。学校通过校企合作联合开发数字化教学资源包，部署在信息化教学综合管理平台实施基于信息化平台的理实一体化教学。将虚拟实验环境、教学进度、教学内容资源高度集成，实现了全自动学习绩效评测，提升了项目化教学效率和学生工程应用能力。同时，建设教学质量监控与评价系统，抓取课程原始数据，依据教学过程、教师、学生技能体系三个维度，开展“教与学”行为的全过程管理、追溯、质量监控和评价，向不同的教学管理角色提供不同层次的分析数据。

8.教学改革重要成果。学校开展的“课程体系动态化、学习资源网络化、教学环境实境化、管理平台智能化、教学组织个性化、评价体系多元化”为特色的智能制造人才培养教学改革实践，相继获得苏州市教育教学成果奖（高等教育类）特等奖、江苏省教学成果奖（高等教育类）一等奖、江苏省教育改革创新典型案例、全国工业与信息化职业教育教学指导委员会教学成果二等奖。

四、展望：我们将如何找到角色

我们处在一个伟大的时代，这是一个可以共同展望未来的时代。对于未来，我们有这样思考：

1.以信息化的“精准”教学，促进师生卓越成长。信息化建设绝不仅仅是为展示和宣传，更应该是为学生个性化成长和教师专业发展服务。我们将充分发挥信息化教学作用，开展柔性化培养，在满足学生个性化成长和教师专业发展方面继续深入探索。

2.以信息化的“智能”教学，促进技术赋能转化为学习动能。学校将利用云计算、大数据、虚拟现实、人工智能和物联网等先进技术，不断改进教学方式，增强获得感，让师生充分感受科技带来的教学便利。

3.以信息化的“多元”教学，促进教育教学内涵建设。学校将依托行业大学、企业学院，重点搭建产教融合的智慧教学、智慧实训、智慧教学管理、智慧服务等平台，全方位提升学校信息化应用服务水平。

智能时代的新型职业教育人才培养，要有“新担当、新作为、新特色”。苏州市职业大学以培养“高品德、高技能、高适应”的技术技能人才为己任，与全国高职高专的兄弟院校守正创新、携手并进，共创中国职业教育的美好明天！

感谢各位领导和专家的聆听，不当之处敬请批评指正。

SUZHOU VOCATIONAL UNIVERSITY

第三章　要闻特辑

领导调研

李亚平市长专题调研学校建设发展

1月16日下午，苏州市委副书记、市长李亚平，副市长曹后灵，市政府秘书长杨知评、副秘书长马九根，市教育局局长张曙、市财政局局长吴炜一行专程到苏州市职业大学，调研学校建设发展情况。校党委书记钮雪林、校长曹毓民等校领导陪同调研。

李亚平市长一行实地考察了学校汽车应用技术训练中心、数字化设计与制造技术训练中心、博众·凡赛斯自动化控制教学生产线等实训基地，对学校先进的办学理念、雄厚的办学条件、与企业同步的高端设施设备、信息化的现代教学技术留下了深刻印象，给予了高度赞赏。

钮雪林书记在随后举行的座谈会上，对李亚平市长一行的到校调研表示热烈欢迎，对市委、市政府及相关部门的大力支持表示衷心感谢，并就学校的历史沿革、总体情况、办学特色、建设成效、面临形势、发展思路和突破路径等作了详细汇报。与会领导围绕学校的创新发展进行了充分沟通和交流，为学校发展提供了许多宝贵建议，并且纷纷表示将继续大力支持学校跨越发展和整体提升。

李亚平市长充分肯定了学校坚持产教融合、深化校企合作、全面提高人才培养质量，积极服务地方经济社会发展所取得的成绩。他进一步指出，学校要深刻领会和深入贯彻习近平总书记对职业教育的重要指示和党的十九大对职业教育提出的最新要求，结合自身改革发展实际，以十九大精神为引领，着力做强、做优、做大职业教育和培训，满足人民群众对优质、多层次、多样化职业教育的需求。他表示，市委、市政府将一如既往地关心支持学校发展工作，希望学校进一步强化内涵质量、培育自身特色、打造综合优势，全面增强核心竞争力，积极探索发展新路径、努力实现发展新跨越，建成全国一流品质院校。

（校长办公室）

重大活动

学校召开综合表彰暨创新创业重点建设年总结大会

3月9日下午，学校召开2017综合表彰暨创新创业重点建设年总结大会，表彰过去一年学校各条战线工作中涌现出的优秀项目、在“创新创业重点建设年”中取得显著成绩单位以及“十佳优质示范课”，动员全校上下对标先进、学赶先进，不负奋斗的伟大新时代，开启内涵式高质量发展新征程。

钮雪林、曹毓民、刘丹、熊贵营、陶亦亦、张健、蔡晓平等校领导与受表彰代表欢聚一堂，共同分享收获的喜悦，展望美好的未来。

会上，校长曹毓民宣读了学校《关于公布2017年度综合表彰项目的决定》，对“太湖众创·苏州市大学生众创空间”等3个特别贡献项目、“智能制造专业教学资源库”等5个突破项目、“无线传感器网络关键技术研究团队”等4个创优项目、“丝绸科技创新服务团队”等3个特色项目进行表彰。副校长熊贵营作“创新创业重点建设年”工作总结报告，并宣读了学校《关于公布2017创新创业重点建设年表彰单位的决定》，对太湖众创·苏州市大学生众创空间、计算机工程学院2个创新创业工作先进单位和机电工程学院等7个优秀单位进行了表彰。副校长陶亦亦宣读了“十佳优质示范课”获奖名单及提名奖获奖名单。

校党委书记钮雪林代表学校党委和行政，向所有获得表彰的集体和有关人员表示热烈的祝贺，向为取得这些成绩作出贡献的老师和同学们表示由衷的敬意。他说，过去的一年，学校第二次党代会胜利召开，未来五年发展蓝图成功绘就；创新创业重点建设年工程顺利实施，“太湖众创”获评国家级众创空间，师生在各级创新创业大赛、评比中屡获佳绩；教学、科研取得新进展，智能制造资源库成功入围国家备选库；国际交流取得突破，建设中巴经济走廊文化交流中心，成立国际学院；对外影响度得到有力提升，成功举办了一大批活动，"青春与价值对话"取得积极的社会反响。这一件件可喜可贺的大事要事彰显着苏职大人的奋进力量和不懈追求。

会上，校领导为34个受表彰的项目、单位及个人颁奖。机电工程学院院长陈洁，党委办公室副主任、太湖众创负责人叶军，教育与人文学院院长马丁良作为获得表彰的项目代表进行了发言。

（党委办公室）

学校召开2018年工作部署暨党风廉政建设工作会议

3月16日下午，2018年工作部署暨党风廉政建设工作会议在惠和楼召开。会议由副校长熊贵营主持，在校全体校领导、全校中层干部参加了会议。

校党委副书记、副校长刘丹对2018年学校工作要点进行说明。2018年，学校将深入贯彻党的十九大精神，以习近平新时代中国特色社会主义思想为指导，认真执行省委、市委重大决策部署，全面落实党的教育方针，坚持立德树人、成就师生的根本任务，坚持质量为先、精准发展的战略举措，坚持全面履行从严治党的"两个责任"，突出抓关键、求突破，补短板、强弱项，扎实实施"科技创新重点建设年"工程，进一步构建办学特色和优势，积极推进升本进程，努力推动学校进入内涵式高质量发展新时代，加快"全国一流品质院校"建设步伐。

校纪委书记蔡晓平作了党风廉政建设工作报告，对2017年学校全面从严治党党风廉政建设工作进行了总结，并对2018年党风廉政建设工作进行了布置。

校党委书记钮雪林在讲话中指出，从2018年开始，学校要开启加快内涵式高质量发展新时代的新征程。他强调，新时代、新征程要有新气象、新作为、新成就。2018年是学校发展承上启下的关键之年。全校上下要撸起袖子、扑下身子，凝聚精气神、迸发正能量，开启加快内涵式高质量发展新时代的新征程，写好学校深化改革创新发展的新篇章。

会上，各学院（部）、各部门还向学校党委递交了党风廉政建设责任书、基层党组织建设责任书以及宣传思想、意识形态工作责任书。

（党委办公室　校长办公室）

学校召开科技创新工作暨重点建设年动员大会

3月30日下午，学校在图书馆学术报告厅召开校科技创新工作暨重点建设年动员大会。苏州市科技局副局长潘华露、市知识产权局副局长施卫兵，以及市科协、市社科联等单位领导应邀出席会议，出席会议的还有苏州丝绸行业协会秘书长张觉敏、学校产业教授、校企合作单位专家等代表。校党委书记钮雪林、校长曹毓民、副校长陶亦亦、校纪委书记蔡晓平参加会议，校学术委员会委员、正高职称教师及骨干教师代表近190人到会。会议由校党委副书记、副校长刘丹主持。

陶亦亦首先作题为《创新引领　精准发力共绘新时代学校科技发展蓝图》的工作报告。报告从科技创新能力的持续增强、社会服务能力的明显提高、科研学术氛围的日益深厚等三方面全面回顾了学校三年来的科技工作，对未来三年的科技创新工作进行了展望。

曹毓民宣读了学校科技创新行动方案。2018年是学校科技创新重点建设年，行动方案明确了未来三年学校科技发展目标以及六大类十八项重点科技工作任务。

张觉敏代表中国纺织品商业协会宣读同意学校成立"中国丝绸产品技术创新与应用公共服务平台"的批复。陶亦亦与张觉敏共同为平台揭牌。

教师代表李世超、汪义旺分别从平台建设、资源整合等方面作了发言，企业专家苏州远志科技有限公司总经理顾德仁从如何与学校共同开展科学研究作了发言。

最后，钮雪林作讲话，他充分肯定了学校三年来科技工作取得的成绩，对"中国丝绸产品技术创新与应用公共服务平台"的成立表示祝贺，对教师们为学校发展付出的艰辛劳动和科研工作人员的服务表示感谢。他指出，全体师生员工要抓住新时代发展的良好机遇，积极行动起来，加强协同融合，勇于开拓创新，共同开启学校内涵式高质量发展新征程。

（科技处）

学校召开2018年平安校园建设工作会议

为全面提升学校综合治理工作水平，深入推进平安校园建设，4月4日上午，学校召开2018年平安校园建设工作会议。会议回顾总结2017年学校平安校园建设工作，研究部署2018年度工作任务。校党委书记钮雪林、副校长熊贵营，校综治委成员、相关职能部门主要负责人、各学院（部）负责人出席会议。会议由党委办公室主任朱剑刚主持。

会议对2017年度校园管理综合治理及平安校园建设先进单位进行了表彰，计算机工程学院、商学院、艺术学院获先进单位称号并做专题经验交流。

会上，保卫处处长丁虎通报了学校2017年校园管理综合治理暨平安校园建设工作情况。熊贵营对2018年学校安全工作进行全面部署，钮雪林肯定了2017年平安校园建设工作成绩，他强调平安工作是底线，是基础，是学校发展的保障，是学校开展一切工作的前提。

后续，学校将与各学院（部）、各部门签署《校园管理综合治理（平安校园建设）责任书》，进一步落实"平安校园"建设工作责任制。

（党委办公室　保卫处）

学校召开"十三五"规划实施情况中期评估工作推进会

5月28日上午，学校"十三五"事业发展规划实施情况中期评估工作推进会在惠和楼会议室召开。校长曹毓民、副校长熊贵营，党委办公室、校长办公室等部门负责同志参加本次会议，会议由熊贵营主持。

发展与评估办公室副主任张红兵汇报了初步起草的学校"十三五"规划实施情况中期评估报告提纲内容和各部门撰写的任务分工，与会人员对提纲和分工进行了讨论。

熊贵营传达并解读了江苏省教育厅《关于开展"十三五"规划实施情况中期评估工作的通知》精神，对学校"十三五"规划中期评估工作进行了具体部署，并明确了学校中期评估报告的撰写、统稿、审核和上报的时间要求。

曹毓民明确指出，学校启动"十三五"规划实施情况中期评估工作，目的是梳理规划实施两年多来各项任务、项目、工程的落实进展情况，总结取得的发展成效和存在不足，为推进规划中后期的有效实施提供重要基础和保障。同时要求各部门高度重视、严肃认真、客观仔细地做好"十三五"规划实施情况中期评估工作。

（发展与评估办公室）

学校召开教育发展基金会第三届理事会第三次会议

6月21日上午，学校召开校教育发展基金会三届三次理事会会议。基金会理事长、校党委书记钮雪林主持会议，基金会理事、监事出席会议。

会议审议了2018上半年度基金会财务状况报告、基金会章程修订事宜。

钮雪林在总结讲话时肯定了基金会在过去半年所取得的成绩，提出了下一阶段工作目标，同时要求与会人员充分认识办好基金会的意义，把基金会工作与学校事业发展紧密联系起来，通过加强基金会自身建设，提高工作效率，全方位助力学校工作。钮雪林就进一步做好基金会今后的工作提出四点要求：一要牢记办会宗旨，不断深化基金会服务水平；二要严格组织管理，不断推进基金会持续健康发展；三要广开捐赠渠道，不断壮大基金会发展规模；四要开拓合作途径，推进人才培养模式改革。努力把学校教育发展基金会建设成有作为、有影响的基金会组织，为学校早日建成全国一流品质院校做出更大的贡献。

（基金会办公室）

学校顺利召开第九次工会会员代表大会暨第七届教职工代表大会

7月2日，学校第九次工会会员代表大会暨第七届教职工代表大会，在图书馆剧场顺利召开。上级工会领导，学校全体正式代表、列席代表、特邀代表参加了本次会议。会议由校党委副书记、副校长刘丹主持。

大会在庄严的国歌声中拉开帷幕。苏州市教育工会主席沈宇代表上级工会到会致辞，校团委副书记张成代表团委向大会致贺词。

校长曹毓民做了题为《改革再深入　实践再创新　以新时代的思想大解放推进一流品质院校建设》的工作报告，从十个方面对以往工作进行了全面总结，指出在过去的一年里，全校师生员工在习近平新时代中国特色社会主义思想指引下，围绕学校第二次党代会要求，勠力同心、众志成城、奋勇前进，为学校各项事业发展做出了贡献。同时提出了今后工作思路和工作重点，要求大家进一步深刻领会习近平新时代中国特色社会主义思想，深刻总结改革开放40年的高等教育发展经验，以新一轮解放思想为重要契机，用发展目标凝聚改革共识，用责任担当推动创新创优，用质量素养构建特色发展，为学校发展贡献智慧和力量。

财务处副处长李羽做了财务工作报告，组织人事部部长魏影做了关于绩效分配方案的说明，校工会负责人吴建英做了校工会第八届委员会工作报告，审计处处长顾慧琴做了校工会第八届经费审查委员会工作报告。全体代表投票选举了校工会第九届委员会委员、经费审查委员会委员。

会议期间，全体正式代表、列席代表分组讨论并审议了校长工作报告和关于绩效分配的方案。

大会闭幕式上，纪检监察室主任俞建伟向大会报告了校工会第九届委员会、经费审查委员会选举结果，刘丹作为大会执行主席宣布了当选人员名单，校长办公室副主任张军作了大会提案征集汇总情况的说明。全体代表投票通过了《苏州市职业大学校内绩效奖励分配试行办法》。大会通过了《苏州市职业大学工会第九次代表大会会议决议》和《苏州市职业大学第七届教代会第一次会议决议》。

校党委书记钮雪林做了讲话，指出本次学校工会会员代表大会和教职工代表大会，是学校在深入学习贯彻宣传习近平新时代中国特色社会主义思想和党的十九大精神过程中的一次重要会议，是落实学校第二次党代会各项工作部署的关键会议。为此，他提出三方面要求：一是要进一步解放思想，努力在学校内涵式高质量发展上有新担当；二是要进一步完善教代会制度，努力在提升学校民主管理上有新进展；三是要进一步加强党的领导，努力在教师和干部作风建设上有新成效。他希望全校教职员工进一步解放思想、敢于担当，以更加饱满的热情、更加务实的工作作风，努力开启学校内涵式高质量发展新时代的新征程，努力加快应用型本科院校建设的新步伐，努力创造学校事业发展的新辉煌。

在昂扬的国歌声中，学校第九次工会会员代表大会暨第七届教职工代表大会胜利闭幕。

（校长办公室　校工会）

学校召开2018年改革发展研讨会

7月4日，学校围绕“思想大解放走进新时代、内涵高质量开启新征程”主题，召开2018年改革发展研讨会。全体校领导，各学院（部）、各职能部门主要负责人参加了会议。

会上，校发展评估办副主任张红兵通报了2018年中期内涵质量指标完成情况、“十三五”规划主要指标中期完成情况。各学院（部）、各职能部门主要负责人分别汇报了本单位今年以来内涵质量建设进度、创新工作开展情况、下半年工作推进安排，重点围绕如何进一步解放思想，推动学校内涵式高质量发展进行了发言。

各位校领导结合各自分管工作，立足学校改革发展全局，对学校的专业建设、人才培养、师资队伍建设、招生工作、党风廉政建设、服务地方发展等方面进行了深入思考和客观分析，提出了许多建设性的意见和建议。

校长曹毓民在发言中指出，解放思想是行动与实践的先导，站在学校新的发展起点上，要以思想大解放推进改革再深入、实践再创新、工作再抓实；解放思想要落实在推进具体工作上，有效提振教职员工干事创业的精气神；解放思想要抓住“关键少数”，领导干部要以更大的格局和开阔的胸怀，增进相互理解和支持，营造人人参与讨论、人人关心发展的和谐氛围；解放思想要回归立德树人的本质，让“教好、学好、服务好”成为教师、学生和管理者的主动追求，实现学校集体事业与个人发展相互促进。

校党委书记钮雪林做总结发言，他强调：一是解放思想要立足大局，敢于担责担当谋发展；二是解放思想要坚持问题导向，努力创新创优求发展；三是解放思想要提升素质素养，增强干部本领助发展；四是解放思想要求真务实，构建内涵质量促发展。要坚持质量为先、坚定精准发展，全面提升内涵质量水平，全面提升创新发展活力，全面提升服务地方能力；着力在持久培育高质量人才队伍，产教融合、校地合作、吴文化育人、国际化办学等方面打造特色；要把学校打造成先进产业人才培养基地、新兴应用技术研发基地、吴文化传承创新基地、服务地方建言献策基地、国际化人才合作交流基地。

（党委办公室　校长办公室）

江苏省政府教育督导专家组到校检查开学工作

8月27日上午，省督学、省教育厅原副巡视员孙曙平，省教育厅高等教育处副调研员蔡华，省督学、省教育督导委员会办公室副调研员蒋明星一行到学校现场督导检查秋季开学工作。校党委副书记、副校长刘丹，副校长张健，以及相关职能部门负责人在现场迎检。

孙曙平一行现场检查了学校校园安全视频监控室、校园可视化智慧消防控制室、学生食堂、学生宿舍等重点场所。在督导检查过程中，专家组询问并听取了学校开学条件保障、校舍安全管理、食品饮用水安全与卫生管理、校车安全管理、校园安全管理与安全教育等各方面情况，对学校各项开学准备工作予以肯定，同时进行了现场工作指导。

市政府教育督导室副主任顾乃肖、市教育督导室督学处处长朱文潇、市教育局高职教处副主任科员李丽陪同省政府教育督导专家组一行到校开展督导检查。

（党委办公室　校长办公室）

团省委专项督导组到校督导学生会组织改革工作

9月20日，江苏省高校学生会组织改革专项督导组到校督导学生会组织改革推进工作。团省委高校工作部副部长卜路、高校工作部干部曹慧秋、省学联驻会执行主席刘祚人、副校长熊贵营出席专项督导会。校团委全体人员、各学院（部）团委书记、学生团委副书记、校院两级学生会组织负责人及学生代表参加督导会。

熊贵营致欢迎词，他代表学校党委和行政对团省委专项督导组到校督查、指导学生会组织改革表示热烈欢迎，对一直以来关心支持学校共青团工作的团省委领导表示衷心感谢。他希望学校各级共青团、学生会组织根据团省委、省学联关于高校学生会组织改革推进的新要求、新部署，扎实推进学生会组织改革，提升改革实效和工作水平。

团省委专项督导组组长卜路组织召开专项督导见面会，与学校团学干部就高校学生会组织改革推进情况进行沟通交流，传达了专项督导的各项要求，并就进一步加强落实习近平总书记青年工作思想、中央党的群团工作会议精神、团的十八大精神，着力推进学生会组织改革进行部署。

本次督导分书面督导和现场督导两个阶段。根据书面督导工作要求，校团委、学生会在深入自查的基础上，向督导组递交了自查报告。现场督导阶段，校团委副书记张成向督导组汇报了校团委指导学生会组织推进改革的相关情况，分析了存在的问题，列出了整改措施，并就深入推进高校学生会组织改革提出了建议。现场督导期间，督导组还组织召开了学生会组织改革推进情况座谈会。通过座谈交流，深入了解学校学生会组织现状、改革推进情况、取得的实效、存在的问题及下一阶段推进改革的重点工作。

最后，督导组向学校反馈了督导意见。督导组充分肯定了学校共青团、学生会组织在开展学联学生会组织改革精神宣讲解读、扎实推进学生会组织改革落地落实、改革完善学生代表大会制度、出台学生会组织改革方案等方面推出的改革举措和取得的明显成效。同时，督导组对学校学生会组织进一步完善学生代表大会常任代表会议制度、加强网上学生会建设、强化对二级学院学生会组织改革督导等方面提出了意见和建议。

校团委、学生会将根据团省委专项督导组反馈的意见和工作部署，在校党委的领导下，着力推进学校学生会组织改革，进一步加强“一心双环”团学组织构建，强化学生会组织自我教育、自我管理、自我服务、自我监督职能的发挥，不断激发广大学生干部推动改革的动力、提升学生会组织的活力，增强吸引力和凝聚力，以改革推动创新发展、服务学生成长。

（校团委）

校党委中心组专题学习全国教育大会精神

10月11日上午，校党委中心组在惠和楼215会议室集体学习习近平总书记在全国教育大会上的讲话精神。校党委中心组全体成员参加了学习，党委书记钮雪林主持了学习会。

学习会上，校党委委员、宣传统战部部长韩承敏围绕会议精神，从9个“坚持”，1个“根本任务”，1个“目标”，坚决克服5个“唯”，着重培养3种人才，6个方面“下功夫”等方面，解读了习近平总书记在全国教育大会上的讲话精神。

党委班子成员围绕大会精神，结合分管工作，畅谈学习体会。与会人员一致认为，此次全国教育大会是党中央召开的一次十分重要的会议，立意高远、思想深邃，为高校培养社会主义建设者和接班人提供了根本遵循。学校要围绕“成就学生、成就教师”，深刻领会讲话中提到的教育要在“六个方面”下功夫；学校要从情感上、思想上、生活上关心教师，为教师做好服务工作。教师要珍惜“教师”这份光荣，爱惜“教师”这份职业，在成就学生中成就自己。

钮雪林做总结讲话。他认为，此次全国教育大会在我国教育改革发展的历史上具有里程碑式的意义，充分体现了党中央对教育工作高度重视，对教育战线的高度关怀，也对教育工作者寄予厚望。教育强则国强，教师好则学生好，教育质量高则人民幸福感强，教育工作者要有强烈的责任意识和担当意识，增强办好教育的信心。

（宣传统战部）

学校参加全国高职高专校长联席会议2018年年会

12月8—9日，校长曹毓民、副校长陶亦亦，电子信息工程学院院长张欣、校长办公室副主任张军等，参加了在福建福州举办的全国高职高专校长联席会议2018年年会。

本次年会举办了高职院校技术研发与应用成果展，苏州市职业大学新一代高效智能光伏逆变器成功入选。展示期间，教育部职业教育与成人教育司司长王继平到学校展位，现场了解和指导学校科研发明专利工作，学校科技处副处长鲜学丰、电子信息工程学院专业教师张波进行了现场介绍和讲解。

曹毓民在本次大会信息化与课堂教学改革论坛进行了专题交流发言，以“探索智能化时代职业教育人才培养模式”为题，从“制造”走向“智造”的背景，数字化带动职教改革的思考，信息化重塑课堂教学的实践，未来信息化精准、智能、多元教学的展望等四个方面，介绍学校围绕地方经济转型升级对智能制造人才的迫切需求，借力政府、行业、企业搭建新型教学生态圈，重构实境化教学环境，通过以国家职业教育智能控制技术专业教学资源库建设为引领，建成多级课堂教学资源，引入信息技术改造教学形式和内容，推进个性化学习型组织，打造具备自身特色的内涵式高质量信息化课堂教学。

陶亦亦代表学校参加了本次大会“2017年高等职业院校教学资源50强”和“高职院校技术研发与应用成果展优秀成果奖”受奖仪式。

（校长办公室）

学校召开教育发展基金会第三届理事会第四次会议

12月12日，苏州市职业大学教育发展基金会第三届理事会第四次会议在惠和楼会议室召开。基金会全体理事、监事出席了会议。会议由理事长钮雪林主持。

会议审议了关于基金会理事的调整事宜、基金会向学校重大项目捐赠事宜以及基金会2018年度财务报告。

钮雪林做总结讲话。他首先肯定了基金会2018年全面提升工作水平：基金会积极服务学校改革发展，赢得良好的社会声誉；获批“慈善组织”认定，得到省民政厅、教育厅的充分肯定。就今后进一步做好基金会工作，他提出四点意见：一要牢记办会宗旨，充分发挥桥梁纽带作用，提升服务能力，促进学校教育事业发展；二要充分挖掘资源，拓宽筹资渠道，形成有效合力，扩大工作参与面，逐步形成学校基金会文化和品牌；三要强化内部治理，严守法律法规，加强制度建设，完善工作流程，加强公信力建设，规范基金管理；四要搭建合作平台，创新工作思路，实现资源共享，开创校地合作共赢新局面，为建设有作为、有影响的基金会组织，为学校早日建成“全国一流品质”院校做出更大的贡献。

（基金会办公室）

学校召开2018年度党组织书记述党建、述思政及意识形态、述党风廉政建设会议

12月14日下午，学校召开2018年度党组织书记述党建、述思政及意识形态、述党风廉政建设会议。会议由校党委书记钮雪林主持。校党委副书记、副校长刘丹，纪委书记蔡晓平，党委委员韩承敏、魏影等出席会议。

述职评议会上，各学院（部）的党组织书记围绕领导重视、特色党建、思政及意识形态、党风廉政建设、问题分析等方面，对基层党建、思政及意识形态和党风廉政建设情况作了现场述职。

会上，钮雪林就“党政共同负责制”“党建与业务工作相互融合”“三个责任制对工作的推动”现场抛出“三问”，电子信息工程学院、商学院、计算机工程学院、机电工程学院的4位书记分别针对提问作了现场答辩。

钮雪林对党组织书记所表现出的岗位担当、责任意识、工作状态和相关工作所取得的成绩给予了充分肯定。针对下一步基层党建、思政及意识形态、党风廉政建设等工作，他提出：一是加强认识，统一思想；二是加大力度，推进工作创新发展；三是严格履责，敢于亮剑监管。最后，钮雪林强调，此次述职会是推动学校全面从严治党向学校基层延伸的重要举措，党组织书记要切实提高政治站位，增强“四个意识”，高度重视学校党建、思政及意识形态、党风廉政建设工作，引导学校各项事业发展，使学校的发展同内涵式高质量发展要求相适应，同地方产业经济发展的态势相适应，同苏州在全国的综合地位相适应。

（组织人事部　宣传统战部　纪检监察室）

教育教学

学校与力神电池（苏州）有限公司签订“现代学徒制”校企合作协议

1月8日下午，苏州市职业大学—力神电池（苏州）有限公司“现代学徒制”校企合作签约仪式暨“力神班”开班典礼在惠和楼会议室举行。力神电池总经理孙伟、综合管理部部长邓研，校长曹毓民、副校长陶亦亦、校企合作办副主任张芬、电子信息工程学院院长张欣和校企双方骨干成员，力神班全体学生参加了签约仪式。

曹毓民、孙伟分别讲话，他们对“力神班”的成立表达了深切的希望和强烈的信心，学徒代表刘乾坤在会上发言。随后学校、企业和学生三方分别签署了《现代学徒制试点项目校企合作专项协议》和《现代学徒制试点项目三方协议》，至此，“现代学徒制”“力神班”正式开班。

（电子信息工程学院）

学校与友达光电（苏州）有限公司签订“现代学徒制”校企合作协议

1月12日，苏州市职业大学—友达光电（苏州）有限公司“现代学徒制”校企合作签约仪式暨第三届“友达班”开班典礼在惠和楼会议室举行。友达光电总经理郭振明、厂长李和荣、蓝光宏等，校长曹毓民、副校长陶亦亦，校企双方骨干成员以及友达班全体学员参加了签约仪式。

曹毓民、郭振明分别致辞，两人对第三届“友达班”的开班表达了深切的希望和十足的信心。友达光电优秀员工、第一届“友达班”学生代表张猛分享了自己的学习感受，从自身成长角度对采取“现代学徒制”培养人才的模式给予充分肯定。第三届“友达班”学徒代表陈颖则表达了对“友达班”的期待，立志好好学习，磨砺品行，不负学校、企业期望。随后学校、企业和学生分别签署了《现代学徒制试点项目校企合作专项协议》和《现代学徒制试点项目三方协议》。

（电子信息工程学院）

学校与苏州市民政局签订合作协议

1月12日下午，苏州开放大学与苏州市民政局、相城区民政局、高新区民政局在华美楼会议室举行共建苏州市社会教育服务指导中心及培训基地签约合作仪式。苏州市民政局副局长胡跃忠、苏州市相城区民政局局长潘永明、苏州市高新区民政局局长袁晓月及市民政局相关处室负责人出席签约仪式，校长曹毓民、副校长陶亦亦，继续教育学院院长戴涵莘参加会议，仪式由陶亦亦主持。

会上，曹毓民代表苏州开放大学致欢迎词，对双方的合作表达了深切的希望，并对发展前景充满了信心。胡跃忠充分肯定了开放大学的校园环境、师资队伍、培训服务的品质，对双方在2018年即将开展的全面合作深表期待。政校双方将依托苏州开放大学的苏州市社会教育服务指导中心，建设一支服务社会治理全过程，集专家型和实践型的跨区域、跨学科、多层次师资团队，提升社会工作的理论研究与实践探索的能力；依托苏州市社会教育培训与研究基地，建立与苏州市社会发展相适应的社区工作者队伍和专业社工人才培养机制，提高社会治理工作人才队伍的专业素质和业务能力。

（苏州开放大学）

2018年职业教育智能制造专业教学资源库共建共享联盟大会在苏州市职业大学举行

4月14—15日，2018年职业教育智能制造专业教学资源库共建共享联盟大会在学校成功举办。来自全国各地的应用型本科院校、高职高专院校、中等专业学校、行业企业等共建共享联盟成员近30家单位的90余名代表参加了会议。本次大会由苏州市职业大学主办、领航未来（北京）科技有限公司协办。大会由苏州市职业大学校长曹毓民主持，党委书记钮雪林致欢迎词。教育部职业教育与成人教育司有关领导对2018年资源库项目建设相关政策进行了解读。副校长陶亦亦做智能制造资源库建设与申报工作汇报。

会议期间，领航未来（北京）科技有限公司总裁姜涛以《资源库全周期管理》为题，重点阐述了资源库建设对学校发展、专业建设等方面的促进作用及推动资源库建设的建议等；天津轻工职业技术学院副院长李云梅做了题为《教学资源库建设、应用、推广全过程管理与思考——以新能源专业为例》专题报告，与大家分享了资源库建设的思路与宝贵经验；顺德职业技术学院资源库建设管理办公室主任余华明与大家分享了制冷与冷藏技术专业国家教学资源库建设应用与验收经验；湖南汽车工程职业学院合作交流部部长欧阳波仪与大家分享了汽车技术服务与营销专业国家教学资源库项目建设体会。会上，联建单位代表天津轻工职业技术学院、常州信息职业技术学院、上海电气集团、苏州凡特斯测控科技有限公司、上海德研电子科技有限公司与学校现场签署《职业教育智能制造专业教学资源库共建共享合作协议》。

会议期间，与会代表还参观了苏州市职业大学智能制造与工程训练中心和吴文化园，分组就联建方案、人才培养方案及课程建设等内容进行了广泛和深入的讨论，并进行了微知库系统平台的使用培训。

（校长办公室　电子信息工程学院）

学校与苏州清睿教育科技股份有限公司签订校企合作协议

5月4日下午，苏州清睿教育科技股份有限公司朱奇峰博士一行到校访问交流，并与学校签订了校企合作框架协议。副校长陶亦亦、校企合作办副主任张芬、电子信息工程学院院长张欣、外语学院院长吴倩、两学院部分骨干教师参加了协议签订仪式。

陶亦亦代表学校欢迎朱奇峰博士的到来，并对学校的校企合作状况进行了介绍，希望双方今后在教育教学研究、课题申报，尤其是外语教学改革等方面能开展更为广阔的合作。朱奇峰介绍了清睿科技的教育理念、企业文化和经营范围，特别对其开发的口语“100智慧学习空间”进行了全方位的展示。随后陶亦亦和朱奇峰分别代表校企方签订了校企合作框架协议，同时朱奇峰代表清睿教育科技股份有限公司向学校捐赠了价值300万元的人工智能教学产品。

本次协议的签订将为学校人工智能教学开辟一条新的发展路径，也将进一步推动学校信息化教学改革，提升信息化教学内涵。

（电子信息工程学院）

学校与亨通集团签署战略合作框架协议

5月10日下午，苏州市光电缆产教融合战略发展签约仪式在苏州开放大学顺利召开。苏州市工商联党组成员、市总商会党委书记、市工商联副主席周显芳，苏州市职业大学党委委员、副校长陶亦亦，盐城市大丰区副区长、常州高新区大丰工业园党工委书记、管委会主任潘仁山，苏州市光电缆业商会常务副会长兼秘书长钱建林，以及苏州市工商联行业商会处处长范崇德等领导出席。会议由苏州市光电缆业商会常务副秘书长、苏州市光电缆行业大学校长冯峰主持。

会上，副校长陶亦亦与亨通集团人力资源管理中心总监杨俊分别代表校企方签署校企战略合作框架协议。

根据协议，双方将依托学校与企业各自领域的品牌优势，围绕“两聚一高”发展主题，促进教育链、人才链与产业链、创新链有机衔接，双方将在人才培养、国际化、科技创新、教育培训、资源共享等领域开展全面合作，共同推进企业事业和学校教育事业持续健康发展。

（电子信息工程学院）

江苏省首家国际关务人才培养基地落户学校

5月24日下午，全国报关职业教育教学指导委员会（以下简称“报关行指委”）国际关务人才培养基地授牌仪式在商学院举行。报关行指委副主任委员兼秘书长郑俊田教授、苏州恒格关务咨询有限公司总经理彭旭桂、江苏悦通会计师事务所有限公司董事长蒋薇倩等应邀出席了揭牌仪式。苏州市职业大学副校长陶亦亦、教务处处长傅小芳等出席仪式，签约仪式由商学院党总书记曹继平主持。

授牌仪式上，郑俊田介绍了报关行指委的由来和发展愿景，并指出国际关务人才培养基地是报关行指委国际关务人才培养工程的重要组成部分。国际关务人才培养基地的建立旨在推动报关及相关专业的建设发展，为关务后备人才的学习、就业、社会实践以及专业教师岗位实践和专业技能培训等工作提供重要平台。

活动仪式上，副校长陶亦亦与苏州恒格关务咨询有限公司总经理彭旭桂分别代表校企方签订了校企合作协议。

（商学院）

江苏省高校计算机基础教学工作委员会2018学术年会在苏州市职业大学顺利召开

5月26日，江苏省高校计算机基础教学工作委员会2018学术年会在学校学园大厦报告厅顺利召开。省内高校从事计算机基础教学领域的领导、专家、一线教师及微软等行业技术骨干50余人齐聚一堂，共同探索在《普通高中课程方案和各学科课程标准（2017年版）》背景下，高校计算机基础教育的发展与变革。校党委委员、副校长陶亦亦发表了热情洋溢的讲话，欢迎专家和老师。

东南大学计算机学院博士生导师陈汉武教授，全国高等院校计算机基础教育研究会常务理事、文科专委会副主任、江苏省计算机学会常务副秘书长、南京大学金莹副教授，南京航空航天大学王立松副教授及微软中国赵庆余先生等10位来自教学、行业一线的大咖应邀从各个维度分享了近两年来面对新一轮科技革命与产业变革，江苏省计算机基础教育在人才培养上的探索、实践及取得的成绩和获得的经验。

计算机工程学院院长李金祥教授在会上以“信息技术基础课程线上线下混合式分层教学改革实践”为题向大家汇报了学校计算机基础教学的现状。

（计算机工程学院）

学校与苏州市吴中区文体局签订校地合作协议

6月5日上午，学校与苏州市吴中区文体局校地合作协议签约仪式在惠和楼举行。吴中区文体局局长周一风、副局长张金华和有关科室负责人，苏州市职业大学副校长陶亦亦、校企合作办副主任张芬、体育部主任王俪燕、艺术学院党总支书记吴隽等共同出席了签约仪式。

签约仪式上，校地双方立足各自的发展优势和区位资源，充分发挥政府职能部门和高校优势，互相交流沟通，互为整合利用，形成了诸多合作意向。根据吴中区社会体育事业的发展需求，双方将在体育项目培训、赛事合作、项目申报、师资共建、资源共享、实习就业基地建设、文化交流及社会服务等方面达成密切合作。根据吴中区社会文化事业的需求，双方将在文创艺术讲座、大学生文艺服务团、非遗文化交流、群文活动展演、产教融合等方面达成密切合作。

周一风和陶亦亦共同在合作协议上签字。双方一致认为，校地合作要相互借力借智，推动合作举措取得实效；要加强沟通交流，不断丰富合作内容；要强化优势互补，持续提高政治站位；要注重做特做亮，积极构建校地协同育人、共同发展的合作机制；要深化产教融合，有效探索新形势下“政行企校”合作人才培养模式。

（校企合作办公室　艺术学院　体育部　校团委）

苏州市职业大学安防学院揭牌成立

6月8日上午，苏州市职业大学安防学院共建签约暨揭牌仪式在学校召开。苏州市公安局科信处处长兼技防办主任李晶、技防科科长、技防办副主任吴坚，苏州市安全技术防范行业协会理事长、苏州科达科技股份有限公司董事长陈冬根，苏州市安全技术防范行业协会秘书长王坤泉，中科院研究员、公安部专家、苏州市安防协会创新和团标委副主任李建明，苏州市职业大学党委书记钮雪林、校长曹毓民、副校长陶亦亦及学校相关部门领导，苏州市安全技术防范行业协会会员单位领导出席了签约和揭牌仪式。活动由陶亦亦主持。

曹毓民致欢迎词并与陈冬根现场签订了《共建苏州市职业大学安防学院的合作协议》，共同为安防学院揭牌。李晶、王坤泉、钮雪林分别代表政行校三方讲话。

根据双方签订的合作协议，苏州市职业大学和苏州市安全技术防范行业协会将组建由政、行、企、校联合参与的安防学院理事会，由其负责推进具体合作项目。安防学院将面向苏州市安全技术防范行业协会会员单位推出行业订单班、“现代学徒制”班等现代职业教育人才培养模式，联合组建混编师资团队，探索组织开发培训教材、网络资源，成立师生工作室，推进双方优质资源深入共享，进一步深化校企合作。

（计算机工程学院）

全国机械行业自动化类电梯工程技术专业建设研讨会在苏州市职业大学召开

6月8日，由全国机械职业教育教学指导委员会指导，全国机械职业教育教学指导委员会自动化类（高职）专业教学指导委员会、机械工业出版社主办，苏州市职业大学、苏州远志电梯培训有限公司承办的电梯工程技术专业建设研讨会在学校召开。

此次会议旨在深化产教融合、加强高等职业院校和行业企业的多方合作，推动电梯工程技术专业建设，深化课程改革，丰富专业内涵，提升教师专业水平和实践能力，既是面向全国范围的第一次针对高职院校电梯工程技术专业的研讨会，也是电梯行业行、政、校、企互融共享的一次盛会。

会议开幕式由自动化类专业教学指导委员会副主任委员、北京工业职业技术学院副院长冯海明主持。副校长陶亦亦代表承办方学校致欢迎词，机械工业教育发展中心黄小东处长介绍全国机械工业教育情况，苏州市质量技术监督局副局长邢东生介绍苏州市电梯行业人才发展现状，机械工业出版社高职分社副社长高倩介绍目前正在规划的电梯工程技术教材相关设想。

会议紧紧围绕电梯工程技术专业建设，既有专家视点，也有落地方案；既有教材讨论，也有课程方案。为深化产教融合、加强高等职业院校和行业企业的多方合作，深化课程改革，丰富专业内涵，提升教师专业水平和实践能力，推动电梯工程技术专业建设，促进电梯行业高质量人才培养奠定了坚实基础。

（机电工程学院）

苏州市职业大学移动学院揭牌成立

6月29日上午，苏州市职业大学移动学院共建签约暨揭牌仪式在学校召开。中国移动通信集团江苏有限公司苏州分公司党委书记、总经理周建成，副总经理顾一泓、尤方勇，苏州市职业大学党委书记钮雪林、校长曹毓民、副校长陶亦亦及校企相关部门领导出席了签约和揭牌仪式。活动由陶亦亦主持。

活动上，曹毓民致欢迎词并与周建成现场签订了《共建苏州市职业大学移动学院的合作协议》，共同为移动学院揭牌。周建成、钮雪林分别代表企业和学校讲话。

苏州市职业大学与中国移动通信集团江苏有限公司苏州分公司共建移动学院，双方将围绕培养人才，在5G应用、互联网、大数据、通信行业技术及资料、通信工程企业培训、学院课程开发等方面开展合作，探索先进制造及人工智能的人才培养，促进职业教育与智能制造企业的深度融合，更好服务智能制造产业发展，增强职业教育的社会服务能力。

（计算机工程学院）

学校与中国联合网络通信有限公司苏州分公司校企合作签约仪式举行

8月15日上午，学校与中国联合网络通信有限公司苏州分公司（以下简称“苏州联通”）校企合作签约仪式在惠和楼215会议室举行。中国联通苏州分公司总经理张强、副总经理王东成，校党委书记钮雪林、校长曹毓民、副校长陶亦亦及双方职能部门相关负责人出席会议。陶亦亦主持签约仪式。

曹毓民就能与苏州联通达成校企合作向企业方表示诚挚感谢，并介绍了学校的办学历史、发展情况及主要成就。陶亦亦对双方合作的主要内容做了陈述。张强在讲话中对中国联通的发展历程与现状做了详细介绍，表示今后将全面推进合作，期待与学校在人才、技术、网络、应用等方面的全面对接。在一片掌声中，曹毓民和张强分别代表苏州市职业大学、中国联通苏州分公司签署校企合作协议，共同为“沃创社”创新基地揭牌。

钮雪林在最后讲话中指出，高等职业教育要主动适应信息产业革命，切实提高工科教育质量，亟须整合社会资源，深入开展校企合作、产教融合，从而实现高校人才培养、教科研创新、文化传承、服务社会等职能。建立与苏州联通的协作关系，能推动更深入、高层次的校企合作，希望双方建好沟通协调机制，让合作落地见效，真正实现共赢发展，为苏州社会经济发展做出更大贡献。

（电子信息工程学院）

学校与苏州市吴中区人社局签订校地协同合作协议

9月7日上午，学校与苏州市吴中区人社局校地协同合作协议签约仪式在吴中区第四届吴中技能状元大赛闭幕式上举行。吴中区人社局局长丁晓娟和苏州市职业大学副校长陶亦亦共同在合作协议上签字。

签约仪式上，校地双方表示要立足各自的发展优势和区位资源，充分发挥政府职能部门和高校优势，互相交流沟通，互为整合利用，积极构建校地协同育人、共同发展的合作机制。根据吴中区经济、文化发展的需求，双方将在学校专业建设、高技能人才培养，吴中区公共实训基地、吴中区大师工作室建设，乡土技艺人才培育、传承、保护，举办赛事、沙龙活动，技能培训，产教融合等多方面达成密切合作。双方一致认为，校地合作要相互借力借智，推动合作举措取得实效。

苏州市职业大学组织人事部部长魏影、校企合作办副主任张芬等人出席了闭幕式，并见证了签约仪式。

（校企合作办公室）

学校举行“跨境电商人才培育合作高校”揭牌仪式暨学徒班总结表彰大会

9月12日上午，苏州市职业大学—阿里巴巴“跨境电商人才培养合作高校”揭牌仪式暨学徒班总结表彰大会在商学院院会议室举行。阿里巴巴苏州区域主管杨永俊、副校长陶亦亦、校企合作办副主任张芬、商学院院长吴文英、副院长倪爱东、院党总支副书记万健、国贸系系主任陈丽红及国贸系专业教师、首届学徒班全体成员和2016级国贸专业同学参加了此次会议。应邀参加此次会议的企业代表有苏州市悦华塑料制品有限公司董事长赵仁龙、上海宇振展示器材有限公司董事长潘小平、苏州弘欣扬精密机械有限公司董事长杨红旗、阿里巴巴供应商安徽大科人才服务有限公司总经理谢明等。倪爱东主持了此次会议。

揭牌仪式上，倪爱东对校企合作跨境电商人才培育项目进行了总结，经过三年的尝试和探索，商学院与阿里巴巴携手走出了一条跨境电商人才培育的创新之路，阿里巴巴公司对此充分肯定，授予学校“跨境电商人才培育合作高校”称号。会上，陶亦亦和杨永俊共同为“跨境电商人才培育合作高校”揭牌。其后，陶亦亦为五位企业代表颁发了兼职教师聘书，吴文英为大科业务经理王生辉、曹梦楠颁发了兼职实操指导教师聘书。

会议期间，学院对首届学徒班进行了总结表彰，吴文英宣读了首届学徒班跨境电商业务精英及精英团体表彰名单，企业领导与学院领导为获奖个人及团队进行了颁奖。颁奖仪式之后，学徒班学员、预备党员杜蜜代表学徒班全体成员发言，对该项目从学生个人能力和职业发展进行了总结，表达了对学院和企业的感谢；企业代表谢明回顾了三年来从订单班到学徒班的探索、发展之路，提出了校企双方未来继续深度合作的愿景。

会议最后，陶亦亦对商学院跨境电商校企协同人才培育项目进行了高度评价，指出这一项目与目前高职院校人才培养方向非常契合，项目的继续推进将为更多的学生扩大就业空间、提高就业质量创造可能，为学院专业发展和企业业务拓展助力。

（商学院）

2016—2018年度江苏省社会教育规划课题（苏州地区）评审会在苏州开放大学顺利召开

根据江苏省社会教育服务指导中心关于科研课题的管理要求，苏州市社会教育服务指导中心于9月12日下午，在苏州开放大学组织召开了2016—2018年度江苏省社会教育课题（苏州地区）评审会。

本次评审会包括了2016年度一般及立项不资助课题结题汇报、2017年度立项资助和立项不资助课题中期检查及2018年度立项资助和立项不资助课题开题论证，共14个课题。研究内容涉及基层社区教育体制机制的改革创新、地方高校和社区共建共享教育资源模式、社区教育评估管理体系建设、社区教育课程资源建设研究、老年教育养教结合模式、培育社区学习共同体的实践研究、费孝通社区教育思想研究等，涵盖了苏州市社区教育发展过程中的热点问题，为实践工作的创新发展提供了科学的理论指导。

（苏州开放大学管理委员会）

学校召开中高职“3+3”分段培养项目研讨会

为积极构建具有特色的现代职业教育体系，加强中高职“3+3”分段培养项目管理，保证人才培养质量，学校分别于2018年9月18日和9月21日召开中高职“3+3”分段培养项目校内推进会、中高职“3+3”分段培养项目研讨会，副校长陶亦亦、教务处处长傅小芳、学生工作处处长王琼、江苏省吴中中等专业学校校长张国英、副校长汤晓敏以及相关专业负责人参加了会议。

陶亦亦首先对合作院校江苏省吴中中等专业学校与会人员表示欢迎，对两校的合作项目给予了高度评价，并要求各专业进一步加强合作和交流，不断提升人才培养质量。其后，机电工程学院、管理学院、计算机工程学院和商学院分别针对本学院负责的合作专业做了情况汇报，校招办介绍了招生情况，合作院校分段部主任朱卫良介绍了“3+3”分段培养前段学生培养情况。傅小芳给每个专业布置了“五个一”的建设任务，即建设好一支混编教学团队，打磨好一个融通的课程体系，制定好一个双向交流方案，筹划好一个专业教学资源库，打磨好一个教改亮点。最后，张国英对六年来与学校共同开展的职业教育“立交桥”项目表示满意，并表达了进一步扩大与学校合作的愿望。

（教务处）

学校召开学前教育专业人才培养方案论证会

9月26日下午，学校在惠和楼举办学前教育专业人才培养方案论证会。副校长陶亦亦、教务处副处长杨晓华、学前教育专业全体教师和来自苏州市实验小学附属幼儿园、江苏省新苏师范学校附属小学附设幼儿园等的14位园长出席了本次会议。

会议由教育与人文学院副院长冯清主持。陶亦亦首先代表学校，欢迎来自学前教育第一线的园长，感谢她们长期以来对学校学前教育专业的关心与支持，恳请她们为学前专业人才培养方案提出宝贵意见，提高学校学前教育专业人才培养的质量。学前教育专业带头人王平老师围绕课程设置、综合实践课程体系及教育实习基本要求等内容介绍了学校学前教育专业基本情况。冯清宣读了学前教育专业校外导师任职条件、职责和第二批校外导师名单，陶亦亦和杨晓华为校外导师颁发聘任证书。最后，围绕学校学前教育专业人才培养方案、教育实习、保育实习等内容，与会人员开展了深入的研讨。结合幼儿园教育实际和幼儿园教师的素质要求，各位幼儿园园长对学前教育人才培养方案提出了许多建设性的意见，并就人才培养方案的具体内容、教学模式、教学方法等，与学前教育专业的老师进行了深入的交流。

本次论证会完善了学前教育人才培养方案，增强了学校与幼儿园的互动交流，搭建了学前教育专业学生和教师教育实践的平台，为学前教育专业的发展创造了条件。

（教育与人文学院）

苏州市人工智能学会人工智能教育专业委员会成立大会在苏州市职业大学召开

10月17日下午，苏州市人工智能学会人工智能教育专业委员会成立大会暨第一次委员工作会议在学校惠和楼召开，70余位来自全市14所高校和6家企业的会员及代表出席。苏州市人工智能学会理事长、苏州大学计算机科学与技术学院院长李凡长，苏州市职业大学副校长张健，苏州市人工智能学会副理事长、苏州科技大学电子与信息工程学院院长付保川，苏州清睿教育科技股份有限公司董事长朱奇峰，常熟理工学院计算机科学与工程学院院长龚声蓉，苏州高等职业技术学校副校长沈文，苏州市职业大学科技处处长姚金凤等专家、领导、嘉宾参加了成立仪式。

在热烈的掌声中，李凡长、张健共同为苏州市人工智能学会人工智能教育专业委员会揭牌。

大会工作人员宣读了人工智能教育专业委员会名单，苏州市职业大学作为专业委员会的发起单位之一当选为副主任委会单位。

在成立大会召开前，还召开了人工智能教育专业委员会第一届委员会第一次会议，会前曹毓民接见了与会委员。他对会议在学校召开表示热烈欢迎，并对与会委员支持学校教育事业的发展表示感谢，希望能以专业会委员为平台和纽带，加强联系合作。

（科技处　电子信息工程学院）

学校与科大讯飞签署校企战略合作框架协议暨智能应用技术学院正式揭牌

10月24日，在科大讯飞2018全球1024开发者节当天，学校与科大讯飞股份有限公司在安徽合肥科大讯飞总部会议室举行了校企战略合作框架协议签约暨智能应用技术学院揭牌仪式。

科大讯飞股份有限公司轮值总裁陈涛，苏州市职业大学校长曹毓民、副校长陶亦亦出席签约仪式。

签约仪式上，曹毓民发表致辞，介绍了学校办学理念、办学特色、人才培养成就以及“十三五”发展规划，他对科大讯飞专门举行与高校签约合作活动、提前布局人才培养的战略表示敬佩，对学校与中国人工智能龙头企业加强合作，共同探索人工智能人才培养的路径充满信心，并表示人工智能产业不仅需要博士、硕士、本科层次的人才，更需要大量的职业教育层次的中坚力量。

随后，陶亦亦与陈涛签署了校企合作协议，曹毓民与陈涛共同为苏州市职业大学科大讯飞智能应用技术学院揭牌。

（电子信息工程学院）

苏州市现代光电职教集团专业建设委员会成立暨第一次工作会议顺利召开

10月24日，现代光电职教集团专业建设委员会成立暨第一次工作会议圆满结束，来自学校、企业、光电缆商会的25名代表参加会议。本次会议由苏州市职业大学主办，江苏省吴江中等专业学校承办。苏州市职业大学教务处处长傅小芳、校企合作办副主任张芬、电子信息工程学院党总支书记王亚、副院长邓建平、电子技术系主任陈伟元等出席会议，会议由邓建平主持。

江苏省吴江中等专业学校副校长陈海致欢迎

词。张芬受集团理事会委托，宣布了第一届专业建设委员会成立并宣读了成员名单。会议组织研讨了本科、大专和中专三个层次的学校相关专业，分别由苏州科技大学电子与信息工程学院副院长任建平、苏州市职业大学教务处处长傅小芳、吴江中等专业学校王建民等作为学校代表阐述了各自学校的专业特色，会议重点研讨了主办单位的智能产品开发专业的人才培养方案。

会上还安排分享校企合作共建案例，分别由来自友达光电（苏州）有限公司、苏州科茵斯科技有限公司、通鼎集团、苏州镒升机器人科技有限公司等4家企业代表做了介绍，分享成功经验以及交流面临的共同问题。

苏州市光电缆商会常务副秘书长冯峰梳理了商会近年来与苏州市职业大学的合作历程和取得的成绩，分析了苏州智能制造业对人才的需求，表达了对现代光电职教集团这一平台的期待。

最后王亚还与大家分享了苏州市光电缆产教融合党建联盟交流平台在促进专业建设方面的作用，重点介绍了发挥党建引领作用，校企间充分挖掘教育资源、协同育人、互利共赢的一些创新举措。

（电子信息工程学院）

学校与苏州市相城区人民政府举行校地全面合作签约仪式

11月14日下午，苏州市相城区人民政府与苏州市职业大学校地全面合作签约仪式在学校举行。中共相城区委副书记毛伟、组织部部长葛宇红、副区长曹岩，苏州市职业大学校长曹毓民、副校长陶亦亦、副校长张健出席了此次签约仪式。参加签约仪式的还有相城区政府办公室、区教育局、科技局、人社局、文体局、太平街道办事处等相关人员。签约仪式由陶亦亦主持。

陶亦亦向参加仪式的相城区人民政府一行表示了热烈的欢迎和衷心的感谢。与会人员首先观看了苏州市职业大学《筑梦新时代·开启新征程》宣传片，了解了学校的总体发展现状、校企合作、产学研工作的开展情况。在与会人员的共同见证下，曹毓民、葛宇红代表校地双方共同签署了全面合作框架协议。随后，相城区、学校相关职能部门签署了包括人才培养、科研合作、文化传承、一院一镇等一系列具体合作协议。

最后，曹毓民、毛伟做了讲话，校地双方将立足相城区经济发展现状和未来发展之路，在共同推动相城区经济发展、产业升级等方面的合作提出了校地协同融合发展希望，全面打造校地融合发展、创新发展共同体，努力实现校地双方资源开放共享，学校事业进步和地方产业发展统筹融合、良性互动的协同发展格局。校地双方领导一致认为，合作是发展的趋势，希望双方在未来构建紧密合作关系，深化合作内容，提升合作层次，从而收获丰硕的合作成果。

签约仪式结束后，校地双方领导还一同视察了苏州市职业大学苏州市相城区企业校园专场招聘会现场，并参观了学校实训基地。

（校企合作办公室）

计算机工程学院召开2018年度专业建设指导委员会会议

计算机工程学院于11月20日下午召开了2018年度物联网应用技术专业（校品牌专业建设点）及计算机网络技术（校骨干专业建设点）专业建设指导委员会会议。

本次会议分为两个阶段，第一阶段为企业专家会议。中国电信苏州分公司物联网中心主任周晓东、副主任臧燕翔、苏州科达科技股份有限公司苏州办主任勾璐、江苏天创科技有限公司天创培训副总经理陈梅、中磊电子（苏州）有限公司经理王彦、中磊电子（苏州）有限公司产品总监吴慧琪等企业专家受邀参加会议。会议由张震主持。

陶亦亦对参加会议的行业专家、业界精英表示热烈欢迎和衷心感谢。他指出，学校的发展和进步与各优秀企业的鼎力支持密不可分。当前科技进步日新月异，新材料、新能源、新装备、新服务、新业态不断涌现，而企业专家对人才培养有着最新、最切合实际的体会和要求。他希望各位专家知无不言、言无不尽，把脉专业建设，拓宽人才培养思路，为学校物联网应用技术及计算机网络技术专业建设发展献言、献计、献策，对专业课程内容、课程模块提出要求，把企业元素纳入教学中来。物联网技术系主任刘昭斌教授向企业专家汇报了物联网及网络专业建设情况。与会专家听取汇报后，从产业发展情况、人才需求情况、专业人才培养计划、课程设置建议等方面逐一发言，为专业建设和改革提出了许多宝贵的意见。双方互相交流，气氛活跃。

会议第二阶段是教育界专家会议。苏州信息职业技术学院计算机与技术系主任于大为，苏州工业园区服务外包职业学院信息工程学院党支部书记、院长刘正，江苏省吴中中等专业学校信息传媒系实训副主任沈春根等专家与学院物联网技术系骨干教师就物联网、网络技术两个专业的人才培养方案展开了热烈讨论。

（计算机工程学院）

2018年职业教育智能控制技术专业教学资源库建设工作会暨共建共享联盟年会在学校成功召开

11月29日至12月2日，由苏州市职业大学联合湖南汽车工程职业学院和佛山职业技术学院主办，领航未来（北京）科技有限公司协办的2018年职业教育智能控制技术专业教学资源库建设工作会暨共建共享联盟年会在学校图书馆报告厅举行。来自全国各地的30余家院校、行业、企业单位的100余位代表参加会议。校党委书记钮雪林出席大会并致欢迎词。大会由副校长陶亦亦主持。

智能控制技术专业资源库建设项目主持人、校长曹毓民做工作报告。他在报告中全面总结了近两年来资源库建设总体情况，并对各联建单位在项目建设中努力工作表示感谢。他在报告中指出，资源库建设的总体目标是按照“国家急需、全国一流、面向专业”的总要求，以服务“中国智造2025”国家战略和“一带一路”智能制造产业发展为目标，建成代表国家水平、具有国际视野、展示智能特色、内容丰富、结构优化的智能控制技术专业资源库。

会议上项目主持人与各联建单位子项目负责人进行了现场签约，并对资源库前期建设情况进行了表彰。会议邀请了浙江机电职业技术学院金文兵主任、无锡职业技术学院财务处俞红梅处长、南京工业职业技术学院机械制造与自动化专业教学资源库项目负责人王红军主任和苏州大学机器人与微系统研究中心陈国栋博士等专家，分别就高等职业学校智能控制技术专业标准的解读、资源库建设资金使用与管理、资源库课程建设与推广应用、资源库应用与监测、中国智能制造发展趋势等主题做了精彩的报告。

（校长办公室　教务处　电子信息工程学院）

博世公司高层到校商谈汽车类高级人才培养校企合作项目

12月4日上午，副校长张健会见了博世全球技术服务售后副总裁Hornung Joerg、市场部总监Reif Timo等一行。双方就合作建设苏州市职业大学博世售后培训中心、博世学院等相关事项进行了深入交流。国际学院副院长汤晓军、机电工程学院院长陈洁等出席交流活动。

在交流中，张健首先简要介绍了学校的建设发展情况，特别提到了学校与博世公司在机电控制方面已有十余年的合作历史。他还向博世公司来宾推荐学校的特色人文品牌吴文化，希望能有机会将中国文化、苏州文化通过师生带入博世公司，让博世公司的外籍员工了解中国文化。同时，他也期待学校与博世公司建立更深入的合作伙伴关系，实现校企共赢。

Hornung Joerg博士简要介绍了博世全球的总体情况。他希望双方按照汽车新技术的发展趋势设立的目标，紧密合作，共同努力促进校企在汽车技术培训、职业教育的发展，将德国智能汽车技术中国化，为中国培养符合“中国智造2025”和德国“工业4.0”背景下的汽车技术优秀人才。

（机电工程学院）

学校召开2019年新建实验实训室可行性论证会

12月18日下午，教务处、科技处组织召开了2019年度新建实验实训室可行性论证会。苏州市科技局、在苏高校的专家以及学校部分职能部门、各学院（部）相关负责人参加了本次会议。副校长陶亦亦介绍了学校的建设发展前景，希望参会专家根据各自的专业领域为学校建设项目把脉诊断。

各学院（部）按照学院的建设规划，从满足学院的发展目标出发，从专业建设、课程安排、教学需求等方面进行项目可行性汇报，并从建设依据、服务对象和建成成效等方面，进行了项目建设方案的陈述。校内外专家对项目的必要性、完整性和可实现性进行了论证。在此基础上，专家们对实训室安全保障措施、实训实践课程的开设、资源的挖掘与共享、增强虚拟现实运用等方面提出了建设性的意见。

会议认为，本次论证的15个建设项目，学校已对绝大多数项目进行了充分的调研，建设思路明确，经费申报合理，方案可行，但个别项目仍需在进一步调研基础上进行修改完善。

（教务处　科技处）

科研学术

苏州科技大学温波教授到校做学术讲座

1月3日下午，学校邀请苏州科技大学温波教授到校做学术讲座。来自文科学院100余名骨干教师在惠和楼会议室聆听了讲座，讲座由校科技处处长姚金凤主持。

温波教授现任苏州科技大学人文社科处处长，长期从事马克思主义中国化、中国传统文化现代转型的研究工作。本次讲座主题为“人文社会科学研究中的几个重要问题”，围绕人文社会科学科研论文写作及发表、项目组织及申报、各类奖项申报等与大家进行了交流。他首先提出论文写作是人文社会科学研究中最基础的工作，更是个人评奖、职称评定的重要依据，是项目申报中必不可少的前期研究成果；其次说明了科研项目对教师个人和学校发展的重要性；最后以自己申报成功的国家社科基金项目为例，对项目的申报进行了比较详尽地阐述，并对项目申报书中容易出现的问题进行了分析。

（科技处）

学校受邀参加省哲学社会科学界第十一届学术大会并做分报告

1月6日，江苏省哲学社会科学界第十一届学术大会在苏州召开。苏州市职业大学科技处、机电工程学院、商学院相关领导和教师受邀参会。

本届年会的主题是“学术聚焦特色小镇与苏南创新发展路径”。围绕主题，江苏省绿色建筑产业技术研究院院长陈继军、沈阳建筑大学土木工程学院院长周静海教授、浙江省特色小镇研究会秘书长刘福根、苏州城乡一体化改革发展研究院常务副院长袁中金教授分别做了主题报告。江苏省社科院副院长吴先满研究员、苏州科技大学创新管理与评价研究所所长夏海力教授等15名专家围绕特色小镇建设发展分别做了分报告演讲。机电工程学院院长陈洁教授做了《基于角直模具特色小镇的技术创新的协同育人模式研究》分报告演讲，此报告是2017年江苏省高校哲学社会科学研究重大项目“校镇协同助推模具特色小镇创新发展的研究与实践”的阶段性研究成果。

（科技处）

苏州科技大学施琴芬教授到校做学术讲座

1月15日上午，学校邀请苏州科技大学施琴芬教授为理工科学院100余名骨干教师做了“自然科学研究中的若干重要问题探讨”的学术讲座。校长曹毓民会见了施琴芬教授，副校长陶亦亦主持并全程听取了讲座。

施琴芬教授，工学博士，博士生导师，研究员，现任苏州科技大学副校长。主要研究方向为知识管理、信息资讯、创新管理。施琴芬围绕自然科学研究项目申报、成果报奖、期刊分类等方面与大家进行了交流。施琴芬首先对2017年度国家自然科学基金项目申报、资助情况作了简要分析。建议学校老师积极寻求与“985”“211”高校以及行业龙头企业、上市企业的合作，联合申报省部级以上项目，提升项目立项率，以便为后续的独立研究打下基础。其次介绍了各级各类科技奖项申报时间节点及注意事项。她建议注重与企业的实际技术开发，联合申报行业协会、学会的科学技术奖，并针对提升学校排名及教师职称评审等情况，对科技期刊分类做了详细介绍。

最后施琴芬结合自己多年的科研管理及科学研究经验，和老师们分享了一些个人体会：做科研，要有“内心源动力”，潜心投入；要能拥有“信念/执念”，寻找“兴趣/乐趣”，注重“想法/方法”。

（科技处）

学校召开国家级教学成果奖申报成果鉴定会

3月12日上午，学校在惠和楼会议室召开“基于多态同构的‘六化并举’柔性适应人才培养模式探索与实践”教学成果鉴定会。鉴定组由北京师范大学职业教育与成人教育研究所所长赵志群、同济大学职业技术教育学院副院长张建荣、浙江机电职业技术学院原院长管平教授、沙洲职业工学院院长钱东东、江苏通鼎光电股份有限公司设备副总监孙勤良组成，赵志群担任鉴定组组长。校党委书记钮雪林、副校长陶亦亦、教务处处长傅小芳、成果主要完成单位相关负责人参加了鉴定会。

第一阶段会议由陶亦亦主持。钮雪林首先欢

迎各位专家的莅临指导，介绍了学校的基本情况。

第二阶段会议由赵志群主持。电子信息工程学院院长张欣代表成果主要完成单位向专家们汇报了成果背景、成果目标、改革主要工作、创新点、成果推广应用效果等。专家们对成果完成情况进行了质询和讨论，并就国家教学成果奖申报提出详细而中肯的意见与建议。最后，鉴定专家一致同意该成果申报国家教学成果奖。

（教务处）

学校召开教科研重大建设项目协调推进会

3月14日，学校召开教科研重大建设项目协调推进会，进一步落实相关院（部）、部门在项目落实中的职责，协调项目进程中的相关问题，并对重大项目进展进行了布置。会议由副校长陶亦亦主持。

科技处副处长吴佩华首先汇报了七个重大建设项目的可行性论证情况。会议听取了建设单位和职能部门对项目推进的建议，并对项目建设中的仪器设备及家具采购、基本建设、弱电等逐一进行了落实。对尚未完成可行性论证的三个重大项目，会议要求计算机工程学院、电子信息工程学院3月底完成可行性论证。会议要求科技处5月底前完成所有重大建设项目的招投标工作。

陶亦亦强调，各职能部门要进一步强化服务意识，主动关心项目进程，及时沟通项目进展中遇到的问题。各建设院部要积极配合职能部门，按时推进项目建设。科技处要定期公布重大项目招投标进程。各部门要做好2018年追加项目和2019年拟建设项目准备，及早谋划教科研项目。

（科技处　教务处）

学校邀请郑琰燚副编审到校做学术讲座

4月19日下午，学校邀请南京林业大学郑琰燚副编审到校做学术讲座，本次讲座主题为“营建作者与学术期刊编辑交流的良好氛围”，理工科学院100余名骨干教师在惠和楼会议室聆听了讲座。副校长陶亦亦会见了郑琰燚副编审，本次讲座由校科技处和学术期刊中心联合举办。

郑琰燚从多年编辑工作的角度，围绕“如何发表高水平的科学技术论文”和“如何与编辑进行良好沟通”展开了讲述。她介绍了科技论文的标准架构和技巧，说明了科研查新和引文检索对写作高质量论文的重要性，分析了让编辑头疼的诸如标题宽泛、文题不符、科技名词欠规范、论点存在歧义等常见问题，强调了如何写好投稿信、自信正确处理与编辑的关系，她希望从事科研工作的老师恪守职业道德，对自己负责、对学术负责，以严谨的治学态度开展科学研究，做一个让编辑喜欢的作者。

（科技处　学术期刊中心）

学校举办“倡导科技创新　尊重知识产权”学术报告会

为进一步普及知识产权知识，鼓励广大师生参与科学研究，4月25日下午在机电工程学院会议室，学校与苏州市吴中区知识产权局共同举办了“倡导科技创新　尊重知识产权”学术报告会，机电工程学院全体教师和部分其他学院教师聆听了讲座。

本次报告会邀请了南京理工大学国防知识产权研究中心主任郑伦幸、中兴通讯知识产权总监刘扬分别做了题为“关于高校专利运营问题的思考”和“高质量专利挖掘”的讲座。郑伦幸博士主要介绍了高校专利运营的市场运作方式、核心要件、制约因素、运营模式及相关建议等方面内容，并分析了高校专利运营的潜在风险。刘扬总监从企业人的视角分析了专利布局的重要性，包括专利布局的含义、主要模式和企业专利的价值实现等。

此次学术报告会内容丰富，视角独特，不仅加深了学校理工科教师对高校专利运营的理解，更激发了广大教师对高质量专利挖掘的热情。

（科技处　机电工程学院）

学校举办“数字时代下的创新创业教育”学术报告会

9月27日上午，学校在计算机工程学院会议室举办学术报告会，东软教育科技集团教育资源研发与推广事业部总经理、大连东软电子出版社有限公司总经理、软件工程杂志社社长、总编辑董本清博士应邀到校，为广大教师做了主题为“数字时代下的创新创业教育”的学术报告。计算机工程学院教授、副教授、骨干教师及相关教师60余人聆听了报告。

董本清首先介绍了数字时代下云计算、大数据、人工智能的变革及这些新技术在各行各业的重要作用，同时用数据指出了我国的基础研发应用及核心技术创新能力存在的短板；其次分享了对创新创业教育的理解和当前我国创新创业教育仍存在的主要问题。

会后，董本清与学院教师就创新创业教育进行了探讨，提出了“一所好的大学不仅要教给学生知识与技能，更重要的是创造学习的环境和氛围，对学生精神生活细致入微地关照”，董博士关于创新创业教育的理念使教师们受益匪浅，本次学术报告会对推动学院今后创新创业教育工作的发展具有重要意义。

（科技处　计算机工程学院）

瑞士科学工程院院士Adrian M. Ionescu教授应邀到校交流并做学术报告

11月6日，瑞士科学工程院院士、IEEE Fellow、瑞士洛桑联邦理工学院（EPFL）教授Adrian M. Ionescu应邀到学校交流并做学术报告。Adrian M. Ionescu教授一行到学校省光伏工程中心、新能源科普园进行参观交流，对学校在新能源电子领域取得的成果及在研项目表示肯定和认可，并与中心师生进行交流探讨。

在参观中心学生创新训练中心时，Adrian M. Ionescu教授对学生创新培养工作取得的成绩表示赞赏，并就应用电子专业人才培养方案、学生创新创业教育等问题进行了广泛的探讨，介绍了瑞士洛桑联邦理工学院的经验和做法，提出了建设性的意见和建议。

他还为学校师生带来了一场“可穿戴设备及传感器”的学术报告，从最新传感器件技术、传感器前沿及可智能穿戴应用等方面进行分享，并回答师生提问。

（科技处　电子信息工程学院）

合作交流

校党委书记钮雪林一行赴南京两所院校学习考察

为进一步增强学校发展动能，深化内涵质量发展动力，5月2日，校党委书记钮雪林和副书记、副校长刘丹，以及组织人事部部长魏影、科技处处长姚金凤等人，先后至江苏海事职业技术学院、南京工业职业技术学院进行学习考察。

钮雪林一行听取了江苏海事职业技术学院党委书记马长世、南京工业职业技术学院党委书记吴学敏的情况介绍，院校之间围绕绩效分配、职称评定、科技创新、教学改革等内容进行了探讨。同时，参观考察了两所院校的实训中心、科研创新平台、校园整体环境、校史展览馆等。

通过这次考察，学校将学习借鉴他们的有益经验，着力推动内涵质量建设，打造核心竞争力，提升管理水平，进一步推进学校的改革发展。

（校长办公室）

湖南汽车工程职业学院到校考察交流

5月10日下午，湖南汽车工程职业学院党委副书记、校长罗先进一行到学校考察交流。校长曹毓民、副校长陶亦亦、副校长张健、电子信息工程学院院长张欣、机电工程学院院长陈洁、商学院院长吴文英等领导热情接待了来访嘉宾。

曹毓民对来访嘉宾表示热烈欢迎，他介绍了学校办学历史、发展情况和建设一流品质院校的目标规划，并对湖南汽车工程职业学院能积极参与由学校牵头申报的智能制造专业教学资源库工作表示衷心的感谢。罗先进介绍了湖南汽车工程职业学院的办学思路和发展现状，对其2015年立项主持的《汽车技术服务与营销》专业教学资源库的申报、建设及应用情况进行了详细的说明，同时希望今后两校在国家资源库建设上加强合作与交流，取长补短，共同主持申报2018年智能制造专业教学资源库。

（电子信息工程学院）

湖南省产教融合调研组到校考察

5月23日上午，以湖南省教育厅副厅长应若平为组长、湖南省委改革办信息中心主任胡远志为副组长的产教融合调研组一行到校考察产教融合校企合作情况，校党委书记钮雪林、校长曹毓民、副校长陶亦亦，苏州市教育局高等教育与职业教育处处长张超，以及学校教务处处长傅小芳、科技处处长姚金凤、校企合作办公室副主任张芬参加了本次活动。

钮雪林代表学校欢迎湖南省产教融合调研组到校考察，他向调研组介绍了学校办学历史、办学理念、办学举措等基本情况。曹毓民向调研组重点介绍了学校产教融合校企合作机制、模式、方法和成效。双方围绕产教融合校企合作的热点和难点，进行了充分交流和深入探讨。

湖南省产教融合调研组还实地考察了学校汽车运用技术训练中心、数字化设计与制造技术训练中心、博众·凡赛斯自动化控制教学生产线、丝绸应用技术研究所、吴文化园等校内实训基地，参观了学校合作企业苏州汇川技术有限公司。通过此次座谈交流和实地考察，调研组对学校产教融合校企合作工作给予了充分肯定。

（校长办公室 校企合作办公室）

广东省中山市科协调研组到校考察

5月29日下午，广东省中山市科协副主席（主持工作）沈小龙一行6人，在苏州市科协副主席张志军、学会部部长陈嵘的陪同下到校调研考察。校长曹毓民参加了本次活动。

曹毓民代表学校欢迎中山市科协调研组到校考察，向调研组介绍了学校办学历史、办学理念、办学举措等基本情况。张志军介绍了苏州市科协的基本情况，姚金凤做了学校科协工作情况汇报。双方围绕高校科协组织建设、"三长"进科协、基层科协组织力提升等方面的热点和难点进行了充分交流和深入探讨。

（校长办公室 科技处）

校长曹毓民带队赴吉林工程技术师范学院学习考察

6月19—20日，校党委副书记、校长曹毓民，党委副书记、副校长刘丹带领校长办公室、学术期刊中心有关负责人一行赴吉林工程技术师范学院和职业技术教育杂志社学习考察。曹毓民、刘丹一行与吉林工程技术师范学院党委副书记、院长杨晓东教授，副院长宋立军教授和职业技术教育杂志社社长于志晶就学院的办学历史、经验以及杂志社的发展及高等职业教育的历史及未来进行了深入的介绍和交流。职业技术教育杂志社有关负责人也参加了本次交流活动。

曹毓民、刘丹一行重点考察了中国现代职业教育史馆，观看了"职业教育发展数据库"、国家职业教育文献与数据监测平台及其内容展示，以及职业教育虚拟仿真博物馆的内容展示，具体就职业教育发展中的诸问题与学院和杂志社领导进行了深入交流，并对吉林工程技术师范学院以及职业技术教育杂志社三十余年所取得的惊人成就表示由衷的钦佩：在"思想大解放"的背景下，吉林工程技术师范学院及职业技术教育杂志社无疑给苏州市职业大学办学及未来发展提供了可资借鉴的发展思路和成功范例。

（学术期刊中心）

镇江高等专科学校到校考察交流

11月14日，镇江高等专科学校党委书记林枫、党委副书记王桂龙一行7人到校考察交流党建、思想政治和意识形态工作。校党委书记钮雪林，党委副书记、副校长刘丹接待了来访人员，相关部门负责人参加了交流活动。

林枫一行参观了学校汽车运用技术训练中心、数字化设计与制造技术训练中心、机电工程学院总支书记工作室、博众·凡赛斯自动化控制教学生产线、国家级大学生文化素质教育基地吴文化园，对学校的办学水平、党建文化、校园环境等给予了高度赞许。

座谈会上，钮雪林代表学校对镇江高专同仁一行的到来表示热烈欢迎，并介绍了学校的基本情况。他围绕"四个聚焦"——聚焦"引领"，优化体制机制，推进治理能力现代化；聚焦"质量"，突出从严从实，练好长效管理硬内功；聚焦"品牌"，坚持精准发力，激发内涵发展新动能；聚焦"活力"，鼓励百花齐放，强化基层党建组织力——重点介绍了学校的党建工作。在思想政治和意识形态工作方面，结合学校实例，围绕把好政治"方向盘"，筑牢意识形态"主阵地"，首倡育人"三结合"，打好吴地"文化牌"等方面做了具体阐述。

在随后的交流中，双方就有关干部队伍建设、意识形态工作、制度建设等内容进行了深入的探讨和交流。

（党委办公室）

茂名开放大学到校考察交流社区教育工作

11月25日，茂名开放大学党委书记、校长董艳清，党委委员、教务科科长杨天伟等一行到苏州开放大学考察交流社区教育工作。江苏开放大学社会教育处处长钱旭初、苏州市教育局民办教育与社会教育处处长张可伟、苏州市职业大学（苏州开放大学）校长曹毓民、副校长（开大管委会主任）陶亦亦等热情接待了考察团。

交流会在苏州市职业大学惠和楼举行，由陶亦亦主持。与会人员首先观看了苏州市职业大学宣传片。随后，曹毓民致辞，对考察团表示热烈的欢迎，对省社指中心、市教育局的关心和指导表示感谢，并介绍了学校的组织机构及办学特色。张可伟介绍了苏州市终身教育体系架构的现状及教育行政部门的职能。董艳清对苏州的热情接待表示了衷心的感谢，并介绍了茂名开大的办学情况及社区教育工作的起步现状。陶亦亦介绍了苏州市“一体两翼”社区教育管理格局及以开大为龙头的运行机制。戴涵莘介绍了市开大凭借职业教育的资源优势，关注社会主体人群，开展社区教育取得的成功经验。社区教育中心孙桂英老师做了苏州市社区教育工作汇报。最后，钱旭初做了总结讲话，对江苏省的社区教育工作重心进行了介绍，阐述了政府支持、标准化建设对社区教育的重要意义，并对苏州市的社区教育工作给与了充分肯定。

会后，考察团参观了学校吴文化园和数字化设计与制造技术训练中心、汽车运用技术训练中心。

（苏州开放大学管理委员会）

苏州幼儿师范高等专科学校到校访问交流

12月6日，苏州幼儿师范高等专科学校校长杨建良、副校长吕虹、陶华山一行5人到校交流，受到了校长曹毓民、副校长张健的热情接待。

交流会上，曹毓民对杨建良一行的到访表示热烈欢迎，他介绍了学校近几年的发展，以及学校在持续推进专业建设、深化产教融合、实施国际化办学等方面的举措，表示全校正上下一心，为把学校建设成一流品质院校而不懈努力。张健从学校中外合作办学的历史和成果、在“一带一路”沿线国家有业务布局的海外企业合作培养留学生技能人才等方面具体介绍了学校的国际化办学情况。

杨建良介绍了苏州幼儿师范高等专科学校的概况。目前，该校计划在其优势专业——学前教育上开展国际化办学项目，与目前与学校有合作的南非高等教育与培训部、南非中国文化与国际教育交流中心合作，招收并培养国际化幼师人才。

（校长办公室　国际学院）

外事活动

教育与人文学院、外国语学院共同接待澳大利亚ICHM国际酒店管理学院客人

5月3日上午，澳大利亚ICHM国际酒店管理学院区域市场经理Phillip Leong先生到校洽谈合作事宜。凯莱酒店集团人力资源总监郭婵娟女士、集团人才发展总监史继东女士、集团培训经理李玲硕先生陪同访问，教育与人文学院院长马丁良、副院长冯清，外国语学院院长吴倩等参与了此次洽谈活动。

澳大利亚ICHM国际酒店管理学院是瑞士酒店协会SIIA与澳大利亚南澳州政府合作成立的欧洲以外第一所SHA院校，也是唯一的可以颁发SHA认可的本科学位的院校。本次洽谈的主要议题为学校企业学院——英凯睿智国际旅游管理学院与ICHM国际酒店管理学院国际合作项目的可行性研究。Phillip先生介绍了ICHM可以提供的短期留学项目以及酒店与旅游管理专科文凭3+2本科学位项目的主要优势：学生在澳学习期间可以获得一半时间的带薪实习机会，在本科毕业后还可以获得两年的工作居留签证。这既有利于学生职业技能的提升、工作经验的积累，也可大大缓解学生在留学期间的经济压力。

会上，马丁良与吴倩分别介绍了旅游管理专业与商务英语（涉外商旅方向）专业的基本情况，分析了双方参与合作的切入点、合作需要解决的困难，并对合作的前景进行了展望。经过洽谈，双方达成了初步的合作意向，并确定5月下旬ICHM校长将亲临学校进行进一步的合作商议。

（教育与人文学院　外国语学院）

“《悉尼协议》范式下中澳合作工程专业建设论坛”在学校举行

6月5日，由澳大利亚维多利亚省政府、澳大利亚启思蒙学院、苏州国际教育园管理办公室和苏州市职业大学联合主办的“《悉尼协议》范式下中澳合作工程专业建设论坛”在学校举行。维多利亚省政府代表Li Qian，澳大利亚驻上海总领事馆代表Emily Zhang，“悉尼协定”轮值主席、启思蒙学院资深专家Patrick Jones，苏州教育园管理办公室副主任赖文祎以及来自全国近30所高职院校的代表出席了论坛。

苏州市职业大学党委书记钮雪林、校长曹毓民在论坛前会见了澳方嘉宾，并向嘉宾们介绍了学校基本办学情况和对外合作交流方面的工作，澳方嘉宾对学校在国际化办学方面取得的成绩给予了高度肯定。

《悉尼协议》是针对三年制工程技术类高等教育培养的国际认证协议。全面加入国际工程教育认证，走向工程教育的国际化是高职教育未来发展的必然趋势。

在论坛会上，来自澳大利亚著名TAFE学院——启思蒙学院的资深专家Patrick Jones先生发表演讲。河北工业职业技术学院、四川建筑职业技术学院、宁波职业技术学院、苏州市职业大学4所院校代表进行了交流发言。

论坛会上，外方专家Patrick Jones先生和苏州市职业大学曹毓民校长共同揭牌，苏州市职业大学正式成为“启思蒙学院《悉尼协议》授权认证试点高校”。会后，校领导陪同与会代表观摩了机电工程学院数字化设计与制造技术训练中心的专业示范课。

（外事办公室）

刚果（布）黑角市政府代表团到校访问交流

在习近平总书记和萨苏总统的亲自见证下，刚果（布）黑角市与苏州缔结为友好城市。应苏州市人民政府邀请，黑角市政府代表团到苏访问。

刚果（布）对外开放和工业化步伐不断加大，急需大量职业技术人才。在苏州市人民政府外事办公室领导的陪同下，代表团于9月13日到校访问，就高等职业教育领域展开合作事宜进行了深入沟通和交流。

校长曹毓民在惠和楼会议室亲切会见了全体代表团成员，介绍了学校的基本情况，并表示苏州市职业大学愿意从自身在职业教育的优势出发，为黑角市的发展培训师资，培养人才，做出积极贡献。副校长张健陪同外宾参观了吴文化园、会计博物馆、汽车实训中心和智能制造中心。

黑角市政府代表团米萨图团长对学校的热情接待致以由衷的感谢，并强调刚果（布）的年轻人非常渴望能够有机会来苏州学习深造，回国后将结合学校专业设置，与教育部门深入讨论留学生遴选和派遣事宜。

（外事办公室）

南非高教部工业与制造业培训署代表团到校访问交流

9月25日，南非共和国高教部工业与制造业培训署副署长Gregory Adams、南非中国文化与国际教育交流中心主任陆志雷博士一行4人到校访问交流，校长曹毓民、副校长张健热情接待。

6月份，苏州市职业大学与南非高教部、南非中国文化与国际教育交流中心合作，接收了40名南非学生在校学习汽车检测与维修、电气自动化技术专业。曹毓民向来宾介绍了学校的办学历史，以及学校近几年在国际化办学上取得的成绩。他提到，该批南非学生学习认真积极，热爱中国文化，能和中国师生友好相处，较好地适应了在苏州的学习和生活。他衷心希望同学们在中国学有所成，成为中国和南非间的友谊使者，为两国间的经济发展和文化交流贡献自己的力量。Gregory Adams、陆志雷非常感谢学校为培养学生所做的探索和努力，高度评价了学校在对外合作办学、校企合作、创新创业等方面取得的成绩，希望让更多的南非职教管理者、教师和学生到校学习职业教育的新模式、新技术和新知识，为南非的职业教育和制造业企业培养管理和技能人才。曹毓民表示，学校将从自身在职业教育方面的优势出发，和南非共和国高教部、南非中国文化与国际教育交流中心、中国制造业和工程等相关领域在南非的外驻机构开展多渠道、多方位合作，实现合作共赢、共同发展，积极助力国家“一带一路”倡议。

（国际学院）

江苏省教育厅专项检查组到校检查外国留学生管理工作

为进一步加强和规范江苏省外国留学生管理工作，省教育厅在全省范围内开展外国留学生教育情况专项检查。9月26日，省厅第三检查组莅临学校，检查组以南京航空航天大学国际教育学院院长金泉元为组长，南京农业大学国际教育学院副院长童敏、江苏经贸职业技术学院国际教育学院院长刁翔正为成员。校长曹毓民在会前与专家组成员会面，副校长、国际学院院长张健，校长办公室副主任、国际学院副院长汤晓军以及外事办公室和国际学院部分教师参加检查会。

会上，金泉元传达了省教育厅关于此次全省留学生管理工作检查的背景、目的和下一阶段省留管工作的新要求。张健介绍了学校的概况，从留学生招生管理、在校管理、教学管理、保障条件四个方面全面介绍了学校的留学生教育工作，并依据省厅下发的检查指标，从留学生工作“质量如何提高”“管理如何规范”“政策如何完善”“风险如何防范”等方面提出了学校的解决措施和应对思路。

根据工作安排，专家组仔细查阅了学校留学生工作的各项材料，观摩了留学生的现场教学、走访了留学生宿舍并和部分学生做了交流。专家组对学校先进的教学设施、优质的师资资源以及留管工作中的痕迹管理等均给予了较高的评价。

今后，学校将根据专家组提出的意见和建议排查、梳理外国留学生管理工作中存在的问题，本着以检促改的原则，在今后的留学生管理工作中“强管理、重质量、推亮点”，促进学校留学生教育的健康、有序和规范发展。

（国际学院）

学校出席“中澳职业教育合作研讨会”

10月20日，澳大利亚维多利亚州政府贸易投资北京代表处在国家会议中心召开了“中澳职业教育合作：最佳实践与未来展望”研讨会。澳大利亚驻华使馆公使级教育参赞Brooke Hartigan致开幕词。四所澳大利亚顶级职业院校代表和十余所中国高等职业机构代表参加了会议。

副校长张健代表学校应邀参加了会议，并发表了演讲，从专业合作、师资培训、留学生互访等多个角度向中外嘉宾阐述了学校与启思蒙学院十余年的合作历程。启思蒙学院国际部代表Rachel Liu向与会人员说明了“《悉尼协议》范式下中澳合作工程专业建设论坛”会后的最新进展，特别强调了自2018年11月起，将与学校共同举办《悉尼协定》系列研修课程，推动工程类专业国际认证。

（校长办公室）

西班牙阿利坎特市政府代表团到校访问

10月25日，西班牙阿利坎特市政府代表团在市外办领导的陪同下到校访问交流。

西班牙阿利坎特市是苏州市友好交流城市，本次访问由阿利坎特市政府首席执行官胡安·路易斯·贝雷萨卢瑟·巴斯托先生带队。校长曹毓民在惠和楼会议室会见了全体代表团成员，介绍了学校的基本情况，并表示苏州市职业大学愿意和阿利坎特市高校合作，谋求共同发展。副校长张健向外宾重点介绍了学校国际生招收培养工作。

代表团成员对学校移动应用开发、模具设计与制造、旅游管理、会展管理、食品安全与检测以及多个艺术专业产生了浓厚的兴趣，表达了合作的需求。到访的西班牙CCACO中西文化艺术交流中心主席还邀请学校派员参加于2019年3月举办的艺术展。

外宾还参观了学校吴文化园、汽车实训中心和智能制造中心。

（校长办公室）

澳大利亚维多利亚州政府首席代表访问学校

11月22日，澳大利亚维多利亚州政府首席代表Tim Dillon、代表处教育经理Li Qian到校访问，并出席了《悉尼协定》研修班开学典礼。

校长曹毓民在惠和楼与来访外宾深入沟通，回顾了学校和澳大利亚四所高校的合作历程，阐述了学校在传统文化、工科专业等特色项目上的合作优势，表达了在短期留学生项目上加深合作的意愿。

Tim Dillon提出，2019年恰逢维多利亚州和江苏省缔结友好省份40周年，届时将有一系列的庆祝活动，会协调安排出席活动的澳大利亚外宾来苏州市职业大学访问交流，体验吴地文化和现代技术的完美结合。

学校多年合作伙伴启思蒙学院副院长Noel Lyons、国际学院Jennie Dehn和国际处处长Rachel Liu一同到访。副校长张健和外宾探讨了合作办学项目的进一步拓展。

（校长办公室）

文艺体育

学校阳光体育校园长跑接力比赛顺利举行

作为学校阳光体育活动的规定项目，每年学校都会举办冬季长跑接力比赛，考验个人耐力的同时也考验团队的协作能力，也为全年阳光体育活动画上圆满的句号。3月14日下午，因故延期的2017年冬季长跑接力比赛在北区疏香楼广场举行，全校七个学院均组队参赛。

尽管下着雨，比赛中无论是参赛选手还是担任服务工作的老师和同学们；无论是担任裁判工作的体育部师生，还是担任安全工作的保安、医务人员，都坚守各自岗位，充分展现了学校师生积极向上、团结互助的体育精神。

经过两轮激烈比拼，最终电子信息工程学院夺得第一，蝉联冠军，机电工程学院和教育与人文学院分获第二、三名。

（体育部）

学校“梅花三弄：诗画乐”——大学生素质教育活动周开幕

为进一步创新大学生素质教育载体，提升大学生素质教育质量，在中国高等教育学会和江苏省教育厅的关心下，由江苏省美术家协会、苏州市职业大学、苏州日报报业集团联合主办，苏州市美术家协会、古吴轩出版社和在苏各高职院校共同协办的“梅花三弄：诗画乐”——大学生素质教育活动周，于4月21日在苏州市职业大学图书馆正式开幕。

开幕式上，群贤毕至，少长咸集，汇聚一堂。校党委书记钮雪林代表学校致词。中国高等教育学会副会长、教育部高等教育司原司长张大良做讲话，并为学校吴文化园的“石湖书院”挥毫泼墨。江苏省教育厅副巡视员袁靖宇为在苏高校捐赠画册。苏州市委常委、宣传部部长盛蕾，省美术馆馆长、省美协副主席徐惠泉一同为学校成立的“吴门花鸟画艺术研究院”揭牌。

随后，名师名家走上舞台，咏梅、颂梅、画梅，为台下师生进行高超的艺术表演。与此同时，“梅花三弄——张继馨、陈平、廖军、吴中培梅花作品展”在学校正式开展。

苏州市副市长曹后灵、市政协副主席徐明、市政府副秘书长马九根、姑苏区区长徐刚、市教育局局长张曙、市文广新局局长李杰、苏州日报报业集团社长张建雄等领导，学校领导班子、中层干部、学院师生等近600人参加了此次开幕式。其中，学校国际学院30余名留学生参加了此次活动，进一步感受到了中国传统文化的独特魅力。

（校长办公室 艺术学院）

学校举行第一届大学生科技文化艺术节开幕式暨“春之声”社团巡礼

5月9日晚，学校图书馆剧场举行第一届大学生科技文化艺术节开幕式暨“春之声”社团巡礼。副校长熊贵营，学生工作处处长王琼，校团委副书记张成、张明雷，各学院党总支副书记，辅导员和学生代表近600余名师生参加活动。

熊贵营致开幕词，他代表学校向第一届大学生科技文化艺术节的开幕表示热烈的祝贺，向全校青年师生致以诚挚的问候。他希望广大青年要志存高远，做坚定信念的时代先锋；要勤学善思，做追求真知的时代先锋；要锤炼品德，做引领风尚的时代先锋。

“春之声”社团巡礼在校啦啦队精彩的啦啦操表演《跃动职大》中拉开序幕。演讲协会配乐诗朗诵《青春赞歌》表达了对青春对梦想的追求，展现了青年学生奋发进取的精神风貌；沐风汉服社、涧溪春茶艺社、拿云书法社为大家带来的合作表演《渔舟唱晚》，星剧演绎社表演的相声《我是歌王》带领观众感受传统文化和传统曲艺的魅力；Blue-teeth街舞社带来的街舞表演《这，就是街舞》展示了青年大学生的青春活力，洋溢着浓浓的青春气息和蓬勃朝气；乒羽协会杯子舞《稻香》、校园音乐社吉他弹唱《月光》、风凪动漫社舞台剧表演《杨家将》、艺术学院民谣歌曲《我要你》等节目给现场师生带来了全新的视听盛宴。最后，晚会在品弦吉他社歌舞表演《海上明月》中精彩落幕。

（校团委）

学校2018年集体项目体育竞赛热烈开赛

5月23日下午，主题为“凝心聚力 砥砺奋进”的2018年集体项目体育竞赛在南区田径场顺利拉开帷幕。本次比赛的组织与裁判工作由体育部师生担任，开幕式由体育部主任王俪燕主持。各学院（部）党总支书记及负责活动的辅导员参加了开幕式。校党委副书记、副校长刘丹出席开幕式并致辞。

刘丹代表校党政领导向各学院（部）负责阳光体育活动的相关领导、辅导员以及积极参与阳光体育活动的老师和同学们表示感谢，他表示，一年一度的集体项目体育竞赛，是一场富有魅力的体育盛会，它既磨练了同学们的意志，也培养了同学们的团队意识和集体荣誉感。

炎热的天气没有降低各参赛代表队的热情，比赛中尽管有一些突发状况和小失误，但参赛队员们积极面对，全身心地完成每个项目，充分展现出了团结协作、奋勇拼搏的体育精神。经过一番激烈的比拼，艺术学院团体总分蝉联第一，电子信息工程学院团体总分位列第二，机电工程学院和计算机工程学院双双获得团体总分第三名。

闭幕式上，副校长陶亦亦专程到场为团体总分前三名的学院颁发了奖牌。机电工程学院党总支书记朱炎、艺术学院党总支书记吴隽、管理学院党总支书记孟利琴以及商学院党总支副书记万健分别为单项奖前三名学院颁奖。

（体育部）

学校成功举办2018年田径运动会

10月25日上午，学校2018年田径运动会在南区田径场开幕。校领导、各部门、各学院（部）党政主要负责人以及师生代表参加了开幕式。开幕式由副校长陶亦亦主持。

开幕式上，校长曹毓民致开幕词，对本届运动会的召开表示热烈的祝贺，对精心筹备的工作人员、裁判员表示衷心的感谢，向刻苦训练、积极备战的全体运动员致以亲切的问候。随后，校党委书记钮雪林宣布苏州市职业大学2018年田径运动会开幕。

运动会期间，来自10支代表队的446名运动员参加了25个田径项目的比赛。经过两天激烈争夺，机电工程学院、电子信息工程学院、教育与人文学院代表队分获团体总分第一、二、三名。

10月26日下午，运动会全部赛事落下帷幕。闭幕式由体育部主任王俪燕主持，总裁判长、体育部叶捍军老师宣布了比赛成绩。副校长陶亦亦、教育与人文学院院长马丁良、电子信息工程学院院长张欣分别为团体总分前六名、女子团体、男子团体前六名颁奖。管理学院院长孙学文为获得体育道德风尚奖的学院颁发了奖牌，同时，为体育部颁发了特别贡献奖奖牌。

（宣传统战部　体育部）

江苏省高校体育工作督查调研组到校督查调研

11月14日，江苏省高校体育工作督查调研组到校督查调研体育工作基本标准落实情况。本次督查调研组由常熟理工学院戴福祥教授、苏州大学张宏成教授、南通大学常生教授三位专家以及苏州科技大学符拾熊秘书一行4人组成。校长曹毓民、副校长陶亦亦热情接待了督查调研组一行，并对他们到校督查指导工作表示欢迎和感谢。

上午9点，专家组在惠和楼5楼会议室对照《高等学校体育工作基本标准》情况调查表，逐一查阅学校体育部相关支撑材料。体育部主任王俪燕、公共体育教研室负责人叶捍军、教学秘书邵文燕等老师协同查阅。随后，专家组兵分两路，分别在南校区和北校区针对体育课堂教学进行了随机听课、学生访谈和场地器材调研。

下午，专家组在完成查阅复核支撑材料后，立即召开相关职能部门和体育教师代表座谈会和反馈会。副校长陶亦亦出席反馈会。

座谈会上，学校相关部门和体育教师对专家组提出的体育教师科研工作、体育教师课时工作量、体育场馆建设规划、体育社团建设与管理、体质健康测试与学生评奖评优挂钩、雨天教学安排处理等问题一一作了解答。

反馈会上，专家组对学校体育工作给予了肯定：首先，学校高度重视体育工作，校领导支持，各部门协助，老师有意愿，保证了体育工作的有效性；其次，体育部网站建设内容丰富，简洁明了，信息及时；再次，学校团委与体育部合作共建应急培训基地，有场所设施和计划措施，是体育工作一大特色。同时专家组还提出要考虑体育教学的特殊性、加强体育教学常规化管理、结合学校人才培养探索体育工作特色建设等改进建议。陶亦亦对专家严谨、认真、敬业的工作表示感谢，并针对专家提出的意见和建议进行了反馈。他表示，在习总书记提出的“增强体质、健全人格”的总要求下，体育工作与人才培养结合是趋势，也是学校的奋斗目标。学校将按照专家组的意见和建议及时做好整改工作，好的方面继续提升，不足的方面逐条认真整改，做出职大的体育工作新特色。

（体育部）

学校举行2018年新生才艺大赛

11月23日晚，由校团委、校公共艺术教育中心主办的2018年新生才艺大赛决赛在图书馆剧场举行。比赛邀请校公共艺术教育中心主任范政老师、艺术学院音乐系副主任廖一鹿老师、艺术学院李海燕老师担任评委，全校600余名师生现场观看。

经过学院（部）初赛、校级复赛选拔，共有14组选手从报名参赛的300余组选手中脱颖而出，晋级决赛。决赛现场，选手们通过唢呐、吉他等器乐演奏，古典舞、拉丁舞、武术表演等形式，为师生们带来了一场视听盛宴。经过激励的角逐，来自艺术学院的胡睿同学获得一等奖，管理学院唐佳遥、商学院董怡君获得二等奖；艺术学院李俊汝、外国语学院邓淮木、艺术学院轩梦获得三等奖。

（校团委　校公共艺术教育中心）

招生就业

学校召开2018年招生工作推进会

3月22日下午，学校在惠和楼会议室召开2018年招生工作推进会，就做好本年度招生工作进行部署。校党委书记钮雪林、副校长熊贵营出席会议，宣传统战部、教务处、财务处、总务处、保卫处、信息中心负责人，各学院（部）党政负责人，学生工作处部分人员和教师代表参加了本次会议，会议由熊贵营主持。

钮雪林在讲话中首先对2018年提前招生宣传工作表示了肯定，同时对2018年的招生工作提出了三点要求：一是要统一认识，开创招生工作新局面；二是要把握机遇，迎接招生工作新挑战；三是要强化意识，营造招生工作好氛围。

熊贵营对招生工作提出三点要求：一是要增强招生工作的系统性；二是要理顺招生工作的运行机制；三是招生工作要结合学校的内涵指标建设。

会上，学生工作处通报了学校2018年招生计划安排以及提前招生宣传报名情况，并对下一阶段招生工作节点安排做了汇报。

（学生工作处）

江苏省大学生核心就业能力培训在苏州市职业大学正式开班

5月19日，由学生工作处主办、艺术学院承办的“启航计划2.0暨学生核心就业能力培训”在大学生社区文化活动中心正式开班，对来自各学院的2016、2017级家庭经济困难大学生共计100名，进行为期4天的培训。

苏州市职业大学是经省学生资助管理中心、省高校招生就业指导服务中心遴选评审认定的2018年江苏省大学生核心就业能力培训点10所高校之一。培训课程涵盖职业探索、求职、生产力工具、人际沟通、创新、自我管理等，形成了思维能力、创新能力、沟通能力、自我管理能力、实践能力等五大核心能力目标体系。

开班仪式上，学生工作处副处长傅中山做了培训动员讲话。他指出此次培训旨在加强对经济困难学生生存技能和社会适应能力的培养，让学生在实践中自助，在自助中成长，使其具备自食其力、自我生存的基本技能，从“输血”到“造血”，从而实现真正意义的精准脱贫。他希望学员珍惜培训机会，认真学习，严明纪律、学以致用、学有所获。学生工作处学生管理科科长兼班主任蒋君毅就培训项目的背景和架构进行介绍，并对全程的实施和要求作了说明。2016级财务管理班王硕同学带领全体学员进行了培训宣誓。

（学生工作处　艺术学院）

校党委书记钮雪林、校长曹毓民带队走访学校就业基地

7月5日，校党委书记钮雪林、校长曹毓民分别带队走访了苏州市吴江区人民法院、苏州市吴江东太湖大酒店有限公司、东南电梯股份有限公司、苏州远志科技有限公司、苏州欧瑞动漫有限公司、亨通集团有限公司人资中心、苏州科达科技股份有限公司、苏州出入境检验检疫局等8家学校大学生就业实习基地。

走访中，本着合作共赢、共同进步的理念，学校和用人单位双方进行了广泛而深入的交流与探讨。校领导钮雪林和曹毓民代表学校感谢各用人单位为学生提供的良好就业平台，感谢企业对学生的悉心指导，并向用人单位详细介绍了近年学校发展动态、人才培养成果和毕业生就业状况，期望加强学校与企业之间的深度合作，及时掌握企业人才需求与用人标准，了解毕业生和用人单位对学校人才培养工作的意见，积极推动学校人才培养与毕业生就业工作迈上新台阶。同时，用人单位都非常重视本次校企沟通的机会，精心安排单位中学校校友代表参加座谈。对学校学生的专业技能、思想品质和敬业精神等给予高度评价，同时也建议学校为适应将来社会的发展，加强职业生涯规划教育，同时让学校和教师的理念与企业接轨，继续为企业输送更多优质人才。在交谈过程中，学校和企业也在学科建设、实验室共建、课程开发、科研合作方面达成了诸多共识，并在接下来的工作中深入推进。

（学生工作处）

江苏省教育厅专项督查组莅临学校督查就业创业工作

9月19日下午，由江苏省教育厅组织的第九督查

组对学校毕业生就业创业工作进行了专项督查。督查组以江苏省招生就业指导服务中心主任胡建平为组长，南京工业大学学生处副处长张涛、南京特殊教育师范学院学生处副处长王玲、江苏省招就中心代理服务部部长何菁为成员。校党委书记钮雪林、校长曹毓民、副校长熊贵营以及校毕业生就业工作领导小组成员和各院部就业工作负责人参加了督查会议。

汇报会上，督查组组长胡建平传达了省教育厅2018年高校毕业生就业创业工作专项督查的背景及要求。曹毓民根据专项督查的要求，从实施就创业工程、创设就创业平台、构建就创业课程体系、搭建职业成长载体、精准统计就创业数据、争取就创业成效等方面介绍了学校就创业工作开展情况，并向督查组专家们进行了工作汇报。根据工作安排，督查组仔细查阅了学校就创业工作材料，召开了就业条线辅导员、2019届毕业生座谈会，进行了就业派遣系统数据核查，实地走访了校大学生就业服务中心、太湖众创·苏州市大学生众创空间、招聘大厅、计算机工程学院IT创客中心。

督查组在汇总意见后，向学校反馈了督查意见。督查组认为学校就业创业工作有四个方面的亮点：一是学校党政领导高度重视，切实履行“一把手工程”，真正做到经费、人员、机制、场地“四个到位”，保障毕业生充分就业、高质量就业；二是创新创业教育成效明显，实践基地完备，有效组织学生在全省比赛中取得好成绩，对创业工作具有典型的意义；三是就业指导服务扎实有效开展，课程到位，校企合作推动学生充分就业；四是目标考核机制清晰，目标完善，绩效奖励强化就创业管理。同时，专家组对进一步完善困难毕业生的帮扶机制、进一步做细做实就创业服务、建立征兵工作台账等方面提出了意见和建议。

曹毓民代表学校进行了表态，学校将严格按照督查组的反馈和要求，以立足成就学生为根本出发点，开拓创新、改进提升，在体制上下功夫，进一步把就创业工作落细落实，为毕业生更充分就业、更高质量就业努力，为地方经济的发展输送更多更好的人才。

（学生工作处）

学校召开2018年招生工作总结暨2019年招生工作布置会

10月10日下午，学校2018年招生工作总结暨2019年招生工作布置会在惠和楼召开。全体校领导、各部门主要负责人、各学院（部）领导、系主任和专业负责人以及招生办相关人员参加了本次会议，会议由校长曹毓民主持。

会议首先听取了汇报。学生工作处处长王琼围绕2018年学校招生基本情况、主要做法进行了总结；副处长张国良结合学校2018年招生工作数据，对省内普高计划、提前招生计划、招生专业数量、新高考方案、招生宣传方式五个方面进行了深入分析，并提出了相关建议；副校长熊贵营就招生工作目标、总体安排、相关举措三个方面对2019年招生工作进行了部署，明确了2019年招生工作的总体思路，提出了招生工作的初步计划。

最后，校党委书记钮雪林讲话，他对2018年招生工作取得的成绩表示充分肯定，同时对下一阶段的招生工作提出了要求。他希望全校上下统一思想，总结经验，巩固成果，以更加饱满的热情和更加充足的干劲投入到2019年的招生工作中。

（学生工作处）

学校2019届毕业生大型校园综合招聘会成功举行

为了深度推进学校大学生就业服务、助力2019届学子顺利就业，学校于11月2日、3日、14日在南区篮球馆接连举办三场全校大型校园综合招聘会。经过前期严格审核和精心遴选，344家用人单位前来延揽人才，主要涉及机械制造、信息通信、互联网科技、文化传媒、金融投资、教育培训、艺术设计、房地产等行业。三场招聘会共提供招聘岗位8173个，现场人头攒动，毕业生们热情高涨、踊跃求职，合计参会4330人次，投递简历2943份，1544人现场达成就业意向，133人当场签约。

2018年，校大学生就业服务中心精心策划、认真筹备，在深入分析专业结构、广泛征求求职意向的基础上，及早主动与苏州及周边地区众多用人单位展开深度对接，大力拓宽就业渠道、充分挖掘优质就业机会。9月起，2019届毕业生校园招聘系列活动全面启动，声势浩大、如火如荼。其中，现场招聘会举办17场，包括大型校园招聘会秋季3场、春季2场，小型综合招聘会1场，院部专场招聘会11场；校大学生就业服务中心网站、各院部网站持续发布大量岗位及人才需求信息；邀请优秀企业到校举办专场招聘宣讲。校就业中心携手各院部全力以赴，强化构建资源丰富、参与便捷、沟通高效、针对性突出的用人单位与毕业生双选平台，全力助推同学们在职业道路上高效启程。

（学生工作处）

表彰奖励

艺术学院师生在2017全国环境艺术设计双年展中获奖*

2017年10月28日，第六届“中国营造”——2017全国环境艺术设计双年展传来喜讯，艺术学院环境艺术设计专业师生在比赛中取得了优异成绩。

由环境艺术设计专业薄晓光老师指导，学生崔销销完成的作品《“大黎原舍”民宿设计》在众多参评作品中脱颖而出，斩获高职高专组室内公共空间设计组全国铜奖（金、银奖空缺）。

（艺术学院）

艺术学院教师在江苏省第四届“紫金奖”文创设计大赛中荣获佳绩*

2017年12月8日，江苏省2017第四届“紫金奖”文化创意设计大赛优秀作品展开幕式暨颁奖典礼在南京举行，大赛以“艺术生活化，生活艺术化”为主题。艺术学院教师王静的作品《〈清风徐来〉陶瓷团扇》（作品编号：A317024748）荣获第四届“紫金奖”文化创意设计大赛优秀奖。

（艺术学院）

学校科研成果获“吴文俊人工智能科学技术发明奖”*

2017年12月23日，中国人工智能学会在苏州举行“第七届吴文俊人工智能科学技术奖颁奖盛典暨2017中国人工智能产业年会”。由学校作为第一完成单位的“分布式光伏发电系统智能控制技术及应用”项目获奖三等奖。本次“吴文俊人工智能技术发明奖”共评出8项获奖项目成果，学校作为唯一高职院校，同时也是苏州地区历史上首家主申报获奖单位，跻身清华大学、北京大学等知名高校和科研机构等获奖单位之列。

（科技处 电子信息工程学院）

学术期刊中心荣获江苏省期刊“明珠奖”*

2017年12月27日，江苏省期刊协会公布通知（苏刊协字〔2017〕21号），在2017年期刊“明珠奖”特色栏目及优秀策划项目推荐评选活动中，苏州市职业大学学术期刊中心喜获佳绩。《苏州教育学院学报》编辑部申报的《中国通俗文学与大众文化》栏目荣获“明珠奖”特色栏目，《苏州市职业大学学报》编辑部申报的《工匠精神》研究专题策划荣获优秀策划项目。

（学术期刊中心）

学校获得全国高等职业院校第三届体育工作成果奖

1月5—7日，由中国大学生体育协会职业教育学校体育工作委员会主办、厦门海洋职业技术学院承办，福建省大学生体育协会高等职业院校阳光体育研究会协办的2017年全国高职院校体育工作研讨会暨2017年度会议在厦门海洋职业技术学院举行。在此次评选活动中，由体育部主任王俪燕主持申报的“舞动青春——团队体育竞赛”项目获“一校一品”阳光体育类成果二等奖，同时学校被授予2017全国高等职业院校体育工作“一校一品”示范基地。

（体育部）

外国语学院志愿服务总队被授予江苏省青年志愿服务行动组织奖

为深入贯彻落实习近平新时代中国特色社会主义思想和党的十九大精神，引导广大青年通过志愿服务投身和谐社会建设，3月23日，共青团江苏省委、江苏省志愿者协会联合印发了《关于表彰2017年度江苏省优秀青年志愿者、志愿服务项目、志愿服务行动组织奖、志愿服务事业贡献奖的决定》（团苏委联〔2018〕9号）。外国语学院志愿服务总队被授予江苏省青年志愿服务行动组织奖。

（外国语学院）

学校在第二届全国高校“两学一做”支部风采展示活动中喜获佳绩

4月23—24日，教育部办公厅公布了第二届全国高校“两学一做”支部风采展示活动评选结果。学校择优推荐报送的6项作品，有2项入选。思政、数理、体育联合党总支思政党支部报送的微党课《聚力教育合作 助推“一带一路”》获评“全国高校教工党支部特色微党课”，管理学院学生党支部报送的《融"水的文化"　行"两学一做"》获评"全国高校学生党支部推荐展示特色成果"。

（组织人事部）

电子信息工程学院汪义旺老师获得"苏州市劳动模范"光荣称号

4月26日，苏州市庆"五一"国际劳动节暨劳模先进表彰大会上传来喜讯，电子信息工程学院汪义旺老师荣获"苏州市劳动模范"光荣称号。本次大会共表彰了297名2018年"苏州市劳动模范"。

（校工会）

校团委获2017年度江苏省"五四红旗团委"称号

4月28日，共青团江苏省委下发了《关于表彰2017年度"江苏省优秀共青团员""江苏省优秀共青团干部""江苏省五四红旗团委（团支部）"的决定》，学校团委荣获2017年度江苏省"五四红旗团委"称号。

（校团委）

学术期刊中心在全国文科学报研究会青年编辑技能大赛中获得佳绩

5月3日，在南京大学结束的全国文科学报研究会青年编辑技能大赛中，学校学术期刊中心再获佳绩，石娟老师获得综合奖二等奖、单项奖策划案主题演讲一等奖、论文评析二等奖、栏目主题策划案三等奖、笔试优秀奖，宋现山获得单项奖论文评析三等奖。苏州市职业大学是全部参赛高校中唯一获奖的高职高专院校。

（学术期刊中心）

体育部李勇老师晋级羽毛球国家级裁判员

5月4—13日，全国青年羽毛球锦标赛和中国羽协组织的第十七届羽毛球国家级裁判员晋级考试同时举行。据悉，国家级裁判员晋级考试全程保持着严格的考风考纪，其保密程度、正式程度及严格程度堪比高考。体育部李勇老师作为全国青年锦标赛辅助裁判接受了临场执裁考核，同时顺利通过了国家级裁判员晋级考试的笔试和口试，一路过关，成功晋级，成为江苏省高职高专院校中第一位获得羽毛球国家级证书的裁判员。

（体育部）

机电工程学院获全国职业院校"智能电梯装调与维护"赛项二等奖

5月6—8日，全国职业院校技能大赛（高职组）"智能电梯装调与维护"赛项在天津举行，来自全国近30个省区的81支代表队展开激烈角逐。苏州市职业大学副校长陶亦亦、教务处副处长杨晓华、机电工程学院院长陈洁带队参加了此次大赛。机电工程学院陆春元、高颖老师指导的王进、徐德康同学组成的参赛队在比赛中沉着应战，充分发挥训练水平，以优异成绩获得大赛二等奖。

（机电工程学院）

教育与人文学院学生在全国西点创意大赛中再获佳绩

5月9—11日，第八届"盼盼食品杯"全国职业院校在校生西点创意大赛总决赛在上海新国际博览中心举行。本次大赛由中国焙烤食品糖制品工业协会和中国轻工业职业技能鉴定指导中心联合举办，福建盼盼食品集团赞助。来自国内外食品焙烤行业的专家和嘉宾担任评委。

教育与人文学院食品营养与检测专业2016级学生相也和孙琳雨在汝骅教授和张丽老师的共同指导下，在总决赛中发挥出色，斩获2枚银牌。

（教育与人文学院）

图书馆在"中国高职图书馆发展论坛（2018）"中斩获三项大奖

5月10—11日，中国高职图书馆发展论坛（2018）在安徽省合肥市举办。会上对本次活动征集的案例及论文进行了颁奖。学校图书馆提交的案例《读蒙学经典　尽在"融融堂"——苏州市职业大学图书馆打造经典阅读推广品牌基地》荣获二等奖，案例《"听·看·读·谈·写·做"——层层推进文化传承创新系列活动阅读推广案例介绍》荣获三等奖，幸娅老师提交的论文《高职院校图书馆空间再造实践及思考——以苏州市职业大学图书馆为例》荣获三等奖。

（图书馆）

机电工程学院辅导员顾嘉获第七届江苏高校辅导员素质能力大赛决赛二等奖

5月16—17日，由江苏省教育厅主办、江苏省高校辅导员工作研究会承办的第七届江苏高校辅导员素质能力大赛决赛在南京邮电大学举行。机电工程学院顾嘉老师获决赛二等奖。

（学生工作处）

管理学院学生在第八届全国商务秘书职业技能大赛中取得佳绩

5月20日，管理学院文秘专业8位学生组成专科组、本科组两支队伍，参加第八届全国商务秘书职业技能大赛取得丰硕成果。专科组代表队获得了团体一等奖，本科组代表队获得了团体二等奖，同时得到多个单项奖。王敏杰、管文娟、陶莉和赵睿四位指导教师被评为优秀指导教师。

（管理学院）

电子信息工程学院喜获全国职业院校技能大赛“光伏电子工程的设计与实施”赛项团体二等奖

5月20日，2018年全国职业院校技能大赛（高职组）“光伏电子工程的设计与实施”赛项于陕西工业职业技术学院开赛，从全国24个省份选拔出的72支参赛队以及来自“一带一路”沿线国家俄罗斯与埃及的2个国际参赛队共222名选手参加。副校长陶亦亦、教务处处长傅小芳、电子信息工程学院副院长邓建平带队参加了此次大赛，师生奋力拼搏，夺得了赛项团体二等奖佳绩。

（电子信息工程学院）

学校被评为江苏省公共机构节能示范单位

5月21日，省机关事务管理局发文（苏事管〔2018〕25号），学校被评为江苏省公共机构节能示范单位，这是继学校被评为“省级节水型高校”之后，在“绿色校园”“绿色发展”建设管理方面获得的又一项省级荣誉。

（总务处）

学校荣获江苏开放大学2017年度招生先进集体和先进个人表彰

江苏开放大学于5月24日在宁召开全省开放大学系统招生工作会议。苏州开放大学管委会副主任戴涵莘和招生与事业发展中心主任俞渊参加会议。会议总结了2017年招生工作情况，表彰了招生先进集体和个人。苏州开放大学获招生工作先进集体，陆红被评为招生先进个人。

（苏州开放大学管理委员会）

计算机工程学院学子在第八届全国大学生计算机应用能力与信息素养大赛中再获佳绩

5月25—27日，由全国高等院校计算机基础教育研究会、全国高等学校计算机教育研究会等主办的第八届全国大学生计算机应用能力与信息素养大赛在首都经贸大学和中央民族大学落下帷幕。经过两天紧张而激烈的角逐，计算机工程学院学子不负所望，在计算机基础赛项中再获佳绩，共获得一等奖1项、二等奖2项，取得3名参赛学生全部得奖的优秀成绩。

（计算机工程学院）

外国语学院教师蝉联“外教社杯”全国高校外语教学大赛江苏省赛区决赛（高职组）一等奖

5月25—27日，第九届“外教社杯”全国高校外语教学大赛江苏省赛区决赛在江苏理工学院成功举办，江苏省教育厅高教处副处长徐庆、江苏省高校外国语教学研究会会长李霄翔出席颁奖典礼并颁奖。外国语学院陆雷老师以总分第一的成绩荣获高职组一等奖，创下了外国语学院连续九年在该项赛事中荣获大奖的记录，为学校增光添彩。

（外国语学院）

教育与人文学院学生喜获全国高校商业精英挑战赛国际贸易与经贸会展竞赛总决赛一等奖

5月25—28日，2018年全国高校商业精英挑战赛国际贸易与经贸会展竞赛总决赛在浙江省宁波市举行。本次竞赛由教育部高等学校经济与贸易类专业教学指导委员会、中国国际贸易促进委员会商业行业分会、中国国际商会商业行业商会和中国会展经济研究会联合主办。共有来自上海、浙江、江苏等22个省、自治区和直辖市的130所高等院校197支参赛队超过2000名参赛选手和辅导教师入围全国总决赛。

教育与人文学院会展策划与管理专业学生团队在李杨、顾伟老师指导下，凭借出色的临场发挥、缜密的参展方案、创意的现场搭建获得了总决赛一等奖。

（教育与人文学院）

电子信息工程学院学子在第九届“蓝桥杯”全国软件和信息技术专业人才大赛全国总决赛中取得佳绩

5月26日，第九届“蓝桥杯”全国软件和信息技术专业人才大赛全国总决赛在北京拉开序幕，来自北京大学、清华大学、南京大学、武汉大学、哈尔滨工业大学、北京航空航天大学、北京理工大学等千余所高校的5000余名“蓝桥杯”省赛一等奖选手云集京城，角逐“蓝桥杯”最高荣誉。经过激烈的比赛，电子信息工程学院学子获得了1个二等奖和1个优秀奖的好成绩。

（电子信息工程学院）

学校获全国职业院校技能大赛（高职组）“虚拟现实（VR）设计与制作”赛项二等奖

5月29—31日，全国职业院校技能大赛（高职组）“虚拟现实（VR）设计与制作”赛项在福州举行，来自全国近30个省区的77支代表队展开激烈角逐。副校长陶亦亦、教务处副处长杨晓华、计算机工程学院院长李金祥带队参加了此次大赛。2016级动漫制作技术专业的夏振新、张雨琼和2016级软件技术专业的黄冬林，在周德富、柯健、刘畅三位老师指导下沉着应战，充分发挥训练水平，以优异成绩获得大赛二等奖。

（计算机工程学院）

全国职业院校技能大赛喜报

2018年全国职业院校技能大赛接近尾声，通过江苏省省赛的激烈角逐，学校“智能电梯装调与维护”赛项、“光伏电子工程的设计与实施”赛项、“虚拟现实（VR）设计与制作”赛项等3个项目获得国赛资格，代表江苏省参加全国高职院校技能比赛。5月，分别在天津、咸阳、福州顺利完成比赛，均取得了全国二等奖的优异成绩。

（教务处）

学校龙舟队在省第十九届运动会高校部龙舟赛中荣获冠军

6月8—9日，江苏省第十九届运动会高校部龙舟赛暨仙林大学城龙舟赛在南京仙林羊山湖举行。学校龙舟队在体育部群体竞赛负责人叶捍军老师、教练许晓部老师的带领下首次参赛，经过预赛、半决赛、决赛的激烈角逐，取得了高职高专（乙组）200米第二名、500米第一名、团体综合排名第一的优异成绩。

（体育部）

学校志愿服务项目获评江苏省优秀七彩志愿服务示范项目

6月11日，共青团江苏省委、江苏省志愿者协会联合发文，对2018年“青春建功新时代　七彩志愿社区行”志愿服务主题月活动先进集体和个人进行表彰，商学院青年志愿者协会策划开展的苏州市吴中区红庄“爱心小屋”志愿服务项目获评江苏省优秀七彩志愿服务示范项目。

（校团委）

学校“博爱青春”项目获评省级重点项目

6月20日，由江苏省红十字会、省文明办、省教育厅、团省委、新华报业传媒集团等联合开展的2018年全省高校红十字会“博爱青春”暑期志愿服务项目启动仪式在南京举行。学校应急救护培训基地申报的“一路黔行　筑梦少年”“博爱青春”暑期志愿服务项目首次获评江苏省支持项目，校团委刘诗琪老师、红十字志愿者樊倩慧在启动仪式现场接受“博爱青春”苏州市职业大学红十字会志愿服务队授旗。

（校团委）

外国语学院孟祥德老师在第四届“外教社杯”江苏省高校外语教师翻译（笔译）大赛中荣膺特等奖

6月23—24日，第四届“外教社杯”江苏省高校外语教师翻译（笔译）大赛在江苏师范大学成功举办。江苏省教育厅高教处副处长徐庆、江苏省高校外国语教学研究会会长李霄翔等出席颁奖典礼并颁奖。外国语学院孟祥德老师凭借扎实的翻译功底和优异表现荣获高职组特等奖。

（外国语学院）

学校荣获全国工业和信息化职业教育教学指导委员会教学成果二等奖

6月，经全国工业和信息化职业教育教学指导委员会评定，由苏州市职业大学联合校企合作单位苏州凡特斯测控科技有限公司和友达光电（苏州）有限公司申报的教学改革成果《电气自动化技术专业“六化并举”柔性适应人才培养模式的探索与实践》喜获教学成果二等奖。

（电子信息工程学院）

学校获批江苏省高校哲学社会科学重点研究建设基地

7月19日，江苏省教育厅公布2018年高校哲学社会科学重点研究基地，苏州市职业大学宋桂友教授领衔申报的“吴文化传承与创新研究中心”名列其中，这是学校社会科学领域首个省级重点研究建设基地。

（科技处）

机电工程学院喜获第八届全国大学生机械创新设计大赛决赛一等奖

7月22—25日，由全国大学生机械创新设计大赛组委和教育部高等学校机械基础课程教学指导委员会主办，全国机械原理教学研究会、全国机械设计教学研究会、金工研究会、北京中教仪人工智能科技有限公司和浙江工业大学承办的第八届全国大学生机械创新设计大赛决赛在浙江工业大学举行。机电工程学院张永康、杨洪老师指导的团队，与全国本科院校团队同场竞技，其参赛作品“自动立体停车装置”荣获一等奖，是学校继2010年第四届全国大学生机械创新大赛取得一等奖以来的最好成绩。

（机电工程学院）

学校在“挑战杯——彩虹人生”国赛中喜获佳绩

8月14—17日，由共青团中央、教育部、人力资源和社会保障部、中国科协、全国学联、江苏省人民政府主办，共青团江苏省委、江苏省教育厅、江苏省人力资源和社会保障厅、江苏省交通运输厅、江苏省科协、江苏省学联、南京市人民政府承办，共青团南京市委、南京市江宁区人民政府、南京交通职业技术学院、江苏海事职业技术学院协办的2018年“挑战杯——彩虹人生”全国职业学校创新创效创业大赛决赛在南京举行。副校长熊贵营出席决赛开幕式并看望参赛师生。学校参赛作品首次进入“挑战杯——彩虹人生”国赛阶段比赛，获一等奖1项、三等奖1项，实现了“挑战杯”系列竞赛的新突破。

（校团委）

外国语学院卞浩宇博士著作被美国知名大学图书馆收录

外国语学院卞浩宇博士撰写的著作《晚清来华西方人汉语学习与研究》被美国耶鲁大学（Yale University）图书馆、美国埃默里大学（Emory University）图书馆收录。

《晚清来华西方人汉语学习与研究》一书由吉林人民出版社于2017年11月出版发行。作为国内第一部全面、系统论述晚清时期来华西方人汉语学习与研究的著作，全书在对大量珍贵史料搜集、剖析的基础上，以史学为框架，结合语言学、宗教学、文化学、教育学等学科相关理论与方法，在宏观上对晚清来华西方人汉语学习整体概况、阶段性特征以及汉语学习成就与影响进行了细致梳理，力求将一幅晚清来华西方人汉语学习全景图展现给读者。同时，书中对当时来华传教士、外交官所编纂的汉语词典、教科书、汉语研究专著以及大量发表在《中国丛报》《教务档案》等杂志上有关汉语学习的文章进行了深入解读和探讨，向读者真实展现了当时来华西方人汉语学习与研究的成就与水平。此外，针对以往研究存在的不足和忽略之处，作者亦分别进行了考证、补充和再思考。

近年来，卞浩宇博士一直致力于晚清中西文化交流方向的研究，其2015年出版的专著《伦敦会传教士米怜在华及马六甲地区研究（1813—1822）》也被耶鲁大学等多家国外图书馆收录。

（外国语学院　党委办公室）

校关工委荣获省教育系统关工委“优秀工作团队”称号

9月3日，江苏省教育系统关心下一代工作委员会发文（苏教关委〔2018〕9号）公布了“2018年度关工委优秀工作团队”的评选结果，全省共有18个市、县（市、区）教育局、18所高等学校关工委的工作团队荣获“2018年度关工委优秀工作团队”称号，学校关工委榜上有名。

（校关工委）

外国语学院志愿服务项目荣获第三届江苏志交会优秀项目奖

9月9日，在第三届江苏志愿服务展示交流会上，外国语学院志愿服务总队“苏州大型赛会志愿者专业化能力提升项目”荣获优秀项目奖，这也是今年外国语学院志愿服务总队继被授予江苏省青年志愿服务行动组织奖后获得的第二个省级荣誉。

（外国语学院）

学校发明创新成果荣获第十届国际发明展览会金奖

9月13—15日，第十届国际发明展览会暨第三届世界发明创新论坛在广东佛山举行。电子信息工程学院汪义旺老师带领团队的发明创新成果《基于GIS的气体安全监测预警系统》应邀参展，并获得了展览会最高奖“发明创业奖·项目奖”金奖。

（科技处　电子信息工程学院）

学校荣获“2015—2017年度苏州市文明校园”称号

9月17日，苏州市精神文明建设指导委员会下发《关于命名表彰2015—2017年度苏州市文明行业、文明单位、文明村镇、文明社区、文明校园的决定》（苏文委〔2018〕6号），学校被授予“2015—2017年度苏州市文明校园”称号。这是学校继“2013—2015年度江苏省文明校园”后获得的又一殊荣。

（宣传统战部）

学校智能控制技术专业教学资源库成功入选2018年度国家级资源库备选库

9月19日，教育部下发《关于公布2018年度职业教育专业教学资源库备选库的通知》（教职成司函〔2018〕121号），学校智能控制技术专业教学资源库成功入选2018年度职业教育专业教学资源库备选库。

（校长办公室　教务处　电子信息工程学院）

外国语学院严佳老师喜获第九届“外教社杯”全国高校外语教学大赛江苏赛区微课比赛一等奖

9月27日，在第九届“外教社杯”全国高校外语教学大赛江苏赛区微课比赛中，外国语学院严佳老师提交的英语微课作品《Trade Fairs》（商务会展）以精巧的教学设计、流畅的英文表达、完美的视觉效果在众多参赛作品中脱颖而出，荣获江苏赛区一等奖，为学校再添殊荣。

（外国语学院）

艺术学院教师在江苏省“五星工程奖”中获佳绩

9月29日，第十三届江苏省“五星工程奖”舞台艺术类作品终评在苏州落下帷幕。艺术学院音乐系青年教师曾珠亚岚参与合作表演的民乐合奏《烟雨江南》获音乐类第一名。

（艺术学院）

学校师生在首届江苏省高校“云舟杯”共读一本书比赛中荣获佳绩

9月，从江苏省高校图工委传来喜讯，校图书馆喜获首届江苏省高校“云舟杯”共读一本书比赛优秀组织奖，艺术学院杜天佑同学、外国语学院王文静同学与图书馆张慧婷老师分别荣获一等奖、二等奖和优胜奖。

（图书馆）

学校代表队在江苏省“校长杯”乒乓球比赛中勇创佳绩

10月13—14日，江苏省第二十五届高校“校长杯”乒乓球比赛在南京大学举行。以校党委书记钮雪林为领队，校长曹毓民、副校长熊贵营、陶亦亦为队员的代表队，在本届比赛中荣获乙组（高职高专院校）第四名，刷新了学校在该项比赛中的历史最好成绩。

（校长办公室　体育部）

学校“博爱青春”暑期志愿服务项目获得省十佳优秀项目奖

10月25—26日，江苏省高校红十字会“博爱青春”暑期志愿服务项目展示总结活动在南京林业大学举行，学校“益往黔行　筑梦少年”暑期志愿服务项目在全省50个支持项目中脱颖而出，网络投票和现场汇报评比总分排名第二，首次获得省十佳优秀项目奖。

（校团委）

学校在第三届全国高职高专人力资源管理技能大赛总决赛中荣获团体特等奖

10月26—28日，由全国人力资源和社会保障职业教育教学指导委员会主办的2018年第三届“踏瑞杯”全国高职高专人力资源管理技能大赛总决赛在浙江经贸职业技术学院举行。从全国各区域赛中脱颖而出的56个团队168名选手入围总决赛。管理学院2017级人力资源管理班李雨、许宇翔、周慧宇同学在戈凌云和赵艳玲两位指导老师的带领下参加比赛，并获得团体特等奖，实现了区域赛和总决赛都是特等奖的新突破。

（管理学院）

图书馆荣获“江苏省高校图书馆2016—2017年度先进集体”荣誉称号

10月29日，“创新驱动发展　智慧引领未来”2018长三角地区高校图书馆馆长论坛会议对“江苏省高校图书馆先进集体”进行了表彰和颁奖。学校图书馆荣获“江苏省高校图书馆2016—2017年度先进集体”称号，全省共有31所本科院校和12所高职高专院校图书馆获此殊荣。

（图书馆）

《苏州市职业大学学报》入选“2018年度中国高校优秀科技期刊”

10月，中国高校科技期刊研究会网站公布了“2018年度中国高校杰出·百佳·优秀科技期刊”入选名单，《苏州市职业大学学报》在本届评比活动中，获评“2018年度中国高校优秀科技期刊”。全国仅有7家高职院校的学报入选。

（学术期刊中心）

艺术学院师生在“2018江苏省艺术设计大赛”中取得优异成绩

10月，为充分展示江苏省现代艺术设计和艺术设计教学的最新成果，进一步推进新形势下艺术设计和教学的提升发展。由江苏省工艺美术行业协会、江苏省工艺美术学会主办的“2018江苏省艺术设计大赛”评审圆满结束。艺术学院师生15件作品再创佳绩，取得学生组金奖1项、银奖4项、铜奖4项及优秀奖1项；教师组银奖1项、铜奖2项及优秀奖2项。

（艺术学院）

学校荣获“江苏省高校档案工作先进单位”称号

11月6—9日，在江苏省高校档案研究会第十次代表大会上，学校荣获“江苏省高校档案工作先进单位”称号，孙赢当选为研究会第十届常务理事，在17所高校常务理事单位中，学校是唯一的高职院校。

（党委办公室）

学校在2018年中华龙舟大赛中再创佳绩

11月8—11日，由国家体育总局社会体育指导中心、中央电视台体育频道等主办的2018年中华龙舟大赛（滇池站）在云南昆明滇池举行。苏州国际教育园女子龙舟队获得了青少年女子组100米直道竞速第四名、500米直道竞速第三名、200米直道竞速第二名的好成绩。本次比赛，国际教育园龙舟队共12名队员参赛，其中6名队员为学校体育部和外国语学院学生。

（体育部）

学校师生获2018年中国计算机学会职业教育表彰奖励

11月9日，中国计算机学会（CCF）职业教育大会在苏州石湖金陵酒店召开，来自全国近200名职业院校教师代表参加了会议。计算机工程学院院长李金祥教授做了题为“校企深度融合，推动专业建设创新发展”的专题报告。大会对2018年中国计算机学会职业教育优秀课题进行颁奖，计算机工程学院教师刘业博士、陆公正博士获得表彰；大会颁发了2018年中国计算机学会职业教育优秀工作者奖和优秀学生奖，计算机工程学院刘昭斌教授获得优秀教育工作者奖，2016级动漫制作技术专业学生夏振新、张雨琼同学获得优秀学生奖。

（计算机工程学院）

学校荣获“2018年江苏省高校毕业生就业创业工作考核优秀单位”称号

11月12日，江苏省教育厅公布《省教育厅关于2018年全省高校毕业生就业创业工作专项督查考核情况的通报》（苏教学函〔2018〕16号），苏州市职业大学被评为“2018年江苏省高校毕业生就业创业工作考核优秀单位”。

（学生工作处）

外国语学院学子在第七届全国高等职业院校日语技能大赛中再创佳绩

11月15—17日，第七届全国高等职业院校日语技能大赛在江西外语外贸职业学院举行。本次大赛规模大、级别高、涉及面广，共有来自全国各地的37所高职院校的选手参加个人、团体赛的角逐。外国语学院2016级商务日语3班的蒋慧芝在日语系选拔赛中脱颖而出，代表学校赴南昌参加了个人赛的角逐。蒋慧芝凭借标准的日语发音、扎实的专业功底，不畏强手、发挥出色，获个人赛二等奖，为学院再创佳绩。张辉老师获得优秀指导教师奖。

（外国语学院）

计算机工程学院学生在2018全国大学生软件测试大赛总决赛中获奖

11月17日，2018全国大学生软件测试大赛总决赛在南京大学和陆军工程大学两校进行。计算机工程学院2016级软件技术专业的郭晶、谷取民、2017级软件技术专业的张睿三位同学组队（指导教师：陆公正、王芳）在“拓思杯”移动应用测试（团队）赛项中获得总决赛三等奖；2016级软件技术专业的彭冲、黄宁宁和石桂花三位同学组队（指导教师：陆公正、王芳）在“慕测杯”Web应用测试（团队）赛项中获得总决赛三等奖。

（计算机工程学院）

《苏州市职业大学学报》的《工匠精神》栏目荣获江苏省科技期刊“十佳品牌栏目奖”

11月21—22日，在江苏省科技期刊学会举办的“第十届江苏科技期刊金马奖”的评选活动中，经专家评审组评选和评审委员会审定，《苏州市职业大学学报》的《工匠精神》栏目荣获创新创意奖中的“十佳品牌栏目奖”，苏州市职业大学是本届金马奖中唯一获奖的专科学校。

（学术期刊中心）

学校张继馨教授和钟锦德教授获评“姑苏文化名家”

11月22日，苏州市宣传思想工作会议召开，会议表彰了第二届“姑苏文化名家”。江苏省委常委、市委书记周乃翔出席会议并为入选人颁奖。艺术学院教授张继馨和兼职教授钟锦德同时荣获“姑苏文化名家”称号。

（艺术学院）

学校“博爱青春”暑期志愿服务获江苏省红十字会表彰

11月26日，江苏省红十字会、省文明办、省教育厅、省卫计委、团省委、新华报业传媒集团、省广播电视总台等部门联合印发2018年全省高校红十字会“博爱青春”暑期志愿服务项目实施情况通报，公布了“博爱青春”暑期志愿服务项目表彰结果，学校“博爱青春”暑期志愿服务获多项表彰。

校“一路黔行　筑梦少年”“博爱青春”暑期志愿服务项目被认定为省级支持一类项目，获评2018年江苏省“博爱青春”暑期志愿服务“十佳优秀项目”。校团委龙蕊老师获评2018年江苏省高校红十字会“博爱青春”暑期志愿服务项目优秀指导老师，电子信息工程学院樊倩慧同学获评2018年江苏省高校红十字会“博爱青春”暑期志愿服务项目优秀大学生志愿者。

（校团委）

学校成果获江苏省第十五届哲学社会科学优秀成果奖二等奖

11月28日，江苏省人民政府颁布《省政府关于公布江苏省第十五届哲学社会科学优秀成果奖的决定》（苏政发〔2018〕143号），正式公布江苏省第十五届哲学社会科学优秀成果奖评审结果，学校金学智老师的专著《园冶多维探析》（上、下卷）获二等奖。

（科技处）

学校健身气功代表队在2018江苏省高等院校健身气功比赛中再获佳绩

11月30日至12月3日，由江苏省社会体育管理中心、江苏省学生体协主办，扬中市奥体中心承办的2018江苏省高等院校健身气功比赛在扬中市举行。本次比赛共有来自省内的15所本科院校、8所专科院校报名参赛。体育部顾莉老师组织训练、带队参加了这次比赛，经过一番比拼，代表队最终荣获集体项目三等奖，并获得“体育道德风尚奖”荣誉称号。

（体育部）

电子信息工程学院汪义旺老师荣获2018年度“科技创业导师贡献奖”

2018年度“中国技术创业协会科技创业贡献奖”颁奖大会于12月1日在北京举行。电子信息工程学院汪义旺老师荣获“科技创业导师贡献奖”殊荣。

（电子信息工程学院　科技处）

电子信息工程学院学生在“软银机器人杯”2018中国机器人技能大赛炮战攻防赛项中取得优异成绩

12月7—9日，由中国人工智能学会主办，软银机器人（上海）有限公司、泰州市科学技术协会协办的2018中国机器人技能大赛在泰州举行。在机器人炮战攻防赛项中，电子信息工程学院学生表现优异，斩获二等奖2个。

（电子信息工程学院）

“太湖众创”获评江苏省小型微型企业创业创新示范基地

经过自主申报、专家评审和现场考察，12月18日，根据江苏省工业和信息化厅《关于公布2018年江苏省小型微型企业创业创新示范基地名单的通知》（苏工信中小〔2018〕144号），“太湖众创”被认定为省小型微型企业创业创新示范基地，成为苏州市成功申报的四家单位之一。

（党委办公室　太湖众创）

外国语学院在“外研社杯”全国高职高专英语写作大赛总决赛中再传捷报

12月22日，第九届“外研社杯”全国高职高专英语写作大赛总决赛如期在北京举行。外国语学院2016级应用英语2班的杨婧同学，经过徐冰老师的悉心指导，代表江苏省赛区参加了英语专业组的比赛。杨婧同学沉着应战、下笔有神，最终获得专业组二等奖的好成绩。

由教育部职业院校外语类专业教学指导委员会指导，外语教学与研究出版社主办的“外研社杯”高职高专英语写作大赛日渐成为全国高水准英语写作品牌赛事，为全国优秀学子展示英语书面表达能力与职场沟通能力提供了专业平台，为教师在写作教学方面有效指导、开拓创新提供有利契机。此次比赛共有来自全国各省160所高职院校的178名选手激烈角逐，苏州市职业大学选手获得二等奖的荣誉实属不易。英语写作能力是语言运用能力的重要体现之一，也是学生踏上国际舞台、开启斑斓职业生涯的关键。

外国语学院在院竞赛中心的组织下，多年指导专业英语及公共英语的选手参与此项赛事，多次入围全国总决赛并获得佳绩，从中积累了宝贵的指导经验，了解了比赛形式和内容的不断创新和扩展，有效促进了英语写作和阅读教学水平的不断提高。

（外国语学院）

学校获批省级工程技术研究开发中心

12月，江苏省教育厅公布2018年度江苏高职院校工程技术研究开发中心立项通知，苏州市职业大学申报的“3C产品智能制造”工程技术研究开发中心成功立项。

（科技处　机电工程学院）

注：“*”为补录数据。

SUZHOU VOCATIONAL UNIVERSITY

第四章　专题活动

苏州市职业大学科技创新工作暨重点建设年工作报告

创新引领　精准发力　共绘新时代学校科技发展蓝图
——副校长陶亦亦在学校科技创新工作暨重点建设年动员大会上的报告

2018年3月30日

各位领导、各位专家、各位老师：

经校党委商议通过，现由我代表学校向大会做2015—2017年度苏州市职业大学科研工作报告，并对今后三年科技工作提出建议，请各位领导、专家及老师批评指正。

一、三年来学校科技工作总结

过去的三年是国家科技事业突破性发展的三年，也是学校发展过程中的关键阶段。三年来，学校认真贯彻落实省政府《关于加快推进产业科技创新中心和创新型省份建设的若干政策措施》、苏州市委市政府《关于打造产业科技创新高地的若干措施》等文件精神，依照学校"十三五"发展规划和科技创新与服务专项规划，凝心聚力，在聚焦学校精准发展、提升科技创新能力、激发科研人员活力等方面推出了新举措、新办法，顺利完成"十三五"确定的年度目标任务。

（一）过去的三年是学校科技创新能力持续增强的三年

1.科研平台建设有新突破。三年来，学校以创新性科技研发和高效能社会服务为目标，抓住苏州打造先进制造业基地和产业科技创新高地的机遇，积极推进科技创新平台体系建设。加强对工程中心、重点实验室、科研基地、公共服务平台、研究所等现有各级各类23项科研平台的服务引导和管理，分行业、分领域累计开展项目研讨会、需求对接会等具有一定规模的专业学术活动90余场次，大力支持平台承担苏州主导产业和战略新兴产业的科研项目。先后投入748万元，完成超声波钻探结构特征分析实验室、新型光伏材料与器件研究实验室等9项科研设施设备环境重大建设，为平台建设运行提供有效保障。争取政府、行业、企业的支持，新建苏州市丝绸功能技术试验及检测公共服务平台、工程哲学研究中心等7项科研平台。

2.科研项目数量有新增长。学校以《国家中长期科学和技术发展规划纲要》为指导，持续加强对苏州及长三角地区各支柱产业、新兴产业的前瞻研究和应用研究。通过深度挖掘和重点培育智能制造、光伏产业、信息技术、吴地文化、丝绸织绣等方面的科研潜力，三年来学校累计培育、辅导科研储备项目273项。立项承担《基于拓扑控制的无线传感器网络时间同步理论与技术研究》等国家级科研项目4项、省部级（含教育厅）项目52项、市厅级项目93项、社会服务项目307项，并在国家社科基金重大项目子项目、省高校哲学社会科学研究重大项目等领域实现了突破，科研项目经费累计达1605万元。同时，包括8项国家自然科学基金项目在内的450余项科研项目顺利通过结项验收，《多功能高效中小功率光伏逆变技术研究及应用》《苏州推进现代物流业供给侧结构性改革的思路和举措研究》等多项科研项目的实施得到各界媒体广泛关注，为学校赢得了良好的声誉。

3.学术论文质量有新提高。充分发挥科研平台的聚合引领作用，提升科研项目创新驱动成效，拓宽学术论文发表渠道，加大高水平论文发表的奖励力度，鼓励科研人员积极发表高质量学术论文。三年来累计发表国际三大检索论文107篇，其中SCI（E）检索论文34篇；发表CSCD、CSSCI、北图核心等高质量论文224篇；发表学术论文总数达1236篇。其中，《以创新驱动为核心的我国知识产权贸易发展路径分析》等33篇论文获得省、市两级各类优秀论文奖。2016年，学校成功进入国际ESI数据库全球高被引论文量排名前1%名单。2017年，在南京大学出版社发布的《中国高职院校排名研究年度报告（首卷）》中，取得高被引论文数单项计量排名全国高职院校第二的好成绩。

4.科研成果获奖有新扩展。持续开展面向当前科技发展前沿领域和关键领域的研究，开展针对区域经济社会发展重点热点问题的研究。激发激活学校各类创新主体的积极性和创造性，全力培育高水平科研成果。2015年，科研成果“基于地物波谱的地表信息获取方法与应用”获广东省科学技术二等奖，“宋锦遗产可持续利用关键技术与现代应用研究”获苏州市科学技术进步三等奖。2016年，科研成果“珠江口咸潮的遥感与GIS模拟研究”获广州市科学技术进步二等奖，“多功能高效中小功率光伏逆变技术研究及应用”获苏州市科技进步三等奖。2017年，学校开展校企合作，在国家自然科学基金委“中国智能车未来挑战赛”中获城区道路自主驾驶测试第一名、总分第二名的好成绩；学校科研成果“分布式光伏发电系统智能控制技术及应用”项目获中国人工智能学会“吴文俊人工智能技术发明奖”。三年来，累计获得省级科研奖项8项，市级科研奖项44项。

5.知识产权产出有新提升。积极响应苏州“一基地一高地”国际化战略，重点推进高新技术产业导航专利的创新创造研究，实现知识产权资源与区域经济发展的有效匹配。通过加强政策引导、积极争取政府资助，实施高价值知识产权培育。鼓励科研团队、企业、知识产权服务机构紧密合作，营造高价值专利培育氛围。三年来，学校申报各类专利937项，其中发明专利368项，同期授权各类专利749项，其中发明专利271项。2016年以来，发明专利授权量占学校专利授权总量的60.9%，发明专利授权率稳定在80%左右，专利质量在众多行业企业及政府相关主管部门中取得了较好的口碑。在南京大学出版社2017年度发布的“全国高职院校发明专利授权量单项排名”中名列第二，在“全国高职院校专利产出综合排名”中名列第一。

（二）过去的三年是学校服务地方水平明显提高的三年

1.校地共建成果丰硕。2016年校企合作重点建设年实施以来，学校已形成了“政府主导、行业指导、企业参与、学校主体”校地多方共建的格局，取得了丰硕的成果。2016年学校与苏州市质监局签订全面合作协议，2017年启动了与苏州市吴中区的全面合作，学校与角直镇、阳澄湖镇等乡镇进行了合作，与江苏省商务厅、江苏省丝绸协会等部门开展了深度合作。新建企业大学、行业大学13个，签署校企合作协议181个，承接校企合作产学研项目49项，与苏州市光电缆行业共建了产教融合党建联盟。牵头成立了苏州市现代装备制造职业教育集团、苏州市现代光电职教集团。2017年校企合作2项课题被立项为苏州市教育局教育改革研究课题。校企共建合作的“工业自动化与智能控制产教融合实训平台”被立项为江苏省高等职业教育产教深度融合实训平台。

2.决策咨询成效明显。充分发挥学校人才和智力优势，为苏州地方经济社会发展提供决策咨询服务。全力推进“苏州石湖智库”的建设，围绕国家实施“一带一路”、长江经济带等重大倡议和江苏推进“两聚一高”建设等主题，研究地方经济社会发展中的问题，为地方政府建言献策，为行业产业发展提供决策咨询。2016年，与苏州市社科联联合主办“纪念苏州建城2530周年”学术研讨会，邀请社会各界人士共同研究吴文化传承与创新过程中的热点问题。2017年，开展“全国蚕丝被消费现状调研”咨询服务，得到商务部、中国纺织品商业协会的认可，调研资料被收入《2017中国蚕丝被行业发展报告》中；开展“肉菜流通追溯体系建设”技术咨询服务，苏州市肉菜流通追溯体系建设通过商务部考核验收，获评“优秀”。三年来，《经济发展新常态背景下苏州推进供给侧结构性改革的对策研究》等84项研究当下经济与社会发展重点热点的课题被立项为省、市两级社科研究项目。学校多名教职员工担任省、市、区人大代表、政协委员，积极履行职责，递交提案，建言献策。

3.“四技”服务效果显著。加强与苏州市各区（市）的产学研战略合作，积极主动为地方及国内外知名企业开展以创新应用研究为特色的技术研发和技术服务，与谷歌中国、迅达电梯、航天信息、特瓦储能科技、北京启创科技、聚安环保科技等知名企业在科技人才共享、研发平台建设、科研项目攻坚等方面开展深层次校企合作，通过优化政策、孵化项目、强化执行等手段，推动学校融入区域创新体系。三年来为企事业单位提供“四技”服务项目212项，通过《汽车干燥瓶创新设计制造与检测》《360度可透视查验蚕丝被可透视指标检测》《市区两级财政预算单位的绩效管理工作培训评审》等项目的实施，为企业产生间接经济效益7370余万元。

4.科普活动影响广泛。学校充分发挥科协组织和科技人才优势，抓好科普活动常态化。以社会实践、志愿服务为路径，服务社会，开展科普宣传。组织科技协会等科技创新类社团走进社区开展“科学知识进社区”活动，为社区青少年进行科普宣传。

其中吴文化园作为苏州社科普及示范基地辐射影响力不断增强。三年来，基地接待国内外众多政府部门及企事业单位、大中小院校等来访220余批次6100余人次，承办专题会议60场。基地还不定期举办吴文化专题系列讲座，传播吴地文化，弘扬传统文化。大学生应急救护培训基地成功申报立项省级红十字基地，承办了苏州市红十字志愿者救护技能比赛等多项活动，开展了江苏省红十字会救护师资复训等多项培训。同时持续推进志愿服务，面向姑苏区、苏州市吴中区多个街道的社区乡村工作人员、福利院志工、留守儿童、农民工子女、空巢老人等开展应急救护科普培训，受训人员有5000余人次。

5.创新创业成果显现。2017年学校实施了创新创业重点建设年，逐步完善了创新创业人才队伍培育、创新创业教学与指导服务、创新创业训练与实践等“三大体系”。学校全力推进“太湖众创·苏州市大学生众创空间”建设，“太湖众创”立足国际教育园、面向全市、辐射全省、影响全国的服务定位日益凸显。目前在孵团队52个，拥有各类知识产权数量105项，其中发明专利24项；3个创业团队被评为省优秀大学生创业项目，1个创业项目入选姑苏科技创业天使计划，3家孵化企业挂牌“新四板”。“太湖众创”先后获评吴中区科技服务平台、苏州高职高专院校优秀科技服务贡献项目、省科技厅众创空间，被科技部评为国家级众创空间。全校师生积极投入创新创业活动中，学校成功承办全国智能制造创新创业大赛华东赛区决赛，并获优秀组织奖。1名教师获“中国产学研工匠精神奖”，2项学生科技作品获江苏省“挑战杯”一等奖；1项师生合作成果获中国“互联网+”大学生创新创业大赛全国总决赛铜奖；1项学生作品获全国大学生机器人大赛一等奖；学生参与获得专利43项，其中发明专利9项。

（三）过去的三年是学校科研学术氛围日益浓厚的三年

1.科研政策环境日益完善。进一步完善学术治理体系，建立科学公正的学术评价和学术发展制度，营造鼓励创新、宽容失败、不骄不躁、风清气正的学术环境。充分发挥学术委员会的作用，学术委员会会议常态化。坚持日常教育和专题教育相结合，加强对师生的学术规范和学术诚信教育。在年度考核、职称评定、课题立项、人才计划和评优奖励中强化学术诚信的考核。以实施“省创新40条”为契机，深化科研体制改革，修订完善科研管理制度。三年来先后修订并发布6项科研制度，主要包括支持出版优秀学术著作和发表高水平学术论文、资助重大学术创新、资助发明专利申报授权官方费用和年费。持续加大科研成果奖励力度，科研成果奖励在学校绩效总量逐年稳步增长，三年来科研成果奖励金额达1300余万元。

2.成果发布环境日益改善。加大与国内外知名学术期刊、出版社等机构的交流合作，科技处与学术期刊中心积极推荐优秀学术论文的发表、学术著作的出版，各二级学院（部）也以资助版面费方式加大对教师发表、出版高质量学术论文和著作的支持。三年来学校累计发表三大检索及核心期刊论文309篇，出版学术著作24部。学术期刊中心积极服务于学校的教学科研，发挥《苏州市职业大学学报》和《苏州教育学院学报》的阵地作用，主动服务于学院和教师教科研工作。《苏州教育学院学报》的《吴文化研究》和《中国通俗文学与文化》栏目已成为品牌栏目。《苏州市职业大学学报》开设的《科技重大项目》栏目，先后开设了“一带一路”“丝绸产品研究”“图像恢复”以及“信息通信技术”等专题，刊出后产生了较大社会影响，该栏目获江苏省科技期刊“十佳品牌栏目”奖。2017年又开辟了《电子信息技术与智能控制》《3D打印技术与应用》《物联网技术与应用》等特色栏目，为教职工发表前沿学科领域的研究成果提供便利。

3.人才成长环境日益良好。充分发挥学校在信息技术、智能制造、机电工程、人文艺术等领域科研优势，支持、培养高层次人才。三年来深入推进省、校两级科研人才及团队培养计划，累计培养省级高水平科研人才32人，省级科研团队3个，培养校级高水平科研人才23人，校级创新团队3个，直接支持科研经费262万元。组织中青年教师积极参与项目合作、平台建设。完善科研评价机制，引导教师更加注重科研质量、学术影响和社会贡献，注重指导学生创新创业、科研服务教学建设、教学科研协同发展。支持青年教师和品学兼优且具有较强科研潜质的在校学生开展自主选题科学研究工作，尊重学术规律，赋予教师更宽松、更自由的治学空间，提升科研内生动力，宽容科研创新失败。

4.学术活动形式日益丰富。采用“请进来、走出去”的方式，开展各类学术活动。2016年联合中国自然辩证法研究会工程哲学专业委员会主办“弘扬工匠精神创新工程教育高层论坛”，包括中国工程院院士朱高峰、陆佑楣在内的多位知名学者出席论坛。2017年中国工程院院长、教育部原部长周济院士，副院长干勇以及卢秉恒等5位院士到校调研考察并做主题发言。三年来学校定期开展科技活动月，不定期举办石湖论坛、吴文化讲坛，以及各类专题学术报告累计300余场次。积极与国内外各级各类学术机构开展深度合作，学校教师在校外学术机构任职的有77人次。鼓励教师参加国内外各类高端学术活动、赴企业提供技术服务和专业实践、赴国内外知名高校学习访问，三年来校政、校企、校校联合开展科研攻关项目达404项，基本覆盖了学校的各类国家级、省部级科研项目。

5.科研服务方式日益精准。发挥图书馆信息资源和空间资源优势、专业服务优势，根据教师项目进展不同，分类提供各阶段基础资料、研究态势分析、信息综述报告等动态和连续的嵌入式信息服务。主动对接学院（部）科研团队，提供相关领域科技查新报告，建立跟踪服务机制，助推科研人员项目申报。三年来为毛泽东诗词研究、元曲、高职院校创新创业调查、职教服务地方经济社会、苏州城市水利与治污工程等67个课题开展定题服务，为老师提供文献1070篇、研究报告10篇。图书馆还精编《高职教育信息》41期，为教师科学研究创新提供教育教学改革前沿、高职发展动态、学科发展等最新信息。2017年拓展图书馆空间功能，设立10个“教师工作室”，工作室配置了家具、设备和专业图书资源，并配备专人对接工作室，为教师开展专项科研工作提供精准服务。目前“中国明式家具制作技艺传承与创新”和“融融堂”等4个工作室已入驻运行。

三年砥砺奋进，成绩令人鼓舞。我们的教师在各类各级科研成果评奖中成绩突出，汪义旺老师的科研成果获“吴文俊人工智能科学技术发明奖”，“太湖众创”成为国家级众创空间。《苏州教育学院学报》的《中国通俗文学与大众文化》栏目获江苏省期刊“明珠奖”特色栏目，《苏州市职业大学学报》的《工匠精神》栏目获江苏省期刊优秀策划项目。学校多个校企合作项目受到苏州市工商联表彰。

三年努力拼搏，经验难能可贵。回顾三年的工作，深深体会到，做好科技创新工作必须始终坚持融入学校一流品质院校的发展，找准定位，主动作为。苏州地方经济的发展是学校科技创新发展的深厚土壤，我们必须根植于此、成长于此；学校广大师生是科技创新的主力军，我们必须依靠他们、服务他们；开放包容是科技创新工作的理念，我们必须始终坚持，把创新资源转化为科技创新工作的动力。

科技创新永远在路上。在看到成绩的同时，我们也清醒地认识到，与国内高水平高职院校相比我们还有差距，与升本目标相比我们还有很大成长空间，与苏州市勇当“两个标杆”、建设“四个名城”的发展目标相比我们还需要进一步提升内涵，主要表现在鼓励教师科技创新的措施力度不够，服务苏州地方经济发展的紧密度不够，与科研工作者的联系不够，校院两级科协组织尚需加强等问题，这些都需要我们在今后的工作中认真研究解决。

二、未来三年科研工作展望

未来三年是“十三五”攻坚时期，将深入贯彻党的十九大精神，以习近平新时代中国特色社会主义思想为指导，认真执行省委、市委重大决策部署，全面落实党的教育方针，坚持立德树人、成就师生的根本任务，坚持质量为先、精准发展的战略举措，以2018年科技创新重点建设年实施为切入点，坚持营造风清气正的学术氛围，坚持建设优质高效的科研环境，坚持增强科技创新能力，坚持提升社会服务水平。

（一）大力营造科技创新的良好政策环境

认真落实省、市政府和有关部门的科技创新政策，立足放宽放活，激发科研动力，释放创新活力。完善纵向协同机制，明确学校为责任主体、学院（部）为组织主体、科研团队为执行主体的责任分级格局；强化横向协同机制，面向企业、行业、社会寻找科研资源，加强横向合作，优化横向项目和课题管理，赋予一线科研人员更大的自主权。增加科研投入，加大对有实绩贡献科研人员的激励力度。探索对开展科技预研及社会服务等非显性工作的柔性认定机制，构建科技创新服务平台运行管理与考核奖励的协同机制，发挥科研奖励和绩效奖励的杠杆导向作用。进一步完善学术治理体系，建立科学公正的学术评价和学术发展制度。

（二）着力加强科技创新团队和平台建设

建立新型协同创新机制，推动学校与地方政府、行业、企业、科研机构、众创空间等创新主体协同，人才、技术、资金等方面的联合协同，新建一批科技创新团队、协同创新中心和科技服务平台，争创若干个国家级、省级平台。深度挖掘学校科研潜力，以苏州打造先进制造业基地和产业科技创新高地为引领，加快构建能为苏州创新驱动发展提供有效服务的科技平台体系。做好“苏州石湖智库”的建设和运作工作，力争早出成果，为苏州发展献计献策。

（三）积极开展重点科技项目研究

面向中小企业或与大型企业配套开展实用性紧缺技术研究的合作，在智能制造、人工智能、信息网络、丝绸技术、吴文化传承、财税金融等领域排出一批重点项目，进行重点攻关，努力打造一批能够形成规模和聚集效应的校企合作科技创新项目，重点面向中小企业或与大企业配套进行实用性紧缺技术研究，通过项目深度研究培育出一批高水平的创新团队和高质量的科研成果。未来三年力争完成市级及以上重大科研奖项不少于30项。

（四）全力推进高价值科技成果转移转化

积极响应苏州建设“四个名城”的发展战略，重点推进高新技术产业导航专利的创新创造研究，未来三年新增授权各类专利500项以上，其中发明专利200项。加强技术转移和成果转化的组织协调和服务推进工作，建设学校科技创新与技术转移服务中心，统筹科技信息对接、科技成果管理、技术转移转化、法律咨询服务等工作，初步形成市场化的科技成果转移转化机制，力争转移转化各类专利80项以上。以“太湖众创”为平台，扩建创客空间，培育和引进优质项目，促进校内科技成果、人才和优质项目相结合。

（五）切实拓展实用性科研服务

进一步深化与苏州市吴中区人民政府、苏州市质监局的全面合作，开拓周边地区新的校地合作项目，争取在地域上有拓展、在行业领域有深入，合作项目逐步向社会建设、社会管理、社会服务领域推进，力争为企业产生间接经济效益1.2亿元以上。探索科研平台开放共享机制，注重基础科研设施的共建共享，鼓励和引导更多的优质资源加入开放共享，为企业科技创新和社会需求提供科技服务，为实施创新驱动发展战略提供有效支撑。注重科研服务教学，推进科技创新服务平台支撑学校教学建设。将平台最新研究成果引入专业教学，将创新服务案例引入实践教学，将科研仪器设备面向学生开放。

各位领导、各位专家、各位老师，让我们携手共进，创新引领，精准发力，共绘新时代学校科技发展蓝图，共同开启学校内涵式高质量发展新征程，为学校“全国一流品质院校”建设贡献智慧和力量！

行动方案

苏州市职业大学关于实施科技创新工作的行动方案

为贯彻落实省政府《关于加快推进产业科技创新中心和创新型省份建设的若干政策措施》（苏政发〔2016〕107号）和江苏省教育厅的《实施意见》（苏教科〔2016〕7号）、苏州市委市政府《关于打造先进制造业基地、产业科技创新高地的若干措施》（苏委发〔2016〕29号、30号）和《科技创新三年行动计划（2018—2020年）》（苏委发〔2018〕6号），以及学校第二次党代会确定的工作任务，进一步激发学校各类创新主体的积极性和创造性，充分发挥科技创新对学校和苏州经济社会发展的支撑作用，结合学校实际，特制定本行动方案。

一、总体要求

（一）指导思想

深入学习贯彻党的十九大精神，以习近平新时代中国特色社会主义思想为统领，聚焦省委“两聚一高”战略部署，紧紧围绕苏州“两个标杆、四个突出、四个名城”奋斗目标，坚持“创新、协调、绿色、开放、共享”的发展理念，以深化学校科技体制改革、提升科技创新能力为主线，以实施2018科技创新重点建设年为切入点，狠抓高水平创新载体和创新团队建设，激发科研人员创新热情和持久创新动力，加快构建“成就教师、成就学生”的优质创新生态系统。

（二）发展目标

坚持实施科技创新驱动发展战略，通过系列深化科技体制机制改革，最大限度地激发科技是第一生产力、人才是第一资源、创新是第一动力的巨大潜能。至2020年，学校论文数增长年均达10%以上，横向项目增长年均达10%以上，发明专利拥有量达400件以上，技术合同交易额年均增长达10%以上。重要科技成果不断显现，转移转化力度显著提升，实现科技创新能力明显增强，科技创新突出人才持续涌现，形成一批具有专业核心竞争力的科研创新团队，科技创新在学校一流品质院校建设中的贡献率稳步提升，科技创新发展综合指标居全省同类院校前列。

二、重点任务

（一）大力推进高水平科技创新载体建设

1.着力加强科技创新平台建设。通过对现有学科专业发展、人才优势和科技开展情况进行认真研判，加以分类指导，重点支持对苏州和长三角经济社会发展贡献度高的科技创新平台的建设。深度挖掘学校科技创新潜力，以苏州打造先进制造业基地和产业科技创新高地（以下简称“一基地一高地”）为引领，构建以创新性技术研发和高效能社会服务为目标的科技创新平台体系。积极争取政府、行业、企业的支持，联合申报建设国家、省、市科技创新平台，全力推进“苏州石湖智库”建设，支持学院（部）整合校内外的智力优势和研究力量，建设各类新型载体，积极承接政府、社会的研究课题和项目。到2020年力争新建2个国家级、3个省级、5个市级以上各类科技创新平台。深化绩效评价工作，推动科技载体和平台在技术研发、人才集聚、成果转移等方面取得实效。加大对各级重点实验室、工程中心、研究所、科研基地、研发平台及各类公共服务平台的经费资助力度和绩效管理，在学校绩效奖励分配方案中予以体现。（牵头部门：科技处；责任单位：校长办公室、组织人事部、总务处、财务处、各学院［部］）

2.深入开展重点创新项目研究。进一步深化产教融合和校企合作，开拓校地合作项目，推进学校在智能制造、“互联网+”、现代服务业和社会服务等领域的合作。充分发挥学校现有研究平台的资源优势，在智能制造、人工智能、信息网络、丝绸技术、特色小镇建设、吴文化研究、流通溯源、财税绩效评估等领域进行重点攻关并形成突破，打造一批能够形成规模和聚集效应的科技创新项目；重点面向中小企业或与大企业配套进行应用性技术研究，聚焦重点、加大扶持，培育出一批高水平的创新团队和高质量的科技成果。到2020年力争完成国家级科研项目不少于3项，省级科研项目不少于6项，保持苏州市职业大学在同类院校中科技创新能力的领先优势，着力打造学校科技创新的“新高峰”。（牵头部门：科技处；责任单位：校企合作办公室、教务处、财务处、各学院［部］、各科研平台）

3.积极推动创新平台服务开放共享。进一步优化产学研一体化体系建设，主动推进学校优势学科专业对接融入苏州区域产业链和创新链，积极争取“政行企”等多方资源联合共建工程实验室、技术开发室、应用创新中心等，引入企业先进的软硬件设备进行科研开发和技术创新，推动行业企业工程师与学校师生开展互动交流和技术合作，有效拓展多元合作路径。推进校内与校外资源双向开放融合，探索实验室、实训中心、研究院（所）的开放共享机制，支持科研优质资源的共享共用，争取最大的经济和社会效益。鼓励和引导更多的实践创新平台加入开放共享，充分释放学校设施设备的服务潜能，为企业技术创新和社会需求提供服务，为实施创新驱动发展战略提供有效支撑。强化科研服务人才培养，推进科技创新平台支撑学科专业建设。积极倡导学生加入科研项目团队，鼓励最新研究成果引入教学、创新案例引入教学。支持实验室向学生开放，鼓励承担创新创业项目、创新训练计划、专业实训、专业课程等创新与实践活动。（牵头部门：科技处；责任单位：校企合作办公室、教务处、财务处、各学院［部］）

（二）全力推进高价值科技成果转移转化

4.激发创新活力，提升创新能力。积极响应苏州“两个标杆、四个突出、四个名城”建设，重点推进以高新技术产业导向的创新创造研究，实现知识产权资源与区域经济发展的有效匹配。加强政策引导，实施高价值知识产权培育，鼓励科研团队与企业、知识产权服务机构紧密合作，促进形成高价值专利成果。优化专利结构，在学校优势技术领域创造一批创新水平高、权利状态稳定、市场竞争力强、维持年限长的核心专利。到2020年努力实现新增授权发明专利220项、其他专利1000项以上，继续保持学校专利产出和保有量在同类学校中的领先地位。积极组织教师申报“中国专利奖”“江苏省专利发明人奖”等。（责任部门：科技处；责任单位：财务处、各学院［部］）

5.筹建科技创新与技术转移服务中心。加快学校科技创新与技术转移服务中心的筹建（以下简称“科技服务中心”），配备一定数量的专职人员，统筹科技信息对接、科技成果管理、技术转移转化、法律咨询服务、资产经营管理等工作，加强技术转移和成果转化的组织协调和推进。整合利用各级政府建立的科技成果信息平台，加强成果的宣传和展览展示。依托科技服务中心，构建技术交易支撑服务平台，通过知识产权的展示、交易、流转、运营、投融资，实现技术、知识产权与产业的有效对接，形成市场化的科技成果转移转化机制，推动知识产权产业化，充分实现知识产权的价值，力争技术合同交易额年均增长达10%以上。（牵头部门：科技处；责任单位：校长办公室、组织人事部、总务处、信息中心、发展与评估办公室、太湖众创、各学院［部］）

（三）着力推进高活力创新服务团队建设

6.强化科技领军人才建设。加强省“333高层次人才培养工程”、省“六大人才高峰”高层次人才选拔培养计划、省高校“青蓝工程”、省高校优秀科技创新团队等培养力度，引进、培养、支持一批高层次人才，鼓励柔性引进高水平学术带头人。加强高层次创新团队的引进和培养力度，选拔并大力度支持一批由高层次人才领军的、有发展潜力的优秀团队，引导建设高新技术产业科研团队，在建设经费、场地配备、人员编制等方面给予相应配套政策支持。（牵头部门：组织人事部；责任单位：科技处、教务处、财务处、总务处、各学院［部］）

7.打造创新人才梯队。鼓励领军人才和科技骨干跨界组建梯队结构合理的科研团队，鼓励原创性研究、重点面向社会需求的应用型技术研发。着力在学校信息技术、智能制造、资源管理、人文艺术等优势领域，培养一批紧缺的跨学科、高学历、复合型人才，壮大具有实际技术能力的科技骨干人才队伍。推进学校“青蓝工程”和“教学名师”培养项目，组织中青年教师积极参与项目合作、平台建设，形成可持续发展的科研人才队伍。支持青年教师和品学兼优且具有较强探究能力的在校学生开展自主选题研究工作，加大力度支持“研究性课程”和大学生创新实践项目开展。尊重学术规律，赋予教师更宽松、更自由的治学空间，提升科研内生动力。（牵头部门：科技处；责任单位：组织人事部、学生工作处、教务处、校团委、太湖众创、各学院［部］）

（四）完善科技创新的政策环境

8.拓宽科研融资收入渠道。扩大社会合作，积极吸引社会捐赠，进一步发挥校友会、校董事会等在拓展科研融资收入方面的作用，健全社会支持长效机制，形成多元化、多层次、多渠道的科研投入体系。加强科研创新供需对接机制建设，构建“创新团队、研发平台、科研项目、优秀成果、转化应用”科技工作发展模式。完善学校、学院（部）、科研团队三级纵向协同责任机制，积极争取重量级纵向项目；强化面向社会资源的横向协同机制，加大横向合作力度，力争横向项目经费每年增长10%以上。（牵头部门：科技处；责任单位：财务处、校企合作办公室、校友会、校基金会）

9.实施科研激励评价机制。以“成就教师、成就学生”为宗旨，完善科研评价机制，引导教师更加注重科研质量、学术影响和社会贡献，构建以增加知识价值为导向的绩效分配机制。合理设计科研奖励方式，积极增加科研奖励投入，加大对科研人员的激励力度，在内部绩效分配上向一线科研人员倾斜，突出工作实绩，体现人才知识价值。探索对开展科技预研及社会服务等非显性工作的柔性认定机制，发挥科研奖励和绩效奖励的杠杆导向作用。加大对高层次论文的奖励力度，加大PCT国际专利授权奖励，加大对各级各类科研成果奖励力度。（牵头部门：科技处；责任单位：组织人事部、财务处，各学院［部］）

10.完善科研管理相关制度。完善纵向项目管理相关制度，加强对项目的预算管理，赋予创新人才和团队更大的人财物支配权。将以市场委托方式取得的横向经费纳入单位财务统一管理，按照委托方要求或者合同约定管理使用。学校科研人员承担的非财政性资金来源、非计划性财政资金及政府购买服务的横向项目经费，按照“谁投入、谁负责”的原则，实施按合同约定管理。（责任部门：科技处、财务处）

11.制订科技成果处置和转移转化管理办法。科学设计和制订科技成果处置与转移转化相关管理办法，推进科研成果的转移转化。鼓励科研人员面向企业开展技术开发、技术咨询和技术服务，与企业联合实施科技成果转化。学校科技成果转移转化收益用于奖励的比例不低于50%，在扣除科技成果转移转化过程中发生的费用后，主要用于科技成果完成人（团队）以及为科技成果转移转化作出重要贡献的人员等相关方。将学校教职工开展科技成果转化取得的经济效益、社会效益以及横向项目到账经费等作为其职称评定的重要条件。（牵头部门：财务处；责任单位：科技处、组织人事部、校企合作办公室、各学院［部］）

（五）有效促进在校师生创新创业

12.提升“太湖众创”内涵建设。加快导师资源库、课程资源库（师说大讲堂）、项目申报中心、资源共享中心、赛事与培训中心等“两库三中心”五大功能模块建设。扩建“创客空间”，提升“众创空间”服务品质，加强两个平台联动发展，以“双轮”驱动“双创”。引进优质项目，加大培育力度，争取申报高层次人才和团队。推动校内人才资源、设施设备资源与优质项目相结合，支持师生参与创办科技型企业。推动校内各类科技创新资源向众创空间开放。举办创新创业成果展示交流会。（牵头部门：太湖众创；责任单位：科技处、校企合作办公室、图书馆、各学院［部］）

13.激励科研人员创新创业。学校积极鼓励发挥人才优势，完善政策措施。落实科研人员兼职兼薪管理政策，设置专兼职科研岗位，科研人员在履行岗位职责、完成本职工作的前提下，征得学校同意可以兼职到企业等从事科技活动。学校依据专兼职科研岗受聘者的创新创业实绩，考核科研人员工作绩效并落实岗位待遇。支持科研人员离岗创业，执行3年内保留人事关系、原聘专业技术职务、工龄连续计算以及享有参加职称评定、岗位晋升和社会保险等方面的待遇政策。（牵头部门：组织人事部；责任单位：科技处、财务处、各学院［部］）

14.鼓励在校学生创新创业。建设专兼结合的创新创业教育实践教师队伍，完善教师创新创业教育培训制度。创新人才培养模式，调整专业人才培养方案，完善创新创业教育课程体系，鼓励学生创新创业。建立校院两级大学生创新创业平台，为学生提供创新创业辅导、专业技术指导及孵化场地设备等方面的援助。扩大大学生创新创业训练计划项目覆盖面，争取更多大学生在校期间得到创新创业训练。鼓励通过无偿许可专利的方式，向学生授权使用科技成果，引导学生参与科技成果转移转化。支持学生参加“挑战杯”“创新创业大赛”等各级各类比赛，对教师指导学生参加大赛，给予一定的业绩奖励。（牵头部门：学生工作处；责任单位：校团委、教务处、科技处、太湖众创、图书馆、各学院［部］）

（六）积极营造科技创新浓厚氛围

15.弘扬创新务实学术精神。进一步完善学术治理体系，建立科学公正的学术评价和学术发展制度，大力培育尊重知识、崇尚创新、宽容失败、不骄不躁、风清气正的学术环境，在全校范围倡导科学家精神、企业家精神和工匠精神。加大对优秀科技创新团队突出科技创新成果和典型知识产权运用案例的宣传力度。积极组织各级各类科技文化活动，采用“请进来、走出去”的方式，广泛邀请知名专家学者到校开展学术沙龙、前沿讲座等学术交流活动。建立建全校院两级科协组织，发挥两级科协组织的作用，实施全校师生科学素质提升行动。加大科普宣传力度，定期开展科普宣传、科技文化周活动等，组织师生到中小学校、社区开展课外科技活动。（牵头部门：宣传统战部；责任单位：学生工作处、校团委、科技处、校科协、各学院［部］）

16.增强国内国际合作交流。构建常态化学术交流机制，支持科技人员参与各类学术交流，强化对外科技合作。对科研人员因公出国（境）进行区别管理，对参加学术交流活动的次数、天数、出访经费，予以合理安排。到2020年争取主（承）办国内外较高级别的学术会议5次以上，邀请国内外高级别专家到校作学术报告（讲座、学术研讨）100次以上；应邀参加国际较高级别学术活动20次以上、国内较高级别学术活动100次以上。（牵头部门：科技处；责任单位：外事办公室、各学院［部］）

17.建立“成就教师”服务氛围。校院两级及各部门、各单位都要树立精心服务教学、科研一线教师的意识，推出一批实在管用的服务举措。要发挥学报学术研究的引导作用，围绕品牌栏目群，助推教师学术论文发表，营造全体教师开展职业教育研究的氛围。发挥图书馆在教学科研中的信息保障作用，将信息服务嵌入教学科研中，对接教师教学改革、课题研究需求，开展好定题服务、查新服务、科研情报分析服务等，为教师提供有效信息支持。（牵头部门：组织人事部；责任单位：各管理部门、教辅单位、各学院［部］）

18.深入开展“双创双争”活动。紧扣学校内涵质量指标体系，组织开展科技创新领域的“双创双争”实践活动，切实提升组织创新的凝聚力、科技创新的驱动力、文化创新的感召力。围绕科研贡献、平台建设、论著创新、团队引领、专利转化等开展“创优”活动，围绕应用研究、决策咨询、技术服务、科普传播、管理升级等开展“争先”活动，充分调动教师进行科学研究的积极性和主动性，推动全校各部门、各单位创新服务方式，服务科研工作。（责任单位：各管理部门、教辅单位、各学院［部］）

三、保障措施

（一）强化组织协调

学校党委要进一步重视科技创新工作，学校发展规划委员会要做好科技创新工作的统筹规划、协调推进工作。各学院（部）、各部门要在学校的整体部署下，进一步完善工作机制，细化工作目标，压实工作任务，认真组织落实。学校各院门要相互配合，形成齐抓共管、整体推进的工作格局，确保科技创新重点建设年及今后三年工作任务的全面完成。

（二）合理配置资源

大力优化各类资源配置，推动政府、行业、企业、学校、科研机构、众创空间等创新主体协同，人才、技术、资金等创新要素协同，大众创业、万众创新与科技创新协同，区域创新协同，提升科技创新效率。推进智慧校园建设，实现信息资源的整合利用，互通互联，为师生开展各类科技创新提供高效、快捷、便利的信息服务。

（三）加强宣传引导

积极建设科技创新的浓厚氛围，利用校外媒体及校内网络、微信、海报等多种媒介，加大对科技创新政策的宣传，让广大教职员工认识科技创新对学校发展、社会进步和国家发展的重要性和紧迫性，激发广大教职员工自觉投身于创新行动中。对成绩突出的科技创新团队、人才等，及时总结和宣传，树立先进典型，发挥榜样力量，感染和带动全体师生共同前行，为学校迈入内涵式高质量发展的新时代而努力奋斗。

动员部署

校党委书记钮雪林在苏州市职业大学科技创新工作暨重点建设年动员大会上的讲话

2018年3月30日

各位专家，各位老师，同志们：

今天学校召开科技创新工作暨重点建设年动员大会，主要任务是总结前三年学校科技工作的经验、做法，部署今后三年的工作，同时对实施2018科技创新重点建设年工程进行动员，进一步激发广大教师科研工作积极性，推动学校科技创新工作全面发力，为创新驱动、内涵式高质量发展提供有力支撑，为建设“全国一流品质院校”奠定坚实基础。学校对本次会议高度重视，校长办公会、党委会分别专题研究了学校科技创新工作，今天我们还特别邀请了校外专家、苏州市和吴中区有关方面的领导参会，共商学校科技创新工作。

刚才，陶亦亦副校长做了题为《创新引领　精准发力　共绘新时代学校科技发展蓝图》的工作报告，对近三年以来的工作进行了系统总结，对下一步科技创新工作进行了部署，讲得很好。借此机会，向学校辛勤从事科研工作的教师、管理服务人员表示崇高的敬意，向长期支持学校科研工作的苏州市和吴中区有关部门、校外专家们表示衷心感谢！

曹校长刚才宣布了今后三年包括2018年科技创新重点建设年的行动方案，旨在提质增效，进一步激发学校科技创新的活力，希望广大教师能与学校的发展同向使力，全身心投入学校“创新争先、创优争光”的活动中，希望全校上下把2018科技创新重点建设年的任务细化落地，切实推进学校科技创新工作进入快速发展的新时代。

刚才还对中国丝绸产品技术创新与应用公共服务平台进行了揭牌，3位教师和专家代表作了发言，讲得都很好。平台是科研工作的有效载体，有了平台，有了团队，科研工作就有了力量。希望建设更多的高质量平台，积极争取政府、行业、企业的支持，联合申报国家、省科技创新平台，积极承接政府、社会的研究课题和项目，学校为此将加大投入，为平台的运行提供保障。

各位专家、各位老师，高校肩负着人才培养、科学研究、社会服务、文化传承创新、国际交流合作的重要使命，每一项都与科技工作息息相关。我们学校拥有苏州得天独厚的文化积淀和经济发展优势，苏州“两个标杆、四个名城”建设为我们提供了良好的发展机遇；党的十九大提出了高校“产教融合、校企合作”“内涵式”发展要求，为我们指明了方向，我们要拿出勇于创新、发奋图强、敢创敢拼的精气神，大力培养和引进更多高起点的学术带头人，培育高层次的创新团队，建设高水平的创新平台，提高科研的产出投入比，涌现出更多的科研成果，获得更多的高质量奖项，为苏州的创新发展贡献更多的力量。

2018年是实施“十三五”规划的关键之年，是学校的科技创新重点建设年，也是开启学校内涵式高质量发展新时代之年。我们要以今年的科技创新重点建设年为契机，增强创新力，构建竞争力，大力推进学校科技工作的快速发展。我在这里再强调四点：

第一，深化改革，大力度推进科技工作机制的创新发展

科技工作在学校创新发展中扮演着越来越重要的角色，不仅彰显着一个学校服务地方经济发展的地位与水平，还关系着人才培养的质量和文化传承创新的层次。2016年习近平总书记在全国科技创新工作大会上指出“科技是国之利器，国家赖之以强，企业赖之以赢，人民生活赖之以好”。江苏省政府当年也发布了“科技创新40条”，省教育厅等14个部门纷纷出台了《实施细则》，推动“科技创新40条”落地生根；苏州市委、市政府也出台了实施科技创新战略的一系列举措，包括最近出台的《科技创新三年行动计划（2018—2020年）》。党的十九大和最近召开的全国“两会”，更是把科技创新作为中华民族伟大复兴的重要战略举措。当今，高等教育已进入追求质量发展的新时代，内涵式高质量发展已成为当前学校最紧迫的任务。我们要解放思想，大胆改革，通过改革创新推动教育教学质量、科研贡献能力、人才培养水平、社会服务成效的提升。前一阶段学校已启动了科技管理制度的修订工作，这项工作涉及面广，学校组织人事部、教务处、科技处、财务处等部门和各学院（部）要紧密配合，把省市的相关政策尽快在学校生根生效，放宽放活放到位，建立起富有生机活力的政策环境和工作机制，以政策、机制的力量，激发科技人员的内生动力，充分调动科技创新工作积极性。这方面，学校会出台一批政策措施，使资源向一线教学、科研领域倾斜。要深化“放管服”改革，强化责任导向，在绩效分配、职称评聘、岗位聘任、科研经费使用、横向项目管理和成果转移转化等方面的政策、措施，要更具体、更灵活、更有效，形成一套符合学校实际的科研政策和管理服务体系，提升科研管理的服务效能，以优质的服务推动科研的发展。要完善科技成果的评价机制，建立导向明确、客观公正、激励约束并重的分类评价标准，大力营造有利于推动学校创建“全国一流品质院校”的科研氛围。

第二，整合资源，大力度推进“政产学研”的协同发展

前不久，国务院发布了《深化产教融合的若干意见》，对“政产学研”的协同发展提出了更高的要求，我们要认真学习，贯彻落实到实际工作之中，深化“引企入教”改革，大力引入地方资源、行业企业参与学校的科研工作，促进教育链、人才链与产业链、创新链的有机衔接，实现学校和企业“优势叠加”、技术创新链和产业链“双向融合”。从科研成果统计看，学校技术技能积累雄厚，但社会服务项目仍偏少。我们要转变观念，充分利用苏州地方经济社会快速发展、社会资源极其丰富的有利条件，大力开展校地协同、资源共享的新探索，积极推进校地资源高度双向开放、深度合作共赢。要瞄准苏州地方需要的社科领域、新兴应用技术领域，协同推进智库建设，合作共建实验实训室和工程（技术）研发中心等科研平台，重点面向中小企业或与大企业配套进行应用性紧缺技术研究，协同开展技术攻关。要建立学校与企业人才双向交流机制，加大对教师服务企业的考核，有组织地选派教师到企业生产一线实践；同时安排企业技术骨干到校兼课、指导实训和毕业设计，开放校内资源，让企业多点参与人才培养过程。我们设想，通过几年的努力，使学校成为先进产业人才培养基地、新兴应用技术研发基地、“苏州石湖智库”建言献策基地、吴地文化传承创新基地。

第三，强化培育，大力度推进科研人才的优质发展

学校经过30余年的发展，办学条件优异，师资队伍雄厚，但学校发展不充分、不平衡还较明显，彰显学校实力的科研成果仍不多。学校的发展迫切需要提升科研水平和层次，需要着力打造一支结构合理、素质优良和富有创新精神的科研队伍。一要合理使用现有科技人才。改革学校现有的绩效分配制度，加强科技创新平台建设，充分发挥现有科技人才的作用，多出成果、出好成果。二要培养和引进优秀科技人才。外引与内培并重，既要为科研人员争取科研经费、创造优越的工作条件，又要为科研人员营造良好的科研环境，使科研人员在物质和精神上都有获得感、成就感、荣誉感。三要构建“大师+团队”的工作模式。充分发挥教授、专家的作用，组建科技创新团队，结合“333高层次人才培养工程”“青蓝工程”“教学名师”等人才计划进行超前培育，依托重大科技任务和前沿学科方向，加大对青年人才的支持力度，助推骨干教师成为科研领军人才；围绕重大项目，增设专职科研岗，设立科研助理岗位，释放科研队伍创新动能。

第四，加强供给，大力度推进社会服务的良性发展

习近平总书记在党的十九大报告中强调，“必须坚持质量第一、效益优先，以供给侧结构性改革为主线，推动经济发展质量变革、效率变革、动力变革”。地方院校与地方经济社会发展有着天然联系，理应成为服务地方经济社会发展的主力军。我们要主动担当，积极融入服务苏州经济社会发展之中，以高质量的专业做支撑，提供强有力的人才供给，增强服务苏州发展的能力，彰显学校办学的使命。我们要坚定不移地走开放办学发展之路，积极创建资源共享的校地协同创新平台，探索成立具有鲜明行业背景的创新型行业学院，不断提升办学活力，增强学校服务苏州产业发展的供给；我们要服务于区域文化创新，充分利用积淀深厚的苏州历史文化，以及学校吴文化研究的人才优势，加强苏州区域文化研究，传承与创新地方文化，增强文化发展服务的供给；我们要积极提供智力支持供给，以“苏州石湖智库”的组建为抓手，整合校内外的智力优势和研究力量，建立人才资源库，为政府决策提供咨询服务；我们要加快学校科技创新与技术转移服务中心的建设，为科研人员提供“产前、产中、产后”的系列配套服务，积极向条线上、地方中、行业里争取项目、对接项目，打造创新创业生态系统，打通科技成果转化的“最后一公里”，为苏州经济社会发展提供科技创新供给。通过增强服务供给，在服务中锻炼教师、成就教师，在服务中培养学生、成就学生，在服务中与地方经济社会共融共享、共生共长。我想，只要我们学校有良好的政策、有适用的平台、有精准的服务，科技创新工作一定会赢来一批批硕果，开创出一片崭新的天地。

老师们，同志们，自然界的春天已展现出勃勃生机，苏州市职业大学科技工作的春天也即将到来。我们国家新时代、新征程的步伐催人奋进，让我们抓住时代的机遇，沐浴春天的阳光，积极行动起来，加强协同融合，勇于开拓创新，努力创造学校科技发展的新局面，永驻科技工作的春天！

主题沙龙

苏州市职业大学科技创新主题沙龙（一）

时间

2018年3月30日（星期五）　下午3:00~5:00

地点

校图书馆二楼“悦空间”

主题

点激智慧　共话知识产权创新

主持

刘昭斌教授（国家自然科学基金项目负责人、省优秀科技创新团队负责人）

出席领导

苏州市科技局副局长潘华露

苏州市知识产权局副局长施卫兵

苏州市吴中区知识产权局局长石燕华、科长凌元辰

苏州市职业大学副校长陶亦亦

企业专家

苏州远志科技有限公司总经理顾德仁

苏州清睿教育科技股份有限公司经理陈秋丽

江苏亨通光电股份有限公司经理曹阳

江苏天创信息科技有限公司架构师张洪璇

中国电信苏州分公司高级工程师臧燕翔

苏州凡特斯测控科技有限公司总经理蔡志敏

参会教师

周正存、孙春华、孙丽娅、张永康、钟铭、朱晓斌、杨益飞、成珏飞、汪义旺、张旭、鲜学丰、刘刚、刘业、李邦玉、俞晟、张丽、吴隽、芮晓光、梁淼、王庆

会务

叶良

主要议程

1.地方政府对知识产权创新工作的导向和扶持政策；

2.行业企业对知识产权创新及应用需求；

3.苏州市职业大学知识产权创新及转化应用现状与未来发展；

4.知识产权创新领域其他相关内容。

苏州市职业大学科技创新主题沙龙(二)

时间

2018年3月30日(星期五) 下午3:00~5:00

地点

校图书馆一楼“读书吧”

主题

点激智慧 共话社会服务创新

主持

孙学文教授(管理学院院长、省哲社办省市协作项目负责人)

出席领导

苏州市科协国际部部长裘迅

苏州市社科联社科普及处处长陈燕平

苏州市人民政府研究室科研处处长成涛林

苏州市丝绸行业协会秘书长张觉敏

苏州市职业大学党委副书记、副校长刘丹

参会教师

李世超、戈凌云、李勇、秦天程、宋桂友、陶莉、顾伟、刘昌雪、王海南、王平、刘中文、王晓东、陈洁、卞浩宇、李海燕、沈罗兰、石阶瑶、张贺、罗金增

会务

吴佩华

主要议程

1.地方政府对高校开展社会服务工作的导向;

2.行业企业对苏州市职业大学开展社会服务工作的需求;

3.苏州市职业大学社会服务工作现状与未来发展;

4.社会服务创新应用领域其他相关内容。

苏州市职业大学2017年度综合表彰暨创新创业重点建设年总结大会表彰决定

关于公布苏州市职业大学2017年度综合表彰项目的决定

苏职大委〔2018〕5号

各学院（部）、各部门：

2017年，全校各级组织和广大师生认真学习贯彻党的十九大精神和习近平新时代中国特色社会主义思想，积极落实学校二次党代会明确的奋斗目标和工作任务，深入开展“创新争先、创优争光”活动，涌现出一批具有代表性，对学校事业发展推动作用明显的项目。

为表彰先进，进一步激发广大师生员工干事创业，争做全国一流品质院校建设者的工作热情，经项目征集、校党委研究、校内公示，决定授予“太湖众创·苏州市大学生众创空间”等3个项目为特别贡献项目，“智能制造专业教学资源库”等5个项目为突破项目，“无线传感器网络关键技术研究团队”等4个项目为创优项目，“丝绸科技创新服务团队”等3个项目为特色项目。

希望受表彰的集体和个人，珍惜荣誉、谦虚谨慎、戒骄戒躁，继续发挥模范带头作用，在学校事业发展中再创佳绩。全校各部门、学院（部）和广大师生员工要以受表彰的集体和个人为榜样，锐意进取、攻坚克难，以更加饱满的热情，更加昂扬的斗志，更加顽强的意志，推动学校内涵式高质量发展，为尽快实现“全国一流品质院校”做出新的更大贡献！

附件：2017年度综合表彰项目

中共苏州市职业大学委员会
苏州市职业大学
2018年1月11日

附件：

2017年度综合表彰项目

一、特别贡献项目

1.“太湖众创·苏州市大学生众创空间”被科技部评为国家级众创空间（苏州市大学生众创空间管理委员会）

2.“基于多态同构的‘六化并举’柔性适应人才培养模式探索与实践”获得江苏省教学成果一等奖（电子信息工程学院、教务处）

3.“太阳能光伏系统系列关键技术研究及应用”项目成果“光伏发电高效电能变换关键技术及应用”获得“第十一届中国产学研合作创新成果优秀奖”，项目成果“分布式光伏发电系统智能控制技术及应用”获得“第七届吴文俊人工智能技术发明奖”三等奖（电子信息工程学院）

二、突破项目

1.“智能制造专业教学资源库”入选教育部2017年度职业教育专业教学资源库备选库（电子信息工程学院、机电工程学院、计算机工程学院、教务处）

2.国际学院成立并首次招收海外学历教育留学生（国际学院、校长办公室［外事办公室］）

3.《多功能硬币分选机》《优揽智能机器人》2件作品获得第十五届“挑战杯”大学生课外学术科技作品竞赛江苏省决赛一等奖（机电工程学院、电子信息工程学院、校团委）

4.“一种可拆卸膨胀螺栓的产业化”项目获第三届“互联网+”大学生创新创业大赛江苏省赛一等奖和国赛铜奖（机电工程学院、学生工作处）

5.“校镇协同助推模具特色小镇创新发展的研究与实践”获批江苏省高校哲学社会科学研究重大项目（机电工程学院）

三、创优项目

1.“无线传感器网络关键技术研究”团队获评江苏省高等学校优秀科技创新团队（计算机工程学院）

2.《苏州教育学院学报》获评“中国高职高专成高院校学报类核心期刊”，并获江苏省社科期刊评估高职学报类第一名（学术期刊中心）

3.“青春与价值对话”被市委宣传部定位为成功创新案例，近30万人参与信息平台的互动，产生了较大的社会影响力（宣传统战部）

4.学校辅导员获得第六届全国辅导员职业能力大赛江苏赛区一等奖、华东赛区二等奖（计算机工程学院、学生工作处）

四、特色项目

1.丝绸科技创新服务团队服务地方获得广泛认同，形成一批转化成果，并承担中国纺织品商业协会委托的《中国蚕丝被行业发展报告2017》研究项目（教育与人文学院）

2.“苏州市光电缆产教融合党建联盟”成立，成为全国首个基于产业校商合作的产教党建合作交流平台（电子信息工程学院、组织人事部）

3.“阅读非遗　传承文化”荣获第二届全国高校图书馆阅读推广案例大赛优秀奖。全年共举办了31项形式各异的阅读活动，吸引了国际教育园近4万名师生的参与，已经影响和覆盖到国际教育园南区8所院校的全体师生，成为园区文化育人的新渠道（图书馆）

关于公布2017创新创业重点建设年表彰单位的决定

苏职大政〔2018〕10号

各学院（部），各部门：

2017年是学校创新创业重点建设年。各学院（部）、各部门围绕创新创业教育实践“三五五”立体化综合性平台内涵建设，协同工作、不懈努力，创新创业重点建设年工作取得显著成效。

根据学校《2017创新创业重点建设年表彰实施意见》，通过对各学院（部）、各相关部门2017年度创新创业工作审核评议，经学校研究，决定：授予“太湖众创·苏州市大学生众创空间”、计算机工程学院为“2017年度创新创业工作先进单位”，授予机电工程学院、电子信息工程学院、组织人事部、学生工作处、教务处、团委、图书馆等为“2017年度创新创业工作优秀单位”，对教育与人文学院、艺术学院、数理部、商学院、管理学院、外国语学院等在2017年度卓有成效地推进创新创业工作给予表扬。

希望各学院（部）、各部门珍惜荣誉，发扬成绩，再接再厉，切实把创新创业工作的持续深入开展作为学校改革和发展的重要推动力，进一步深化创新创业教育实践内涵建设，努力提升人才培养质量，推动学校更好地为地方经济社会发展做出贡献。

苏州市职业大学

2018年3月2日

项目介绍

一、特别贡献项目

1.“太湖众创·苏州市大学生众创空间”被科技部评为国家级众创空间（苏州市大学生众创空间管理委员会）

项目说明：2017年，太湖众创在学校党政的坚强领导和相关部门的大力支持下，着力构建“3510”创业服务生态圈。即重点打造文创、科技、电商3个主题孵化群，让创业者在10分钟内享受到“创、学、住、食、娱”五位一体的一站式、全方位、专业化服务。

目前，太湖众创是苏州高校中首家，也是唯一同时集国家、省、市、区四级众创空间和省教育厅大学生创新创业示范基地、省人社厅大学生创业示范园等荣誉于一身的大学生孵化基地。标志着太湖众创“立足国际教育园、面向全市、服务全省、影响全国”的定位基本实现，也是学校创新创业工作取得的标志性成果之一，为学校赢得了良好的社会声誉。

2.“基于多态同构的‘六化并举’柔性适应人才培养模式探索与实践”获得江苏省教学成果一等奖（电子信息工程学院、教务处）

项目说明：为适应区域产业转型升级和新技

术快速发展，培养具有基本素养、迁移能力和可持续发展能力的柔性适应技术技能人才，电气自动化技术专业自2013年起，以“柔性适应”为抓手，开展高职人才培养模式改革，探索新工科人才培养之路，构建了政、行、校、企多主体协同参与，行业大学、企业学院、现代学徒制试点、校企合作订单班和顶岗实习等“多态同构”的产教融合育人体系；形成了以“课程体系动态化、学习资源网络化、教学环境实境化、管理平台智能化、教学组织个性化、评价体系多元化”为特色的柔性适应人才培养模式，推动专业建设，带动相关专业发展。

3.“太阳能光伏系统系列关键技术研究及应用”项目成果“光伏发电高效电能变换关键技术及应用”获得“第十一届中国产学研合作创新成果优秀奖”，项目成果“分布式光伏发电系统智能控制技术及应用”获得“第七届吴文俊人工智能技术发明奖”三等奖（电子信息工程学院）

项目说明：2017年，“太阳能光伏系统系列关键技术研究及应用”项目的两项阶段性研究成果分别获得重要奖项。其中，“光伏发电高效电能变换关键技术及应用”获得“中国产学研合作创新成果优秀奖”，学校是全国仅有2所高职获奖院校之一，该奖项是经科技部和国家科技奖励办批准的我国政产学研协同创新的最高荣誉奖。“分布式光伏发电系统智能控制技术及应用”获得吴文俊人工智能技术发明奖三等奖，成为本次全国人工智能技术发明奖的八项获奖成果之一，这是人工智能领域的最高荣誉，学校作为唯一的高职院校，跻身清华、北大等知名获奖单位之列，实现了苏州地区在该奖项上的突破。

二、突破项目

1.“智能制造专业教学资源库”入选教育部2017年度职业教育专业教学资源库备选库（电子信息工程学院、机电工程学院、计算机工程学院、教务处）

项目说明：2017年，由教务处牵头，电子信息工程学院、机电工程学院、计算机工程学院及学校多部门协同，联合30家学校、企业、行业等合作单位申报了智能制造专业资源库建设项目。该项目成功入选2017年全国职业教育专业教学资源库备选库。全国职业教育专业教学资源库建设项目是在“国家示范性高等职业院校建设计划”后设立的又1项深化高等职业教育综合改革的重大项目。继参与“通信技术专业”“微电子技术专业”“机械制造及其自动化专业”3个国家资源库子项目建设工作之后，智能制造专业资源库是学校第一次以主持身份入选国家资源库备选库的项目。承担资源库建设项目是学校综合实力的体现，表明学校在校—省—国家三级资源库建设方面有了新突破。

2.国际学院成立并首次招收海外学历教育留学生（国际学院、校长办公室［外事办公室］）

项目说明：当前，我国正通过“一带一路”倡议，高举和平发展的旗帜，积极发展与沿线国家的经济合作伙伴关系，共同打造政治互信、经济融合、文化包容的利益共同体、命运共同体和责任共同体。在此背景下，为提升学校国际化办学水平，主动融入国家教育对外开放和江苏经济国际化战略，学校于2017年9月成立国际学院，与校企合作企业同赴“一带一路”沿线国家招收学生，为企业培养海外生产经营所需要的本土技术技能人才。学院现有在校国际学生79人，其中学历生72人，语言生7人，主要来自巴基斯坦、蒙古、哈萨克斯坦等5个“一带一路”沿线国家。

3.《多功能硬币分选机》《优揽智能机器人》2件作品获得第十五届“挑战杯”大学生课外学术科技作品竞赛江苏省决赛一等奖（机电工程学院、电子信息工程学院、校团委）

项目说明：“挑战杯”作为当代大学生科技创新的“奥林匹克”盛会，是国内规模最大、规格最高、影响最广的综合性学生科技创新赛事。机电工程学院团队设计的一种基于振动盘的硬币分选机，可快速实现硬币分类、计数、金额统计、定额整理等多项功能，能有效解决目前小面值货币流通领域中，硬币分选由人工操作、效率低下的问题。电子信息工程学院团队设计的“优揽智能机器人”历经了多次创新创业大赛的淬炼，使用超声波传感器、人体感应传感器、寻迹传感器、蓝牙传感器等，实现搬运物品，跟随用户，按照指定路线行走，避开障碍物等功能。以上2件作品获奖，创造了学校在该项赛事中的最好成绩，实现了“挑战杯”竞赛的新突破。

4.“一种可拆卸膨胀螺栓的产业化”项目获第三届“互联网+”大学生创新创业大赛江苏省赛一等奖和国赛铜奖（机电工程学院、学生工作处）

项目说明：2017年是学校的“创新创业重点建设年”，为响应校党委的工作部署，机电工程学院赵毅、祁陆强等同学在盖立武、陈祥林、张国良三位老师的指导下，于2017年7月至10月参加了教育部主办的第三届“互联网+”大学生创新创业大赛，获得省赛一等奖和国赛铜奖的优异成绩。项目组获得的奖项刷新了学校在创新创业类赛事历史上获得的最好成绩，是学校创新创业教育工作上的一次重大突破。目前，中国高等教育学会专家评估指出：“互联网+”大学生创新创业大赛被列入中国高校创新人才培养暨学科竞赛评估指标第一名。

5.“校镇协同助推模具特色小镇创新发展的研究与实践”获批江苏省高校哲学社会科学研究重大项目（机电工程学院）

2017年，学校与角直镇联合申报了江苏省高校哲学社会科学研究重大项目“校镇协同助推模具特色小镇创新发展的研究与实践”（主持人陈洁），旨在通过课题研究与实践，镇校企协同搭建创新平台，围绕模具特色产业，进一步深化产教融合、校企合作，创新校镇企合作育人机制，共建“人力资源培训基地”。学校作为江苏省唯一的高职院校入围“江苏省高校哲学社会科学研究重大项目”，填补了之前在该项目上的空白。

三、创优项目

1.“无线传感器网络关键技术研究”团队获评江苏省高等学校优秀科技创新团队（计算机工程学院）

项目说明：无线传感器网络关键技术研究创新团队是随着学校的中央财政支持的物联网综合实训基地以及江苏省现代企业信息化应用支撑软件工程技术研究开发中心的建设与发展而逐步形成和成长起来的。目前创新团队核心成员由2名教授、6名副教授和博士构成，至今已经获得3项国家自然科学基金、1项省青年基金和1项省自然科学基金。该团队主要针对大规模无线传感器网络系统的拓扑控制与时间同步精度相互关系的关键理论和应用协议、RFID标签计数管理的关键技术展开理论、验证与应用研究，在此基础上开发神经网络智能感知检测、传感网时间同步大数据可信与可控分析系统，指导无线传感器网络大规模应用。

2.《苏州教育学院学报》获评“中国高职高专成高院校学报类核心期刊”并获江苏省社科期刊评估高职学报类第一名（学术期刊中心）

项目说明：深耕细作，坚持质量铸品质；精准发展，特色栏目勇创优。《苏州教育学院学报》编辑部秉持“弘扬先进文化，倡导学术争鸣”的宗旨，坚持以质量立刊，以特色栏目铸就品牌，不断创新管理举措，积极探索期刊改革之路，形成了以吴文化研究、中国通俗文学与大众文化等为核心的特色栏目群，学术影响力日益扩大。2017年，《苏州教育学院学报》被中国科学评价研究中心（RCCSE）评为“中国高职高专成高院校学报类核心期刊”，在江苏省社科期刊质量评估中获得高职学报类第一名，为打造高品质学报迈出了坚实的一步，更为实现学校“一流品质院校”的办学目标作出了贡献。

3.“青春与价值对话”被市委宣传部定位为成功创新案例，近30万人参与了信息平台的互动，产生了较大的社会影响力（宣传统战部）

项目说明：“青春与价值对话”活动是由苏州市委宣传部、市委教育工委、共青团市委、苏州日报报业集团和学校联合举办的思政教育创新实践活动。经过近半年的剧本策划、微电影拍摄、嘉宾访谈、树洞心语等环节的准备，9月14日在学校顺利举行。活动产生了一定的轰动效应，引起近30万人关注，光明网、苏州日报、姑苏晚报、扬子晚报、名城苏州等媒体大力报道。本次活动不仅仅是一次现场对话，还吸引了媒体人、政府工作人员、高校领导、专家学者、广大师生等多种人群一起学习和思考，形成了集体智慧，实现了主体创新、形式创新、参与群体创新、成果创新，营造了校内外思政教育大格局氛围，践行了习总书记希望教师成为“引路人”的思政教育理念。

4.学校辅导员获得第六届全国辅导员职业能力大赛江苏赛区一等奖、华东赛区二等奖（计算机工程学院、学生工作处）

2017年3月，计算机工程学院辅导员颜娟老师代表学校参加了第六届江苏省高校辅导员职业能力大赛复赛，经过笔试、主题班会、案例分析、主题演讲和谈心谈话五个环节的激烈比拼，以第一名的成绩成功晋级江苏省决赛。在决赛中她与本科院校选手同台竞技，凭借出色的发挥获得江苏省一等奖。4月，颜老师代表江苏省参加华东区的比赛，在39位选手中脱颖而出获得二等奖。这是继2016年学校辅导员获得全国辅导员职业能力大赛江苏赛区二等奖、华东区三等奖后取得的突破性进展，展示了学校辅导员扎实的理论功底和出色的业务能力，为学校赢得了赞誉。

四、特色项目

1.丝绸科技创新服务团队服务地方获得广泛认同，形成一批转化成果，并承担中国纺织品商业协会委托的《中国蚕丝被行业发展报告2017》研究项目（教育与人文学院）

项目说明：丝绸科技创新服务团队利用学校学科和人才的优势，进行学科交叉，研究和开发各种丝绸的新功能技术。2017年度，该团队新授权《全光谱显色的真丝刺绣丝线制造设备及制造方法》等国家发明专利4项；李世超老师主持的江苏省科技厅《宋锦暨江苏丝绸精品历史纹样保护修改关键技术研究》项目顺利结题。在对外服务、成果转化方面，2017年共为企业提供产品功能检测服务23批次；受5家企业委托开展产品开发前期技术试验服务；与企业签订横向技术服务协议2项；获得中国纺织品商业协会颁发的“丝绸中国杰出贡献奖”。

2.“苏州市光电缆产教融合党建联盟”成立，成为全国首个基于产业校商合作的产教党建合作交流平台（电子信息工程学院、组织人事部）

项目说明：“苏州市光电缆产教融合党建联盟”是电子信息工程学院党总支与市光电缆商会党支部联合创建的产教融合党建联盟。它依托市光电缆行业大学，有首届委员单位12家，下属77个党支部，共1694名党员。党建联盟在校商企深度合作中推进高职院校党建工作实践创新，旨在适应并引领校企深度合作实践、实现人才培养目标、推进党的基层组织建设，为高校党建工程建设注入了新的内涵。以党建联盟为平台，通过汇聚党建资源，带动了商校企协同能级的整体提升，彰显党建合力与活力，推进了党的建设与区域经济社会发展深度融合，该项目获市总商会党委优秀党建项目一等奖、2017年国际教育园区域党建工作品牌一等奖。

3.“阅读非遗　传承文化”荣获第二届全国高校图书馆阅读推广案例大赛优秀奖。全年共举办了31项形式各异的阅读活动，吸引了国际教育园近4万名师生的参与，已经影响和覆盖到国际教育园南区8所院校的全体师生，成为园区文化育人的新渠道（图书馆）

项目说明：2017年学校图书馆共举办了31项形式各异的阅读活动，吸引了国际教育园近4万名师生参与，影响和覆盖到国际教育园南区8所院校的全体师生，成为园区文化育人的新渠道。其中“阅读非遗　传承文化”荣获第二届全国高校图书馆阅读推广案例大赛优秀奖。图书馆一直致力于开展阅读推广工作，通过成立一个“阅读推广工作组”，组建“馨阅书虫联盟”“读书吧”两个团队，借助微信图书馆、校广播台、校园阅读节三个平台，形成经典阅读、特色阅读、创新阅读三大体系，创立了多个阅读推广活动服务品牌，为营造书香校园氛围、打造优良学风、拓展服务师生的渠道，以及深化文化建设与文化传承起到了积极的推动作用。8年来共荣获国家级、省级和市级各类奖项26项。

总结讲话

副校长熊贵营在2017创新创业重点建设年工作总结报告

2018年3月9日

老师们、同学们：

2017年是学校创新创业重点建设年。年内，全校上下聚焦主线，围绕人才队伍培育体系、教学与指导服务体系、训练与实践体系扎实推进各项工作任务，建设成效显著，形成了一批优秀成果和先进典型。下面，我分四个方面向大家作汇报。

一、注重顶层设计，完善创新创业教育实践管理运行机制

学校将创新创业工作列为“十三五”事业发展规划重点内容，成立了创新创业工作领导小组，出台了《苏州市职业大学创新创业重点建设年工程实施意见》，形成了创新创业教育实践“三五五”立体化综合性平台建设思路，提出了9条具体措施，将实施方案进行任务细化和分解。

学校先后制订了《关于构建创新创业教育课程体系的指导意见》《学分制实施办法》《关于引导和鼓励大学生创业的意见》等一系列管理制度，鼓励支持教师和学生积极参与创新创业教育实践，为推动创新创业向纵深发展提供了有力的制度保障。

二、配强师资队伍，健全创新创业人才队伍培育体系

1. 建设专兼结合的教师队伍

坚持全员参加、专任为主、专兼结合，配齐配强创新创业教育教师队伍，进一步整合校内外资源，建设优秀创新创业导师人才资源库。目前，学校共有创新创业专职教师41人，其中省就创业专家团成员2人，省就创业公益巡讲专家团成员3人。大学生创业孵化基地创业导师团共有16位成员，由6位企业家代表、6位校内专业教师和4位校内创业培训指导教师组成。"太湖众创"建立了17人的导师资源库。机械类专业创新教学团队获批苏州高职院校优秀教学团队。

2. 加强教师双创实践与教育服务能力培训

今年，依托"双师型"教师培养培训基地，共安排118名教师到相关企业挂职锻炼，累计达8140人（天）。组织安排教师深入企事业单位进行专业实践，累计达3568人（天）。推荐中青年教学科研骨干46人次出国（境）进修深造，选派628人次参加各级各类国内培训。

三、加强教学指导，健全创新创业教学与指导服务体系

1. 重视基础普及与专业拓展课程教学

面向全体学生，开设"创业基础"通识必修课和"创新学""企业家思维""大学生创业教育"等选修课，开设"大学生创业基础""创造性思维与创新方法"等网络课程。积极支持学生开展研究性学习、创新性实验、创业计划和创业模拟活动，2017年立项完成研究性课程61项。修订完善以提升创新创业能力为导向的专业人才培养方案，在专业教育平台开设了具有行业特点、与创新创业和就业密切相关的创新创业专业特色课、专业拓展课，培养学生基于专业知识的创新创业素养和技能。

2. 持续开展讲座论坛，加强大学生职业生涯规划指导

今年共举办"朝阳讲堂"62场，500余名师生分享了《创业人生》公开课创业励志故事。机电工程学院以"创新·规划·创业·成长"为主题，共举办8次"新视角·创新创业大课堂"专题讲座。

学校将大学生职业规划课程设为全校性必修课，举办了第十一届大学生职业规划设计大赛，建立了职业测评、职业体验、职业实践、职业素质拓展、就业能力提升和个性化辅导等职业规划体系。在江苏省第十二届职业规划大赛中，学校2位同学获得一等奖，并荣获"江苏省职业规划之星"称号。

3. 加强创新创业教育指导服务平台建设

学校致力于搭建双创服务平台，构建层级工作机制。第一层平台以学生创新创意为主，广泛开展创新创意展，已举办十一届大学生创业设计大赛。第二层平台是各学院建立的创新创业学生工作室，目前共有40支学生创新创业团队入驻学生工作室。第三层平台是以学校大学生创业孵化基地为平台载体，从学生创新创业工作室中选拔出优秀团队进驻，今年新入驻三家学生创业团队。

4. 注重创新创业信息平台建设

校团委创建了社团微信公众平台，多媒介传播创新创业文化，宣传创新创业政策、学生创新创业典型。"太湖众创"建立了8家媒体组成的媒体资源库，建设了太湖众创网站信息平台。学校图书馆增订了《创新与创业教育》《创业天下》等41种期刊杂志，为创新创业教育提供强大的资源保障服务。

四、突出双创实践，健全创新创业训练与实践体系

学校搭建了多种训练与实践载体，强化学生创新创业实践能力的培养，为优秀创新创业项目提供孵化平台。

1. 实施创新创业训练计划

实施新一轮大学生创新创业引领计划，形成省、校两级大学生创新创业训练计划实施管理体系。2017年度立项26个江苏省大学生创新创业训练项目，其中校企合作基金项目5项，创业训练项目2项。

学校每学期组织在校大学生参加创业模拟实训，强化创业意识。已举行了25期创业模拟实训班，共计1450余人次。

2. 组织各级各类创新创业竞赛

学校成功承办第二届全国智能制造创新创业大赛华东赛区决赛，并在总决赛中获得优秀创意奖和优秀组织奖。承办"太湖众创第一届机器人创客大赛"。连续第5年成功举办"西门子杯"中国智能制造挑战赛。

学校组织83个项目团队、321名学生参加第三届中国"互联网+"大学生创新创业大赛，获省一等奖1项，并获全国总决赛铜牌。获第十五届"挑战杯"江苏省决赛一等奖2项、三等奖1项。两项大赛的参赛成绩为历年来最佳，实现了突破。

各学院（部）组队参加了第十六届全国大学生机器人大赛、第九届“创业姑苏”青年精英创业大赛、“高教杯”全国大学生数学建模竞赛、第十二届全国高职院校“发明杯”大学生创新创业大赛等各类专业创新创业比赛，取得了优异的成绩。

3. 开展创新创业社团活动

加强创新创业教育的“第二课堂”建设，按照“一社、一团、一平台”的工作思路，组织9个学生社团成立校大学生创新创业社团联盟，指导学生社团自主开展创新实践、创业计划比赛、创新创业讲座等校园文化活动，积极参与各级各类竞赛，获国家级竞赛奖2项，省级竞赛奖7项。

开展大学生“三创”系列活动，学校2名青年师生获苏州市“四创”好青年称号。举办第十五届“挑战杯”校内选拔赛、首届大学生创新创意作品大赛、创新创意作品展、“挑战杯——彩虹人生”创新创效创业大赛，营造了良好的创新创业氛围。

4. 深化创新创业孵化载体内涵建设

太湖众创·苏州市大学生众创空间。太湖众创深入推进“立体化”“主题化”“品牌化”和“集成化”建设，着力构建“3510”创业服务生态圈。2017年太湖众创累计孵化团队62个，举办各类活动52场，直接参与人数近4000人。在孵企业拥有各类知识产权数量105项，其中发明专利24项。3家企业挂牌“新四板”。3个团队被评为省大学生优秀创业项目。1人入选姑苏科技创业天使计划。全年，创业团队累计获得各类市级以上奖项20余项，获得各类奖励90余万元。

“太湖众创”被评为苏州市“十佳”众创空间，获评省教育厅大学生创新创业示范基地、省科技厅众创空间、省人社厅大学生创业示范园，并成为科技部认定的国家级众创空间。

IT创客中心。2017年，计算机工程学院IT创客中心创新思维，构建了线上线下深度融合的创客空间，开放实训室、开放课堂，参与开放实训室及开放课堂进行个性化学习的学生共计11400余人次。完成了创客中心线上空间建设，实现了“创客家”线上服务平台的开发和试运行。年内，IT创客中心入驻的学生工作室共19个，建有专业类社团和创客服务社团，入驻创客136名；开展创客沙龙6期，举办了“纽斯杯”创客中心创业设计大赛。

图书馆“悦·空间”。图书馆通过资源建设、知识服务、空间支持和宣传展示等四大举措，积极主动为学校师生创新创业教育实践提供有效支持和保障服务。2017年图书馆完成了“悦·空间”改造项目，支持创客活动11场共262人，支持团队研讨共38批次725人，接待其他体验2992人。开展创业创新教育16场次，受教育学生600人次。

老师们、同学们：创新创业重点建设年对于学校大力提升创新创业工作水平是一次重要的发展契机。为深入推动创新创业教育实践工作，学校已决定成立创新创业学院，统筹资源、分工协作、合力推进，大力培养具有创新精神、创业意识和就创业能力的高素质人才。希望广大教师积极投身于创新创业教育实践与指导服务，以实际行动为学校人才培养与改革发展提供强大的精神动力，为更好的服务经济社会发展贡献力量。希望广大同学积极参与创新创业教育活动，成就自我，成就未来！

校党委书记钮雪林在2017年度综合表彰暨创新创业重点建设年总结大会上的讲话

2018年3月9日

老师们、同学们：

新春伊始，万象更新。今天，我们在这里召开苏州市职业大学2017年度综合表彰暨创新创业重点建设年总结大会，表彰在学校各条线工作中涌现出的优秀项目。

过去的2017年，是我们辛勤耕耘的一年，也是硕果纷呈的一年。这一年里，学校第二次党代会胜利召开，未来五年发展蓝图成功绘就；创新创业重点建设年工程顺利实施，“太湖众创”获评国家级众创空间，师生在各级创新创业大赛、评比中屡获佳绩；教学、科研取得新进展，智能制造资源库成功入围国家备选库；国际交流取得突破，建设中巴经济走廊文化交流中心，成立国际学院；对外影响度得到有力提升，成功举办了一大批活动，“青春与价值对话”取得积极的社会反响。这一件件可喜可贺的大事要事，彰显着苏职大人的奋进力量和不懈追求。

刚才，我们对一批特别贡献项目、突破项目、创优项目和特色项目，创新创业重点建设年先进单位、优秀单位，以及“十佳优质示范课”进行了表彰。同时，我们还有一些项目和单位，虽然没有列入表彰，但是同样也为学校的发展作出贡献。比如：还有2个项目获得江苏省教学成果二等奖，3个专业立项江苏省高等职业教育高水平骨干专业建设点，2个专业获批江苏省中外合作高水平示范性建设工程培育点；外国语学院“课赛融合、技能导向”的多语种人才培养模式，体育部承办的第二届全国高等职业院校体育教师技能大赛；江苏省“十三五”重点图书《苏州水城》正式出版，并获苏州市第三届“社科应用研究精品工程”优秀成果一等奖；计算机工程学院与苏州驾驶宝智能科技有限公司合作完成的无人驾驶车项目，获得国家自然科学基金委员会主办的2017年“中国智能车未来挑战赛”二等奖，但由于学校是该项目的第二单位，按规定不能列入综合表彰，特此说明，应予表扬。

我们要为取得的每一项成绩点赞，更要为学校发展付出辛勤劳动的每一位师生点赞！正是全体师生的涓滴努力、执着坚守和拼搏奉献，才推动了苏州市职业大学各项事业的持续发展、不断前行。我谨代表学校党委行政，向获得表彰的集体和有关人员表示热烈的祝贺！向为取得这些成绩作出贡献的老师和同学们表示由衷的敬意！

正如习近平总书记在2018年新年贺词中所说“幸福都是奋斗出来的”，在2月14日的春节团拜会上他又强调：“奋斗本身就是一种幸福。只有奋斗的人生才称得上幸福的人生。”“新时代是奋斗者的时代”。奋斗是事业发展与进步亘古不变的主旋律，同样，也是贯穿苏州市职业大学发展历程始终的关键词。2018年，是全面学习贯彻习近平新时代中国特色社会主义思想的开局之年，是纪念改革开放40周年之年，也是学校开启加快内涵式高质量发展新时代的新征程之年。在这伟大新时代来临之际，我想借此场合，谈三点意见，与大家共勉。

一、奋斗的新时代，需要我们坚定信心、不断奋进

坚持走内涵质量型发展道路，创建“全国一流品质院校”，推进应用型本科院校建设，是苏州市职业大学的坚定目标。去年9月7日，苏州市委书记周乃翔到校视察，今年1月16日，市长李亚平专程到校调研升本工作。我们要抓住有利时机，乘势而上，着力争创一批新项目，培育事业发展新功能，打造发展新优势，增强核心竞争力，奋力迈出发展升级的新步伐，创造更加美好的明天。学校已确定，2018年要建设14个重大项目和一批实事项目，切实提升教学、科研和服务师生的能力。

二、奋斗的新时代，需要我们加快内涵式、高质量发展

中国特色社会主义进入新时代，中国的高等教育也进入“质量新时代”。加快内涵式高质量发展步伐，既是顺应时代发展的需要，也是学校奋斗目标的延续和发展。我们要推行“坚持质量为先、坚定精准发展”的战略举措，2018年要建立学校内涵质量指标体系（包括8个一级指标、60个二级指标和100个三级指标），学校每年与各学院（部）签订内涵质量指标的责任书，逐级分解任务指标，人人有任务，人人担责任。目的是取得更多的教学、科研成果，更好地提高教学、科研质量，着力培养“高品质、高技能、高适应”的应用型人才队伍。不积跬步，无以至千里。发展成果是干出来的、奋斗出来的。要把美好的目标、愿景变成现实，必须由我们广大师生一起，撸起袖子加油干。

三、奋斗的新时代，需要我们保持创新争先、创优争光的昂扬斗志

全校师生要自加压力、敢于拼搏、奋勇争先，积极投入到学校内涵式高质量的发展之中，在各项事业中形成“创新争先、创优争光”的浓厚氛围。全校上下要进一步解放思想、振奋精神、实干兴校。领导干部要率先垂范，从自身做起，带动一班人、推动一层人、影响一群人。学校各部门和各学院（部）要推进“服务型组织”建设，努力做好服务师生工作，切实把着力点放在激发师生员工的积极性上，将政策、资源更多地向有实绩贡献的教学、科研一线倾斜，立足成就教师、成就学生，真正发挥出政策机制、绩效考核的激励作用，加快形成发展合力，为学校跨越发展奠定坚实基础。

同志们、老师们、同学们，今天我们召开这个会议，既是表彰会更是动员会。2018年是学校的科技创新重点建设工程年，在新的一年里，学校的工作要展现新时代的新风貌、新作为，要形成竞相奋斗、团结发展的良好氛围，要尽快把大家的梦想化为学校灿烂的现实。

我们希望，当明年春天召开“2018年度综合表彰暨科研创新重点建设年总结大会”的时候，我们将会收获更多喜人的硕果，迎来更美好的发展春天！

谢谢大家！

SUZHOU VOCATIONAL UNIVERSITY

第五章　组织机构与人员

管理机构

2018年苏州市职业大学管理机构一览表

序号	部门名称	内设机构	序号	部门名称	内设机构
1	党委办公室	秘书与信息科	9	教务处	教育技术中心
		档案馆（保密科）			实践实训科
2	校长办公室（外事办公室）	秘书科	10	学生工作处（部）	思想政治教育科
		行政接待科			招生办公室
		外事科			学生管理科
3	组织部（人事处）	干部管理科			就业科
		组织科			心理健康指导中心
		师资管理科	11	科技处	设备管理科
		劳动工资科			科技管理科
4	宣传部（统战部）	宣传与文化环境管理科	12	财务处	会计核算科
		统战科			财务管理科
5	纪检监察室	—			资金管理科
6	离退休干部处	退休工作科	13	审计处	—
		老干部科	14	总务处	后勤服务中心
7	工会	工会办公室			综合管理科
8	团委	—			卫生科
9	教务处	教务科	15	保卫处（人民武装部）	军事理论教研室（综合科）
		教学科			治安管理科
		考务科			

教辅机构

2018年苏州市职业大学教辅机构一览表

序号	部门名称	内设机构	序号	部门名称	内设机构
1	图书馆	办公室	3	信息中心	信息化管理科
		文献信息部	4	继续教育学院	综合办公室
		技术服务部			学生工作科
		期刊图书流通部			教务科
2	学术期刊中心	《苏州市职业大学学报》编辑部	5	教师教学发展中心	办公室
		《苏州教育学院学报》编辑部			教学研究部
3	信息中心	网管中心			资源部

2018年苏州开放大学管理委员会（干将路校区）一览表

序号	部门名称	内设机构	序号	部门名称	内设机构
1	党政办公室	—	4	教学管理中心	教学科
2	综合办公室	行政科			教务科
		设备科	5	网络教育中心	—
3	招生与事业发展中心	外联科	6	社区教育中心（苏州市社区大学）	培训科

中层及以上干部名单

2018年苏州市职业大学中层及以上干部名单

1. 校党委

书　记：钮雪林
副书记：曹毓民
　　　　刘　丹
委　员：熊贵营
　　　　陶亦亦
　　　　张　健（2018年6月试用期满　苏委人〔2018〕172号）
　　　　　　　（2018年6月试用期满　苏府人〔2018〕31号）
　　　　蔡晓平
　　　　韩承敏
　　　　魏　影

2. 校行政

校　长：曹毓民
副校长：刘　丹
　　　　熊贵营
　　　　陶亦亦
　　　　张　健

3. 纪律检查委员会

书　记：蔡晓平
副书记：俞建伟

4. 党委办公室

主　任：朱剑刚
副主任：叶　军
　　　　孙　嬴（2018年3月任　试用期一年　苏职大委〔2018〕13号）
机关党总支
书　记：朱剑刚（兼）
副书记：季宇平（兼）（2018年2月起不再兼任）
　　　　胡　珏（兼）（2018年1月试用期满　苏职大委〔2018〕1号）

5. 校长办公室（外事办公室）

主　任：张　健（兼）（2018年2月起不再兼任　苏职大委〔2018〕7号）
副主任：张　军（2018年1月任　苏职大委〔2018〕3号）
　　　　王　赟
　　　　汤晓军（2018年3月任　试用期一年　苏职大委〔2018〕13号）
外事办公室（国际学院）
院　长：张　健（兼）
副院长：汤晓军（2018年3月兼任　试用期一年　苏职大委〔2018〕13号）

6. 组织人事部

部　长：魏　影

副部长：金　霁（2018年1月试用期满　苏职大委〔2018〕1号）

7. 宣传统战部

部　长：韩承敏

副部长：王大纲

8. 纪检监察室

主　任：俞建伟

副主任：沈密婷

9. 离退休干部处

处　长：沈新艺

副处长：周　丽（2018年1月试用期满　苏职大委〔2018〕1号）

10. 工会

主　席：范　政（2018年4月免　苏职大委〔2018〕23号）

　　　　吴建英（2018年7月任　苏教工〔2018〕43号批复，苏职大委〔2018〕45号任）

　　　　　　　（2018年4月提名为校工会主席建议人选　苏职大委〔2018〕23号）

副主席：胡　珏（2018年1月试用期满　苏职大委〔2018〕1号）

　　　　　　　（2018年7月任　苏教工〔2018〕43号批复，苏职大委〔2018〕45号任）

　　　　周承东（2018年4月免　苏职大委〔2018〕23号）

　　　　戴海峰（2018年7月任　苏教工〔2018〕43号批复，苏职大委〔2018〕45号任）

11. 团委

副书记：张　成（主持工作）（2018年1月试用期满　苏职大委〔2018〕1号，2017年10月起主持工作）

12. 教务处

处　长：傅小芳

副处长：吴　倩

　　　　胡　明

　　　　杨晓华

13. 学生工作处（部）

处　长：王　琼

副处长：傅中山

　　　　张国良

　　　　张　芬

14. 科技处

处　长：姚金凤

副处长：吴佩华

　　　　叶　良（2018年5月免　苏职大委〔2018〕31号）

　　　　鲜学丰（2018年6月任　试用期一年　苏职大委〔2018〕36号）

　　　　　　　（2018年7月聘　聘期三年，含试用期一年　苏职大政〔2018〕48号）

15. 财务处

处　长：吴建英（2018年4月免　提名为校工会主席建议人选　苏职大委〔2018〕23号）

副处长：李　羽（主持工作）（2018年4月任　苏职大委〔2018〕23号）

　　　　陈乳燕（2018年1月试用期满　苏职大委〔2018〕1号）

　　　　徐爱芳（2018年6月任　试用期一年　苏职大委〔2018〕36号）

　　　　　　　（2018年7月聘　聘期三年，含试用期一年　苏职大政〔2018〕48号）

16. 审计处

处　长：顾慧琴（2018年11月试用期满　苏职大委〔2018〕66号）

17. 总务处

处　长：黄　炜

副处长：季宇平（2018年2月免　苏职大委〔2018〕7号）

王成岳（2018年1月免　苏职大委〔2018〕2号）

周传勇

胡洪新（2018年3月任　试用期一年　苏职大委〔2018〕13号）

18. 保卫处

处　长：丁　虎（2018年11月试用期满　苏职大委〔2018〕66号）

副处长：杨惠兴

张　军（2018年1月免　苏职大委〔2018〕3号）

李亦工（2018年6月任　试用期一年　苏职大委〔2018〕36号）

（2018年7月聘　聘期三年，含试用期一年　苏职大政〔2018〕48号）

人民武装部

部　长：丁　虎

19. 图书馆

馆　长：赵宁燕（2018年1月试用期满　苏职大委〔2018〕1号）

副馆长：杜美萍

周承东（2018年4月任　苏职大委〔2018〕23号）

20. 学术期刊中心

主　任：李　政（2018年6月免　苏职大委〔2018〕38号）

副主任：李　平

时　新

21. 信息中心

主　任：项闪飞

副主任：董　剑

22. 苏州开放大学管理委员会（干将路校区）

开放大学管委会

副主任：戴涵莘（常务）

党总支

副书记：杨立群（2018年2月任　苏职大委〔2018〕7号）

党政办公室

主　任：戴涵莘

综合办公室

副主任：杨立群（主持工作）

薛　铭

招生与事业发展中心

副主任：俞　渊

教学管理中心

副主任：任侃侠

王　俭（2018年1月免　苏职大委〔2018〕2号）

网络教育中心

主　任：黄　萍

副主任：李　琦（主持工作）

网络教育中心
副主任：高觐悦（2018年6月任　试用期一年　苏职大委〔2018〕36号）
（2018年7月聘　聘期三年，含试用期一年　苏职大政〔2018〕48号）

23. 继续教育学院

院　长：戴涵莘
副院长：俞　渊（2018年2月兼任　苏职大委〔2018〕7号）
任侃侠（2018年2月兼任　苏职大委〔2018〕7号）
党总支
副书记：杨立群（2018年2月任　苏职大委〔2018〕7号）

24. 教师教学发展中心

主　任：马丁良（2018年6月任　苏职大委〔2018〕39号）

25. 机电工程学院

院　长：陈　洁
副院长：尚广庆
陆春元（2018年1月试用期满　苏职大委〔2018〕1号）
党总支
书　记：朱　炎
副书记：茆　琦

26. 计算机工程学院

院　长：李金祥
副院长：曾　海
叶　良（2018年5月任　苏职大委〔2018〕31号）
（2018年7月聘　苏职大政〔2018〕47号）
党总支
书　记：张　震
副书记：杨静波

27. 电子信息工程学院

院　长：张　欣
副院长：刘　韬
邓建平（2018年1月试用期满　苏职大委〔2018〕1号）
党总支
书　记：王　亚
副书记：陈　刚

28. 管理学院

院　长：孙学文
副院长：陈广宇
徐　伟（2018年1月任　苏职大委〔2018〕3号）
党总支
副书记：孟利琴（主持工作）
徐　伟（2018年1月试用期满　苏职大委〔2018〕1号）
（2018年1月免　苏职大委〔2018〕3号）
张希文（2018年3月任　试用期一年　苏职大委〔2018〕13号）

29. 商学院

院　长：吴文英

副院长：倪爱东

　　　　姚　莉

党总支

书　记：曹继平

副书记：万　健

30. 教育与人文学院

院　长：马丁良

副院长：石　娟

　　　　冯　清（2018年1月试用期满　苏职大委〔2018〕1号）

党总支

书　记：苏　涛

副书记：赵　争

31. 外国语学院

院　长：吴　倩（2018年11月试用期满　苏职大委〔2018〕66号）

副院长：李承东（2018年1月免　苏职大委〔2018〕2号）

　　　　李　英

　　　　卞浩宇（2018年6月任　试用期一年　苏职大委〔2018〕36号）

　　　　　　　（2018年7月聘　聘期三年，含试用期一年　苏职大政〔2018〕48号）

党总支

书　记：董敏芳（2018年2月免　苏职大委〔2018〕7号）

副书记：季宇平（主持工作）（2018年2月任　苏职大委〔2018〕7号）

　　　　刘　伟

32. 艺术学院

院　长：沈新艺（兼）

副院长：胡志栋

党总支

书　记：吴　隽

副书记：浦　江（2018年11月试用期满　苏职大委〔2018〕66号）

33. 思想政治理论教学研究部

主　任：韩承敏（兼）

副主任：杨德山

34. 数理部

主　任：陈卫忠

副主任：梁　森（2018年6月任　试用期一年　苏职大委〔2018〕36号）

　　　　　　　（2018年7月聘　聘期三年，含试用期一年　苏职大政〔2018〕48号）

35. 体育部

主　任：王俪燕

36. 思政、数理、体育联合党总支

书　记：郎建华

副书记：范晓鹤（2018年6月任　试用期一年　苏职大委〔2018〕36号）

校工会委员会及各分工会组成人员名单

苏州市职业大学工会第九届委员会组成人员名单

主　席：吴建英
副主席：胡　珏　戴海峰
委　员：朱　炎　薛　铭　刘文芝　姚　磊　徐　峰　王　平　蔡　骏　沈利平　陆　峰　王志刚　王红梅　张辰婕

苏州市职业大学工会第九届经费审查委员会组成人员名单

主　任：顾慧琴
委　员：孙继云　金文婕

苏州市职业大学工会第九届女职工委员会组成人员名单

主　任：胡　珏
副主任：吴彩萍
委　员：薛　铭　谭吟月　刘文芝　朱逸冰　孙昳昊　张辰婕　姚　磊　项　丹　陈　静　裴素华　路　冰

苏州市职业大学分工会主席名单

机关分工会	沈利平
管理学院分工会	王红梅
商学院分工会	杨　娟
机电工程学院分工会	路　冰
计算机工程学院分工会	刘文芝
电子信息工程学院分工会	姚　磊
教育与人文学院分工会	王　平
外国语学院分工会	蔡　骏
艺术学院分工会	张辰婕
思政、数理、体育联合分工会	王志刚
干将路校区分工会	薛　铭

校团委组成人员及各分团委书记名单

共青团苏州市职业大学委员会组成人员名单

副书记（主持工作）：张　成
兼 职 副 书 记：张明雷
团　委　干　事：陈　惠　刘诗琪　龙　蕊　周　赐

苏州市职业大学各分团委书记名单

管理学院团委	朱书研
商学院团委	张明雷
机电工程学院团委	吕华芹
计算机工程学院团委	严丽艳
电子信息工程学院团委	杨　静
教育与人文学院团委	唐　梅
外国语学院团委	林　卉
艺术学院团委	鲁　岳
体育部团委	顾　莉

校级领导机构、议事协调机构及人员名单

2018年苏州市职业大学新增、调整校级领导机构、议事协调机构及人员名单

一、调整校创新创业工作领导小组

苏职大委〔2018〕8号　2018.2.25

组　长：钮雪林　曹毓民

副组长：刘　丹　熊贵营　陶亦亦　张　健　蔡晓平

成　员：韩承敏　魏　影　朱剑刚　傅小芳　王　琼　姚金凤　吴建英　黄　炜　张　成　项闪飞　叶　军　王　赟　陈　洁　李金祥　张　欣　孙学文　吴文英　马丁良　吴　倩　沈新艺　陈卫忠　王俪燕　戴涵莘　张红兵

领导小组下设办公室，主任由熊贵营兼任，常务副主任由王赟兼任。

二、调整校党风廉政建设领导小组

苏职大委〔2018〕9号　2018.3.9

组　长：钮雪林　曹毓民

副组长：刘　丹　蔡晓平　熊贵营　陶亦亦　张　健

成　员：党委办公室、校长办公室、组织人事部、宣传统战部、纪检监察室、审计处、财务处、工会、团委主要负责人，各党总支、直属支部书记

领导小组办公室负责党风廉政建设和反腐败工作的日常工作，办公室主任由蔡晓平兼任。

三、成立校巡察工作领导小组

苏职大委〔2018〕14号　2018.3.26

组　长：蔡晓平

副组长：俞建伟

成　员：魏　影　吴建英　顾慧琴　朱　炎　王　亚　沈密婷

四、调整校档案鉴定小组

苏职大委〔2018〕20号　2018.3.26

组　长：曹毓民

副组长：朱剑刚

委　员：张　军　傅小芳　吴建英　李　政　王　琼　姚金凤　黄　炜　汤晓军　孙　赢　王　喆
颜丙通　张　莹　陆怡静　盛　婷　刘　萍

五、调整校保密委员会

苏职大委〔2018〕21号　2018.3.30

主　任：刘　丹

副主任：朱剑刚

委　员：孙　赢　张　军　魏　影　俞建伟　王大纲　顾慧琴　丁　虎　项闪飞　姚金凤　胡　明
傅中山　陈乳燕　薛　铭

委员会下设办公室，孙赢任办公室主任。

六、调整校教师发展工作委员会

苏职大委〔2018〕39号　2018.6.28

主　任：曹毓民

常务副主任：刘　丹

副　主　任：马丁良

成　员：魏　影　傅小芳　戴涵莘　李　羽

教师发展工作委员会日常工作由教师教学发展中心负责，马丁良兼任该中心主任。

原校教师发展工作委员会有关人员的职务自行免除，不再另行发文。

七、成立校宗教工作领导小组

苏职大委〔2018〕64号　2018.11.9

组　长：钮雪林　曹毓民

副组长：刘　丹　熊贵营　张　健

成　员：韩承敏　魏　影　朱剑刚　俞建伟　傅小芳　王　琼　丁　虎　张　成　项闪飞　杨立群
朱　炎　张　震　王　亚　孟利琴　曹继平　苏　涛　季宇平　吴　隽　郎建华　汤晓军

领导小组办公室设在党委统战部，韩承敏兼任办公室主任。

八、成立校网络安全和信息化领导小组

苏职大委〔2018〕70号　2018.12.27

组　长：钮雪林　曹毓民

副组长：刘　丹　熊贵营　陶亦亦　张　健　蔡晓平

成　员：韩承敏　魏　影　朱剑刚　俞建伟　沈新艺　吴建英　傅小芳　王　琼　姚金凤　李　羽
顾惠琴　黄　炜　丁　虎　赵宁燕　项闪飞　张　军　张　成　李　平　戴涵莘　陈　洁
李金祥　张　欣　孙学文　吴文英　马丁良　吴　倩　陈卫忠　王俪燕

领导小组下设办公室，办公室主任由刘丹兼任，副主任由韩承敏、朱剑刚、项闪飞兼任。

九、成立校档案管理和信息化工作领导小组

苏职大委〔2018〕71号　2018.12.27

组　长：曹毓民

副组长：刘　丹　熊贵营　陶亦亦　张　健　蔡晓平

成　员：韩承敏　魏　影　朱剑刚　俞建伟　沈新艺　吴建英　傅小芳　王　琼　姚金凤　李　羽
顾惠琴　黄　炜　丁　虎　赵宁燕　项闪飞　张　军　张　成　李　平　戴涵莘　陈　洁
李金祥　张　欣　孙学文　吴文英　马丁良　吴　倩　陈卫忠　王俪燕

领导小组办公室设在党委办公室，办公室主任由朱剑刚担任。

十、成立苏州市职业大学发展规划委员会

苏职大政〔2018〕4号 2018.1.17

苏州市职业大学发展规划委员会各工作委员会一览表

序号	工作委员会名称	牵头校领导	牵头部门	参与部门	主要职责
1	专业优化与调整工作委员会	陶亦亦	教务处	学生工作处、各学院(部)	1.组织专业建设、改革、发展的研究; 2.组织召开专业咨询研讨会; 3.指导开展新专业的市场调研、论证、申报工作; 4.审议各院(部)新专业的申报; 5.负责学校专业调整的论证和审核; 6.审议学校年度各专业招生计划。
2	科研平台、中心建设工作委员会	陶亦亦	科技处	宣传统战部、教务处、各学院(部)	1.制定学校科研平台、中心发展规划; 2.加强科研平台、中心的立项审批、经费投入、检查评估和验收等管理工作; 3.指导科研平台、中心的建设、运行和管理; 4.遴选、推荐国家级、省部级、市厅级科研平台、中心。
3	师资队伍建设工作委员会	刘　丹	组织人事部	教务处、科技处、学生工作处、财务处、教师教学发展中心、各学院(部)	1.研究制定学校师资队伍建设中长期发展规划; 2.研究制定学校高层次人才的引进与培养计划; 3.研究制定学校青年教师的培养与发展计划; 4.研究制定学校师资队伍建设管理工作的规章制度; 5.检查学校师资队伍建设过程中对相关计划或制度的执行情况。
4	校园规划工作委员会	张　健	总务处	校长办公室、教务处、科技处、财务处、审计处、信息中心	1.研究制定校园建设总体规划; 2.研究制定学校土地征用(拆迁)和使用计划; 3.研究制定年度学校基本建设计划; 4.研究制定校园维修计划; 5.研究制定校园规划建设的管理制度; 6.对重大校园建设问题进行论证、研究、协调,提供决策咨询建议。
5	智慧校园建设工作委员会	刘　丹	信息中心	党委办公室、校长办公室、组织人事部、宣传统战部、校团委、教务处、学生工作处、科技处、财务处、审计处、总务处、保卫处、图书馆、学术期刊中心、各院(部)	1.研究制定学校智慧校园规划与发展; 2.研究制定学校智慧校园规章制度; 3.审议智慧校园软硬件公共平台建设; 4.协调推进智慧校园建设; 5.负责智慧校园系统方案设计、综合集成和安全管理。
6	校企合作工作委员会	陶亦亦	校企合作办公室	组织人事部、宣传统战部、校团委、教务处、学生工作处、科技处、财务处、总务处、各学院(部)	1.组织开展学校与企业在人才培养、科技合作、实训基地建设、产学一体化、技术咨询、项目申报等方面的合作事项; 2.统筹开发校企合作单位和校地合作工作; 3.统筹管理校企合作单位的确定、协议签署、相互合作等事宜。
7	创新创业工作委员会	熊贵营	学生工作处(部)	组织人事部、宣传统战部、校团委、教务处、科技处、财务处、总务处、信息中心、太湖众创	1.落实各项创业教育建设工作; 2.审议创新创业课程; 3.审议重大创新创业活动方案; 4.审议学校参与创新创业大赛的校内选拔; 5.协调开展创新创业知识技能培训、实践活动,营造浓厚的校园创新创业氛围; 6.加强与政府、企业、院校的交流合作,建立健全传播渠道,实现资源共享。

续表

序号	工作委员会名称	牵头校领导	牵头部门	参与部门	主要职责
8	国际合作工作委员会	张　健	外事办公室	组织人事部、教务处、科技处、保卫处、有关学院、国际学院	1.审议学校各类涉外政策法规、规章制度； 2.研究制定学校国际合作规划； 3.审议学校重大涉外活动、涉外关系和涉外合作项目的审核和申报； 4.审议涉外科研和奖励基金的引进、管理和评选； 5.审议聘请外籍专家、学者工作； 6.审议学校与国外机构的联合办学和国际学院工作。
9	吴文化传承工作专门委员会	刘　丹	吴文化研究院	教务处、科技处、学生工作处、纪检监察室、有关学院	1.指导开展吴文化交流，学习及相关考察，积极参与苏州市文化建设，形成创新发展，继承传统的文化格局； 2.指导开展吴文化书籍的编辑工作； 3.指导开展吴文化课程建设； 4.研究推进廉政文化教育基地建设。
10	智能制造专业集群建设工作专门委员会	陶亦亦	教务处	科技处、财务处、信息中心、有关学院	1.研究智能制造专业集群建设内涵，就专业定位与特色发展，教学资源、实践教学与实验室建设、专业教学改革、体制机制创新以及专业评估等方面提出政策建议； 2.组织开展智能制造专业集群的理论与实践研究，对基本方针、整体规划、建设思路等方面进行研讨； 3.研究智能制造专业集群规范化的专业建设标准、培养方案、课程体系建设标准，指导开展相关课程建设。

十一、成立创新创业学院

苏职大政〔2018〕11号　2018.3.2

熊贵营兼任创新创业学院院长，王赟兼任创新创业学院常务副院长。

创新创业学院内设综合管理办公室、教育培训中心、创新与转移中心和创业中心。

十二、成立苏州市职业大学华成学院

苏职大政〔2018〕12号　2018.3.7

理事长：陶亦亦　苏州市职业大学副校长

副理事长：蒋元生　苏州华成集团有限公司董事长

理　事：蒋立健　苏州华成集团有限公司总裁

高新见　苏州华成集团有限公司副总裁

董占军　苏州华成集团有限公司副总裁

陶　冶　苏州华成集团有限公司人事总监

傅小芳　苏州市职业大学教务处处长

孙学文　苏州市职业大学管理学院院长

张　芬　苏州市职业大学校企合作办公室副主任

陈广宇　苏州市职业大学管理学院副院长

徐　伟　苏州市职业大学管理学院副院长

秘书长：陈广宇（兼）

苏州市职业大学华成学院管理机构主要成员如下：

蒋立健　兼任苏州市职业大学华成学院院长

孙学文　兼任苏州市职业大学华成学院执行院长

董占军　兼任苏州市职业大学华成学院副院长

陈广宇　兼任苏州市职业大学华成学院副院长

十三、调整苏州市职业大学同策房地产学院部分人员

苏职大政〔2018〕13号　2018.3.7

理事长：陶亦亦　苏州市职业大学副校长

副理事长：赵　刚　同策房产咨询股份有限公司集团副总经理

理　事：李　蓓　同策房产咨询股份有限公司集团副总经理

王　莉　苏州市同策房地产经纪有限公司董事长

王　慧　同策房产咨询股份有限公司代理事业部副总经理

董培刚　苏州市同策房地产经纪有限公司行政人事总监

傅小芳　苏州市职业大学教务处处长

孙学文　苏州市职业大学管理学院院长

戴涵莘　苏州市职业大学继续教育学院院长

张　芬　苏州市职业大学校企合作办公室副主任

徐　伟　苏州市职业大学管理学院副院长

秘书长：徐　伟（兼）

王　莉　兼任苏州市职业大学同策房地产学院院长

孙学文　兼任苏州市职业大学同策房地产学院执行院长

董培刚　兼任苏州市职业大学同策房地产学院副院长

徐　伟　兼任苏州市职业大学同策房地产学院副院长

十四、调整学校其他系列职称评审委员会

苏职大政〔2018〕23号　2018.4.13

主　任：曹毓民

副主任：刘　丹　熊贵营　陶亦亦　张　健

成　员：魏　影　韩承敏　傅小芳　姚金凤　王　琼　戴涵莘　陈　洁　李金祥　张　欣　孙学文　吴文英　马丁良　吴　倩　沈新艺　陈卫忠　王俪燕　陈雪芳　李世超

秘　书：魏　影（兼）

十五、调整校艺术教育委员会

苏职大政〔2018〕25号　2018.4.24

主　任：曹毓民

副主任：陶亦亦

委　员：韩承敏　傅小芳　王　琼　吴建英　姚金凤　沈新艺　戴涵莘　王俪燕　李　羽　张　成　叶　军　张　军　陆春元　曾　海　邓建平　陈广宇　倪爱东　冯　清　李　英　胡志栋　范　政

委员会下设“公共艺术教育中心”，范政兼任中心主任。

十六、调整校公共艺术教育教学部

苏职大政〔2018〕26号　2018.4.24

沈新艺兼任校公共艺术教育教学部主任。

十七、调整校图书情报工作委员会

苏职大政〔2018〕65号　2018.9.28

主　任：刘　丹

副主任：赵宁燕

委　员（按姓氏笔画排序）：

马丁良　王俪燕　王　琼　刘　丹　汤晓军　孙学文　李金祥　吴文英　吴　倩　沈新艺　张　成　张　欣　陈卫忠　陈　洁　项闪飞　赵宁燕　姚金凤　韩承敏　傅小芳　戴涵莘　魏　影

十八、调整学校教学质量评议委员会

苏职大政〔2018〕71号　2018.10.15

主　任：督学室主任

成　员：组织人事部、纪检监察室、教务处、学生工作处、继续教育学院负责人，各学院（部）督学组组长

十九、成立苏州市职业大学专业技术职务评审工作领导小组

苏职大政〔2018〕74 号　2018.10.9

组　长：钮雪林　曹毓民

副组长：刘　丹　熊贵营　陶亦亦　张　健　蔡晓平

成　员：魏　影　傅小芳　姚金凤　王　琼　俞建伟

领导小组办公室设在人事处，领导小组办公室主任由魏影兼任。

二十、成立苏州市职业大学校地合作工作领导小组

苏职大政〔2018〕77号　2018.10.18

组　长：钮雪林　曹毓民

副组长：刘　丹　熊贵营　陶亦亦　张健

成　员：党委办公室、校长办公室、组织人事部、宣传统战部、团委、教务处、学生工作处、科技处、财务处、审计处、总务处等部门主要负责人，各学院（部）院长（主任）

领导小组下设的校企合作办公室调整为校地合作办公室，由陶亦亦兼任主任，张芬任副主任。

二十一、调整苏州市职业大学同策房地产学院理事会人员

苏职大政〔2018〕81号　2018.10.26

理事长：陶亦亦　苏州市职业大学副校长

副理事长：赵　钢　同策房产咨询股份有限公司集团副总经理

理　事：蔡建东　苏州市同策房地产经纪有限公司总经理
王　慧　同策房产咨询股份有限公司代理事业部副总经理
董培刚　苏州市同策房地产经纪有限公司行政人事总监
傅小芳　苏州市职业大学教务处处长
孙学文　苏州市职业大学管理学院院长
戴涵莘　苏州市职业大学继续教育学院院长
张　芬　苏州市职业大学校地合作办公室副主任
徐　伟　苏州市职业大学管理学院副院长

秘书长：徐　伟（兼）
蔡建东　兼任苏州市职业大学同策房地产学院院长
孙学文　兼任苏州市职业人学同策房地产学院执行院长
董培刚　兼任苏州市职业大学同策房地产学院副院长
徐　伟　兼任苏州市职业大学同策房地产学院副院长

二十二、调整NITE——博众·凡赛斯自动化学院理事会人员

苏职大政〔2018〕82号　2018.10.26

理事长：杜　娇　工业和信息化部软件与集成电路促进中心教育培训处处长

副理事长：陶亦亦　苏州市职业大学副校长
蔡志敏　苏州凡特斯测控科技有限公司总经理

理　事：宋　波　北京凡赛斯科技有限公司副总经理
张文生　苏州凡特斯测控科技有限公司副总经理
唐绍林　苏州凡特斯测控科技有限公司教育开发部经理
王珅培　北京凡赛斯科技有限公司副经理

吕　双　北京凡赛斯科技有限公司教育开发部经理
姚金凤　苏州市职业大学科技处处长
傅小芳　苏州市职业大学教务处处长
张　欣　苏州市职业大学电子信息工程学院院长
张　芬　苏州市职业大学校地合作办公室副主任
秘书长：孙加存　苏州市职业大学电子信息工程学院
蔡志敏　兼任NITE——博众·凡赛斯自动化学院院长
刘　韬　NITE——博众·凡赛斯自动化学院执行院长
邓建平　NITE——博众·凡赛斯自动化学院副院长
孙加存　兼任NITE——博众·凡赛斯自动化学院院长助理

二十三、成立吴文化传承与创新研究中心

苏职大政〔2018〕89号　2018.11.16

聘孙学文为研究中心主任、宋桂友为研究中心执行主任、陶莉为研究中心副主任，聘期为三年。

二十四、调整各学院（部）专业带头人及专业负责人

苏职大政〔2018〕96号　2018.11.29

各学院（部）专业带头人及专业负责人名单

序号	学院（部）	专业名称	专业带头人	专业负责人
1	管理学院	物流管理	孙学文	李　英
2	管理学院	行政管理	陆锋明	陆锋明
3	管理学院	人力资源管理	王敏杰	许立莺
4	管理学院	市场营销	李文丽	姜能涛
5	管理学院	文秘	吴蕴慧	管文娟
6	管理学院	电子商务	孙学文	包金龙
7	管理学院	文化市场经营管理	陶　莉	陶　莉
8	管理学院	房地产经营与管理	姜能涛	姜能涛
9	商学院	会计	汤　泉	汤　泉
10	商学院	财务管理	丁　俊	丁　俊
11	商学院	审计	刘淑春	刘淑春
12	商学院	报关与国际货运	焦　燕	魏　庆
13	商学院	国际经济与贸易	陈丽红	缪鹤兵
14	商学院	金融管理	向　群	向　群
15	商学院	证券与期货	戴　明	戴　明
16	商学院	法律事务	李东华	缪　岚
17	外国语学院	商务英语	李　英	赵　阳
18	外国语学院	应用英语	顾　韵	陆　雷
19	外国语学院	旅游英语	戴　莉	戴　莉
20	外国语学院	商务日语	马文波	孙　丹
21	外国语学院	应用德语	黄　悦	吴悦茜
22	机电工程学院	汽车检测与维修技术	尚广庆	方　勇
23	机电工程学院	机电一体化技术	付春平	付春平
24	机电工程学院	机械制造与自动化	郭南初	郭南初
25	机电工程学院	数控技术	董晓岚	董晓岚
26	机电工程学院	模具设计与制造	李耀辉	李耀辉
27	机电工程学院	电梯工程技术	陆春元	王　锋
28	计算机工程学院	动漫制作技术	周德富	周德富

续表

序号	学院(部)	专业名称	专业带头人	专业负责人
29	计算机工程学院	计算机网络技术	方立刚	方立刚
30	计算机工程学院	计算机应用技术	过　怡	过　怡
31	计算机工程学院	软件技术	尚鲜连	尚鲜连
32	计算机工程学院	物联网应用技术	刘昭斌	刘昭斌
33	计算机工程学院	移动应用开发	吴文庆	吴文庆
34	计算机工程学院	数字媒体应用	姜真杰	姜真杰
35	艺术学院	表演艺术	刘　燕	严　淑
36	艺术学院	视觉传播设计与制作	张洁玉	杨　光
37	艺术学院	工艺美术品设计	陆宇澄	姚琴芳
38	艺术学院	环境艺术设计	薄晓光	杨　芳
39	艺术学院	服装设计与工艺	雷兴武	张鸣艳
40	艺术学院	雕刻艺术设计	陆宇澄	程　建
41	体育部	体育教育	王俪燕	罗　晨
42	教育与人文学院	网络新闻与传播	齐　红	齐　红
43	教育与人文学院	学前教育	王　平	王　平
44	教育与人文学院	食品营养与检测	李邦玉	张　丽
45	教育与人文学院	会展策划与管理	顾　伟	顾　伟
46	教育与人文学院	旅游管理	刘昌雪	刘昌雪
47	电子信息工程学院	电气自动化技术	赵　成	赵　成
48	电子信息工程学院	智能控制技术	刘　科	刘　科
49	电子信息工程学院	应用电子技术	汪义旺	汪义旺
50	电子信息工程学院	智能产品开发	吴　尘	吴　尘
51	电子信息工程学院	通信技术	周　燕	王　峰
52	电子信息工程学院	电子信息技术	颜廷秦	史斌斌

二十五、成立2018年苏州市职业大学成人高等教育招生录取工作领导小组

苏职大政〔2018〕99号　2018.12.4

组　长：陶亦亦

副组长：俞建伟、戴涵莘

组　员：俞　渊

领导小组下设招生录取工作小组，设在继续教育学院，成员名单如下：

组　长：戴涵莘

组　员：杨立群、俞　渊、吴云奇、邱　阳

二十六、调整苏州市职业大学财经工作领导小组

苏职大政〔2018〕101号　2018.12.11

组　长：钮雪林　曹毓民

副组长：刘　丹　熊贵营　陶亦亦　张　健　蔡晓平

成　员：朱剑刚　魏　影　俞建伟　傅小芳　姚金凤　李　羽　顾慧琴　黄　炜　张　军

领导小组下设办公室，设在财务处，负责日常工作。

二十七、调整苏州市职业大学国有资产管理工作委员会

苏职大政〔2018〕102号　2018.12.11

主　任：曹毓民

副主任：刘　丹　熊贵营　陶亦亦　张　健　蔡晓平

委　员：朱剑刚　俞建伟　傅小芳　姚金凤　李　羽　顾慧琴　黄　炜　项闪飞　赵宁燕　丁　虎
　　　　张　军

国有资产管理工作委员会下设办公室，挂靠财务处，负责日常工作。李羽兼任办公室主任。

二十八、苏州市职业大学电梯学院管理人员名单

苏职大政〔2018〕111号　2018.12.29

院　长：顾德仁　苏州远志科技有限公司总经理

执行院长：陈　洁　苏州市职业大学机电工程学院院长

副院长：张建宏　康力电梯股份有限公司副总工程师
　　　　徐培根　东南电梯股份有限公司制造事业中心产品工程部总监
　　　　陆春元　苏州市职业大学机电工程学院副院长

办公室主任：张维德　苏州市电梯业商会秘书长

办公室副主任：王　锋　苏州市职业大学电梯工程技术专业负责人

二十九、苏州市职业大学安防学院管理人员名单

苏职大政〔2018〕112号　2018.12.29

院　长：王坤泉　苏州市安全技术防范行业协会秘书长

执行院长：李金祥　苏州市职业大学计算机工程学院院长

副院长：陈　建　苏州市安全技术防范行业协会
　　　　曾　海　苏州市职业大学计算机工程学院副院长

办公室主任：徐晓雯　苏州市安全技术防范行业协会

办公室副主任：沈萍萍　苏州市职业大学计算机工程学院计算机网络技术系

三十、苏州市职业大学移动学院管理人员名单

苏职大政〔2018〕113号　2018.12.27

院　长：杨伟中　中国移动通信集团江苏有限公司苏州西区分公司总经理

执行院长：李金祥　苏州市职业大学计算机工程学院院长

副院长：孙　杰　中国移动通信集团江苏有限公司苏州西区分公司总经理助理
　　　　曾　海　苏州市职业大学计算机工程学院副院长

办公室主任：李慰祖　中国移动通信集团江苏有限公司苏州西区分公司市场部副经理

办公室副主任：陈　珂　苏州市职业大学计算机工程学院计算机应用技术系主任

三十一、苏州市职业大学翼云电信学院管理人员名单

苏职大政〔2018〕114号　2018.12.27

院　长：常　荣　中国电信股份有限公司苏州分公司吴中区电信局局长

执行院长：李金祥　苏州市职业大学计算机工程学院院长

副院长：许　鑫　中国电信股份有限公司苏州分公司校园中心副主任
　　　　臧燕翔　中国电信股份有限公司苏州分公司物联网中心副主任
　　　　曾　海　苏州市职业大学计算机工程学院副院长
　　　　陈伟良　中国电信股份有限公司苏州分公司吴中区电信局局长助理

办公室主任：张邱虹　中国电信股份有限公司苏州分公司吴中区电信局
　　　　　　刘昭斌　苏州市职业大学计算机工程学院物联网应用技术系主任

办公室副主任：谭方勇　苏州市职业大学计算机工程学院物联网应用技术系

三十二、省专业技术人员职称（职业资格）工作领导小组关于同意成立江苏省苏州市职业大学教师高级专业技术资格评审委员会的批复

苏职称〔2018〕34号　2018.7.31

主任委员库由曹毓民等5人组成，评审委员库和专业（学科）组成员库由王敏杰等126人组成。

评审委员会的日常管理由苏州市职业大学承担。

本校教职工在各级人大、政协、各民主党派担任代表、委员名单

2018年苏州市职业大学教职工在各级人大任职情况一览表

类别	姓名	性别	所在部门	职务/职称
苏州市人大代表	钮雪林	男	校党委	党委书记
吴中区人大代表	刘　丹	男	校党委	党委副书记、副校长/副教授
吴中区人大代表	齐　红	女	教育与人文学院	教授

2018年苏州市职业大学教职工在各级政协任职情况一览表

类别	姓名	性别	所在部门	职务/职称
苏州市政协委员	孙春华	女	机电工程学院	教授
吴中区政协常委	黄丹荔	女	商学院	讲师

2018年苏州市职业大学教职工在各民主党派任职情况一览表

民主党派	党内任职	姓名	性别	所在部门	职务/职称
民　盟	校民盟总支主委	陆春妹	女	电子信息工程学院	副教授
	校民盟总支副主委	严　郁	男	商学院	副教授
民　进	校民进总支副主委	李险峰	男	艺术学院	副教授
	校民进总支副主委	傅小芳	女	教务处	教授
九三学社	校九三支社主委	孙春华	女	机电工程学院	教授
	校九三支社副主委	李　华	女	学术期刊中心	编审
	校九三支社委员	方立刚	男	计算机工程学院	教授

本校教职工在校外学术机构（团体）任职名单

2018年苏州市职业大学教职工在校外学术机构任职情况一览表

所属部门	姓名	任职机构	职务
校党委、校行政	曹毓民	江苏省高等教育学会	常务理事
		苏州市社会科学联合会	副主席
	刘　丹	苏州市人大常委会、市政府	立法专家顾问
		苏州市统计学会	副会长
		苏州市人口学会	理事
		苏州市吴中区人民代表大会法制委员会	委员
		苏州市吴中区人大常委会内务司法委员会	委员
	熊贵营	苏州高职院校联席会议学工联盟	主任
		苏州国际教育园众创联盟	主任
		苏州市教育后勤协会	副会长
	陶亦亦	苏州市机械工程学会	副理事长
		苏州市汽车工程学会	常务理事
		江苏省力学学会	理事

续表

所属部门	姓名	任职机构	职务
校党委、校行政	陶亦亦	苏州国际教育园课程共享联盟	副主任
		江苏省高等教育学会开放教育研究委员会	第七届理事
	张　健	苏州市行政管理学会	常务理事
		苏州石湖智库	理事长
	蔡晓平	苏州市纪检监察学会	理事
党委办公室	朱剑刚	苏州市地学会	副理事长
	叶　军	苏州市众创空间协会	副会长
	孙　赢	江苏省高校档案研究会	常务理事
宣传统战部	韩承敏	江苏省高校思想政治理论课教学指导委员会	委员
		江苏省高校思想政治教育研究会	理事
		江苏省邓小平理论研究会	理事
		江苏省职业教育德育教科研中心组	成员
		苏州市心理学会	理事
教务处	傅小芳	中国教育学会中小学劳技专业委员会	副理事长
		江苏省基础教育教学指导委员会	学科专家委员
		江苏省教育学会小学劳动与技术指导中心	特聘研究员
		江苏省高等教育学会	理事
科技处	鲜学丰	江苏省计算机学会信息技术职业教育专业委员会	委员
		苏州市计算机学会	监察委员
		江苏省人工智能学会	理事
	吴佩华	苏州市人口学会	理事
	周一红	苏州市东吴印社	副秘书长
财务处	李　羽	江苏省教育会计学会	理事
图书馆	赵宁燕	苏州高校图书馆协会	副主任
		苏州市图书馆学会	常务理事
		苏州市图书馆学会学术委员会	委员
		苏州市职称评定（高级）委员会（计算机工程系列）	委员
学术期刊中心	李　平	江苏省期刊协会	理事
		全国高职高专学报研究会	副理事长
		江苏省科技期刊学会地方高校专委会	副会长
		中国高校科技期刊研究会	理事
		苏州市出版物编辑学会	常务理事
		江苏省高校学报研究会	常务理事
		华东地区高校自然科学学报编辑协会	理事
	施建平	江苏科技期刊学会数字化工委会	副主任
信息中心	项闪飞	苏州市计算机学会数字化校园专业委员会	副主任委员
		江苏省信息化协会	理事
		江苏省高校网络技术专业委员会	理事
	董　剑	苏州市计算机学会数字化校园专业委员会	秘书长
机电工程学院	陈　洁	苏州市机械工程学会	常务理事
		苏州市汽车工程学会	常务理事
		陕西理工大学	硕士研究生导师
	周正存	苏州市力学学会	理事
		陕西理工大学	硕士研究生导师

续表

所属部门	姓名	任职机构	职务
机电工程学院	尚广庆	江苏省职业技能鉴定专家委员会	数控专业组委员
	张文峰	《机电产品开发与创新》编委会	编委
		西安工业大学	兼职教授、硕士研究生导师
	张义平	《现代制造工程》杂志	编委
		苏州新火花特种加工工程技术研究中心	技术委员会委员
		江苏省高校金工教学研究会	常务理事
	郭南初	中国机械工程学会工业设计分会	委员
	孙春华	陕西理工大学	硕士研究生导师
	陆春元	机械工业出版社	编委
	杨益飞	江苏理工学院	硕士研究生导师
	郭彩芬	辽宁工业大学	硕士研究生导师
	顾苏怡	苏州市力学学会	常务副秘书长
	孙丽娅	苏州市老专家协会	秘书长
计算机工程学院	李金祥	江苏省微电脑学会多媒体与图形学专委会	常务委员
		江苏省高校计算机基础教学工作委员会高职分会	副会长
		苏州市中文信息学会	理事
		苏州市计算机学会	理事
		苏州市技师协会计算机专业委员会	会长
		苏州市电子信息技工学校咨询委员会	委员
	吴文庆	黑龙江省计算机学会	理事
		齐齐哈尔市青年联合会	委员
电子信息工程学院	张　欣	江苏省教育学会新教育研究专业委员会	常务理事
	王　亚	苏州市心理学会	理事
	陈伟元	中国高等教育研究会	常务理事
		苏州市电子学会	常务理事
	李建康	江苏省电介质物理与材料专业委员会	理事
	俞兴明	中国通信光电缆专家委员会	委员
		苏州市光电缆业商会专家委员会	委员
管理学院	孙学文	苏州市电子商务协会	理事
		苏州广播电视总台	特约评论员
		苏州市人民政府研究室	特约研究员
	宋桂友	江苏省微型小说研究会	副秘书长
		苏州市评论家协会	理事
	陈　璇	南京大学明清文学研究所	特聘副研究员
		江苏省大运河文化带建设研究院	特聘研究员
		苏州历史文化研究会	副秘书长
商学院	吴庆荣	苏州市人民政府	行政复议委员
		苏州政法委法制专家组	成员
	李东华	苏州市法学会	理事
教育与人文学院	顾　梅	苏州市儒学研究会	副秘书长
	王一梅	苏州市作家协会	副主席
		全国师范院校儿童文学研究会	常务理事

所属部门	姓名	任职机构	职务
教育与人文学院	汝　骅	全国食品行业职业教育指导委员会食品安全与检测专业教学指导委员会	委员
		苏州市食品安全与营养学会	理事
	李世超	江苏省茧丝绸产业技术创新战略联盟专家委员会	委员
		江苏省丝绸织绣功能检测试验基地	主任
		苏州专家咨询团	团长
		江苏省纺织工程学会丝绸专业委员会	委员
		苏州市丝绸工程学会	副理事长
		江苏省丝绸专家委员会	主任
		苏州镇湖苏绣发展研究中心	顾问
	马丁良	江苏省教师教育专业委员会	理事
		苏州市陶行知研究会	副会长
	刘中文	中国陶渊明研究会	副会长
	王　平	江苏省陶行知研究会	理事
	石　娟	中国武侠文学学会学术部	副主任
		中国新文学学会	理事
		中国高职高专学报研究会数字媒体部	副主任
		池州学院通俗文学与张恨水研究中心	特约研究员
外国语学院	李　英	江苏省外语教学研究会高职分会	副会长
		苏州市高校英语教学研究会	理事
艺术学院	盛　鲁	苏州市钢琴协会	理事
	刘　燕	苏州市古筝协会	会长
		苏州市音乐家协会	理事
		苏州市古筝专业委员会	副主任
	廖一鹿	江苏省声乐学会	理事
	王　蔚	苏州市音乐家协会	理事、副秘书长
	张洁玉	苏州市平面设计师学会	常务理事、秘书长
	朱元吉	苏州市青年平面设计师协会	秘书长
思想政治理论教学研究部	杨德山	苏州市语言学会	副秘书长
	傅济锋	全国地方高校德育研究会	理事
数理部	陈卫忠	苏州市数学学会	副理事长
体育部	王俪燕	苏州市体育科学学会	理事
		江苏省高职高专体育教学指导委员会	委员

校董事会组成名单

苏州市职业大学第三届董事会成员名单

名誉董事长

李亚平　苏州市委副书记、市长

董事长

盛　蕾　苏州市委常委、宣传部部长

副董事长

王少东　苏州市人大常委会副主任
王鸿声　苏州市人大常委会副主任
顾月华　苏州市人大常委会副主任
曹后灵　苏州市政府副市长
陈雄伟　苏州市政协副主席
杨知评　苏州市政府秘书长
张　曙　苏州市教育局局长
朱恩馀　香港实业家
钮雪林　苏州市职业大学党委书记（执行副董事长）
曹毓民　苏州市职业大学党委副书记、校长

常务董事

张建康　江苏凤凰出版传媒集团有限公司董事长
吴卫国　南京市政协副主席
李　铭　苏州市吴江区代区长
唐晓东　苏州市吴中区区长
顾海东　苏州市相城区代区长
徐　刚　苏州市姑苏区区长
周旭东　苏州工业园区管委会主任
吴新明　苏州高新区管委会主任
张　旗　苏州市政府副秘书长、办公室主任
王新华　苏州市机构编制委员会办公室主任
吴菊铮　苏州市委市级机关工作委员会书记
凌　鸣　苏州市发展和改革委员会主任
周　伟　苏州市经济和信息化委员会主任
张东驰　苏州市科学技术局局长
黄　戟　苏州市公安局副局长
吴　炜　苏州市财政局局长
朱　正　苏州市人力资源和社会保障局局长
吴维群　苏州市国土资源局局长
李　杰　苏州市文化广电新闻出版局局长
谭伟良　苏州市卫生和计划生育委员会主任
王庆煊　苏州市质量技术监督局局长
陈建民　苏州市食品药品监督管理局局长
张　彪　苏州市知识产权局局长
陈鼎昌　苏州市统计局局长
徐华东　苏州市外事办公室主任
杨　新　苏州市侨务办公室主任
黄涧秋　苏州市法制办公室主任
柏立云　苏州市国家税务局局长
唐晓鹰　苏州地方税务局局长
王　尧　苏州市文学艺术界联合会主席
程　波　苏州市科学技术协会主席

沈晋华　苏州市归国华侨联合会主席
蔡建军　苏州市残疾人联合会理事长
周　俊　苏州市公积金管理中心主任
高国华　苏州国际教育园管理办公室主任、苏州市教育局副局长
黄建林　苏州国际发展集团有限公司董事长
黄大鹏　苏州市会议中心董事长
金　羿　中国电信苏州分公司总经理
周建成　江苏移动苏州分公司总经理
刘加旺　中国农业银行苏州分行行长
张伟煜　中国建设银行苏州分行行长
邓明华　苏州新华书店有限责任公司总经理
胡卫林　苏州开元集团董事长
吴念博　苏州固锝电子股份有限公司董事长
徐圭逊　苏州点通教育科技有限公司董事长
蒋元生　苏州华成集团有限公司董事长
张　浩　中亿丰建设集团股份有限公司副总裁
蔡　颖　凯莱国际酒店管理（北京）有限公司副总裁
王　莉　苏州同策房地产经纪有限公司董事长
王友林　康力电梯股份有限公司董事长
任国强　江苏天创科技有限公司董事长
钱　锋　苏州欧瑞动漫有限公司董事长
喻春林　亨通集团有限公司副总裁
薛心怡　苏州市华东电网电气有限公司董事长
胡毓芳　苏州太湖雪丝绸股份有限公司董事长
时明生　苏州姑苏陆玖阁投资管理有限公司董事长
张宝顺　中科院苏州纳米技术与纳米仿生研究所所长助理
张　敏　大唐移动通信设备有限公司上海大唐副总经理
蔡志敏　苏州博众精工科技有限公司副总经理
刘　泉　苏州唐人数码科技有限公司副总经理
张世林　用友新道科技股份有限公司江苏分公司经理
詹涵量　苏州福锐得礼品有限公司总经理
周学林　西门子工厂自动化工程有限公司教育合作华东大区经理
蔡　洁　苏州飞音艺术文化培训中心校长
蒋　辉　苏州高锐体育科技有限公司总经理
杨　坚　中国人寿保险股份有限公司苏州市分公司人力资源部经理
祝乃飞　苏州三星电子液晶显示科技有限公司人事经理
孙　瑜　苏州汇川技术有限公司企业合作顾问

秘书长

熊贵营　苏州市职业大学党委委员、副校长

董事单位

苏州博物馆
苏州碑刻博物馆
苏州技师学院

苏州智库联盟
苏州禁毒委员会
苏州市电子信息技师学院
机械工业苏州高级技工学校
江苏科高教育科技有限公司
昆山巨林科技实业有限公司
江苏苏钢集团有限公司
苏州远志科技有限公司
江苏龙捷汽车服务有限公司
江苏江达机械制造有限公司
苏州明志科技有限公司
同程网络科技股份有限公司
上海尚强信息科技有限公司
深圳讯方技术股份有限公司
江苏风云科技服务有限公司
力神电池（苏州）有限公司
苏州中科集成电路设计中心
江苏通鼎互联股份有限公司
南京嘉环科技有限公司
友达光电（苏州）有限公司
苏州凡特斯测控科技有限公司
苏州镒升机器人科技有限公司
苏州汇博机器人有限公司
苏州汉达自动化设备有限公司
江苏环力科技发展股份有限公司
苏州天驰汽车销售集团有限公司
欧普照明股份有限公司
唯品会（昆山）电子商务有限公司
苏州新明阳投资顾问有限公司
苏州紫璟珠宝艺术品有限公司
苏州莱克电器股份有限公司
江苏天宏华信会计师事务所有限公司苏州分所
苏州航天信息有限公司
江苏德邦物流有限公司
苏州工业园区中辰进出口有限公司
华林证券股份有限公司苏州工业园区苏雅路证券营业部
苏州原创读行学堂文化旅游发展股份有限公司
苏州新源传媒股份有限公司
江苏省优联检测技术服务有限公司
苏州都好食品有限责任公司
苏州出入境检验检疫局检验检疫综合技术中心
如家酒店连锁（中国）有限公司
苏州工业园区远见旅游规划设计院集团有限公司

苏州旭日装饰工程有限公司
苏州蓝德艺术设计有限公司
苏州创捷传媒展览股份有限公司
苏州唐人营造建筑装饰工程有限公司
苏州墨利印刷有限公司
苏州释放文化传播有限公司
苏州工业园区时代广告装饰设计有限公司
昆山伯瑞达交通器材有限公司
昆山立丰工艺品有限公司
苏州瑞兴源光伏科技有限公司
苏州中旅国际旅行社有限公司
苏州乔阳文教资讯有限公司
大宇宙商业服务（苏州）有限公司
苏州顺天建筑安装有限公司
苏州梵歌艺术培训有限公司
苏州群凯利精工股份有限公司

校友（联谊）会组成名单

苏州市职业大学校友（联谊）会第二届理事会成员

一、会长、常务副会长、副会长

会　长
钮雪林　苏州市职业大学党委书记
曹毓民　苏州市职业大学党委副书记、校长
常务副会长
熊贵营　苏州市职业大学党委委员、副校长
副会长
刘　丹　苏州市职业大学党委副书记、副校长
陶亦亦　苏州市职业大学党委委员、副校长
张　健　苏州市职业大学党委委员、副校长
蔡晓平　苏州市职业大学党委委员、纪委书记

二、理事（以姓氏笔画为序）

丁　虎　苏州市职业大学保卫处处长
马丁良　苏州市职业大学教育与人文学院院长
王　琼　苏州市职业大学学生工作处处长
王俪燕　苏州市职业大学体育部主任
朱一军　苏州新港国际物流有限公司总经理
刘　丹　苏州市职业大学党委副书记、副校长
刘家龙　搜狐城市频道苏州站主编
孙立峰　江苏旭日装饰工程有限公司苏州公司总经理
孙学文　苏州市职业大学管理学院院长

李金祥　苏州市职业大学计算机工程学院院长
沈新艺　苏州市职业大学艺术学院院长
吴文英　苏州市职业大学商学院院长
吴　倩　苏州市职业大学外国语学院院长
张苾菁　苏州市敬文实验小学校长
张　悦　苏州乐志软件有限公司总经理
张　欣　苏州市职业大学电子信息工程学院院长
张　健　苏州市职业大学党委委员、副校长
邹　敏　苏州伊恩依机电工程有限公司总经理
季玉兰　苏州基业景观营造装饰工程有限公司董事长兼总经理
陈　洁　苏州市职业大学机电工程学院院长
陈卫忠　苏州市职业大学数理部主任
钮雪林　苏州市职业大学党委书记
费　新　苏州中国国际旅行社有限责任公司副总经理
姚金凤　苏州市职业大学科技处处长
陶亦亦　苏州市职业大学党委委员、副校长
徐　卫　苏州市教育局人事与师资处处长
徐梦丹　常熟地税局人事教育科副科长
黄忆祖　原苏工专校友
黄　炜　苏州市职业大学总务处处长
韩承敏　苏州市职业大学党委委员、宣传统战部部长、思想政治理论教学研究部主任
曹毓民　苏州市职业大学党委副书记、校长
蔡晓平　苏州市职业大学党委委员、纪委书记
熊贵营　苏州市职业大学党委委员、副校长
潘　斌　新时代证券有限责任公司苏州营业部总经理
魏　影　苏州市职业大学党委委员、组织人事部部长
戴涵莘　苏州市职业大学继续教育学院院长

三、秘书长

丁　虎　苏州市职业大学保卫处处长

教育发展基金会组成名单

苏州市职业大学教育发展基金会第三届理事会及监事名单

一、理事会

理事长

钮雪林　苏州市职业大学党委书记

副理事长

曹毓民　苏州市职业大学党委副书记、校长
熊贵营　苏州市职业大学党委委员、副校长

理　事

刘　丹　苏州市职业大学党委副书记、副校长

陶亦亦　苏州市职业大学党委委员、副校长
张　健　苏州市职业大学党委委员、副校长
蔡晓平　苏州市职业大学党委委员、纪委书记
韩承敏　苏州市职业大学党委委员、宣传统战部部长
魏　影　苏州市职业大学党委委员、组织人事部部长
朱剑刚　苏州市职业大学党委办公室主任
傅小芳　苏州市职业大学教务处处长
王　琼　苏州市职业大学学生工作处处长
姚金凤　苏州市职业大学科技处处长
李　羽　苏州市职业大学财务处副处长（主持工作）
黄　炜　苏州市职业大学总务处处长
秘书长
丁　虎　苏州市职业大学保卫处处长

二、监　事

俞建伟　苏州市职业大学纪检监察室主任
顾慧琴　苏州市职业大学审计处处长
沈密婷　苏州市职业大学纪检监察室副主任

SUZHOU VOCATIONAL UNIVERSITY

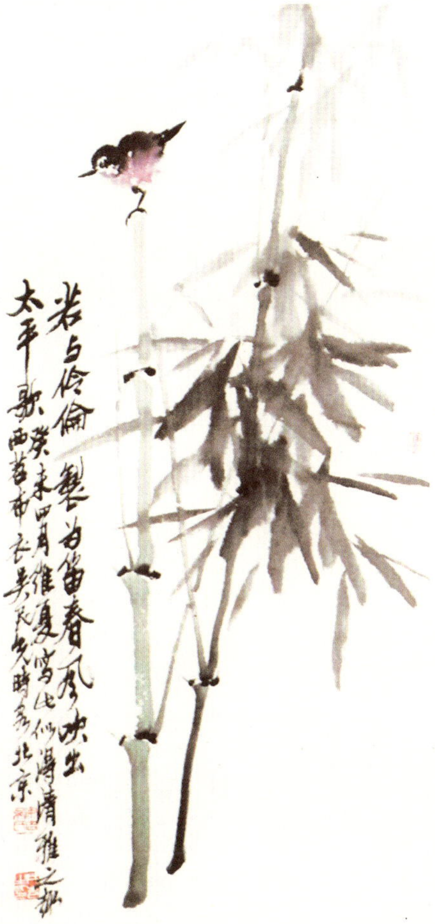

第六章 师资队伍

全校教职工情况

2018年苏州市职业大学教职工情况统计表

单位：人

类别	教职工数					另有其他人员	
	校本部教职工						
	合计	专任教师	行政人员	教辅人员	工勤人员	聘请校外教师	离退休人员
合　计	1016	793	116	78	29	344	769
其中：女	548	432	56	58	2	107	310
正高级	65	64	1	—	—	5	25
副高级	311	290	12	9	—	78	296
中　级	473	383	48	42	—	66	—
初　级	76	27	28	21	—	8	—
无职称	91	29	27	6	29	187	—

全校专任教师职称、学历（位）情况

2018年苏州市职业大学专任教师职称、学历（位）情况统计表

单位：人

类别	正高级	副高级	中级	初级	无职称	合计	其中：女
博士研究生	21	37	17	—	9	84	35
硕士研究生	8	76	174	19	19	296	189
本　科	35	177	191	8	1	412	208
专科及以下	—	—	1	—	—	1	—
总　计	64	290	383	27	29	793	432

全校专任教师年龄情况

2018年苏州市职业大学专任教师年龄情况统计表

单位：人

类别		29岁及以下	30~34岁	35~39岁	40~44岁	45~49岁	50~54岁	55~59岁	60~64岁	合计
按职称分	正高级	—	—	1	2	10	28	16	7	64
	副高级	—	2	66	78	53	59	26	6	290
	中级	10	45	151	91	52	24	10	—	383
	初级	12	5	6	2	—	1	1	—	27
	无职称	14	12	2	—	1	—	—	—	29
按学历（位）分	博士研究生	1	10	26	15	9	18	4	1	84
	硕士研究生	35	49	114	58	28	11	1	—	296
	本科	—	5	86	100	79	83	47	12	412
	专科及以下	—	—	—	—	—	—	1	—	1

全校各类专家、学术带头人、培养对象名单

苏州市职业大学各类专家、学术带头人、培养对象情况一览表

类别	姓名	性别	院（部）、部门	合计（人次）
江苏省有突出贡献的中青年专家	李世超	男	教育与人文学院	1
江苏省“333高层次人才培养工程”培养对象	李世超	男	教育与人文学院（1998）	18
	李世超	男	教育与人文学院（2003）	
	蒯茂新	男	计算机工程学院	
	李克清	男	计算机工程学院	
	周正存	男	机电工程学院	
	孙学文	男	管理学院（2007）	
	韩承敏	女	宣传统战部	
	孙学文	男	管理学院（2011）	
	尚　丽	女	电子信息工程学院（2011）	
	张红兵	男	电子信息工程学院	
	聂福荣	男	机电工程学院	
	孙春华	女	机电工程学院	
	方立刚	男	计算机工程学院（2013）	
	张永康	男	机电工程学院	
	方立刚	男	计算机工程学院（2016，第二层次）	
	尚　丽	女	电子信息工程学院（2016）	
	宋雅娟	女	计算机工程学院	
	石　娟	女	教育与人文学院	
江苏省“六大人才高峰”培养人选	李克清	男	计算机工程学院	3
	周正存	男	机电工程学院	
	孙丽娅	女	机电工程学院	
江苏省高校“青蓝工程”中青年学术带头人	吴蕴慧	女	管理学院	8
	郭彩芬	女	机电工程学院	
	刘　韬	男	电子信息工程学院	
	周昌雄	男	电子信息工程学院	
	李建康	男	电子信息工程学院	
	苏品刚	男	电子信息工程学院	
	周　燕	女	电子信息工程学院	
	梁　淼	女	数理部	
江苏省高校“青蓝工程”优秀青年骨干教师	张红兵	男	电子信息工程学院	
	齐　红	女	教育与人文学院	
	张晓春	男	艺术学院	
	俞兴明	男	电子信息工程学院	
	杜建红	女	机电工程学院	
	杨晓华	男	教务处	
	吴蕴慧	女	管理学院	
	祁春清	女	图书馆	
	汝　骅	女	教育与人文学院	

续表

类别	姓名	性别	院（部）、部门	合计（人次）
江苏省高校“青蓝工程”优秀青年骨干教师	童李君	女	教育与人文学院	29
	汪义旺	男	电子信息工程学院	
	张永康	男	机电工程学院	
	刘　科	女	电子信息工程学院	
	尚　丽	女	电子信息工程学院	
	许　海	男	机电工程学院	
	苏品刚	男	电子信息工程学院	
	方立刚	男	计算机工程学院	
	陈广宇	男	管理学院	
	鲜学丰	男	计算机工程学院	
	孟祥波	男	体育部	
	陈建伟	男	教育与人文学院	
	梁　淼	女	数理部	
	石　娟	女	教育与人文学院	
	刘昌雪	女	教育与人文学院	
	汪红兵	男	机电工程学院	
	丁　俊	女	商学院	
	李　勇	男	体育部	
	陶　莉	女	管理学院	
	杨益飞	男	机电工程学院	
江苏省高校“青蓝工程”科技创新团队带头人	周正存	男	机电工程学院	1
江苏省高校“青蓝工程”优秀教学团队带头人	周德富	男	计算机工程学院	1
江苏省高校优秀科技创新团队	顾才东	男	计算机工程学院	2
	刘昭斌	男	计算机工程学院	

全校获副高及以上专业技术职务人员名单

苏州市职业大学获副高及以上专业技术职务人员名单

所在部门、院（部）	专业技术职务	
	正高级	副高级
校党委	曹毓民　陶亦亦	蔡晓平　刘　丹　熊贵营　张　健
党委办公室	—	孙　赢　朱剑刚　颜丙通
校长办公室（外事办公室）	—	汤晓军　张　军
组织人事部	—	金　雾　陆　英　魏　影
宣传统战部	韩承敏	王大纲
纪检监察室	—	俞建伟
离退休干部处	—	沈新艺
工会	—	范　政　吴建英
教务处	傅小芳	胡　明　沈利平　杨　平　杨晓华
学生工作处（部）	—	蒋君毅　汪　清　王　琼　叶红萍　张国良
科技处	—	顾成喜　吴佩华　鲜学丰　姚金凤　张　培　周一红
财务处	—	李　羽

续表

所在部门、院(部)	专业技术职务	
	正高级	副高级
审计处	—	顾慧琴　蒋莲华
总务处	—	葛莉萍　龚奇敏　胡洪新　黄　炜　马顺峨　尉迟勤　吴　玥　张晓贤
保卫处	—	丁　虎
图书馆	罗金增　赵宁燕	杜美萍　何　琳　潘　丽　祁春清　王丽宏　张学梅　周承东
学术期刊中心	李　华　李　平　李　政　施建平	沈凤英　时　新
信息中心	—	吕伟春　项闪飞　肖长水
苏州开放大学管理委员会(干将路校区)	—	戴涵莘　董建强　高觐悦　黄　萍　李　果　李海平　李　琦　邱　阳　薛　铭
校督学室	陈雪芳　许钰民	董敏芳
发展与评估办公室	—	张红兵
机电工程学院	陈　洁　杜建红　郭彩芬　郭南初　聂福荣　尚广庆　孙春华　孙丽娅　汪红兵　王仁忠　张文峰　张义平　周正存	陈祥林　董晓岚　董　志　付春平　盖立武　高　颖　顾丽亚　顾苏怡　金　芬　居　奇　李建蓉　李少坤　李　潍　李耀辉　刘　广　刘美娟　陆春元　茆　琦　宁海霞　任芸丹　宋飞舟　万长东　汪　浩　许春龙　许　海　杨　洪　易　飚　张永康　朱　彤　朱学超
计算机工程学院	方立刚　顾才东　李金祥　李克清　刘昭斌　吴文庆　周德富	曾　海　陈　静　陈　珂　戴敏利　郭翠珍　过　怡　姜真杰　金　益　李亚琴　刘文芝　刘　业　牛　丽　尚鲜连　沈萍萍　姒茂新　宋雅娟　谭方勇　滕　刚　田凤秋　吴建平　徐丽华　徐卫英　许　旻　杨静波　杨永娟　杨元峰　叶　良　殷　凡　于晓晶　张国华　郑洪静　周　莉
电子信息工程学院	陈伟元　李建康　刘　科　刘　韬　尚　丽　颜廷秦　俞兴明　周昌雄	成珏飞　崔　鸣　戴桂平　邓建平　丁金林　古玉年　黄　艳　李　亮　刘淑芬　陆春妹　吕莉萍　钱国林　史斌斌　宋　佳　苏品刚　孙加存　索　迹　陶文林　汪义旺　王　亚　吴　尘　吴清鑫　颜友钧　叶国平　张　波　张进峰　张　晶　张　欣　张　愉　赵　成　赵志强　周文华　周　燕　朱彩红
管理学院	李文丽　宋桂友　孙学文　王敏杰　吴蕴慧　祖国峰	包金龙　陈广宇　陈　璇　管文娟　何　慧　姜能涛　李耀华　李　英　李　勇　陆锋明　孟利琴　陶　莉　王晓东　王晓雪　徐　伟　杨　靖　张　平　郑丽娟
商学院	吴庆荣	曹继平　陈　婧　陈丽红　程　斌　戴　明　丁　俊　董　芸　葛柳燕　顾瑞鹏　李东华　刘淑春　吕伟建　缪　岚　倪爱东　潘　婧　孙继云　孙昳昊　汤　泉　万　健　翁雪琴　吴文英　向　群　徐　峰　严　郁　杨海波　杨艳玲　姚　莉　殷　红　张春梅　张　军　赵　扬　郑　洵
教育与人文学院	李邦玉　李世超　刘　臣　刘中文　齐　红　汝　骅　王一梅	陈白妹　陈建伟　陈一虎　冯　清　顾　梅　顾　伟　蒋凤娟　冷桂军　李士江　刘昌雪　马丁良　孟丽华　孟秀红　邱文颖　任文汇　沈雪华　石　娟　孙宗广　童李君　汪渊之　王　平　吴家新　伍荣华　于　莉　俞　晟　张　丽　张文明　张　翔　郑红勤　周卫萍　朱逸冰
外国语学院	—	卞桂秋　卞浩宇　戴　莉　顾　韵　金亚芝　李　英　练稳山　廖　萍　刘　宁　马文波　王　怡　吴广珠　吴　倩　徐　冰　杨　丽
艺术学院	葛鸿志　郝思震　刘　燕　陆宇澄　张晓春	薄晓光　高　峰　胡志栋　李海燕　李　娜　李险峰　吕　伟　沈罗兰　盛　鲁　王静娟　王　蔚　吴　薇　徐　军　薛伟明　严　淑　杨　光　杨海滨　张洁玉　朱　洁　朱元吉

续表

所在部门、院(部)	专业技术职务	
	正高级	副高级
思想政治理论教学研究部	杨德山	曹文君　陈　民　陈　敏　傅济锋　顾燕新　居　茜　李凤云　李　敏　刘　敏　綦玉帅　石阶瑶　王　迅　尤士洁　张静芳　周建民
数理部	翁世有	陈卫忠　黄振明　梁　淼　潘荣英　孙信秀　王　珂　王　庆　王志刚　吴　平　徐　兰　徐亚娟　俞祚明　赵晓苏
体育部	黄晨曦　吴晅晔	曹　湘　何　畅　金　彤　李　勇　罗　晨　孟祥波　谭吟月　王俪燕　徐　芳　徐建国　许晓部　姚巧泉　叶捍军　仲慧慧

学校柔性引进、聘请校外专家名单

苏州市职业大学柔性引进、聘请校外专家情况一览表

类别	聘请院(部)	姓名	所属单位	职称(职务)
客座教授	机电工程学院	周燕飞	南京航空航天大学工训中心	教授(博导)
		盛家乐	苏州三光科技有限公司	高级工程师
		余志正	苏州东风精冲工程有限公司	高级工程师
		芮延年	苏州机械工程学会	教授(会长)
	电子信息工程学院	何湘宁	浙江大学	教授、博导
		吕征宇	浙江大学	教授、博导
		邢　岩	南京航空航天大学	教授、博导
		张思宁	旅美学者	博士
		赵鹤鸣	苏州大学	教授、博导
		芮延年	苏州大学	教授、博导
		李　冬	苏州经贸职业技术学院	数字化校园管理中心主任、教授
		朱晓焱	苏州工业园区CBD招商中心	主任
		刘敦健	苏州汉达工业自动化有限公司	总经理
		蔡宜寿	台湾逢甲大学	教授
		周天丰	北京理工大学	教授、博导、首席科学家
		汪　萌	合肥工业大学	教授、博导
		陈小平	苏州大学	教授
		钱建林	亨通集团	总裁
		韦祖国	江苏永鼎股份有限公司	总工程师
		雷建设	江苏亨通光电股份有限公司	首席科学家
		冯　峰	苏州光电缆业商会	执行秘书长
		庞春霖	车载信息服务产业应用联盟	秘书长
		蔡志敏	苏州凡特斯测控科技有限公司	总经理
	商学院	谢　明	安徽省大科人才服务有限公司	总经理
		戴松若	厦门经济研究所	副所长
			集美大学财经学院	教授
		洪海江	南京师范大学	副教授
		周艳影	江苏培训行业联谊会	秘书长

续表

类别	聘请院(部)	姓名	所属单位	职称(职务)
客座教授	艺术学院	钟锦德	苏州市吴中区光福钟锦德紫檀艺术馆	研究员级高级工艺美术师、中国工艺美术大师
兼职教授	机电工程学院	袁　辛	苏州汽车客运集团公司	教授级高级工程师
		顾德仁	苏州远志科技有限公司	高级工程师
		徐子迪	江苏龙捷汽车服务有限公司	高级工程师
		王春光	苏州大名府电梯有限公司	高级工程师
		张建宏	康力电梯股份有限公司	高级工程师
	艺术学院	钟锦德	苏州市吴中区光福钟锦德紫檀艺术馆	研究员级高级工艺美术师、中国工艺美术大师
产业教授	电子信息工程学院	钱建林	亨通集团	总裁(省产业教授)
		朱奇峰	苏州清睿教育科技股份有限公司	董事长(省产业教授)
		韦　冬	亨通集团	设备研发部经理,高级技师、工程师(省产业教授)
		雷建设	江苏亨通光电股份有限公司	首席科学家(省产业教授)
		李　健	凌力尔特有限公司	高级工程师(校产业教授)
		赵　磊	苏州欧姆尼克新能源科技有限公司	总经理(校产业教授)
		陈　斌	施耐德电气有限公司	战略和业务发展总监、高级工程师(校产业教授)
		蔡志敏	苏州凡特斯测控科技有限公司	总经理(校产业教授)
		袁湘军	苏州镒升科技有限公司	总经理(校产业教授)
		孙勤良	通鼎互联信息股份有限公司	设备管理部总经理(校产业教授)
		张　敏	大唐移动通信设备有限公司	副总经理(校产业教授)

SUZHOU VOCATIONAL UNIVERSITY

第七章 院（部）简介

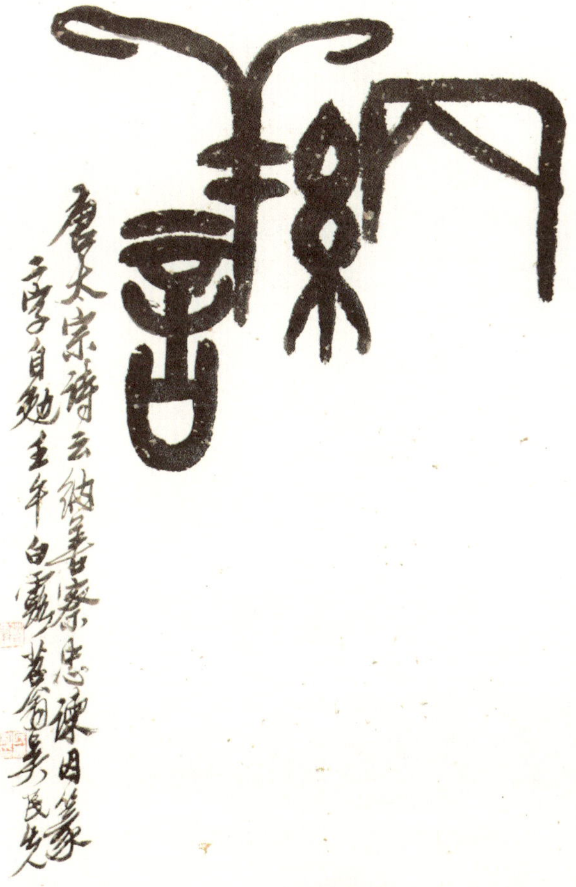

机电工程学院

概 况

机电工程学院成立于1981年,至今已有30余年的办学历史,是苏州市职业大学师资力量和科研能力最强、最具吸引力的院(部)之一。30余年来,机电工程学院办学成绩斐然,近万名毕业生遍布江苏各地,许多毕业生已成为地方经济建设的中坚力量,以高就业率、高技能、高素质在社会上享有盛誉,近三年毕业生就业率在99%以上。学院被授予2007—2009年江苏省文明单位,2016年获江苏省教育工作先进集体。

机电工程学院现有在职教师86人,其中专任教师77人,行政人员9人。经过学校的培养和人才引进,机电工程学院师资力量得到加强,师资结构也渐趋合理。目前,机电工程学院专任教师队伍中正高职称13人,副高职称29人,中级职称37人;其中11人已取得博士学位,53人取得硕士学位。青年骨干教师34人,占专任教师44.2%。"双师型"教师73人,占专任教师94.8%。教师中省"333高层次人才培养工程"培养对象3人,省"六大人才高峰"入选对象2人,省高校"青蓝工程"中青年学术带头人1人,优秀青年骨干教师5人,科技创新团队培养对象1人,省、市级各类骨干及重点培养对象6人,兼任外校硕士生导师6人,特聘兼职(客座)教授9人。

机电工程学院现设有机械系、精密制造系、汽车工程系、工业控制系4个系,设有机械制造与自动化、机电一体化技术、数控技术、模具设计与制造、汽车检测与维修技术、电梯工程技术6个专业。其中机械制造与自动化专业、数控技术专业为省级特色专业,机电一体化技术专业为省品牌专业,并于2013年11月通过教育部、财政部"提升专业服务产业发展能力项目"建设验收。2017年机械制造与自动化专业群通过省"十二五"高等学校重点专业建设验收。

机电工程学院建有23000余平方米的校内实践教学基地,累计设备总值达8800万元。2009年底,省级数字化设计与先进制造技术实验实训基地通过建设验收。基地适应高职教育"就业导向、能力本位"的要求,坚持满足学生的"三基"训练,突出技术素质和创新能力的培养。学院建有苏州市"数字化设计与制造技术重点实验室",此外还建有现代测试技术与仪器、功率超声与振动技术2个研究所,功能材料测试、现代集成制造技术2个校级重点实验室,为教师从事教学科研创造了良好的平台。

2014年底,机电工程学院完成智能制造与控制工程训练中心建设,总建筑面积达6080平方米,建成18个实验实训室,累计设备投入总值达1566万元。拥有三坐标测量机、快速成型机、加工中心、车削中心、数控车床、数字化特种加工机床,以及先进的数字化光、机、电、气、液控制仪器和设备,用于各专业学生实验实训、创新训练,突出先进制造技术的渗透,也为教师从事教学科研创造了良好的平台。

2016—2017年,学院紧密结合"互联网+"与"工业4.0"的核心内涵,实训东车间在原省级数字化设计与先进制造技术实验实训基地基础上,依托合作企业昆山巨林科教有限公司,以混合所有制的形式建成集智能制造、智能生产和智能管理于一体的数字化设计与制造技术训练中心。中心建筑面积约2550平方米,各类机械加工和检测设备100余台(套),设备总值约2400万元。中心重视信息化教学建设,构建了完善的自适应学习系统。各实训区制作了完备项目案例指导书、微视频等教学媒体和信息资源。同时,把原有的实训西车间也进行了升级改造,成为汽车运用技术训练中心,实训总面积4000平方米,仪器设备总值约1500万元,设有7个汽车实训教学区域。2018年新建电梯实训基地,总面积2250余平方米,设备投入总值约1500万元。

机电工程学院现有各类在籍学生2219人,其中全日制专科生2007人,专接本学生212人。学院以服务地方产业为宗旨,以学生就业为导向,以促进学生可持续发展为目标,坚持技能培养与技术能力培养并重,确立了一线定位、多岗适用的学生培养原则。以加强师资队伍建设、实训基地建设、品牌特色专业和精品课程建设为抓手,依托苏州市现代装备制造职业教育集团这一产学合作新平台,重点加强一体化课程体系构建和特色课程开发、校企混编教学团队建设、智能化实训基地建设,探索

"需为核心、能为主题、导为主线、学为主体"的"校企'双主体'导学制"工学结合人才培养模式改革，强化学生综合素质能力、专业技术能力和职业岗位能力培养，形成了目标定位准、教学模式新、课程体系优、师资队伍强、工学结合实、人才素质高的建设特色。2018年普通全日制毕业生(含结业生)共656名，就业率100%，毕业生受到用人单位的好评。

教学工作

办学特色

秉承"尚智崇文，务实求精"的大学精神，坚持"笃志厉行，厚德善技"的院训，以塑造高素质技术技能型人才为目标，坚持以学生为本，就业为导向，将科学实践创新与人文文化教育交融。以教学科研团队保障人才培养需要，以产学研结合搭建实践教学平台，以校企"双主体"导学探索创新培养模式，以人文科技活动贯穿素质教育主线，培养学生的职业能力。

以专业建设为核心，以提高教学质量为抓手，加强师资队伍建设和课程改革力度，实现人才培养、教学科研、服务地方等方面的全面协调发展。

专业设置

2018年苏州市职业大学机电工程学院专业设置一览表

系名称	专业名称	专业带头人	职称	学历(位)
机械系	机械制造与自动化	郭南初	教　授	研究生(博士)
精密制造系	数控技术	董晓岚	副教授	研究生(硕士)
	模具设计与制造	李耀辉	副教授	研究生(硕士)
工业控制系	机电一体化技术	付春平	副教授	本　科(硕士)
	电梯工程技术	陆春元	副教授	本　科(硕士)
汽车工程系	汽车检测与维修技术	尚广庆	教　授	本　科(学士)

专业介绍

◎机电一体化技术——国家重点建设专业、省级品牌专业

机电一体化技术专业是苏州市职业大学重点建设专业，得到财政部、教育部和省教育厅资助建设，目前正开展江苏省高等职业教育高水平骨干专业建设。专业自1998年开办以来，平均就业率97%以上。机电一体化技术专业通过对区域产业、行业技术、就业岗位等进行广泛调研、分析、论证，确定以精密加工机电设备运用、维护、调试与故障诊断等系统维护能力培养为定位，进行工学结合人才培养模式改革与实践，制定机电一体化专业标准，重构课程体系。企业教师和学校教师共同组成并合理配置导学团队，实施由企业参与系统设计与开发、体现由低年级到高年级能力梯度培养的项目课程群教学，加强学生综合素质和职业岗位能力的培养。

机电一体化技术专业依托"国家高技能人才培训基地""国家职业技能鉴定所""全国现代制造技术机电一体化职业技能培训基地""江苏省数字化设计与先进制造技术实验实训基地"以及市级"数字化设计与制造技术重点实验室"，目前建成的校内实训基地由数字化控制实训中心、先进制造技术实训中心、数字化设计与制造中心、数控技术实训室、机械设计与制造基础实训室、创新设计研究所、工程研发中心七大功能区组成，拥有与企业生产接轨的数控加工机床AMS模块化自动生产线、三菱工业机器人等先进设备，为培养大量高端技能型专门人才发挥积极作用。与苏州苏万万向节有限公司、苏州电气集团、苏州瑞思机电科技有限公司等16家企业建立了长期、稳定的紧密型合作，与32家企业建立信息联系合作关系，形成动态合作，为学生职业技能培养提供保障。机电一体化技术专业形成了专业与区域产业对接、专业标准与职业(行业)标准对接、学历证书与职业资格证书对接、课程内容与职业标准对接、教学过程与生产过程对接的特色。

培养方向：本专业培养面向先进制造业生产、管理、服务第一线需要，具有先进机电设备运用、安装调试、故障诊断与维修以及对机电设备自动控制技术的初步设计与改造能力的高素质技术技能型人才。

专业特色：本专业注重对学生综合能力素质、创新能力和机电控制技术应用能力的培养。

历届学生获得国家专利10余项；参加省高职院校技能大赛、机械创新设计大赛，多次获得大赛一等奖、二等奖。另外，专业还与苏州三星电子合作成立“三星科技大学”，开展新型学徒制人才培养项目。学生在学习期间可报名参加CAD、维修电工、可编程序控制系统设计师中级、数控车床操作中级等职业技能培训并获得相关部门颁发的技能证书。

职业定位和人才流向：近三年本专业的毕业生就业率均在98%以上。毕业生主要面向先进制造业、非标自动化领域。学生毕业后可在企业从事自动化机电设备操作、安装调试、故障诊断及维修等工作，后期也可从事企业生产管理、机电产品营销、售后技术服务等工作。本专业与罗斯蒂精密制造（苏州）有限公司、博世汽车部件（苏州）有限公司、苏州瑞普森光电科技有限公司、儒拉玛特自动化技术（苏州）有限公司、苏州汇川技术有限公司等知名企业开展深度校企合作，建立了稳定的就业实习基地，每年向校企合作企业输送大量人才。

◎机电一体化技术（中外合作办学）——省高校中外合作办学高水平示范性建设专业

机电一体化技术（中外合作办学）是苏州市职业大学和澳大利亚启思蒙学院合作开展的人才培养项目，是江苏高校中外合作办学高水平示范性建设专业。专业自2009年开办以来，平均就业率99%以上。

培养方向：本专业培养面向先进制造业生产、管理、服务第一线需要，具有先进机电设备运用、安装调试、故障诊断与维修以及对机电设备自动控制技术的初步设计与改造能力的高素质技术技能型人才。

专业特色：本专业贯彻澳大利亚先进职教理念，注重培养学生的综合能力、职业技能和创新能力，尤其重视英语能力的培养，部分专业课程采用全英文教材、双语教学，外方教师承担三分之一专业课程教学任务。学生毕业时可获得苏州市职业大学和启思蒙学院两个毕业证书。学校与澳大利亚启思蒙学院签订了合作协议，建立了“学分互认”机制，学生在满足条件的情况下可申请去澳大利亚启思蒙学院留学，只需在国外完成一年学业就可取得本科文凭。为此，学校开设雅思英语教学，聘请了专业外教，为学生出国留学前语言学习创造良好条件。

职业定位和人才流向：近三年本专业的毕业生就业率98%以上。学生毕业后可在对英语能力要求较高的外企从事自动化机电设备操作、安装调试、故障诊断及维修等工作，后期也可从事企业自动化机电设备生产管理、机电产品营销、售后技术服务等工作。

◎机械制造与自动化——省级特色专业

建设思路：树立以人为本的思想，保证教学质量；制定“软”“硬”结合、兼顾发展的专业规格；完善“学”“做”结、重在应用的教学模式；建立“动”“静”结合、主动适应的管理模式。

培养方向：本专业培养适应机械制造行业生产、管理、服务第一线需要，具备机械加工工艺编制及工装设计、数控加工编程与操作等专业技能，熟悉现代制造技术，能够对现代高新制造设备进行操作、检测与维修的高素质技术技能型人才。

专业特色：本专业注重对学生综合能力素质、创新能力和先进制造技术应用能力的培养。历届学生多次参加省、市各类技能大赛，多次获得大赛一等奖、二等奖。学生在学习期间可报名参加CAD/CAM技术软件（如AutoCAD中级、PRO/E、UG）应用、加工中心操作中级、数控车床操作中级等职业技能培训，并获得相关部门颁发的技能证书。

职业定位和人才流向：学生毕业后，可在企业从事加工设备操作与维护、机械加工工艺过程制定、产品质量管理、生产现场技术管理、机械产品创新设计和产品销售服务管理等方面的工作。近三年本专业的毕业生就业率均在98%以上。本专业和儒拉玛特自动化技术（苏州）有限公司、美特科技（苏州）有限公司、苏州瑞普森光电科技有限公司、苏州明志科技有限公司、苏州金鼎冶金有限公司等10余家企业签有就业实习基地协议，每年向校企合作企业推荐大量人才。

◎数控技术——省级特色专业

数控技术专业自1998年开设以来，平均就业率95%以上。学生毕业后，主要在本地区先进制造业从事数控加工、数控编程、数控机床维护与维修、数控机床的安装与调试等技术岗位工作，也可在相关行业从事管理与营销工作。数控技术专业根据职业岗位（群）的任职要求，在对相关产业和人才需求调查，以及国家职业标准及职业能力分析的基础上，以学分制改革为契机，进行了“宽能专岗”工学结合的人才培养体系改革的探索和实践。以课程模块的弹性组合和强化项目教学相结合制定相应的课程体系，加强对学生综合素质和职业能力的培养,形成了专业建设地方化、能力培养适岗化、课程体系模块化、课堂教学项目化、师资队伍双师化、校企合作共享化的特色。

数控技术专业依托“国家高技能人才培训基地”“国家职业技能鉴定所”“全国现代制造技术机电一体化职业技能培训基地”“江苏省数字化设计与先进制造技术实验实训基地”以及市级“数字化设计与制造技术重点实验室”,开发了基于“互联网+”学习模式的信息化教学资源。目前建成的校内实训基地由先进制造技术实训中心、数字化设计与制造中心、数字化控制实训中心、数控技术实训室、机械设计与制造基础实训室、创新设计研究所、工程研发中心、模具设计与制造实训室八大功能区组成。拥有与企业生产接轨的数控加工机床、三坐标测量仪等先进设备,配备UGNX、宇航仿真系统、逆向工程及快速成型等软件,为培养大量高技能人才发挥积极作用。

培养方向:本专业培养面向数控机床操作、数控加工工艺设计及编程、数控设备调试与维护及生产制造管理等岗位的技能型、工匠型、创新型人才。

专业特色:本专业注重对学生综合能力素质、创新能力和先进制造技术应用能力的培养。历届学生多次参加省、市各类技能大赛,多次获得大赛二等奖、三等奖。学生在学习期间可报名参加CAD/CAM技术软件应用、加工中心操作、数控车床操作中高级等职业技能培训并获得相关部门颁发的技能证书。

联合办学:本专业与南京工程学院开展“数控加工与模具设计”专业“专接本”合作办学,经过前两年的学习,成绩良好的学生可以通过“专接本”方式获取江苏省自考本科文凭,符合条件的可获得南京工程学院学士学位。2018年本专业有20位同学参加南京工程学院“专接本”学习深造。

职业定位和人才流向:近三年本专业的毕业生就业率均在99%以上。学生毕业后,可在企业担任数控机床操作员、机械零件CAD/CAM设计员及三坐标质量检测员,迁移岗位可以担任数控加工工艺员、数控机床调试与维修员、FMS系统管理员、生产与质量管理员。本专业与强生(苏州)医疗器械有限公司、苏州英格索兰设备有限公司、苏州百特医疗用品有限公司、通用模具工业(吴江)有限公司、纽威数控装备(苏州)有限公司等知名企业长期建立订单班培养合作关系,每年向校企合作企业输送大量人才。

◎模具设计与制造——全国CDIO试点专业

培养方向:本专业主要培养面向模具设计、产品开发、数控编程、工艺编制、数控机床操作及生产管理等工作,且具备较强的模具CAD/CAE/CAM软件应用能力的高素质技术技能型人才。

专业特色:本专业学生在学习期间可报名参加PRO/E软件应用、加工中心操作、数控车床操作中高级等职业技能培训并获得相关部门颁发的技能证书。注重对学生综合能力素质、创新能力和先进制造技术应用能力的培养。历届学生多次参加省、市各类模具技能及3D打印等比赛,并获得各种奖项10余项。

联合办学:本专业与南京工程学院开展“数控加工与模具设计”专业“专接本”合作办学,经过前两年的学习,成绩良好的学生可以通过“专接本”方式获取江苏省自考本科文凭,符合条件的可获得南京工程学院学士学位。

职业定位和人才流向:本专业近三年毕业生就业率一直保持在98%以上。学生毕业后可从事模具设计与生产,产品研发及销售、管理等工作,并有潜力成为高级模具管理人才或模具企业经营者。本专业与通用模具工业(吴江)有限公司、江苏合润汽车车身模具有限公司、苏州庆旺电子科技有限公司等多家模具企业签订就业实习基地协议,并与角直模具特色小镇建立人才培养合作协议,每年向企业输送大量专业人才,学生在各行各业中成为独当一面的优秀人才。

◎汽车检测与维修技术

汽车检测与维修技术专业先后与江铃汽车、江苏龙捷、陆科思德合作共建汽车运用技术训练中心,拥有博世、百斯巴特、奥迪Q5等先进的检测仪器和设备,以“基地建设企业化、实践教学生产化”模式建设运行。

培养方向:本专业以“技术精、善服务、会管理”为培养特色,培养面向汽车售后服务行业,能从事汽车检测、维修、安装调试、汽车鉴定与评估、汽车使用与管理及汽车销售等工作,且具备较强的汽车检测诊断应用能力的高端技术技能型人才。

专业特色:本专业注重对学生综合能力素质、创新能力和汽车维修技术应用能力的培养。历届学生多次参加全国机械工业行业和江苏省、苏州市组织的汽车技能大赛,获得全国、省、市各级奖项。学生在学习期间可报名参加AutoCAD中级、汽车维修工中级、汽车驾驶证等职业技能培训并获得相关部门颁发的技能证书。

联合办学：本专业与江苏理工学院开展“汽车维修与检测”专业“专接本”合作办学，经过前两年的学习，成绩良好的学生可以通过“专接本”方式获取江苏省自考本科文凭，符合条件的可获得江苏理工学院学士学位。目前，本专业有42位同学通过了江苏理工学院“专接本”学习并获得本科文凭。

职业定位和人才流向：本专业近三年毕业生就业率一直保持在98%以上。学生毕业后可从事汽车检测、维修、汽车鉴定与评估、汽车设计助理及汽车销售等工作，并有潜力成为汽车服务企业管理人才或企业经营者。本专业与苏州狮山机动车综合性能检测有限公司、苏州客运集团有限公司汽车修理厂、苏州建通汽车销售服务有限公司、江铃汽车销售有限公司、江苏龙捷汽车服务有限公司、上海前锐汽车技术有限公司、苏州华成汽车贸易集团有限公司、苏州银狮汽车销售服务有限公司、苏州骏宝行汽车销售服务有限公司、苏州海昌汽车贸易集团有限公司等企业开展深度校企合作，建立了稳定的就业实习基地，每年向校企合作企业输送大量人才。

◎电梯工程技术

电梯工程技术专业开设于2017年。依托苏州地区高度发达与集聚的电梯产业，采取校商（苏州市电梯业商会）合作共育人才模式，根据行业职业资格标准和企业人才规格需求设置课程。

培养方向：本专业培养面向电梯行业需要，具备行业职业资格，有一定的专业拓展和创新能力，能从事现代化智能电梯设计、制造、调试、检验、销售服务等，面向电梯全产业链需求的复合型技术技能人才。

专业特色：本专业注重对学生综合能力素质、创新能力和电梯工程技术应用能力的培养，在电梯行业技能大赛和高职技能大赛中获得了良好成绩。学生在学习期间就可经培训获得电梯特种设备作业人员上岗证和电梯维修工中级职业技能证书。

职业定位和人才流向：学生毕业后可在电梯企业从事电梯设计、制造、调试、检验、销售服务等工作，后期也可从事企业生产管理、工程项目管理、技术服务等工作。本专业与民族品牌康力电梯、东南电梯、巨力电梯等企业及苏州市电梯业商会其他企业开展深度校企合作，建立了稳定的就业实习基地，每年向校企合作企业输送大量人才。

师资介绍

名师风采

陈洁，女，1965年3月生，江苏无锡人。现任苏州市职业大学机电工程学院院长、教授，研究方向为机械制造与机电控制技术、机电设备故障诊断与维修。主持省市研究项目6项，参与国家“863”项目1项，参与省市研究项目4项，发表论文40余篇，被EI检索8篇，ISTP检索2篇，出版教材5本，计算机软件著作权2项。获全国多媒体课件大赛二等奖1项，苏州市自然科学优秀论文三等奖1项。

周正存，男，1962年9月生，安徽舒城人，工学博士。现任苏州市职业大学测试研究所所长、教授，研究方向为功能材料及其测试仪器。澳大利亚Deakin大学访问学者、苏州市力学学会理事。曾获江苏省“333高层次人才培养工程”培养对象、江苏省“六大人才高峰”入选对象、省高校“青蓝工程”科技创新团队带头人培养对象等荣誉称号。

主持、参与国家和安徽省自然科学基金项目各1项，主持江苏省教育厅项目2项、江苏省“六大人才高峰”项目1项、江苏省大学生实践创新训练计划项目2项；发表SCI、EI等收录论文20余篇；曾获安徽省科技进步四等奖1项、合肥市科技进步三等奖1项、苏州市科技进步三等奖1项、苏州市自然科学优秀论文一等奖1项，二等奖2项等。

郭彩芬，女，1965年3月生，辽宁葫芦岛人，工学博士。现任苏州市职业大学机电工程学院教授，研究方向为先进制造技术、制造业信息化、制造系统智能控制。苏州市第十四届人民代表大会代表、苏州市吴中区信息化联盟专家组成员、苏州市职业大学“现代集成制造先进技术攻关与应用研究”校级创新团队带头人。曾获江苏省高校“青蓝工程”中青年学术带头人培养对象荣誉称号。

主持在研江苏省自然科学基金项目1项，近3年主持完成苏州市科技计划项目3项，江苏省现代企业信息化应用支撑软件工程技术中心开放课题1项、江苏省大学生实践创新训练计划项目1项。获得苏州市2010—2011年度“讲理想、比贡献”技术创新“双杯奖”的“攻关杯”奖。授权发明专利9项，授权实用新型专利50余项，授权软件著作权8项，编写教材3本。发表论文30余篇，其中EI收录10篇。

孙丽娅，女，1960年1月生，河北迁安市人，农学博士。现任苏州市职业大学机电工程学院教授，研究方向为重金属土壤修复、水净化及温室气体减排。曾被聘为日本学术振兴会（JSPS）特别研究员，日本琉球大学研究员，获江苏省“六大人才高峰”入选对象。

参与主持、参加国家“六五”“七五”重点攻关项目以及日本农林水产省、文部省多项研究项目。在研国家自然科学基金1项、市基金2项。已发表论文近40篇，参加学术会议发表50余次。曾获中国科学院科技进步二等奖1项、科技进步三等奖3项、江苏省“六大人才高峰”奖励。

张义平，男，1964年2月生，江苏连云港人，毕业于南京航空航天大学机械制造工艺及设备专业。现任苏州市职业大学机电工程学院教授，研究方向为先进制造技术及材料、高职教育研究，兼任《现代制造工程》编委。曾获评江苏省连云港市“521新世纪高层次人才培养工程”首批培养对象。

主持并完成市厅级科研项目3项，主要参与国家自然科学基金项目1项、江苏省自然科学基金项目2项，主持或主要参与市、校级科研项目10余项；近年来发表论文40余篇，其中核心期刊20余篇（SCI、EI收录9篇）；主编高校教材5本；已授权发明专利11项、实用新型专利12项、软件著作权2项；获市科技进步二等奖、三等奖各1项，获市“双杯奖”（攻关杯）1项，学术论文获苏州市自然科学优秀论文三等奖3篇，获江苏省大学生创新制作比赛二等奖1项（指导教师），获江苏省优秀毕业设计三等奖1项（指导教师），获评江苏省优秀毕业设计团队3项（指导教师）。

张文峰，男，1963年10月生，山西万荣人，工学博士。现任苏州市职业大学机电工程学院教授，研究方向为特种加工、微纳制造、纳米表面工程等。西安工业大学兼职教授、硕士生导师，原兵器工业总公司青年骨干教师、山西省优秀中青年骨干教师、《表面技术》特邀审稿专家。

先后参与国家自然科学基金、国防基础研究基金、江苏省自然科学基金重点项目及江苏省高校自然科学重大基础研究项目的研究；发表论文40余篇，其中EI收录10余篇。申请发明专利5项，授权实用新型专利8项。曾获南京航空航天大学优秀博士论文奖1项、江苏省优秀博士论文奖1项、国防科学技术一等奖1项。

孙春华，女，1966年4月生，江苏丹徒人，工学博士。现任苏州市职业大学机电工程学院教授，研究方向为压电俘能技术、CAD/CAM、RE/RP、教育教学改革。东京工业大学客座研究员、九三学社苏州市职业大学支社主委、江苏省“333高层次人才培养工程”第三层次培养对象、苏州市紧缺人才。

主持国家自然科学基金1项、省级教科研和省重点实验室开放基金项目各2项。参与完成国家自然科学基金项目2项、日本科学技术振兴协会项目和“十一五”全国教育科学规划课题各1项；获得专利授权16项、软件著作权3项；已发表论文50余篇，被SCI、EI收录17篇；主编教材2本，参编2本；曾获省级优秀毕业设计三等奖2项（指导教师），苏州市自然科学优秀论文二等奖1项、三等奖3项；并获苏州市高职院校“奇迹杯”第二届数字建模与3D打印大赛特等奖（优秀指导教师），九三学社江苏省组织建设工作先进个人称号2项。

聂福荣，男，1968年6月生，甘肃武威人，工学硕士。现任苏州市职业大学机电工程学院教授、研究员级高工，研究方向为模具设计与制造优化。江苏省“333高层次人才培养工程”培养对象、TRIZ创新工程师。

曾留日研修“机械材料与超声波加工”、赴德学习“模具设计与制造专业教学方法”。主持或参与省攻关、省自然科学基金项目6项，获省科技进步三等奖1项；申请专利22项，授权发明专利3项，已全部转让或许可；授权实用新型专利6项；发表论文20余篇，其中核心期刊收录10余篇、EI收录3

篇、CPCI–S收录1篇；获市自然科学优秀论文一等奖1项；曾获校教学质量优秀奖、优秀班主任称号。

尚广庆，男，1966年10月生，黑龙江肇东人。现任苏州市职业大学机电工程学院副院长、教授，主要研究方向为CAD/CAM、特种加工，曾为日本东京工业大学访问学者。

以主要成员身份参与国家自然科学基金项目1项，主持或参与省、市级科研和教改项目7项，主持完成横向项目多项，并与同济大学合作完成“十一五”国家科技支撑计划子项目1项；公开发表论文40余篇，其中核心期刊论文15篇，国际学术会议和国外期刊论文10篇，EI检索8篇；主编、参编规划教材各1本。获得软件著作权3项，实用新型专利8项，获得江苏省首届职业教育创新大赛三等奖1项、常州市自然科学优秀论文三等奖2项、苏州市自然科学优秀论文三等奖2项、苏州市科技进步“双杯奖”1项。

杜建红，女，1969年4月生，山西文水人，工学硕士。现任苏州市职业大学机电工程学院教授，研究方向为机械结构设计、数值仿真分析、逆向设计。江苏省高校“青蓝工程”优秀骨干教师，苏州市新世纪高级青年专业技术人才。

主持、参与企业创新项目16项，参与中科院创新项目1项、国家自然科学基金项目3项；近年来发表论文15篇，其中三大检索3篇，获苏州市优秀自然科学论文二等奖2篇；参编教材1本；获得软件著作权1项、实用新型专利2项。获苏州市科技进步三等奖1项、苏州市技术创新“双杯奖”1项。

郭南初，男，1964年4月生，湖南岳阳人，工学博士。现任苏州市职业大学机电工程学院教授。省级精品课程负责人，苏州市紧缺人才办公室创新工程师，曾任中国机械工程学会工业设计分会委员，湖北省人民政府学位委员会优秀学士论文评审专家。主要从事产品设计、职业教育方面的研究工作。主持完成省级课题4项、市级和校级课题8项，参与省市级项目3项，授权发明专利34项；主编教材2本，发表论文20余篇，其中EI收录4篇。2011年和2013年分获江苏省教学成果二等奖；指导学生获得全国大学生机械创新设计大赛一等奖1项，获评江苏省优秀毕业设计团队1项；获全国教育教学信息化大奖赛三等奖1项，2013年获“苏州市优秀党员服务之星”称号，2017年获学校“教学名师”称号，2018年获苏州市优秀教育工作者称号。

王仁忠，男，1979年6月生，江苏金湖人，工学博士。现任苏州市职业大学机电工程学院教授级高工，研究方向为3C产品智能制造、生产大数据与质量管控、有色金属加工装备智能化。江苏省3C产品智能制造工程中心专业方向负责人、苏州市职业大学“大数据与生产质量管控”创新团队带头人。主持完成国家及省部级科研项目4项，主要参与完成国家工信部项目2项；主持完成的科研成果与国内主要铝（铜）加工企业签订横向应用技术合同近20项；近5年获省部级科技进步奖2项（二、三等奖各1项）。获授权发明专利7项、软件著作权14项，在国家核心期刊及国内行业会议发表论文20篇。

汪红兵，男，1977年12月生，安徽舒城人，工学硕士。现任苏州市职业大学机电工程学院教授。苏州市职业大学“功率超声与振动研究中心”校级科研平台带头人。江苏省高校“青蓝工程”优秀骨干教师。研究方向为压电驱动与俘能技术、CAD/CAM。主持苏州市科技计划项目2项，主要参与国家自然科学基金项目3项、省级科技项目1项、市厅级科技项目4项；以第一发明人授权发明专利6项，转让发明专利1项；编写教材2本；以第一作者发表论文20余篇，其中中文核心期刊论文14篇，SCI/EI收录6篇；获得第十五届全国多媒体课件大赛高职组二等奖1项；指导学生获得江苏省普通高校本专科优秀毕业设计（论文）二等奖1项；获得苏州市自然科学优秀学术论文三等奖1项；指导学生完成江苏省大学生实践创新训练计划项目1项；指导学生参加第十五届江苏省大学生课外学术科技作品竞赛暨“挑战杯”江苏省选拔赛并获得一等奖和三等奖各1项。

专业带头人简介

郭南初，苏州市职业大学机电工程学院机械制造与自动化专业带头人。（详见“名师风采”部分）

董晓岚，女，1980年12月生，江苏苏州人，硕士研究生。现任苏州市职业大学机电工程学院数控技术专业带头人、副教授，主要研究方向为数控技术、CAD/CAM/CAE。主持并完成校级及以上科研项目和横向项目6项、教改项目5项；作为主要成员参与省级科研、教改项目5项；主编专业课教材1本，撰写15万字；获实用新型专利1项、软件著作权1项；教学、科研项目及论文获奖7项；以第一作者发表论文19篇，其中核心期刊论文7篇；获得校级优秀教学成果奖1项、优秀毕业设计1项(指导教师)。

李耀辉，女，1976年8月生，山西运城人，硕士研究生。现任苏州市职业大学机电工程学院模具设计与制造专业带头人、副教授，主要研究方向为冲压模具设计、注塑模具CAD、金属棒料剪切。主持并完成校级及以上科研、教改项目6项，作为主要成员参与省市级项目2项。近年来发表教学科研论文20余篇，其中核心期刊论文10余篇；主编教材1本；授权专利20余项，其中发明专利4项；指导学生参加校级及以上比赛并获奖5项；获校信息化教学比赛一等奖1项；指导学生获省优秀毕业设计团队奖1项；获评校“青蓝工程”优秀中青年专业带头人培养对象。

付春平，女，1976年3月生，黑龙江五常人，硕士学位。现任苏州市职业大学机电工程学院机电一体化专业带头人、副教授，主要研究方向为电子技术与数字水印。参与省级教改项目1项，主持校级项目2项、横向课题1项；在《机械设计与制造》等多家期刊发表论文10余篇；获发明专利6项、实用新型专利10余项、软件著作权1项。

陆春元，男，1979年4月生，江苏苏州人，硕士学位。现任苏州市职业大学机电工程学院副院长、电梯控制技术专业带头人、副教授、高级工程师，研究方向为机电一体化控制、教学管理。2012年被评为苏州市优秀教育工作者，2015年被评为姑苏高技能重点人才。教学研究方面，负责机电一体化技术江苏省品牌专业建设和教育部、财政部提升机电一体化技术专业服务产业发展能力项目；获江苏省教育教学成果二等奖1项；编写江苏省重点教材、精品教材各1本。科研方面，主持、参与苏州市人力资源和社会保障局课题2项，主持、参与企业产品技术攻关项目8项，发表科研、教改论文9篇，获发明专利1项。

尚广庆，苏州市职业大学机电工程学院汽车检测与维修技术专业带头人。(详见“名师风采”部分)

校企合作

◎校企合作推进专业建设

2018年，机电工程学院与智能制造龙头企业苏州汇川技术有限公司签订合作协议，就智能制造共享创新服务平台、工业机器人专业合作建设制定了初步方案。双方围绕苏州周边地区智能制造产业对工业机器人专业人才的需求，通过对苏州赛腾精密电子股份有限公司、博众精工科技股份有限公司、苏州胜利精密制造科技股份有限公司等行业龙头企业走访调研，共同完成了工业机器人专业的材料申报，初步明确了工业机器人专业人才培养目标和专业建设方案。机电工程学院还与台湾电脑辅助成型技术交流协会就模具专业建设与改革进行了多次交流，并共同制定了模具设计与制造实训基地建设方案和在学校成立科学试模中心的计划。

◎多渠道校企合作签约

2018年，机电工程学院通过多渠道与企业进行合作签约，共育人才。与企业签订校企合作协议18个；机电工程学院联合太湖众创与江苏龙捷汽车服务有限公司深化龙捷开展校企合作项目，三方共同投入共建创新创业平台——新工匠大学生孵化基地，培养龙捷快修门店“准店长”，实现为企业培养应用型人才的最终目的；机电工程学院在稳步推进三星新型学徒制项目的同时，积极拓展合作企业，先后与博赢模具、建通别克、佳世达电通、江铃汽车等签订了订单班合作协议，共有40余名学生参与订单班人才培养项目。

◎共建实训实验室和智能工厂

与世界500强企业德国博世集团全资子公司博世力士乐公司联合共建博世力士乐机电控制技术实验室，融合机器人、气、液、传感器等现代工业自动化等重要技术于一体，构建知识体系合理、系统性及综合性强的实验、实训平台。与三菱电机自动化中国有限公司、南京康尼科技实业有限公司三方合作，共建可视化柔性制造技术实训室；实训室设备采用KNT-F1801型可视化柔性制造系统，设备总价332万元；由三菱电机主要承担实验室中产品的选型、配置规划、系统设计、师资技术培训、技术保障。香港慈善家朱恩馀先生捐资助建的光机电一体化创业实训中心，由CMS光机电一体化集成系统实训室和光机电一体化集成仿真实训室组成，以现代装备控制技术为基础进行机电一体化解决方案的研究与训练，为社会提供相关产品的专业技术支持和服务。依托合作企业昆山巨林科教有限公司，在原学院工程训练中心基础上，以混合所有制的形式共建集智能制造、智能生产和智能管理于一体的数字化智能工厂，营造直观真实的全工业化实践教学环境，实现车间机床运行智能管控和教学资源网络化。与德国手工业协会（ZWH）、德国陆科思德（LUCAS-NUELLE GmbH）合作成立“中德（江苏）汽车职业资格认证中心”，开展符合德国标准的汽车职业资格培训和认证服务，培养高端汽车服务人才。在实训室建设引入了“汽车医学院”的理念，促进学生对汽车系统的整体理解。

◎校企合作师资队伍建设

2018年，机电工程学院分别与三星电子液晶显示科技有限公司、苏州明志科技有限公司、苏州远志科技有限公司、苏州汇川技术有限公司、苏州博赢精密模具有限公司等5家企业签订了“双师型”教师培养培训基地，确保每个专业都有一个专业对口的社会实践基地。

选聘兼职教师7人、产业教授8人，很好地提升了学院校企混编教学团队的实力。

◎校企导学人才培养

为了更好地培养学生的实践能力，提升学生的技术应用能力，机电工程学院与苏州市圣宝利机械有限公司、苏州电气集团、博世车联、名骏百盛等企业开展校企导学制人才培养模式。以学校教师和企业工程师组成的导师团队，共同进行以工学结合为目标的教学改革，共同参与教学项目开发和教学过程实施，实现教学环境与企业生产环境相融合。

◎课程学习与技术证书相结合

学生可以参加的相关职业资格证书鉴定工种共有8种，包括维修电工证书（中级）、全国CAD应用培训网络水平证书-PRO/E课目、全国CAD应用培训网络水平证书-UG课目、全国CAD应用培训网络水平证书-CAD课目（中级）、数控车床工（中级、高级）、加工中心操作工（中级）、汽车维修工（中级）。

◎苏州市现代装备制造职业教育集团活动开展

2018年，苏州市现代装备制造职教集团获评“苏州市优秀职教集团”。一年来，职教集团先后组织了第二届“巨林杯”大学生机械创新设计大赛、组织开展了先进制造技术系列课程创新教学改革研讨会、基于线上线下混合教学模式的工程制图教学改革研讨会、职教集团教育教学改革研究专项课题申报等活动。另外，集团还为珠海外商投资企业协会考察团举办智能制造专题研讨会，提升职教集团的社会影响力。

学术科研

2018年，机电工程学院教师共发表论文60篇，其中EI检索收录4篇、核心期刊收录11篇；获市级及以上项目3项，专利著作权转让3项；获实用新型专利49项、发明专利20项、外观专利1项。学院3C产品智能制造工程技术研究开发中心获批为2018年度立项建设江苏省高职院校工程技术研究开发中心；新型功能材料及其智能测试仪器研究中心、智能电梯新技术实验室、功率超声与振动研究中心、现代集成制造技术重点实验室、苏州制造业信息化研究室获校级科研平台立项。

学生工作

2018年，机电工程学院抓住学生思想政治教育这根主线，围绕学校“科研创新重点建设年”中心工作，从提高学生工作科学化水平和提升学生科研创新能力两方面入手，谋划特色工作。在思想教育、日常管理、党团建设、学科竞赛、校园活动、就创业工作等方面开展了积极有效的教育引导和管理服务，学生工作朝着健康、有序、规范、特色的方向发展，取得了一定的成绩。

◎学生党建

2018年，学生党支部认真学习宣传习近平新时代中国特色社会主义思想和党的十九大精神，每月一次开展主题党日活动。开展第23期入党积极分子培训，共有50名同学顺利结业。学院邀请继续教育学院党总支原书记董建强老师为入党积极分子做题为“革命传统教育”的专题讲座。一年内，学生党支部志愿服务队共开展天平山环保志愿活动、学院毕业典礼志愿活动、苏州湾环太湖徒步竞走志愿、禹济楼教室卫生打扫志愿活动等10余项活动，其中长期开展禹济楼教室、实训车间清扫活动。毕业生党员教育活动中，对20名毕业生党员进行了组织纪律教育和组织关系转接介绍，将党组织的关怀与培养落实到每一个学生。党员发展方面，严把质量关，发展学生预备党员11名。

◎学生获奖

2018年，学院共有1名学生获国家奖学金、41名获国家励志奖学金、112名获优秀学生奖学金，10名获开元奖学金，10名获天翼奖学金，10名获圣宝利助学奖学金，28名获江达奖助学金，10名获肇镁奖学金，10名获美特奖助学金。1个班集体获校文明标兵班级称号，5个班级获校文明班级称号，11人获校三好标兵称号，21人获校三好学生称号，54人获校优秀学生干部称号。有6个团队在省级专业技能竞赛中获奖，学生个人获得国家29项实用新型专利和21项发明专利。同时学院学生在创新创业大赛上屡创佳绩，相继获得“挑战杯——彩虹人生”全国职业院校创新创效创业大赛一等奖、第八届全国大学生机械创新大赛一等奖、2018“创青春”江苏省大学生创业大赛银奖。

◎就创业工作

学院2018年共提供2400余个就业岗位，开展12场专场宣讲会，参加校园招聘会4场，累计接待企业200余家，其中长期与学院有校企合作关系的就业基地企业达30余家，新增就业基地7家，调研就业基地3家，在校企合作上深度融合。2018届毕业生初次就业率达99.7%，最终就业率达到100%。2019届毕业生通过学院招聘会达成就业意向的已有70%以上，正在面试的有40%以上，就业形势喜人。在职业生涯规划上，学院共开展就业指导讲座7场，特邀企业HR、职业生涯规划专家，创业“大咖”等在就业形势分析、职业生涯规划指导等内容上与学生充分交流沟通。学院在校职业生涯规划大赛上再创辉煌，获得二等奖，并积极参加省就创业知识竞赛，参与率和得分率均超过95%。学院就业服务工作的创新点在于精准就业援助，针对学院就业困难群体建立就业援助档案，开展一对一帮扶。发挥学院就创业服务站平台作用，为学院创新创业团队更好地服务，学院在校创业设计大赛中获得二等奖。学院长期重视创新创业教育，2018，年积极配合学校组织创业实训模拟班，让32名有意愿创业的同学接受专业理论培训。积极开展创业特色活动——创新创业训练营，针对提升学生科研创新能力这一主题，分模块邀请5位创新创业“大咖”开展讲座分享。

计算机工程学院

概　况

计算机工程学院的前身可追溯到创办于1984年的苏州市职业大学计算机应用技术专业。2006年1月系科重组，在原计算机教研室基础上建立计算机工程系。30年的风雨历程和改革发展使计算机工程学院积淀了厚实的办学底蕴。

计算机工程学院现有在职教职工89人，其中专任教师77人，行政教辅人员12人。专任教师中教授7人，博士10人，省“333高层次人才培养工程”培养对象3人，省高校“青蓝工程”骨干教师培养对象1人，省、市级各类骨干及重点培养对象4人，硕士研究生导师1人，形成了一支结构合理、年富力强的师资队伍。

学院下设计算机应用技术系、物联网技术系、软件与媒体技术系3个系，现有计算机应用技术、软件技术、计算机网络技术、动漫制作技术、物联网应用技术、移动应用开发6个专业。其中，计算机应用技术专业是江苏省特色专业，动漫制作技术专业是苏州市优秀新专业，软件技术专业、物联网应用技术专业和计算机网络技术专业为校品牌专业。学院现有中央财政重点支持的职业教育实训基地1个、江苏省高等职业教育实训基地建设点1个，江苏省特色专业1个，江苏省精品教材2本，江苏省成人教育特色专业1个，江苏省成人教育精品课程2门，江苏省高教研究成果奖1项。学院现有省级工程中心1个、苏州市重点实验室1个，实验实训室50个，校企合作单位50家，获得国家自然科学基金项目3项、江苏省自然科学基金项目1项。

截至2018年12月，学院校内实验实训场地面积6800余平方米，设备总值5800余万元，拥有计算机公共机房、科研实验室以及计算机应用技术、计算机网络技术、物联网应用技术、移动应用开发、软件技术与动漫制作技术等专业教学实验实训室共50个，多媒体教室16个。

各类实验实训室为学生的实训教学提供了必要的设备保障，给学生提供了锻炼专业技能的平台，为学生科技创新活动的开展以及参加国内各类专业赛事并获奖提供了有力支持。除教学实验实训室外，学院还设有江苏省现代企业信息化应用支撑软件工程技术研究开发中心、苏州市重点实验室云计算重点实验室、校级软件技术重点实验室等科研实验室，为教师从事教学、科研提供了良好的软硬件平台。

计算机工程学院现有各类在籍学生2168人，其中全日制专科生2005人，专接本学生163人。学院针对苏州地方经济对IT人才的岗位需求，以就业为导向，以培养适应本地区社会经济发展需要的IT人才为根本，实行“教、学、做”三位一体的人才培养模式，在理论教学过程中贯穿创新思维，在实践教学中贯彻创新能力培养，高度重视学生实际动手能力的提高，推行多证制个性化教育，全面提升学生的综合素质和创新实践能力。当年普通全日制毕业生（含结业生）共有539名，2018年签约就业率99.29%，毕业生受到用人单位的好评。

教学工作

办学特色

计算机工程学院主动适应苏州地方经济建设和社会发展对人才的需求，秉承“厚基础，强实践，创特色”的教育理念，坚持以育人为根本，以教学为中心，以服务为宗旨，以就业为导向，以质量为生命线，以能力为本位，以校企合作、工学结合为支撑点，实行“教、学、做”三位一体的人才培养模式，在理论教学过程中贯穿创新思维，在实践教学中贯彻创新能力培养，重视学生个性化发展，把工作的重心聚焦到搭建宽广创新实践舞台、凸显学生主体地位、全面提升学生的综合素质和创新实践能力之上，在历年的国家及省职业技能大赛、省计算机设计大赛等知名赛事中，学院学生屡获佳绩，赢得了广泛的社会声誉。

专业设置

2018年苏州市职业大学计算机工程学院专业设置一览表

系名称	专业名称	专业带头人	职称	学历(位)
计算机应用技术系	计算机应用技术	过 怡	副教授	本 科(硕士)
	移动应用开发	吴文庆	教 授	本 科(学士)
物联网技术系	计算机网络技术	方立刚	副教授	研究生(博士)
	物联网应用技术	刘昭斌	教 授	本 科(硕士)
软件与媒体技术系	软件技术	尚鲜连	副教授	本 科(硕士)
	动漫制作技术	周德富	教 授	研究生(硕士)

专业介绍

◎计算机应用技术——省级特色专业

专业背景：随着我国“十二五”期间物联网技术、云计算技术和三网融合技术为代表的新一代信息技术的不断发展，嵌入式产品渗入各个行业，手机、PDA、机顶盒、高清电视（HDTV）、路由器、汽车电子、数码相机、医疗仪器、航天航空设备等都是典型的嵌入式系统。同时以智能手机和平板电脑为核心的移动互联应用将超过PC应用，不仅在通讯、娱乐等个人应用领域得到广泛应用，还是物联网和云计算应用最理想的终端平台。因此相对应的嵌入式开发和移动应用方面的技术人才将呈现爆发性增长。

培养目标：本专业培养德、智、体全面发展，适应现代经济发展的需要，既掌握嵌入式系统工程专业领域的基本理论，具有较强软件开发能力和操作技能，又掌握国际主流嵌入式开发和编程语言，具备移动设备应用软件开发技术、游戏开发技术及移动互联网应用开发技术的高级应用型专门人才。培养面向生产、建设、服务和管理第一线需要的具有创新能力和职业生涯发展基础的高级实用型人才。

主要课程：计算机导论、计算机硬件技术基础、计算机语言C、数据结构、嵌入式面向对象编程规范（Java）、面向对象程序设计（Objective-C）、微机原理与汇编语言、嵌入式Linux系统管理、嵌入式系统基础应用、单片机原理与应用、实时操作系统分析与应用、嵌入式系统高级应用、SQL Server数据库技术应用、JSP商务网站设计、Android系统基础应用开发、Android系统高级应用、智能移动设备外围应用开发、Windows Phone系统3G移动应用开发等。

相关证书：本专业可获取国家计算机技术专业技术资格（水平）程序员证书、计算机程序设计员（移动应用开发Android）（高级）、嵌入式系统设计师证书、计算机职业技能鉴定证书、IT职业资格认证证书、全国技术人才培养工程职业技术证书（IPhone程序员、Android程序员、IPhone软件工程师）。

职业前景：毕业后不仅能从事计算机软硬件系统安装、维护和管理，以及多媒体设计开发工作，也能从事办公自动化管理和管理信息系统开发等方面的工作，还可从事嵌入式软硬件的开发、嵌入式系统的测试、单片机系统的开发、移动通信设备的设计、智能家电的设计、嵌入式产品的测试与维护、计算机网络应用及维护、手机软件开发、移动增值业务开发、手机游戏开发、手机嵌入式开发、移动应用产品策划与运营等通信和信息行业工作及自主开发创业。

◎软件技术——校级品牌专业

专业背景：软件技术专业是计算机领域经久不衰的专业，软件开发、测试及维护人员的需求量大。本专业是苏州市职业大学校级品牌专业，专业下设苹果软件开发、软件测试和网站开发3个方向。针对苹果产品市场占有率较高、社会对苹果软件开发人员需求量日益增加的现状，本专业与上海中锐公司合作共建苹果实验室，参加了苹果IOS开发者大学计划；本专业就软件测试和网站开发方向分别与微软公司、苏州软件测评中心和唐人数码等公司建立了校企合作关系，为学生的实训、实习及就业搭建了平台。

培养目标：本专业面向软件技术领域，培养具有软件开发、测试、维护必需的知识和技能，具有一定的外语交流能力，能够在企事业单位从事各类应用软件开发（包括网站应用开发，Apple、Windows Phone及Android等移动平台应用软件开发等）、软件测试及网站维护、数据库管理、维护和开发等工作的高技术应用型人才。

主要课程：本专业课程面向网站开发、智能手机、平板电脑等领域，课程体系覆盖移动应用的三大主流开发平台。主要课程链路包括1.苹果IOS移动应用开发课程链路：IOS操作系统及应用、面向对象程序设计（Objective-C）、IOS应用开发、IOS项目综合开发等；2.微软.NET平台及Windows Phone移动应用开发和软件测试课程链路：面向对象程序设计C#、SQL Server数据库管理和编程、Web系统UI设计、ASP.NET商务网站设计、Windows Phone应用开发、高级软件测试等；3.Java及安卓移动应用开发课程链路：程序逻辑设计与编程规范、面向对象程序设计（Java）、JavaScript高级应用、JSP商务网站设计、Android应用开发等。

培养方式：本专业实施“2+1”的培养模式，学生前两年在学校打好扎实的专业基础，第三年学生可到校外企业实训实习，积累工程经验，提高学生的工程实践能力。

相关证书：要求参加国家职业资格认定，取得相关资质证书与职业资格；苹果和Windows专业方向的学生可取得国际厂商认证证书；同时还鼓励参加全国计算机技术与软件专业技术资格（水平）考试，取得程序员、软件测试师、系统分析师等相关资格证书与职级资格。

职业前景：本专业毕业生能在软件公司、相关企业单位、科研部门、教育单位从事移动应用编码及测试（包括苹果、Android、Windows Phone三大主流平台的软件）、Web应用软件开发测试、软件销售、安装培训、售后服务、数据库开发及维护、手机游戏移植、网站设计等工作，同时具备一定的自主创业能力。

◎计算机网络技术——校级品牌专业

培养目标：本专业培养德、智、体、美等方面全面发展，能适应现代化建设和经济发展需要，具有良好职业道德和创新精神，具有熟悉网络技术的基本知识与技能，了解网络新技术的发展动态和应用前景，具有一定的网络工程项目、网络系统配置与管理能力及网络维护调试能力，具有一定的网络新技术的应用开发能力，能从事网络工程实施等现场技术应用及管理工作的高素质技术应用型人才。

主要课程：计算机网络基础、网络工程设计、交换与路由技术、网络测试与故障诊断、Windows网络管理、Linux网络管理、网络互联综合应用、实用网络程序设计、网络安全等。主要实践环节有网络安装维护实训、路由与交换实训、Windows网络管理实训、实用网络程序设计实训、Linux网络管理实训、网络测试与故障诊断实训等。

实验实训条件：江苏省现代企业信息化应用支撑软件工程技术研究开发中心、思科网络新技术实训室和锐捷万兆网络实验室、智能楼宇实训室、中软吉大网络安全实训室、RFID与WSN实训室、环境感知实训室、物联网接入与通信实训室、智能终端应用开发实训室、物联网创新实训室等。

相关证书：可以参加网络技术的职业资格认证考试，获得相应证书。其中必须具备的证书有高新技术办公软件应用（中级）和网络管理员（ATA）证书。可选证书有CIW网络安全专家、锐捷认证RCNA、思科认证CCNA、CCNP、CCIE、微软认证专家MCP、Linux网络管理员、RCHE等。

职业前景：本专业面向计算机网络技术及应用有关的一线岗位，培养可从事IT产品销售、网络工程组建、管理与维护、网站的设计与开发、简单网络编程工作的高等技术应用型专门人才。

◎动漫制作技术——苏州市优秀新专业

培养目标：本专业培养面向计算机二维动画、三维动画、建筑表现动画、影视动画等方面，具有丰富的艺术修养和优秀的动画制作能力，熟练掌握影像造型设计的基本规律，能够从事动作设计、动画场景设计、分镜脚本与构图设计、原画设计以及相关的视觉设计等工作，能通过先进的计算机动画技术进行数字视觉设计的高级复合型专门人才。

培养模式：本专业积极推行以“培养目标与社会需求相通，课程结构与工作过程相通，顶岗实习与就业岗位相通；专业教师与技术专家相融，教学场所与职业情境相融，教学内容与行业标准相融；毕业证书+职业资格证书+工作经历证书”为内涵的工学结合人才培养模式。

主要课程：角色造型设计、图像处理、二维动画、三维动画、影视特效、动画运动规律、校内外综合实训等。

学历提升：在校学生可直接参加江南大学动画设计专业专接本课程学习，通过考试可获得本科毕业证书，符合学位条件者，由主考学校授予学士学位。

行业认证：本专业在教学课程中融合行业认证体系内容，学生通过学习可获得的行业职业资格证书包括Adobe平面设计师证书、Adobe认证数码视频师、三维软件工程师认证、三维可视化设计师认证、游戏动画设计师认证、Flash动画设计师认证、高技能操作相关证书、NACG二维动画设计师证书、三维动画设计师证书、Autodesk数字合成设计师证书、Autodesk影视动画工程师证书等。

实验实训条件：本专业是省级“数字媒体与软件技术综合实训基地”的支撑专业，拥有原画实训室、无纸动画实训室、二维动画实训室、三维动画实训室、影视特效实训室、数字摄影实训室、数字摄像实训室、数字音频实训室、数字创新实训室、非编网络实训室、富媒体创意工作室等各种类型的专业实训室。

校企合作及校外实训基地：本专业与苏州欧瑞动画公司、苏州士奥动画公司、苏州智杰多媒体有限公司、苏州大好河山科技有限公司、苏州软件园培训中心、江苏天一动画有限公司等多家国内知名动画企业开展了广泛的校企合作，并联合建立多个动漫专业教学实训基地。

教学成果：本专业的学生在全国ITAT就业技能大赛、全国三维数字化科技创新大赛、省大学生“水文化”设计大赛、省大学生“领航杯”数字媒体作品大赛、苏州市优秀创意设计团队大赛、苏州（长三角地区）院校动漫作品展等各级别大赛中多次获奖，并受到用人单位的青睐。

职业前景：从业方向包括影视动漫制作行业，电视传媒行业，广告传播等商业制作行业，游戏、网络动漫等互联网互动娱乐领域，手机游戏、手机动漫等无线娱乐领域。可担任二维动画设计师，三维动画设计师，三维建模、渲染、灯光师等，平面设计师，动画绘制员，影视特效制作师，商业产品造型师。

◎物联网应用技术——校级品牌专业

培养目标：本专业培养德、智、体、美等方面全面发展，能适应现代化建设和经济发展需要，具有良好职业道德和创新精神，熟悉物联网技术领域的基本理论、基本知识，具备在物联网系统及其应用方面进行二次开发和集成的能力，能从事物联网设备维护、调试、测试、验收等工作的高端技能型专门人才。

主要课程：计算机网络基础、物联网应用技术概论、交换与路由技术、嵌入式面向对象编程规范（Java）、物联网工程设计与实施、Linux基础与驱动开发、无线传感网络应用、物联网应用开发、嵌入式系统开发与应用实践等。主要实践环节包括传感节点安装调试与维护实训、网络安装维护实训、物联网定位与监测实训、环境监控物联网系统安装和调试、物联网集成应用等，以及在企事业单位或物联网技术综合实训基地的工作实习及岗位实践。

实验实训基地：中央财政支持的物联网技术综合实训基地、江苏省现代企业信息化应用支撑软件工程技术研究开发中心、校园网环境感知实验室、物联网接入与通信实训室、RFID与WSN实训室、物联网系统集成实验室、实训大楼智能控制中心、思科网络新技术实训室、锐捷万兆网络实验室、智能楼宇实训室、中软吉大网络安全实训室、智能终端应用开发实训室等。

相关证书：可以参加物联网应用技术的职业资格认证考试，获得相应证书。其中必须具备的证书有高新技术办公软件应用（中级）和网络管理员（ATA）证书。可选证书有物联网应用工程师、物联网开发工程师、CIW网络安全专家、RCNA、CCNA、CCNP、CCIE、Linux网络管理员、RCHE等证书。

职业前景：主要担任物联网设备生产员，物联网产品检测工程师，物联网系统建设工程师，物联网工程设计、规划、营销和维护工程师，物联网设备安装员，物联网系统开发助理工程师，各企事业单位的物联网自动化管理人员与技术支持人员等。

◎移动应用开发

培养方向、重点、特色：本专业培养具有从事移动互联网领域应用软件开发工作所需的职业素质、专业实践能力，借助移动互联网终端（如手机、平板电脑等）实现传统的互联网应用服务，具有移动应用软件的编程、测试及维护能力，能从事移动智能设备软件的开发与设计、移动商务网站的设计与制作、移动应用UI交互设计与制作、微信公众平台开发、移动互联网运维等相关工作，具备团队协作及学习创新能力的技术技能型人才。

本专业是“全国移动互联网创新教育基地”和Google“Android人才培养示范基地”的支撑专业，为学生提供创业孵化平台，以学生工作室为载体，鼓励学生积极参与创新创业。

职业定位与人才流向：随着移动互联网高速发展，移动应用开发人才需求持续旺盛，就业前景广阔。本专业毕业生主要面向IT企业、政府部门、企事业单位与移动互联网相关的工作。主要担任移动应用开发工程师、移动应用UI设计师、移动互联网络维护与管理技术员、智能移动设备软件测试工程师等。可以基于App应用商城、微信公众平台进行自主创业。

学生获奖情况：近年来，本专业学生获得江苏省高等学校大学生实践创新项目3项，多次荣获全国职业院校技能大赛三等奖，获江苏省大学生计算机设计大赛一等奖，江苏省高等职业院校技能大赛二等奖、三等奖，江苏省“互联网+”大学生创新创业大赛创意类三等奖等奖项。

师资介绍

名师风采

李金祥，男，1963年9月生，陕西榆林人。现任苏州市职业大学计算机工程学院院长、教授。并任中央财政支持的职业教育实训基地建设项目——物联网应用技术实训基地主要负责人、江苏省教育厅数字媒体与软件技术实训基地建设项目负责人。江苏省特色专业“计算机应用技术”专业负责人、江苏省成人教育精品课程“计算机语言C”课程负责人、校软件技术品牌专业负责人。

自1984年来，一直从事高等教育、科研及管理工作。先后主讲本专科“计算机导论”“C语言程序设计”“计算机图形学”等10余门课程；参与“九五”国家重点科技攻关项目1项，主持、参与省市级以上教科研项目20余项；编写出版教材13本，其中《物联网应用开发》获评江苏省高等学校重点教材，《实用C语言程序设计教程》获高职高专计算机类专业教学指导委员会优秀教材；发表教学、科研论文50余篇；获得发明专利2项、实用新型专利5项、软件著作权4项；多次获校级教学成果奖和优秀教师表彰；2014年获评江苏省高校优秀共产党员；2008年获江苏省优秀毕业设计（论文）一等奖（指导教师）和苏州市先进教育工作者荣誉；2011年他的《职业院校生产性实训教学规程及质量监控机制研究》获苏州市“讲理想，比贡献”技术创新“双杯奖”——献计杯；曾获苏州市自然科学优秀学术论文二等奖1项、三等奖2项。

刘昭斌，男，1965年4月生，山东威海人，西安交通大学计算机科学与技术专业硕士。现任苏州市职业大学计算机工程学院物联网技术系主任、物联网应用技术专业带头人、教授，研究方向为感知计算与物联网。中国计算机学会高级会员。

先后在清华大学、澳大利亚北墨尔本高等技术学院和华东师范大学访学，主要承担“计算机网络基础”“网络系统工程集成”“物联网技术导论”“传感器网络”等多门课程教学工作。作为计算机网络专业带头人，主持校级品牌特色专业和精品课程建设，开发专业学习网站和资源共享平台，积极参与实验室和实训基地工作。

近5年，共发表论文20篇，其中EI收录8篇、ISTP收录1篇、核心期刊收录5篇、省级期刊收录7篇。获发明专利2项、实用新型专利2项、软件著作权3项，编著“十二五”职业教育国家规划教材1本，主编教材2本。主持完成项目9项（其中省部级项目2项、市厅级项目1项、县局级项目2项、校级项目3项），参与完成（排名前3）省部级项目2项、市级项目1项。2013年获省教学成果奖（高等教育类）二等奖，2011年获江苏省普通高校本专科优秀毕业设计（论文）一等奖（指导教师）、第十二届中国智能机器人大赛国际赛制灭火比赛大学组项目一等奖（指导教师）、全国“创新网络人才杯”实践教学大赛季军、“第十届全国多媒体课件大赛”高职组二等奖。获奖项中排名第一的奖项有15项。

周德富，男，1968年12月生，黑龙江明水人。1992年毕业于哈尔滨师范大学，现任苏州市职业大学计算机工程学院软件与媒体技术系主任、动漫设计与制作专业带头人、教授。

自参加工作以来，一直从事高等教育与科研工作，先后主讲“多媒体课件制作”“二维动画”“非线性编辑”等10余门课程，多次获得教学优质奖，获省优秀教学成果一等奖1项、校优秀教学成果奖多次，2012年被评为苏州市优秀教育工作者。主编的教材《多媒体制作技术》被评为江苏省精品教材，制作的课件多次获各种奖励。先后主持或参与省部级、市级科研和教改项目20余项，发表教科研论文30余篇，主编教材（含音像教材）8本。指导学生参加各种比赛并多次获奖，被评为全国ITAT教育工程就业技能大赛最佳指导教师。

李克清，男，1966年2月生，湖北荆门人，民盟盟员，三级教授，武汉大学计算机软件与理论专业博士，现任苏州市职业大学计算机工程学院教授。江苏省“六大人才高峰”计划、省“333高层次人才培养工程”第三层次培养对象，

苏州大学、中国矿业大学(徐州)、长江大学硕士生导师,中国计算机学会会员,中国控制与指挥学会会员,江苏省计算机学会监事会监事。曾先后担任常熟理工学院计算机科学与工程学院副院长、科学技术处副处长。

主要从事物联网应用技术、信息安全、优化设计方面的研究。先后承担或参与完成20余项国家、省、市级科技项目。科研成果获国家新产品1次,市厅级以上奖励多次,在石油录井、信息安全教育、科技社区建设、智慧农业等领域得到了应用与推广,产生了良好的经济效益和社会效益。在通信学报、软件学报等中文核心期刊上发表科技论文40余篇,申请发明专利5项,其中授权2项,获得软件著作权4项。独立指导硕士研究生20余名。

吴文庆,男,1973年1月生,黑龙江龙江人。曾在国家教育行政学院和黑龙江省委党校进修学习。曾任黑龙江省高职高专教育计算机类专业指导委员会秘书长,现任苏州市职业大学计算机工程学院移动应用开发专业带头人、教授,黑龙江省计算机学会理事、齐齐哈尔市青联委员。黑龙江省级教学团队“计算机网络技术”负责人,黑龙江省级精品课程“计算机组装与维护”课程负责人。

自1997年来,一直从事职业教育一线教学和管理工作,先后主讲本专科“计算机基础导论”“数据结构”“C语言程序设计”“计算机组成原理”等10余门课程,主持、参与省市级以上教科研项目10余项,编写出版教材7本,发表教学、科研论文近20篇,多次获校级教学成果奖和优秀教师表彰,获黑龙江省优秀共产党员荣誉称号,获齐齐哈尔市优秀教师、齐齐哈尔市新长征突击手荣誉称号。

方立刚,男,1980年9月生,安徽歙县人。2007年7月毕业于中国科学院广州地球化学研究所,并获得遥感与地理信息系统方向博士学位。现任苏州市职业大学计算机工程学院计算机网络技术专业带头人、教授,主要研究方向为环境遥感监测、计算机模拟与WebGIS开发。中国计算机学会会员。

先后主讲“计算机网络基础”“交换与路由技术”“网络综合布线”“网络系统工程集成”“计算机网络与WebGIS”等10余门课程。入选江苏省第四期“333高层次人才培养工程”第三层次培养对象和江苏省高校“青蓝工程”优秀青年骨干教师培养对象。指导学生获得2013年度江苏省高职院校物联网应用技术技能大赛三等奖,指导学生进行江苏省大学生实践创新项目研究,参与江苏省教育科学“十二五”规划和苏州市人力资源和社会保障局高技能研发等多项教改项目。现主持国家自然科学青年基金项目、江苏省自然科学青年基金项目、苏州市科技计划项目以及多个省级重点实验室开放基金项目;作为骨干参与多项国家“863”计划课题和国家自然科学基金项目,科研成果分别获得2009年度广东省环境保护科学技术奖二等奖和2013年度中国地理信息科技进步奖三等奖(排名第二),且对相关研究成果进行了推广应用,产生良好的社会效益和经济效益。在国际、国内相关学术会议和期刊上发表论文30余篇,其中SCI、EI收录论文20篇,发表的论文分别获得苏州市2008—2009年度、2010—2011年度自然科学优秀学术论文二等奖和2010年度广东省优秀学术论文三等奖。

专业带头人简介

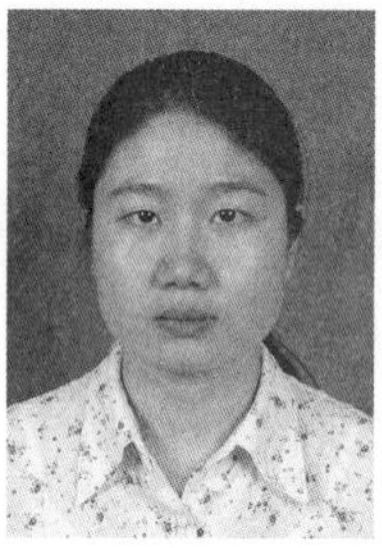

过怡,女,1977年12月生,江苏苏州人,2008年在中国科学技术大学计算机应用技术系获硕士学位。现任苏州市职业大学计算机工程学院计算机应用技术专业带头人、副教授,研究方向为计算机应用。

先后主讲“微机原理与汇编语言”“嵌入式系统基础应用”“嵌入式系统高级应用”等多门课程。主持、参与多项省级、县局级、校级科研项目,发表论文多篇,授权发明专利1项、实用新型专利1项、软件著作权多项。2012年获苏州市高技能人才培养研发课题三等奖,多次指导学生参加全国智能车竞赛、全国机器人大赛获奖。

吴文庆,苏州市职业大学计算机工程学院移动应用开发专业带头人。(详见“名师风采”部分)

刘昭斌,苏州市职业大学计算机工程学院物联网应用技术专业带头人。(详见“名师风采”部分)

尚鲜连,女,1972年12月生,山西晋城人,2006年获苏州大学计算机应用技术专业硕士学位。现任苏州市职业大学计算机工程学院软件技术专业带头人、副教授，研究方向为软件技术。

主持、参与多项省级、市级、校级科研和教改项目，主编或参编分别由东软电子出版社、北京希望出版社、电子工业出版社出版的《C#.NET应用开发项目教程》《现代软件工程》《Linux中文版应用基础》等教材，发表论文多篇，EI、ISSHP检索2篇，实用新型专利5项，软件著作权10余项。获得优秀党员、优秀班主任、教坛新秀、年度嘉奖等荣誉，获江苏省教育厅主办的省信息化大赛一等奖，多篇论文获评二、三等奖，课件获省现代教育技术二等奖，参与的省高教研究课题和市高技能课题均获一等奖，获校教学改革优秀成果一等奖。多次指导学生参加计算机设计大赛、各类软件大赛并获奖，指导毕业设计个人、团队获奖。

方立刚，苏州市职业大学计算机工程学院计算机网络技术专业带头人。（详见“名师风采”部分）

周德富，苏州市职业大学计算机工程学院动漫制作技术专业带头人。（详见“名师风采”部分）

校企合作

2018年，计算机工程学院校企合作工作在广度和深度上与去年相比均有明显拓展，各项内涵指标均已完成。

◎企业学院建设

6月11日苏州市职业大学安防学院成立，7月11日苏州市职业大学移动学院挂牌成立。学院共有4家合作的企业学院，全年开展了多次实质性活动，有新闻佐证的活动就达31次。11月，苏州市相城区人民政府与苏州市职业大学校地全面合作签约仪式在学校举行，学院与太平街道签署了“一院一镇”合作协议。本年度学院新增19家校企合作单位，覆盖了包括软件技术、物联网应用技术、计算机网络技术、计算机应用技术、动漫制作技术及新的大数据应用技术等学院所有专业，发布校企合作类新闻29条，其中在市级以上媒体上发布的有2条。

◎社会服务

3月，学院和思美特（上海）智能科技有限公司联合主办的苏州市职业大学——思美特2018第一期联合技术培训在流韵楼顺利召开，来自全国各地智能家居领域的技术工程师和计算机工程学院物联网技术系教师共50余人参加培训和研讨。5月，由省委网信办组织、天创红客训练营承办的全省新闻网站网络安全负责人培训在学院天创信息安全实训室举行，来自全省新闻网站网络安全负责人80余人参加培训。5月，由学院承办的第五届全国高校物联网应用创新大赛总决赛吸引了来自全国43所高校的400余名师生，大赛邀请美国明尼苏达大学何田教授，国家优秀青年基金获得者、北京邮电大学刘亮教授，上海交通大学博士生导师、特别研究员孔令、中山大学唐承佩副教授等国内外知名学者和亚马逊AWS行业解决方案架构师田锴，百度度秘事业部高级运营经理楠洁，新华三物联网产品技术总监苑喆等行业领先企业的技术专家担任总决赛评委。赛事获得了评委和参赛师生的好评，《扬子晚报》等新闻媒体对大赛进行了报道。8月，与中国思科合作建设思科学院，通过校企合作举办了为期10天的2018思科CCNA1–2全国师资培训，来自全国各兄弟院校的30余名专业教师参加了本次培训。

◎合作拓展

在专业、课程、实训室合作基础上，拓展了在就创业基地、党建、工会、团建等领域合作。学院2018年度党总支“书记项目”主题为“‘同在党旗下、携手共发展’——校、企、政、社、协基层党组织共建项目”，探索校、企、政、社、协基层党组织结对共建的途径与方法。学院各级党组织分别与江苏天创、苏州市公安局吴中分局交通警察大队越溪中队、苏州市吴中区越溪街道党工委签订共建协议，开展党建共建活动。

学术科研

依托省工程中心、市重点实验室等平台，紧密围绕地方经济发展需要，发挥学校在云计算、智能信息处理、数据挖掘、知识工程以及企业智能信息化应用支撑软件系统平台等方面已有的科研优势，积极参与提升苏州市在信息技术领域的自主创新能力和推动自主知识产权技术的产业化发展，促进产业结构调整和经济发展方式转变。完成了学院2018年度科研绩点的统计工作；组织完成了学院校级科研项目的申报工作；完成了学院各级各类项目申报的材料报送、统计工作。

2018年5月，由学院承办的江苏省高校计算机基础教学工作委员会2018学术年会在学校学园大厦顺利召开，省内高校从事计算机基础教学领域的领导、专家、一线教师及微软等行业技术骨干50余人齐聚一堂，共同探索在《普通高中课程方案和各学科课程标准（2017年版）》背景下，高校计算机基础教育的发展与变革。会议期间,学校细致的安排,优质的服务,给与会人员留下了美好的印象。2018全年学院教工获得市厅级以上项目立项11项;发表论文70篇,其中核心期刊收录8篇,SCI、EI检索9篇;专利授权27项,其中发明专利14项;软著授权51项。

学生工作

2018年学院的学生工作以内涵质量建设指标为契机,夯实基础的同时进行重点打造,在队伍建设、思政建设、就创业教育等领域开展了融合创新。

◎"融条块"的管理体系,适应学工队伍建设新常态

学院以年级辅导员建设为契机,学工融合管理"条块",实行网格化管理体系,由原来的"以线为主"变为"以块为主、条块结合、分工协作",学工管理任务"定人、定位、定责",学工书记、各系党支部书记、年级辅导员、条线工作辅导员、班主任、学生骨干作为网格工作人员分担挑责,辅导员岗位"一岗双责,一人双岗",并加强网格工作人员之间的协作交流,促进学生工作的高质高效。

◎"融主题""融媒体""融课堂"的思政教育,加强新时代大学生的思想引领

加强新时代大学生的思想政治教育,通过融合核心价值观教育一月一主题以及学院四自教育一月一主题,形成双主题,融合传统媒体与新媒体多种形式、融合第一课堂和第二课堂等育人载体,积极发挥核心价值观的宣传教育作用,坚定青年学生对中国特色社会主义的道路自信、理论自信、制度自信和文化自信,同时积极投身专业学习实践,提升专业技能,努力成才为创新型高技能人才。

◎"融流程""融部门"的日常服务,助力学生自我养成

深入学生做好宣讲,脚踏实地做好服务。一是围绕"服务学生"做好教学教务流程、奖助学金体系、宿舍安全卫生管理等与学生利益密切相关的规章制度、办事流程的零距离全覆盖宣讲,多部门融合联动,形成一支跨部门的宣讲队,助力学生提升学业规划能力,养成文明健康的生活习惯,做到"我的学业我明了""我的学校我了解"。二是及时发现并解决学生中存在的各类问题,线上、线下共同推进,条线服务工作及时高效,通过期初学生调研、期中教学检查跨部门共享数据主动调查问题,发现问题,想学生所想,急学生所急,有效地帮助学生更好地成长成才。三是学工、教务、实训共同探索资助育人的有效路径和方法,构建和谐温暖的育人环境。对困难学生精准定位,通过"奖、助、勤、贷、免"五位一体的助学体系精准帮扶,以定期的走访、座谈会、送温暖等形式深入了解学生,解决实际困难;重点关注家庭困难学生的学业发展,开放实训室设备与资源,鼓励和支持受助学生积极开展专业实践,通过竞赛、项目等提升专业能力和就业能力。同时鼓励受助学生通过实训助理等形式开展公益服务,关爱他人、回馈社会,达到资助育人的效果。

◎"融内外"的就业教育体系,保障学生的就业质量

一是就业基地走访。不仅领导、老师走访,学生也要走动,将就业指导生涯规划教育搬到企业现场,组织大二学生到麦迪斯顿医疗科技、玩友时代、奥拉动漫等见习、交流,加强与就业基地的沟通联系,维护好已有的就业基地,积极拓展新的就业基地,提高毕业生的对口就业率。二是结合企业学院建设,开展企业集群式专业指导、就业服务、就业招聘。如安防专场招聘会、电信企业集群专场招聘会、动漫行业企业专场宣讲会等。三是点面结合开展就创业指导,关注贫困生就业,关注就业困难群体。通过专场招聘、推荐企业等形式有针对性地进行就业帮扶。四是落实好顶岗实习学生的管理制度,指导教师、辅导员走进企业一线,开展实习、就业安全的教育引导,助力学生走好大学生涯的最后一公里。

◎"融点面"的品牌体系,特色发展有成果

充分发挥各专业自身的优势,将学生管理和专业发展有机结合,全面推进与专业深度融合的创新创业教育;结合学校内涵质量建设分解目标,抓住特色发展重点项目,确立目标,重点突破。提升IT创客中心创新创业教育品牌特色。一是完成并完善创客中心线上管理平台"创客家",推进创客教育、创客活动的精细化管理;二是重视"互联网+""挑战杯"等重要内涵指标项的推进,通过工作室指导教师会议,明确目标和责任,通过创客导师沙龙,拓宽视野积极赋能,通过项目培育会中期推进会等助力项目推进,最终取得"互联网+"创新创业大赛30项参赛和"挑战杯"省赛二等奖的成绩。

2018年学院举办分党校培训2期,参加学生153人次,通过学生128人次。培养入党积极分子78人,发展学生党员17人。

电子信息工程学院

概　况

苏州市职业大学电子信息工程学院已有30余年办学历史,目前设有电气自动化技术、智能控制技术、应用电子技术、电子信息工程技术、微电子技术、智能产品开发、通信技术7个专业,2018年新增与南非开展电气自动化技术专业合作办学的项目,继续实施与苏州科技大学合作开展的电气自动化技术专业"3+2"分段培养项目。

学院师资力量雄厚,在编教职员工94人,在校学生1645人。现有教授8人,副高职称26人,江苏省"333高层次人才培养工程"培养对象1人,江苏省高校"青蓝工程"培养对象8人,省级优秀教学团队1个,拥有苏州市技能大师工作室和吴中区技能大师工作室各1个。学院深入推进教学改革,打造人才培养特色。现有国家级教学改革试点专业1个、省级品牌专业2个,省品牌专业建设工程一期A类项目1个,省级骨干专业1个,教育部央财支持重点专业1个,省"十二五"高等学校重点建设专业群1个,2018年获批苏州市品牌专业1个。学院拥有一流的实验实训条件,建有国家高技能人才培训基地1个,省级实训基地及产教融合实训平台各1个,省工程中心1个。学院注重校企合作,调整后实质性联合人才培养的校外实训基地有42个,与苏州市光电缆业商会合作共建"苏州市光电缆行业大学",与工信部软促中心、苏州凡特斯共建NITE国家信息紧缺人才培养工程——博众·凡赛斯自动化学院,与科大讯飞共建智能应用技术学院,与大唐、西门子、友达等著名企业在共建实训基地、现代学徒制等方面实现校企深度合作。

学院服务苏州地方区域经济与社会事业发展,培养具有创新精神和实践能力的高素质技术技能人才。近年来,学生在全国和省、市级的各类电子比赛、机器人大赛及数学建模大赛中频频获奖,获省级以上大赛奖近300项。毕业生以综合素质高、专业技能强而深受用人单位欢迎,连续三年就业率在98%以上。学院人才培养成果多次被新华社、光明网等媒体报道。

教学工作

办学特色

电子信息工程学院主动适应区域经济,构建符合地方社会经济发展要求的专业体系标准,形成专业定位适应地方产业,培养目标对接岗位需求,培养过程渗透企业文化,教学形式贯穿虚实融合的专业特色。

专业建设在校企合作平台、校企协同育人和实践教学体系等方面取得了显著成效。开发面向移动学习和碎片学习的"互联网+"信息化实训资源;对接职业标准与行业规范,构建小课程、多模块、动态替换和量化考核的柔性适应、产训结合的课程体系;培养校企互兼互聘、教学与生产相融的"双师型"教学队伍。同时,为促进人才培养模式多样化,丰富学生的学习体验,拓展学生的国际视野和跨文化交流,7月15—21日,学院资助12名学生前往澳门科技大学参加为期七天的大学生暑期文化交流活动。2018年,"电气自动化技术专业'六化并举'柔性适应人才培养模式的探索与实践"获全国工业与信息化职业教育教学指导委员会教学成果奖二等奖,智能控制技术专业教学资源库入选国家级资源库备选库。

以专业社团、工作坊、项目团队和兴趣小组构成创新能力培养的主体,以专业技能竞赛、研究性课程、大学生创新项目和社会服务项目作为创新能力培养的多途径支撑载体,通过技术研修、头脑风暴、创新创业指导、项目孵化和竞赛参与等手段培养学生的创新和创业能力。在学校职能部门的大力支持下,2018年,学院与创新学院合作,重点打造了电子技术创新班项目,实施集中培养和学分置换,取得了省技能竞赛一等奖2项、二等奖2项、国赛二等奖1项的优异成绩。

学院主动开拓,实现人才培养的多模式产学合作。坚持走产学合作人才培养的道路,坚持"合作、参与、服务与分享"的校企合作原则,开展多种形式的校企合作,实现"益在学生、利在企业、誉在学校"的多方共赢。

专业设置

2018年苏州市职业大学电子信息工程学院专业设置一览表

系名称	专业名称	专业带头人	职称	学历(位)
自动化系	电气自动化技术	赵 成	副教授、高级工程师	研究生(博士)
	智能控制技术	刘 科	教授、高级工程师	研究生(硕士)
电子技术系	应用电子技术	汪义旺	副教授	研究生(硕士)
	智能产品开发	吴 尘	副教授	研究生(硕士)
	微电子技术	陈伟元	教授	研究生(博士)
通信技术系	通信技术	周 燕	副教授	研究生(博士)
	电子信息工程技术	颜廷秦	教授、高级工程师	研究生(硕士)

专业介绍

◎应用电子技术——国家教改试点专业、江苏省品牌专业、江苏省电子技术重点专业群核心专业、江苏省骨干专业

培养方向、重点、特色：本专业主要培养可从事电子产品研发、生产管理、设备维护、质量管理、技术支持、市场营销等工作的高素质技术技能型人才。专业着重培养学生创新实践能力，历届学生在国家级、省级大学生技能竞赛中屡获大奖。

本专业设立于1991年，是国家首批教改试点专业、江苏省首批品牌专业、江苏省电子技术重点专业群核心专业。现建有省光伏发电工程技术研究开发中心、新能源与智能微型电网应用实训室等先进实验室及学生创新创业工程训练中心，与中国赛宝华东分所、苏州市计量测试院等建立良好的校企合作关系。专业教学团队为江苏省优秀教学团队，有专业教师14人，其中教授2人、省名师1人、博士2人，大部分教师具有多年的企业一线实践经验。

职业定位与人才流向：结合苏州地区的电子信息产业需求，学生毕业后可在电子信息产品、工业机器人、新能源应用领域从事电子产品设计、生产、测试和设备维护与管理等高级技术工作，也可从事该领域产品的销售及技术支持工作。

主要就业单位：中国电子产品认证中心、苏州市计量测试院、中国赛宝华东分所、苏州佳世达电通有限公司、苏州英利城市光伏、苏州阿特斯、苏州协鑫光伏科技有限公司等知名企事业单位。众多毕业生在毕业三年后成为技术骨干、研发人员和中层管理干部。

◎电子信息工程技术——江苏省电子技术重点专业群骨干专业

培养方向、重点、特色：本专业是江苏省电子技术重点专业群的骨干专业，专业依托“电子信息与智能控制省级实验实训基地”和“苏州市职业大学—大唐移动联合人才培养创新基地”，形成了系统化的综合实验实训体系，树立“宽口径，可发展”的人才培养理念，突出岗位基本能力与综合能力培养。

专业师资力量雄厚，现有专任教师18人、教授4人、副教授4人、企业导师12人。专业与大唐移动通信、亨通光电、通鼎互联等知名企业进行全方位的深度校企合作，共建“苏州市光电缆行业大学”，共同培养电子信息工程及智能化系统领域的高素质技能型人才。

职业定位与人才流向：本专业就业的主要方向包括电子信息类制造企业（如三星电子、苏州中科半导体、华硕科技、博世科技）、光通信制造企业（如江苏亨通、江苏通鼎、江苏永鼎）、通信工程技术类企业等。主要从事电子信息产品的设计、开发、制造、调试和维修，电子信息产品的销售和技术支持，嵌入式系统的设计与调试以及通信工程类企业的相关工程技术岗位。

本专业学生就业渠道宽，竞争力强，历年签约率均保持在98%以上。麦可思等第三方调研结果显示，本专业毕业生在三年后的平均岗位薪资方面具有很强的竞争力，众多毕业生经过多年积累，自主创业，实现了创业梦。

◎微电子技术——江苏省电子技术重点专业群核心专业

培养方向、重点、特色：本专业主要培养从事集成电路和纳米工艺的设计开发、制造、测试工作的高级技术技能型人才。通过三年的学习，学生能够了解微电子领域中的新发展与新技术，掌握微电子技术基本理论和基本方法，具有较好的集成电路产品设计、工艺设计、产品测试、品质管理等能力。

本专业开设于2004年，是江苏省电子技术重点专业群核心专业，现建有微电子工艺实训室、集成电路版图设计实训室等先进实训室及学生创新创业工程训练中心，并与苏州中科集成电路设计中心、苏州纳米所等知名企业建立了良好的校企合作关系。

专业教学团队为江苏省优秀教学团队，有专业教师10人，其中教授2人、博士3人。大部分教师具有多年的企业一线实践经验，部分教师在“211”“985”高校有10余年的教学经历。

职业定位与人才流向：本专业毕业生可在集成电路、纳米工艺领域从事产品设计、生产、封装、测试和设备维护与管理等高级技术工作，也可从事该领域产品的销售及技术支持工作。

主要就业单位：中国科学院苏州纳米技术与纳米仿生研究所、苏州工业园区生物纳米科技园、苏州中科集成电路设计中心、苏州松下半导体、AMD等知名企事业单位。第三方调研结果显示，本专业毕业的学生经过三至五年的努力，其薪资水平通常比其他专业的高约30%。众多毕业生获得“苏州工业园区高技能领军人才”“姑苏高技能重点人才”等荣誉称号，享受政府津贴。

◎智能产品开发

培养方向、重点、特色：适应新一代电子信息产业需求，面向智能制造领域，培养具备智能电子产品和设备的设计开发、安装、调试和运行维护能力的卓越技术技能人才。

本专业开设于2018年，依托江苏省高水平骨干专业建设项目——应用电子技术，现建有智能传感器综合应用实训室、智能家居实训室等先进实训室及学生创新创业工程训练中心，并与国内人工智能领军企业科大讯飞共建智能应用技术学院。

专业教学团队有校内专业教师10人，其中教授1人、博士3人；校外兼职教师4人，其中江苏省产业教授1人。大部分教师具有多年的企业一线实践经验，部分教师在“211”“985”高校有10余年的教学经历。

职业定位与人才流向：本专业毕业生可在智能制造、人工智能应用领域从事产品设计、生产、封装、测试和设备维护与管理等高级技术工作，也可从事该领域产品的销售及技术支持工作。

◎通信技术——中央财政支持高等职业院校重点建设专业

培养方向、重点、特色：本专业主要培养具有优良的职业道德、扎实的通信技术理论知识、较高通信网络工程与技术素养的高端技能型人才。专业与大唐移动通信、亨通广电、通鼎互联等企业进行全方位的深度校企合作，共建“苏州市光电缆行业大学”。

本专业为中央财政支持高等职业院校重点建设专业，专业已建成4G移动通信网络设备系统化实验实训室，并以“苏州市职业大学—大唐移动联合人才培养创新基地”为依托，建成通信全网综合实训基地，基地全景模拟职业环境，完全对接就业岗位需求。本专业师资力量雄厚，专任教师22人、教授3人、副教授5人、企业导师14人，双师比例达100%。

职业定位与人才流向：本专业就业单位主要包括通信运营商（如中国移动、中国电信、中国联通）、通信电子设备生产制造企业（如中兴通信、华为科技、大唐移动）、通信工程设计类企事业单位等。可从事通信工程设计与督导、通信设备培训、通信终端生产与维护、通信设备生产与质量管理、移动通信系统运行维护、光传输和交换设备安装调试维护、通信及电子信息行业管理、电信部门的技术和服务、4G网络建设及运行维护、移动通信网络规划、优化等工作。

本专业学生就业竞争力强，对口率高，历年签约率均保持在98%以上。第三方调研结果显示，本专业毕业生在三年后的平均岗位薪资方面具有很强的竞争力。

◎电气自动化技术——江苏省品牌专业、江苏省品牌专业建设工程A类项目

培养方向、重点、特色：本专业培养电气及自动化控制领域的高端技术技能型人才。经过近30年的发展，形成专业定位适应地方产业，培养目标对接岗位需求，培养过程渗透企业文化，教学过程贯穿虚实融合的专业特色，在校企合作平台、校企协同育人和实践教学体系等方面成果显著。

本专业是全校第一个本专分段培养试点专业，是2015年江苏省品牌建设工程电气自动化技术专业专科类唯一的A类专业，拥有“西门子先进自动化技术示范实训中心”等一批国内一流的专业实验实训室，建立了20余家校外实训基地。本专业教学团队实力强，现有专任教师23人、教授3人、副教授9人、博士8人、企业兼职教师16人；拥有机器人和自动化技术2个校级学生专业社团；学生创新创业基地为学生提供了良好的创新创业平台。

职业定位与人才流向：本专业毕业生拥有良好的职业道德和团队精神，能从事机器人、自动化生产线和工业控制系统的安装、维护、管理和研发等工作，岗位适应能力强。近半数的毕业生在毕业三年后成为技术骨干、研发人员和中层管理干部，待遇优、前景好、发展后劲足。主要就业单位是苏州地区自动化设备研发生产企业，如儒拉玛特自动化技术苏州有限公司(德资)、苏州汇川科技有限公司、友达光电苏州有限公司、苏州凡特斯测控科技有限公司、苏州镒升工业机器人有限公司等知名企业。

◎电气自动化技术(本专分段)

培养方向、重点、特色：本专业是苏州市职业大学和苏州科技大学联办的“3+2”本科专业，以“苏州市职业大学—西门子校企联合人才培养基地”为依托，培养电气及自动化控制领域的高素质技术应用型本科人才。毕业后，可获得苏州科技大学全日制本科毕业证书。

电气自动化技术专业是2015年江苏省品牌建设工程电气自动化技术专业专科类唯一的A类专业，拥有“西门子先进自动化技术示范实训中心”等一批国内一流的专业实验实训室，建立了20余家校外实训基地。本专业教学团队实力强，现有专任教师23人、教授3人、副教授9人、博士8人、企业兼职教师16人；拥有机器人和自动化技术等2个校级学生专业社团；学生创新创业基地为学生提供了良好的创新创业平台。

职业定位与人才流向：本专业学习内容涉及电子、电子信息、自动化等多个领域。学生毕业后，能从事机器人、自动化生产线和工业控制系统的安装、维护、管理和研发等工作，岗位适应能力强，就业待遇优、前景好、发展后劲足。

本专业毕业生具备扎实的理论基础和实践能力，绝大多数同学能够进入苏州科技大学本科段学习，主要就业单位是苏州地区自动化设备与自动化产品研发生产企业，本专业与儒拉玛特自动化技术苏州有限公司(德资)、苏州汇川科技有限公司、友达光电苏州有限公司、苏州凡特斯测控科技有限公司、苏州镒升工业机器人有限公司等10余家苏州自动化设备生产企业和技术服务企业达成深度校企合作，为本专业学生提供良好的就业实习条件。

◎智能控制技术

培养方向、重点、特色：本专业主要培养智能制造与智能控制技术领域的高端技能型人才，是学校为适应“中国智造2025”国家发展战略新开设的重点建设专业。依托江苏省品牌建设工程A类专业——电气自动化技术，拥有与行业领军企业联合共建的“西门子先进自动化技术示范实训中心”等国内一流的专业实验实训室，与20余家苏州本地智能控制技术领域的企业开展校企深度合作，建立校外实训基地。本专业教学团队实力强，现专任教师23人、教授3人、副教授9人、博士6人、企业兼职教师16人；拥有机器人和自动化技术2个学生专业社团，学生创新创业基地为学生提供良好的创新创业平台。

职业定位与人才流向：本专业学生毕业后，能完成企业现代生产线的装配、调试和维护；各种智能控制系统的软硬件实现、现场安装、调试和维护；智能控制产品销售和售后等工作。

本专业毕业生主要就业单位是苏州地区智能控制系统设计类公司、智能控制设备与智能控制产品研发生产企业以及面向服务型机器人行业的软硬件配套类企业。本专业与苏州奇梦者机器人有限公司、苏州博众科技有限公司、苏州汇川科技有限公司、苏州镒升工业机器人有限公司、苏州凡特斯测控科技有限公司等10余家苏州智能控制与自动化设备生产企业和技术服务企业达成深度校企合作，建立校外实习基地，为本专业学生提供良好的就业实习条件。

师资介绍

名师风采

刘韬，男，1964年7月生，安徽泗县人，工学博士，具有博士后研究工作经历。现任苏州市职业大学电子信息工程学院副院长、教授、高级工程师。江苏省计算机学会会员，江苏省高校“青蓝工程”中青年学术带头人。曾获省级科技进步二等奖和三等奖各1项；出版《人工免疫系统及其数据挖掘应用研究》专著1本；发表专业科研论文46篇，其中23篇被SCI、EI或ISTP检索；获发明专利2项、实用新型专利5项；曾主持国家博士后基金、省级基金等课题5项，参加包括国家自然科学基金等在内的课题7项，主持教育部和财政部重点支持专业建设项目1项；指导学生毕业设计分别获省优秀毕业设计二等奖1项，校优秀毕业设计一等奖2项、三等奖2项，指导学生获全国电子竞赛一等奖1项、江苏省电子竞赛二等奖1项。

陈伟元，男，1964年3月生，广西陆川人，工学博士。现任苏州市职业大学电子信息工程学院电子技术系主任、教授，省光伏发电工程技术研究开发中心副主任，主要研究方向为电子系统设计及应用。中国高等教育研究会常务理事、苏州市电子学会常务理事、苏州市电子信息行业协会专家组成员。1989—2000年在电子科技大学工作，任副教授、硕士生导师。2000—2009年任苏州孔雀集团、苏州孔雀电子有限公司技术总监。主持国防重点预研项目、国防及军事基金预研项目共4项，主持省高校科技成果转化项目、苏州市科技工业项目共5项。参与国家科技攻关项目、国家自然科学基金项目3项。主编、副主编出版“十二五”高职国家规划教材各1本。在《半导体学报》等发表论文近30篇。主持的项目获省部级科技进步三等奖2项，已获授权的国家发明专利、实用新型专利共20余项。

周昌雄，男，1965年10月生，湖北汉川人，工学博士。现任苏州市职业大学电子信息工程学院教授，研究方向为信号处理。分别在华中师范大学、武汉理工大学、南京航空航天大学获得学士、硕士和博士学位。曾任江苏科技大学电子信息学院硕士生导师，江苏省计算机学会高级会员，担任《电子学报》《中南大学学报》审稿工作。目前共发表论文近30篇，其中EI检索12篇。主编、参编高等学校教材各1本。参与国家、省自然科学基金项目4项，主持江苏省现代企业信息化应用支撑软件工程技术研究开发中心开放基金、江苏省高职教育研究会教育研究课题及横向项目多项，为2010度江苏省高校“青蓝工程”学术带头人培养对象，曾获市科技进步三等奖和“双杯奖”以及自然科学优秀学术论文三等奖。

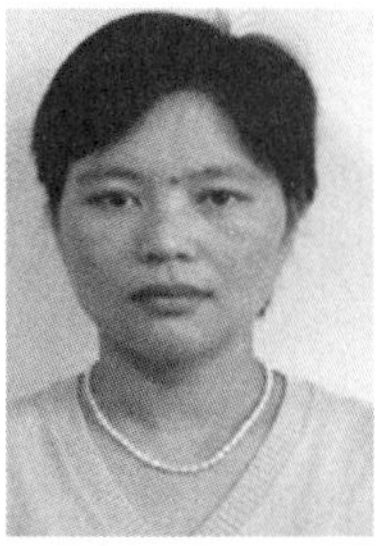

尚丽，女，1972年12月生，安徽砀山人。现任苏州市职业大学电子信息工程学院教授、高级工程师，主要研究方向为人工神经网络，数字图像处理和模式识别。2006年6月毕业于中国科学技术大学自动化系，获博士学位。主持国家自然科学基金项目2项，江苏省自然科学基金项目1项，市厅级项目2项，校级项目2项；主要参与国家自然科学基金项目和省部级项目多项。近年来在国内外刊物已发表科研论文近50篇，其中SCI期刊论文9篇，EI收录会议论文近30篇。授权软件著作权15项，授权发明专利2项。主编、参编教材3本。江苏省“333高层次人才培养工程”第三层次培养对象、江苏省高校“青蓝工程”优秀青年骨干教师培养对象。

俞兴明，男，1965年11月生，江苏苏州人。现任苏州市职业大学电子信息工程学院教授、高级工程师，主要研究方向为无线移动通信和光纤通信。1987年毕业于华南理工大学物理电子技术专业获学士学位，2003年3月获上海交通大学电子与信息工程领域工程硕士学位。有15年的企业工作经历。曾是苏州市新世纪高级青年技术人才、江苏省高校“青蓝工程”中青年骨干教师培养对象，苏州市吴江区“柔性人才”。中国通信光电缆专家委员会委员，苏州市光电缆业商会专家委员会成员、技术顾问，苏州市光电缆行业大学副校长；南京师范大学电子与通信领域工程硕士研究生导师。

主持完成省级教改课题1项，市厅级科研项目2项，校级教学及科研课题10项；曾获江苏省科技进步四等奖1项，苏州市科技进步奖二等奖1项，国家级新产品1个，江苏省高新技术产品2个；获学校和企业职务发明专利15项，实用新型专利32项；发表各类论文30篇；主编出版教材3本，参编教材3本。

李建康，男，1966年10月生，山西人。2004年毕业于西安交通大学微电子与固体电子学专业，获工学博士学位。现任苏州市职业大学电子信息工程学院教授，主要研究方向为电子薄膜材料与器件。江苏省高校“青蓝工程”中青年学术带头人，江苏省电介质物理与材料专业委员会理事，兼任苏州科技大学硕士生导师。研究领域涉及薄膜太阳能电池材料、压电材料与器件等。

主持、参与的科研项目：原总装备部军工项目、国家“973”项目、江苏省自然科学基金、江苏省高校自然科学研究计划等。目前获发明专利3项。在国内外重要刊物上发表论文30余篇，其中

SCI和EI检索论文24篇。已获得苏州市优秀教育工作者、校级优秀教师、“学生心目中好老师”等多项荣誉，所撰写论文获苏州市自然科学优秀学术论文三等奖。

颜廷秦，男，1971年5月生，江苏苏州人。2005年6月获工学硕士学位，现任苏州市职业大学电子信息工程学院教授、高级工程师，主要研究方向为人工智能。获发明和实用新型专利4项，发表各类论文16篇。

刘科，女，1968年11月生，黑龙江方正人。2004年7月获工学硕士学位，现任苏州市职业大学电子信息工程学院教授、高级工程师，主要研究方向为智能控制。主持和参加省、市、校级纵向科研项目5项，主持教改项目3项，主持完成横向项目2项；主持省级精品课1门；获发明和实用新型专利16项；发表各类论文20余篇；主编出版教材4本。

专业带头人简介

赵成，男，1974年12月生，山西平遥人。1998年7月毕业于武汉理工大学电子系工业自动化专业，获工学学士学位；1998—2001年在中国核工业二三建设公司第六工程公司驻深圳大亚湾核电站工作；2004年毕业于兰州理工大学，机械电子工程专业，获工学硕士学位；2008年毕业于上海交通大学精密仪器及机械专业，获工学博士学位。2008—2014年在中铁上海设计院集团有限公司工作，取得高级工程师职称。现任苏州市职业大学电子信息工程学院自动化系党支部书记、电气自动化专业带头人、副教授。获得优秀党员称号2次、教学优中优1次，获得2018年度优秀奖。

发表EI收录论文9篇、SCI收录论文3篇、教改论文4篇，主持完成市厅级课题2项、校级课题1项、校级研究性课程2项，主持建设智能控制技术专业国家级资源库课程一门，参与市厅级以上科研项目4项，获得软件著作权2项、专利1项。

刘科，苏州市职业大学电子信息工程学院智能控制技术专业带头人。(详见“名师风采”部分)

汪义旺，男，1981年10月生，安徽安庆人。2008年3月毕业于江南大学电力电子与电力传动专业，获得工学硕士学位；2011年7月起在国防科学技术大学学习；2014年9月在上海交通大学攻读电气工程博士学位；2016年6月至2017年6月在美国田纳西大学做访问学者。现任苏州市职业大学电子信息工程学院应用电子专业带头人、副教授。IEEE、中国电源学会、中国电子学会等会员，江苏省高校“青蓝工程”优秀青年骨干教师、中国产学研合作“工匠精神”奖获得者，荣获苏州市技术创新“杰出工程师”、苏州市“劳动模范”等称号。发表论文100余篇，申请专利100余项，获得各级科技进步奖多项，主持或参与多项纵横向科研、教改项目课题。

吴尘，女，1982年4月生，江苏苏州人。2007年毕业于德国罗森海姆应用科技大学电气工程与信息技术专业，获工学硕士学位。现任苏州市职业大学电子信息工程学院电子技术系副主任、智能产品开发专业带头人、副教授。2015年获苏州市科学技术进步奖三等奖，2016年获江苏省高等职业院校信息化教学大赛三等奖，2018年获苏州市教育教学成果奖二等奖。2010年以来，多次指导学生在省技能大赛、电子设计竞赛、“挑战杯”、毕业设计项目中获奖。核心参与江苏省高水平骨干专业“应用电子技术”专业项目建设和“十二五”省高等学校重点专业群“电子技术专业群”建设工作。主持国家职业教育专业教学资源库子项目1项，主持、参与省市级科研项目4项。发表论文10余篇。2012年参加中德电子与机电一体化高等职业学校专业骨干教师国家级培训，2013年参加电子类专业教师培训、高等职业学校专业骨干教师国家级培训，2018年参加东南大学“双师型”教师专业技能培训项目电子信息类专业国家级培训，均考核合格。

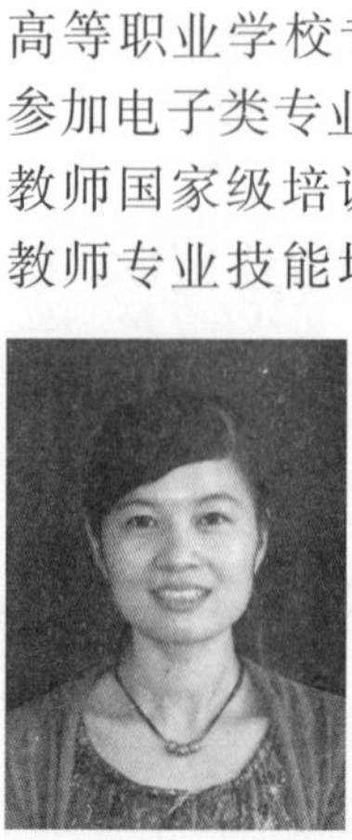

周燕，女，1980年9月生，江苏苏州人。2003年6月毕业于中国地质大学信息工程学院通信工程专业，获工学学士学位；2006年6月毕业于中国地质大学通信与信息系统专业，获工学硕士学

位；2017年6月毕业于苏州大学电子信息学院，获博士学位。现任苏州市职业大学电子信息工程学院通信技术专业带头人、副教授。

近年来，发表教科研论文30余篇，其中被SCI收录2篇，被EI收录12篇。为2017年度江苏省高校“青蓝工程”中青年学术带头人培养对象。主持江苏省自然科学基金青年基金项目1项，主持并完成江苏省研究生创新项目1项，主要参与并完成国家自然科学基金项目1项，主持苏州市科技计划项目1项，主持校科研项目2项。

颜廷秦，苏州市职业大学电子信息工程学院电子信息技术专业带头人。（详见“名师风采”部分）

陈伟元，苏州市职业大学电子信息工程学院微电子技术专业带头人。（详见“名师风采”部分）

校企合作

2018年，学院充分发掘校地合作潜力，开创校地协同、资源共享、深度融合的新局面，对外签署校企合作协议近40个，新增合作企业20余个，同时与许多企业达成合作意向，为学院专业建设与发展提供支撑。在校企合作重要成果、项目申报、平台建设等方面均取得重大突破。

（一）在学校主要领导的带领下，学校多部门配合，联合国内本科、中高职院校及行业企业联合申报的职业教育智能控制技术专业教学资源库成功入选国家级职业教育资源库备选库，编号为2018-B12，排名上有了新突破，为明年教育部正式立项打下基础。

（二）与苏州凡特斯测控科技有限公司、友达光电（苏州）有限公司校企合作教学改革成果“电气自动化技术专业‘六化并举’柔性适应人才培养模式的探索与实践”获2018年教育部工业和信息化职业教育教学指导委员会教学成果奖二等奖，这是学校在该项评奖中的新突破；与中科纳米所平台合作的教学成果“基于校所人才培养共同体的微电子杰出技术技能人才培养的创新与实践”获得2018年苏州市教育教学成果二等奖。

（三）学校作为重要支持单位，由亨通集团申报的国家级高技能人才培训基地成功获批，该基地成为吴江首家国家级高技能人才培训基地。

（四）“电子信息类创新创业教育改革项目”和“电子行业新技术及嵌入式系统开发”2个项目均被教育部高等教育司立项为产学合作协同育人项目（2017年第二批）。

（五）在中国科学院苏州纳米技术与纳米仿生研究所和苏州凡特斯测控科技有限公司支持下，完成了由苏州市教育局、苏州市人力资源和社会保障局联合组织的第二批苏州市现代职业教育定点实习企业及校企合作示范组合各1项的申报工作；中国科学院苏州纳米技术与纳米仿生研究所获批苏州市现代职业教育定点实习企业，博众·凡赛斯自动化学院校企合作示范组合获批苏州市校企合作示范组合，博众·凡赛斯自动化学院校企合作示范组合获批是学校在此项荣誉上的突破，2018年博众·凡赛斯自动化学院还获得首批苏州市职业院校优秀企业学院称号。

（六）各校企合作平台建设情况：博众·凡赛斯自动化学院经过两年多的运行和建设已取得显著成效，双主体现代学徒制人才培养项目实施方案正在探索中，学生技术能力得到提高，毕业学生深受用人单位欢迎；学校通过校商合作教育共同体——苏州市光电缆行业大学平台拓宽校企合作形式、深化校企合作内容，组建知识产权学院，面向企业员工组织多期培训班，推动跨区域合作，参与苏州市光电产业工业互联网平台建设，组织行业大师进校园，组织专场招聘会，支持学校双师基地建设等工作。学院积极在人工智能方面加强合作，2018年与国家人工智能领军企业科大讯飞签约共建科大讯飞智能应用技术学院，通过该企业学院推进智能产品开发专业建设。

（七）2018年，校企共建新实训室4个，校企合作课程开发20门与合作教材建设7本，企业向学院捐赠价值300万元的人工智能教学软件，企业设立奖助学金7项，累计7万元。

（八）产教融合提升社会服务能力情况：社会服务共12项，合同金额50余万元，到账金额近40万元；学院全年共完成3220余人次的培训任务；面向儒拉玛特的继续教育校企合作班工作开展顺利，该班级22名学生顺利毕业。

（九）连续三年承办由工信部信息化和软件服务业司指导、中国产业互联网发展联盟和工信部软促中心主办的全国智能制造（中国智造2025）创新创业大赛华东赛区比赛。

学术科研

2018年，学院教师共发表论文39篇，其中核心期刊收录4篇，CSCD、EI、SCI、SCIE等收录12篇；获发明专利12项、实用新型专利15项、软件著作权26项；申报纵向项目6项、横向项目5项。教师获苏州市科学技术进步二等奖1项、苏州市自然科学优秀学术论文三等奖2项。

学生工作

2018年学院学生工作在院党总支的领导下，坚持树立“立德树人、成就学生”的工作理念，积极创新学生工作思路，努力为学生成长成才服务。

团学工作组织领导有力，规章制度健全；重视工作队伍及网络思政建设；积极开展专项教育，加强大学生思想政治教育，抓好新生入学、毕业生离校教育；大力开展思政课堂改革，与思想政治理论教学研究部合作，全年开展思政课教学改革6次，网络平台推送文章近200篇。

以评奖评优和升学就业为依托，积极推进学风建设。2018年共有118名学生获得校奖学金，86名获各类单项奖学金，奖金额为22.45万元；校三好生、三好生标兵、优秀学生干部共计243人；2015级通信1班蔡中臣、2015级电气4（本）班张丽芝获江苏省优秀学生干部表彰；90名毕业生获评优秀毕业生，5名学生入围第十一届校园之星。开展优质专业大讨论系列活动。举行网上思想（学业）状况调查、网上思政状况调查、升学经验交流会、英语等级考试经验交流会；举行接本动员、做好转本服务。

扎实做好就业推荐服务。全年举行企业宣讲会21场、专场招聘会8场，56家单位到校招聘，共计提供1700余个就业岗位，充分利用行业大学、企业学院以及光电职教集团开展就创业讲座8次；2018年学院最终就业率为99.52%；获得江苏省“互联网+”大赛三等奖，申报“互联网+”大赛平台项目24个。

以创新班建设为龙头，提升对学生科技创新能力的培养质量。2018年学生获国家级竞赛成果74项（人），省级128项（人），市厅级28项（人），奖金额134400元，其中论文2篇、实用新型专利3项、软件著作权1项；获全国职业院校技能大赛二等奖1项、省职业院校技能大赛一等奖2项；获“挑战杯”江苏省赛一等奖1项、国赛三等奖1项，3个项目入围2019“挑战杯”培育项目，集中力量打造创新班品牌亮点。

认真做好资困助学工作，注重贫困生思想教育，配合学校做好助学贷款工作。本学年共有110名学生申请助学贷款，金额超过82万元；共有1人获国家奖学金，75人获国家励志奖学金，270人获国家助学金，83人获院助学金，6人获皓川奖学金，5人获美特奖学金，10人获镒升菱麦奖学金，2018年奖助金额突破130万元。推荐优秀校友董艳参评江苏省励志自强大学生优秀案例，资助2名优秀的贫困生参加澳科大游学项目。

做好推优入党工作，进一步规范支部党建工作。2018年共有200名新生向党组织递交了入党申请书，组织发展对象培训22人，新党员培训18人全部顺利结业；学生党支部按照上级的要求，每月开展主题党日、党课学习等，发挥了很好的战斗堡垒作用；党务干部参加发展业务培训4次，2018年团组织向党组织推优62人，发展学生党员16人，转正8人。

优化学生日常管理服务模式，创新试点请假审批流程。充分利用“互联网+”工具开展学生日常管理，进一步实施“放管服”；依托“今日校园”App“辅导猫”完成学生请假、通知、签到、查寝、活动报名、网上保修、迎新等日常管理职能，“互联网+”学工平台取得了较好的应用体验。

管理学院

概　况

管理学院于1983年建立，建立时名称为行政管理系，是学校最早建立的4个系部之一；1999年4月，行政管理系与原财经系合并改名管理系；2008年4月学校系部调整改名管理工程系；2013年1月学校系部名称调整为管理学院。

学院现有教职工54人。专职教师48人，其中教授6人，副高17人，高级职称占47.9%；讲师18人，中级职称占37.5%；博士（后）11人，硕士37人，硕博比例100%；"双师素质"教师40人，占83.3%。教师中江苏省优秀教育工作者2人，省"333高层次人才培养工程"中青年科学技术带头人1人，省高校"青蓝工程"青年学术带头人培养对象1人、青年优秀骨干教师3人，苏州市劳动模范1人，苏州市优秀教育工作者4人。

学院现有行政管理系、现代商务系、营销系3个系。设有行政管理、人力资源管理、文秘、电子商务、市场营销、物流管理、房地产经营与管理7个专业。文秘专业为江苏省首批特色专业，电子商务、市场营销（汽车服务与营销）为校级特色专业。文秘类专业群为校首批重点专业群，市场营销专业群为第二轮校级重点专业群。现有省部级精品课程6门："应用文写作""秘书礼仪""沟通技巧""文秘英语""吴文化（慕课）""秘书实务"。校级精品课程4门："电子商务概论""吴文化""现代礼仪""秘书专业英语"。

学院建有现代化实验中心，包括供应链3D仿真、物流综合、电子商务创业、汽车营销、房地产营销、文秘与行政管理、人力资源管理、文化市场经营与管理、商务礼仪、房地产市场调研模拟数据研究中心、建筑设计探索中心等25个专业教学实训室，模拟现代企业，配置先进设备，学生在仿真的企业环境中通过职业能力训练增强对岗位的适应性。学院现有吴文化研究院、吴文化传承与创新研究中心、数字经济研究中心3个科研平台。

学院2018年有全日制专科生1878人。针对本地区企业特点和用人要求，以学生就业需求为导向、可持续发展为目标，学院各专业强化人才培养特色，强化错位竞争的优势，以底蕴深厚的吴文化为背景，以职业素质教育为主线，以职业能力培养为主体，以英语和计算机教学为两翼，着力打造应用复合型一线管理人才。学院2018年普通全日制专科毕业生（含结业生）556人，就业签约率99.64%。

教学工作

办学特色

为着力打造应用复合型人才，错位竞争谋发展，管理学院各专业以学生就业需求为导向，设置特色专业，根据市场需求准确定位培养目标。人才培养强化特色：以底蕴深厚的吴文化为背景，以职业素质教育为主线，在学生素质培养方面力求独特；以职业能力培养为主体，大力改革课程教学模式，构建实践教学体系，优化实践教学模式；以英语和计算机教学为两翼，重视英语和计算机应用能力提升，培养学生复合型职业能力。学生职业素质与能力普遍较强，毕业生颇受用人单位欢迎。

专业设置

2018年苏州市职业大学管理学院专业设置一览表

系名称	专业名称	专业带头人	职称	学历（位）
行政管理系	文秘	吴蕴慧	教　授	研究生（博士）
	行政管理	陆锋明	副教授	研究生（博士）
	人力资源管理	王敏杰	教　授	研究生（硕士）
现代商务系	电子商务	孙学文	教　授	研究生（硕士）
	物流管理	孙学文	教　授	研究生（硕士）
营销系	市场营销	李文丽	教　授	研究生（博士）
	房地产经营与管理	姜能涛	副教授	研究生（硕士）

专业介绍

◎文秘——省级特色专业

培养方向与特色：本专业培养具有扎实的汉语言文学知识、秘书基本理论、管理学知识，具备办公室事务管理、常用公文写作、商务与会务组织和管理等方面的专业知识，具备秘书技能、网络信息技术处理、数据统计与分析、信息搜集与处理、市场营销、网络营销、市场调研与预测、进出口贸易、商务谈判等能力，面向苏州现代服务业与制造业企业商务助理、行政助理岗位的复合型应用型秘书人才。

本专业为江苏省首批特色专业，其鲜明的特色在于双证融通，对接岗位，素能并重，三位一体（态度首位、能力本位、文化品位），重视“办文、办事、办会”核心技能的培养。2018年，本专业学生在全国商务秘书职业技能大赛中获得团体一等奖。学生可以参加三点水文学社、书画社、秘书协会等社团活动，有效提升人文素养、职业能力和职业素养。

职业定位与人才流向：本专业学生毕业后，就业面广，适应性强，能胜任民营大中型企业及事业单位的文员、秘书、助理等工作，也能从事新闻、宣传、人事、公关、客服等相关工作。

◎文秘/汉语言文学（高级文秘）（本专科分段培养）

培养方向与特色：本专业由苏州市职业大学和苏州科技大学联合“3+2”分段培养，培养具有良好人文素质与职业道德，具有汉语言文学、秘书学、管理学和美学等学科广博的知识基础，精通秘书业务，具有较强的审美能力和语言表达能力，熟练掌握英语和办公自动化技能，能在企事业单位、党政机关等从事文秘、新闻、文化传播、公关管理等工作的高素质技能型高级文秘人才。

学校自2014年与苏州科技大学联合创办文秘专业“3+2”分段培养本科班，人才培养优势互补，既体现了苏州市职业大学省级文秘特色专业“三位一体”（态度首位、能力本位、文化品位）的人才培养特色，又体现了苏州科技大学校品牌专业汉语言文学（高级文秘）“致远务学”“德才兼顾”的人才培养方针，充分发挥两所学校的特色优势，强强联手。

职业定位与人才流向：学生完成大专阶段学业要求，取得大学英语四级证书，通过“秘书理论与实务”“应用文写作”“大学语文”等转段核心课程考核后，可以进入苏州科技大学继续本科阶段的学习，获得本科学历。目前，已有两届学生顺利转段升学。

◎电子商务——校级特色专业

培养方向与特色：本专业面向传统行业的电子商务应用企业以及新兴的电子商务服务企业，培养具备电子商务运营管理、网络营销、客户关系管理等专业知识，掌握商品拍摄及图片处理、市场信息收集与分析、客户沟通等技能，具有良好职业道德和创新精神，能从事电子商务运营、网络推广、客户服务等工作的高素质技术技能型电子商务人才。

本专业是校级特色专业、苏州市电子商务协会理事单位。通过引入百度搜索营销仿真系统、商派Ecstore和协同商务系统、供应链3D仿真等实训软件，与知名电子商务应用企业开展订单班人才培养合作，着力培养学生职业能力。学生在各类专业技能竞赛中崭露头角，获省教育厅主办的高职院校技能大赛二等奖2项、三等奖2项，获“博导前程杯”全国电子商务运营竞赛全国特等奖1项、三等奖1项；获省教育厅优秀毕业论文（设计）三等奖2项。

职业定位与人才流向：随着“互联网+”与各行各业不断融合，电子商务运营人才需求旺盛。本专业创业、就业前景广阔，部分同学借助学校的太湖众创空间成功创办企业进行电子商务运营服务，一些同学通过订单班顶岗实习成功留任欧普、科沃斯等知名企业，另一些同学通过应聘顺利入职京东、同程网、天猫等电子商务平台企业。

◎市场营销——校级特色专业

培养方向与特色：本专业结合地方特色优选两个专业方向，面向汽车营销和房地产营销行业培养具有良好职业道德和创新精神，具备服务与营销专业知识，适应企业一线需求，能够从事汽车和房地产领域营销策划、销售服务、经营管理等工作的高素质技术技能型和应用型人才。重点培养学生基本计算机操作能力、产品市场调查和评价能力、一定的销售策划和实施能力、销售现场管理能力、售后服务技能、良好的人际交流和沟通能力、良好的团队合作精神和服务意识、一定的组织协调能力、制定工作计划能力、解决实际问题能力、独立学习能力、评估总结工作结果等核心能力。本专业开展深度校企合作，以订单培养的方式实现三个对接，即专业对接行业、对接行业龙头企业、对接企业具体岗位。学生在省高职院校职业技能大赛中获二等奖1项，三等奖2项。

职业定位与人才流向：自2005年开始，本专业结合苏州地方经济发展现状及趋势，以职业岗位群能力分析为切入点，优选出汽车营销和房地产营销两个专业模块,适应汽车和房地产营销企业一线需要,针对性培养行业性市场营销人才。主要面向汽车整车、零配件销售、汽车装饰与美容、汽车金融、汽车营销策划、汽车售后服务,以及房地产销售、招商、营销策划、售后管理、二手房经纪等工作岗位。

◎行政管理

培养方向与特色:本专业主要培养精通企事业单位日常行政管理工作,掌握英语和计算机信息管理技能的高素质复合型管理人才。就业岗位为企事业单位行政助理、人事助理、销售助理和公关助理。学生毕业时,要求取得企业人力资源管理师证书。学生在就读期间可以通过学校提供的专接本、专转本等多种形式提高学历层次。

职业定位与人才流向:本专业特别注重职业能力培养,学生毕业后既能胜任企事业单位的行政管理工作,又能从事销售管理、人力资源管理、公关宣传等工作。社会需求量大,就业适应面广。近两年,毕业生就业率高达99%。

◎人力资源管理

培养方向与特色:本专业主要培养精通人力资源开发与管理业务,具备较强的组织管理和沟通协调能力,从事企事业单位人力资源管理工作的高素质技能应用型人才。学生毕业时,建议取得大学英语四级证书、人力资源和社会保障部颁发的企业人力资源管理师四级证书。可参加学校与南京大学合办的人力资源管理专业的"专接本"项目,获取本科学历。

本专业注重提升学生的综合素质和职业能力,注重培养学生的英语和计算机运用能力。2018年,本专业学生在"踏瑞杯"全国高职高专人力资源管理技能大赛区域赛中获特等奖、全国赛中获特等奖。近两年,专业报考率居全校前列。

职业定位与人才流向:本专业毕业生可在企事业单位从事招聘、考核、薪酬管理、员工培训、人事档案管理等人力资源管理方面的工作,也可在职业中介机构从事人事代理服务、人事法律法规咨询等工作,以及在企事业单位从事行政管理、客户管理、市场推广等工作。

◎房地产经营与管理

培养方向与特色:本专业培养系统掌握房地产经营与管理理论知识,熟悉房地产法律法规,具备管理学、经济学和建筑学类相关专业知识,经房地产专业技能培养,能在国内外房地产开发经营、代理领域从事房地产项目经营、营销策划、管理决策的高素质技能应用型人才。重点培养学生房地产销售能力、市场调研能力、营销策划能力、房地产投资分析能力、房地产招商能力、沟通协调能力、客户服务能力、物业管理能力、英语应用能力等专业核心能力。本专业与同策房产咨询股份有限公司进行深度校企合作,专设"同策房地产学院",引入行业标准,定制开发专业课程,以房地产全流程策划营销专业实训平台提高实践技能,实现零距离、高质量就业。

职业定位与人才流向:学生毕业可从事房地产投资分析、房地产项目管理、房地产估价、房地产营销、房地产经营与开发管理等工作,也可选择在同策房产咨询股份有限公司就职。学生毕业后,基于所学房地产经营管理知识和技能,快速适应房地产行业发展需要,可向房地产运营管理、销售组织、营销策划决策及物业服务管理等更高层次的管理领域发展。

◎物流管理

培养方向与特色:本专业培养具有良好的综合素质、扎实的理论知识,熟悉物流企业和企业物流管理的业务流程,具有较强物流经营管理实践能力,能从事物流相关岗位操作和经营管理的高素质技术技能人才,具有向物流统筹决策、供应链管理和预测等更高层次领域发展的潜力。专业拥有良好的教学条件、实力雄厚的师资和校外实习实训基地,实践环节包括沙盘模拟实训、配送中心实训、供应链管理实训、第三方物流实训、国际物流单证技能实训等10余项。经十余年的专业建设,已形成以就业为导向,基于校企合作、工学结合的人才培养模式,开设有京东、顺丰订单班。历年江苏省物流技能大赛中成绩优异,分获一等奖1项、二等奖3项、二等奖2项。

职业定位与人才流向:学生毕业后,可从事物流企业的运输管理、仓储管理、配送管理、报关报检、货代及物流信息系统维护等工作,也可从事生产企业的采购管理、库存控制、生产运作管理及ERP系统的维护工作,还能从事供应链系统和配送中心设计的助理工作等。

师资介绍

名师风采

孙学文,男,1967年10月生,内蒙古通辽人,硕士,1990年毕业于吉林大学经济管理学院。现

任苏州市职业大学管理学院院长、教授，主要研究方向为电子商务、数字经济。

曾被评为新世纪吉林省高等学校学科建设工程中青年骨干教师，江苏省第三期、第四期“333高层次人才培养工程”中青年科学技术带头人，苏州市紧缺高层次人才引进资助对象。

主持项目获吉林省优秀教学成果三等奖2项，担任课程负责人的2门课程被评为吉林省优秀课，主持省、市科研及教研课题20余项，发表CSSCI、EI、核心期刊论文10余篇。

王敏杰，女，1964年10月生，江苏宜兴人，文学硕士。现任苏州市职业大学管理学院行政管理系主任、教授，研究方向为高职教育、秘书学、写作学和吴地文学。曾获评苏州市优秀教育工作者和江苏省优秀教育工作者。

主讲“应用文写作”“商务活动管理”“秘书实务与应用文写作综合实训”等课程。担任秘书职业技能大赛指导教师，多次获优秀指导教师称号。主持的“应用文写作”课程被评为江苏省高等学校精品课程，编著的《应用文写作实训》获大学出版社协会优秀教材二等奖，主编的《财经应用文写作》被列入普通高等教育“十一五”和“十二五”国家级规划教材，被中国科学院教材建设委员会评为全国高职高专财会专业规划教材一等奖。

近5年发表论文10余篇，主持市级以上课题近10项。主持的苏州市社科联课题“苏州和谐社区建设的现状与对策研究”研究成果获苏州市社科联优秀成果一等奖，并获江苏省社科联优秀成果一等奖。

吴蕴慧，女，1977年6月生，江苏南通人。2003年毕业于苏州大学人文学院汉语言文字学专业，获文学硕士学位，2006年获文学博士学位。现任苏州市职业大学管理学院教授。

曾获江苏省教育工作先进个人(优秀教育工作者)、苏州市优秀教育工作者、苏州市“五一巾帼标兵”称号。为江苏省高校“青蓝工程”优秀骨干教师培养对象，江苏省高校“青蓝工程”中青年学术带头人培养对象。获澳大利亚TEA四级证书。

主要从事礼仪文化、吴文化、秘书学、高职教育方面的教学和研究工作。近5年主持并完成课题10项，其中市厅级以上课题4项；主编教材2本，参与编写教材、专著8本，撰写专著1本，发表专业研究论文32篇。

所撰写的专著获苏州市第十二次哲学社会科学优秀成果三等奖，所撰写的教育、教学论文在全国性文秘专业教学成果评比中多次获奖。

宋桂友，男，1965年3月生，山东费县人。文学博士，博士后，教授，现任苏州市职业大学吴文化研究院副院长、江苏高校哲学社会科学重点建设基地吴文化传承与创新研究中心执行主任、苏州大学硕士研究生导师。

自1981年12月起开始文学创作，2001年读研究生后主要从事现当代文学研究，近年较多从事文化研究与文化产业研究。20多年来共在《人民日报》《南方周末》《满族文学》《山东文学》《黄河诗报》《星星诗刊》《文艺争鸣》《名作欣赏》等百余种报刊发表各类文章800余篇，获得各级各类文学奖10余次；主持、参与国家和省部级研究项目4项，出版专著、合著5本，大学教材2本。

任中国诗歌学会会员、中国硬笔书法协会会员、江苏省作家协会会员、中国中外文艺理论学会会员、中国微型小说学会会员、江苏省微型小说研究会副秘书长。

李文丽，女，1971年2月生，吉林九台人，管理学博士。现任苏州市职业大学管理学院教授，主要从事技术创新管理、知识产权管理、职业教育方面的研究工作。

主持完成省级以上课题10余项、参与省市级项目20余项，出版专著1本，主编教材1本，发表论文30余篇，其中CSSCI检索4篇，北大核心检索7篇，CPCI、EI检索6篇。获得2018年吉林省教学成果三等奖。获得吉林省第九届教育科学优秀教学成果奖一等奖。

祖国峰，男，1973年10月生，黑龙江五常人，博士研究生。现任苏州市职业大学管理学院教授，研究方向为营销及财税理论与实践、可持续发展等。

曾任黑龙江民族职业学院教学指导委员会副主任委员、学术委员会委员、经济管理学科带头人，主持教育部—中软国际校企产学合作协同育人项目、省重点专业建设项目、省中高职衔接贯通培养试点专业项目。曾兼任人力资源和社会保障部职业技能鉴定（营销师）高级考评员、黑龙江省高职高专财经教指委委员、黑龙江省物流行指委委员、黑龙江省教育规划办课题评审专家、黑龙江省中小学教师资格考试评审（面试）专家等。

现为国家级教学资源库高职移动商务专业子项目“移动商务客服”联建单位负责人，主要参与资源库开发建设。先后参与国家民委课题1项，主持国家民委子课题1项，主持省教育厅、高教学会、教育规划办课题4项；发表EI、核心及省级以上学术论文20余篇；主编、主审教材2本，副主编教材5本；授权实用新型专利2项，外观设计专利3项；曾获第一届黑龙江省普通高等学校教学管理质量奖，获黑龙江省高教学会优秀高等教育科研成果奖三等奖2项，获黑龙江省级市场营销大赛优秀指导教师三等奖2项。

专业带头人简介

吴蕴慧，苏州市职业大学管理学院文秘专业带头人。（详见“名师风采”部分）

陆锋明，男，1979年9月生，江苏宜兴人。2007年毕业于苏州大学政治学专业，获法学博士学位。现任苏州市职业大学管理学院行政管理专业带头人、副教授。

主要从事政治学、行政管理学等方面的教学和研究工作，近年来主持校级课题1项，横向课题1项，参与市厅级课题多项。在国内刊物发表论文10余篇，其中CSSCI论文多篇。

王敏杰，苏州市职业大学管理学院人力资源管理专业带头人。（详见“名师风采”部分）

孙学文，苏州市职业大学管理学院电子商务专业、物流管理专业带头人。（详见“名师风采”部分）

李文丽，苏州市职业大学管理学院市场营销专业带头人。（详见“名师风采”部分）

姜能涛，男，1981年11月生，山东淄博人。2008年毕业于东南大学经济管理学院，获理学硕士，现任苏州市职业大学管理学院营销系主任、房地产经营与管理专业带头人、副教授。

主要从事工商管理课程教学和研究工作。近年来，主持科研课题8项，其中市厅级3项，县局级2项，校级课题2项，横向课题1项；主持校级重点教改项目1项，指导江苏省大学生创新实践研究项目2项，校级研究性课程3项；公开发表论文13篇，其中核心期刊2篇、EI1篇、ISTP2篇、省级10篇；出版教材（担任副主编）1本。

曾获苏州市第十三次哲学社会科学优秀成果二等奖1项，校级教学奖励2项，指导学生参加职业技能大赛获省级二等奖2项，市级一等奖1项，先后获得苏州市职业大学年度考核优秀并嘉奖3次，获评校级优秀班主任4次。

校企合作

学院始终以产教融合为立足点，深化校企合作，助推学院内涵建设。

◎合作签约

与京东集团、苏宁集团、江苏德邦物流有限公司等13家单位签订校企合作协议，共建校外实习基地，以期未来在人才培养、订单合作、实习就业、校内外实训基地共建、课程共建及“双师型”教师培养等方面深入开展合作。

◎订单培养

稳步推进订单人才培养项目，将订单式教育渗透到学生培养的全过程，保证顶岗实习与对口就业的规模。2018年，学院顺利组建华成班、同策班、京东班、顺丰班、欧普照明班、科沃斯班6个订单班，共计171名学生。

◎校企共建开发课程

与苏州市同策房地产经纪有限公司、苏州华成集团有限公司等12家企业开展校企合作，校企共建开发“房地产策划实训”“汽车营销实务”等12门课程。

◎校企合作开发教材

与上海圆迈贸易有限公司、欧普照明股份有限公司等12家企业开展校企合作，共同开发“物流综合实训手册”“网络营销”等12本教材。

◎校企合作共建实训室

与苏州同策房地产经纪有限公司在学校干将路校区同策房地产学院合作共建房地产营销专业机房1间。同策公司主要参与了规划布局设计和专业软件功能需求的论证，为项目的成功实施打下了坚实的基础。

◎校地合作

与苏州市相城区文体局签订校地协同合作框架协议1项。

◎校企合作示范组合项目

成功立项校级校企合作示范组合项目2项：孙学文主持的“基于校企共同体‘华成学院’培养汽销人才的探索与实践”；戴涵莘主持的“‘职大—同策’双主体共育房地产服务业高技能人才”。

◎校企合作课题项目

成功立项校级校企合作课题项目1项：秦天程主持的“校企协同模式下高职学生顶岗实习评价优化研究与实践”。

◎企业学院

继续推进同策学院、华成学院和会议中心企业大学建设，开展实质性合作项目，共同培养建设“双师型”教师队伍，分别签约建设了3个“双师型”教师培养培训基地，并选派5名优秀青年教师下企业实践，报送了3份企业年报及1个校企合作典型案例。

◎走访交流

学院领导带领相关专业教师多次到企业进行走访和调研。分别走访了苏州华成集团有限公司、苏州市同策房地产经纪有限公司和苏州市会议中心3家深度合作企业，加强企业学院的建设，丰富校企合作内涵；走访苏宁易购、御庭酒店等新企业，了解企业需求及人才培养情况，建立良好的合作关系；学院领导及专业教师带领大一新生到苏州华成集团有限公司、苏州市同策房地产经纪有限公司等企业参观学习。

◎专家讲座

先后邀请了京东集团人力资源部主管、星巴克咖啡江苏区人力资源总监、科沃斯机器人股份有限公司培训部主管、苏州贝业新兄弟物流总经理、苏州安知鱼电子商务有限公司总经理、苏州工业园区人力资源开发有限公司资深顾问、安榭度假酒店苏州区域总经理到校为学生授课及开设讲座，介绍行业动态和前沿知识，丰富学生的知识面。

◎赛事承办

2018年，学院成功承办由苏州市教育局、苏州国际教育园管理办公室与苏州市吴中区人力资源和社会保障局共同主办的苏州国际教育园——吴中区第三届校企技能PK大赛（营销综合能力赛项），苏州华成集团有限公司与学院专业团队共同策划大赛方案，指导比赛选手并选派代表队参赛，苏州市同策房地产经纪有限公司选派评委，星巴克咖啡公司选派代表队参赛，保证了此次大赛的成功举办。

学术科研

学院重点打造吴文化研究品牌，吴文化传承与创新研究中心成功获批江苏高校哲学社会科学重点建设基地。学院制定奖励政策，支持教师积极申报各级各类科研项目，全年获批省部级项目2项，市厅级科研课题10项，县局级课题2项。发表学术论文52篇，其中CSSCI 4篇，核心期刊1篇。由苏州市委研究室和市委改革办主办的《决策参考》和由苏州市人民政府研究室主办的《调研通报》刊载了学院两位老师的文章。

学生工作

◎立德树人，做好大学生思想政治教育工作

加强队伍建设。理顺日常工作中辅导员、班主任的职责关系，初步形成条块结合、分工负责、相互联动、齐抓共管的工作思路；做好辅导员分工调整，设置年级辅导员；召开辅导员工作例会和专项工作会议，传达校学生工作例会精神，布置具体工作并制定工作进度表；召开班主任会议，明确工作要求并掌握班级动态；开展专题学习和培训，提高新形势下辅导员和班主任的责任意识、服务思维和管理能力。2018年，学院辅导员获省高校辅导员工作案例二等奖1项，承担市高职高专院校学生工作课题1项，在省级期刊发表论文1篇。8人获评校优秀班主任。

积极发挥校园新媒体主渠道作用。推广“苏职大管理学院学工在线”微信公众号，开设“吴文化书香韵”公众号；加强对管理团队的选拔、培训和指导，制定主题、精心选材，严格审核，通过文字、图片、语音和视频等形式全方位宣传主流核心价值观，报道学校重要工作、学院重大活动、学工最新动态，发布各专业最新资讯和技能，提供实用的学习技能和信息服务。积极发挥校园媒体主渠道作用，集聚向上向善正能量。

以党建带团建。学生党支部加强自身建设，现有党员18人，发展对象8人，入党积极分子119人。支部将水乡文化的内涵延伸与“两学一做”学习教育的行动要求相结合，以“水”为“引”组织活动，确定了生动形象的载体，增强了支部的凝聚力、创造力和战斗力，《融“水的文化”　行“两学一做”》入选第二届全国高校“两学一做”支部风采展示活动推荐展示成果，支部学生获省教育系统关工委2018年主题征文活动三等奖；学院召开第五次团代表大会暨第五次学代会，选举产生新一届团委委员、学生会主席团。加强对学生干部的选拔与培养，提高工作能力，强化自律意识、奉献意识和服务意识。

◎成就学生，深化创业教育和就业指导

开展创业教育活动。发挥由辅导员、专业教师、创业导师、创业成功人士和企业专业人员等组成的创业师资团队的作用，培养学生的创新意识、增强学生的创业能力；邀请企业专家做创业专题讲座9场，普及创业知识，传授创业经验。开展创业教育和培训，对有创业意愿的大三毕业生进行培训，为他们提供服务，鼓励扶持毕业生自主创业。

创新活动成绩喜人。2018年，学院组织学生积极参加各级各类技能竞赛类创新活动，取得了可喜成绩，获第三届全国高职高专人力资源管理技能大赛团体特等奖、“慧文杯”第八届全国商务秘书职业技能大赛团体一等奖、江苏省高等职业院校技能大赛二等奖；学院承办苏州国际教育园——吴中区第三届校企技能PK大赛（营销综合能力赛项），吸引6支院校代表队、6支企业代表队，共计48人参赛，并获二等奖，加强了校地、校企、校际交流，促进了学院对高技能人才的培养。

提供全方位就业服务。做好特殊困难毕业生的就业帮扶指导工作，帮扶指导各类学生共计29人。邀请3名优秀毕业生重返校园，用自身成长打开学生的发展视角；建立毕业生跟踪机制，为就业管理提供保障。举办9场就业指导讲座，使学生了解本专业就业形势及有关内容。精心策划、认真筹备，主动对接企业，大力拓宽就业渠道，充分挖掘就业机会。2018年，学院组织15场专场招聘会，1场综合招聘会，共提供招聘岗位1496个，学生大型综合招聘会参与率81.65%。学院2018届毕业生556人，就业人数554人，初次就业率99.64%。

◎文化育人，推进文化素质教育活动

推进传统文化和地域文化教育活动。学院充分利用自身吴文化特色品牌资源，在新生入学教育中安排吴文化园参观环节，依托地域文化资源开展研究性课程学习，以“吴文化讲坛”为平台推进地域文化进校园，做好“吴文化讲解团”的选拔与培养，吸纳16名2018级新生加入；“吴文化讲解团”现有学生讲解员39人，年度接待参观来访约2100人次，使学生在浓郁的文化氛围中接受文化沐浴，提升正能量，并将优秀的地域文化内化为自己的意志品德、行为规范和进取动力；2018年，承办《扬子晚报》小记者吴文化传承挑战活动、苏州广播电视总台无线苏州小萌娃中秋节走进吴文化园活动、苏州市妇女儿童活动中心小学员吴文化寻根之旅、“相聚一甲子”原苏工专老校友返校聚会等系列活动，并被多家市级媒体宣传报道，扩大了对外影响，受到了广泛好评。

发挥学生社团文化育人功能。充分发挥学生社团作用，开展“以诗会友”苏州高校联合诗词大会、三校友谊辩论赛、礼仪协会第九届“礼仪风采”大赛、“品味经典，共赏诗文”国学知识比赛等主题鲜明、丰富多彩的校园文化活动，促进学生综合素质的内化和能力的全面发展，其中，三点水文学社在苏州市高校联合诗词大会上荣获二等奖；学院整合资源，组建全新的蒲公英义务服务队，深化与苏州市妇女儿童活动中心、流浪动物救助中心、苏州工业园区唯亭街道共建大学生志愿服务基地的服务工作，2018年，学生志愿者积极参与学院迎新、对外接待、暑期实践社区“三下乡”等各项活动，在唯亭街道古娄一村、二村等社区，通过“护‘小小候鸟’，续‘教育力量’”“续‘文化血脉’，护‘地球安宁’”“小小少年当自强，共建幸福满唯亭”等活动展风采、树形象，为学院赢得了良好的社会声誉。

加强企业文化素质教育。推动发挥产业文化育人在校园文化建设中的作用，通过物质文化、行为文化和制度文化对学生的行为习惯进行养成训练，将企业思想、发展愿景，管理理念提前导入到学生教育中，努力将校园文化融入产业文化内容，并贯穿于育人全过程；积极实施校企互动，组织订单班学生到企业走访参观、参加企业联欢会等各项活动，提高学生归属感、使命感，激发学生学习动力，推动优秀企业文化精华融入校园文化；邀请合作企业人员参与课程教学，渗透企业文化；改进教学环境设计，融入企业文化要素；深化基于校企合作的就业指导工作，邀请企业参与学生就业指导工作，为学生开展求职简历制作及模拟面试等教育培训、岗位实践指导等专业培训。

◎以人为本，夯实各项日常管理工作

加强日常规范及安全管理。修订学院的各项学生管理规定，做到每项具体工作都有相对应的规章制度，严格要求和规范学生日常行为；承办校诚信主题宣传展示海报活动，精选资助、考试、学术诚信案例，教育引导学生全方位强化诚信意识，塑造健康品格，构建向上向善校园文化氛围；承办“国家安全法”“反间谍法”知识竞赛，全程由学生组织实施，筑牢思想防线，强化法律意识，得到主办方苏州市吴中区政法委的高度评价；加强安全管理队伍建设，健全安全员组织网络，确保安全管理的网格化；利用重大节假日和关键时间点，对学生进行安全教育，及时发布安全预警；定期召开安全教育会议和主题班会，加强安全教育宣传；加强对学生宿舍的常规化检查，及时发现、排除安全隐患。进一步发挥宿舍自我管理组织的自我管理、自我服务和自我教育功能，建立良好舍风；本年度获评校文明标兵宿舍2个、文明宿舍14个、文明标兵班级1个、文明班级4个。

规范开展奖、助、贷、勤工作。严格按照学校规定公开公正地开展对优秀学生的奖励，对经济困难学生的资助、贷款工作；加强勤工俭学岗位的管理，引导学生形成正确的劳动观和价值观；奖助工作通过扎实细致的政策宣传、以人为本的分类组织、真诚入心的教育感化，多管齐下，层层推进，成效良好。2018年，学院学生1人获国家奖学金，58人获国家励志奖学金；1人获评省级优秀学生干部，1人获评市共青团先进个人；515人获校优秀学生奖学金、先进个人荣誉。

加强心理健康教育工作。积极参加校第十五届心理健康节，承办广场宣传活动，在微海报、微文、心理主题班会等项目中取得佳绩；组织多样化的心理健康宣传，把心理健康教育渗透到学生日常管理工作；举办班级心理主题班会，在学生中普及心理健康知识，帮助心理困难学生学会调适心态；坚持每两周一次各班级心理委员例会，及时掌握各班级同学心理动态。完成2018级新生心理测评，参与率达100%；开展新生心理委员竞聘，健全心理委员队伍；组织新生参加防艾知识讲座，广泛宣传大学生心理健康知识。

做好入学、离校教育工作。学院精心制定方案，周密部署安排，调动多方力量，做好迎新工作；召开2018级新生开学典礼，组织安全、入党、学籍管理等主题教育，以系为单位，开展专家讲座、技能大赛观摩、参观校企合作企业等专业教育活动，帮助新生熟悉大学生活，做好学业、职业、生活各项规划，切实迈好大学生活第一步；做好2018届毕业生文明离校教育，开展毕业生安全教育、推进“清风”活动，调整好毕业生的心态，真正做到文明安全离校。

商学院

概　况

商学院是学校为加强学科专业建设，提升办学层次，满足苏州经济社会发展对财经商贸人才的需求而设立的重点院（部）之一。学院下设会计系、金融与法律系、国际经济与贸易系3个系。开设会计、审计、财务管理、证券与期货、金融管理、报关与国际货运、国际经济与贸易、法律事务8个专业。其中会计专业为省级特色专业和省级骨干专业，金融专业为苏州市高职院校优秀新专业，会计专业群为省级重点建设专业群，国际贸易专业群为校级重点专业群。

商学院现有教职工70人，其中专任教师65人。专任教师中研究员1人、副教授31人，高级职称占49%；博士5人、硕士52人，硕博比例占88%。省高校“青蓝工程”培养对象1人、校“青蓝工程”培养对象2人，苏州市优秀教育工作者1人，苏州市职业教育先进个人1人。师资队伍教科研能力强，成果丰硕。

商学院拥有现代化实训中心，建有包括会计、金融、国际贸易、法律、ERP沙盘、跨专业综合训练等18个仿真模拟实训室。近年来学院加强政行企校合作，注重与行业、企业的密切联系，目前已与阿里巴巴网络技术有限公司、德邦物流股份有限公司和新道科技股份有限公司等30多家企业建立了合作关系，在校企合作共同培养人才、制定培养方案、共同开发课程、编写教材、提供学生实习等方面做了大量工作，也取得了一定的成果。

商学院学生生源质量好，就业率高。连续三年毕业生就业率高达98%以上，人才培养特色在苏州地区享有很高的社会声誉，毕业生深受用人单位好评。

教学工作

办学特色

商学院坚持“诚信、笃行、严谨、求真”的院训，人才培养以就业为导向，以政—校—企合作为平台，以学生职业素质和职业能力培养为主线，积极推行工学结合人才培养模式，加强课程体系和教学内容改革，强化人才培养特色，服务地方经济。

专业设置

2018年苏州市职业大学商学院专业设置一览表

系名称	专业名称	专业带头人	职称	学历（位）
会计系	会计	汤　泉	副教授	本　科（学士）
	审计	刘淑春	副教授	本　科（硕士）
	财务管理	丁　俊	副教授	研究生（硕士）
金融与法律系	证券与期货	戴　明	副教授	研究生（硕士）
	金融管理	向　群	副教授	研究生（博士）
	法律事务	李东华	副教授	本　科（硕士）
国际经济与贸易系	报关与国际货运	焦　燕	讲　师	本　科（学士）
	国际经济与贸易	陈丽红	副教授	本　科（硕士）

专业介绍

◎会计——省级特色专业

培养方向：会计专业于1988年设置，是江苏省省级特色专业（2010年）、江苏省“十二五”高等学校重点专业（2012年），并拥有江苏省高职会计专业两个省级人才培养模式创新实验基地之一（2010年），建成有江苏省唯一依托专业建设的“会计文化馆”（2014年）。培养掌握现代会计理论和实务，具备熟练会计业务操作技能，面向苏南长三角地区企业事业单位，会计、税务、代理记账等中介服务机构，适应会计核算、会计咨询、纳税申报、统计工作、仓库管理等岗位需要的高素质技能型人才。

职业定位和人才流向：近五年来，会计专业毕业生就业率一直保持在98%以上，其毕业后所从事的工作与所学专业的吻合度达到85%以上，居全校前三名，远高于全省57%~59%的平均水平。毕业生广受用人单位青睐。如莱克电气股份有限公司、用友股份有限公司、苏州航天信息有限公司、如家酒店集团等大型企业集团，以及江苏天宏华信、江苏君和博瑞、苏州俊成等会计师事务所、税务师事务所等社会中介服务机构成为会计专业毕业生稳定的就业基地，其中很多企业财务部超过三分之一、四分之一人员是来自学校会计专业的毕业生。为社会培养了一大批优秀的会计专业人才，得到了社会各界的广泛好评与认可，赢得了良好的社会声誉。

◎审计

培养方向：本专业旨在培养具备经济学、管理学的基本理论，掌握会计学、审计学专业知识，通晓会计、审计技术与方法，熟悉相关的法律、法规，具有熟练业务操作技能，适应社会需要的高素质技能型人才。

职业定位和人才流向：学生毕业具有较广泛的就业领域，就业地域主要集中在长三角地区；主要可在生产制造、商贸服务、金融等行业企业从事会计工作、内部审计工作，以及在会计师事务所、税务师事务所、代理记账公司等社会中介服务机构从事助理审计、代理记账、管理咨询等工作。苏州君和博瑞税务师事务所、苏州俊成会计师事务所等校企合作单位都有本专业学生就业。

◎财务管理

培养方向：本专业培养面向苏南长三角地区企事业单位，会计、税务、代理记账等中介服务机构，掌握现代财务管理理论和实务，既具备会计核算方面的知识和技能，同时又具有财务管理、税务核算与管理和金融投资等方面业务知识和技能的高素质技能型人才。

职业定位和人才流向：本专业毕业的学生就业面广，毕业生既可在各类企业从事会计核算、财务分析、营运资金管理和企业投资理财等工作，又可在金融证券机构从事投资理财或资金运作方面的工作，还可去会计师事务所、税务师事务所等社会中介服务机构，为客户提供财务管理、咨询方面的服务，职业发展前景广阔。莱克电器股份有限公司、用友软件公司苏州分公司等校企合作单位都有本专业学生就业。

◎会计（中外合作）

培养方向：本专业培养掌握现代会计理论和实务、具备熟练会计业务操作技能，面向苏南长三角地区企业事业单位，会计、税务、代理记账等中介服务机构，适应会计核算、会计咨询、纳税申报、统计工作、仓库管理等岗位需要的高素质技能型人才。本专业由学校与澳大利亚启思蒙学院的合作办学，实施与国际接轨的教学方式，学制三年。

职业定位和人才流向：学生毕业后既可在生产制造、商贸服务、金融等企业从事会计工作、内部审计工作；也可在会计师事务所、税务师事务所、代理记账公司等社会中介服务机构从事助理审计、代理记账、管理咨询等工作。通过学分互认机制，中外合作办学学生在国内学习期间累积的学分可直接被国外高校认可，节省时间、费用，为学生出国留学提供了条件。

◎证券与期货

培养方向：本专业主要面向证券公司、期货公司、保险公司等传统金融企业的网点和金融产品网络营销平台、大数据处理中心等新型金融服务企业，培养全面掌握金融、证券、期货的基本知识和基本技能，能熟练从事金融、证券、期货业务的高素质技能型人才。

职业定位和人才流向：本专业毕业生应具有“守信、求新、勤勉、乐业”的良好职业素养，具有证券综合柜员、期货综合柜员、证券经纪、期货经纪、商业银行综合柜员、保险展业等岗位所需的金融业务能力，同时具有金融业务咨询、客户开发、产品营销、客户关系维护等金融营销服务能力，能够从事证券公司、期货公司、保险公司综合柜员业务；能够胜任证券公司、期货公司、保险公司、金融产品网络营销平台等传统金融企业和新型金融服务企业的营销服务工作，并具备向外汇交易、证券组合、保险理财等交易岗位进一步发展的潜力。

◎金融管理

培养方向：本专业主要面向商业银行、证券公司、保险公司等传统金融企业及其他各类新型金融企业，培养具有“守信、求新、勤勉、乐业”的良好职业素养，全面掌握金融行业的基本知识和基本技能，能熟练从事金融服务和营销的高素质技能型人才。本专业为苏州市高职院校优秀新专业，与中国民生银行、中国人寿保险公司、东吴证券公司等金融机构建立了广泛的联系。

职业定位和人才流向：本专业毕业生具有商业银行综合柜员、商业银行客户服务、证券公司经纪服务、保险公司客户服务等岗位所需要的操作能力，同时具有金融业务咨询、客户开发、产品营销、客户关系维护等金融营销服务能力。能够在银行、证券公司、保险公司及其他相关企业从事服务和管理工作。

◎报关与国际货运

培养方向：本专业注重对外经济贸易基本理论及实践技能的学习和对学生专业英语综合能力的强化训练，培养具有国际货运管理及报关必备的基础知识和技能，能从事报关与国际货运业务的高素质技能型人才。

职业定位和人才流向：学生毕业后可在外经贸单位或涉外企业中从事报关、货代、物流、船务和报检等工作，也可在中国的海外投资公司和中介服务机构从事外经贸、涉外商务代理、涉外咨询和商务文秘等工作。为保证学生的实习与就业，学院与德邦物流签订了订单班培养协议，与苏州市报关集团等10余家企业建立长期稳定的校企合作关系，还与报关行指委合作建立了“国际关务人才培养基地”。

◎国际经济与贸易

培养方向：本专业培养面向外贸企业、跨境电商企业和报关公司等企业相关岗位，具备优良综合素质，掌握扎实的外经贸专业理论知识，具有较强的外贸英语听、说、读、写、译综合运用能力以及良好的进出口业务操作技能、外贸制单能力和国际商务洽谈技能的高素质技能型人才。

职业定位和人才流向：学生毕业后，可在进出口公司或外资企业从事进出口、外贸单证、外贸跟单业务，可在企业从事跨境电商业务，也可从事外商投资咨询公司或跨国营销集团的商务管理、涉外咨询、涉外商务文秘及外贸业务管理等岗位工作。本专业与多家企业开展校企合作，拥有多家校外实习基地。与阿里巴巴共建跨境电商人才培育基地，共育跨境电商英才，进一步拓宽本专业学生实习、就业渠道。苏州恒润进出口有限公司、苏州恒润纺织品进出口有限公司等校企合作单位都有本专业学生就业。

◎法律事务

培养方向：本专业培养面向司法机关、律师事务所、企业基层岗位，掌握法律基础知识、法律思维方法，具备沟通、速录、信息、文书能力，辅助法官、律师和企业高管处理各类法律事务工作的高素质技能型人才。

职业定位和人才流向：本专业的职业定位是司法机关、律师事务所、企业高级法律工作人员的辅助岗位人才，如书记员、律师助理、法务助理、总经理秘书等。近两年很多毕业学生在法院从事书记员工作，仅苏州市吴江区人民法院，就招录了本专业20名学生做书记员。苏州工业园区人民法院、苏州虎丘区人民法院和苏州市中级人民法院等各级法院与学校合作进行书记员订单培养。

师资介绍

名师风采

吴庆荣，曾用名吴为，男，1959年11月生，江苏南通人，法学硕士。现任苏州市职业大学东吴法治研究所所长、教授、日本长冈大学兼职教授、苏州市人民政府行政复议委员会委员。

曾参与《国家安全法》《国家安全法实施细则》起草、修改工作。著有我国第一部国家安全法、国家安全行政法领域的专著教材，并被评为北京市高等学校精品教材和我国21世纪规划教材。目前承担部级项目2项。在《中国法学》《江海学刊》等刊物上发表专业论文百余篇。

专业带头人简介

汤泉，男，1968年8月生，江苏南京人，2011年毕业于香港中文大学高级财务人员会计专业，获会计专业硕士学位。现任苏州市职业大学商学院会计系主任、会计专业带头人、副教授、高级会计师，同时担任江苏省、苏州市二级财政绩效评价专家，在江苏天宏华信会计师事务所有限公司苏州分所兼任高级经理。主持、参与省级、市级、区级财政专项资金的预算目标审核，财政资金支出绩效评价，以及财政资金绩效审计工作。

主要从事财务会计、成本会计、内部审计等方面教学，以及会计实务、财政绩效评价、内部控制等方面研究工作。近年来主持完成省级特色专业建设1项，作为主要成员参与省级项目3项，主编教材2本。

2011—2012学年起，连续5个学年在学校教学质量评议中被评为“优秀”，被授予“教学质量奖”；2015年5月，荣获苏州市“全市职业教育先进个人”称号。

刘淑春，女，1971年11月生，吉林省松原人。1995年毕业于河海大学会计专业，获得学士学位，2002年8月毕业于南京大学会计专业，获得硕士

学位，现任苏州市职业大学商学院审计专业带头人、副教授。

主要从事财务会计、成本会计的研究工作，目前主持会计与审计专业的教学工作。近年来在省级以上刊物发表了多篇论文，主持并完成江苏省高等学校大学生实践创新训练项目《苏南地区中小企业税负调查》，主持并完成校级研究性课程1项。主编教材1本。2011—2012学年起，3个学年在学校教学质量评议中被评为“优秀”，被授予“教学质量奖”，两次获评“优秀班主任”。

丁俊，女，1976年12月生，江苏镇江人。2005年毕业于上海财经大学会计学专业，获管理学硕士学位。中国注册会计师协会非执业会员，澳大利亚拉筹伯大学、加拿大温莎大学访问学者。现任苏州市职业大学商学院财务管理专业带头人、副教授，为2017年江苏省高校“青蓝工程”优秀青年骨干教师培养对象。

主要从事基础会计、财务管理、财务报表分析等方面教学，以及会计与审计理论、高等职业教育等方面研究工作。近年来主持或参与省市级课题10余项，在核心期刊上发表论文近10篇，出版专著《会计理论研究》（合著）1本。其中，1篇论文获2016年镇江市第十一届哲学社会科学优秀成果三等奖，专著获2013年镇江市优秀科技论文（专著）二等奖、2012年镇江市第九届哲学社会科学优秀成果二等奖。作为主要成员获得2017年省教学成果二等奖，为江苏省高水平骨干专业建设项目核心成员。2017年获“教学质量奖”，所授课程“财务管理B”获评2017年校十佳优质课程。

戴明，男，1963年10月生，江苏苏州人，硕士研究生。2001年毕业于苏州大学金融学专业，获得经济学硕士学位，现任苏州市职业大学商学院金融与法律系主任、证券与期货专业带头人、副教授。

主要从事经济学、金融学教学及科研工作。近年来主持校级科研项目2项、参与省级科研项目2项；主持校级重点课程群“经济学课程群”建设1项，并于2009年底顺利结题；编著、主编教材2本。自2010年起主持校级特色专业——金融与证券专业的建设工作，并于2012年底顺利结题；2013年完成金融与证券专业创建苏州市“优秀新专业”的申报、立项工作，并于2015年底顺利结题。

近年来获得省级科研奖励1项（2008年获得“江苏省社科应用研究精品工程”优秀成果二等奖）、市级科研奖励2项（2003年获得苏州市第七次哲学社会科学优秀成果三等奖、2007年获得苏州市“讲理想、比贡献”科技进步“双杯奖”）。2007年9月参加江苏省高职商贸教师赴新加坡培训项目，并顺利结业。2007年12月在苏州市新世纪高级青年专业技术人才管理期满时，考核获评优秀。2011—2012学年、2012—2013学年、2016—2017学年教学质量被评定为“优”，并于2011—2012学年、2016—2017学年被授予苏州市职业大学“教学质量奖”。

向群，女，1978年12月生，安徽芜湖人。2011年毕业于苏州大学金融系，获经济学博士学位。现任苏州市职业大学商学院金融管理专业带头人、副教授、中级经济师。2014年赴澳大利亚启思蒙学院学习，获Certificate IV 证书。

主要从事金融学概论、国际金融、经济学等课程的教学，以及金融理论与政策方向的研究工作。近年来主持完成省教育厅哲学社会科学项目1项、各类校级纵横向课题3项；参编学术专著1本、教材1本，在《金融与经济》等各类经济学期刊发表高水平学术论文10余篇。

李东华，男，1977年6月生，重庆人。1999年毕业于华东政法学院（已更名为华东政法大学）国际经济法专业，获大学本科学历、法学学士学位；2008年毕业于苏州大学宪法学与行政法学专业，获法学硕士学位；2010年9月至2011年7月在华东政法大学做宪法学与行政法学专业访问学者；2016年9月赴加拿大多伦多百年理工学院学习；2017年6月赴中共江苏省委党校参加省哲学社会科学教学科研骨干研修班学习。现任苏州市职业大学商学院法律事务专业带头人、副教授。上海市锦天城（苏州）律师事务所兼职律师，第十五届、十六届苏州市人民代表大会常务委员会立法顾问专家。主要从事“宪法”“商法”“国际经济法”“房地产法”等课程的教学工作,同时从事苏州市房地产经纪人员培训工作,近年主要从事房地产、物业管理、公司等法律问题的实务和研究工作。

焦燕,女,1977年11月生,江苏省苏州人。对外经济与贸易大学研究生在读,现任苏州市职业大学商学院报关与国际货运专业带头人。长期担任苏州工业园区五百强德资外企软技能内训师,长期参与安徽大科人才服务有限公司、苏州优贸网络科技有限公司业务实践并担任业务顾问。

主要从事国际商务、跨境电子商务等方向的专业课程教学与研究工作。近年来主编、参编多本教材,主持、参与多项课题。多次被评为教学质量优秀、获教学质量奖。2018年指导的学生毕业论文获校级优秀毕业论文三等奖。2016年至今主要负责商学院与阿里巴巴跨境人才培育基地的具体工作。

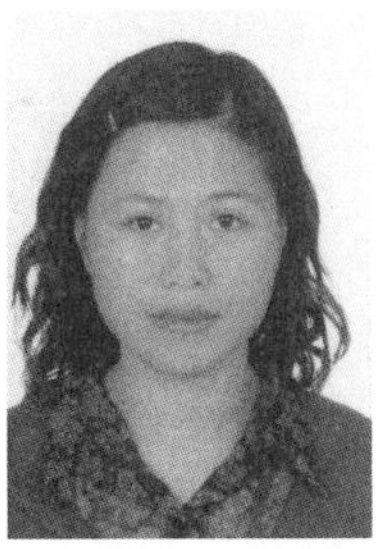

陈丽红,女,1972年9月生,安徽安庆人。2008年获苏州大学经济学硕士学位,现任苏州市职业大学商学院国际经济与贸易专业带头人、副教授。1995—1997年就职于中国银行,从事国际结算工作。长期在苏州工业园区中辰进出口有限公司参加业务实践。

主要从事国际贸易实务、外贸单证实务等方向的专业课程教学及研究工作。近年来在学术刊物上发表多篇论文,主编、参编多本教材,主持、参与多项课题。2017年指导的学生毕业论文获2016年度江苏省高等学校本专科优秀毕业论文三等奖,并多次获得校级优秀毕业论文一、二、三等奖。

校企合作

2018年,商学院坚持以就业为导向,按培养高素质高技能人才的专业定位要求,推行校企合作人才培养模式,进一步加强校企合作,扩展和密切与行业、企业的联系,积极探索与企业合作办学的方式和方法,学院充分利用合作办学企业的各项优势,在专业建设、人才培养计划、课程设置、师资建设、教学改革、课题研发、培训实习方案、订单培养等多方面开展校企合作,实现资源共享、优势互补、共同发展,合作模式灵活多样,促进了双方共同发展,达到学校、企业和学生三赢。

◎加强师资培训

与新道科技股份有限公司合作共建的新道企业学院开展了5项实质性合作项目。一是新道师资研究院苏州市职业大学分院召开管理会计实训与大赛师资交流会,来自省内8所兄弟院校的20余位教师参加了交流会;二是与用友网络科技股份有限公司苏州分公司签署了“双师型”教师培养培训基地;三是暑期派遣了许一清、黄鹂2位老师进行为期两个月的社会实践,提高教师的专业技能,促进师资队伍综合水平的提高;四是组织学生参加用友NC集团企业ERP项目的实施,这项活动不仅提高了学生的专业综合技能,而且增强了学生对企业文化、企业规章制度的了解,培养了学生吃苦耐劳的精神;五是引入新道公司的先天特质沙盘课程、ARE课程、I实习课程等,并进行了大量的师生培训,全面提升学生专业技能。

◎共育跨境电商人才

与阿里巴巴公司共育跨境电商人才。2018年,商学院与阿里巴巴公司合作进行了第三期跨境电商人才培训,2016级国贸、报关两个专业50名同学参加学徒制班的培训学习,首次引入企业真实账务进行实操训练,学生通过培训完成相关课程考核,全部获得了阿里巴巴跨境电商师(三级)证书,进入阿里巴巴跨境电商人才双选会成功签约,获得企业好评。

◎设立国际关务人才培养基地

获全国报关职业教育教学指导委员会批准设立了江苏省首个国际关务人才培养基地。为推动报关及相关专业的建设发展,对关务后备人才的学习、就业、社会实践等工作起到积极作用。

◎签订校企合作单位

2018年新增校企合作签约企业12家。商学院原有校企合作企业46家,2018年新增12家,现共有58家。其中会计系22家、国际经济与贸易系17家、金融与法律系19家。校企合作双方共同制订人才培养方案,开发校企合作课程,组建人才培养基地,开展订单班培养,为学生的顶岗实习、毕业实习提供了有力的保障。

◎举办专题讲座

聘请企业专家举办系列专题讲座。聘请企业专家到校为学院师生做专题讲座8场,深化了校企之间深层次的合作。

◎共建“订单”培养模式

校企合作共建“订单”培养模式。校企合作共建订单班5个，与苏州市中级人民法院、虎丘区人民法院和吴江区人民法院共建“书记员”订单班，与阿里巴巴共建“跨境电商”订单班，与如家酒店集团共建“如家”会计订单班，与俊诚会计师事务所共建“俊诚”会计订单班，与中国人寿保险公司共建“保险业务员”订单班。

◎共同开发课程、编写教材

商学院2018年校企合作成果明显，申报“校企协同培育跨境电商人才新途径探索——基于苏州市职业大学阿里巴巴跨境电商人才培养项目”的苏州高职高专院校“产教融合、校企合作”教育改革研究课题1项，获苏州市教育局重点课题立项；申报并立项校级校企合作示范组合项目“苏职大—新道”新商科人才培养创新训练平台项目1项。校企合作开发《企业财务审计实务》等教材8本，共建共享校内实训室2个。

学术科研

充分调动教师从事科研积极性，发挥教师专业优势，支持教师科研工作。2018年商学院完成科研业绩点10445个，较去年增长了83.9%；教师发表论文30篇，其中核心期刊4篇；申报省级科研项目立项2项、市厅级科研项目立项5项、县局级项目3项；获市级科研成果奖2项；横向项目立项3项，到账经费35万。在加强实训室规范安全管理的同时，2018年建设完成了2个实训室，分别是新商科智慧教室和跨境电商实训室，并做好了项目的完工验收工作。目前，2个实训室都已投入使用。

学生工作

创新思政工作载体，引领学生思想进步。2018年，学院以党的十九大会议精神为指导，继续深入贯彻全国与全省高校思想政治工作会议精神要求，以建设国家一流品质院校为目标，突出思想教育的核心地位，做好学生思想引领工作，切实发挥高校思想育人功能。

◎学风建设

创新学风建设方法，促进学生学业发展。今年，学院创新入学教育模式，军训期间通过每日的主题教育，充分调动学生的积极性与主动性；设计的课程包括理想信念教育、素养发展教育、学涯教育、我的青春故事报告会等，同时2018年每位报到的学生都能领到学院和校企合作单位共同为学生制作的迎新礼包。校企合作迎新，可以促进对学生的职业规划意识教育，帮助他们树立正确的就业观，激发他们对专业学习的热情与动力，为就业做好积极准备。

◎团学工作

创新感恩教育平台，深化学生素质教育。苏州市吴中区红庄爱心小屋，历经五年的坚持与坚守，已经成为学院感恩社会、志愿服务的基地与品牌项目。2018年经团省委、江苏省红十字会评选，荣获江苏省优秀七彩志愿服务示范项目。学院法律协会申报并开展的苏州市青少年禁毒宣传教育，以暑期爱心小屋夏令营活动为载体，开展社区禁毒志愿服务系列活动。经苏州市禁毒办、团市委等相关领导评审，该项目成为10个“优秀项目”之一。

◎安全教育工作

创新安全教育途径，保障学生健康成长。2018年，学院在新生入学期间，先后安排了招商银行、中国银行相关人员开展对新生的金融安全知识讲座。通过互联网金融诈骗安全教育，帮助学生树立正确的金钱观，珍惜父母的血汗钱，学会正确理财，提高防骗技能，保证人身财产安全。

◎就业工作

创新就业培训模式，成就学生成长成才。订单班、学徒班是校企深化合作的表现，既能发挥学校对人才培养的系统化优势，又能发挥企业培养人才的专业化优势，2018年学院与阿里巴巴的校企合作不断挖掘深度，拓展广度，推进高度，形成双赢格局。

1.校企合作高度不断升级。从2015年以校园专场招聘会形式开始，2016、2017年开设订单班，2018年开设学徒班，校企合作一年上一个台阶。现在正在努力与阿里以及阿里的合作企业无缝对接，实现企业提供产品资源，阿里提供商业平台与技术支持，商学院提供人力资源的三方利益共同体。

2.校企合作广度不断拓展。随着与阿里巴巴合作的推进和2016届、2017届学生的口碑，近三年阿里订单班人数从14人增至50人，双选会参加企业数从20家增至65家。双选会模式也有创新，先由学生做自我介绍和业绩展示，再由企业学生交叉提问进行双向选择。

3.校企合作深度不断挖掘。为更好地与企业合作，满足企业需求，学院连续两年对专业课程结构做出较大调整，增加9门跨境电商相关课程，企业课程最早前置至第三学期，并且聘请阿里培训师授课，实现对学生的校企联合培训。2018年，学徒班工作成效显著，实现在校生开单的突破。

教育与人文学院

概　况

教育与人文学院师范教育的历史最早可以追溯到1912年成立的江苏省立第二女子师范学校，吴健雄院士、钱易院士等著名科学家，全国妇联原副主席罗琼曾在这里就读。

学院设有旅游管理、会展策划与管理、食品营养与检测、网络新闻与传播和学前教育5个专业，在校生1375人。全院现有教职工77人，其中正高职称6人、副高职称39人、博士12人。江苏省高校"青蓝工程"5人，江苏省"333高层次人才培养工程"跨世纪专业技术人才学科带头人和新世纪专业技术人才学科带头人1人。

学院实训中心设施设备完备，下设学前教育实训中心、食品营养检测中心、旅游与会展管理实训中心和新闻与采编实训室、会展实训室、食品加工（焙烤）实训室等专业实验实训场所等，建筑面积3000余平方米，配有2000余台套设备，设备价值1500余万元。还建有中国丝绸产品技术创新与应用公共服务平台、江苏省作家协会儿童文学创研基地等科研基地。

学院与企业（学校）长期保持紧密的合作，在首旅如家集团、苏州原创读行学堂文化旅游发展股份有限公司、江苏远见控股集团、苏州市进出口检验检疫中心、华测检测技术有限公司、苏州市实验小学附属幼儿园、江苏省新苏师范学校附属小学附设幼儿园等建立了实训基地。2016年与澳大利亚坎根学院合作招收学前教育专业中外合作学生，2017年与凯莱酒店集团共建成立了英凯睿智国际旅游管理学院，引进国外先进专业课程和实践教学经验。

教学工作

办学特色

学院以抓教师素质教育为重点，以校企融合为抓手，全面提升学院人才培养水平，逐步形成了宽口径、厚基础、重创新的办学模式，即"学科专业知识+职业素质和职业技能+可持续发展素质教育"三位一体的可持续发展型培养模式，以教师职业素质教育和可持续发展为办学特色。

具体的办学思路：明确办学指导思想，突出教学中心地位；实施人才强系和"双师型"战略，努力提高师资队伍水平；加大专业和课程建设力度，促进教学质量提高；整体设计实践实训，完善职业能力训练体系。

专业设置

2018年苏州市职业大学教育与人文学院专业设置一览表

系名称	专业名称	专业带头人	职称	学历（位）
教师教育系	学前教育	王　平	副教授	研究生（硕士）
旅游与文化传播系	旅游管理	刘昌雪	副教授	研究生（硕士）
	会展策划与管理	顾　伟	副教授	研究生（硕士）
	网络新闻与传播	齐　红	教　授	研究生（硕士）
食品与检测系	食品营养与检测	李邦玉	教　授	研究生（博士）

专业介绍

◎学前教育

专业特色：本专业突出综合性与实践性，与澳大利亚坎根学院建有良好的中外合作关系。主要使学生掌握儿童发展和儿童教育等基本理念、了解学前教育的基本规律、习得针对儿童实施教育的方法；养成能说会跳、能写能画、能唱能弹等专业技能和较强的动手操作能力；具备良好的教师素养和一定的教育研究能力。

培养目标：本专业培养具有良好职业道德、具备一定教育研究能力，能适应幼儿园教师等幼教工作岗位的高素质应用型人才。本专业学生要求具备广泛的文化素养、扎实的教育教学能力以及一定的艺术实践能力。

主要课程：儿童发展心理学、学前教育学、儿童卫生学、幼儿游戏、幼儿园各科教学法、舞蹈、钢琴与即兴弹唱等课程。

◎旅游管理

专业特色：本专业重视旅游人才的职业素养和专业技能培养，大胆探索校企合作人才培养新模式，与凯莱酒店集团共建英凯睿智国际旅游学院，积极开展美国饭店协会资格证书培训、如家文化进校园等活动，培养应用型旅游管理人才。

培养目标：坚持立足地方、服务地方，培养适应现代旅游业发展需要，掌握先进旅游企业服务理念、服务技能和管理方法，具有国际交流能力的高级应用旅游管理人才。

主要课程：旅游学概论、旅游服务心理、中国旅游民俗、导游基础知识、导游业务、旅游市场营销、旅游电子商务、酒品与饮料、旅游自媒体运作、会展概论等。

◎会展策划与管理

专业特色：秉持“学做结合”的教育理念，通过“会展企业家进校园”“学生自办展”等创新培养途径，巩固和发展与大型会展知名企业的长期合作伙伴关系，强化对学生会展项目实际运作能力的培养。

培养目标：面向苏州及长三角地区展览、会议、奖励旅游、商务活动等会展及相关行业培养高素质技能型人才。本专业学生具有运用会展专业知识，策划、设计、组织和实施大、中型展会的能力，掌握会展项目实施过程中所需的基本技能。

主要课程：会展概论、会展场馆管理与服务、会展专业英语、会展营销、会展文案、会展政策与法规、会展策划与实务等。

◎网络新闻与传播

专业特色：重视网络编辑与人文素养的双重提升，注重技术类课程和人文类课程并举，着力培养学生的网络新闻与信息的采访、写作、编辑、加工能力，以及良好的新媒介素养，适应互联网时代“技术+人文”并重的人才需求特点。

培养目标：本专业培养文化底蕴深厚、具有互联网时代的现代新闻信息传播理念，具备新媒介与融媒体信息的采、写、编、评、摄、录、播等各项能力的高素质复合型人才。毕业生可在各类门户网站、微信公号、App等新媒介从事新闻信息的采集与编辑、网站的运营与维护、活动的文案与策划等工作。

主要课程：网络传播概论、新闻采访与写作、计算机图文设计、网络新闻编辑实务、新闻网页设计与制作、新闻摄影与摄像、新闻图片与视频编辑、媒介管理、粉丝文化、文学鉴赏等。

◎食品营养与检测

专业特色：本专业是学校在建品牌专业，师资力量雄厚，实验实训设施完备，在食品药品及环境检测、营养咨询及食品加工方面特色鲜明。学生多次在全国教指委技能比赛中获得金奖、银奖，30%的学生能通过专转本考试提升学历层次。

培养目标：主要从事食品药品检验、品控及管理、营养食品开发、营养咨询调查、膳食营养评价和指导等工作。学生主要在各级食品药品监督管理机构、第三方检测公司、大型食品药品企业、餐饮企业、营养咨询机构等就业。

主要课程：食品营养学、营养配餐与设计、食品感官检验、食品加工技术概论、焙烤食品加工技术、食品营销、食品理化检验技术、食品卫生与质量管理、食品安全检测技术、环境监测、药品检测技术。

师资介绍

名师风采

李世超，男，1958年4月生，江苏苏州人，研究员级高级工程师。现任苏州市职业大学丝绸应用技术研究所所长，曾任苏州丝绸博物馆馆长、书记等职务，长期从事科技、文化的管理与研究工作。先后主持和承担了国家科技攻关、江苏省科技攻关以及苏州市等各类科研课题30余项，多次获得部、省、市各级科技进步等奖项。获得国家发明专利10余项，发表核心期刊论文20余篇。为江苏省“333高层次人才培养工程”跨世纪专业技术人才学科带头人和新世纪专业技术人才学科带头人，获江苏省有突出贡献的中青年专家和江苏省劳动模范等称号，入选《中国当代发明家大辞典》《中国当代文博专家志》。

王一梅，女，1970年1月生，江苏苏州人，大学本科，一级作家。现任苏州市职业大学儿童文学研究所所长，苏州市作家协会副主席，江苏省作家协会理事，中国儿童文学研究会理事。出版图书100余册，著有长篇童话《鼹鼠的月亮河》《木偶的森林》，小说《城市的眼睛》，纪实小说《一片小树林》，短篇童话《书本里的蚂蚁》

《蔷薇别墅的老鼠》等。《胡萝卜先生的长胡子》入选部编版小学语文教材。作品获第十届中宣部精神文明“五个一”工程奖、第五届全国优秀儿童文学奖、第六届全国优秀儿童文学奖、第五届国家图书奖等奖项。

齐红，女，1970年11月生，山东济宁人，文学硕士。现任苏州市职业大学教育与人文学院人文素质教研室教授。曾在《当代作家评论》《文艺争鸣》《当代文坛》《南方文坛》《齐鲁学刊》《长城》等核心期刊发表论文数篇，出版《心灵的炼狱》《世纪之交的女性写作》《目送芳尘：民国知识女性的生命寻踪》等3本著作。成果曾获江苏省哲学社会科学优秀成果三等奖、苏州市哲学社会科学优秀成果三等奖、叶圣陶文学奖、金圣叹文学评论二等奖等。编写教材《女性生命认知与情感教育》《文学：生命之旅》2本，并于2017年完成2门人文通识核心课程的在线资源建设，分别在“智慧树”“高校邦”“中国大学慕课”等平台面向全国高校开放。江苏省高校“青蓝工程”优秀青年骨干教师，2016年当选为苏州市吴中区人大代表，2017年被评为苏州市职业大学首届“教学名师”，2018年被评为苏州市优秀教师。

汝骅，女，1967年8月生，江苏苏州人，医学硕士。现任苏州市职业大学教育与人文学院教授、国家二级食品检验员，中国营养学会会员、亚太临床营养学会会员、江苏省高校“青蓝工程”优秀青年骨干教师，并兼全国食品工业职业教育教学指导委员会食品安全与检测专业教学指导委员会委员、苏州市食品安全与营养学会理事等职。主要从事营养与健康方向教学与研究工作，主持3项、主要参与（排名前3）4项含国家自然科学基金、科技部科技型中小企业技术创新基金、江苏省教育科学规划课题、江苏省社科研究应用精品课题等项目在内的国家级、省级课题，出版个人专著1本，并在*Hauswirtschaft und Wissenschaft*和《卫生研究》《食品研究与开发》等国内外杂志上公开发表论文近40篇。

石娟，女，1978年10月生，黑龙江哈尔滨人，苏州大学博士，华东师范大学博士后。现任苏州市职业大学教育与人文学院副教授。主持国家社科

基金重大项目子项目1项，教育部人文社科青年基金项目1项，中国博士后第52批面上项目二等资助1项，市厅级项目4项，参与国家社科基金3项。在《中国现代文学研究丛刊》《新文学史料》《文艺理论研究》等刊物发表论文近30篇。著有《〈新闻报〉副刊研究（1928—1937）——以文学/文化的商业运作为中心》（台湾花木兰文化出版社2015年版），参著《中国现代通俗文学与通俗文化互文研究》（范伯群主编，江苏凤凰教育出版社2017年版）。曾获第二届中国高校社科期刊青年编辑业务技能大赛一等奖，全国首届报刊编辑技能大赛江苏赛区一等奖；2014年度全国首届报刊编辑技能大赛金奖等奖项。

李邦玉，男，1968年7月生，安徽宣城人，理学博士。现任苏州市职业大学教育与人文学院食品与检测研究室主任、教授，中国化学会会员。一直从事一线教学工作，讲授“无机化学基础及实验”“有机化学基础及实验”等课程。指导学生技能竞赛辅导多次获江苏省工业分析与检验大赛团体二、三等奖；指导学生毕业论文多次荣获江苏省教育厅二等奖及校一、二等奖。坚持指导大学生创新训练项目和研究性学习。主要从事食品营养与检测等方面的研究，功能材料合成及纺织品功能整理等。在《有机化学》《结构化学》《合成化学》《食品工业科技》《江苏农业科学》和*Polyhedron*、*J. Organomet. Chem.*等国内外学术刊物上发表了多篇论文。提倡个性化教学教育，信奉“天生学生必有用，不拘一格育人才”。

刘中文，男，1964年7月生，文学博士。现任苏州市职业大学教育与人文学院教授，兼任中国陶渊明研究学会副会长，中国韵文学会会员。曾任哈尔滨师范大学硕士生研究生导师。多次获“哈尔滨师范大学教学优质奖”，获1998年“哈尔滨师范大学曾宪梓奖教奖”。主要从事陶渊明接受研究，曾主持黑龙江省教育厅人文社会科学研究项目1项，哈尔滨师范大学科研基金项目1项。学术著作《唐代陶渊明接受研究》获2008年黑龙江省高校人文社会科学研究优秀成果二等奖、

第十三届黑龙江省社会科学优秀科研成果三等奖。在《文学评论》《学术交流》《求是学刊》《中国韵文学刊》《苏州大学学报》等学术期刊上发表论文30余篇。

孙宗广,男,1968年7月生,山东费县人,文学博士,民进会员。现任苏州市职业大学教育与人文学院副教授。主要讲授“外国文学”“中国新闻传播史”“散文小说写作”等课程,教学经验丰富,能够做到理论与实践相结合。侧重于英美文学研究,在《南方文坛》《电影文学》《江苏大学学报》等核心期刊发表专业论文10余篇。主持并完成3项市厅级课题、多项校级教改及研究性课题。爱好写作,迄今有100余篇散文、随笔见诸报端。

顾梅(梅子),女,1970年1月生,江苏苏州人,博士。现任苏州市职业大学教育与人文学院副教授。主要承担“幼儿游戏”等学前专业课程的教学。1992年北京师范大学学前教育专业本科毕业,2002年北京师范大学(儿童)发展心理研究所硕士毕业,2012年通过苏州大学中国哲学专业儒学哲学方向博士论文答辩,2017年出版《钱穆先生的儒学观述评》。致力于“中国文化与儿童教育”的实践研究,关注儿童心性的发育与美感的表达。曾主持“叙事与成长”“表达与成长”“童心与成长”“童书与成长”等校级研究性课题系列研究。2015年4月至今主持苏州文庙“梅子时间”,以画信的方式参与博物馆公共教育服务,实践父母支持下的中国传统经典教育。2017年11月,启动校融融堂活动,继续中国文化与儿童教育的行动研究。

童李君,女,1982年12月生,江苏苏州人,扬州大学古代文学博士,苏州大学现当代文学博士后。现任苏州市职业大学教育与人文学院副教授,主要研究方向为元明清文学、中国通俗文学。现主持教育部人文社会科学研究青年基金项目1项,主持并完成省部级项目2项,出版专著2本,主、参编教材3本;在《明清小说研究》《鲁迅研究月刊》等期刊发表论文30余篇。获评江苏省高校“青蓝工程”优秀青年骨干教师培养对象、2017年度苏州市杰出青年岗位能手。

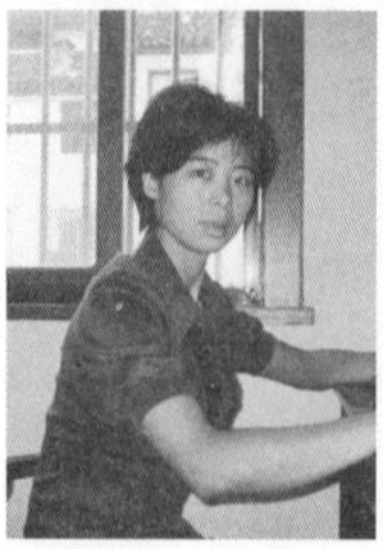

陈建伟,女,1975年10月生,山东临沂人,文学博士,复旦大学博士后。现任苏州市职业大学教育与人文学院副教授,长期从事语言学及应用语言学的教学与研究工作。主要讲授“现代汉语”“大学语文”等课程。主持并完成省厅级以上项目多个。出版专著《上海市少数民族居民语言生态研究》,发表多篇学术论文。

邹婷,女,1980年2月生,山东泰安人,苏州大学文学博士。现任苏州市职业大学教育与人文学院教师,研究方向为比较文学原理研究、比较文化。曾在《短篇小说》《保山学院学报》《岱宗学刊》《理论学刊》等刊物发表多篇文章,并参与《东方文化史》等书籍的编写。

张丽,女,1986年9月生,山西灵石人,南京农业大学食品科学博士。现任苏州市职业大学教育与人文学院教师,主要从事食品加工和保藏、食品安全检测与质量控制等方面研究。主持省市级项目4项,获得发明专利1项,在*Journal of Proteomics*、*Food Research International*、*Journal of Food Process Engineering*和《食品科学》《食品工业科技》《食品与生物技术学报》等刊物发表论文10余篇。

俞晟,男,1981年1月生,江苏苏州人,南京大学环境科学理学博士,中国环境科学学会(CSES)高级会员。现任苏州市职业大学教育与人文学院教师,主要研究领域为废弃物资源化利用、污染检测分析、节能减排、水质提标改造技术及自然环境水体污染修复工艺技术等方面。主持和参与国家自然科学基金及各级各类省部级等项目近20项,申请和拥有专利10余项(其中发明专利5项),在*Science China*、*Environmental Earth Sciences*、*Environmental Science and Pollution Research*和《中国环境科学》《环境化学》《环境科学研究》等刊物上共发表SCI及其他学术论文

30余篇。

朱莹莹，女，1985年11月生，安徽枞阳人，南京农业大学工学博士，现任苏州市职业大学教育与人文学院教师。主要从事食品加工技术、畜产品加工工艺、肉制品营养基因组学等方面的教学及科研工作。先后参与国家自然科学基金面上项目、重大项目各1项，主持江苏省研究生培养创新工程项目1项、江苏省农业科技自主创新资金项目子课题1项。现已在*Frontiers in Microbiology*、*Scientific Reports*、*BMC Microbiology*等期刊上发表论文10余篇。

张延颇，女，1986年4月生，黑龙江人，厦门大学海洋科学理学博士，现任苏州市职业大学教育与人文学院教师。主要从事海洋沉积物的有机组分、水质化学性质分析与监测等方面研究。先后参与国家自然科学基金4项，国家海洋局极地项目3项，省级项目1项，主持国家重点实验室开放基金1项，在*Chinese Journal of Oceanology and Limnology*、*Spectroscopy and Spectral Analysis*和《海洋地质前沿》《应用海洋学报》《水资源保护》等刊物发表论文10余篇。

李冬，男，1986年11月生，黑龙江省大庆市人，天津师范大学教育学博士。现任苏州市职业大学教育与人文学院教师，主要从事学前教育、教育史等方面的研究，参与多项省部级课题，在国内外期刊上发表论文多篇。

专业带头人简介

王平，女，1972年9月生，江苏涟水人，南京师范大学学前教育专业本科、苏州大学教育与经济管理专业硕士，高级育婴师。现任苏州市职业大学教育与人文学院学前教育专业带头人、副教授。

曾主持、参与苏州市新任幼儿园园长岗位培训、苏州市新任教师岗位培训、苏州市第三届名师名校长培训工作，现从事早期教育研究。近年来发表的论文主要有《名师名校长培训中“双导师制”的探索与研究》《建构主义学习理论给教师培训的启示》《澳大利亚高等教育制度改革及其启示》《苏州经济的转型升级与高职教育的新契机》《基于问题学习的校长培训实践与思考》《苏州职业教育主动服务地方经济发展的历程与经验》等，参编的高等教育教材主要有《教育学教程》。

刘昌雪，女，1978年4月生，安徽阜阳人，现任苏州市职业大学教育与人文学院旅游管理专业带头人、副教授，研究方向为城市旅游和旅游市场。在CSSCI期刊发表论文2篇，在CSCD期刊发表论文3篇，人大复印资料全文转载论文1篇；主持校级创新课题2项，作为第二参与者参加省部级科研项目1项。获第十三届全国职业教育优秀论文二等奖；学术论文《城市创意旅游资源空间效应及发展模式——苏州市中心城区为例》获得2017年苏州市第三届“社科应用研究精品工程”优秀成果奖二等奖。

顾伟，男，1980年12月生，江苏张家港人，现任苏州市职业大学教育与人文学院会展策划与管理专业带头人、副教授，研究方向为会展经济与管理。江苏省会议展览业协会首批受聘专家。曾主持省市级课题2项，公开发表论文数十篇，指导江苏省大学生创新训练项目2项。

齐红，苏州市职业大学教育与人文学院网络新闻与传播专业带头人。(详见“名师风采”部分)

李邦玉，苏州市职业大学教育与人文学院食品营养与检测专业带头人。(详见“名师风采”部分)

校企合作

◎加强基地建设，拓宽合作渠道

校地合作基地建设是校地合作工作有效开展的基础，学院的5个专业经过历年来的建设，各自都已拥有了一定数量的校地合作基地。2018年，学院在与原有基地保持良好合作的基础上，着力开发了一批具有先进企业文化，并且重视人力资源培养，有志于为教育事业服务的优质企业作为新的合作基地。食品营养与检测专业新增苏州世标检测技术有限公司、德莎(苏州)胶带技术有限公司2家合作基地，旅游管理专业新增和美酒店管理有限公司1家合作基地，网络新闻与传播专业新增苏州锦顺文化传媒有限公司、哲光文化传媒有限公司2家合作基地，学前教育专业新增高新区狮山中心幼儿园、苏州市实验小学附属幼儿园、苏州市南环实验小学附属幼儿园、苏州市宝带实验小学附属幼儿园、苏州工业园区新馨花园幼儿园、苏州市吴中城区幼儿园6家合作基地。

◎订单培养，合作育人

订单班的开设，使人才培养具有更强的针对性，更加符合企业的需求。2018年，学院分别与苏州世标检测技术有限公司、德莎（苏州）胶带技术有限公司、如家酒店集团以及凯莱酒店集团签订了订单班合作培养协议。根据不同合作企业的具体情况，与世标检测、德莎胶带、如家酒店集团签订了短程订单班，与凯莱酒店集团签订了全程订单班。目前学院订单培养共计84人，具体包括2016级食品世标订单班10人、德莎订单班11人、2016级旅游如家订单班13人、2017级旅游凯莱订单班50人。

◎校企携手，共建课程

各专业与合作密切的相关企业携手，以职业能力需求为开发课程的理论依据，共同建设校企合作课程、开发校企合作教材，确保学校所教、学生所学、企业所用三者相统一，使人才培养更具有针对性，从而进一步提高人才培养质量。2018年，食品营养与检测专业与苏州市世标检测技术有限公司，旅游管理专业与凯莱酒店集团、如家酒店集团，新闻采编与制作专业与苏州锦顺文化传播有限公司、苏州哲光文化传媒有限公司，学前教育专业与江苏省新苏师范学校附属小学附设幼儿园分别携手新开发了校企合作课程8门，校企合作教材8本。

◎校地合作，服务社会

学院组织2018年苏州市市级机关科职公务员“坚守传统，立足现实，增强文化自信心”专题轮训。通过对中华传统文化、苏州地域文化等介绍，加深公务员对中国传统文化形式、内容与特征的了解，夯实文化自信的坚实基础；通过对党的基层组织建设、政府治理等的解读，帮助其把握国际国内形势动态，深刻认识共产党的历史使命，增强为实现中华民族伟大复兴的责任感；结合苏州社会经济发展所取得的成就，尤其是改革开放以来人民生活、城乡建设、社会发展水平迈上的新台阶，使其深刻理解中华文化为人类进步发展提供了强大的精神力量，坚定对中华文化的信心，增强为实现“两个一百年”理想，奋发奋起的自觉意识。

10月7日，由苏州市枫桥风景名胜区管理处主办，联合国教科文组织亚太地区世界遗产培训与研究苏州中心、苏州市职业大学共同协办的第二届枫桥夜泊文化节“诗泊枫桥”诗词大会在枫桥景区举行现场决赛。本次诗词大会由蔡斌、王海男老师全程策划，学院马丁良、邱文颖老师及央视诗词大会命题专家暨现场学术顾问方笑一教授担任评委。活动取得了良好的社会效应，新华社、人民日报、苏州日报、姑苏晚报、苏州电视台等多家媒体报道了此次活动；光明网、中共江苏省委新闻网、中国青年网、中国网、长城网、东方网、中国江苏网、搜狐网等近30家媒体转发了有关新闻报道。

◎双师基地，共育师资

为加大“双师型”教师培养力度，全面提升“双师型”教师培养质量，学院与凯莱酒店集团旗下的英凯睿智教育咨询（北京）有限公司签订“双师型”教师培养培训基地合作建设协议，在教师实践培训、兼职教师聘用、课程改革、教材开发、专业建设、人才培养等方面开展深入合作。2017—2018学年，凯莱兼职教师实际承担教学工作量224课时，学校发放兼课金13440元整。企业教师参与教学改革1项、课程建设1项、教材开发1本，参与人才培养方案修订等各项专业建设工作。在进一步密切校企双方日常合作的基础上，11月，企业又特邀专家为旅游管理专业师生开设了“西方酒文化及服务设计提升”课程，通过该课程的学习，进一步提升师生的葡萄酒鉴赏能力，增强学生的职业技能，并为学生今后就业能力的提高增加了一个重要的砝码。

◎企业学院，蒸蒸日上

学院与凯莱集团合作成立的英凯睿智国际旅游管理学院已进入第二年的建设。经过一年的磨合，校企双方的合作日益顺畅，人才培养初见成效。2017级旅游管理1班是企业学院成立后招收的第一批学生，学生入校后采用校企双方共管制度，在学校原有教学、学生管理制度的基础上，模拟企业运营管理制度，建立《英凯睿智积分管理制度》。实行双班主任管理模式，企业方派驻高级管理人员长期进驻学校，与校方班主任一起共同管理班级事务。学院在开展常规教学活动的基础上，组织学生开展系列企业文化主题月活动，每月确立一个主题，帮助学生进一步了解行业和企业动态，迄今已持续开展了餐饮服务文化、饭店行业品牌文化、化妆实践讲座、“语众不同”脱口秀大会，以及西方酒文化及服务设计提升课程等多项活动。通过一年学习，学生无论在外在形象上，还是在内涵思想上，俨然已成为一个标准的职业人。

在做好学生管理和专业教育的同时，校企共同努力引进了国际酒店管理职业资格认证课程——美国饭店协会教育学院（AHLEI）课程系列课程之一的“餐饮运营管理课程”。学生通过课程的学习后，可以自愿报名参加课程考试，通过考试的学生即可获得国际高等教育单科职业认证证书。美国饭店协会教育学院是世界知名的非盈利性教育机构，也是全球最大的饭店业教育与培训开发机构，被誉为酒店业的“西点军校”，其颁发的各类酒店行业国际职业资格认证证书受到国际知名酒店集团及国内本土酒店品牌的高度认可。2018年，学院11名学生通过了课程考核并获得该项证书。证书的获得表明学生已经拥有了在酒店业工作的知识储备和必要的专业技能，为成为一名优秀的酒店业管理人员做好了充分的职业准备，对其今后在酒店行业的快速发展与提升起到至关重要的作用。

9月，2018级新生的加入使英凯睿智学院的规模拓展到了95人。学院人才培养模式受到了行业的认可，荣获最佳东方高峰论坛旅游服务业2018年度优秀人才培养院校奖。

学术科研

2018年，学院教师共发表论文29篇，其中CSSCI、CSCD检索收录4篇、核心期刊发表5篇、EI会议收录1篇；撰写著作2本，获省级、市级奖项各1项；主持2018年市厅级项目4项，横向项目2项；建设省级科研平台2个、市级科研平台1个。

学生工作

2018年，教育与人文学院深入学习贯彻党的十九大精神，紧扣学校内涵指标体系，以社会主义核心价值观为引领，以立德树人为根本，以服务学生为主线，通过规范管理，提高教育管理的质量，提升学生思想道德、人文素质和专业素质。

学院充分发挥党支部教育管理党员和宣传引导凝聚师生的战斗堡垒作用，指导鼓励党支部创新方式方法，结合支部特点开展党建活动，开展党支部书记建设项目；通过开展以“一岗三责”为核心的党员教育特色活动，树立先进典型，培育党建工作优秀团队；支部开展积极分子和发展对象的教育活动，由党员老师联系班级，党员老师给同学上党课；支部全员参与论文指导和就业工作，学生全年就业率99%；支部开展企业走访活动，促进专业建设和基地建设，共走访企业8家；学院开展会展技能比赛、食品营养节、学前文化节、导游技能大赛等活动，由专业老师深入指导；学院12个社团分别安排党员指导老师1人，专业指导老师1人。

学院开展团校、党校系列培训活动。通过组织参加学校的团校培养核心骨干，学院现任干部、后备干部参加培训活动，提高干部的工作技能和素质。2018年，院分党校通过组织开展新党员教育8人次，毕业生党员培训30人次，积极分子培训69人次，发展对象培训30人次，培养了一大批政治素质过硬、道德修养过硬的学生骨干。这批同学在学院的各项工作中都发挥了作用。

广泛开展社会主义核心价值观教育，大力开展网络思政教育。学院通过海报、板报、班会、自媒体途径开展社会主义核心价值观宣传教育：全年召开安全主题班会2次、安全演习2次、心理主题班会2次、心理同伴教育活动1次；班级主题板报开展了五四专题、中秋、学雷锋月、改革开放40周年等4个专题的评比。大力开展网络思政建设：学院制定通知群群规，监控梳理自媒体风险，处理风险事件6起；改版微信平台的内容，设立“晚间新闻”“初心回响”“职来职往”“知书达礼”等主题内容，和线下的思政宣传、党校教育、职业生涯教育、人文礼仪教育等配合，线上线下互动开展活动；媒体平台全年共有粉丝1200余人，推送推文187篇。

加强思政队伍建设。2018年学院开展班主任和辅导员系列培训活动，提高思政队伍工作水平。一是抓住内涵指标要求，大力开展队伍建设，辅导员现有5人，保证班级配比为1∶1。二是执行班主任月工作例会制度，每月月初周三召开班主任会议，同时通过第一阶段的案例分析学习，增强班主任相互间的交流，提高工作水平和实践能力。三是组织班主任21人次参加学校的菜单式学习班；辅导员开展周例会，每周二上午的学习活动分成支部学习、专题研讨和常规例会三个部分。四是通过十九大专题学习，提高思想素质。通过案例学习、主题班会、辅导员工作室申报、融融堂传统文化学习提高了大家的人文修养和辅导员实操能力。

开展人文素质建设，抓好班风、学风、作风。继续通过学院公共空间环境和教室环境建设，推进人文环境建设。开展班级园地和公告栏建设，更换22块班级园地展板，21块社团展板；开展教室归零建设，班级桌椅摆放整齐；开展环保建设，教学楼张贴环保标识；开展书香教室建设，塑造良好学习环境。在师生中通过多种形式开展人文素质教育。在辅导员队伍中开展传统文化学习，以提高队伍素养；开展人文课堂5场，为同学提供人文大餐；邀请校外专家方笑一、朱自强教授做讲座，拓宽了师生的人文视野；开展好书推荐活动，并以海报和推文的形式呈现；开展融融堂、世界与裤子读书会建设，推动读书会和学习小组的建设；开展文明礼仪讲解队和知书达礼系列活动。学院通过开展文明礼仪岗、礼仪讲解队、知书达礼系列活动，持续推进礼仪教育。每天坚持文明礼仪岗训练，提高同学礼仪意识，为学生干部提供锻炼的平台。改组学院文明礼仪队为“礼仪讲解队”，为校史馆提供礼仪讲解服务，2018年共提供40余场次的解说，同时服务学院、学校活动10余场次。

2018年学院就业工作实行包产到户责任制，全员参与，全线推荐，深入推进工作效率，稳步推进毕业生就业工作。初次就业率达96%，年终就业率达99%。各专业、各支部、院领导、辅导员开展“下企业，走基地”活动，注重就业基地内涵建设，全年共建设就业基地2家。和如家、凯莱、原创深入开展校企课程合作，开展企业文化进校园活动、职业生涯教育活动等。

外国语学院

概　况

外国语学院起步于20世纪90年代的实用外语系，伴随着苏州市职业大学的发展逐步壮大。2008年改名为外国语与国际交流系，2013年1月，正式定名为外国语学院。

外国语学院现设有英语系、日语系（应用德语教研室）、公共外语教学部，包括英、日、德三个语种，下设商务英语、应用英语、旅游英语、商务日语、应用德语5个专业。此外，学院还设有专业技能实训中心、外国语言文化研究中心、外语技能竞赛指导中心和外语考试培训中心。

学院现有教师88人，师资素养全面、教学水平高，"双师型"教师占教职工总数90%以上。学院教师连续9年荣获国家级、省级英语教学大赛奖项，在江苏省各高职院校中享有较高声誉。学院还聘请了行业专家、知名学者指导教学科研，拥有一支相对稳定的外籍教师队伍。

学院办学条件优越，拥有21间设备先进的多媒体教室、6个联网语音室和3个机房，拥有远程交互、职场模拟、文化体验、同传口译等9个实训室，为师生教学与实践提供了优越的硬件设施。

学院与苏州市商务局跨境电商协会、姑苏网商会以及上百家中外大型企业建立了广泛合作与交流关系，与企业合作共建了近20个实训基地，为培养学生实践能力打下坚实基础。

学院秉承"成就教师、成就学生"的理念，以"外语+"人才培养模式为中心，不断提高教学质量，着重培养学生综合素质和创新能力。学生在历年的国家、省、市各级外语口语、演讲、写作和翻译技能竞赛中屡获大奖，成果斐然。

学院大批学生通过专转本考试提升学历，进入苏州科技大学、南京农业大学等本科高校深造，转本成功率在学校名列前茅。

学院积极为在校学生打造校外实践平台。近年来，学院学生圆满完成了世界语言大会、中宣部理论研讨会等国内外志愿服务工作，受到各国领导、外交部、国家体育总局等多方的一致好评，先后多次被媒体报道。

蓬勃发展的外国语学院秉承"融通中外、德学双馨"的院训，以培养高素质技能应用型人才为目标，以服务地方经济发展为宗旨，积极拓宽学科专业，提升办学层次，努力构建江苏省独树一帜的应用型外语人才培养基地。

教学工作

办学特色

外国语学院以人才培养为中心，始终把提高教学质量和学生的综合素质、培养学生创新精神作为主要目标。学院学风优良，教学成果显著，在江苏省同类高校中具有突出优势：教师连续9年获得江苏省高校英语教学大赛奖项，学生连年在国家级、省级的英语口语、写作、演讲、翻译等外语竞赛中荣获佳绩，日语、德语专业学生在全国性技能竞赛中获奖。年轻、蓬勃的外国语学院正与时俱进，以开放的姿态不懈努力，锐意进取，积极稳步地拓宽学科专业，强化教学质量，提升办学层次，成为苏州市应用型外语人才培养及输送的重要阵地。

专业设置

2018年苏州市职业大学外国语学院专业设置一览表

系名称	专业名称	专业带头人	职称	学历（位）
英语系	商务英语	李　英	副教授	本　科（学士）
	应用英语	顾　韵	副教授	研究生（硕士）
	旅游英语	戴　莉	副教授	本　科（硕士）
日语系（应用德语教研室）	商务日语	马文波	副教授	研究生（硕士）
	应用德语	黄　悦	讲　师	研究生（硕士）

专业介绍

外国语学院致力于构建与地方经济发展需求相适应、应用性和实践性相结合为特点的专业结构，着力培养服务于地方经济建设的商务、旅游、外语教学、翻译以及外事行业的高级应用型人才。其中商务日语为省级特色专业，应用英语专业群是学校首批重点专业群，商务英语为校级特色专业。英语视听说、商务英语会话、日语精读等均为校级精品课程，翻译理论与实践等为校级重点课程。

◎商务英语——校级特色专业，校品牌专业

培养目标：本专业是校级特色专业及品牌专业，主要以涉外文秘和涉外电商等相关岗位为依托，旨在培养德、智、体、美全面发展，既具有良好的英语听、说、读、写、译等综合语言应用能力，又掌握一定的跨境电商实操技能和中英文商务函件处理能力的应用型涉外商务人才。通过系统学习，学生应具备扎实的英语语言基本功，熟悉现代化办公设备和软件的使用，了解国内外相关商务方针、政策和法律法规，系统掌握涉外商务的背景知识。通过对国际贸易、跨境电商、商务谈判、跨境电商视觉设计、会展策划与执行等与涉外商务工作息息相关的知识模块的系统学习，学生将具有良好的英语交际能力、商务口笔译的能力，熟悉跨境电商操作流程、网络营销手段和国际会展策划技能等，成为具有良好职业技能和素养的复合型英语人才。

主要课程：英语视听说、商务英语会话、商务英语应用文写作、商务谈判、国际营销英语、国际贸易英语、商务英语翻译、跨境电商英语、跨境电商操作实务、商务企划设计与演示、中西文化对比与沟通、日语（二外）等。其中，英语视听说和商务英语会话为校级精品课程。

职业前景：学生毕业后主要面向商业实务、涉外经济和商务交流、跨境电商、涉外商旅等领域就业，可从事涉外经济领域的贸易、翻译等工作，也可从事企业管理、教学培训、导游等与该领域相关的商务类工作。

◎应用英语

培养目标：本专业以涉外服务岗位和英语培训岗位为依托，下设英语口笔译和英语教育两个方向，旨在培养具有扎实的英汉语言和文化素质，良好的跨文化沟通技能，通晓外经贸知识、少儿英语教学理论的应用型翻译人才或英语教育人才。所设课程致力于夯实学生英语基础，培养娴熟的听、说、读、写、译能力，使学生适应经济和教育全球化和信息化趋势，成为有能力、有资质，胜任英语口笔译、少儿英语教学培训、跨境电商、外事会展等工作的高技能复合型人才。

主要课程：英语精读、英语视听说、英语语音、英语语法、英语应用文写作、中西文化对比与沟通、英汉/汉英笔译实践与技巧、英汉/汉英口译实践与技巧、商务现场口译、联络陪同口译、商务速记、会展策划与执行、儿童英语教学、英语教师课堂管理、英语课堂教学活动设计、演讲英语、跨境电商操作实务、商务企划设计与演示、计算机信息技术、日语（二外）等，其中英汉翻译为校级重点课程，英语视听说为校级精品课程。

职业前景：学生毕业后可在各级各类涉外企业和英语教育培训机构从事商务翻译、外事陪同翻译、涉外文秘、少儿英语教学、专业英语培训、对外文化宣传、涉外会展和导游等工作。

◎旅游英语

培养目标：本专业旨在培养具有良好的英语听、说、读、写、译等综合能力和旅游专业知识的复合型应用人才。本专业毕业生要求具备流畅的英语会话能力，熟练的英语读写能力，扎实的旅游专业知识和技能，能以英语为工具从事旅行社和酒店管理、旅行社导游、领队、会展策划等工作，能处理大、中型国际饭店及旅行社的日常业务，熟练操作办公自动化软件，具有良好的沟通能力和组织能力，有较强的社会交际能力。

主要课程：英语精读、英语泛读、英语视听说、旅游英语视听说、导游基础知识、导游英语、酒店英语、导游服务技能、景点导游讲解英语、旅游英语阅读、中西文化对比与沟通、旅行社业务、旅游市场营销、会展策划与执行、饭店人力资源管理等，其中，英语视听说为校级精品课程。

职业前景：学生毕业后可面向旅行社、旅游景点等企事业单位从事旅行社管理、旅游景点景区开发与管理、涉外导游、领队、翻译、涉外旅游电商平台产品营销等工作；在各级旅游行政管理部门从事管理工作；在饭店、宾馆等旅游业相关单位从事外宾接待与管理工作；在旅游咨询服务公司、展览馆等单位从事对外交流及宣传、旅游会展策划、会议接待等工作。

◎商务日语——省级特色专业

培养目标：本专业2006年被评为江苏省省级特色专业。商务日语专业面向对外贸易行业，旨在培养外向型经济进一步发展需要、具有良好职业道德和创新精神、拥有较强日语应用能力和综合商务能力的高素质技能应用型商务日语专门人才。本专业注重日语语言应用、对外经济贸易等方面基本理论和技能的学习,以对学生日语的听、说、读、写、译五方面强化训练为主,兼涉商务、经贸、旅游、市场经济等的学科知识。学生毕业时要求取得日语能力考试二级水平证(国际通用),并可通过自考、专转本等途径实现学历的进一步提升。

主要课程:日语精读、日语会话、日语听力、商务日语、日语写作、国际市场营销、进出口贸易实务等。

职业前景:学生毕业后可在日资企业及与日本有业务往来的各类企业单位从事日语翻译、业务员、跟单员、文员等岗位工作,也可从事企业管理、日语教学培训或导游等工作。本专业近三年就业率均达100%,学生分布在苏州日立显示器、三井物产、佳能等苏州及长三角周边地区的日资或对外企业,还与多家外资企业签订了实训(实习)基地协议。

◎旅游日语

培养目标:本专业面向旅游行业,培养具有良好职业道德和创新精神,具备日语语言、文化知识和旅游专业知识,具有较强的日语沟通能力及旅游活动组织能力,适应从事中日文导游、翻译、旅行社管理及其他涉外企业工作的高素质技术技能型和应用型人才。学生毕业时要求取得日语能力考试二级水平证(国际通用),并可通过自考、专转本等途径实现学历的进一步提升。

主要课程:日语精读、日语会话、日语听力、日语写作、旅游日语、导游基础知识、导游服务技能等。

职业前景:学生毕业后可在旅行社、旅游景点、各级旅游行政管理部门、旅游咨询服务公司等从事中日文导游、领队、销售、计调及对外宣传交流、策划接待等工作;也可在日资企业及对外贸易企业从事翻译、秘书、总务及对外贸易、外事接待等工作。本专业近三年就业率均达100%,学生分布在苏州中旅、青旅等知名旅行社及长三角地区的日资或对外企业,专业还与苏州中旅国际签订了实训(实习)基地协议。麦可思调查数据显示,近三年学生对母校的满意率达100%。

◎应用德语

专业介绍:本专业旨在培养具有扎实的德语语言基础,能在教育、外事、文化等部门从事翻译、教学、管理工作的应用型德语人才。要求学生掌握德语国家语言、文化、历史、经济等方面的基础理论和基本知识,具有良好的德语听、说、读、写、译方面的技能,同时提高第二外国语——英语的听、说、读、写等能力,具有从事翻译、教学、管理工作的业务水平和能力。

主要课程:综合德语、德语翻译、德语写作、德语视听说、德语能力拓展、德语国家概况、商务德语、德语影片欣赏、科技德语、英语(二外)、商务英语会话、英语国家概况、计算机应用基础等。

就业前景:学生毕业后适合在外事、外经贸、外资企业从事与德语有关的工作或德、英双语工作。

师资介绍

名师风采

李英,女,1965年9月生,安徽芜湖人。现任苏州市职业大学外国语学院副院长、商务英语专业带头人、副教授,兼任江苏省高校外语教学研究会高职分会副会长、江苏省职业院校应用外语研究会常务理事、苏州市高校外语教学研究会理事。在省级以上刊物发表论文10余篇,主编教材1本。2015、2017和2018年度获校优秀教学奖及教学质量奖。在2014—2018年第5届至第9届江苏省及全国大学英语教学大赛中荣获"优秀指导教师"奖,所指导学生4次荣获省级赛事一等奖;2017年获江苏省大学生英语演讲大赛"优秀指导教师"奖,所指导学生荣获江苏省高职英语演讲大赛一等奖;2015年主持项目"课赛融合、理实兼顾的CBET英语教学模式构建与实践"获学校教改成果一等奖;2018年完成江苏省大学生实践创新项目"大学生英语心理剧的创作与实践";2018年"基于政行校企合作平台的高职外语专业LBC跨境电商课程体系的构建与实践"(排名第二)获校级教改成果二等奖;主持3项校级研究性课程,并获评优秀研究性课程1次;主持完成校级重点教改课题"TED讲演的正迁移效应与大学生口语能力提升的关联研究"。

卞浩宇,男,1978年10月生,江苏无锡人。英语语言文学硕士、史学博士。现任苏州市职业大学外国语学院副院长、副教授,主要研究方向为近代中西文化交流、海外汉学、语言学、跨文化交流。世界汉语教育史研究学会会员、全国高校海外汉学研究学会会员、苏州历史文化研究会会员。

先后主持完成江苏省教育厅、江苏省社科联科研项目2项，校级项目3项，在《汉学研究通讯》(台湾)、《世界华文教育》(香港)、《励耘语言学刊》等核心及省级期刊上发表学术论文10余篇；出版专著2本，并获苏州市第十三次哲学社会科学优秀成果奖二等奖(2016)；作为副主编参与编写省级精品课程系列教材1本；撰写的学术论文获得江苏省哲学社会科学界第七届(2013)、第十届(2016)学术大会优秀论文二等奖，苏州市第十二次哲学社会科学优秀成果奖三等奖(2014)、苏州市第十三次哲学社会科学优秀成果二等奖(2016)；先后承担跨文化交际、英语语言学、中西文化对比与沟通等英语专业课程，以及公共外语教学中的大学英语课程；指导的学生分别获得江苏省高职高专英语演讲大赛获一等奖和二等奖(2016)、"外研社杯"全国高职高专英语写作大赛(江苏赛区)公共英语组三等奖(2016)、江苏省高等职业院校技能大赛英语口语赛项(公共组)三等奖(2018)、首届"外教社杯"江苏省大学生跨文化交际能力大赛一等奖(2018)。

顾韵，女，1975年9月生，江苏苏州人。现任苏州市职业大学外国语学院副教授，研究方向为应用语言学和英语教学。2005年毕业于华东师范大学外语学院，获硕士学位。2000年12月至2001年4月，赴加拿大George Brown College进修，主要学习二语教学方面的课程，获TESL(Teaching English as a Second Language)证书。

主要承担外国语学院英语视听说、英汉/汉英口译实践与技巧、商务现场口译等课程的教学工作。发表多篇有创新意识的科研论文，并结合教学实践，编写了翻译课的相关教材《英汉互译：理论与实践》。2006年获江苏省青年英语教师授课竞赛(高职高专组)二等奖；2012年获第三届"外教社杯"全国高校外语教学大赛江苏赛区一等奖，并荣获外教社2012暑期全国高校英语教师发展论坛优秀示范课二等奖；2014年获首届"外教社杯"江苏省高校外语教师翻译大赛一等奖；2015年指导学生获"外研社杯"江苏省高职高专院校英语演讲大赛二等奖；2016年和2017年指导学生参加江苏省高等职业院校英语口语技能大赛分别荣获二等奖和一等奖。

王怡，女，1980年2月生，江苏苏州人。现任苏州市职业大学外国语学院英语系主任、副教授、2017年度校"青蓝工程"优秀青年骨干教师。2005年毕业于苏州大学外国语学院，获硕士研究生学位。2018年毕业于苏州大学外国语学院外国语言学及应用语言专业，获博士学位，研究方向为认知语言学、认知文体学等。2015年赴澳大利亚启思蒙学院进修，获TAE教师资格证书；2016—2017年赴加拿大约克大学访学，主修认知心理学，参与心理实验室的研究工作。承担演讲英语、口译速记、雅思英语等课程教学，协助学校外事办涉外翻译、留学生教学等工作。在《外语学刊》《中国社会科学报》等核心及省级期刊上共发表论文10余篇，学术论文《英语专业学生叙事阅读情感反应的实证研究》获2018苏州市高职高专教育研究优秀论文三等奖；主持省哲社项目1项、校教改项目2项，主持建设在线课程1项；参与建设在线课程1项；参与在研国家社科基金项目1项；受学术新人奖资助1项；所获奖项包括校教改优秀成果一等奖(排名第三)、2012"外研社杯"江苏省高职高专院校英语演讲大赛优秀指导教师奖(特等奖)、2014"第九届江苏高校外语专业研究生学术论坛"学术论文二等奖、2015年第六届"外教社杯"全国高校外语教学大赛江苏赛区二等奖、2015全国高校微课大赛(高职高专)江苏省赛区三等奖、2017第八届"外研社杯"全国高职高专英语写作大赛江苏赛区优秀指导教师三等奖、2017校第二届"益智杯"信息化教学基本功比赛教学设计二等奖、2017校优秀毕业设计三等奖(指导教师)、2017年度校十佳优质示范课第一名。

专业带头人简介

李英，苏州市职业大学外国语学院商务英语专业带头人。(详见"名师风采"部分)

顾韵，苏州市职业大学外国语学院应用英语专业带头人。(详见"名师风采"部分)

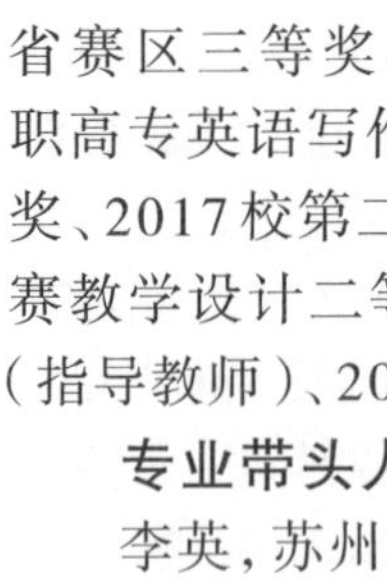

戴莉，女，1974年7月生，江苏苏州人。现任苏州市职业大学外国语学院旅游英语专业带头人、旅游英语教研室主任、副教授。2007年毕业于上海外国语大学英语语言文学专业，获文学硕士学位。2013年7—8月在英国参加曼彻斯特城市大学EFL&TEFL培训项目。主要从事旅游英语专业课程、英语口语等方面的教学和研究工作。近年来主持并完成校级科研项目1项、校级教改项目3项，校级青年基金项目1项；主持并在研校级成果创新项目1项，参与市科协科研项目1项，发表专业研究论文10余篇。指导学生获得第四届全国高职高专英语写作大赛江苏赛区选拔赛专业英语组二等奖，第五届全国高职高专英语写作大赛江苏赛区选拔赛专业英语组一等奖和全国总决赛二等奖，2016年江苏省高等职业院校技能大赛导游服务（英文）二等奖。

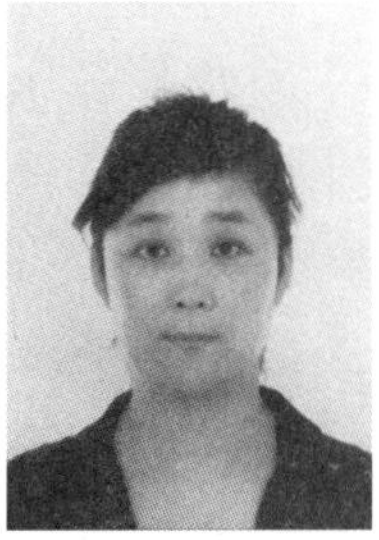

马文波，女，1972年3月生，辽宁丹东人。2005年毕业于日本福冈教育大学日语教育专业，获硕士学位。现任苏州市职业大学外国语学院商务日语专业带头人、副教授，主要从事日语教育、日本文学、日本高等职业技术教育等方面的研究工作。近年来主持完成江苏省大创项目1项、校级教改等项目4项，发表专业论文10余篇。多次获校级考核优秀、优秀班主任、教学质量奖、优秀校级研究性课程奖等荣誉。

黄悦，女，1983年10月生，江苏苏州人。2006年毕业于南京大学外国语学院德语系，2010—2013年就读于苏州大学文学院比较文学专业，获硕士学位。现任苏州市职业大学外国语学院应用德语专业带头人、讲师，主要从事德语语言文学、比较文学研究。曾多次获校年度教学质量优秀奖，发表专业论文多篇，主持校级研究性课程1项。

校企合作

多年来，学院各专业坚持高素质、高技能复合型人才培养的专业定位要求，进一步加强校企合作，加快推进校企协同人才培养，扩展与行业、企业的联系，加强专业教育与社会实践相结合，找准专业与企业的利益共同点，建立与企业之间长期稳定的组织联系制度，实现互惠互利、合作共赢的目标，努力为社会经济服务。2018年，学院积极与B2B、B2C跨境电商企业，少儿英语教育，外贸企业等建立新的校企合作关系，并在订单培养、产学合作、教材开发、共建实习实训基地、师资培训、技术交流、顶岗实习、学生就业等方面进行了深入合作。

学院通过与企业的合作，实现资源共享、优势互补、共同发展，合作模式灵活多样，促进了双方共同发展，达到学校、企业和学生三赢。学院在原有基础上，继续与姑苏网商会、乔阳文教咨询有限公司深入合作，开设第三届“跨境电商”冠名班和第二届“英语幼教”冠名班，分别培育学生49名、29名，生源来自商务日语、旅游英语、商务英语、应用英语、应用德语专业。学院与苏州驿路通网络科技有限公司携手开设“B2C跨境电商冠名班”，共培育学生46名，生源来自应用德语、商务英语和应用英语专业。学院与苏州巧儿乐顿管理咨询有限公司开设首届“巧儿乐顿订单班”，共培育学生32名，生源来自旅游英语、商务英语和应用英语专业。冠名班和订单班的课程在丰富专业教学内容的同时，也为企业输送了合适的人才。

为更好适应企业和市场用人需求，学院在与苏州巧儿乐顿管理咨询有限公司合作过程中，经过多次研讨，共同制定了“巧儿乐顿订单班”的课程体系。目前订单班开设了儿童英语情境教学、英语课堂教学活动设计2门专门课程。课程采用学院老师和企业老师共同授课的模式，在教授英语教学理论知识的同时，又引入培训机构现场模拟教学实践。学院还结合冠名班授课内容，与苏州福锐得礼品有限公司共同编写了《跨境电商英语》校本教材，供冠名班学生使用。

学院与苏州福锐得礼品有限公司签订了跨境电商“双师”培养基地协议。2018年派遣丁家振、徐舟涟、朱琦、黄洁婷4位专业教师进行跨境电商的企业实践，充实“双师”队伍。通过企业实践，教师们不仅了解到企业、行业的发展状况和未来趋势，更增强了跨境电商的实操技能，为今后专业建设、课程开发、实训指导等方面奠定良好的基础。

学术科研

2018年，外国语学院教师共发表论文26篇，专著《晚清来华西方人汉语学习与研究》被美国耶鲁大学图书馆、美国斯埃默里大学图书馆收录；承担市厅级科研项目1项；主持教改课题1项，校级科研项目1项，横向课题2项；获苏州市第十四次哲学社会科学优秀成果二等奖1项、三等奖1项；外国语言文化研究中心获批校级科研平台；举办专题学术报告1次。

学生工作

为培养学生人文、科技、身体等各方面良好的素质，提高学生的综合能力，外国语学院在2018年开展了形式多样、精彩纷呈的学生活动，其中“雷锋月”、社会主义核心价值观宣传月、争做青年好网民、学习宣传贯彻习近平新时代中国特色社会主义思想等系列主题团日活动共计10余次；大龙社区爱心支教、志愿服务社区行、节能减排环保宣传、“五一”汽车北站义工等公益志愿类服务共计10余次；商务英语技能大赛、跨文化英语演讲比赛、外文戏剧大赛、英语写作大赛、日语配音大赛、日语演讲大赛等专业类技能竞赛10余次；外文歌曲大赛、“飞羽杯”羽毛球赛、迎新晚会、“我与外教”征文大赛、“重温文化经典 回顾历史故事”知识竞赛等文娱类活动10余次；召开了团学述职大会、团学换届大会、团学干部培训等学生干部专题会议5次。

小红帽志愿服务总队进一步发挥大型赛会志愿服务的优势，先后完成了2018年第五届“创青春”中国青年创新创业大赛启动仪式、2018第五届“创青春”中国青年创新创业大赛全国赛、2018八国男篮争霸赛、2018年吴江七都“两岸一家亲”马拉松、2018吴江区万人迎新跑、2018春季“农行杯”苏州美丽乡村健康行、2018吴中区城市定向赛等多项国内外大型赛会的志愿服务工作，提供志愿者共计600余人次。“小红帽”的优异表现受到了中国篮球协会、江苏省体育局、苏州市体育局、共青团苏州市委、苏州市文明办、苏州市委农村工作办公室等一致好评，先后多次被中国青年报中青在线、苏州电视台、姑苏晚报、苏州志愿者网、“志愿苏州”公众号等媒体报道。

2018年3月，外国语学院志愿服务总队被共青团江苏省委授予“江苏省青年志愿服务行动组织奖”。2018年10月，中共江苏省委宣传部、江苏省文明办、江苏省民政厅、共青团江苏省委联合发文，外国语学院志愿服务总队“苏州市大型赛会志愿者专业化能力提升志愿服务项目”被评为第三届江苏志愿服务展示交流会优秀志愿服务项目。

为保障学生顺利毕业就业，认真贯彻教育部、省教育厅精神，按照学校、学院部署扎实做好各项工作，策划毕业生离校、毕业典礼等活动，学院积极联系用人单位举办专场招聘，共有40余家企业参与招聘；组织60余家企业参加校园招聘会，提供就业岗位1000余个；举办就业讲座10余场。积极对毕业生的思想动态进行调研，开展了解毕业生的就业意向、就业动态等工作，组织学生参加校级职业生涯规划大赛和创业大赛、就创业知识竞赛等系列活动。组织参加省职业规划大赛、省创业大赛，开展毕业生就业信息的统计，就业单位的就业调查、回访反馈等。积极开展校企合作，就业基地建设，与校企合作单位保持联系，为毕业生建立良好的就业平台。

2018年，外国语学院举办院分党校学习班8期，培养入党积极分子54人，发展学生党员14人，转正学生党员3人。外国语学院学生党支部在“纪念改革开放四十周年翰墨绘发展”书画大赛中获得团体三等奖。

2018年，外国语学院2016级商务英语3班王宇同学获得江苏省“优秀学生干部”荣誉称号；2016级商务英语2班获得江苏省“先进集体”荣誉称号；2016级商务英语3班获评校级文明标兵班级，2017级应用英语1班、2016级商务英语4班、2016级应用英语2班、2017级应用英语2班和2016级商务英语2班获得校“文明班级”称号；2016级商务日语3班19-305宿舍等15个宿舍获得校“文明宿舍”称号。

艺术学院

概　况

艺术学院始建于1993年成立的艺术设计系，2005、2008年分别与原苏州教育学院的艺体系和原苏州市广播电视大学的艺术设计系合并。2013年1月正式更名为艺术学院。办学20余年来，在面向社会、服务社会的办学理念的引导下，学院得到了长足的发展。

艺术学院拥有一支具有较高学术水平和较强教学、设计、科研和创作能力的师资队伍。现有教职工83人，其中专任教师76人；教师中正高职称4人，副高职称19人，专任教师中"双师型"比例占90%。有多位在艺术设计、音乐表演、美术创作等领域中享有较高声望的资深专业人士和专家任专业骨干教师，不少教师在省市级以上专业学术团体任主要职务。学院设有专业指导委员会，由校内外知名教授与行业专家组成，指导专业建设与改革，聘请知名企业高管和艺术团体专家为学院兼职教授，现学院已形成了一支结构、年龄、职称较为合理的专兼职师资队伍。

学院现有环境艺术、视觉传达、音乐3个系，开设有环境艺术设计、服装设计与工艺、视觉传播设计与制作、工艺美术品设计、雕刻艺术设计、表演艺术6个专业，现有全日制在校学生1200余人。

学院建有苏作工艺实训室、模型制作实训室、装饰工艺综合实训室、雕刻实训室、服装制版工艺实训室、媒体广告与影像创意实训室（媒体广告）、媒介呈现与信息传达实训室、画室、音乐综合实践实训室、计算机音乐实训室、演奏厅和50余间琴房的专业实训室等实验实训场所，建筑面积15000余平方米的新艺术学院教学楼于2014年9月正式启用。

学院以高职高专办学思想为基础，以人才培养为中心，以加强"双师型"师资队伍建设为目标，通过深化专业、课程改革，建设健全教学质量管理体系和实践实训、职业能力训练体系，努力提高教学质量。学院以培养思想素质良好、符合社会需要、掌握一定专业和基础知识、有一定实践动手和创新创意能力的复合型人才为办学宗旨。

教学工作

办学特色

立足服务地方建设，培养全面发展人才，以科学态度奠基实践创新和人文教育平台，集结雄厚的教科研团队，发挥强有力的教学优势，以创建课程品牌和专业建设为引导，以产学研结合为抓手，以校企合作为模式，以文化育人为主线，扎实夯实基本理论知识，牢固打好专业动手技能，以理论与实践的双重能力，应对社会对人才培养的实际需求。

专业发展立足地方建设，课程改革瞄准社会应用前沿最新需要，师资队伍建设要求"双师型"模式，实践教学强调适应能力的培养。针对艺术教学的特点，坚持教师导向，注重实践能力，实现学科、教学、师资、科研的全面协调的合理发展。

专业设置

2018年苏州市职业大学艺术学院专业设置一览表

系名称	专业名称	专业带头人	职称	学历(位)
环境艺术系	环境艺术设计	薄晓光	副教授、高级工艺美术师	本　科(硕士)
	工艺美术品设计	陆宇澄	教授、研究员级高级工艺美术师	本　科(学士)
	雕刻艺术设计	陆宇澄	教授、研究员级高级工艺美术师	本　科(学士)
	服装设计与工艺	雷兴武	讲师、工艺美术师	本　科(学士)
视觉传达系	视觉传播设计与制作	张洁玉	讲师、高级工艺美术师	本　科(学士)
音乐系	表演艺术	刘　燕	教授	本　科(学士)

专业介绍

◎环境艺术设计——校级品牌专业

培养目标：随着苏州地区与周边城市发展日益迅速，环境艺术设计专业人才尤为得到重视。本专业培养具有环境艺术专业理论知识、客户交流能力和了解专业发展趋势，能独立从事各类室内空间、小型室外环境、商业展示以及公共设施、构件等装饰设计工作，并有较强实际动手制作能力的专业设计人员。学制三年。

主要课程：工程制图、住宅空间室内设计、商务空间设计、餐饮空间设计、娱乐与商业空间设计院、环境景观设计、环境设施设计、家具设计、展示设计、造型设计、模型制作、材料与预算及电脑辅助设计等课程。

毕业去向：学生毕业后可进入室内装饰、建筑工程设计、城市规划等专业设计公司、设计事务所以及有关企事业单位从事设计工作。

◎工艺美术品设计——校级特色专业

培养目标：本专业培养德、智、体全面发展的适应现代社会和经济发展需要的具有“实用、现代、复合”特征的现代艺术工程人才。

主要课程：造型基础、设计基础、电脑软件、装饰图案、装饰绘画、旅游纪念品设计、陶艺、雕塑、漆艺、金属工艺、纤维材料工艺、民间工艺等。

毕业去向：学生毕业后可从事旅游纪念品的设计与制作、工艺美术产品造型设计等方面的工作。

◎雕刻艺术设计

培养目标：本专业培养具有一定艺术设计理论与工艺技能，并具有创新意识与创新能力的新时代雕刻专业人才，侧重于核雕、木雕、玉雕等设计与制作技能的培养。

主要课程：装饰图案、雕刻基础、核雕雕刻技法、泥塑、玉雕雕刻技法、木雕雕刻技法、文化创意产品设计、设计效果表达、三维建模与渲染、陶艺、国画、计算机设计等。

毕业去向：学生毕业后主要面向雕刻相关企业、文创企业就业，或自主创业。

◎服装设计与工艺

培养目标：本专业适应现代社会发展及区域行业特色，面向企业、专业品牌设计公司及与服装相关等领域，培养具备一定艺术修养且动手能力强的专业高精应用型技术人才。既掌握服装设计领域的原理和方法，又具备较强工艺制版及版型设计能力的高级复合型人才。学制三年。

主要课程：服装设计、服装工艺学、制版工艺（初级、中级、高级）、服装工业样板、服装CAD、服装立体裁剪等。

毕业去向：学生毕业后可进入服装生产企业、服装设计公司、服装贸易公司等与纺织服装相关行业单位。

◎视觉传播设计与制作

培养目标：本专业培养具备艺术设计专业的基本理论、基本知识、基本技能，具备一定的造型能力、审美能力、创造能力以及艺术设计实际操作能力和市场反应能力的高级专门人才。通过学习，学生具备艺术设计专业理论与专业技能，成为能够独立从事商业美术的高等技术应用型专门人才。学制三年。

主要课程：标志设计、字体设计、编排设计、招贴设计、图形设计、广告设计、包装设计、企业形象VI设计、多媒体设计、书籍设计、展示设计、影视编辑等。

毕业去向：学生毕业后可进入专业设计公司、广告公司、企事业企划部门等从事设计工作。

◎表演艺术

培养目标：随着社会经济的飞速发展，群众对文化的需求越来越高，苏南地区的企业和社区对文艺人才的急迫需求，为文艺骨干人才提供了培养的空间。本专业培养能适应企业、社区工作要求的，并掌握音乐、舞蹈、表演、美术等艺术技能的，有一定创造性和开拓性的复合型人才。学制三年。

主要课程：声乐、钢琴、舞蹈、器乐（琵琶、二胡、古筝、扬琴等）、主持、表演、演出设计、美术（素描、色彩、图案、美术字等）。

毕业去向：学生毕业后可在文化馆、少年宫、群众文化单位、企业、社区文化宣传部门等从事文化艺术专业工作。

师资介绍

名师风采

郝思震，男，1966年10月生，江苏苏州人。1989年本科毕业于南京师范大学音乐系，2003年毕业于南京师范大学高校教师研究生班，主要从事钢琴与钢琴即兴伴奏教学研究以及音乐文化研究。现任苏州市职业大学艺术学院音乐系主任、音乐专业带头人、教授，苏州市知名钢琴教育专家。中国音乐家协会会员、中国教育学会音乐专业委员会会员、中国音乐家协会全国艺术考级考官，以及中央音乐学院、上海音乐学院、江苏省音协考级委员会顾问和苏州钢琴学会副会长。

主持并完成《新形势下苏州评弹艺术的传承与发展》等2项省级课题，在各类核心期刊公开发表学术论文20余篇。受邀担任省青少年钢琴大赛、省音乐专业基本功比赛评委和市级各类重大比赛评委；受邀担任省教育厅音乐教师培训专家教师。教学成果突出，辅导本专业学生在历次全国和省级音乐专业基本功大赛中取得一等奖，多次获省级优秀教师指导奖。培养了一大批音乐专业人才，其中多名学生在全国及省市各级钢琴比赛中获奖，有的已在国家级或国外知名音乐学院获得硕士学位。

刘燕，女，1962年3月生，河南平顶山人，现任苏州市职业大学艺术学院教授、苏州古筝协会会长、苏州音乐家协会理事、苏州市教育局音乐特长生专业考试评委、苏州音乐家协会民族器乐专业委员会副主任、苏州妇女儿童活动中心古筝艺术指导、苏州工业园区青少年活动中心古筝艺术指导、苏州市姑苏区少年宫古筝艺术指导、南京艺术学院古筝考级评委、上海古筝协会古筝考级评委、上海敦煌乐器有限公司古筝鉴定专家。

1995年参与编撰《中国古筝名曲荟萃》；2003年出版个人专著《中国古筝练习曲》；2004年出版个人古筝演奏专辑《蝶恋花——刘燕古筝演奏专辑》；2004年参与录制出版著名作曲家何占豪谱曲的《龙吟——唐诗古筝弹唱》专辑；近年来，发表多篇科研论文。

陆宇澄，男，1972年1月生，江苏太仓人。现任苏州市职业大学艺术学院环境艺术系主任、专业带头人、教授，主要研究方向为装饰艺术、室内陈设。1993年毕业于南京师范大学美术系美术专业，专业方向为装饰画（装饰艺术），获学士学位。2000年9月考入苏州大学艺术学院江苏省高校教师研究生班攻读硕士学位，专业方向为设计艺术学。同时兼任中国建筑学会室内设计分会、江苏省美术家协会、江苏省工业设计学会、苏州市工艺美术学会会员，九三学社社员。

在国家核心刊物以及省级刊物上发表40余篇论文，其中CSSCI期刊或核心期刊收录的有10篇，创作的美术作品入选首届全国漆画展、全国首届小幅水彩画展、江苏漆画漆艺邀请展、纪念“延讲”60周年美术作品展等全国和省市各级展览10余次，并发表于报刊或入编画册。设计作品被企事业单位采用、发表，并获得国家专利3项，主持完成多个艺术品软装饰工程项目。

葛鸿志，男，1959年11月生，江苏苏州人。1987年毕业于南京师范大学美术系国画专业，获得硕士学位。从事教育工作30余年，现任苏州市职业大学艺术学院督学组组长、教授，《苏州教育学院学报》编委会委员。在各类核心期刊公开发表学术论文10余篇，在各类省级刊物公开发表学术论文20余篇，并多次举办画展和出版画册。

张晓春，男，1968年8月生，江苏苏州人，1990年毕业于南京师范大学美术系，2003年获得硕士学位，现任苏州市职业大学艺术学院教授、高级工艺美术师。中国书画家联谊会会员、江苏省美术家协会会员、江苏省高校“青蓝工程”培养对象。在国家核心刊物和省级刊物上发表论文50余篇；编著1本、个人画册1本、参编教材1本；主持或参与省级研究课题1项、市级研究课题1项；获“第十届全国多媒体课件大赛”优秀奖；获实用新型专利1项、外观设计专利7项，以及作品著作权35项。美术作品先后多次入选国内外各种美展，并获“当代文人画名家精品画展”金奖等奖项；多幅美术作品发表在美术专业刊物上。被聘为华夏书画院客座教授，并担任苏州常熟华丽制衣有限责任公司艺术总监、苏州苏翱织绣工艺品有限责任公司艺术总监。

专业带头人简介

薄晓光，男，1976年3月生，江苏太仓人。1999年毕业于无锡轻工大学（现江南大学）设计学院环境艺术设计专业，2007年获苏州大学艺术学院硕士学位。现任苏州市职业大学艺术学院环境艺术设计专业带头人、副教授，研究方向为环境艺术设计，发表论文10余篇。

陆宇澄，苏州市职业大学艺术学院工艺美术品设计专业、雕刻艺术设计专业带头人。（详见“名师风采”部分）

雷兴武，男，1971年5月生，江苏淮安人，现任苏州市职业大学艺术学院服装设计与工艺专业带头人，研究方向为服装设计。1996年毕业于无锡轻工业大学（现江南大学）服装设计专业，2003—2005年在苏州大学艺术学院高校教师研究生课程班学习。多件设计作品在全国获奖，其中2000年、2001年分别获得“中华杯”全国银奖、国际银奖。

张洁玉，女，1973年12月生，山东省高密市人。现任苏州市职业大学艺术学院视觉传播设计与制作专业带头人、高级工艺美术师，研究方向为平面艺术设计。1997年毕业于苏州大学艺术学院装潢设计专业，2003—2005年在苏州大学艺术学院高校教师研究生课程班学习。中国包装技术协会设计委员会委员、苏州平面设计师学会常务理事。多件设计作品被收录于《中国设计年鉴》第3卷、第4卷、第5卷、第6卷，多件设计作品获2000—2001届、2002—2003届、2004—2005届中国之星设计奖，多件设计作品获2005—2006届江苏之星设计奖，多件设计作品应邀参加国内外艺术设计展览，指导的学生作品多次获省级和国家级设计比赛奖项。主编完成由中国纺织出版社出版的高校艺术设计教材2本——《色彩设计与表现》和《版式设计》，已正式出版。

刘燕，苏州市职业大学艺术学院表演艺术专业带头人。（详见“名师风采”部分）。

校企合作

根据艺术专业教学的特点，学院选择与在行业内有一定知名度的相关企业进行产学研合作。校企合作分为下列几个方面：

◎相关企业与本学院教师的项目合作

如学院设计类教师参与了众多设计公司项目的指导和设计等。这些活动锻炼了学院教师的专业能力，促进了教学改革。

◎本学院教师为有关公司和单位的建设和发展提供咨询服务

如学院教师参与有关中小学的艺术教育指导，任设计公司的艺术顾问和设计总监，参与音乐团体的组织和管理等，实现了校企合作双赢的良好局面。

◎与企业合作共同培养学生和青年教师

目前学院的学生教学实践和实习、青年教师的实践锻炼均由本学院的相关合作企业承担。学院通过企业实践，加强了学生和教师理论知识与实践的联系，办出了职业教育的特色。学院正在探索更深入更广泛的校企合作，使这项工作取得更好的成效。

校企合作表

序号	校外实训基地名称	实训专业
1	苏州新纳晶电子有限公司	环境艺术设计
2	苏州市安得装饰装潢有限公司	环境艺术设计
3	苏州市红蚂蚁装饰设计工程有限公司	环境艺术设计
4	苏州轩宇和筑设计顾问有限公司	环境艺术设计
5	苏州硬木家具有限公司	环境艺术设计
6	苏州市友邦展览服务有限公司	环境艺术设计
7	苏州工业园区尼克室内设计工作室	环境艺术设计
8	苏州工业园区唐人营造设计有限公司	环境艺术设计
9	南通勘察设计院	环境艺术设计
10	南通誉特装饰工程有限公司	环境艺术设计
11	南通市通州区福安建筑装潢安装有限公司	环境艺术设计
12	高新区横塘富丽美家建材商行	环境艺术设计
13	苏州力高建筑技术有限公司	环境艺术设计
14	苏州宫爵大宅装饰工程有限公司	环境艺术设计

续表

序号	校外实训基地名称	实训专业
15	苏州高卓建筑装饰设计工程有限公司	环境艺术设计
16	江苏筑森建筑设计有限公司(苏州公司)	环境艺术设计
17	苏州华尔居装饰工程有限公司	环境艺术设计
18	上海冠御装饰苏州分公司	环境艺术设计
19	江苏斯可馨家具股份有限公司	环境艺术设计
20	圣鹿(苏州)环保新材料科技有限公司	环境艺术设计
21	苏州禾全装饰工程有限公司	环境艺术设计
22	苏州壹园设计营造有限公司	环境艺术设计
23	苏州泊景装饰设计工程有限公司	环境艺术设计
24	吴江伊索家具商行	环境艺术设计
25	常熟市欣佳红木家具有限公司	环境艺术设计
26	苏州创捷传媒有限公司	视觉传播设计与制作
27	苏州市远大广告设计有限公司	视觉传播设计与制作
28	苏州蓝德设计有限公司	视觉传播设计与制作
29	苏州市绿野广告有限公司	视觉传播设计与制作
30	苏州同志策划广告有限公司	视觉传播设计与制作
31	苏州市金日摄影广告有限公司	视觉传播设计与制作
32	苏州金晶石动漫设计有限公司	视觉传播设计与制作
33	苏州粉兔文化传媒有限公司	视觉传播设计与制作
34	苏州市艾斯托克设计制作有限公司	视觉传播设计与制作
35	苏州市磐石设计装饰有限公司	视觉传播设计与制作
36	苏州天工巧绘陈设艺术设计有限公司	视觉传播设计与制作
37	苏州无限三维科技产业技术有限公司	视觉传播设计与制作
38	苏州善缘文化发展有限公司	视觉传播设计与制作
39	苏州迪孚软装有限公司	工艺美术品设计
40	苏州合一文化艺术有限公司	工艺美术品设计
41	苏州富菲特艺术景观工程有限公司	工艺美术品设计
42	苏州至美装饰艺术有限公司	工艺美术品设计、雕刻艺术设计
43	苏州光福立新工艺厂	工艺美术品设计、雕刻艺术设计
44	苏州木居创联科技服务有限公司	工艺美术品设计、雕刻艺术设计
45	江苏匡克防护有限公司	服装设计与工艺
46	苏州陪蒙实业有限公司	服装设计与工艺
47	苏州亨利庄服饰有限公司	服装设计与工艺
48	苏州博秀科技有限公司	服装设计与工艺
49	苏州市永利豪毛衫织造有限公司	服装设计与工艺
50	苏州市文联	表演艺术
51	苏州飞音艺术培训中心	表演艺术
52	苏州吴中区城南街道	表演艺术
53	苏州吴中区越溪小学	表演艺术
54	苏州市启元文化艺术培训中心	表演艺术
55	苏州沧浪区实验小学	表演艺术
56	苏州吴中区长桥中心小学	表演艺术
57	熠辉才艺培育中心	表演艺术
58	姑苏区艺笙琴行	表演艺术
59	苏州上格音集文化发展有限公司	表演艺术

学术科研

2018年，艺术学院教师在努力完成教学工作任务的同时，积极投入科研和艺术创作工作中，取得了较好的成果。全年共发表论文24篇，其中被CSSCI（C）收录1篇，核心期刊论文3篇，省级期刊论文20篇；教师获发明专利2项、实用新型专利7项、外观专利5项、作品著作权登记10幅；参加国家级美展1幅、省级美展15幅、参加市美展4幅；横向项目13项，纵向项目5项，其中江苏省教育厅高校哲学社会科学思政专项1项、省教育厅高校哲学社会科学研究基金项目2项、江苏省现代教育技术研究课题1项、苏州市社会科学基金项目（应用对策类）1项。学院举行学术讲座6次，举办作品展览5次，举行各类演出3场。

学生工作

2018年艺术学院学生工作，在校党委的正确领导下，在学校各有关部门的关怀下，在全院师生的支持配合下，紧紧围绕学校的中心工作，结合学院学生特点和工作实际，以习近平新时代中国特色社会主义思想为引领，立德树人，育人为本，精准管理，严格落实各项规章制度，加强学生管理队伍建设，推进创新创业教育工作，服务学生管理与发展，展现艺术特色之美，营造快乐融合、奋进求上的院风。

◎组织学生积极参加校内外的各项比赛

2018年5月，在第十五届大学生心理健康节主题微文和海报比赛中，学院1人获一等奖、2人获二等奖、3人获三等奖、5人获优秀奖；校园心理情景剧大赛获三等奖；主题班会大赛获优秀奖。在校职业生涯节中，学院教师组织院（部）创业大赛，带领学生参加比赛并最终获得校级三等奖和优秀指导教师称号。另外，积极组织参加校外创新创业大赛，组织参加“互联网+”创新创业大赛，匠心缘创团队获国际教育园区“互联网+”大赛二等奖。定期开展创业讲座、创客沙龙等活动，营造学院创新创业氛围。时刻关注在校生的创新创业活动开展情况，跟踪已毕业学生的创业情况。2016级刘芸同学的工作室入驻学园大厦，并在校外开办了两家手工作坊。2018届毕业生中共有3人已注册工作室进行创业活动，分别是2015级视传1班朱云裴的“良雲坊”、2015级雕刻班刘晓庆的“金秋梦”、2015级装饰1班张雅茹的“釉语瓷饰”。

截至2018年，学院学生在省市、国家级各类比赛中获奖13人次。

◎日常管理，以制度为本

学院进一步落实了《苏州市职业大学艺术学院学生工作考评实施办法》《苏州市职业大学艺术学院就业工作考核办法》，还制定了《苏州市职业大学艺术学院宿舍管理办法》《苏州市职业大学艺术学院学生干部选拔考核考核办法》等规范各项工作。定期开展辅导员、班主任例会制度，上情及时下达，做到班主任月月有例会，例会有主题，工作安排和学习培养相结合，全心全意服务于学生管理和德育工作。

◎评奖评优工作

统筹学工、教学双线数据，综合量化学生德育成绩、学习成绩与创新实践成绩。根据《学生手册》与学院特色，进一步完善了学院的量化考核实施办法，细化了评分指标，明确了部分测评项目的加减分依据，统一了评分依据。设立班级考核审核团，对各个班级量化考核的具体执行进行相应的指导，接受各班的咨询和反馈，明确班级、年级和辅导员三级评选主体的责任和义务，有效地提高了评选效率和评选质量，按时完成了评选工作。在本年度评奖评优工作中，切实做到公平公正公开。所有申请奖项根据学院量化指标排名，不但鼓励了先进，更让学生认识到注意日常行为规范的重要性。在本年度评奖评优工作中，学院切实做到公平公正公开，2018年共有244人获得校优秀学生奖学金，其中一等奖学金41人、二等奖学金36人、三等奖学金62人、单项奖学金105人；193人获得先进个人称号，其中三好标兵42人、三好学生57人、优秀学生干部94人；文明标兵班级1个、文明班级5个、文明宿舍16个。

◎学生资助工作

加强勤工助学日常管理工作，开展勤工助学岗前培训，本年度已培训学生人数15人，分别在实训实验室和琴房上岗。1.做好国家奖助学金评定。根据校学生资助管理中心下达的指标，严格组织落实本年度国家奖助学金评选；进一步加强国家助学贷款贷前、贷中和贷后各项管理工作，如贷款毕业生离校前开展基本信息核对，为还款事宜召开专门会议，开展还贷毕业生违约催收专项工作，有效降低贷款毕业生违约数量和比例。2.学费减免认定。做好家庭经济困难学生认定，指导各班级加强认定工作组织体系建设，重点做好2018级新生家庭经济困难学生认定，同时对其他年级家庭经济困难学生信息库进行适当调整，通过家庭经济困难学生建档工作，为后续开展各类资助评定提供有效的参考依据。3.国家奖助学金评定。根据校学生资助管理中心下达的指标，严格组织落实本年度国家奖助学金评选，在评审工作中进一步强化申请、审核和公示等环节，最终评定国家励志奖学金45人、金额225000元；国家助学金164人、金额467000元；2016、2017级学院申请生源地国家助学贷款学生为102人、贷款金额797400元；2018级学院申请生源地助学贷款学生51人、贷款金额404000元。

◎心理健康工作

为做好服务工作，学院进一步优化心理站组织结构，设副站长2名，心理委员每班1名共44人。10月，学院通过先自评后审核的方式选拔出2016级优秀心理委员共5名，以奖促优，鼓励心理委员积极完成相关工作。10月，2018级学生402人在学院机房统一测评建档，完成率达到100%。11月，学院配合学校心理健康中心顺利完成了新生心理健康测评回访工作。

◎辅导员队伍建设

辅导员是大学生思想政治教育的骨干，辅导员队伍的整体素质很大程度上决定着学生工作的整体效果。学院坚持“打铁还需自身硬”的原则，努力建设一支高素质、高质量、高水平的“三尖”辅导员队伍，真正做到辅学生成长、导学生成才、圆学生梦想。学生工作记心尖，用爱心引导学生，用耐心陪伴学生，用责任心教育学生，陪伴学生一路成长；谆谆教诲挂舌尖，把握思想政治教育工作的话语权，学会讲故事、讲真情、讲真理，讲学生听得懂、听得见、听得进的语言，切实关注学生的每一项利益诉求和每一项建议意见；走访宿舍到足尖，要求辅导员队伍深入班级宿舍，多开展走访调研，贴近学生生活，实时把握学生思想动态，进行朋辈式的教育，以情感沟通代替单纯说教；工作体会在笔尖，指导辅导员从大处着眼，及时总结，针对现实问题进行专题研究，并通过撰写工作案例、专题报告或科研论文形成自己的工作成果。

◎班主任队伍建设

9月，新生开学典礼向全体2018级班主任颁发了聘书，激发了班主任们的工作热情。2018年，艺术学院共举办班主任例会8次，专题培训4场，为班主任们理清了工作思路，学习工作技巧，提高了工作效率。2018年度共有6名班主任荣获优秀班主任称号。

◎学生干部队伍建设

培养树立一批先进典型，带动一方进步。为提高学生干部的素质与能力，学院为他们量身打造了多场专题培训，2018年共召开学生干部例会12次、学生专题培训4次，重点关注学生干部思想发展与心理健康，强化学生干部的服务意识，抵制不良风气，让学生干部真正成为学生榜样；2018年评选出校优秀共青团员14名、校优秀团干部4名。

◎学生党员队伍建设

培养一名党员，树立一面旗帜。2018年度发展学生党员17名。学院认真落实党员发展工作，坚持实事求是，吸纳、发展优秀学生成为党员，为党支部注入强大力量，在生活中发挥其先锋模范和骨干带头作用。在班级、学院管理方面，17人为学生干部，他们主动承担任务，争做班主任、辅导员的好帮手；在学习方面，他们以身作则，不旷课、不挂科，17人均获得优秀学生奖学金；在社会实践方面，1人参加校创业大赛获奖。支部积极引导学生党员身体力行，争做思想政治的引领者、校园活动的组织者、宿舍生活的服务者，争做学业学习上的标兵、班级管理中的骨干，用他们自己的实际行动，发挥模范带头作用。

◎就业工作

就业工作以数据为本。2018届毕业生离校时初次就业率基本稳定，充分就业人数持续增加，初次就业率为87.89%；截至2018年11月，学院2018届毕业生就业率达97.33%，其中环艺系就业率96.74%、视传系就业率97.53%、音乐系就业率100.00%。毕业生就业质量和满意度进一步提高，基层就业、自主创业、困难帮扶、指导服务、制度建设等重点工作取得实质性成效。提供招聘信息，组织招聘活动，做好毕业生就业指导工作。学院在5—6月期间通过走访校企合作单位，了解企业用人需求，从而可以更好地制定学校的教学计划，也可以和企业建立更紧密的合作关系，为毕业生提供就业平台；依托信息化服务平台，积极开展就业推荐。2018年学院共举办5场专场招聘会，其中针对环艺类专业的有2场，视觉传达类有1场，专业不限的有2场。这5场招聘会为学院毕业生提供近300个就业岗位。学院2018年11月8日在学院大厦承办艺术类专场大型校园招聘会。这场招聘会为学院毕业生提供近1000个就业岗位。据统计，学院2018年为毕业生举办的毕业生招聘会，共提供1300余个就业岗位，另外学院网站发布就业岗位700余个，为毕业生拓宽了就业渠道。

思想政治理论教学研究部

概 况

2014年3月,根据《江苏省高职院校思想政治理论课建设标准(试行)》(苏教社政〔2010〕10号)相关规定及要求,学校研究决定成立思想政治理论教学研究部。

思想政治理论教学研究部现有专任教师32人,男教师13人,女教师19人。其中正高职称2人,副教授15人,博士7人,硕士16人,职称、学历结构合理。专任教师中双师素质教师占比72%。

思想政治理论教学研究部设有3个教研室,分别为思想道德修养与法律基础、毛泽东思想和中国特色社会主义理论体系概论和军事理论教研室和1个综合办公室。开设"思想道德修养与法律基础""毛泽东思想和中国特色社会主义理论体系概论""形势与政策""职业素养提升""军事理论"等全校性公共必修课,以及快乐的智慧、中外经典战役分析、合同法、中国哲学思想之智慧、军事高科技与信息化战争等全校性选修课。

教学工作

结合高职院校专业课程职业性、实践性及应用性的特点,将思想政治工作融入专业课程体系建设、专业课程改革与课堂教学全过程,形成"各门课程都有育人功能,所有教师都负有育人职责"的理念,探索多方参与的人才培养新模式,构建具有学校特色的"大思政"新格局。联合电子信息工程学院、艺术学院、教育与人文学院,先后推出专业教师+思政教师、校企双向融入"课程思政"公开课9节,学校领导深入课堂听课,反响较好。

根据教务处要求,2018年组织安排了2节全校公开课和9节部门公开课,校督导、青年教师及思想政治理论教学研究部无课教师参加听课,整体反馈较好。课后组织开课教师与听课人员交流,分享体会,提高教学质量与水平。制定《苏州市职业大学思政部教学质量评价与考核办法(暂行)》,将《评教考核指标》细化。黄丹老师参加全省思政教师教学比赛,荣获二等奖。

师资介绍

名师风采

杨德山,男,1965年8月生,江苏高邮人,现任苏州市职业大学思想政治理论教学研究部副主任、研究员。江苏省现当代文学研究会会员、苏州市语言学会副秘书长、苏州市教师专业发展研究会副秘书长、苏州市中小学教师培训专家库成员。

2011年被评为江苏省教育科研先进个人;在省级以上期刊发表论文30余篇,其中核心期刊12篇,CSSCI源期刊1篇,1篇被人大复印资料全文转载;主持省部级课题1项,主持并完成市厅级课题6项,参与4项,2项课题研究分获苏州市人力资源和社会保障局二等奖、三等奖,2项成果分获苏州市第十一次、第十三次哲学社会科学优秀成果三等奖。

校企合作

6月19日,与苏州文庙博物馆签订校地共建思政教育基地协议;10月15日,与苏州碑刻博物馆签订协议,共建"苏州市职业大学碑刻技艺体验中心";11月13日上午,走访苏州创佳电子材料有限公司,双方就企业文化建设、员工培训、职业素养提升等进行了深入的探讨,商定择日签订校企合作协议,并举行授牌仪式。做好校地共建单位——苏州博物馆、苏州碑刻博物馆志愿者服务。目前在苏州博物馆有志愿者2人,在苏州碑刻博物馆有志愿者5人,均为思想政治理论教学研究部专任教师,他们利用休息时间参与志愿服务。1名教师在姑苏区法院做人民陪审员。

学术科研

2018年,思想政治理论教学研究部出版学术专著1本,1篇论文在SCI三区发表;获苏州市第十四次哲学社会科学优秀成果三等奖和苏州市自然科学优秀论文三等奖各1项;主持市厅级项目3项;承接技术服务项目1项,到账经费0.5万元。

数理部

概　况

苏州市职业大学数理部成立于2014年4月，现有教职工24人，其中专任教师22人。近年来，在学校大力支持和教师自身努力下，师资力量逐步得到加强，师资结构也逐渐趋于合理。现有教授1人，副教授12人，博士4人，硕士9人，江苏省高校“青蓝工程”优秀青年骨干教师培养对象2人，校“青蓝工程”优秀青年骨干教师培养对象2人。

数理部内设综合办公室、应用数学教研室和数据技术教研室，另设数学实验室，主要用于学生数学实验以及数学建模，为学生“用数学”提供了良好的场所。

数理部承担全校高等数学、经济数学、工程数学、概率论与数理统计及数学类公选课等课程。数理部教师在教学过程中以“敬业、爱生、传道、育人”为理念，不断改进教学方法，以学生为主体，以能力为本位，注重教书育人，使学生得到全面发展，为学生进一步学习专业课知识打下坚实的基础。

在2018年全国大学生数学建模竞赛中，指导学生获得江苏省二等奖1项，三等奖1项；在江苏省第十五届非理科专业高等数学竞赛中，培训学生荣获一等奖7人，二等奖16人，三等奖41人。

教学工作

数理部秉承“育人为本、质量第一、以学生为中心”的办学理念，积极践行“为地方经济服务、为学生思想奠基”的办学宗旨，根据经济社会发展对人才培养提出的新要求，突出学生的主体地位，不断更新教学内容，强化多媒体信息化手段的运用。通过全国大学生数学建模竞赛、江苏省普通高等学校高等数学竞赛及具有实践意义的实践教学环节，训练学生运用所学数学知识分析问题、解决问题，培养学生的独立思考能力和实践动手能力。

师资介绍

名师风采

翁世有，男，1960年10生，辽宁沈阳人，理学博士。现任苏州市职业大学数理部教授、苏州市数学会常务理事、中国数学会奥林匹克高级教练员。主持、参加省级科研项目5项，教研项目3项，主持的项目《资源的最优开发与保护》获得吉林省高校自然科学研究成果优秀二等奖，发表论文20余篇，获发明专利5项。

梁淼，女，1981年1月生，江苏昆山人，博士，现任苏州市职业大学数理部副主任、副教授，美国数学学会评论员。

从事微积分、线性代数、概率统计等课程的教学工作，组合设计与密码的科研工作。2016年至今在苏州大学数学科学学院做博士后研究；2014年被选拔为江苏省高校“青蓝工程”优秀青年骨干教师培养对象；2018年被选拔为江苏省高校“青蓝工程”中青年学术带头人培养对象；主持国家自然科学基金项目1项，作为主要成员参与国家自然科学基金项目2项，获得第60批中国博士后科学基金面上资助二等资助；在组合数学与组合编码领域发表论文15篇，其中被SCI检索6篇，SCIE检索5篇，EI检索2篇，3篇论文分别获得苏州市自然科学优秀学术论文二等奖1项、三等奖2项。

校企合作

为进一步贯彻落实学校内涵式高质量发展的要求，培养“双师型”师资队伍，培养符合社会发展需要的应用型人才，坚持以“走出去，引进来”相结合的方式开展校企合作。2018年思想政治理论教学研究部与中企华中天资产评估有限公司苏州分公司签订了校企合作协议，与苏州市吴中区审计局签订了校地合作协议，与上海育创网络科技股份有限公司签订了“双师型”教师培养培训基地合作建设协议。数理部聘任3名企业兼职教师，安排4位教师下企业进行社会实践，其间，还举办了2场高水平的学术讲座。

学术科研

2018年，数理部教师共发表论文16篇，其中SCIE检索收录3篇。开展各级各类教科研项目共7项，其中主持国家级课题1项、合作主持国家级课题1项、江苏省大学生实践创新项目1项、校教改项目1项、校研究性课程项目2项、校级纵向科研项目1项。获市级奖项1项，新增校级科研平台1个，获得发明专利1项、实用新型专利7项、软件著作权5项。

体育部

概　况

根据学校“一个目标定位”、把握“两个基本立足点”和实现“三个全面提升”的总体思路，以及学校“立足成就学生、立足成就教师，全面提升内涵质量水平、全面提升创新发展活力、全面提升服务地方能力，全力建设一所立足苏州、面向江苏、辐射全国，以工为主、多学科协调发展，具有鲜明办学特色的应用型地方本科院校”的发展目标，在学校体育工作发展过程中，体育部坚持“以人为本、健康第一、终身体育”的教学理念，坚持以科学发展观统领各项体育工作，体育工作始终围绕学生的全面发展而展开，教学过程以促进学生健康成长、激发学生运动兴趣、培养学生终身体育意识为主导；以学生发展为中心，重视学生的主体地位，关注学生个体差异与不同需求，确保每个学生都学有受益，力求构建比较完善的学生健康教育体系，着力于提高大学生的健康意识和体育实践能力。

体育部为学校二级建制单位，内设综合办公室、体育专业教研室、公共体育教研室（兼群体竞赛中心）3个机构。综合办主要负责协助主任做好行政管理工作，包括综合协调、档案管理以及场地建设工作；体育专业教研室主要负责专业教学管理、专业建设以及学生职业资格的认证，并协助总支做好学生管理工作；公共体育教研室（兼群体竞赛中心）主要负责公共体育教学管理、健身指导工作（包括学生体质测试工作、课外体育锻炼管理）以及体育竞赛管理工作。

体育部现有专任教师28人，其中正教授2人，副教授14人，讲师9人，助教3人。具有博士学位教师1人，具有硕士学位教师13人；拥有国家级裁判1人，获国家一级裁判员资格的教师6人；运动健将1人，国家一级运动员1人；国家级社会体育指导员1人，二级社会体育指导员2人，速度轮滑高级教练员2人，快易网球高级教练员1人，啦啦操一级教练员1人，啦啦操二级教练员2人；二级心理咨询师1人，中级拓展培训师2人。全体体育教师均能胜任两门以上课程教学并能组织实施各级各类竞赛。

为确保体育教学工作和课外活动的顺利开展，学校投入了大量经费用于改造体育场馆和增添新的体育器材、设施设备。学校建有2个标准田径运动场（含足球场）、20个篮球场、2个排球场、2个网球场、1个轮滑场、1座体育馆（内含篮球场、排球场、羽毛球场）、2间乒乓球房（20张乒乓球桌）、一间跆拳道训练场、5间健美操形体训练房的综合运动馆、1间健身房。

校体质健康测试中心的测试工作具体由体育部负责。每年体育部安排教师对全校学生的体质状况进行集中测试，按时将数据上报并进行调研分析，并设立健身指导中心引导学生正确开展课外体育锻炼和阳光体育活动。

体育部十分重视体育教研与科学研究。近三年来，体育部教师在各级各类教学技能比赛中有1人获国家级一等奖，1人获省级一等奖，4人获省级二等奖；承担科研课题20项，其中省级课题1项、市厅级课题7项、横向项目1项；在省级以上刊物发表论文62篇，其中核心论文5篇。

体育部对常规运动队训练常抓不懈，组建了啦啦操、乒乓球、羽毛球、篮球、足球、龙舟队等校队。2018年的江苏省健身气功比赛、江苏省乒乓球比赛、江苏省第十九届运动会高校部龙舟赛、第十九届运动会高校部乙组田径比赛、江苏省第三届高职高专院校体育教师教学大赛和学生第四届足球技能比赛暨体能大赛等都取得优异成绩。

教学工作

办学特色与教学实践

◎公共体育教学

在长期的教学实践中，公共体育课程坚持“以生为本、健康育人、终身受益”的教学理念，课程教学突出“一体三化”，即重视学生主体地位，课程满足学生的需要和情感体验；重视学生个体化差异，按个体健康状况因材施教；课程内容多样化，激发学生运动兴趣；课程类型实用化，学生健身理念和健身能力相得益彰。

公共体育课程教学始终围绕学生体能素质和专门技能，突出身心健康和社会适应能力，满足学生素质全面发展的教学目标。学校公共体育课程整合体育教学内容，改革课程体系，形成包括体育基础课、体育专项课、体育保健课、体育选修课、运动训练课等课程的体育课程群。

目前，公共体育教学共3学期，每学期27个学时，1.5个学分，共108个学时。第一、二学期开设体育基础课，主要安排基本健身知识、基本健身技能、基本健身能力等“三个基本”课程内容，提高学生的认知能力，扩展学生的体育知识；将课内外教学、校内外场地有机结合，拓展教学空间。第三、四学期开设体育选项课，主要以满足学生兴趣爱好的体育选项为主要内容。根据学生的个体差异、兴趣爱好，目前学校开设了16个项目选项课。

同时，为一、二年级少数身体异常或患有慢性疾病及病后恢复期的学生开设以指导、康复、保健为主的体育保健课。除以上开设的公共体育必修课，还开设了丰富的体育选修课程，作为体育必修课程的延伸，现开设有9门体育类公共选修课，每门体育选修课记2个学分、32个学时，共6个学分，108学时。

◎体育教育专业教学

本专业以小学体育新课程标准为基点，制定各课程的教学大纲，同时加强本专业的基础课程学习，依托教学实习基地，及时掌握小学体育教学改革动态，结合学生的顶岗实习，突出培养目标的师范性。

本专业以培养学生从事小学体育教学能力为核心构建课程体系，挖掘专业课程教学内容与顶岗实习能力的关联，归纳就业岗位的工作任务与课程体系中相对应课程的关联。通过与专业委员会、小学体育教学学科带头人、骨干教师、资深专家一起罗列出小学体育教育岗位的具体工作任务及能力要素。制定学年教学计划、教材分析、学情分析、课时教学任务制教学、原则与方法运用，分析教学重、难点，制定课时教学计划，提高讲解与示范的表达能力，以此为主线构建出本专业的课程体系。确立篮球、田径、学校体育学、小学体育新课程教学法、教育学和心理学为本专业的主干课程。教师资格证书、各项职业技能证书和裁判员证书也列入课程教学标准范畴，实施“双证书”教育模式。

同时增设社会体育方向能力训练，培养能够从事小学体育教育、健康教育教学、课外体育活动及课余运动训练等方面工作，同时具有保健康复和指导运动健康工作能力，具有创新精神和实践能力，素质高、能力强的体育高等技术运用型人才。

专业设置

2018年苏州市职业大学体育部专业设置一览表

教研室名称	专业名称	专业带头人	职称	学历（位）
体育专业教研室	体育教育	王俪燕	副教授	本　科（学士）

专业介绍

◎体育教育

培养目标：本专业培养德、智、体全面发展，系统掌握体育教育的基本理论、基本知识和基本技能，掌握学校体育教育工作规律，具有较强实践能力，能在小学从事体育与健康课程的教学、健康知识教育、课外体育活动、运动队训练和体育竞赛等方面工作的专门人才；学生了解体育学科的发展动态，具有学校体育科学研究的初步能力；同时掌握社会体育的基本理论、知识与技能，以及一门外语和计算机应用基本技能，能在社会体育领域中从事群众性体育活动的组织管理、咨询指导等方面工作。

主要课程：运动解剖学、运动生理学、体育保健学、体育心理学、体育绘图、体育游戏、学校体育学、体育测量、体育统计、体育科研、小学体育新课程教学法、运动训练学、营养学、田径、体操、篮、排、足球、武术、健美、健身操、乒乓球、羽毛球、社区体育指导、全民健身概论、舞龙舞狮等。

职业前景：学生毕业后，可从事小学体育健康教学、体育训练、体育竞赛、体育科研、学校体育管理及社会体育指导等方面的工作。

师资介绍

名师风采

黄晨曦，女，1960年4月生，江苏宜兴人，中国民主同盟会盟员，教育学学士，现任苏州市职业大学体育部教授。1982年2月毕业于南京大学体育师资班，2000年6月获得苏州大学运动人体科学专业研究生毕业同等学力结业证书，2010年1

月完成武汉体育学院高级访问学者进修学习计划。苏州市体育科学学会理事，苏州市体育科普讲师团成员。曾获评苏州市“三八”红旗手，首批苏州市“跨世纪高级人才”培养对象，江苏省苏南高校优秀青年体育教师，苏州市群众体育先进个人。现主要从事体育人文社会科学的研究。

曾获全国第七届大学生运动会科学论文报告会三等奖、教育部第七届多媒体课件大赛三等奖、全国第八届大学生运动会科学论文报告会三等奖、全国高等院校体育教学训练科研论文报告会一等奖、苏州市第十次哲学社会科学优秀成果三等奖、全国高职院校教师优秀学术论文二等奖；主持完成国家体育总局哲学社会体育科学研究项目、江苏省教育厅高校哲学社会科学基金项目、中国民主同盟苏州市委员会立项课题、苏州市体育局体育科研课题、校级课题多项；主编、参编教材4本；发表论文30余篇，其中体育专业核心期刊论文5篇。

吴晅晔，男，1964年6月生，浙江省丽水市人，教授，毕业于华东师范大学体育教育管理专业，从浙江师范大学体育理论研究生课程教师进修班结业，中国体育科学学会会员，中国高校体育年鉴编委。曾先后获得丽水学院“三育人”先进个人、丽水学院先进工作者、丽水市工会工作先进工作者、丽水学院本科生个性化培养优秀教师、丽水学院优秀毕业论文指导老师等荣誉。现任职于苏州市职业大学体育部，主要从事体育健康教育及体质健康与评价方向研究。

主持完成浙江省哲学社会科学规划常规立项课题、全国教育科学“十五”规划重点项目子课题、中英艾滋病策略支持项目、浙江省教育厅项目、浙江省科技厅新苗人才计划项目、丽水学院科研基金资助重点项目、丽水学院教改基金资助重点项目、江苏省体育局课题、苏州市体育局课题、苏州市职业大学创新基金资助项目等近20项，参与完成国家社会科学基金重点项目子课题多项；出版专著1本，并获丽水市社会科学优秀成果二等奖。近年来，先后发表专业学术论文30余篇，其中核心期刊论文10余篇。曾获中国体育统计年会论文报告会优秀论文一等奖、国家级继续医学教育1类学分。连续三年获教学质量优的评价，其中一次获得嘉奖。

王俪燕，女，1973年2月生，江苏苏州人，1991年7月毕业于太仓师范学校并获保资格至苏州大学深造。1995年7月毕业于苏州大学体育学院，获学士学位。1999年6月获得苏州大学运动人体科学专业研究生毕业同等学力结业证书。现任苏州市职业大学体育部主任、副教授，江苏省高职高专体育教学指导委员会委员、苏州市体育科学学会理事会理事。

曾获全国高校运动医学11届学术研讨会二等奖，参与完成国家体育总局武术研究院课题1项，先后发表专业学术论文10余篇，主编、参编教材4本。2014年获校人才培养工作“特别贡献奖”，2016年获江苏省首届高职高专院校大学生体能大赛总决赛“优秀教练员”称号，2017年作为主要负责人申报的团队项目“舞动青春——团队体育竞赛”获全国高等职业院校第三届体育工作成果二等奖并获基地挂牌，2018年获“全国高等职业院校优秀体育工作者”称号。

任体育部主要负责人以来，在学校领导的大力支持下，改革学校体育工作，取得较为明显的成绩。

校企合作

体育部切实做好校企合作、产学研合作教育各项工作，大力推进教学改革，提高教育教学质量，促进高技能人才的培养。根据实际情况，体育部充分发挥专业指导委员会在人才培养模式、专业建设、教学内容与课程体系改革、实习实训基地建设等方面的指导作用。初步组建校企合作工作小组，积极与相关行业协会及主管体育部门接触、沟通和交流，并邀请体育行业企业专家、专业人士，共同参与校内实训基地建设方案的制定工作，探索通过校企合作建设校内生产性实训基地的新模式，充分发挥体育部基础实力，借助苏州体育产业蓬勃发展的春风，依托苏州市全民健身计划和发展目标，广泛开展群众性体育活动指导，并根据社会需求，充分利用部门体育教育专业资源，积极与全民健身相结合，进行对“社会体育指导员”的培训和指导资格的认证，进一步与苏州市体育局国民体质监测中心合作，建立“构建全民健身公共服务体系”国民体质服务站，服务于群众、社会。拓展体育专业校外实习实训基地的方向，增加数量、延伸体育就业方向。

针对体育专业技术领域和职业岗位(体育教育)的任职要求,参照职业资格标准,联合相关行业(体育局、教育局)企业合作开发建设专业实践课程、充实教学内容、积极探索教学方法手段和课程考核方式的改革,推行"教、学、做"为一体的教学方式,加大对学生实践动手能力的培养。

学术科研

体育部十分重视体育教研与科学研究,近三年来在各级各类教学技能比赛中,体育部教师1人获国家级一等奖,1人获省级一等奖,4人获省级二等奖。承担科研课题20项,其中省级课题1项、市厅级课题7项、横向项目1项。在省级以上刊物发表论文62篇,其中核心论文5篇。

学生工作

2018年,在校党政的关心指导下,在学生工作处和各院部的关心、支持和帮助下,体育部学生工作牢固树立"感性教育、理性管理、以学生为本、为学生服务"的学生工作理念,坚持将立足校园、辐射周边,立足专业、拓宽视野,立足教育、奖惩并举,实践锻炼、服务学生等有机结合,努力探索和开创体育部学生管理工作新途径、新方法,打造以人格加专长为核心竞争力的优秀体育专业人才。

◎以比赛促成长,注重实践能力培养,提升核心竞争力

体育部积极参加校外各项的大学生专业竞赛活动,取得优异的成绩,为学校争取荣誉。2018年,在江苏省第十九届运动会田径比赛中,谢雯静同学名列女子100米跨栏第2名,侯笑同学名列女子100米跨栏第5名,朱守振同学名列男子100米第5名、200米第8名,高秀芹同学名列女子10000米第6名,程冬同学名列男子跳远第6名,曾鹏同学名列男子1500米第7名,金成同学名列男子跳高第7名,刘佳敬同学名列女子铁饼第7名,余发良、程冬、吴英建、朱守振同学名列男子4×100米接力第4名,余发良、王棋民、吴英建、朱守振同学名列男子4×400米接力第6名,谢雯静、侯笑、吕苏雯、马佳佳同学名列女子4×100米接力第6名,谢雯静、曾鹏、朱守振同学荣获"体育道德风尚奖"运动员称号;朱守振和吴英建两名运动员以本次比赛100米项目中的运动成绩达到国家二级运动员水平,团体总分位列13名。体育部学生参加省高职高专院校第三届体能大赛获得三等奖;参加江苏省第四届足球技能大赛获二等奖;参加2018苏州国际教育园苏南地区高校龙舟邀请赛,获第四名的好成绩;参加江苏省第十九届运动会龙舟比赛获200米第二、500米第一、总分第一名;在江苏省高校羽毛球比赛中荣获团体第七;在江苏省高校篮球比赛中获团体第八名;在江苏省高等院校健身气功比赛中获得集体三等奖,"体育道德风尚奖"运动员荣誉称号;在"瑞升杯"2017—2018年全国啦啦操联赛(南通站)暨2018年江苏省健美操啦啦操锦标赛中获得冠军等。

在实践能力培养方面,为提升学生综合素质,提高学生的专业技能和实践能力,体育部注重在实践中培养和发展专业技能的教育理念。在校内外活动、竞赛方面,体育部团委、学生会在全校阳光体育活动中表现突出,承担了全校所有阳光体育活动的裁判工作,如校田径运动会、校足球联赛、校篮球联赛、校羽毛球联赛、校乒乓球联赛、校集体项目竞赛等赛事的教学指导、裁判服务工作。对2016、2017、2018级学生加强了职业技术培训,从游泳救生员证、教练员证、健身指导员证、社会指导员证等方面让学生不断武装自己。学生利用暑期时间,将专业所学学以致用,在游泳馆、健身房等地方进行了暑期实践,得到一致好评。

◎搭平台,抓思想,抓学风

结合思想政治理论教学研究部特点,开展了一系列形式多样、内容丰富的主题教育活动,启发、引导、教育,帮助学生树立正确世界观、人生观和价值观。如召开新生入学教育暨专业介绍会、学习经验交流会,开展安全教育、法制教育、心理健康教育、新生入党教育等系列讲座;结合资助工作,对贫困学生开展理想、信念与自强自立教育,诚信教育,感恩教育等。从2017年开始,体育部与帝橙健身学院合作,组织了针对国家职业资格健身教练员考核的培训,每年都有10余位同学获国家职业资格健身教练员证书,20余位同学获得国家职业资格游泳救生员证书。

◎党团并进两手抓

体育部团委通过各个平台、各种活动培养和考查学生,并向党组织输送佼佼者,今年有4名学生被推优。

◎"奖、助、贷、补、减、免"工作,责任与感恩同行

在贫困生工作上,院部深入排查在校建档贫困

生，建立完善贫困生管理档案，按有关文件给予各项资助，认真做好生源地助学贷款通知和注册工作，协助贫困生无忧学习，为2名家庭经济困难学生申请了学费减免，为2名成绩优异的学生申请了国家励志奖学金，为7名学生申请了国家助学金，为5名学生安排了勤工俭学的岗位，另有2名学生获得党员关爱基金，1名学生获得离退休关心下一代委员会的关爱基金。认真做好2018年春季学期家庭经济困难学生困难补助工作，帮助3名学生获得回家车贴补助。同时，结合资助工作开展学费催缴工作、贷款还款工作，诚信教育与爱心资助并行。

在奖惩工作上，体育部学生工作取得了优异成绩，涌现出了一大批先进集体和先进个人，2018级体育教育班获校"优秀团支部"称号；1人被评为"校级优秀团干"，1人被评为"校级优秀团员"，1人被评为"院部优秀团干"，7人被评为"院部优秀团员"。

◎创就业工作，学生能力和就业率同增长

体育部成立就业工作小组，全力做好2018届毕业生的各项工作。体育部严格按照学校制定的毕业生就业目标计划开展就业工作、就业指导培训，积极开拓就业渠道，为毕业生就业提供各种优良服务。体育部学生人数少，2018届有26名毕业生，专业优势不明显，体育师范专业专科生社会竞争力处于弱势，院部工作存在困难。为此，体育部非常注重学生实践能力的培养，安排学生参与校内阳光体育活动，承担校外裁判工作、体育赛事志愿者工作、顶岗实习工作等；通过开展专业交流会，请往届优秀毕业生回校做专业多元化发展交流讲座，跟实习基地、体育公司、体育俱乐部合作，增强毕业生的实践能力，为毕业生开拓就业思路，提供就业渠道，就业率达到100%。

国际学院

概 况

国际学院成立于2017年9月，负责学校国际合作与交流项目开拓及管理、国际学生招收与日常管理、国际优质教育资源引进、国际汉语推广等有关工作。

2018年，学院在校国际学生151人，来自亚洲、非洲、欧洲的11个“一带一路”沿线国家，其中学历生61人，语言生50人，实训生40人。学历生专业为机电一体化技术、汽车检测与维修技术、国际经济与贸易；语言生从零起点学习一年中文后归国或进入其他高校深造；实训生由学校和企业合作开展培养。

学院具备教学小班化、教师专业化、管理规范化、活动系列化的办学特色，具有一支学科结构与年龄层次合理、业务素质良好、教学经验丰富的汉语国际教育教师队伍。

学院注重开展政府合作项目，致力于构建对外交流合作长效机制。依托中巴经济走廊文化交流中心，在师资培养、留学生项目、艺术文化交流等方面开展合作；与南非中国文化与国际教育交流中心、南非高等教育与培训部合作，接收南非大学生到学校和企业进行为期一年的学习实习项目。积极开拓与在苏“走出去”企业的合作，同赴“一带一路”沿线国家招收并联合培养国际学生，为企业培养海外生产经营所需要的本土技术技能人才。

学院注重中华文化的传承，在致力于国际学生培养质量提升的同时，积极组织国际学生参加校内外丰富多彩的活动，帮助国际学生体验中华文化，培养知华、友华、爱华的中国文化传播者。

教学工作

国际学院负责语言生和学历生的汉语言及文化课程的教学，旨在培养学生掌握相应的语言技能和语言要素，具备运用汉语交际功能较快融入新环境的能力，帮助学生打下汉语学习可持续发展的基础。

国际学院根据学生水平差异，因材施教，设立分层教学目标：一是基本层HSK3级，学生应具备一定汉语言能力和言语交际能力，能用汉语应对大部分与生活、学习、工作相关事务，掌握系统的汉语基础理论与基本知识；二是摸高层HSK4级，学生能用熟练的汉语就较为广泛的话题进行讨论，具备扎实的汉语言能力和言语交际能力，语言技能与文化技能并举，引导学生掌握基本的中国人文知识，熟悉中国国情和社会文化。

国际学院设置的必修课程包括综合汉语、汉语听说、汉字读写，辅助课程包括中国文化常识、音乐、体育和高等数学；同时，注重语言文化实践，通过举办汉语书写大赛、汉语讲故事比赛等活动，组织学生观摩话剧表演、昆曲表演、各类文体演出，鼓励学生参加书法、学唱中国歌等语言文化活动。在完成一年的汉语言学习后，学生参加汉语水平HSK3级、HSK4级考试，取得相应汉语资格证书。此外，学院邀请教育与人文学院、艺术学院、体育部、数理部具有国际学生授课能力的教师为学生授课。

学生管理

◎制度保障

学院逐步完善国际学生的各项教育管理规章制度，在国家法律法规和学院规章制度的框架下较好地开展各项工作。实行留学生工作归口管理，建立校内部门协作保障机制；编制国际学生手册，手册内容包括学生在校各类规章制度、生活指南等，方便国际学生的学习和生活；建立留学生专用的信息化管理平台，集招生管理，在校管理和毕业管理于一体，逐步实现一体化服务。2018年，学院“先进制造技术国际化人才培养项目”入选江苏省优才计划高技能人才项目，进一步完善优才计划奖学金工作规章制度，按照学业品行择优原则，规范、客观、公开地进行评审，对未通过评审的学生及时中止或取消其奖学金资格。

◎日常事务管理

学院按照《外国人入境出境管理条例》，指导和协助国际学生办理在苏居留许可，配合越溪派出所做好国际学生住宿登记；认定到校国际学生身份，确保国际学生合法停留居留；不接收持非学习签证或未取得居留许可的国际学生到校长期学习；对于已发出录取通知书和签证申请表但未到校报到、已持有签证或居留证件但未正常注册且无法联系，以及因签证或居留证件失效导致非法滞留等异常状态的学生，进行逐一核实并立即向公安出入境管理部门通报；通过定期邀请苏州市、区级出入境公安到校开展讲座，对所有在校国际学生进行中国法律法规、普通高等学院学生管理规定、校纪校规和安全教育，要求学生遵守中国法律法规、校纪校规，依法依规预防和惩处其违法违纪行为，规范学院、学生的行为以及两者之间的关系，保障学院和学生双方的合法权益；建立规范的在校学生电子及纸质档案，建立考勤制度、缺勤约谈警示制度、请假登记制度、假期离校登记制度，对于缺勤严重、长期不在校学生，按照学院规定进行处理。

◎宿舍管理

学院具备健全的住宿管理制度。留学生宿舍配备饮水机和专门电吹风间等设施，要求学生规范使用，杜绝宿舍内违章电器。定期梳理校内国际学生宿舍管理情况，核实住宿人员，每周宿舍检查记录存档。落实住宿登记和来访人员管理，宿舍管理员处有来访人员登记记录。学院要求全体国际学生住校，对有违法违纪记录者、行为异常者等人员保持密切关注。

◎突发事件处理

学校制定《苏州市职业大学涉外工作突发事件应急预案》，对突发事件处理程序和应急预案做出详细规定，责任人明确，联络渠道24小时畅通，按照应急预案的要求，及时、有效、规范地处理突发事件；能积极协助公安机关对学校国际学生违法行为进行查处，及时掌握有效信息，控制国际学生群体事件，并按规定第一时间上报相关部门。同时，学院高度重视国际学生工作以及国际学生群体事件和国际学生舆情应对，积极配合市、区公安局出入境和政法委的工作；建立舆情动态监测和风险防控机制，对不实消息立即澄清，对存在问题立即追责，部署整改措施；积极稳妥做好正面宣传，营造良好舆论氛围；为国际学生提供食宿等必要的生活服务设施，设置留学生餐厅，满足国际学生住宿、就餐等基本需要。

◎学生文化活动

学院在组织学生活动中注重中华文化的传播，组织国际学生参加苏州市夜泊枫桥文化节“诗泊枫桥”诗词大会、“iCity·2018国际友人才艺盛典”、校“阅读非遗——文化之旅”、“梅花三弄：诗画乐”——大学生素质教育活动周等文化活动，参加教育部“留动中国——在华留学生阳光运动文化之旅”、校篮球赛及足球赛等体育活动，参加中国传统节日的包饺子、写春联等民俗活动，受到苏州媒体的关注，并做了相关报道。对国际学生讲好“中国故事”，通过校友工作助推“中国故事”走出去，关注学生在学业和事业上的进步，培养知华、友华、爱华的中国文化传播者。

重要事项

3月底，学校申报的“先进制造技术国际化人才培养项目（机电一体化专业）”成功获批2018年度江苏省外国留学生优才计划高技能人才培养项目，是苏州地区同类院校中唯一入选项目。

9月，为进一步加强和规范省外国留学生管理工作，省教育厅在全省范围内开展外国留学生教育情况专项检查。26日，省教育厅第三检查组莅临学校，仔细查阅学校留学生工作的各项材料，观摩留学生的现场教学，走访留学生宿舍并和部分学生做了交流。

10月16日，2018级国际学生开学典礼在图书馆学术报告厅举行。校党委书记钮雪林、校长曹毓民，学校相关职能部门和学院负责人、教师代表，苏州市汽车流通行业协会秘书长戴林坤、苏州科茵斯智能科技有限公司副总经理邹创业等企业代表和2018级全体国际学生出席典礼。典礼上，钮雪林、曹毓民、戴林坤、邹创业共同为“苏州市职业大学国际学生实习基地”揭牌。

11月18日，由苏州市人民政府新闻办公室、苏州市人民政府外事办公室联合主办，苏州广电总台·名城苏州承办的“iCity·2018国际友人才艺盛典”在苏州市现代传媒广场综艺演播室举行。学校巴基斯坦籍留学生和曾担任学校外教的芬兰友人艾哲罗合作表演了歌舞曲目《中国中国》，获本次盛典“最佳艺术传承大奖”；苏州市职业大学获“突出贡献组织奖”。

继续教育学院

概　况

苏州市职业大学继续教育学院位于苏州市干将西路，占地60余亩，建筑面积近4万平方米，教学楼、远程现代化综合楼、图书馆、学生公寓楼和食堂等一应俱全，并配备有多功能报告厅、云融合多功能培训室、多媒体教室和标准化考场等现代教育设施。

学院根据立足苏州、服务地方，以工科为主、多学科协调发展，培养高素质技术性应用型人才的办学宗旨，紧紧依托苏州市职业大学全日制普通高等教育教学资源，举办成人学历继续教育和非学历培训教育，形成了多专业、多层次、多形式的办学体系，以人为本、德才兼备的教育理念，治学严谨、管理规范的优良传统，为广大渴求知识的人们提供了良好的学习平台，为社会培养了大批合格的应用型人才。

学院举办的学历继续教育专业涵盖工学、管理、财经、法律、外语、教育等学科大类，在继续教育本科学历层次的办学上，根据苏州市经济发展和社会发展的需要，走联合办学之路，与中国人民大学、北京外国语大学等院校合作举办网络教育；与南京大学、南京师范大学、南京工程学院、南京艺术学院、南京航空航天大学等院校合作举办“专接本”教育；与苏州大学、苏州科技大学、南京理工大学、南京审计大学合作开展助学自考项目。

学院面向全体社会成员提供更加灵活、便捷、公平、开放的学习方式和多层次、多样化的继续教育与服务，进一步推进学历与非学历并重、职前与职后融合的多种形式发展的态势，完善“串联式”的合作共同体和联合培养模式。整合社会教育资源，先后与市民政局、检察院、公安局等单位签订合作共建协议，建立与教育行政部门协同治理的社区教育管理模式，服务各类专业化教育与学习需求，加快学习型苏州建设。与贵州、陕西等地区开展教育帮扶合作，完善双向交流与共享机制，扩大学院非学历继续教育的社会效益。

学院将秉承“勤、勇、忠、信”的校训，勤于实践、勇于创新、忠于事业、信于社会，积极投身构建苏州终身教育体系建设，为推进全民终身学习贡献力量。

办学形式

大专教育

面向职业高中、职业中专、技工学校毕业生以及在职职工和社会青年招生，实行业余或函授学习形式，培养具有大专文化水平和业务能力的各行各业应用型人才。文、理科学制：业余2.5年。修业期满，全部课程经考核合格，授予经教育部电子注册的大专毕业证书。

专升本教育

专科起点本科教育是在大专文化水平的基础上进行的本科教育，考生在报名时须递交大专毕业证书原件及复印件2份和教育部学历证书电子注册备案表，参加3门文化课统考。录取后采取业余函授学习形式，学制2.5~3年，修业期满全部课程经考核合格，授予主办学校的经教育部电子注册的本科毕业证书。符合授予学士学位者，可由本人向主办学校提出学士学位申请。

专业介绍

◎会计

本专业培养德、智、体、美全面发展，面向中小企业和会计师事务所等社会中介服务机构的基础会计工作岗位，具有“诚信、敬业、严谨、准确”的职业素养以及良好的团队合作能力、沟通协调能力，熟悉国家财经法律法规、系统掌握会计理论与会计实务，能熟练进行账务处理的高素质技术技能型人才和应用型人才。业余学制2.5年。

主要课程：经济数学、计算机基础、企业管理概论、经济学基础、经济法基础、金融学概论、统计方法与应用、基础会计、财务会计、成本计算与分析、税费计算与申报、财务业务一体化、财务管理、EXCEL在会计中应用、财经应用文写作、数据库技术应用、ERP原理与应用。

主干课程：基础会计、中级财务会计、成本计算与分析、税务计算与申报、财务业务一体化。

◎物流管理

本专业培养德、智、体、美、劳全面发展，面向生产、流通和服务领域，具有良好职业素养，掌握现代物流经营管理理论，具有较强物流经营管理实践能力,能从事仓储作业管理、运输作业管理、配送作业管理、客户服务、快递作业管理、供应链管理等相关工作的高素质技术技能型和应用型人才。业余学制2.5年。

主要课程:大学英语、高等数学、大学计算机应用基础、企业管理概论、会计原理与应用、电子商务概论、客户服务等。

主干课程:物流基础、采购管理与库存控制、供应链管理、进出口贸易实务、运输管理实务、国际货运代理等。

◎电子商务

本专业适应社会主义经济建设需要,面向制造、商贸、旅游、服务等行业,培养德、智、体全面发展,具有良好的人文素养和职业道德,达到大专文化水平,既懂电子商务应用模式及运营思想,又懂现代企业管理的电子商务复合型人才。业余学制2.5年。

主要课程:英语、高等数学、大学计算机应用基础、经济学、市场营销学、管理学原理、Access数据库、应用文写作、经济法概论等。

主干课程:电子商务基础、网络营销、ERP原理与应用、供应链管理、进出口贸易实务、沟通技巧等。

◎人力资源管理

本专业培养有扎实的经济理论基础和宽广的知识面,有较强的实际工作能力和创新精神,精通人力资源管理与开发业务,掌握英语,具有计算机信息管理能力,具备较高人文素质,面向企业一线事务性岗位的应用型人才。业余学制2.5年。

主要课程:大学英语、大学语文、档案管理、应用文写作、企业管理概论、人力资源管理、沟通技巧、人力资源绩效管理、薪酬管理与实务、组织行为学、管理心理学、计算机应用基础等。

主干课程:人力资源开发与管理、人力资源绩效管理、薪酬管理与实务、组织行为学、企业管理概论等。

◎市场营销

本专业培养适应社会主义市场经济、营销管理、企业管理等一线需要,掌握市场营销、市场调查预测、市场营销策划等方面基本理论和专业知识,具有良好的职业道德、创新意识和团结协作精神,较强的专业能力、方法能力和自主创业能力,能够进行市场调查、市场开发、产品销售、营销执行、门店管理、营销策划等工作,适应生产、建设、管理、服务第一线需要的德、智、体、美全面发展的技术技能型人才。业余学制2.5年。

主要课程:毛泽东思想和中国特色社会主义理论、大学语文、会计原理与应用、大学计算机应用基础、经济法概论、应用文写作、经济学基础、大学英语。

主干课程:管理学原理、沟通技巧、市场营销学、网络营销、人力资源管理、电子商务概论、消费者行为、市场调研与预测、企业管理、服务礼仪。

◎行政管理

本专业培养具有良好的人文素质与道德修养,掌握管理学、行政学、法学等方面知识,能在企事业单位、社会团体从事基层管理工作的专门人才。业余学制2.5年。

主要课程:大学英语、高等数学、大学计算机应用基础、管理学原理、大学语文、档案管理、应用文写作、企业行政管理、沟通技巧、人力资源管理、经济法概论、社会调查研究与方法、企业管理概论、广告与策划、劳动关系管理、商务活动管理等。

主干课程:管理学原理、应用文写作、企业行政管理、人力资源管理、经济法概论、企业管理概论等。

◎旅游管理

本专业培养适应社会主义经济建设需要,德、智、体全面发展,达到大专文化水平,能在旅游企业(公司、饭店、餐厅等)从事管理工作的实用型人才。业余学制2.5年。

主要课程:大学英语、高等数学、大学计算机应用基础、大学语文、旅游礼仪、旅游电子商务等。

主干课程:旅游学概论、导游基础知识、导游服务技能、政策与法规、饭店管理实务、旅行社业务等。

◎学前教育

本专业培养面向未来,德、智、体全面发展的合格幼儿园教师。业余学制2.5年。

主要课程:大学英语、高等数学、大学计算机应用基础、儿童文学、教师口语、幼儿游戏与指导等。

主干课程:学前卫生学、学前教育学、学前儿童教育心理学、学前儿童观察与评价、学前儿童家庭教育等。

◎电气自动化技术

本专业培养适应社会主义经济建设需要,德、智、体全面发展,达到大专文化水平,面向生产一线、具备电气自动化技术基本应用能力的实用型专业人才。业余学制2.5年。

主要课程:大学英语、高等数学、电路分析基础、电子技术基础、控制工程基础、电力电子技术、检测技术、单片机原理与应用、电气控制与PLC、运动控制系统、C语言、电气CAD、虚拟仪器技术与应用等。

主干课程:控制工程基础、单片机原理与应用、电气控制与PLC、运动控制系统、虚拟仪器技术与应用等。

◎计算机信息管理

本专业适应现代经济发展的需要,培养学生熟悉编程语言,了解数据分析和处理的方法和工具,熟练掌握数据库设计、开发和维护技能,理解网络通信机理并具备一定的网站开发建设和维护能力的高级技术应用型专门人才。业余学制2.5年。

主要课程:大学英语、高等数学、大学计算机应用基础、数据库基础与应用、网页制作。

主干课程:C语言程序设计、移动网站设计、商务数据处理与应用、商务数据分析与报表处理。

◎计算机应用技术

本专业培养适应社会主义经济建设需要,德、智、体全面发展,达到大专文化水平,能在中外企业从事信息系统维护与开发、计算机网络维护与管理、计算机系统配置与维护等技术服务工作,也可从事网页制作、电子商务、计算机实用控制系统开发与维护等工作。业余学制2.5年。

主要课程:英语、高等数学、大学计算机应用基础、数据结构、计算机语言VB.NET、数据库基础与应用等。

主干课程:微机原理与接口、电子商务基础、C语言程序设计、计算机网络基础、脚本语言与动态网页设计、Windows安装与配置等。

◎计算机网络技术

本专业培养德、智、体、美、劳全面发展,具有良好职业道德和创新精神,熟悉计算机网络技术的基本知识、发展动态和应用前景,具备较强的网络工程、网络系统集成、信息安全等项目设计、实施和管理维护能力,能从事小型局域网的组建、网络管理和维护、网站设计、网络编程的高素质技术技能型和应用型人才。业余学制2.5年。

主要课程:大学英语、高等数学、大学计算机应用基础、网页制作、C语言程序设计、计算机网络基础等。

主干课程:C#程序设计、网络安全技术、SQL SERVER数据库管理、交换与路由技术、网络工程设计等。

◎机电一体化技术

本专业培养适应社会主义经济建设需要,德、智、体全面发展,达到大专文化水平,主要面向生产一线的机电工程方面的实用型专业人才。业余学制2.5年。

主要课程:大学英语、高等数学、计算机基础、工程识图与制图、机械设计基础、电工电子技术、测试技术等。

主干课程:机械制造技术、电机与拖动、机床电气控制与PLC、数控技术及编程、液压与气压传动等。

◎数控技术

本专业培养具有一定专业理论和职业技能,能操作和维修数控机床,能在数控技术相应的领域适应生产、管理需要的高级应用型人才。学生毕业后,可从事数控机床及相关先进设备的操作、维护管理工作。业余学制2.5年。

主要课程:大学英语、高等数学、机械制图、机械设计基础、电工电子技术、单片机原理与接口技术等。

主干课程:机械制造技术、数控机床、数控加工工艺与编程、机床电气控制与PLC、数控原理与系统等。

◎汽车运用与维修技术

本专业旨在培养适应社会主义新时代经济建设需要,德、智、体等方面全面发展,掌握汽车运用的基础理论与专业知识,具有汽车综合性能检测、车辆维护保养、车辆运用管理及生产组织等较强实践能力,适应汽车技术服务及管理一线需要的高素质技术技能型人才。业余学制2.5年。

主要课程:大学英语、高等数学、工程识图与制图、汽车机械制造基础、汽车电工电子技术基础等。

主干课程:汽车构造、汽车电器与电控技术、汽车检测与诊断技术、汽车维修技术、液压与气压传动等。

◎汽车检测与维修技术

本专业旨在培养适应社会主义新时代经济建设需要,德、智、体等方面全面发展,能适应现代汽车相关企业生产、服务、管理等一线工作需要,面向汽车后市场的实用型技术技能专业人才。业余学制2.5年。

主要课程:大学英语、高等数学、工程识图与制图、汽车机械基础、汽车电工电子技术基础等。

主干课程：汽车发动机构造与检修、汽车底盘构造与检修、汽车电器与电控技术、汽车检测与诊断技术、发动机原理与汽车理论等。

◎智能控制技术

本专业培养适应社会主义经济建设需要，德、智、体全面发展，达到大专文化水平，面向生产一线、具备智能控制技术基本应用能力的实用型专业人才。业余学制2.5年。

主要课程：大学英语、高等数学、电路分析基础、电子技术基础、控制工程基础、电力电子技术、智能检测与传感技术、单片机原理与应用、PLC应用技术、集散控制技术、C语言、电气CAD、虚拟仪器技术与应用、工业组态监控技术等。

主干课程：控制工程基础、单片机原理与应用、PLC应用技术、集散控制技术、虚拟仪器技术与应用等。

◎数字媒体应用技术

本专业培养适应社会主义经济建设需要，德、智、体全面发展，达到大专文化水平的高级应用型人才。学生结合人才市场需求从事广告制作、动画制作、网页制作、VI设计、影视后期合成、音视频处理及其他与数字媒体相关的工作。业余学制2.5年。

主要课程：英语、高等数学、毛泽东思想和中国特色社会主义理论、大学计算机应用基础、摄影摄像基础、室内平面设计CAD、FlashAction、Web界面设计等。

主干课程：Maya建模、Maya渲染、Maya动画基础、三维渲染、三维动画设计、音频编辑、视频编辑与制作等。

◎食品营养与检测

本专业培养德、智、体、美等方面全面发展，能适应现代化建设和经济发展需要，具有良好职业道德和创新精神，具备食品品质控制与检测、食品营养指导与保健、食品加工与营销等方向的良好理论素养、较高管理能力、较强操作技能的复合型人才。业余学制2.5年。

主要课程：大学英语、高等数学、大学计算机应用基础、营养学、食品包装、环境监测、食品加工技术与应用等。

主干课程：营养配餐与设计、食品生物化学、食品标准与法规、食品发酵与酿造、食品微生物检验技术、食品感官检验等。

◎模具设计与制造

本专业是校级特色建设专业，主要培养面向汽车、机械、电子等行业或企业，具有模具设计和制造的基本理论，熟悉计算机辅助设计与制造知识，掌握CAD/CAM软件应用能力，能从事模具设计、加工工艺编制、设备操作与维护、模具装调及现场管理等岗位工作的复合型技术技能人才。业余学制2.5年。

主要课程：大学英语、高等数学、工程识图与制图、机械设计基础等。

主干课程：机械制造技术、数控技术及编程、冲压工艺及模具设计、塑料成型工艺及模具设计、模具制造技术、CAD/CAM等。

◎服装设计与工艺

本专业主要根据地方经济建设需要，培养德、智、体全面发展，达到大专文化水平，掌握服装专业知识和服装设计、服装工艺等技能，具有创意设计和制作能力，具备自主学习与适应市场变化能力，能够适应服装制版设计与生产、服装生产与销售等部门工作需要的高技能应用型技术人才。业余学制2.5年。

主要课程：服装设计、女装结构设计、男装结构设计、童装结构设计、服装基础工艺、服装CAD/CAM、立体裁剪。

主干课程：服装设计、女装结构设计、男装结构设计、立体裁剪、服装基础工艺、服装成衣工艺、服装CAD/CAM。

◎环境艺术设计

本专业培养适应社会主义经济建设需要，德、智、体全面发展，达到大专文化水平，能从事室内设计、环境空间设计、展示设计、装饰艺术设计、造型设计和电脑设计工作的应用型艺术工程人才。业余学制2.5年。

主要课程：大学英语、大学语文、计算机基础、素描、色彩、设计基础、设计透视、AutoCAD计算机制图、3Dmax、室内陈设艺术设计、摄影摄像基础等。

主干课程：住宅空间设计、办公空间设计、展示空间设计、餐饮空间设计、商业购物空间设计、娱乐空间设计、环境景观设计。

SUZHOU VOCATIONAL UNIVERSITY

第八章 教育教学

基本情况

办学经费收支情况

2018年度苏州市职业大学收入支出决算总表

单位：元

收入		支出	
项目	金额	项目（按经济分类）	金额
一、财政拨款收入	409714810.86	一、基本支出和项目支出	468848794.24
其中：政府性基金预算财政拨款	—	工资福利支出	291080033.66
二、上级补助收入	—	商品和服务支出	105142972.61
三、事业收入	113506944.00	对个人和家庭的补助	35948006.56
四、经营收入	—	债务利息及费用支出	—
五、附属单位上缴收入	—	资本性支出（基本建设）	3552505.71
六、其他收入	172180.00	资本性支出	33125275.70
其中：本级横向财政拨款	—	对企业补助（基本建设）	—
非本级财政拨款	—	对企业补助	—
—	—	对社会保障基金补助	—
—	—	其他支出	—
—	—	二、上缴上级支出	—
—	—	三、经营支出	—
—	—	四、对附属单位补助支出	—
合计	523393934.86	合计	468848794.24

2018年度苏州

项目				本年收入合计	财政拨款收入	上级补助收入
支出功能分类科目编码			科目名称			
类	款	项	合计	523393934.86	409714810.86	—
201			一般公共服务支出	48000.00	48000.00	—
20133			宣传事务	48000.00	48000.00	—
2013399			其他宣传事务支出	48000.00	48000.00	—
205			教育支出	413847834.86	329948610.86	—
20503			职业教育	413277834.86	329378610.86	—
2050305			高等职业教育	411872334.86	327973110.86	—
2050399			其他职业教育支出	1405500.00	1405500.00	—
20599			其他教育支出	570000.00	570000.00	—
2059999			其他教育支出	570000.00	570000.00	—
206			科学技术支出	600000.00	600000.00	—
20604			技术研究与开发	520000.00	520000.00	—
2060402			应用技术研究与开发	520000.00	520000.00	—
20607			科学技术普及	50000.00	50000.00	—
2060704			学术交流活动	40000.00	40000.00	—
2060799			其他科学技术普及支出	10000.00	10000.00	—
20699			其他科学技术支出	30000.00	30000.00	—
2069901			科技奖励	30000.00	30000.00	—
208			社会保障和就业支出	39914200.00	28796700.00	—
20805			行政事业单位离退休	39848200.00	28730700.00	—
2080505			机关事业单位基本养老保险缴费支出	28380000.00	17262500.00	—
2080506			机关事业单位职业年金缴费支出	11352000.00	11352000.00	—
2080599			其他行政事业单位离退休支出	116200.00	116200.00	—
20807			就业补助	66000.00	66000.00	—
2080701			就业创业服务补贴	66000.00	66000.00	—
210			医疗卫生与计划生育支出	34200.00	34200.00	—
21099			其他医疗卫生与计划生育支出	34200.00	34200.00	—
2109901			其他医疗卫生与计划生育支出	34200.00	34200.00	—
221			住房保障支出	68949700.00	50287300.00	—
22102			住房改革支出	68949700.00	50287300.00	—
2210201			住房公积金	19909200.00	13355000.00	—
2210202			提租补贴	31746500.00	25336700.00	—
2210203			购房补贴	17294000.00	11595600.00	—

学收入决算表

单位：元

事业收入		经营收入	附属单位上缴收入	其他收入		
小计	其中：财政专户管理资金			小计	其中：	
					本级横向财政拨款	非本级财政拨款
506944.00	113506944.00	—	—	172180.00	—	—
-	—	—	—	—	—	—
-	—	—	—	—	—	—
-	—	—	—	—	—	—
727044.00	83727044.00	—	—	172180.00	—	—
727044.00	83727044.00	—	—	172180.00	—	—
727044.00	83727044.00	—	—	172180.00	—	—
-	—	—	—	—		
-	—	—	—	—	—	—
-	—	—	—	—	—	—
-	—	—	—	—	—	—
-	—	—	—	—	—	—
-	—	—	—	—	—	—
-	—	—	—	—	—	—
-	—	—	—	—	—	—
-	—	—	—	—	—	—
-	—	—	—	—	—	—
-	—	—	—	—	—	—
117500.00	11117500.00	—	—	—	—	—
117500.00	11117500.00	—	—	—	—	—
117500.00	11117500.00	—	—	—	—	—
-	—	—	—	—	—	—
-	—	—	—	—	—	—
-	—	—	—	—	—	—
-	—	—	—	—	—	—
-	—	—	—	—	—	—
-	—	—	—	—	—	—
-	—	—	—	—	—	—
662400.00	18662400.00	—	—	—	—	—
662400.00	18662400.00	—	—	—	—	
554200.00	6554200.00	—	—	—	—	—
409800.00	6409800.00	—	—	—	—	—
698400.00	5698400.00	—	—	—	—	—

2018年度苏州市职业大学支出决算表

单位：元

支出功能分类科目编码（类/款/项）	科目名称	本年支出合计	基本支出	项目支出	上缴上级支出	经营支出	对附属单位补助支出
类 款 项	合计	468848794.24	415168727.13	53680067.11	—	—	—
201	一般公共服务支出	48000.00	48000.00	—	—	—	—
20133	宣传事务	48000.00	48000.00	—	—	—	—
2013399	其他宣传事务支出	48000.00	48000.00	—	—	—	—
205	教育支出	359302694.24	305622627.13	53680067.11	—	—	—
20503	职业教育	358732694.24	305052627.13	53680067.11	—	—	—
2050305	高等职业教育	357327194.24	303647127.13	53680067.11	—	—	—
2050399	其他职业教育支出	1405500.00	1405500.00	—	—	—	—
20599	其他教育支出	570000.00	570000.00	—	—	—	—
2059999	其他教育支出	570000.00	570000.00	—	—	—	—
206	科学技术支出	600000.00	600000.00	—	—	—	—
20604	技术研究与开发	520000.00	520000.00	—	—	—	—
2060402	应用技术研究与开发	520000.00	520000.00	—	—	—	—
20607	科学技术普及	50000.00	50000.00	—	—	—	—
2060704	学术交流活动	40000.00	40000.00	—	—	—	—
2060799	其他科学技术普及支出	10000.00	10000.00	—	—	—	—
20699	其他科学技术支出	30000.00	30000.00	—	—	—	—

2018年度苏州市职业大学

支出功能分类科目编码（类/款/项）	科目名称	上年结转和结余			本年收入
		合计	基本支出结转	项目支出结转和结余	
类 款 项	合计	—	—	—	409714810.8
201	一般公共服务支出	—	—	—	48000.0
20133	宣传事务	—	—	—	48000.0
2013399	其他宣传事务支出	—	—	—	48000.0
205	教育支出	—	—	—	329948610.8
20503	职业教育	—	—	—	329378610.8
2050305	高等职业教育	—	—	—	327973110.8
2050399	其他职业教育支出	—	—	—	1405500.0
20599	其他教育支出	—	—	—	570000.0
2059999	其他教育支出	—	—	—	570000.0
206	科学技术支出	—	—	—	600000.0
20604	技术研究与开发	—	—	—	520000.0
2060402	应用技术研究与开发	—	—	—	520000.0
20607	科学技术普及	—	—	—	50000.0
2060704	学术交流活动	—	—	—	40000.0
2060799	其他科学技术普及支出	—	—	—	10000.0
20699	其他科学技术支出	—	—	—	30000.0

续表

项目				本年支出合计	基本支出	项目支出	上缴上级支出	经营支出	对附属单位补助支出
支出功能分类科目编码			科目名称						
类	款	项	合计	468848794.24	415168727.13	53680067.11	—	—	—
2069901			科技奖励	30000.00	30000.00	—	—	—	—
208			社会保障和就业支出	39914200.00	39914200.00	—	—	—	—
20805			行政事业单位离退休	39848200.00	39848200.00	—	—	—	—
2080505			机关事业单位基本养老保险缴费支出	28380000.00	28380000.00	—	—	—	—
2080506			机关事业单位职业年金缴费支出	11352000.00	11352000.00	—	—	—	—
2080599			其他行政事业单位离退休支出	116200.00	116200.00	—	—	—	—
20807			就业补助	66000.00	66000.00	—	—	—	—
2080701			就业创业服务补贴	66000.00	66000.00	—	—	—	—
210			医疗卫生与计划生育支出	34200.00	34200.00	—	—	—	—
21099			其他医疗卫生与计划生育支出	34200.00	34200.00	—	—	—	—
2109901			其他医疗卫生与计划生育支出	34200.00	34200.00	—	—	—	—
221			住房保障支出	68949700.00	68949700.00	—	—	—	—
22102			住房改革支出	68949700.00	68949700.00	—	—	—	—
2210201			住房公积金	19909200.00	19909200.00	—	—	—	—
2210202			提租补贴	31746500.00	31746500.00	—	—	—	—
2210203			购房补贴	17294000.00	17294000.00	—	—	—	—

财政拨款收入支出决算表

单位：元

本年支出			用事业基金弥补收支差额	结余分配			年末结转和结余
计	基本支出	项目支出		合计	基本支出结转	项目支出结转和结余	
4502896.61	310822829.50	53680067.11	—	—	45211914.25	1795020.00	43416894.25
48000.00	48000.00	—	—	—	—	—	—
48000.00	48000.00	—	—	—	—	—	—
48000.00	48000.00	—	—	—	—	—	—
4736696.61	231056629.50	53680067.11	—	—	45211914.25	1795020.00	43416894.25
4166696.61	230486629.50	53680067.11	—	—	45211914.25	1795020.00	43416894.25
2761196.61	229081129.50	53680067.11	—	—	45211914.25	1795020.00	43416894.25
1405500.00	1405500.00	—	—	—	—	—	—
570000.00	570000.00	—	—	—	—	—	—
570000.00	570000.00	—	—	—	—	—	—
600000.00	600000.00	—	—	—	—	—	—
520000.00	520000.00	—	—	—	—	—	—
520000.00	520000.00	—	—	—	—	—	—
50000.00	50000.00	—	—	—	—	—	—
40000.00	40000.00	—	—	—	—	—	—
10000.00	10000.00	—	—	—	—	—	—
30000.00	30000.00	—	—	—	—	—	—

续表

支出功能分类科目编码	科目名称	上年结转和结余			本年收入
		合计	基本支出结转	项目支出结转和结余	
2069901	科技奖励	—	—	—	30000.00
208	社会保障和就业支出	—	—	—	28796700.00
20805	行政事业单位离退休	—	—	—	28730700.00
2080505	机关事业单位基本养老保险缴费支出	—	—	—	17262500.00
2080506	机关事业单位职业年金缴费支出	—	—	—	11352000.00
2080599	其他行政事业单位离退休支出	—	—	—	116200.00
20807	就业补助	—	—	—	66000.00
2080701	就业创业服务补贴	—	—	—	66000.00
210	医疗卫生与计划生育支出	—	—	—	34200.00
21099	其他医疗卫生与计划生育支出	—	—	—	34200.00
2109901	其他医疗卫生与计划生育支出	—	—	—	34200.00
221	住房保障支出	—	—	—	50287300.00
22102	住房改革支出	—	—	—	50287300.00
2210201	住房公积金	—	—	—	13355000.00
2210202	提租补贴	—	—	—	25336700.00
2210203	购房补贴	—	—	—	11595600.00

资产情况

2018年苏州市职业大学资产情况一览表

占地面积（平方米）			图书（万册）		计算机数（台）		
计	其中：绿化用地面积	其中：运动场地面积	计	其中：当年新增	计	其中：教学用计算机 计	其中：教学用计算机 其中：平板电脑
841602	322000	56000	161.675	6.8206	11815	9773	194

教室（间）		固定资产总值（万元）				
计	其中：网络多媒体教室（间）	计	其中：教学、科研仪器设备资产值 计	其中：教学、科研仪器设备资产值 其中：当年新增	其中：信息化设备资产值 计	其中：信息化设备资产值 其中：软件
697	281	150424.61	32655.21	3065.53	11963.75	1588.29

注：所统计的资产均属学校产权。

信息化建设情况

2018年苏州市职业大学信息化建设情况一览表

网络信息点数（个）		上网课程数（门）	电子邮件系统用户数（个）	管理信息系统数据总量（GB）	数字资源量			信息化培训人次（人次）	信息化工作人员数（人）
计	其中：无线接入				数据库（个）	电子图书（册）	音视频（小时）		
16463	944	299	1487	132	8340273	88360	101411	291	11

本年支出			用事业基金弥补收支差额	结余分配			年末结转和结余
计	基本支出	项目支出		合计	基本支出结转	项目支出结转和结余	
30000.00	30000.00	—	—	—	—	—	—
8796700.00	28796700.00	—	—	—	—	—	—
8730700.00	28730700.00	—	—	—	—	—	—
7262500.00	17262500.00	—	—	—	—	—	—
1352000.00	11352000.00	—	—	—	—	—	—
116200.00	116200.00	—	—	—	—	—	—
66000.00	66000.00	—	—	—	—	—	—
66000.00	66000.00	—	—	—	—	—	—
34200.00	34200.00	—	—	—	—	—	—
34200.00	34200.00	—	—	—	—	—	—
34200.00	34200.00	—	—	—	—	—	—
0287300.00	50287300.00	—	—	—	—	—	—
0287300.00	50287300.00	—	—	—	—	—	—
3355000.00	13355000.00	—	—	—	—	—	—
5336700.00	25336700.00	—	—	—	—	—	—
1595600.00	11595600.00	—	—	—	—	—	—

校舍情况

2018年苏州市职业大学校舍情况一览表

单位：平方米

产权项目	学校产权校舍建筑面积	非学校产权建筑面积	
	计	计	共同使用
一、教学科研及辅助用房	260853.76	23700	23700
教室	83038	—	—
图书馆	36103	—	—
实验室、实习场所	131767.76	—	—
专用科研用房	3500	—	—
体育馆	6445	23700	23700
二、行政办公用房	22951	—	—
三、生活用房	194114	—	—
学生宿舍（公寓）	154746	—	—
学生食堂	27623	—	—
教工宿舍（公寓）	5040	—	—
教工食堂	2724	—	—
生活福利及其他用房	3981	—	—
四、其他用房	—	—	—
总计	477918.76	23700	23700

图书馆馆藏情况

苏州市职业大学图书馆馆藏资源（2018年）

编号	名称	数量
1	纸质图书累积量（册）	1576690
1.1	中文纸质图书累积量（册）	1564930
1.2	外文纸质图书累积量（册）	11760
2	纸质期刊合订本累积量（册）	67763
2.1	中文纸质期刊合订本累积量（册）	61218
2.2	外文纸质期刊合订本累积量（册）	6545

苏州市职业大学图书馆当年新增文献（2018年）

编号	名称	数量
1	当年购置纸质图书（册）	52383
1.1	当年购置纸质中文图书（册）	52035
1.2	当年购置纸质外文图书（册）	348
2	当年购置纸质报刊（份）	2113
2.1	当年购置纸质中文报刊（份）	2094
2.2	当年购置纸质外文报刊（份）	19
3	当年购置数据库（个）	29

学报情况

《苏州教育学院学报》期刊计量指标统计表

年份	总被引频次	影响因子	即年指标	他引总引比	被引期刊数	被引半衰期	上年载文量	基金论文比	Web即年载率
2018	436	0.131	0.010	0.98	240	6.1	128	0.38	16

注：数据来源于2017年至2018年的《中国学术期刊综合引证年度报告》。

《苏州市职业大学学报》期刊计量指标统计表

年份	总被引频次	影响因子	他引总引比	被引期刊数	被引半衰期	上年载文量	基金论文比	Web即年载率
2018	257	0.353	0.94	195	3.7	92	0.68	29

注：数据来源于2017年至2018年的《中国学术期刊综合引证年度报告》。

《苏州教育学院学报》被引指标和来源指标统计表（2018年度）

期刊被引指标							期刊来源指标					
总被引频次	影响因子	即年指标	引用刊数	他引率	被引半衰期	H指数（CN）	来源文献量	文献选出率	平均引文数	平均作者数	基金论文比	引用半衰期
340	0.258	0.020	206	0.97	5.8	3	99	0.9	18.90	1.3	0.384	≥10

注：数据来源《中国期刊引证研究报告》2018年版，万方数据。

《苏州市职业大学学报》被引指标和来源指标统计表（2018年度）

期刊被引指标							期刊来源指标					
总被引频次	影响因子	即年指标	引用刊数	他引率	被引半衰期	H指数（CN）	来源文献量	文献选出率	平均引文数	平均作者数	基金论文比	引用半衰期
306	0.774	0.057	185	0.96	3.80	5	70	0.93	11.90	1.5	0.486	≥10

注：数据来源《中国期刊引证研究报告》2018年版，万方数据。

教学单位

校内教学单位

2018年苏州市职业大学校内教学单位情况一览表

序号	学院（部）	专业
1	机电工程学院	机械制造与自动化
		汽车运用与维修技术
		模具设计与制造
		数控技术
		机电一体化技术
		汽车检测与维修技术
		电梯工程技术
2	计算机工程学院	计算机应用技术
		计算机网络技术
		物联网应用技术
		数学媒体应用技术
		软件技术
		动漫制作技术
		移动应用开发
3	电子信息工程学院	电气自动化技术
		电子信息工程技术
		应用电子技术
		微电子技术
		通信技术
		光伏工程技术
		智能控制技术
		智能产品开发
4	管理学院	市场营销
		行政管理
		电子商务
		物流管理
		人力资源管理
		文秘
		文化市场经营管理
		房地产经营与管理
5	商学院	报关与国际货运
		会计
		审计
		投资与理财
		财务管理
		法律事务
		国际经济与贸易
		证券与期货
		金融管理

续表

序号	学院(部)	专业
6	外国语学院	应用德语
		应用英语
		商务英语
		商务日语
		旅游英语
		旅游日语
7	教育与人文学院	学前教育
		新闻采编与制作
		网络新闻与传播
		会展策划与管理
		旅游管理
		食品营养与检测
8	艺术学院	工艺美术品设计
		表演艺术
		服装设计与工艺
		雕刻艺术设计
		视觉传播设计与制作
		环境艺术设计
9	思想政治理论教学研究部	—
10	数理部	—
11	体育部	体育教育

校外教学点

2018年苏州市职业大学校外教学点情况一览表(成人教育)

序号	教学点	专业
1	昆山科高人才培训中心	计算机信息管理
		建筑工程技术
		会计
		人力资源管理
		工商企业管理
		物流管理
		学前教育
		行政管理
		机电一体化技术
2	吴中区中等专业学校(甪直)	物流管理
		会计
3	常熟开放大学	会计
		电子商务
		机电一体化技术
		数控技术
		行政管理
		计算机信息管理
4	苏州技师学院	会计
		电子商务

续表

序号	教学点	专业
4	苏州技师学院	工商企业管理
		物流管理
		旅游管理
		数控技术
		模具设计与制造
		机电一体化技术
		电气自动化技术
		计算机网络技术
		食品营养与检测
		人力资源管理
		应用电子技术
		数字媒体应用技术
		智能控制技术
5	苏州市吴中区苏苑教育培训中心	机电一体化技术
		会计
		计算机应用技术
		计算机信息管理
		汽车运用与维修技术
		学前教育

专业设置

普通全日制专科

2018年苏州市职业大学普通全日制专科专业情况一览表

序号	学院（部）	专业名称	专业方向	学制	类别	备注
1	机电工程学院	机械制造与自动化	—	3年	专科	—
2		汽车运用与维修技术	—	3年	专科	—
3		数控技术	—	3年	专科	—
4		模具设计与制造	—	3年	专科	—
5		机电一体化技术	—	3年	专科	—
6		机电一体化技术	—	3年	专科	中外合作
7		电梯工程技术	—	3年	专科	—
8		汽车检测与维修技术	—	3年	专科	—
9	计算机工程学院	计算机应用技术	—	3年	专科	—
10		软件技术	—	3年	专科	—
11		数字媒体应用技术	—	3年	专科	—
12		计算机网络技术	—	3年	专科	—
13		动漫制作技术	—	3年	专科	—
14		物联网应用技术	—	3年	专科	—
15		移动应用开发	—	3年	专科	—
16	电子信息工程学院	电气自动化技术	—	3年	专科	—
17		电气自动化技术	—	3年	专科	本专联合
18		电子信息工程技术	—	3年	专科	—

续表

序号	学院（部）	专业名称	专业方向	学制	类别	备注
19	电子信息工程学院	应用电子技术	—	3年	专科	—
20		应用电子技术	—	3年	专科	中外合作
21		微电子技术	—	3年	专科	—
22		通信技术	—	3年	专科	—
23		光伏工程技术	—	3年	专科	—
24		智能控制技术	—	3年	专科	—
25		智能产品开发	—	3年	专科	—
26	管理学院	市场营销	—	3年	专科	—
27		电子商务	—	3年	专科	—
28		物流管理	—	3年	专科	—
29		行政管理	—	3年	专科	—
30		人力资源管理	—	3年	专科	—
31		文秘	—	3年	专科	—
32		文秘	—	3年	专科	本专联合
33		文化市场经营与管理	—	3年	专科	—
34		房地产经营与管理	—	3年	专科	—
35	商学院	报关与国际货运	—	3年	专科	—
36		投资与理财	—	3年	专科	—
37		财务管理	—	3年	专科	—
38		会计	—	3年	专科	—
39		会计	—	3年	专科	中外合作
40		审计	—	3年	专科	—
41		国际经济与贸易	—	3年	专科	—
42		法律事务	—	3年	专科	—
43		金融管理	—	3年	专科	—
44		证券与期货	—	3年	专科	—
45	外国语学院	应用英语	—	3年	专科	—
46		应用德语	—	3年	专科	—
47		商务英语	—	3年	专科	—
48		商务日语	—	3年	专科	—
49		旅游英语	—	3年	专科	—
50		旅游日语	—	3年	专科	—
51	教育与人文学院	食品营养与检测	—	3年	专科	—
52		学前教育	—	3年	专科	—
53		学前教育	—	3年	专科	中外合作
54		新闻采编与制作	—	3年	专科	—
55		会展策划与管理	—	3年	专科	—
56		旅游管理	—	3年	专科	—
57		网络新闻与传播	—	3年	专科	—
58	艺术学院	环境艺术设计	—	3年	专科	—
59		表演艺术	—	3年	专科	—
60		服装设计与工艺	—	3年	专科	—
61		雕刻艺术设计	—	3年	专科	—
62		工艺美术品设计	—	3年	专科	—
63		视觉传播设计与制作	—	3年	专科	—
64	体育部	体育教育	—	3年	专科	—

成人教育专科

2018年苏州市职业大学成人教育专科专业情况一览表

序号	专业名称	科类名称	层次	学习形式	学制	招生范围
1	数控技术	理工类	专科	业余	2.5年	苏州市
2	模具设计与制造	理工类	专科	业余	2.5年	苏州市
3	机电一体化技术	理工类	专科	业余	2.5年	苏州市
4	电气自动化技术	理工类	专科	业余	2.5年	苏州市
5	智能控制技术	理工类	专科	业余	2.5年	苏州市
6	汽车检测与维修技术	理工类	专科	业余	2.5年	苏州市
7	汽车运用与维修技术	理工类	专科	业余	2.5年	苏州市
8	计算机应用技术	理工类	专科	业余	2.5年	苏州市
9	计算机网络技术	理工类	专科	业余	2.5年	苏州市
10	计算机信息管理	文史类	专科	业余	2.5年	苏州市
11	食品营养与检测	文史类	专科	业余	2.5年	苏州市
12	数字媒体应用技术	文史类	专科	业余	2.5年	苏州市
13	会计	文史类	专科	业余	2.5年	苏州市
14	市场营销	文史类	专科	业余	2.5年	苏州市
15	电子商务	文史类	专科	业余	2.5年	苏州市
16	物流管理	文史类	专科	业余	2.5年	苏州市
17	旅游管理	文史类	专科	业余	2.5年	苏州市
18	学前教育	文史类	专科	业余	2.5年	苏州市
19	人力资源管理	文史类	专科	业余	2.5年	苏州市
20	行政管理	文史类	专科	业余	2.5年	苏州市
21	服装设计与工艺	文史类 理工类	专科	业余	2.5年	苏州市
22	环境艺术设计	文史类 理工类	专科	业余	2.5年	苏州市

成人教育本科

2018年苏州市职业大学成人教育本科专业情况一览表（一）

序号	院（部）	专业名称	科类名称	学制	发证单位
1	机电工程学院	数控加工与模具设计	工科	2年	南京工程学院
2	机电工程学院	材料成型机控制工程	工科	2年	南京工程学院
3	计算机工程学院	计算机网络	工科	2年	南京航空航天大学
4	计算机工程学院	计算机信息管理	工科	2年	苏州大学
5	计算机工程学院	动画设计	工科	2年	江南大学
6	计算机工程学院	软件工程	工科	2年	苏州大学
7	电子信息工程学院	电子信息工程	工科	2年	苏州大学
8	电子信息工程学院	自动化	工科	2年	南京工程学院
9	电子信息工程学院	机器人工程	工科	2年	南京工程学院
10	管理学院	人力资源管理	文科	2年	南京大学
11	管理学院	工商管理	文科	2年	南京大学
12	管理学院	电子商务物流	文科	2年	南京理工大学
13	商学院	会计学	文科	2年	南京财经大学
14	商学院	财务管理	文科	2年	南京审计大学
15	外国语学院	经贸英语	文科	2年	苏州科技大学
16	教育与人文学院	旅游管理	文科	2年	南京师范大学
17	艺术学院	艺术设计	文科	2年	南京艺术学院

2018年苏州市职业大学成人教育本科专业情况一览表（二）

序号	学院（部）	专业名称	科类名称	学习形式	学制	发证单位
1	继续教育学院	土木工程	理工类	函授	2.5年	东南大学
2	继续教育学院	会计学	经管类	函授	2.5年	东南大学
3	继续教育学院	工商管理	经管类	函授	2.5年	东南大学

2018年苏州市职业大学成人教育本科专业情况一览表（三）

序号	院（部）	专业名称	科类名称	学习形式	学制	发证单位	备注
1	继续教育学院	会计学	经管类	业余	2.5年	中国人民大学	网络教育
2	继续教育学院	财政学	经管类	业余	2.5年	中国人民大学	网络教育
3	继续教育学院	工商管理	经管类	业余	2.5年	中国人民大学	网络教育
4	继续教育学院	金融学	经管类	业余	2.5年	中国人民大学	网络教育
5	继续教育学院	市场营销	经管类	业余	2.5年	中国人民大学	网络教育
6	继续教育学院	财务管理	经管类	业余	2.5年	中国人民大学	网络教育
7	继续教育学院	人力资源管理	经管类	业余	2.5年	中国人民大学	网络教育
8	继续教育学院	公共事业管理	文史类	业余	2.5年	中国人民大学	网络教育
9	继续教育学院	法学	文史类	业余	2.5年	中国人民大学	网络教育
10	继续教育学院	传播学	文史类	业余	2.5年	中国人民大学	网络教育
11	继续教育学院	社会工作	文史类	业余	2.5年	中国人民大学	网络教育
12	继续教育学院	计算机科学与技术	理工类	业余	2.5年	中国人民大学	网络教育
13	继续教育学院	机械工程及自动化	理工类	业余	2.5年	奥鹏东北大学	网络教育
14	继续教育学院	机械制造与自动化	理工类	业余	2.5年	奥鹏东北大学	网络教育
15	继续教育学院	土木工程（三个方向）	理工类	业余	2.5年	奥鹏东北大学	网络教育
16	继续教育学院	计算机科学与技术	理工类	业余	2.5年	奥鹏东北大学	网络教育
17	继续教育学院	计算机应用技术	理工类	业余	2.5年	奥鹏东北大学	网络教育
18	继续教育学院	建筑工程技术	理工类	业余	2.5年	奥鹏东北大学	网络教育
19	继续教育学院	模具设计与制造	理工类	业余	2.5年	奥鹏东北大学	网络教育
20	继续教育学院	安全工程	理工类	业余	2.5年	奥鹏东北大学	网络教育
21	继续教育学院	电气工程及自动化	理工类	业余	2.5年	奥鹏东北大学	网络教育
22	继续教育学院	电气自动化技术	理工类	业余	2.5年	奥鹏东北大学	网络教育
23	继续教育学院	机电一体化技术	理工类	业余	2.5年	奥鹏东北大学	网络教育
24	继续教育学院	人力资源管理	经管类	业余	2.5年	奥鹏东北大学	网络教育
25	继续教育学院	工商管理	经管类	业余	2.5年	奥鹏东北大学	网络教育
26	继续教育学院	会计（包括会计学）	经管类	业余	2.5年	奥鹏东北大学	网络教育
27	继续教育学院	行政管理	文史类	业余	2.5年	奥鹏东北大学	网络教育
28	继续教育学院	物流管理	经管类	业余	2.5年	东北财经大学	网络教育
29	继续教育学院	会计学（包括会计）	经管类	业余	2.5年	东北财经大学	网络教育
30	继续教育学院	金融学	经管类	业余	2.5年	东北财经大学	网络教育
31	继续教育学院	电子商务	经管类	业余	2.5年	东北财经大学	网络教育
32	继续教育学院	国际贸易与经济	经管类	业余	2.5年	东北财经大学	网络教育
33	继续教育学院	人力资源管理	经管类	业余	2.5年	东北财经大学	网络教育
34	继续教育学院	财务管理	经管类	业余	2.5年	东北财经大学	网络教育
35	继续教育学院	行政管理	文史类	业余	2.5年	东北财经大学	网络教育
36	继续教育学院	工程管理（含建造师方向）	理工类	业余	2.5年	东北财经大学	网络教育
37	继续教育学院	建筑工程管理	理工类	业余	2.5年	东北财经大学	网络教育
38	继续教育学院	英语	文史类	业余	2.5年	北京外国语大学	网络教育
39	继续教育学院	工商管理	经管类	业余	2.5年	北京外国语大学	网络教育

续表

序号	院（部）	专业名称	科类名称	学习形式	学制	发证单位	备注
40	继续教育学院	国际经济与贸易	经管类	业余	2.5年	北京外国语大学	网络教育
41	继续教育学院	会计学	经管类	业余	2.5年	北京外国语大学	网络教育
42	继续教育学院	电子商务	经管类	业余	2.5年	北京外国语大学	网络教育
43	继续教育学院	金融学	经管类	业余	2.5年	北京外国语大学	网络教育
44	继续教育学院	信息管理与信息系统	理工类	业余	2.5年	北京外国语大学	网络教育
45	继续教育学院	信息管理与信息技术	理工类	业余	2.5年	北京外国语大学	网络教育
46	继续教育学院	计算机科学与技术	理工类	业余	2.5年	北京外国语大学	网络教育
47	继续教育学院	信息管理与信息系统	理工类	业余	2.5年	南京大学	网络教育
48	继续教育学院	会计学	经管类	业余	2.5年	南京大学	网络教育
49	继续教育学院	人力资源管理	经管类	业余	2.5年	南京大学	网络教育
50	继续教育学院	市场营销	经管类	业余	2.5年	南京大学	网络教育
51	继续教育学院	旅游管理	经管类	业余	2.5年	南京大学	网络教育
52	继续教育学院	保险	经管类	业余	2.5年	南京大学	网络教育
53	继续教育学院	电子商务	经管类	业余	2.5年	南京大学	网络教育
54	继续教育学院	国际经济与贸易	经管类	业余	2.5年	南京大学	网络教育
55	继续教育学院	行政管理	文史类	业余	2.5年	南京大学	网络教育
56	继续教育学院	应用心理学	文史类	业余	2.5年	南京大学	网络教育

招生就业

招生录取情况

2018年在江苏招生的普通高校文科类、理科类专业录取情况

高校、专业名称	录取数	最高分	最低分	平行志愿	征求志愿	服从志愿
文科类高职（专科）院校						
1270 苏州职业大学 选测科目等级要求：CC	623	314	276	623	—	—
物联网应用技术	11	290	280	11	—	—
计算机应用技术	20	295	280	20	—	—
计算机网络技术	10	293	280	10	—	—
软件技术	16	314	280	16	—	—
动漫制作技术	10	303	281	10	—	—
移动应用开发	9	287	277	9	—	—
房地产经营与管理	5	287	276	5	—	—
市场营销	43	292	276	43	—	—
电子商务	16	289	277	16	—	—
物流管理	28	289	276	28	—	—
文秘	10	289	278	10	—	—
人力资源管理	30	301	276	30	—	—
行政管理	17	296	276	17	—	—
会计	60	308	279	60	—	—
财务管理	30	299	281	30	—	—
金融管理	18	298	278	18	—	—
审计	30	294	278	30	—	—

续表

高校、专业名称	录取数	最高分	最低分	平行志愿	征求志愿	服从志愿
国际经济与贸易	25	290	276	25	—	—
报关与国际货运	8	291	276	8	—	—
法律事务	14	301	278	14	—	—
学前教育（师范）	55	308	281	55	—	—
网络新闻与传播	20	294	279	20	—	—
旅游管理	7	296	284	7	—	—
会展策划与管理	13	281	276	13	—	—
食品营养与检测	5	297	282	5	—	—
商务英语	29	300	280	29	—	—
应用英语	25	311	277	25	—	—
商务日语	14	302	278	14	—	—
应用德语	25	298	276	25	—	—
服装设计与工艺	20	298	276	20	—	—
理科类高职（专科）院校						
1270 苏州职业大学 选测科目等级要求：CC	869	325	279	869	—	—
电气自动化技术	56	307	281	56	—	—
电子信息工程技术	18	297	285	18	—	—
应用电子技术	13	286	282	13	—	—
智能控制技术	21	295	279	21	—	—
通信技术	21	292	281	21	—	—
智能产品开发	26	287	280	26	—	—
机械制造与自动化	90	300	279	90	—	—
数控技术	32	299	279	32	—	—
机电一体化技术	41	307	279	41	—	—
电梯工程技术	32	283	279	32	—	—
模具设计与制造	13	284	279	13	—	—
汽车检测与维修技术	22	288	279	22	—	—
物联网应用技术	20	292	279	20	—	—
计算机应用技术	25	299	285	25	—	—
计算机网络技术	24	304	280	24	—	—
软件技术	30	308	283	30	—	—
动漫制作技术	18	289	283	18	—	—
移动应用开发	20	298	279	20	—	—
房地产经营与管理	3	281	279	3	—	—
市场营销	30	293	279	30	—	—
电子商务	12	306	284	12	—	—
物流管理	19	291	280	19	—	—
文秘	8	285	279	8	—	—
人力资源管理	20	287	279	20	—	—
行政管理	10	285	279	10	—	—
会计	40	325	284	40	—	—
财务管理	20	298	280	20	—	—
金融管理	10	299	283	10	—	—
审计	20	300	280	20	—	—

续表

高校、专业名称	录取数	最高分	最低分	平行志愿	征求志愿	服从志愿
国际经济与贸易	12	290	281	12	—	—
报关与国际货运	2	287	286	2	—	—
法律事务	10	292	283	10	—	—
学前教育（师范）	25	304	282	25	—	—
网络新闻与传播	15	298	279	15	—	—
旅游管理	5	284	281	5	—	—
会展策划与管理	10	285	280	10	—	—
食品营养与检测	8	289	281	8	—	—
商务英语	15	291	282	15	—	—
应用英语	15	298	280	15	—	—
商务日语	9	290	280	9	—	—
应用德语	9	291	280	9	—	—
服装设计与工艺	20	294	279	20	—	—

2018年在江苏招生的普通高校艺术类专业录取情况

高校、专业名称	录取数	最高分	最低分	平行志愿	征求志愿	服从志愿
以下为使用省美术类专业统考成绩录取的院校，下列表中的“最高分（最低分）”为文化分+专业分，院校必测科目等级要求为4C						
1270 苏州职业大学	76	467	436	76	—	—
视觉传播设计与制作	14	462	443	14	—	—
环境艺术设计	40	467	438	40	—	—
雕刻艺术设计	14	448	436	14	—	—
工艺美术品设计	8	438	436	8	—	—
以下为使用省音乐类专业统考成绩录取的院校（主试类型为声乐），下列表中的“最高分（最低分）”为专业分，院校必测科目等级要求为4C						
1270 苏州职业大学	33	183	161	33	—	—
表演艺术	33	183	161	33	—	—
以下为使用省音乐类专业统考成绩录取的院校（主试类型为器乐），下列表中的“最高分（最低分）”为专业分，院校必测科目等级要求为4C						
1270 苏州职业大学	35	166	149	35	—	—
表演艺术	35	166	149	35	—	—

2018年在江苏招生的普通高校体育类专业录取情况

高校、专业名称	录取数	最高分	最低分	平行志愿	征求志愿	服从志愿
以下为使用省体育类专业统考成绩录取的院校，下列表中的“最高分（最低分）”为文化分+专业分，院校必测科目等级要求为4C						
体育类高职（专科）院校						
1270 苏州职业大学	35	399	350	35	—	—
体育教育（师范）	35	399	350	35	—	—

2018年在江苏招生的普通高校文科类、理科类专业录取情况

高校、专业名称	录取数	最高分	最低分	平行志愿	征求志愿	服从志愿
文科类高职（专科）院校						
1470 苏州职业大学 选测科目等级要求：CC	45	314	285	45	—	—

续表

高校、专业名称	录取数	最高分	最低分	平行志愿	征求志愿	服从志愿
文秘	45	314	285	45	—	—
理科类高职（专科）院校						
1470 苏州职业大学 选测科目等级要求：CC	45	309	291	45	—	—
电气自动化技术	45	309	291	45	—	—

2018年在江苏招生的普通高校文科类、理科类专业录取情况

高校、专业名称	录取数	最高分	最低分	平行志愿	征求志愿	服从志愿
文科类高职（专科）院校						
1675 苏州职业大学 选测科目等级要求：DD	31	272	221	31	—	—
财务会计类（中外合作办学）（会计）	7	267	221	7	—	—
教育类（中外合作办学）（学前教育）	24	272	226	24	—	—
理科类高职（专科）院校						
1675 苏州职业大学 选测科目等级要求：DD	26	280	251	19	7	—
财务会计类(中外合作办学)(会计)	6	276	260	6	—	—
教育类(中外合作办学)(学前教育)	20	280	251	13	7	—

2018年苏州市职业大学外省录取情况

省份	美术		文史	理工	备注
	（文）	（理）			
福建	486/460	469/452	444/404	373/339	美术分按综合分
河北	—		459/441	388/341	—
吉林	—		377/309	390/259	—
安徽	741/708		500/487	456/430	美术分按综合分
河南	589/566	576/542	491/429	414/307	美术分=文化分+专业分
广西	538/485		395/316	429/311	美术分按综合分
重庆	220/215		310/262	319/223	美术分按专业分
四川	262/244		516/487	477/414	美术分按专业分
山东	546/513	510/504	526/498	489/426	美术分按综合分
江西	—		439/427	431/405	语数外+通用与信息技术（专科段）
山西	204/181		469/383	409/345	美术分按专业分
湖北	475/440		457/394	376/349	美术分按综合分
湖南	632/601	542/528	509/480	462/398	美术分=文化分+专业分
贵州	223/205		502/433	419/350	美术分按专业分
甘肃	184/166		450/368	425/369	美术分按综合分
新疆	—		399/349	352/300	—
西藏	188/155		290/214	272/251	美术分按专业分
云南	593/544		514/462	455/391	美术分=文化分+专业分
陕西	—		457/348	385/312	—
广东	459/447		487/460	370/368	美术分按综合分
浙江	—		536/483	538/477	文史类选考科目不限；理工类选考科目物理、化学、生物或技术中任意一科

注：1.“/”左侧分数为最高分，右侧为最低分。

2.2018年山西、贵州、重庆、四川、西藏等省区市，美术类专业文化分、专业分均达到省控制分数线，然后按专业分进行录取；其余省区市美术类专业文化分、专业分均达到省控制分数线，然后按综合分进行录取（综合分计算方法按照各省区市公布的美术类专业录取规则）。

2018年苏州市职业大学录取人数统计表

科类	合计	文科	理科	艺体	文理兼招
合计	5034	1134	1523	453	1924
江苏普通	1671	623	869	179	—
江苏本专科	90	45	45	—	—
江苏中外	57	31	26	—	—
提前招生	1062	—	—	39	1023
对口单招	980	—	—	141	839
山西	96	36	53	7	—
安徽	70	27	38	5	—
河南	170	63	96	11	—
贵州	100	44	50	6	—
甘肃	110	40	62	8	—
浙江	55	32	23	—	—
山东	65	22	37	6	—
湖南	40	17	18	5	—
广东	10	4	4	2	—
广西	69	—	—	7	62
重庆	41	17	19	5	—
四川	108	35	65	8	—
云南	48	21	21	6	—
江西	30	12	18	—	—
西藏	12	4	3	5	—
湖北	40	17	19	4	—
陕西	10	5	5	—	—
福建	40	14	17	9	—
河北	30	11	19	—	—
吉林	10	4	6	—	—
新疆	20	10	10	—	—

注：2018年提前招生录取数中含中外合作办学专业79人。中外合作办学专业实际录取总数为136人。

在校生人数情况

2018年苏州市职业大学各类在校生人数统计表

类别	普通全日制专科生	成人教育专科生		
		计	函授	业余
合计	13383	4764	10	4754

就业情况

2018年苏州市职业大学普通全日制学生就业情况统计表

毕业人数	就业人数	就业率
4262	4198	98.50%

办学质量

专业建设

苏州市职业大学专业建设情况一览表

类别	专业名称	所属学院（部）	批文及建设周期	备注
国家级教改试点专业	应用电子技术	电子信息工程学院	教高司〔2001〕195号	—
国家重点专业建设	机电一体化技术	机电工程学院	教职成厅函〔2011〕71号	通过验收
国家重点专业建设	通信技术	电子信息工程学院	教职成厅函〔2011〕71号	通过验收
省重点专业群	机械制造与自动化专业群	机电工程学院	苏教高〔2012〕23号	—
省重点专业群	会计专业群	商学院	苏教高〔2012〕23号	—
省重点专业群	电子技术专业群	电子信息工程学院	苏教高〔2012〕23号	—
省级品牌专业	应用电子技术	电子信息工程学院	苏教高〔2003〕62号 2003.12—2005.12	通过验收
	电气自动化技术	电子信息工程学院	苏教高〔2006〕14号 2006.5—2008.12	通过验收
	机电一体化技术	机电工程学院	苏教高〔2010〕26号 2010.5—2012.5	通过验收
省级品牌专业建设工程项目	电气自动化技术	电子信息工程学院	苏教高〔2015〕11号 2015.5—	建设中
省级特色专业	机械设计制造及自动化	机电工程学院	苏教高〔2003〕62号 2003.12—2005.12	通过验收
	秘书	管理学院	苏教高〔2003〕62号 2003.12—2005.12	通过验收
	计算机应用技术	计算机工程学院	苏教高〔2003〕62号 2003.12—2005.12	通过验收
	商务日语	外国语学院	苏教高〔2003〕62号 2003.12—2005.12	通过验收
	数控技术	机电工程学院	苏教高〔2008〕32号 2007.12—2009.12	通过验收
	会计	商学院	苏教高〔2008〕32号 2007.12—2009.12	通过验收
省骨干专业建设项目	机电一体化技术	机电工程学院	苏教高〔2017〕17号 2017.9—2020.8	建设中
	应用电子技术	电子信息工程学院	苏教高〔2017〕17号 2017.9—2020.8	建设中
	会计	商学院	苏教高〔2017〕17号 2017.9—2020.8	建设中

课程建设

苏州市职业大学课程建设情况一览表

类别	课程名称	所属学院（部）	批文及建设周期	备注
省级优秀课程	机械原理	机电工程学院	2000获批	—
	机械零件	机电工程学院	2000获批	—
	机械工程基础	机电工程学院	2002获批	二类精品课程

续表

类别	课程名称	所属学院（部）	批文及建设周期	备注
省级精品（优秀）课程群	机械设计与制造系列课程群	机电工程学院	苏教高〔2004〕19号	—
省级优秀课程	检测与变换技术	机电工程学院	苏教高〔2004〕19号	二类精品课程
省级精品课程	应用文写作	管理学院	苏教高〔2006〕25号	二类精品课程
	应用文写作	管理学院	苏教高〔2008〕33号	—
	电路分析基础	电子信息工程学院	苏教高〔2008〕33号	—
省在线开放课程	线路板CAD	电子信息工程学院	苏教高函〔2017〕13号	—
	文学：生命之旅	教育与人文学院	苏教高函〔2017〕13号	—

教材建设

苏州市职业大学教材建设情况一览表

类别	教材名称	所属学院（部）	编写者	备注
国家级规划教材	秘书实训	管理学院	徐　静	2003年
	高等数学	数理部	钱椿林	2004年
	数据结构	计算机工程学院	陈　雁	2005年
	创新学	管理学院	吴维亚	2008年
	财经应用文写作（第二版）	管理学院	王敏杰　徐　静	2010年
	电子产品营销与服务	电子信息工程学院	陈伟元	教职成函〔2014〕12号
	电子行业认知与新技术	电子信息工程学院	祁春清	教职成函〔2014〕12号
	电子信息专业英语（第二版）	电子信息工程学院	祁春清	教职成函〔2014〕12号
	秘书实训（第三版）	管理学院	徐　静	教职成函〔2014〕12号
	财经应用文写作（第三版）	管理学院	王敏杰	教职成函〔2014〕12号
	高等数学（第四版）	数理部	钱椿林	教职成函〔2014〕12号
	线性代数（第四版）	数理部	钱椿林	教职成函〔2014〕12号
	移动通信网络工程管理与实践	电子信息工程学院	范海健　刘　韬	教职成函〔2014〕12号
	JavaScript程序设计案例教程（第二版）	计算机工程学院	许　旻	教职成函〔2015〕11号
	电子产品营销与技术服务（第二版）	电子信息工程学院	陈伟元	教职成函〔2015〕11号
	经济学课堂实验实训	商学院	戴　明	教职成函〔2015〕11号
省级精品教材	数据结构	计算机工程学院	陈　雁	2005.10
	秘书实训	管理学院	徐　静	2005.10
	吴文化概论	管理学院	吴恩培	2007.6
	电力电子技术基础	电子信息工程学院	曹丰文	苏教高〔2009〕29号
	电气控制与PLC应用	机电工程学院	陶亦亦	苏教高〔2011〕27号
	多媒体制作技术	计算机工程学院	周德富	苏教高〔2011〕27号
	企业纳税实务实训教程	商学院	顾瑞鹏	苏教高〔2011〕27号
省级立项教材	机床电气控制与PLC应用	机电工程学院	陶亦亦	苏教高〔2007〕23号
	电路技术	电子信息工程学院	刘　科　祁春清	苏教高〔2009〕29号
	逆向工程与快速成型技术应用	机电工程学院	陈雪芳　孙春华	苏教高〔2009〕29号
	电力电子技术基础	电子信息工程学院	曹丰文	2005
省级重点教材	电气控制与PLC应用	机电工程学院	陶亦亦　吴　倩	苏教高〔2013〕15号
	物联网应用开发	计算机工程学院	李金祥　方立刚	苏教高〔2013〕15号
	逆向工程与快速成型技术应用	机电工程学院	陈雪芳　孙春华	苏教高〔2014〕11号
	多媒体制作技术	计算机工程学院	周德富	苏教高〔2014〕11号
	数据结构	计算机工程学院	曾　海　尚鲜莲	苏教高〔2015〕18号

续表

类别	教材名称	所属学院（部）	编写者	备注
省级重点教材	企业纳税实务实训教程	商学院	顾瑞鹏	苏教高〔2015〕18号
	数控车床实训项目化教程	机电工程学院	朱学超　刘　旭	苏教高〔2015〕18号

实验（实训）基地建设

苏州市职业大学实验实训基地建设情况一览表

类别	名称	所属（挂靠）学院（部）	备注
国家级职业教育实训基地	物联网技术综合实训基地	计算机工程学院	—
省级高职实训基地	数字化设计与先进制造技术实验实训基地	机电工程学院	苏教高〔2009〕28号
	电子信息与智能控制实验实训基地	电子信息工程学院 计算机工程学院	苏教高〔2009〕28号
	数字媒体与软件技术综合实训基地	计算机工程学院	苏教高〔2012〕24号
省级人才培养模式创新基地	面向中小企业的财经类人才“校地合作”培养模式创新实验基地	商学院	苏教高〔2010〕25号
省级高等职业教育产教深度融合实训平台	工业自动化与智能控制产教融合实训平台	电子信息工程学院	苏教高〔2016〕19号

国家职业技能培训、鉴定机构

苏州市职业大学国家职业技能培训、鉴定机构情况一览表

序号	机构名称	培训（鉴定）项目	等级
1	Adobe中国教育管理考试认证中心考点	Adobe软件技能资格	中级、高级
2	CAD水平考试考点	全国CAD应用培训网络水平证书CAD	中级
3	CAD水平考试考点	全国CAD应用培训网络水平证书PRO/E	中级
4	CAD水平考试考点	全国CAD应用培训网络水平证书UG	中级
5	高技能人才培训中心	单机自动化应用	中级
6	全国国际商务英语培训认证考试点	全国国际商务英语证书	一级、二级
7	全国计算机等级考试苏州市职业大学考试点	全国计算机等级证书	一级、二级
8	全国计算机信息高新技术苏州市职业大学考试站	应用程序编制C #.NET平台	四级
9	全国计算机信息高新技术苏州市职业大学考试站	网页制作MacromediaMX平台	三级
10	全国外贸单证员岗位专业考点	全国外贸单证员岗位专业证书	—
11	全国外贸跟单员考点	全国外贸跟单员证书	—
12	全国外贸业务员考点	全国外贸业务员证书	—
13	苏州市职业大学国家职业技能鉴定所	食品检验工	四级
14	苏州市职业大学国家职业技能鉴定所	化学检验工	四级
15	苏州市职业大学国家职业技能鉴定所	餐厅服务员	四级
16	苏州市职业大学国家职业技能鉴定所	数控车床工	四级
17	苏州市职业大学国家职业技能鉴定所	无线电调试工	四级
18	苏州市职业大学国家职业技能鉴定所	企业人力资源管理师	四级
19	苏州市职业大学国家职业技能鉴定所	秘书	四级
20	苏州市职业大学国家职业技能鉴定所	助理物流师	三级
21	苏州市职业大学国家职业技能鉴定所	助理电子商务师	三级
22	苏州市职业大学国家职业技能鉴定所	计算机操作员	三级
23	苏州市职业大学国家职业技能鉴定所	计算机硬件维修工	四级
24	苏州市职业大学国家职业技能鉴定所	计算机网络管理员	四级
25	苏州市职业大学国家职业技能鉴定所	计算机程序设计员	四级

续表

序号	机构名称	培训(鉴定)项目	等级
26	苏州学园汽车驾驶技术服务中心	中华人民共和国机动车驾驶证	C1
27	全国CAD应用培训网络水平证书	电子CAD	中级
28	全国CAD应用培训网络水平证书	Auto CAD	中级
29	全国跨境电商岗位专业培训与考试中心	全国跨境电商操作专员岗位专业证书	—

教学团队建设

苏州市职业大学教学团队建设情况一览表

奖项	类别	所在学院(部)	批文号及日期
省级优秀教学团队	电子电工类课程	电子信息工程学院	苏教高〔2009〕42号、2009.12.22

教育教学改革成果获奖情况

苏州市职业大学教学改革成果获奖情况一览表

奖项	项目名称	获奖等级	负责人	备注
省级教学成果	学以致用的秘书实训教学模式的构建与实施	二等奖	徐 静	2004.12
	高职高专应用电子技术专业实践教学体系构建与实践	二等奖	曹丰文	2004.12
	以“吴文化”教育为基础，构建全方位、多层次、多形式的文化素质教育模式	二等奖	吴恩培	2007.12
	多校联建，资源共享的大学生文化素质教育模式改革与创新	特等奖	程宜康	2009.3
	高职机械类专业校企导学制高技能人才培养模式改革与实践	二等奖	陶亦亦	2011.9
	基于“产品、流程、系统”的实践教学体系构建	二等奖	陈 雁	2013.10
	高职计算机类专业毕业设计改革实践	二等奖	李金祥	2013.10
	基于多态同构的“六化并举”柔性适应人才培养模式探索与实践	一等奖	张 欣	2017.7
	基于职业素养养成的会计职业能力训练体系构建与实践	二等奖	倪爱东	2017.7
	基于“三维统整课程观”的高职院校人文素质教育校本课程研究与实践	二等奖	傅小芳	2017.7

各类考试通过率

2018年苏州市职业大学英语等级考试通过情况统计表

考试时间	考试等级	报考人数	实考人数	缺考人数	合格人数	合格率	优秀人数	优秀率
2018.5	口语	293	202	91	162	80.20%	8	3.96%
2018.6	A	1241	1147	94	652	56.84%	17	1.48%
2018.6	B	503	463	40	255	55.08%	10	2.16%
2018.11	口语	142	88	54	73	82.95%	8	9.09%
2018.12	A	2710	2482	228	2108	84.93%	608	24.50%
2018.12	B	1839	1760	79	1437	81.65%	454	25.80%

2018年苏州市职业大学计算机等级考试通过情况统计表

考试时间	考试等级	报考人数	实考人数	缺考人数	合格人数	合格率	优秀人数	优秀率
2018.3	省一级	2141	1986	155	1478	74.42%	100	5.03%
2018.3	国一级	1469	1379	90	1115	80.86%	82	5.95%
2018.9	国一级	1567	1370	197	650	47.45%	27	1.97%
2018.10	省一级	1487	1409	78	1176	83.46%	61	4.33%

SUZHOU VOCATIONAL UNIVERSITY

第九章　学术科研

科研机构

省级科研机构情况

苏州市职业大学省级科研机构情况一览表

序号	名称	挂靠部门或学院（部）	负责人	成立日期	备注
1	江苏省现代企业信息化应用支撑软件工程技术研究开发中心	计算机工程学院	李金祥	2007.9	苏教科〔2007〕6号
2	中国明式家具研究所	艺术学院	高　峰	2008.6	苏艺协函〔2008〕12号
3	江苏省光伏发电工程技术研究开发中心	电子信息工程学院	陶亦亦	2010.9	苏教办科〔2010〕8号
4	江苏省丝绸织绣产品功能检测试验基地	教育与人文学院	李世超	2012.12	苏丝协字〔2012〕7号
5	江苏省作家协会儿童文学创研基地	教育与人文学院	王一梅	2013.5	苏作函字〔2013〕1号
6	江苏省3C产品智能制造工程技术研究开发中心	机电工程学院	孙春华	2018.12	苏教科〔2018〕10号
7	吴文化传承与创新研究中心	管理学院	孙学文	2018.7	苏教社政函〔2018〕19号
8	中国丝绸产品技术创新与应用公共服务平台	教育与人文学院	李世超	2018.3	—

市级科研机构情况

苏州市职业大学市级科研机构情况一览表

序号	名称	挂靠部门或学院（部）	负责人	成立日期	备注
1	吴文化研究院（苏州市科普基地）	管理学院	孙学文	2001.12 2015.3	苏社科字〔2015〕16号 苏职大政〔2018〕88号
2	苏州市企业信息化应用支撑软件开发平台	计算机工程学院	李金祥	2007.9	苏科计〔2007〕232号
3	苏州市数字化设计与制造技术重点实验室	机电工程学院	姜　左 陶亦亦	2010.6	苏科计〔2010〕138号
4	苏州市基于SaaS的智慧旅游地理信息公共服务平台	外国语学院	董敏芳	2011.6	苏科计〔2011〕166号
5	苏州市云计算智能信息处理高技术研究重点实验室	计算机工程学院	李金祥	2012.6	苏科计〔2012〕172号
6	苏州市LTE智能终端测试验证公共服务平台	电子信息工程学院	刘　韬	2013.6	苏科计〔2013〕207号
7	苏州市丝绸功能技术试验及检测公共服务平台	教育与人文学院	李世超	2016.6	苏财企字〔2016〕49号
8	苏州石湖智库	—	张　健	2018.4	苏政民管〔2018〕30号
9	智能水下机器人研究与应用创新公共服务平台	计算机工程学院	鲜学丰	2018.6	—
10	江苏省中华成语研究会教学科研实践基地	教育与人文学院	蔡　斌	2018.6	苏成会〔2018〕3号

校级科研机构情况

苏州市职业大学校级科研机构情况一览表

序号	名称	挂靠部门或学院（部）	负责人	成立日期	备注
1	新型功能材料及其智能测试仪器研究中心	机电工程学院	周正存	2018.12	苏职大政〔2018〕109号
2	智慧能源装备与电能变换协同创新中心	电子信息工程学院、江苏省现代企业信息化应用支撑软件工程技术研发中心	汪义旺	2018.12	苏职大政〔2018〕109号
3	物联网可信智能计算协同创新中心	计算机工程学院	方立刚	2018.12	苏职大政〔2018〕109号
4	智能计算与知识学习研究中心	电子信息工程学院	尚　丽	2018.12	苏职大政〔2018〕109号
5	数字经济研究中心	管理学院	孙学文	2018.12	苏职大政〔2018〕109号
6	智能电梯新技术实验室	机电工程学院	陆春元	2018.12	苏职大政〔2018〕109号

续表

序号	名称	挂靠部门或学院（部）	负责人	成立日期	备注
7	功率超声与振动研究中心	机电工程学院	汪红兵	2018.12	苏职大政〔2018〕109号
8	智能交通大数据协同创新中心	计算机工程学院	陈　珂	2018.12	苏职大政〔2018〕109号
9	食品安全与营养研究中心	教育与人文学院	张　丽	2018.12	苏职大政〔2018〕109号
10	人工智能数据研究中心	数理部	俞祚明	2018.12	苏职大政〔2018〕109号
11	外国语语言文化研究中心	外国语学院	卞浩宇	2018.12	苏职大政〔2018〕109号
12	云计算智能信息处理高技术研究重点实验室	计算机工程学院	李金祥	2013.12	苏职大政〔2013〕44号
13	儿童文学研究所	教育与人文学院	王一梅	2013.5	苏职大政〔2013〕33号
14	丝绸应用技术研究所	教育与人文学院	李世超	2007.6	苏职大政〔2007〕48号
15	东吴法治研究所	商学院	吴庆荣	2005.4	苏职大政〔2005〕23号
16	现代集成制造技术重点实验室	机电工程学院	孙春华	2006.12	—
17	数字技术重点实验室	电子信息工程学院	刘　韬	2006.12	—
18	计算机软件技术重点实验室	计算机工程学院	李金祥	2006.12	—
19	苏州制造业信息化研究室	机电工程学院	郭彩芬	2006.12	—
20	汉达工业自动化技术研究所	电子信息工程学院	刘　韬	2006.12	苏职大政〔2006〕64号
21	高等教育研究所	—	黄　萍	2006.9	苏职大委〔2006〕69号

重要科研机构简介

苏州石湖智库

◎概　况

苏州市职业大学苏州石湖智库成立于2018年4月，是在苏高职院校中首家以“智库”形式注册登记、具有独立法人资格的非营利性社会组织。自成立以来，智库以“政府政策研究、应用理论创新、江南文化传承”为发展方向，立足地方优秀传统文化的研究与创新，着力打造特色鲜明的江南文化品牌，开展有针对性的学术研究和理论探讨。

苏州石湖智库以文化研究服务地方为理念，努力探索历经三千年淘洗涤荡的吴文化所蕴含的现代性因素，致力于推动苏州特有的传统文化与现代文明有机结合，通过平台搭建，整合学校内外的优质资源，积极为名城苏州在新时代彰显城市个性，提升城市品位，增强城市竞争力和影响力献计献策。

智库拥有一批业务能力精干的专兼职研究人员，主要涉及文化、社会、管理、经济、工程等学科领域。作为尚处于培育成长期的新型智库，苏州石湖智库的发展目标是紧密依靠各方人才，通过多种合作方式，立足本土文化，放眼全国战略，创新组织协调机制、多元对接机制、支撑服务机制，积极开展品牌打造、建议建言、调研咨询等各方面工作。经过3~5年的成果积累，使之成为苏州市重点智库，真正为学校创建一流品质院校提升自主创新能力和社会影响力，为苏州区域经济社会创新发展提供智力支持。

◎科研学术

一年来，在学校党委的领导下，苏州石湖智库在科研学术方面取得了以下成果：

苏州石湖智库正式成立之初，即接受苏州市吴中区临湖镇政府的委托，对临湖加工制造业及汽车零部加工制造企业状况进行调研，为政府的产业决策提供咨询参考。苏州石湖智库以陈伟元教授为负责人，积极汇聚组织以汽车、机械设计与制造、新能源汽车等领域的教授、博士为主的专家调研团队，历时半年多时间的调研、分析工作，撰写完成了《临湖镇汽车零部件配套相关产业基础及发展调研报告》。报告对临湖汽车零部件配套相关产业基础做了详尽的调研分析，同时对该领域的发展给出了政策建议，得到了委托方临湖镇党委和政府的充分肯定，目前该项目已顺利完成。该项目是苏州石湖智库成立以来承接的第一个政府咨询项目。

2018年10月26日承办"共同体视野下地方高校学报地域文化栏目建设"研讨会。来自全国10余个省市近30所高校学报主编参加会议，以构建地方高校社科学术共同体，实现地域文化建设的高品质发展为主题进行研讨。

2018年11月21日上午，苏州石湖智库举行"石湖智库建设与吴地文化"专题研讨会，邀请江苏省委《群众》杂志副总编辑李程骅教授对智库建设提出指导性意见。

◎建议建言

市政府研究室《调研通报》（2018第9期）全文刊发校长曹毓民、苏州石湖智库研究员孙学文《关于优化苏州民营企业营商环境的五点建议》。

市政府研究室《调研通报》（2018年第10期）刊登苏州石湖智库研究员孙学文的《"苏州现代化经济体系建设"专家观点集锦》。

苏州市哲学社会科学界联合会《决策参阅》（2018第8期）全文刊发苏州石湖智库研究员孙学文、陈璇、陶莉撰写的《大运河文化带苏州段文旅融合发展的建议与对策》。

市政府研究室《调研通报》（2018第20期）刊登苏州石湖智库研究员陶莉的《大运河苏州段打造"水韵""书香"特色人文标识的四点建议》。

政协苏州市委员会《苏州政协》（2018第5期）刊登苏州石湖智库研究员孙春华的《顺应新时代　谋求新作为——关于九三学社基层组织建议的几点思考》。

江苏省3C产品智能制造工程技术研究开发中心

◎概　况

江苏省3C产品智能制造工程技术研究开发中心（以下简称"技术开发中心"）是2018年经江苏省教育厅批准，以苏州市职业大学为依托单位，以苏州凡特斯测控科技有限公司为合作单位设立的省级工程技术研发中心。

技术开发中心主要开展3C产品的模具快速设计与制造、智能制造装备与系统、智能检测与控制、工业互联网等关键共性技术研发与应用；同时，搭建行业协同创新平台，服务行业企业技术升级，推进行业技术进步，服务地方经济发展，有效推进江苏省、特别是苏州市的现代企业智能化工程建设。

技术开发中心现有固定研究人员40人，其中正高6人、副高14人，具有博士学位的研究人员17人；有省市级优秀教学团队2个，省级各类高层次人才及培养对象10名。技术开发中心新建及改建共计1800余平方米的3C产品智能制造研究开发基地，开展3C产品关键技术开发并实现成果转化。

◎科研学术

近三年来，项目组成员在相关领域承担国家及省市项目21项。其中国家自然科学基金项目《路面振动压电俘能系统的动力学特性及俘能机理研究》和《冰在低温、冲击环境下的力学行为研究》如期完成研究工作并顺利结题；中国博士后科学基金面上项目《多场耦合下数控机床转子/磁轴承系统混沌性及优化设计》、国家工信部智能制造新模式子项《高精电子新材料智能工厂集成应用》、苏州市前瞻性应用研究项目《基于超声波声波耦合机理的仿六足甲虫爬壁机器人压电驱动研究》等研究工作均按计划执行，取得了预期成果。截至2018年底，技术开发中心已获省市级奖7项，在国内外核心以上期刊发表论文59篇，获得专利82项。

◎社会服务

技术开发中心除对理论研究成果推广应用外，还对企事业单位急需解决的技术问题和3C产品智能制造系统进行了研究开发和技术服务。近三年，签订企业横向技术服务合同20项，联合开发项目20余项，其中多个项目已投产，产品远销海内外。每年培养、培训相关人才500~800名。学生参加各类职业技能大赛竞赛获奖近百项，申请专利百余项。

江苏省现代企业信息化应用支撑软件工程技术研究开发中心

◎概　况

江苏省现代企业信息化应用支撑软件工程技术研究开发中心（以下简称"技术开发中心"）是

于2007年经江苏省教育厅批准，以苏州市职业大学为依托单位，以苏州固锝电子股份有限公司为合作单位设立的省级工程技术研发中心。按照《江苏省高等职业技术院校工程技术研究开发中心管理办法（试行）》中有关技术开发中心建立独立建制管理制度的要求，技术开发中心于2007年12月经苏州市编制委员会和苏州市人事局批准建成独立核算事业法人单位。

技术开发中心主要以智能处理为特征的企业信息化应用支撑软件系统平台，以企业信息与软件项目管理技术、智能信息搜索及数据挖掘、智能图像处理和云计算关键技术等为研究方向。结合国家在信息化建设方面的重大需求，旨在构建以“产学研一体化”为基本特征的科技创新示范平台，提高企业在全球经济一体化市场环境中的核心竞争力，有效推进江苏省，特别是苏州市的现代企业信息化工程建设。

技术开发中心现有固定研究人员36人，其中正高13人、副高17人、具有博士学位的研究人员6人。另外有10余位国内著名高校的研究人员在技术开发中心进行客座研究。技术开发中心现有用房共计600余平方米，其中独立研究和开发室500余平方米。

◎科研学术

2018年技术开发中心研发人员开展了国家自然科学基金项目《基于拓扑控制的无线传感器网络时间同步理论与技术研究》《大规模RFID系统标签的自适应高效准确识别策略研究》的研究工作，工作按计划执行，取得了预期成果，相关项目的研发为企业取得了较大的经济效益和社会效益。研发人员在省级以上刊物上公开发表学术论文10余篇，其中被SCI检索3篇。研发人员新获授权发明专利《一种基于知识库的故障判断系统》《基于无源RFID设备的三维手势运动特征识别方法及无源RFID设备》《基于语义区域分割的交通拥塞预警方法》3项，申请发明专利6项，获软件著作权21项。

◎社会服务

技术开发中心除对理论研究成果推广应用外，还对企事业单位急需解决的技术问题和信息系统进行了研究开发和技术服务。2018年先后与4家企业开展产学研合作，为企业开展技术研发和技术服务、解决相关技术问题提供了解决方案。这些项目的实施和完成为企事业单位带来巨大的经济效益。

中国明式家具研究所

◎概　况

中国明式家具研究所成立于2006年10月，是以明式家具研究保护和开发利用为目的的研究机构。研究所以“产、学、研”基地创建、传统工艺与现代科技结合研究为重点，充分发挥高校教学、科研的优势，努力吸取明式家具的文化元素，探求一条符合明式家具传承保护、开发利用、创新发展之路，将传统工艺与现代工业制造结合、艺术学与工学结合，为培养中国家具制造亟须的人才做学科建设。研究所现有工作人员1人。

◎科研学术

近五年，参与出版学术专著1本，校企合作项目2项，发表学术论文20余篇，著有《〈中国家具设计〉教材编写思路探索》《〈鲁班经〉为明代家具研究提供的重要信息》《中国传统室内装饰艺术的形式特点及其启示》《中西人文差异探析——以欧洲文艺复兴绘画与中国明式家具为例》《谈“木作”架构的“苏式”美》《黄花梨家具的艺术品质与古代文人审美趣味》《浅谈古代书房与文人园林》《黄

花梨家具的木工艺概要》《谈明式家具艺术的文化继承和科学创新》《浅谈数字艺术人才培养》《谈对两种明式书桌的品赏》等。

◎社会服务

主持设计多项地方政府举办的文化会馆项目，如常熟市人民政府主办的“中国苏作家具博物馆”、常熟市海虞镇人民政府主办的“常熟海虞当代苏作家具展示馆”、苏州市园林和绿化管理局“天平山庄展示设计”“山塘街‘传德堂’园林厅堂展示设计”“苏州桃花坞文化片区唐寅故居陈设设计”等。与常熟市欣佳红木家具有限公司、常熟市耀龙红木家具厂建立校企合作，企业为教学提供家具实物等，成为学生的专业实践基地。

◎重要事项

2018年10月做苏州市吴中区明式家具乡土技能人才项目调研。

江苏省光伏发电工程技术研究开发中心

◎概　况

江苏省光伏发电工程技术研究开发中心（以下称简“中心”）是2010年由江苏省教育厅批准重点支持建设的省级工程技术研究中心，2014年12月顺利通过验收。中心主要研究新型高效光伏薄膜太阳能电池技术、新能源发电系统能量变换技术、新能源发电系统及工程化应用，并开展新能源创新人才培养及新能源产品技术服务。现有研发人员19人，副高及以上人员15人，其中教授4人；博士5人，博士在读2人，省名师1人，省“333高层次人才培养工程”培养对象1人，省高校“青蓝工程”学科带头人1人，省高校“青蓝工程”中青年骨干教师2人，市劳模1人。省优秀教学团队1个，依托中心建成省高校“青蓝工程”创新团队1个，市大师工作室1个。

近年来，中心获吴文俊人工智能科技进步三等奖2项，江苏省高校科技成果三等奖1项，苏州市科技进步二、三等奖各1项，苏州市高技能人才重点研发课题一、三等奖各1项。主编出版“十二五”职业教育国家规划教材3本。

◎科研学术

近年来，主持完成各级科研项目近50项，其中，国家自然科学基金项目2项、省教育厅科技成果转化项目4项、苏州市科技计划项目12项、江苏

省教育厅重点教改课题1项。发表论文50余篇，获授权的发明专利25项。

◎社会服务

先后与苏州英利、爱索、苏州计量科学研究院、苏州电气科学研究院、江苏固德威、阿特斯等单位建立紧密的合作关系，并开展光伏发电系统及工程化应用项目14项。其中，光伏电池片四探针测试台知识产权已转让企业生产；江苏省教育厅科研成果产业化推进项目开发的“高性能中小功率光伏独立/并网双模式逆变器”已由企业投产，实现产值800余万元。

◎学生创新创业培养

利用中心在工程化应用的优势和强大的师资队伍，建立“省光伏中心创新工程训练中心”，探索创新创业一体化训练的创新人才培养模式，已体现出成效，成为学校的特色。

中心培养的学生每年获国家、省级奖励均在30人次以上。其中，获全国职业技能大赛二等奖1项，江苏省职业技能大赛一等奖2项，“挑战杯”全国大学生创新创业大赛省级一等奖1项，连续六届获全国“发明杯”大学生创新创业大赛一等奖等。

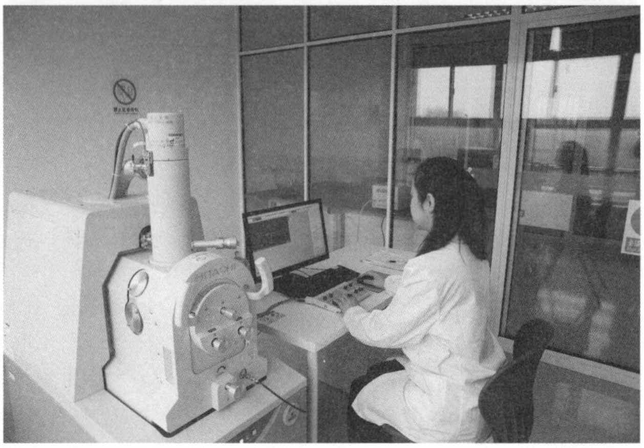

江苏省丝绸织绣产品功能检测试验基地

◎概　况

“江苏省丝绸织绣产品功能检测试验基地建设项目”是根据苏州市《2013年度苏州市振兴丝绸产业专项导向资金扶持项目资金计划通知》文件的精神，由苏州市财政局和苏州市经济和信息化委员会于2013年底立项并下达市级扶持资金。同时，经学校申请和江苏省丝绸协会认定，江苏省丝绸织绣产品功能检测试验基地（以下简称“试验基地”）正式授牌并进行运作。

试验基地依托学校“工业分析与检测”专业及丝绸应用技术研究所的教学和科研力量，形成了一支由10人组成的层次合理、学科交叉的创新团队，其中研究员级高级工程师2人、教授1人、副教授2人；博士4人、硕士4人。

通过学校近些年不断地投入和建设，试验基地持续为行业企业提供高质量的丝绸功能研究和专业检测服务。试验基地先后获得第三届苏州创博会“优秀丝绸创意产品奖”、苏州市教育局“苏州高职高专院校优秀科技创新服务团队”、中国纺织品商业协会茧丝绸公共服务体系“丝绸中国”杰出贡献奖等荣誉及奖励。

◎科研学术

近五年，试验基地成员主持和完成江苏省科技计划项目2项、苏州市科技计划项目2项、国家茧丝绸专项1项、省级新产品项目2项、中国纺织品商业协会《〈中国蚕丝被行业发展报告2017〉消费篇》的调研项目1项，与企业签订横向项目3项，发表期刊论文26篇，授权国家发明专利16项、实用新型专利3项，新增转让发明专利2项。2018年度获得苏州市自然科学优秀学术论文三等奖。

◎社会服务

近五年，试验基地与苏州江枫丝绸有限公司合作完成活性/直喷数字印花新技术新产品，与苏州工业园区仁和织绣工艺品有限公司合作开发了具有三防功能的绛丝新产品，为苏州吴绫丝绸精品有限公司开发了丝绸产品分形设计技术，为苏州绣艳天下工艺品有限公司开发了刺绣产品防霉抗菌处理技术，为浙江蚕缘家纺有限公司开发了负离子功能蚕丝被新产品。此外，试验基地还累计为南通金太阳纺织科技股份有限公司、苏州吴绫丝绸精品有限公司、苏大艺术学院、英泰时尚服饰（苏州）有限公司等企事业单位提供丝绸织绣产品功能检测试验服务68批（次）。

◎重要事项

2018年试验基地获评中国纺织品商业协会“中国纺织品商业协会丝绸产品技术创新与应用公共服务平台”；2018年试验基地《丝绸织绣功能技术及保护应用研究》系列成果获江苏省教育教学与研究成果奖（高校自然科学研究类）三等奖。

江苏省作家协会儿童文学创研基地

◎概　况

江苏省作家协会儿童文学创研基地（以下简称“创研基地”）成立于2013年5月，是由江苏省作家协会批准，苏州市职业大学和苏州市文联主管的文学创作和研究平台，苏州市委宣传部批准的苏州市阅读指导站也挂牌并入其中，为江苏儿童文学工作者的文学创作、儿童文学教学、对外交流、儿童阅读推广做了有益的探索。创研基地由苏州市职业大学和苏州市委宣传部共同拨款运行。

创研基地成员由苏州市职业大学儿童文学研究和教学人员、苏州市作家协会儿童文学创作者共同组成，在创作、教学研究、对外交流以及阅读推广四个方面均有专业人员，形成“小而美”的创新团队，其中一级作家1人、副教授2人、博士1人、硕士4人。

近五年来，学校不断改善创研基地硬件条件，苏州市文明办不断添置设备和图书，创研基地具备进行儿童文学创作研究、教学研究以及为社会提供阅读服务的能力。创研基地连续五年获得苏州市阅读节优秀活动奖，并获得江苏省“五个一”工程奖、苏州市“五个一”工程奖等荣誉，以及江苏省作家协会优秀阅读推广人等奖项。

◎科研学术

近五年，创研基地成员主持和完成苏州市委宣传部项目2项、校级项目1项，与企业签订横向项目2项，出版图书50余册。

◎社会服务

近五年，创研基地进行了“四个一”建设。苏州市委、市人大常委会、市政府、市政协等领导对南环少儿阅读馆进行了视察，充分肯定了创研基地的工作。

一个研究基地：创研基地搬迁至苏州市职业大学干将路校区，为进一步服务苏州市民提供了优质的地理环境。邀请上海师范大学博士生导师、著名作家梅子涵，美国旧金山州立大学刘英博士等做讲座，并把创研基地研究成果带到美国旧金山州立大学，便于进行学术交流。

一个实践基地：成立苏州市吴门桥南环少儿阅读馆，占地500平方米；与苏州市图书馆共建苏州市第一个绘本图书分馆，图书由苏州市图书馆提供，全市通借通还。

一支团队：以苏州市职业大学师范生为主的故事姐姐、故事哥哥团队，在南环少儿阅读馆和苏州市吴中区新华书店、外来务工人员学校等场所进行常年不间断的阅读活动，每年举办近100场公益活动，为家庭困难儿童以及文学爱好者家庭带去高质量的阅读服务。

一套教材：研发教材《儿童文学经典赏读100例》，为阅读推广奠定了内容基础。

◎重要事项

2013年5月江苏省作家协会儿童文学创研基地挂牌；2015年5月南环少儿阅读馆成立，并挂牌为创研基地的实践基地；2017年8月创研基地迁至干将路校区。

吴文化传承与创新研究中心

◎概　况

吴文化传承与创新研究中心（以下简称“研究中心”）2018年获批江苏高校哲学社会科学重点

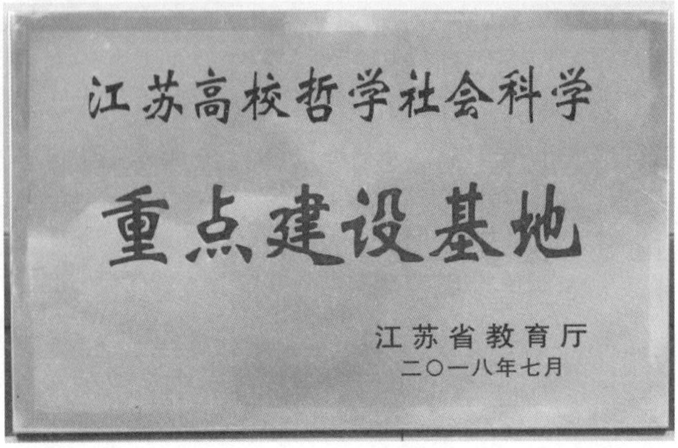

建设基地（批准号：2018ZDJD-B018），是整合学校吴文化研究团队形成的跨院（部）、多学科合作的科研机构，研究涉及吴地社会历史、经济发展、大运河文化带苏州段研究、吴地廉政文化、吴地工匠精神、江南文脉等诸多领域；其主要科学研究任务是围绕当代苏州社会经济发展战略，聚焦吴地历史文化，聚焦吴地优秀传统文化助推苏州城市建设和经济发展的重大理论和现实问题，凝炼研究方向，创新运行机制，集中研究力量，优化资源配置。研究中心现有校内外研究员共40人，其中校外研究员5人，教授8人，博士14人。

研究中心还立足科研，服务教学。在开展系列科学研究的同时，推动学校文化育人工作的建设。研究中心将最新的科研成果转化为教学内容，依托国家级大学生文化素质教育基地——吴文化园，开展各项吴文化专题的“挑战杯”哲学社会科学项目、研究性课程、江苏省大学生实践创新训练项目，并助推学校特色课程“吴文化”的建设发展。

自研究中心获批以来，研究团队坚持对吴地优秀传统文化进行研究与传承，着力打造吴文化特色品牌，成果丰硕。2018年，主持、参与并完成各类教科研项目10余项，其中江苏省文化科研课题1项，江苏省社会科学基金重大项目子课题1项，苏州市各级课题8项。发表学术论文21篇，其中CSSCI 2篇；出版学术专著1本。

◎科研学术

2018年，研究中心团队获批苏州市政府重点项目“苏州茶业经济研究”等市厅级科研课题10项；编撰《苏州廉政文化读本》等著作，发表学术论文21篇。围绕江南文脉主题，在《苏州日报》上发表《传承工匠精神　促进制造业高质量发展》《发挥好江南核心区域的文化引领作用》等文章4篇。

◎社会服务

2018年，在苏州市社科联、苏州市政府研究室内参发表决策性文章《大运河苏州段“水韵”“书香”特色人文标识建设的建议和对策》等3篇，为苏州地方社会经济发展建言献策。

科研立项

国家级项目

2018年苏州市职业大学教职工获国家级科研项目立项情况一览表

序号	项目名称	项目批准号	负责人	所在学院（部）、部门	经费（万元）	立项批文日期
1	动力系统中的维数理论和遍历优化的若干问题的研究	11871361	徐　兰	数理部	5	2018.8（合作单位）

省部级项目

2018年苏州市职业大学教职工获省部级科研项目立项情况一览表

序号	项目名称	项目批准号	负责人	所在学院（部）、部门	经费（万元）	立项批文日期
1	风力发电领域内转轴磁浮机理及最大功率追踪控制研究	BK2015u46	杨益飞	机电工程学院	20	2018.2.26
2	江苏区域文化内涵及特征研究	—	陈　璇	管理学院	2	2018.3.2

续表

序号	项目名称	项目批准号	负责人	所在学院（部）、部门	经费（万元）	立项批文日期
3	教育大数据背景下混合式学习的研究与实践	C-b/2018/03/07	王 敏	计算机工程学院	—	2018.7.23
4	实境学习评价对高职学生学习力的影响机制及优化对策研究	D/2018/03/37	秦天程	管理学院	—	2018.7.23
5	高校体育专业运动技能学习小班化教学模式的探索与实践	D/2018/03/54	徐 芳 谢媛媛	体育部	—	2018.7.23
6	新时代江苏体育特色小镇创新培育与发展研究	18TYB004	李 勇	体育部	5	2018.9.30

市厅级项目

2018年苏州市职业大学教职工获市厅级科研项目立项情况一览表

序号	项目名称	项目批准号	负责人	所在学院（部）、部门	经费（万元）	立项批文日期
1	《虎丘泥人一千年》普及读本	—	高福民	艺术学院	1	苏社科字〔2018〕18号 2018.6
2	苏州智能制造产业发展现状、问题及对策研究	Y2018LX074	张 军	商学院	—	苏社科字〔2018〕35号 2018.6
3	新时代背景下苏州市公共体育服务发展对策研究	Y2018LX075	李 勇	体育部	—	苏社科字〔2018〕35号 2018.6
4	苏州推进“旅游+文化演绎产业”融合发展新模式研究	Y2018LX076	李 娜	艺术学院	—	苏社科字〔2018〕35号 2018.6
5	分级诊疗下的苏州医养融合养老研究	Y2018LX077	石阶瑶	思想政治理论教学研究部	1	苏社科字〔2018〕35号 2018.6
6	金融去杠杆背景下苏州金融行业系统性风险控制研究	Y2018LX078	王晓东	商学院	—	苏社科字〔2018〕35号 2018.6
7	中国智造2025背景下苏州推进智能制造发展的调查与思考	Y2018LX079	赵 成	电子信息工程学院	1	苏社科字〔2018〕35号 2018.6
8	苏州打造制造业单打冠军企业集群的对策研究	Y2018LX080	孙学文	管理学院	5	苏社科字〔2018〕35号 2018.6
9	苏州建设世界文化名城的战略定位和实现路径研究	Y2018LX081	吴蕴慧	管理学院	—	苏社科字〔2018〕35号 2018.6
10	基于“文化自信”视角下的苏州方言低龄版教材开发策略研究	Y2018LX082	陈 璇	管理学院	1	苏社科字〔2018〕35号 2018.6
11	苏州生活垃圾分类现状及创新治理研究	Y2018LX083	李 英	管理学院	1	苏社科字〔2018〕35号 2018.6
12	基于大数据的新能源汽车发展策略	Y2018LX084	顾才东	计算机工程学院	1	苏社科字〔2018〕35号 2018.6
13	基于媒体融合的数字化媒介创新发展研究	Y2018LX085	李 华	学术期刊中心	1	苏社科字〔2018〕35号 2018.6
14	供给侧背景下提升高技能人才持续供给能力研究	Y2018LX086	刘 丹	校党委	1	苏社科字〔2018〕35号 2018.6
15	苏州城镇社区体育文化建设的策略研究	Y2018LX045	孟祥波	体育部	1	苏社科字〔2018〕35号 2018.6
16	江苏体育特色小镇建设路径与制度创新研究	2018SJZDI200	李 勇	体育部	8	苏教社政函〔2018〕17号 2018.7
17	政治资本猝变、寻租与企业非财务信息披露的作用机理研究	2018SJA1395	殷 红	商学院	—	苏教办社政函〔2018〕18号 2018.7
18	计算思维教育在高职计算机软件类专业教学改革中的应用研究	2018SJA1396	杨元峰	计算机工程学院	—	苏教办社政函〔2018〕18号 2018.7
19	多元主体协同的体育教育专科专业人才培养模式研究	2018SJA1397	曹 湘	体育部	—	苏教办社政函〔2018〕18号 2018.7

续表

序号	项目名称	项目批准号	负责人	所在学院（部）、部门	经费（万元）	立项批文日期
20	深耕地域文化　活化育人载体——AR+吴文化教育资源开发及创新应用研究	2018SJA1398	张　量	计算机工程学院	—	苏教办社政函〔2018〕18号 2018.7
21	新媒体视阈下艺术融合与流变——以舞蹈艺术为例	2018SJA1399	李　娜	艺术学院	—	苏教办社政函〔2018〕18号 2018.7
22	“互联网+”环境下非遗类主题展陈形式的创新研究	2018SJA1400	沈罗兰	艺术学院	—	苏教办社政函〔2018〕18号 2018.7
23	高职院校图书馆科研数据服务研究	2018SJA1401	张学梅	图书馆	—	苏教办社政函〔2018〕18号 2018.7
24	“互联网+”视域下江苏物流服务业城市间一体化发展对策研究	2018SJA1402	郑丽娟	管理学院	—	苏教办社政函〔2018〕18号 2018.7
25	中小型民营企业绩效管理体系构建现状与对策研究——以苏州市中小型民营企业为例	2018SJA1403	赵艳玲	管理学院	—	苏教办社政函〔2018〕18号 2018.7
26	一带一路背景下在华外资银行品牌生态发展研究	2018SJA1404	王晓东	管理学院	—	苏教办社政函〔2018〕18号 2018.7
27	高职院校产教融合模式下课程思政建设路径探究	2018SJSZ442	傅济锋	思想政治理论教学研究部	—	苏教办社政函〔2018〕22号 2018.8
28	以信息技术提高思政教学效果路径研究	2018SJSZ443	张　贺	思想政治理论教学研究部	—	苏教办社政函〔2018〕22号 2018.8
29	基于精准扶贫理念的大学生资助育人工作研究	2018SJSZ444	蒋君毅	学生工作处	—	苏教办社政函〔2018〕22号 2018.8
30	高校“青马工程”在思想政治教育的作用发挥研究	2018SJSZ445	吴　隽	艺术学院	—	苏教办社政函〔2018〕22号 2018.8
31	新时代京杭运河流域（江苏段）民歌的活态保护与传承利用研究	18YB25	陈　璇	管理学院	1	苏文发〔2018〕25号 2018.8
32	新时代大学生互联网金融风险认知与投资行为研究——基于江苏高校的问卷调查	18SYB-110	周　雷	商学院	0.3	苏社联发〔2018〕47号 2018.8
33	江苏优化营商环境的关键问题及对策研究——基于社会信用体系建设视角	18SYC-084	张　军	商学院	—	苏社联发〔2018〕47号 2018.8
34	大运河文化带建设项目	—	孙学文	管理学院	4.8	苏财教〔2018〕83号 2018.9
35	大学生双创教育与思想政治教育的融合路径研究	18SZB-24	张国良 姚金凤	学生工作处 科技处	0.5	苏社联发〔2018〕56号 2018.9
36	基于非膜快速生化与固液分离工艺的景观黑臭水体修复关键技术与装备研究	SS201817	俞　晟	教育与人文学院	15	苏科资〔2018〕39号 2018.9
37	苏州太湖洞庭山红茶的加工工艺及品质特点研究	SNG2018055	张　丽	教育与人文学院	5	苏科资〔2018〕40号 2018.9
38	智能渔业水产养殖过程安全管控技术研究	SNG2018056	许璐蕾	计算机工程学院	5	苏科资〔2018〕40号
39	基于超声波声波耦合机理的仿六足甲虫爬壁机器人压电驱动研究	SYG201823	汪红兵	机电工程学院	5	苏科资〔2018〕41号 2018.9
40	基于视频处理的交通数据自动采集关键技术研究	SYG201822	陈　珂	计算机工程学院	8	苏科资〔2018〕41号 2018.9
41	基于GaN的高性能并网逆变器研究与应用	SYG201821	张　波	电子信息工程学院	8	苏科资〔2018〕41号 2018.9
42	政府财务报告审计机制研究	18SCC-13	丁　俊	商学院	—	苏社联发〔2018〕62号 2018.10
43	《华语易学》（Chinese Made Easy）初探	18SWB-08	卞浩宇	外国语学院	1	苏社联发〔2018〕63号 2018.10
44	文旅融合视角下大运河苏州段文化带建设对策研究	SR201852	陶　莉 夏　杰	管理学院	3	苏科资〔2018〕64号 2018.11

续表

序号	项目名称	项目批准号	负责人	所在学院（部）、部门	经费（万元）	立项批文日期
45	苏州推动制造业向智能化发展的思路与对策研究——以高端装备制造业为例	SR201851	姜能涛	管理学院	3	苏科资〔2018〕64号 2018.11
46	中国大运河饮食文化传承与利用研究	DYH18YB07	董敏芳	校督学室	3	2018.11
*47	关于把苏州大运河文化带建设成为样板区和示范段的战略思路和对策举措研究	J2017LX04	陈 璇	管理学院	—	苏社科字〔2017〕23号 2017.11
*48	“童年的歌”主题创作	—	王一梅	教育与人文学院	40	苏财教〔2017〕93号 2017.12
*49	基于DEA模型的江苏农村公共体育服务资源配置效率研究	2016SJD890024	孟祥波	体育部	—	苏教社政〔2016〕5号 2016.6

注：“*”为补录数据。

科研成果

出版科研著作情况

2018年苏州市职业大学教职工出版科研著作情况一览表

序号	类别	作者	著作名称	出版社	出版/修订日期	所在学院（部）、部门
1	专著	张 健	职业教育集团化办学研究	苏州大学出版社	2018.1	机电工程学院
2	专著	刘 勇	王襄陆印心思想研究	人民出版社	2018.9	思想政治理论教学研究部
3	专著	施建平	五代出版与新闻传播研究	苏州大学出版社	2018.11	学术期刊中心
4	编著	吴 隽	地市级开放大学的可为之道	苏州大学出版社	2018.3	艺术学院
5	编著	叶 良	大数据支撑下的区块链技术研究	西北工业大学出版社	2018.7	计算机工程学院
6	主编	钮雪林	精致苏州与工匠精神	古吴轩出版社	2018.11	校党委
7	通俗读物	王一梅	浆果王	新蕾出版社	2018.1	教育与人文学院
8	通俗读物	王一梅	胡萝卜先生的长胡子	春风文艺出版社	2018.11	教育与人文学院
*9	专著	金学智	园冶多维探析	中国建筑工业出版社	2017.9	教育与人文学院
*10	专著	卞浩宇	晚清来华西方人汉语学习与研究	吉林人民出版社	2017.11	外国语学院
*11	编著	徐 静	诗读苏州	古吴轩出版社	2017.12	管理学院
*12	通俗读物	黄新羽	音乐素养	苏州大学出版社	2017.11	艺术学院

注：“*”为补录数据。

发表科研论文情况

2018年苏州市职业大学教职工在核心期刊发表科研论文情况一览表

序号	类别	作者	论文名称	期刊名称	发表时间（刊期）	所在学院（部）、部门
1	SCI	石阶瑶	Chronic Fatigue Syndrome in Chinese Middle School Students	Medicine	2018.1	思想政治理论教学研究部
2	SCI	翁世有	Existence of Weak Solutions for a Boundary Value Problem of a Second Order Ordinary D Differential Equ	Boundary Value Problems	2018.1	数理部
3	SCI	徐亚娟	Pricing Catastrophe Options with Counterparty Credit Risk in a Reduced Form Model	Acta Mathematica Scientia	2018.2	数理部
4	SCI	顾才东	Fast Discrepancy Identification for RFID-Enabled IoT Networks	IEEE Access	2018.3	计算机工程学院

续表

序号	类别	作者	论文名称	期刊名称	发表时间（刊期）	所在学院（部）、部门
5	SCI	张　量	Achieving High Precision RFID Trajectory Tracing with Kinematic Features	Ad Hoc & Sensor Wireless Networks	2018.4	计算机工程学院
6	SCI	刘昭斌	Access Control Model Based on Time Synchronization Trust in Wireless Sensor Networks	Sensors	2018.7	计算机工程学院
7	SCI	朱彩红	Wrinkle-Free, Sandwich, Electrospun PLGASF Nanofibrous Scaffold for Skin	IEEE Transactions on Nanotechnology	2018.7	电子信息工程学院
8	EI	关　辉	Improved RFID Anti-Collision Algorithm Based on Quad-Tree	2017 IEEE International Conference on Computational Science and Engineering (CSE)	2018.3	计算机工程学院
9	EI	刘昭斌	Exploration and Consideration of Practice Teaching on IoT Comprehensive Practice Base	ICCSE 2017	2018.5	计算机工程学院
10	EI	张　燕	Cloud Computing Resources Scheduling Optimisation Based on Improved Bat Algorithm via Wavelet Pertur	International Journal of High Performance Systems Architecture	2018.11	计算机工程学院
11	EI	张　燕	A Novel Differential Evolution Algorithm for Constrained Optimization	2017 IEEE International Conference on Computational Science and Engineering (CSE) and IEEE International Conference	2018.11	计算机工程学院
12	EI	张　燕	A Novel Adaptive Resampling Particle Filtering Algorithm	2017 IEEE International Conference on Computational Science and Engineering (CSE) and IEEE International Conference	2018.11	计算机工程学院
13	EI	徐　峰	The Pricing Formulas of Compound Option Based on the Sub-Fractional Brownian Motion Model	Journal of physics: conference series	2018.4	商学院
14	EI	朱　臻	A Turn-On DC Surface-Potential-Based Drain Current Model for Fully-Depleted Poly-Si Thin Film Transistors	11th Annual TechConnect World Innovation Conference and Expo	2018.5	电子信息工程学院
15	EI	周　燕	Lie Speech Time-Series Modeling Based on Dynamic Sparse Bayesian Network	ICIC 2018	2018.8	电子信息工程学院
16	EI	周正存	High Temperature Internal Friction Relaxations in Cold-Rolled Titanium	Solid State Phenomena	2018.8	机电工程学院
17	EI	周正存	The Recent Development of Study on H13 Hot-Work Die Steel	Solid State Phenomena	2018.8	机电工程学院
18	EI	李邦玉	Application of Primer and Ultraviolet Radiation in Pressure Sensitive Adhesive Tape	IOP conference Series: Materials Science and Engineering	2018.9	教育与人文学院
19	EI	吴　倩	Design of Robot Visual Servo Controller Based on Neural Network	Journal of Computational Methods in Sciences and Engineering	2018.11	外国语学院
20	ISSHP	周　莉	Design and Implementation of Firewall Experiment in Linux network Management Course	7th International Conference on Education and Sports Education	2018.3	计算机工程学院

续表

序号	类别	作者	论文名称	期刊名称	发表时间（刊期）	所在学院（部）、部门
21	ISSHP	周　莉	Design and Implementation of LAMP Architecture Experiment in Linux network Management Course	7th International Conference on Education and Sports Education	2018.3	计算机工程学院
22	ISTP	王　磊	Based on the Technological Analysis of Big Data Security and Privacy Protection Technology	Advances in Computer Science Research (ACSR)	2018.4	计算机工程学院
23	CSCD(C)	张永康	冰雹撞击下泡沫铝夹芯板的动态响应	爆炸与冲击	2018.3	机电工程学院
24	CSCD(C)	杜　洁	基于Moldflow皂盒组合型腔流动平衡优化分析	塑料工业	2018.9	机电工程学院
25	CSCD(C)	张永康	冰在低温下的单轴压缩力学行为和破坏机制	固体力学学报	2018.10	机电工程学院
26	CSCD(C)	刘昌雪	国家水利风景区空间格局演变及影响机理分析	地理与地理信息科学	2018.7	教育与人文学院
27	CSCD(C)	俞　晟	扫频超声处理技术对市政污泥脱水与减量化处理效果	环境工程学报	2018.9	教育与人文学院
28	CSSCI(C)	张　平	《中国书画装潢艺术》的撰写	中国书法	2018.1	管理学院
29	CSSCI(C)	张　平	一笔书、连绵草与大草、狂草辨析	中国书法	2018.5	管理学院
30	CSSCI(C)	李文丽	网络关系、知识匹配与后发企业技术创新的协同演化——基于修正药业案例分析	情报科学	2018.6	管理学院
31	CSSCI(C)	童李君	论《麒麟》杂志中的《阿Q正传弹词》	鲁迅研究月刊	2018.2	教育与人文学院
32	CSSCI(C)	张学梅	EMM指数和EMM’指数：两种基于改进EM指数和EM’指数学者学术影响力评价指标研究	情报理论与实践	2018.3	图书馆
33	CSSCI(C)	李　娜	新媒体背景下舞蹈传播与产业发展探析	北京舞蹈学院学报	2018.4	艺术学院
34	CSCD(E)	鲜学丰	基于主题模型的位置感知订阅发布系统	计算机科学	2018.3	计算机工程学院
35	CSCD(E)	鲜学丰	基于上下文感知和个性化度量嵌入的下一个兴趣点推荐	计算机工程与科学	2018.4	计算机工程学院
36	CSCD(E)	李克清	一种鲁棒稀疏表示的单样本人脸识别算法	计算机应用研究	2018.12	计算机工程学院
37	CSCD(E)	朱学超	S136模具钢粉末SLM成形相对致密度试验研究	应用激光	2018.6	机电工程学院
38	CSSCI(E)	李文丽	运用版权服务提升数字出版全产业链IP价值	中国编辑	2018.10	管理学院
39	CSSCI(E)	韩承敏	改革开放40年劳模文化变迁的历史逻辑	学校党建与思想教育	2018.11	宣传统战部
40	国外期刊	张若男	The Effects of Home Country Government Support on International Business Performance	Asia-Pacific Journal of Business	2018.4	商学院
41	国外期刊	张若男	Regional Financial Development,Firm Heterogeneity and Investment Efficiency	Journal of Asian Finance, Economics and Business	2018.11	商学院
42	国外期刊	俞祚明	Axiomatization of Covering-Based Approximation Operators Generated by General or Irreducible Coverings	International Journal of Approximate Reasoning	2018.10	数理部
43	核心期刊	李振兴	基于图像像素级分割与标记映射的工件表面微小缺陷检测算法	组合机床与自动化加工技术	2018.1	机电工程学院
44	核心期刊	宋秦中	基于电力线载波的LED消防指示灯的设计与实现	工业安全与环保	2018.2	机电工程学院
45	核心期刊	陈祥林	陀螺仪环盖加工工艺分析及专用夹具的设计	制造技术与机床	2018.5	机电工程学院
46	核心期刊	汪红兵	一种基于压电叠堆的微型直线超声波电动机研究	微特电机	2018.6	机电工程学院
47	核心期刊	朱学超	S136模具钢粉末选区激光熔化成形工艺窗口试验研究	制造技术与机床	2018.7	机电工程学院
48	核心期刊	刘　旭	基于振动盘硬币分选机设计及其振动模态分析	包装工程	2018.8	机电工程学院

续表

序号	类别	作者	论文名称	期刊名称	发表时间（刊期）	所在学院（部）、部门
49	核心期刊	刘 旭	发动机摇臂轴紧固孔孔径检测装置设计	工具技术	2018.10	机电工程学院
50	核心期刊	刘 宁	借助原版英语分级读物，培养学生英语阅读能力	中小学英语教学与研究	2018.1	外国语学院
51	核心期刊	吴 倩	基于“产品、流程、系统”的高职课程模式构建与实践	职业技术教育	2018.8	外国语学院
52	核心期刊	熊贵营	科学布局 优化结构 为苏州经济转型发展提供人力支持	中国职业技术教育	2018.2	校党委
53	核心期刊	张 健	基于知识获取与应用的高校创新人才培养之浅论	继续教育研究	2018.9	校党委
54	核心期刊	张 健	为“一带一路”提供最好的“工匠”	《新华日报》16版《思想周刊·政声》栏目	2018.11	校党委
55	核心期刊	李克清	基于虚拟力和泰森多边形的分布式覆盖算法	计算机工程与设计	2018.3	计算机工程学院
56	核心期刊	周德富	协同创新背景下的区域共享型实训基地建设研究	黑龙江高教研究	2018.4	计算机工程学院
57	核心期刊	苏品刚	可逆PWM控制双闭环直流调速系统的Simulink仿真	实验技术与管理	2018.3	电子信息工程学院
58	核心期刊	苏品刚	一种实现光学全吸收的镀膜技术研究	光学技术	2018.9	电子信息工程学院
59	核心期刊	苏品刚	组合MKSVD和MPOCS的图像恢复	计算机工程与设计	2018.9	电子信息工程学院
60	核心期刊	尚 丽	利用改进T-S模糊神经网络模型恢复MMW图像	计算机工程与设计	2018.5	电子信息工程学院
61	核心期刊	殷 红	公司特征与公司反腐败信息披露的实证研究	财会通讯	2018.3	商学院
62	核心期刊	殷 红	企业社会责任信息披露行业差异性与收敛性	财会通讯	2018.8	商学院
63	核心期刊	周 雷	基于任务驱动的高职互联网金融项目化教材建设研究	中国职业技术教育	2018.4	商学院
64	核心期刊	王晓东	以“一带一路”为契机推进人民币多样化区域国际化	对外经贸实务	2018.6	商学院
65	核心期刊	贺文斌	江西景德镇手绘陶瓷茶具的发展研究	福建茶叶	2018.3	艺术学院
66	核心期刊	李 娜	女性视角下的《安娜卡列尼娜》	舞蹈	2018.3	艺术学院
67	核心期刊	张晓春	现代芭蕾舞剧《卡门》的舞美设计	四川戏剧	2018.5	艺术学院
68	核心期刊	张 丽	基于主成分分析法建立洞庭碧螺春质量评价模型	食品研究与开发	2018.4	教育与人文学院
69	核心期刊	王晓东	以“一带一路”为契机推进人民币多样化区域国际化	对外经贸实务	2018.6	管理学院
70	核心期刊	颜丙通	高校档案档号编制改革刍议——新版《归档文件整理规则》的启示	档案与建设	2018.7	党委办公室
71	核心期刊	张静芳	“群众路线”创新高校学生思政工作的理论探究	继续教育研究	2018.9	思想政治理论教学研究部
*72	SCI	汪义旺	A Multifunctional Isolated and Non-Isolated Dual Mode Converter for Renewable Energy Conversion Application	Energies	2017.11	电子信息工程学院
*73	SCI	朱 臻	Surface Potential Distribution Model Based on Analytical Channel Potential Approximation For Ultra-Thin Body Poly-Si Thin Film Transistors in Linear Region	Surface Review and Letters	2017.12	电子信息工程学院
*74	EI	周 燕	Lying Speech Characteristic Extraction Based on SSAE Deep Learning Model	ICIC 2017	2017.8	电子信息工程学院
*75	EI	尚 丽	Image Recognition Using Local Features Based on NNSC Model	ICIC 2017	2017.8	电子信息工程学院
*76	EI	尚 丽	MMW Image Restoration Using the Combination Method of Modified Fuzzy RBFNN and Sparse Representation	ICIC 2017	2017.8	电子信息工程学院

续表

序号	类别	作者	论文名称	期刊名称	发表时间（刊期）	所在学院（部）、部门
*77	EI	赵　成	半主动浮筏隔振系统的模糊PID控制	船舶力学	2017.10	电子信息工程学院
*78	EI	周正存	The Development on the Ultra-Hard Honing in Honing Oilstones in Preparation and Application	IOP Conference Series: Materials Science and Engineering	2017.12	机电工程学院
*79	CPCI-S	朱彩红	Applications of Electrospun Fibers in Sensors	EMCS 2017	2017.6	电子信息工程学院
*80	CPCI-S	颜友钧	Non-Contact Thin Layer Conductivity Measurement Based on the Conjugate Magnetic Eddy Current Sensor	ICEITI 2017	2017.6	电子信息工程学院
*81	核心期刊	李　娜	红与黑的较量	舞蹈	2017.11	艺术学院
*82	核心期刊	丁　俊	“实境耦合式”高职会计专业人才培养模式探讨	财会通讯	2017.12	商学院
*83	核心期刊	邱文颖	文化铸魂——元明之际苏州乡村园林探析	中国园林	2017.12	教育与人文学院
*84	核心期刊	金　霁	工件有交货期的两人合作排序博弈问题	数学的实践与认识	2017.12	组织人事部
*85	EI	朱彩红	A Novel Composite and Suspended Nanofibrous Scaffold for Skin Tissue	EMCM 2016	2016.6	电子信息工程学院
*86	CPCI-S	朱彩红	Considerations about Teaching Reform of Electric Machinery and Drive	EMCM 2016	2016.6	电子信息工程学院
*87	CPCI-S	朱彩红	Deepening Teaching Reform and Promoting Higher Vocational Education	EMCM 2016	2016.6	电子信息工程学院
*88	CPCI-S	吴　倩	Research on Robot Visual Servo Control Based on Image Identification	International Conference on Modeling, Simulation and Optimization Technologies and Applications	2016.11	外国语学院

注：“*”为补录数据。

科研成果获奖

省部级奖项

2018年苏州市职业大学教职工科研成果获省部级奖项情况一览表

序号	奖项	获奖等级	项目名称	主要完成单位	主要完成人
1	江苏省第十五届哲学社会科学优秀成果奖	二等奖	园冶多维探析（上、下卷）	苏州市职业大学	金学智

市厅级奖项

2018年苏州市职业大学教职工科研成果获市厅级奖项情况一览表

序号	奖项	获奖等级	项目名称	主要完成单位	主要完成人
1	首届江苏省人力资源和社会保障优秀科研成果评选	二等奖	股权众筹支持大学生创业企业融资研究——以“飞飞象”众筹创业项目为例	苏州市职业大学	周　雷
2	2017年度“江苏省社科研究应用精品工程”奖	二等奖	江苏省深化学校体育改革、青少年校园足球改革综述	苏州市职业大学	李　勇
3	2017年度“江苏省社科研究应用精品工程”奖	二等奖	基于“双创”背景的股权众筹支持大学生创业融资研究	苏州市职业大学	周　雷

续表

序号	奖项	获奖等级	项目名称	主要完成单位	主要完成人
4	江苏省教育教学与研究成果奖（教育研究类）	二等奖	高校经济困难大学生就业竞争力培养模式研究	苏州市职业大学	蒋君毅
5	江苏省教育教学与研究成果奖（高校哲学社会科学研究类）	三等奖	继承与革新：早期《申报》所载旧体诗词研究	苏州市职业大学	陈　璇
6	江苏省教育科学研究成果奖（高校自然科学类）	三等奖	丝绸织绣功能技术及保护应用研究	苏州市职业大学	李世超
7	中国智能车未来挑战赛	其他奖	中国智能车未来挑战赛城乡道路测试	苏州市职业大学（排名第三）	李克清 王勤宏 高小惠
8	苏州市科学技术进步奖	二等奖	面向户用光伏电站的即插即用型能源系统关键技术研究	苏州市职业大学	汪义旺
9	苏州市第十四次哲学社会科学优秀成果奖	二等奖	技术素养——中国智造2025背景下的高职人才培养质量思考	苏州市职业大学	吴　倩
10	苏州市第十四次哲学社会科学优秀成果奖	三等奖	晚清来华西方人汉语学习与研究	苏州市职业大学	卞浩宇
11	苏州市第十四次哲学社会科学优秀成果奖	三等奖	论城市公共空间与公共道德的双向建构	苏州市职业大学	张静芳
12	苏州市第十四次哲学社会科学优秀成果奖	三等奖	继承与革新：早期《申报》所载旧体诗词研究	苏州市职业大学	陈　璇
13	苏州市第十四次哲学社会科学优秀成果奖	三等奖	苏州市实施创新驱动战略对经济发展模式影响研究	苏州市职业大学	秦天程
14	2016—2017年度苏州市自然科学优秀学术论文	二等奖	Fast Discrepancy Identification for RFID-enabled IoT Networks	苏州市职业大学	顾才东
15	2016—2017年度苏州市自然科学优秀学术论文	三等奖	丝素胶用于丝绸纹样加固保护的试验	苏州市职业大学	李世超
16	2016—2017年度苏州市自然科学优秀学术论文	三等奖	Some New Classes of 2-Fold Optimal or Perfect Spliting Authentication Codes	苏州市职业大学	梁　淼
17	2016—2017年度苏州市自然科学优秀学术论文	三等奖	A Novel Energy Efficient Topology Control Scheme Based on a Coverage-Preserving and Sleep Scheduling	苏州市职业大学	史斌斌
18	2016—2017年度苏州市自然科学优秀学术论文	三等奖	A Multifunctional Isolated and Non-Isolated Dual Mode Converter for Renewable Energy Conversion Applications	苏州市职业大学	汪义旺
19	2016—2017年度苏州市自然科学优秀学术论文奖	三等奖	Chronic Fatigue Syndrime in Chinese Middle School Students	苏州市职业大学	石阶瑶
20	2016—2017年度苏州市自然科学优秀学术论文奖	三等奖	抽象精化和可满足性结合的EFSM模型测试用例优化生成	苏州市职业大学	陆公正
21	2016—2017年度苏州市自然科学优秀学术论文奖	三等奖	苏作家具传承的发展探讨	苏州市职业大学	胡志栋

发明专利授权

2018年苏州市职业大学教职工获发明专利授权情况一览表

序号	专利号	专利名称	第一发明人	授权公告日	所在学院（部）/部门
1	ZL201510253659.2	一种数据双绞线长度测量装置及使用方法	俞兴明	2018.1.5	电子信息工程学院
2	ZL20151351419.6	一种测量圆弧装置	郭南初	2018.1.30	机电工程学院
3	ZL20151019743.4	一种知识查询方法	崔志明	2018.1.30	计算机工程学院
4	ZL201410424908.5	一种单相三电平逆变器	季翼鹏	2018.2.6	电子信息工程学院
5	ZL201510033530.0	一种风力发电机组偏航控制系统	淮文军	2018.2.6	电子信息工程学院

续表

序号	专利号	专利名称	第一发明人	授权公告日	所在学院(部)/部门
6	ZL201410253195.0	一种双向瞬态电压抑制保护器件	陈伟元	2018.2.6	电子信息工程学院
7	ZL201410344351.4	一种圆锥面直径及圆度检测装置及其检测方法	朱学超	2018.2.6	机电工程学院
8	ZL20151001562.3	一种适用于低频力学谱仪用的调整样品位置的扭转机构	周正存	2018.2.6	机电工程学院
9	ZL201310168161.7	一种应用于自动变速汽车初始加速的安全辅助系统	董　志	2018.2.6	机电工程学院
10	ZL201410554277.9	一种快速固定台	夏祖祥	2018.2.6	机电工程学院
11	ZL201510182132.5	一种巧克力包装袋	薛伟明	2018.2.6	艺术学院
12	ZL201610259933.1	一种平行四边形对中夹紧装置	郭彩芬	2018.2.9	机电工程学院
13	ZL201310206429.1	包含松散结构的汉语多词表达敏感特征的抽取方法	梁颖红	2018.2.9	计算机工程学院
14	ZL201410273982.1	生成测试用例的方法	陆公正	2018.2.9	计算机工程学院
15	ZL201510523145.4	一种电磁铁式吊扇清理装置	张永康	2018.2.27	机电工程学院
16	ZL201510041079.7	一种收集行人踏步能量的冲击式压电发电装置	汪红兵	2018.2.27	机电工程学院
17	ZL201610363423.9	基于语义区域分割的交通拥塞预警方法	杨元峰	2018.3.2	计算机工程学院
18	ZL201510282071.X	一种基于智能手机的校园一卡通系统	牛　丽	2018.3.23	计算机工程学院
19	ZL201610989281.7	基于无源RFID设备的三维手势运动特征识别方法及 无源RFID设备	张　量	2018.3.23	计算机工程学院
20	ZL201610058410.0	一种可折叠式多级升降货运车	李振兴	2018.3.30	机电工程学院
21	ZL201510030067.4	一种自适应的简易升降压电源装置	崔　鸣	2018.4.10	电子信息工程学院
22	ZL2016111186484.4	一种太阳能光伏发电MPPT控制系统及控制方法	汪义旺	2018.4.10	电子信息工程学院
23	ZL201610096735.8	风光互补发电演示实验系统(发明)	汪义旺	2018.4.10	电子信息工程学院
24	ZL201511007575.7	基于环境变化动态调整LED路灯智能照明控制方法	汪义旺	2018.4.10	电子信息工程学院
25	ZL201610495939.9	一种传感器支架	王　锋	2018.4.10	机电工程学院
26	ZL201610496942.2	一种下水道防尘盖	王　锋	2018.4.10	机电工程学院
27	ZL201610259966.6	一种超硬刀具热疲劳裂纹监测系统	郭彩芬	2018.4.10	机电工程学院
28	ZL201510154439.4	一种用于手机散热的充电宝	陈雪芳	2018.4.10	校督学室
29	ZL201410323193.4	一种面向汉语微博的多种潜在属性整体挖掘系统及方法	梁颖红	2018.4.10	计算机工程学院
30	ZL201510166653.1	一种手臂支撑装置	翁世有	2018.4.10	数理部
31	ZL201610065582.0	一种木工锯	薛伟明	2018.4.13	艺术学院
32	ZL201510155632.X	一种多功能手机游戏手柄	殷　凡	2018.5.15	计算机工程学院
33	ZL201510091458.7	一种多功能信号输入隔离电路	张进峰	2018.5.22	电子信息工程学院
34	ZL201510120966.3	一种提高低频信号幅度输出控制精度的方法	张进峰	2018.6.1	电子信息工程学院
35	ZL201610387439.3	一种膨胀螺栓拆卸工具	盖立武	2018.7.17	机电工程学院
36	ZL201510197151.5	一种基于知识库的故障判断系统	鲜学丰	2018.7.24	科技处
37	ZL201610059854.6	一种多功能可伸缩桌椅	李振兴	2018.7.27	机电工程学院
38	ZL201610058810.1	一种脚踏式可折叠升降货运车	李振兴	2018.7.27	机电工程学院
39	ZL201610392959.3	一种可自适应调整车架	董　志	2018.7.27	机电工程学院
40	ZL201410561899.4	基于EFSM模型的路径测试数据生成方法	陆公正	2018.7.27	计算机工程学院
41	ZL201410687728.6	一种讲台终端和具有讲台终端的物联网系统	牛　丽	2018.8.21	计算机工程学院
42	ZL201710177129.3	一种新型生产加工流水线	刘　韬	2018.9.4	电子信息工程学院
43	ZL201710306799.0	一种多功能剪刀	李建蓉	2018.9.14	机电工程学院
44	ZL201611152200.4	一种自动台式敲章机	刘　旭	2018.9.14	机电工程学院
45	ZL201610956348.7	一种剥虾钳	董　志	2018.9.21	机电工程学院
46	ZL201510778319.1	基于RFID运动流形分析的人机交互投影装置及其算法	顾才东	2018.9.21	计算机工程学院
47	ZL201510778630.6	基于线元几何的高精度RFID路径追踪分拣装置及其算法	张　量	2018.9.21	计算机工程学院

续表

序号	专利号	专利名称	第一发明人	授权公告日	所在学院(部)/部门
48	ZL201610670814.5	太阳能光伏储能式电动汽车充电站控制系统和控制方法	汪义旺	2018.9.28	电子信息工程学院
49	ZL201610003672.7	一种带试管高度检测的原子荧光光度计	陈 琪	2018.11.6	机电工程学院
50	ZL201610016013.7	一种对提取的Web表格数据进行集成的方法及装置	鲜学丰	2018.11.13	科技处
*51	ZL201310178981.4	一种汽车用接听电话装置	牛 丽	2017.10.31	计算机工程学院
*52	ZL201610096996.X	太阳能供电的空气质量监测装置及其控制方法	汪义旺	2017.11.3	电子信息工程学院
*53	ZL201610569474.7	太阳能供电的多功能紫外线检测仪	汪义旺	2017.11.3	电子信息工程学院
*54	ZL201610005813.9	基于GIS的有毒有害气体监测系统及控制方法	汪义旺	2017.11.3	电子信息工程学院
*55	ZL201510353670.6	一种车轮支架	郭南初	2017.11.3	机电工程学院
*56	ZL201510282074.3	一种考场智能管理系统	殷 凡	2017.11.7	计算机工程学院
*57	ZL201610058697.7	一种可升降货物载卸装置	李振兴	2017.11.10	机电工程学院
*58	ZL201510701189.1	一种处理真丝刺绣丝线的可扩展棚架	李世超	2017.11.21	教育与人文学院
*59	ZL201510439573.9	一种测定真丝织物喷墨印花工艺渗化率的方法	李世超	2017.11.21	教育与人文学院
*60	ZL201510255498.0	一种SPDIF接口信号的触发装置和触发方法	罗 伟	2017.12.8	电子信息工程学院
*61	ZL201510975493.5	一种可自动爬楼梯和升降的助力小车	顾丽亚	2017.12.8	机电工程学院
*62	ZL201610259933.1	一种自动素鸡制作机	郭彩芬	2017.12.8	机电工程学院
*63	ZL201511020359.6	一种可爬楼梯的电动小车	桑明喆	2017.12.8	机电工程学院
*64	ZL201510449951.1	一种双用折叠椅	董淑文	2017.12.8	机电工程学院
*65	ZL201510153320.5	一种沙发床	翁世有	2017.12.8	数理部
*66	ZL201510351467.5	一种人字形梯子椅	郭南初	2017.12.12	机电工程学院
*67	ZL201510275260.4	一种电路板测试接口的开合装置	牛 丽	2017.12.12	计算机工程学院
*68	ZL201610304188.8	一种新购家具晾晒装置(发明)	周 莉	2017.12.12	计算机工程学院
*69	ZL201610345499.9	一种可自动松系鞋带的鞋子	张 良	2017.12.15	机电工程学院
*70	ZL201510351466.0	一种一字型梯子椅	郭南初	2017.12.15	机电工程学院
*71	ZL201510756000.9	一种尖端螺纹式自动劈柴机	桑明喆	2017.12.15	机电工程学院
*72	ZL201610329387.4	一种安全灶台	陈 婧	2017.12.15	商学院
*73	ZL201610344225.8	一种腰间盘突出矫正垫片	张 良	2017.12.16	机电工程学院
*74	ZL201510523048.5	一种翻折梯子椅	张永康	2017.12.19	机电工程学院
*75	ZL201410787187.4	一种LED显示屏坏点自动检测装置及其检测方法	季翼鹏	2017.12.26	电子信息工程学院
*76	ZL201610176868.6	一种杆式铆击枪	朱 彤	2017.12.26	机电工程学院
*77	ZL201610494187.4	一种可拧紧式鹰嘴剥线钳	王 锋	2017.12.26	机电工程学院
*78	ZL201510755999.5	一种可爬楼梯的助力小车	顾丽亚	2017.12.29	机电工程学院
*79	ZL201510053134.4	一种便捷式牙膏盒	张红兵	2017.12.29	发展与评估办公室
*80	ZL201610246554.9	一种可翻转的平板连接装置	潘 丽	2017.12.26	图书馆

注:"*"为补录数据。

学术交流

2018年苏州市职业大学学术交流情况一览表

序号	主讲人	主题	单位/职务	日期	承办单位	主办单位
1	孙春华	3D打印技术及应用	苏州市职业大学/教授	2018.5.2	图书馆	科技处
2	李春梅	图书馆营销与情报服务	苏州工业园区图书馆/馆长	2018.5.4	图书馆	科技处

续表

序号	主讲人	主题	单位/职务	日期	承办单位	主办单位
3	孙序泉	“挑战杯”竞赛科技发明制作类项目培育	南京第一机床厂/总工程师	2018.5.14	校团委	科技处
4	方笑一	诗人刘禹锡与永贞革新	华东师范大学古籍研究所/教授	2018.5.16	教育与人文学院	科技处
5	杰拉德·李曼	走进澳洲·遇到更好的自己	澳大利亚南澳省阿德莱德市国际酒店管理学院/执行总裁	2018.5.18	教育与人文学院	科技处
6	陆雪梅	历史与现实的交融——解读·平江图·的前世今生	苏州碑刻博物馆/馆长	2018.5.30	思想政治理论教学研究部	科技处
7	方玉群	未成年人成长档案讲座	苏州市档案局/副处长	2018.6.6	校工会、档案馆	科技处
8	董本清	数字时代下的创新创业教育	软件工程杂志社/社长	2018.9.27	计算机工程学院	科技处
9	Adrian M.Ionescu	可穿戴设备及传感器	瑞士洛桑联邦理工学院/院士	2018.10.31	电子信息工程学院	科技处
10	施琴芬	自然科学研究中的若干重要问题探讨	苏州科技大学/教授	2018.11.5	科技处	科技处
11	李程骅	新时代文化建设高质量的江苏方略	群众杂志社副总编	2018.11.7	吴文化传承与创新中心	科技处
12	唐　煜	数学人眼中的大数据	苏州大学/教授	2018.11.7	数理部	科技处
13	王　馨	可逆子矩阵在信息安全中的应用	苏州大学/博士	2018.11.14	数理部	科技处
14	董明辉	科技项目申报与论文写作的几点思考	苏州市农业科学院/副所长	2018.11.14	教育与人文学院	科技处
15	朱自强	绘本阅读与儿童的心智成长	中国海洋大学儿童文学研究所/教授	2018.11.19	教育与人文学院	科技处
16	蔡宜寿	纳米材料技术与应用	台湾逢甲大学/教授	2018.11.27	电子信息工程学院	科技处

第十章　国际交流与合作

外籍教师聘用

2018年苏州市职业大学在聘外籍教师(长期)情况一览表

序号	姓名	性别	国籍	受聘院(部)	聘期	备注
1	贾真由美	女	日本	外国语学院	2018全年	续聘
2	Liu Shunpin	女	加拿大	外国语学院	2018全年	续聘
3	Wu Wei	男	加拿大	艺术学院	2018全年	续聘
4	篠原犉也	男	日本	外国语学院	2018全年	续聘
5	Bogisch Ronja	女	德国	外国语学院	2018全年	续聘

出国(境)考察

2018年苏州市职业大学因公出国(境)情况一览表

序号	姓名	所在院(部)、部门、职务	目的地	外出时间
1	宋雅娟	计算机工程学院	美国	2017.12.29—2018.12.28
2	刘　丹	党委副书记、副校长	西班牙、奥地利	2018.1.10—2018.1.17
3	范　政	艺术学院	西班牙、奥地利	2018.1.10—2018.1.17
4	叶　军	党委办公室	西班牙、奥地利	2018.1.10—2018.1.17
5	王大纲	宣传统战部	西班牙、奥地利	2018.1.10—2018.1.17
6	薛　铭	苏州开放大学管理委员会(干将路校区)	西班牙、奥地利	2018.1.10—2018.1.17
7	胡　明	教务处	西班牙、奥地利	2018.1.10—2018.1.17
8	张　健	副校长	澳大利亚、新西兰	2018.7.1—2018.7.8
9	李　政	学术期刊中心	澳大利亚、新西兰	2018.7.1—2018.7.8
10	董　剑	信息中心	澳大利亚、新西兰	2018.7.1—2018.7.8
11	董敏芳	校督学室	澳大利亚、新西兰	2018.7.1—2018.7.8
12	杨惠兴	保卫处	澳大利亚、新西兰	2018.7.1—2018.7.8
13	镇　浩	外事办公室	澳大利亚、新西兰	2018.7.1—2018.7.8
14	李媛媛	外国语学院	新西兰	2018.8.19—2018.9.1
15	严　佳	外国语学院	新西兰	2018.8.19—2018.9.2
16	裴素华	外国语学院	新西兰	2018.8.19—2018.9.3
17	丁家振	外国语学院	新西兰	2018.8.19—2018.9.4
18	马　亮	外国语学院	新西兰	2018.8.19—2018.9.5
19	金亚芝	外国语学院	新西兰	2018.8.19—2018.9.6
20	田　菲	机电工程学院	澳大利亚	2018.8.19—2018.9.6
21	李振兴	机电工程学院	澳大利亚	2018.8.19—2018.9.6
22	邢艳玲	机电工程学院	澳大利亚	2018.8.19—2018.9.6
23	杨　娟	商学院	澳大利亚	2018.8.19—2018.9.6
24	王晟岚	商学院	澳大利亚	2018.8.19—2018.9.6
25	孙继云	商学院	澳大利亚	2018.8.19—2018.9.6
26	邱文颖	教育与人文学院	澳大利亚	2018.8.19—2018.9.6
27	曹　冉	教育与人文学院	澳大利亚	2018.8.19—2018.9.6

续表

序号	姓名	所在院（部）、部门、职务	目的地	外出时间
28	童李君	教育与人文学院	澳大利亚	2018.8.19—2018.9.6
29	沈雪华	教育与人文学院	澳大利亚	2018.8.19—2018.9.6
30	赵凤娟	外国语学院	澳大利亚	2018.8.19—2018.9.6
31	蔡玥琳	外国语学院	澳大利亚	2018.8.19—2018.9.6
32	杨　芳	艺术学院	澳大利亚	2018.8.19—2018.9.6
33	过　怡	计算机工程学院	澳大利亚	2018.8.19—2018.9.6
34	陆锋明	管理学院	澳大利亚	2018.8.19—2018.9.6
35	邓建平	电子信息工程学院	澳大利亚	2018.8.19—2018.9.6
36	王志刚	数理部	澳大利亚	2018.8.19—2018.9.6
37	谭吟月	体育部	澳大利亚	2018.8.19—2018.9.6
38	黄　丹	思想政治理论教学研究部	澳大利亚	2018.8.19—2018.9.6
39	顾澍嘉	外事办公室	澳大利亚	2018.8.19—2018.9.6
40	王　艳	外事办公室	澳大利亚	2018.8.19—2018.9.6
41	吴　湘	教务处	澳大利亚	2018.8.19—2018.9.6
42	鲜学丰	科技处	西班牙	2018.9.2—2018.9.7
43	卞浩宇	外国语学院	日本	2018.10.19—2018.10.23
44	汤晓军	国际学院	泰国、缅甸	2018.11.8—2018.11.15

到校交流、访问

2018年苏州市职业大学到校交流、访问情况一览表

序号	来访单位	来访人数	事由	日期
1	澳大利亚启思蒙学院	1	中外合作班雅思教学	2018.2.28—2018.6.16
2	澳大利亚启思蒙学院	2	会计专业教学	2018.3.24—2018.4.14
3	澳大利亚坎根学院	1	学前专业教学	2018.4.8—2018.5.5
4	澳大利亚启思蒙学院	1	机电专业教学	2018.4.28—2018.5.26
5	ICHM国际酒店管理学院	1	交流访问	2018.5.18—2018.5.18
6	澳大利亚启思蒙学院	1	TAE四级证书培训	2018.5.28—2018.6.17
7	澳大利亚启思蒙学院、维多亚省政府、澳大利亚上海领事馆	5	《悉尼协议》范式下中澳合作工程专业建设论坛	2018.6.4—2018.6.5
8	马尔代夫马累市青年代表团	15	交流访问	2018.8.25—2018.8.25
9	澳大利亚启思蒙学院	1	会计专业教学	2018.8.31—2018.9.21
10	澳大利亚启思蒙学院	1	会计专业教学	2018.8.31—2018.9.23
11	刚果（布）黑角市政府	6	交流访问	2018.9.13—2018.9.13
12	澳大利亚坎根学院	11	学习交流	2018.9.20—2018.9.29
13	南非共和国高教部	2	交流访问	2018.9.25—2018.9.25
14	澳大利亚坎根学院	1	学前专业教学	2018.10.6—2018.11.2
15	澳大利亚启思蒙学院	1	TAE四级证书培训	2018.10.7—2018.11.4
16	澳大利亚维多利亚州立大学	14	学习交流	2018.10.8—2018.10.31
17	阿利坎特市政府代表团	6	交流访问	2018.10.25—2018.10.25
18	瑞士洛桑联邦理工学院	1	学术报告	2018.10.30—2018.10.31
19	澳大利亚坎根学院	1	学前专业教学	2018.11.18—2018.12.15
20	澳大利亚启思蒙学院、维多亚省政府	5	《悉尼协议》认证培训开班	2018.11.22—2018.11.22

续表

序号	来访单位	来访人数	事由	日期
21	澳大利亚启思蒙学院	1	《悉尼协议》认证培训	2018.11.22—2018.11.23
22	澳大利亚启思蒙学院	1	会计专业教学	2018.12.2—2018.12.8
23	澳大利亚启思蒙学院	1	会计专业教学	2018.12.2—2018.12.21
24	博世全球	2	校企合作	2018.12.4—2018.12.4
25	英国里士满友城协会	1	交流访问	2018.12.21—2018.12.21

中外合作办学

2018年苏州市职业大学中外合作办学情况一览表

序号	国家（地区）	合作学校	协议内容	协议期限
1	澳大利亚	启思蒙职业技术学院	合作举办会计专业高等专科项目	2012.2—2023.12
2	澳大利亚	启思蒙职业技术学院	合作举办应用电子技术专业高等专科项目	2014.3—2020.12
3	澳大利亚	坎根学院	合作举办学前教育专业高等专科项目	2016.2—2023.12
4	澳大利亚	启思蒙职业技术学院	合作举办机电一体化专业高等专科项目	2017.4—2025.12

外国留学生

2018年苏州市职业大学外国留学生情况统计表

单位：人

类别	澳大利亚	巴基斯坦	白俄罗斯	布隆迪	俄罗斯	哈萨克斯坦	老挝	加纳	蒙古	南非	土库曼斯坦	越南	小计	合计
长期生	—	62	1	1	1	8	3	6	27	40	1	1	151	176
短期交换生	25	—	—	—	—	—	—	—	—	—	—	—	25	

SUZHOU VOCATIONAL UNIVERSITY

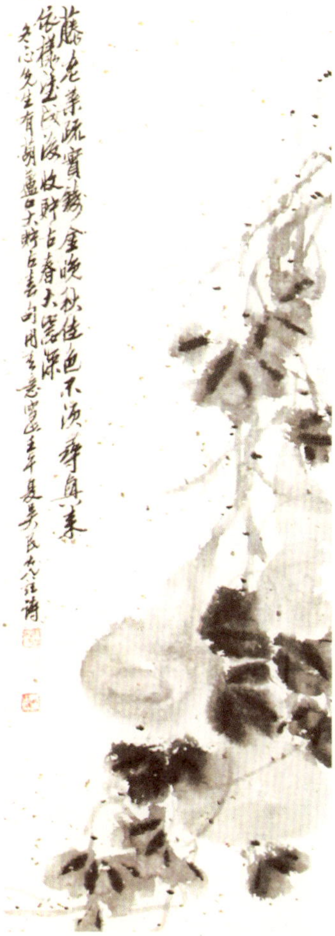

第十一章 校园文体活动

校园文化宣传

宣传统战部积极开展校园文化宣传工作，加强思想引领，深化理想信念教育，加强环境宣传，推进阵地建设，管理用好新媒体，积极传播正能量，树标兵立楷模，加强师德建设，打造丰富多彩的校园文化活动。

加强精神文明建设和校园文化氛围建设。在获评江苏省2013—2015年度文明校园的基础上，认真对照苏州市文明校园创建标准（高校），积极准备各项申报材料，成功获评2015—2017年度苏州市文明校园。同时完成全国高校文明校园的申报工作。通过精心设计，在学校重点位置布置相关内容，营造校园宣传环境，体现社会主义核心价值导向。利用传统纪念日，如学雷锋日、五四运动、全国法制宣传日、校园廉洁文化周、禁毒宣传等重大活动日，营造良好的校园文化环境。配合总务处，对人文长廊、思政宣传长廊、健身步道开展整体设计制作，注重以文化人、以文育人。开展社会主义核心价值观“一月一主题一项目”活动，选树宣传一批践行社会主义核心价值观先进典型。制作完成彰显学校特色、展示发展成果、塑造社会形象的《筑梦新时代　开启新征程》宣传片。

开展以庆祝改革开放40周年为主题的主旋律教育系列活动。制定学校庆祝改革开放40周年整体活动方案。举行“中国梦·我心中的梦”——庆祝改革开放40周年歌咏会，由各学院党政领导挂帅，近700名学生参加演唱，展示了学校师生热爱社会主义祖国的情怀和积极向上、朝气蓬勃的精神风貌。组织全校学生参与“庆祝党的十九大·我看家乡40年变化”有奖微征文活动，收到征文千余篇，2018年全年在微信公众号陆续展示26篇文章。开展师生“纪念改革开放40周年”征文活动，共收到征文63篇。增强师生在实现中华民族伟大复兴进程中的责任感和使命感。

完善思政新媒体平台建设。不断丰富平台推送内容，不断增强平台用户黏度，持续彰显学校育人特色，提升学校品牌形象。2018年，“遇见｜苏职大”微信公众平台发布图文137篇，其中原创图文112篇，转载25篇，累计阅读人数达42878人次，分享次数达1201次，点赞数达2681次，总用户数突破20000人。

积极开展校园普法教育工作。整合校普法大队与商学院法律协会，指导相关活动的开展，在“校园之声”广播台、“遇见｜苏职大”微信公众号等平台开设大学生普法用法学习专栏；在12月4日“国家宪法宣传日暨全国法制宣传日”前后开展横幅签名、演讲比赛、观影等系列活动。

形成具有特色的校园文化。围绕学校中心工作，加强学校、学院、单位部门的特色文化建设，努力建设融合吴文化、职业文化、产业文化、企业文化和校园文化教育为一体的质量文化育人体系。

校园阅读节

石湖岸边识东吴 越来溪畔阅姑苏

校园阅读节作为校园文化建设体系中的重要组成部分，承担着地方文化传承与发扬的重要任务。2018年，图书馆充分利用学校地处吴文化发源地的优势，将吴文化作为各类活动设计的主线，以阅读为切入点，深挖苏州地域文化，着力构建全方位多维度的立体深度阅读模式，形成四个特色鲜明、内容丰富、形式新颖的阅读系列活动，取得了良好的活动成效。

一、“穿越回姑苏”行走阅读系列

以“非遗”项目作为切入点，开展了文化之旅、主题沙龙、专题展示、专题书展等多种方式的活动。2018年度，带领读者分别走进苏州碑刻博物馆、校吴文化园、苏州丝绸博物馆与苏州状元博物馆，亲身感受吴地文化魅力；邀请苏州市职业大学艺术学院前院长李涵教授、非物质文化遗产传承人宋水官先生的嫡传弟子杨晓明先生、苏州市职业大学丝绸应用技术研究所所长李世超教授、苏州市职业大学教育与人文学院蔡斌老师分别做了“李涵教授风俗画作品展暨苏州民俗文化沙龙”“一把刻刀，雕出诗意人生”“非遗中的苏州丝绸”“鼎甲天下　文章魁首——科举时代状元文化与苏州”四场文化沙龙；以“苏州四季”为大主题，设计了名为“吴地之春”“吴地之夏”“吴地之秋”“吴地之冬”的四期系列文化展览，将苏州四季的独特魅力展示给读者，与此同时，李涵教授风俗画作品展（3月）、梅花三弄——梅花作品展（4月）、顾逸书画作品展（5月）、“纪念改革开放40周年翰墨绘发展”书画大赛获奖作品展（6月）等展览也陆续在图书馆中厅展览区进行了展示；配合专题展示的内容完成手工书展、“吴地之春”推荐书目展、“雕刻艺术”推荐书目展、“吴地之夏”推荐书目展、“吴地之秋”推荐书目展共5场书展。

二、“玩转越来溪”特色阅读系列

以趣味比赛、竞技游戏为载体，融入苏州传统文化内容，在寓教于乐中激发读者的阅读热情和深入了解地方文化的兴趣。2018年度，图书馆举办了第二届“手绘图书馆——‘悦’读最美丽”手绘比赛，来自国际教育园南区各校的22名学生报名参加了此次比赛，用他们手中的画笔将读书的美好描绘在一张张画纸上，此次比赛所有获奖作品原件均已被图书馆珍藏，图书馆将这些作品翻拍并精心制作上墙，展示在图书馆二楼公共区域内。组织读者参加首届江苏省高校“云舟杯”共读一本书比赛，在图书馆张慧婷老师的积极组织与引导下，参赛的近300名读者建立了苏职大共读分享群，大家在群里分享阅读感悟，坚持阅读打卡，顺利完成了为期50多天的比赛，并取得了良好的成绩。11月9日，由学校承办的江苏省高职院校第一届（2018）大学生文献信息检索技能大赛决赛在图书馆电子阅览室举办。为确保此次比赛的顺利进行，图书馆全体馆员群策群力，读书吧社团成员大力协助，制定了完善的接待方案，为到校参赛的全省师生代表提供了优质的服务，赢得了参赛师生一致好评。在图书馆宿瑞芳老师、张学梅老师的精心指导下，学校4位进入决赛的学生不负众望，取得了一等奖1项，二等奖2项，三等奖1项的好成绩。11月14日，举办了第二届超星杯“Readers来挑战”馆藏资源利用大赛。本次比赛旨在提高读者的信息检索水平，促使其熟悉图书馆资源的使用方法，熟悉图书馆个库室的分布，激发同学们对图书馆的兴趣和热爱，充分发挥好图书馆的教学辅助功能。全校9个院（部）40名学生组成了20组，参与了此次富有趣味性的比拼。

三、“悦读在石湖”经典阅读系列

与专业教师深度合作，在图书馆内建立起经典阅读推广品牌基地——融融堂，在教育与人文学院顾梅老师的引导下，读者围绕《论语》《学记》《新亚学规》以及钱穆先生的《中国文化精神》等经典著作展开了研习与阅读分享，截至2018年，已开展了35场阅读分享活动；围绕中国传统文化与苏州地方文化主题共推出32期馨阅书虫联盟月光书房节目；在今年发行的2期图书馆馆刊《阅溪》中，围绕吴文化主题，在原创书评、读书心得、阅读感悟来稿中精选出9篇文章形成专栏发表；开设数据库检索技巧系列讲座及新生入馆教育培训，举办“午间‘识’堂”暨第四届“你选书我买单”活动和“E资源超市”电子资源宣传与展示活动。

四、"科技与创新"创客阅读系列

图书馆与机电工程学院、太湖众创·大学生众创空间联合组织"苏州市职业大学首届3D打印大赛"，将师生对苏州古城的印象通过3D打印的方式展现出来。此次活动旨在推动学校3D打印技术的普及，进一步培养学生创新意识，提升学生创新热情和实践能力，积极发挥图书馆创新意识培养作用。通过制作古色古香的小钱包、组配电子小零件、制作活泼可爱的亲子小玩具、体验医疗设备、DIY小盆栽等项目，让读者在制作的过程中，体验匠心精神、提高动手和动脑能力。

通过创新形式、有序组织、积极宣传，图书馆阅读节中各类阅读活动吸引了苏州市职业大学及周边院校40000余人次读者的积极参与，取得了良好成效，在苏州国际教育园内营造出浓厚的书香氛围，彰显了大学校园阅读活动的独特风采。吴地文化的融入对学校苏州地方院校特色校园文化的建设起到了良好的推动作用。

苏州市职业大学第十三届阅读节活动情况一览表

活动安排	活动内容	参与对象	举办时间	举办地点
一、"穿越回姑苏"行走阅读系列				
文化之旅系列活动	组织学生走出学校，走进博物馆，通过"行走阅读"的方式，与吴地文化零距离亲密接触。吴地文化对同学们潜移默化式的浸润，加深吴文化的持久影响力	苏州市职业大学全体师生	4月12日至12月6日	苏州各博物馆
文化沙龙系列活动	邀请业界专家为师生开展文化交流与普及类文化沙龙，与留学生开展现场互动，推动中外文化碰撞	苏州市职业大学全体师生	3月14日至12月20日	苏州市职业大学图书馆（苏州国际教育园图文信息中心）
文化专题展示系列活动	利用图书馆一楼展示区，定期开展文化主题展览，全年共举办13场风格各异的校园文化主题展览活动	共享院校全体师生	1月1日至12月31日	
文化专题书展系列活动	根据文化沙龙活动的主题内容，将图书馆内对应馆藏图书进行集中展示与推广	共享院校全体师生	3月1日至12月31日	
《苏州史纪》展播	利用图书馆210影视厅每周播放《苏州史纪》	共享院校全体师生	3月16日至6月16日	
亲子活动	联合工会举办两场亲子活动，面向教职工子女开展吴地文化传承教育与科技创新意识培育	苏州市职业大学教职工子女	6月29日至7月3日	
二、"玩转越来溪"特色阅读系列				
手绘图书馆之"悦读最美丽"手绘大赛	通过手绘形式，将阅读与绘画结合起来，让读者将眼中的图书馆形象描绘出来。比赛优秀作品将由图书馆收藏，并颁发收藏证书	共享院校全体师生	3月至6月	苏州市职业大学图书馆（苏州国际教育园图文信息中心）
首届江苏省高校"云舟杯"共读一本书比赛	利用学习通软件终端，连续20天进行每天的电子书阅读，并坚持将每天阅读的感受记录下来。	苏州市职业大学全体师生	4月至5月	
首届江苏省高职院校大学生信息检索大赛决赛	按照江苏省高校图书馆工作委员会要求，全省42所学校159位同学参加首届江苏省高职院校大学生信息检索技能大赛	全省42所高职院校参赛师生代表	11月9日	
第二届"Readers来挑战"图书馆馆藏利用大赛	根据图书馆地形图，结合图书馆馆藏资源，打造读者通关比赛，包括书籍查询、资源检索、场所识别等游戏环节	共享院校全体师生	11月14日	
三、"悦读在石湖"经典阅读系列				
馨阅书虫联盟的月光书房	馨阅书虫联盟与校园之声广播台合作推出"馨阅书虫联盟的月光书房"系列广播节目，所有音频与文字内容上传至图书馆主页——阅读在职大——月光书房栏目	共享院校全体师生	每周二下午17:00	苏州市职业大学图书馆（苏州国际教育园图文信息中心）
馆刊《阅溪》	馆刊《阅溪》挑选大家名作、经典诗词、原创好文等，收录于《疏香坊》《惠和驿》《奎文轩》等栏目	共享院校全体师生	1月1日至12月31日	
"融融堂"经典阅读与传统文化推广系列活动	"融融堂"由图书馆和教育与人文学院顾梅老师共同创建，通过每周进行阅读分享推动经典读物的深入阅读	共享院校全体师生	1月1日至12月31日	
午间"识"堂	将图书馆的馆藏搬运到校南北区食堂门口，为读者办理图书借还手续，同时开展数字资源推广、读者问卷调查等一列活动	共享院校全体师生	5月9日至5月31日	学校南区、北区食堂及教工食堂门口

续表

活动安排	活动内容	参与对象	举办时间	举办地点
四、“科技与创新”创客阅读系列				
苏州市职业大学首届3D打印大赛	图书馆与机电工程学院共同主办，以大赛为推手，辅以各类3D技术主题讲座，激发学生了解、学习3D技术的兴趣与热情	苏州市职业大学全体师生	5月至12月	苏州市职业大学图书馆（苏州国际教育园图文信息中心）悦·空间
创客Show系列活动	造物运动之“自动避障车”初级智能小车体验、“手工皮具”创意手工制作、“闪电云”及“编程机器人”创意编程体验活动	共享院校全体师生	5月16日至11月23日	

注：1.主办单位：苏州市职业大学；承办单位：苏州市职业大学图书馆、宣传统战部、校团委、太湖众创；协办单位：苏州工业职业技术学院、苏州旅游与财经高等职业技术学校、苏州建设交通高等职业技术学校。

2.共享院校：苏州市职业大学、苏州工业职业技术学院、苏州旅游与财经高等职业技术学校、苏州建设交通高等职业技术学校全体师生。

校园文艺活动

2018年，校团委整合校院资源，以举办大学生科技文化艺术节为抓手，积极搭建大学生素质拓展平台，不断深化文化艺术活动内涵，着力提升大学生文化艺术素养，取得了良好的成效，营造了良好的校园文化育人氛围。

举行纪念改革开放40周年文艺汇演，歌颂伟大祖国的建设成就。为纪念改革开放40周年，激发学校师生奋斗新时代的激情，5月23日，学校在图书馆剧场举行“砥砺奋进新时代，聚力改革铸辉煌”纪念改革开放40周年主题文艺汇演。文艺汇演分“追梦前行”“砥砺奋进”“成就辉煌”3个篇章，整场演出弘扬主旋律、充满正能量。师生们以饱满的热情、昂扬的歌声、优美的舞姿、深情的朗诵、精湛的表演，抒发对党和祖国的热爱，讴歌祖国发展和改革开放40年取得的伟大成就，激励全校师生不忘初心，砥砺奋进，努力建功新时代。

举办大学生科技文化艺术节，推动青年学生的素质教育。为搭建大学生素质拓展多维平台，校团委整合校院资源，举办了首届大学生科技文化艺术节。5月9日晚，在校图书馆剧场举行首届大学生科技文化艺术节开幕式。本届大学生科技文化艺术节以“敢于担当创一流　青春逐梦展风采”为主题，分为思想引领、专业文化、创新创业、志愿实践、青春活力5个篇章，共推出70项主题活动。科技文化艺术节的开展进一步推进了校园文化建设，提升了校园文化活动内涵，营造浓郁的文化育人氛围，成就青年学生发展。

组织社团巡礼，发挥第二课堂的载体作用。切实加强对学校各级各类社团的指导管理，统筹组织开展“春之声”社团巡礼、“百团大战”等品牌社团活动。社团巡礼期间，80个学生社团按计划开展特色社团活动，活动的开展为丰富同学们大学生活、提升综合素质搭建了广阔平台，在推动社团文化和校园文化建设，加强“第二课堂”建设方面发挥了积极作用。

开展多彩校园文化活动，营造积极向上的校园文化氛围。组织“唱响新时代　筑梦新征程”2018年校园十佳歌手大赛、第二届校园主持人大赛、“相聚职大　炫动青春”2018年新生才艺大赛等品牌校园文化活动，为学校广大同学搭建了施展才华、展示风采、学习交流的平台，展现了同学们朝气蓬勃的精神风貌，丰富了校园文化生活，营造了积极向上的校园氛围。

苏州市职业大学2018年度文艺活动情况一览表

活动名称	活动内容	参与对象	举办时间	举办地点
校园十佳歌手总决赛	“唱响新时代　筑梦新征程”2018年校园十佳歌手大赛	全校师生代表600人	4月19日 18:00	图书馆剧场
社团巡礼	第一届大学生科技文化艺术节开幕式暨“春之声”社团巡礼	副校长熊贵营，学生工作处处长王琼，校团委副书记张成、张明雷，各学院党总支副书记，辅导员和学生代表近600余名师生	5月9日 18:00	图书馆剧场
主持人大赛	第二届校园主持人大赛	全校师生代表600人	5月17日 18:00	图书馆剧场
纪念改革开放40周年文艺汇演	纪念改革开放40周年文艺汇演	校党委书记钮雪林，校长曹毓民，校党委副书记、副校长刘丹，副校长熊贵营，各部门负责人、各学院（部）党总支副书记及师生代表	5月23日 18:00	图书馆剧场
新生才艺大赛	2018年新生才艺大赛	全校师生代表600人	11月23日 18:00	图书馆剧场

校园体育竞赛

苏州市职业大学2018年田径运动会

组织机构

竞赛委员会

主　任：曹毓民

副主任：刘丹、熊贵营、陶亦亦、张健

委　员：校长办公室、宣传统战部、学生工作处、教务处、财务处、校团委、科技处、保卫处、总务处（后勤）主要负责人，各学院（部）党总支主要负责人，体育部主要负责人

大会办事机构秘书处

秘书长：王俪燕

副秘书长：张军

成　员：相关职能部门负责人、各学院（部）副书记、叶捍军

竞赛组

组　长：王俪燕

副组长：叶捍军

成　员：体育部全体教职员工、体育教育专业学生、辅导员代表

宣传组

组　长：韩承敏

副组长：张成

成　员：宣传统战部、校团委相关人员

安全保卫组

组　长：俞建伟

副组长：杨惠兴

成　员：保卫处相关人员

总务（后勤）医护组

组　长：黄炜

副组长：胡洪新

成　员：总务处、医务室及后勤服务公司相关人员

仲裁委员会

主　任：陶亦亦

副主任：王俪燕

委　员：相关职能部门负责人、各学院（部）副书记、叶捍军

裁判员名单

总指挥：王俪燕

总裁判长：叶捍军

副总裁判长：金彤、周建明

径赛主裁判：周建明

检录组主裁判：钟建春

检录组裁判员：岳群英、梁辉、施康、许亚宁、黄佳杨、李宪波

发令员：罗晨、吴英建、刘瑞、罗继洲、林苏钰

计时主裁判：周建明

计时裁判员：候笑、吕素文、任珂瑶、徐舟涟、张辰婕、吴育青、谢雯静、庄雨云、郭瞳瞳、胡立诚、李善文、刘康、王小康、肖旭辉、徐肖鹏、朱守振、苏国平、戴苏、李佳慧

终点主裁判：姚巧泉

终点裁判员：李刘虎、张颖、刘文浩、周陶发、周帏嗣、谢志杰、张守印、王展

终点记录员：邵文燕、马佳佳、周静静

田赛主裁判：金彤

跳高主裁判：吴晅晔

跳高裁判员：徐建国、史朝杰、汤鼎杰、仝鑫、刘子佩、梁林

跳远主裁判：许晓部

跳远裁判员：周正、李良桃、王家功、王琪民、徐晓东、周才华、王瑞国、庄严

掷部主裁判：王玉国

掷部裁判员：邢伟、徐扬、许帅、晏昆鹏、杨顺、杨钰健、余发良、翟军

竞赛秘书组主裁判：叶捍军

竞赛秘书组裁判员：黄晨曦、何畅、孟祥波、谭吟月、顾莉亚、王勤宏、曾佳佳、于漫漫

颁奖组：仲慧慧、曹湘、顾莉

场地器材（音响）：张远、顾莉、李继鑫、张东方、张虎成、周发、周磊、张艺帆、张志强

比赛成绩

田径记录

苏州市职业大学田径记录（至2018年）

项目	成绩	创造者	单位	时间
男子				
100米	11"4	钱佳琪	商学院（原经贸系）	2010.4
200米	23"6	陆相旭	商学院	2013.4
400米	54"6	徐刘阳	电子信息工程学院	2014.4
800米	2'08"4	韦井龙	电子信息工程学院（原电子信息工程系）	2011.4
1500米	4'40"6	韦井龙	电子信息工程学院（原电子信息工程系）	2007.4
5000米	17'50"4	孙承翔	电子信息工程学院	2013.4
110米栏	16"9	徐　斌	机电工程学院（原机电工程系）	2007.4
4×100米接力	47"1	—	苏州开放大学管理委员会（干将路校区）	2007.4
4×400米接力	3'50"5	—	机电工程学院（原机电工程系）	2011.4
跳高	1.81米	张　朋	外国语学院	2014.4
跳远	6.13米	顾　嘉	苏州开放大学管埋委员会（干将路校区）	2009.4
三级跳远	12.85米	殷福盛	机电工程学院（原机电工程系）	2007.4
铅球（7.26KG）	12.05米	刘　桐	计算机工程学院（原计算机工程系）	2010.4
铁饼（2KG）	28.29米	王　颖	机电工程学院（原机电工程系）	2010.4
标枪（800K）	45.10米	刘　桐	计算机工程学院（原计算机工程系）	2009.4
女子				
100米	13"9	邵羽玲	苏州开放大学管理委员会（干将路校区）	2009.4
200米	29"8	邵羽玲	苏州开放大学管理委员会（干将路校区）	2009.4
400米	1'08"8	刘丽静	电子信息工程学院（原电子信息工程系）	2012.4
800米	2'52"7	朱丽君	电子信息工程学院（原电子信息工程系）	2007.4
1500米	6'04	宋　寒	管理学院（原管理工程系）	2008.4

续表

项目	成绩	创造者	单位	时间
3000米	13'32"9	汤春梅	机电工程学院（原机电工程系）	2012.4
100米栏	21"2	陆　娟	机电工程学院（原机电工程系）	2007.4
4×100米接力	57"4	—	苏州开放大学管理委员会（干将路校区）	2007.4
4×400米接力	4'57"	—	苏州开放大学管理委员会（干将路校区）	2007.4
跳高	1.34米	沈应明	艺术学院（原艺术与设计系）	2007.4
跳远	4.55米	王　帆	教育与人文学院（原教育与人文科学系）	2009.4
铅球（4KG）	8.50米	王晓丹	管理学院（原管理系）	2007.4
铁饼（1KG）	22.56米	杨兆倩	教育与人文学院	2013.4
标枪（600K）	28.28米	马露洁	教育与人文学院（原教育与人文科学系）	2009.4

决赛成绩表

2018年苏州市职业大学田径运动会决赛成绩表

男子100米	名次	一	二	三	四	五	六	七	八
	姓名	曹　胜	苏乾坤	施开元	马卓涵	金佳乐	哥林汉	林志阳	托　夫
	单位	机电工程学院	电子信息工程学院	机电工程学院	机电工程学院	艺术学院	国际学院	电子信息工程学院	国际学院
	成绩	12'00"	12'00"	12'10"	12'10"	12'60"	12'60"	12'90"	12'93"
女子100米	名次	一	二	三	四	五	六	七	八
	姓名	陈嘉玲	王广谨	程诗琪	杨可馨	殷丁琪	陈　思	王凯旋	张婷婷
	单位	教育与人文学院	艺术学院	商学院	外国语学院	艺术学院	管理学院	商学院	机电工程学院
	成绩	15'30"	15'40"	15'40"	16'00"	16'00"	16'20"	16'40"	16'50"
男子200米	名次	一	二	三	四	五	六	七	八
	姓名	曹　胜	马卓涵	苏乾坤	刘京华	曾成龙	朱雪宇	吴　磊	施　豪
	单位	机电工程学院	机电工程学院	电子信息工程学院	电子信息工程学院	机电工程学院	计算机工程学院	商学院	教育与人文学院
	成绩	24'50"	24'80"	24'80"	24'90"	25'80"	26'10"	26'30"	28'30"
女子200米	名次	一	二	三	四	五	六	七	八
	姓名	杨晨瑜	童洛萌	谢澳梅	马　燕	袁　丽	周美玲	张业婷	金盈彦
	单位	电子信息工程学院	计算机工程学院	管理学院	外国语学院	机电工程学院	教育与人文学院	商学院	电子信息工程学院
	成绩	32'40"	32'90"	33'30"	33'90"	34'80"	34'80"	34'90"	35'40"
男子400米	名次	一	二	三	四	五	六	七	八
	姓名	曾成龙	朱青松	石晓龙	杨应斌	孟令康	韩　加	施　豪	孙俣哲
	单位	机电工程学院	电子信息工程学院	机电工程学院	电子信息工程学院	计算机工程学院	教育与人文学院	教育与人文学院	计算机工程学院
	成绩	59"04	1'00"02	1'01"01	1'01"02	1'02"00	1'03"02	1'04"05	1'04"08
女子400米	名次	一	二	三	四	五	六	七	八
	姓名	许　豆	纪雨晴	杨晨瑜	李鑫月	王　梦	陈澳雪	顾雅琳	林碧爱
	单位	艺术学院	计算机工程学院	电子信息工程学院	教育与人文学院	机电工程学院	外国语学院	艺术学院	电子信息工程学院
	成绩	1'20"07	1'22"07	1'23"02	1'24"09	1'25"06	1'25"09	1'27"00	1'27"03
男子800米	名次	一	二	三	四	五	六	七	八
	姓名	杨应斌	白月飞	张　坤	管　锐	颜　浩	韩仲洋	徐有志	杨秀强

续表

男子800米	单位	电子信息工程学院	管理学院	机电工程学院	机电工程学院	电子信息工程学院	电子信息工程学院	教育与人文学院	计算机工程学院
	成绩	2'24"09	2'28"02	02'28"05	2'29"05	2'30"04	2'34"08	2'39"03	2'40"07
女子800米	名次	一	二	三	四	五	六	七	八
	姓名	张凌敏	王晶晶	周　晨	杨文玉	张家翠	宋朱倩	严晓怡	朱利颖
	单位	教育与人文学院	电子信息工程学院	商学院	管理学院	电子信息工程学院	电子信息工程学院	管理学院	管理学院
	成绩	3'08"05	3'11"08	3'12"04	3'14"04	3'15"03	3'18"07	3'19"02	3'19"06
男子1500米	名次	一	二	三	四	五	六	七	八
	姓名	张　坤	王俊杰	周海洋	杜长飞	耿子健	赵从喆	邓亚东	管　锐
	单位	机电工程学院	商学院	电子信息工程学院	电子信息丁程学院	管理学院	商学院	教育与人文学院	机电工程学院
	成绩	5'04"09	5'07"01	5'08"00	5'08"04	5'08"06	5'12"01	5'16"02	5'20"07
女子1500米	名次	一	二	三	四	五	六	七	八
	姓名	毛成敏	高秀芹	李玉静	黄肖敏	罗福芬	耿　娇	田心雨	胡振海
	单位	机电工程学院	商学院	教育与人文学院	电子信息工程学院	教育与人文学院	计算机工程学院	外国语学院	电子信息工程学院
	成绩	6'20"02	6'29"06	6'37"00	6'38"02	6'45"00	6'54"05	6'56"07	6'59"02
男子5000米	名次	一	二	三	四	五	六	七	八
	姓名	黄　浩	王亚超	蔡中耀	文　江	樊宇翔	王　皓	顾　鹏	胡　飞
	单位	电子信息工程学院	机电工程学院	计算机工程学院	电子信息工程学院	外国语学院	计算机工程学院	机电工程学院	管理学院
	成绩	18'53"53	20'21"03	20'43"27	20'43"27	21'17"28	21'42"54	21'44"03	22'25"03
女子3000米	名次	一	二	三	四	五	六	七	八
	姓名	毛成敏	朱雪纯	高秀芹	王梦凡	彭晶晶	黄肖敏	胡振海	陈　英
	单位	机电工程学院	管理学院	商学院	艺术学院	商学院	电子信息工程学院	电子信息工程学院	教育与人文学院
	成绩	14'09"02	14'12"09	14'15"01	14'47"09	14'58"04	14'59"03	15'34"02	15'57"00
男子4×100米接力	名次	一	二	三	四	五	六	七	八
	单位	机电工程学院	电子信息工程学院	教育与人文学院	管理学院	计算机工程学院	国际学院	商学院	艺术学院
	成绩	47"02	51"02	51"05	51"07	52"01	52"04	54"01	55"03
女子4×100米接力	名次	一	二	三	四	五	六	七	八
	单位	商学院	电子信息工程学院	管理学院	机电工程学院	教育与人文学院	计算机工程学院	艺术学院	国际学院
	成绩	1'02"03	1'04"00	1'04"05	1'04"07	1'05"02	1'06"08	1'07"02	1'13"04
男子4×400米接力	名次	一	二	三	四	五	六	七	八
	单位	机电工程学院	电子信息工程学院	教育与人文学院	商学院	艺术学院	国际学院	管理学院	计算机工程学院
	成绩	4'01"05	4'02"07	4'14"05	4'26"08	4'32"08	4'35"07	4'37"04	4'47"08
女子4×400米接力	名次	一	二	三	四	五	六	七	八
	单位	教育与人文学院	电子信息工程学院	管理学院	机电工程学院	外国语学院	商学院	艺术学院	—
	成绩	5'28"09	5'39"02	5'57"06	5'57"07	6'07"09	6'10"00	6'13"01	—
男子铅球	名次	一	二	三	四	五	六	七	八
	姓名	陈秋阳	夏　磊	陈皇昊	崔敖海	代高然	黄　金	胡　佰	张泽众

续表

男子铅球	单位	电子信息工程学院	教育与人文学院	电子信息工程学院	计算机工程学院	电子信息工程学院	机电工程学院	国际学院	商学院
	成绩	9.42米	9.25米	8.74米	8.73米	8.66米	8.56米	8.48米	7.94米
女子铅球	名次	一	二	三	四	五	六	七	八
	姓名	朱慧瑶	顾佳宁	缪雪蕾	朱　禹	闫冰珂	陈　婷	陈梅玲	尹刘素
	单位	教育与人文学院	机电工程学院	机电工程学院	商学院	外国语学院	艺术学院	计算机工程学院	外国语学院
	成绩	8.10米	7.80米	7.57米	7.43米	6.86米	6.67米	6.52米	6.44米
男子实心球	名次	一	二	三	四	五	六	七	八
	姓名	扈臣杰	耿　智	徐　腾	林志阳	宋鑫键	魏赛男	朱　伟	庄迎春
	单位	电子信息工程学院	机电工程学院	电子信息工程学院	电子信息工程学院	计算机工程学院	计算机工程学院	机电工程学院	机电工程学院
	成绩	17.43米	17.30米	16.32米	16.28米	14.74米	14.58米	14.47米	14.37米
女子实心球	名次	一	二	三	四	五	六	七	八
	姓名	黄贵琪	刘佳敬	王文静	陈梦婷	沈子涵	王至灵	林子郁	王梦婷
	单位	机电工程学院	教育与人文学院	商学院	机电工程学院	管理学院	艺术学院	管理学院	电子信息工程学院
	成绩	10.67米	10.64米	9.88米	9.74米	9.17米	8.51米	8.36米	8.19米
男子跳高	名次	一	二	三	四	五	六	七	八
	姓名	曹　鑫	张广乾	李　坤	吴　逸	刘龙飞	董　涵	吕博纹	刘京华
	单位	管理学院	电子信息工程学院	机电工程学院	电子信息工程学院	商学院	计算机工程学院	机电工程学院	电子信息工程学院
	成绩	1.75米	1.55米	1.52米	1.52米	1.40米	1.40米	1.40米	1.40米
女子跳高	名次	一	二	三	四	五	六	七	八
	姓名	张月影	龚　芹	王艺豫	代　炎	陈梦洁	孙　浩	张　青	崔庆昕
	单位	教育与人文学院	教育与人文学院	艺术学院	商学院	电子信息工程学院	管理学院	管理学院	商学院
	成绩	1.22米	1.19米	1.10米	1.10米	1.10米	1.05米	1.05米	1.05米
男子跳远	名次	一	二	三	四	五	六	七	八
	姓名	程　冬	施开元	朱青松	金佳乐	李　坤	于　杰	张海军	向　宇
	单位	机电工程学院	机电工程学院	电子信息工程学院	艺术学院	机电工程学院	计算机工程学院	管理学院	管理学院
	成绩	6.07米	5.54米	5.48米	5.44米	5.15米	5.13米	5.02米	4.93米
女子跳远	名次	一	二	三	四	五	六	七	八
	姓名	缪雪蕾	许　豆	杨娟娟	林佳琪	郑　杨	张诗琪	尤嘉欣	张业婷
	单位	机电工程学院	艺术学院	管理学院	艺术学院	教育与人文学院	电子信息工程学院	商学院	商学院
	成绩	4.26米	3.55米	3.55米	3.55米	3.49米	3.48米	3.39米	3.36米
男子三级跳远	名次	一	二	三	四	五	六	七	八
	姓名	程　冬	张广乾	唐　靖	黄永炜	张海军	姚子龙	李　舟	郑斯玮
	单位	机电工程学院	电子信息工程学院	电子信息工程学院	机电工程学院	管理学院	计算机工程学院	机电工程学院	商学院
	成绩	12.64米	11.28米	10.64米	10.51米	10.31米	10.30米	10.26米	10.26米

SUZHOU VOCATIONAL UNIVERSITY

第十二章 团学教育与学生管理

苏州市职业大学年鉴 2019

团学教育

2018年，校团委紧紧围绕学校中心工作和内涵质量建设，聚焦共青团主责主业，扎实推进“思想引领、素质拓展、权益服务、组织提升”四大行动，着力推动改革创新，强化思想政治引领，服务青年成长成才，各项工作取得新进展。

一、不断深化思想政治引领工作，筑牢青年学生思想基础

1.着力强化理论武装工作。深入开展学习宣传贯彻习近平新时代中国特色社会主义思想“四进四信”活动，举行“解放思想，青年先行”大讨论、主题征文、专题学习会，大力弘扬和践行社会主义核心价值观，引导青年学生坚定“四个自信”。以纪念改革开放40周年、纪念周恩来120周年诞辰为契机，通过组织文艺汇演、经典诵读、书画大赛等活动，在青年学生中开展理想信念教育。切实加强校“青年学习社”建设，邀请副校长熊贵营、党的十九大精神宣讲团成员傅济锋、团的十八大代表朱萌佳走进“青年学习社”做专题报告，扎实推进“青年大学习”行动，引领青年在学习中坚定理想信念，提升思想政治素质，校“青年学习社”被命名为“苏州市青年学习社”。

2.扎实推进“信仰公开课”计划。实施“信仰公开课”计划，举办“新思想公开课”，邀请原校党委副书记刘谦忠老师为校团员青年做专题讲座，引导青年学生坚定理想信念，坚定责任使命；全面推进基层团支部“新思想公开课”“素养公开课”开展，提高团员青年思想引领的有效覆盖面。举办“梦想公开课”，深入挖掘一批可亲、可信、可学的青春榜样，讲述“我的青春故事”，发挥青年朋辈教育作用；上好“青马公开课”，举办校第4期“青马工程”骨干培训班，培训学员190余人。选拔3名学生骨干参加第十二期江苏省青年马克思主义者培养工程，管理学院雷佳俊同学获优秀学员。

3.充分发挥先进典型的示范引领作用。组织新时代苏州共青团奋斗精神主题大讨论活动，选树先进典型，商学院张明雷、计算机工程学院颜娟老师获评“一心五同”团干部，艺术学院刘晓庆、机电工程学院董跃同学获评“三新四创”好青年。开展团的主题教育活动和团员教育评议活动，评选表彰了21个先进团支部、45名优秀共青团干部、121名优秀共青团员。通过举办“我的青春故事”报告会等活动，不断扩大先进典型的榜样、示范和表率效应。机电工程学院祁陆强同学荣获江苏省“校园青春榜样”称号。

4.切实加强网络思想政治引领。发挥校团委新媒体中心的积极作用，进一步加大校团委网站、“苏职大团委”微信、微博、青年之声等平台的建设力度，加强团属新媒体集群建设。通过完善新媒体工作制度，举办新媒体应用专题培训班，加强网络工作队伍建设，充分发挥团属新媒体育人功能。依托“苏职大团委”微信公众平台，先后推出“青年大学习”“职大青年说”等专栏，线上线下结合，网上网下联动，开展“清朗网络　青年力量——青年网络文明志愿行动”，在网上积极发出青年好声音，提升网络思想引领吸引力。

二、切实加强“第二课堂”建设，服务青年学生成长成才

5.加强“挑战杯”竞赛系统化组织。聚焦学校内涵质量建设，进一步加强“挑战杯”系列竞赛的专题辅导、项目培育、校内选拔、专家评审和组织参赛工作，构建系统化的“挑战杯”竞赛工作体系。通过邀请中国社科院研究员张厚义、“挑战杯”竞赛指导老师孙序泉教授到校做专题讲座，开展第十六届“挑战杯”竞赛培育项目，举行“挑战杯——彩虹人生”“创青春”大学生创业大赛校内选拔赛，加强竞赛评审辅导，提升了学校“挑战杯”竞赛水平，形成了“挑战杯”竞赛学校发动、部门联动、整体推动的良好局面。学校获2018年“创青春”江苏省大学生创业大赛银奖1项，“挑战杯——彩虹人生”江苏省职业学校创新创效创业大赛一等奖2项、二等奖2项，“挑战杯——彩虹人生”全国职业学校创新创效创业大赛一等奖1项、三等奖1项。

6.推进校园文化活动精品化建设。协同各部门、各学院（部）举办第一届大学生科技文化艺术节，分思想引领、专业文化、创新创业、志愿实践、青春活力5个篇章，共推出70项主题活动，促进校园文化活动内涵建设，营造浓郁的文化育人氛围。组织开展新生才艺大赛、十佳歌手大赛、主持人大

赛、社团巡礼品牌活动等丰富多彩的校园文化活动，为青年学生施展才华、展示风采搭建平台。持续开展“三走”主题群众性课外体育锻炼，组织开展校园3V3篮球赛、新生羽毛球赛、校园定向越野等形式多样的体育活动，强化体育锻炼，增强身体素质。组织学生参加第十二届江苏省大学生文化艺术节，获江苏省第五届大学生音超联赛苏州赛区冠军、第十二届江苏省大学生文化艺术节大学生啦啦操大赛二等奖。

7.推动社会实践项目化运作。以“青春大学习　奋斗新时代”为主题，通过举行社会实践动员会、重点项目评审答辩会、社会实践出征仪式，加强社会实践活动组织管理和宣传报道，深入开展2018年大学生暑期“三下乡”社会实践活动。学校共组建各级各类实践服务团队54支，其中省级重点团队3支，校级重点团队12支，院级团队30支，新建大学生暑期社会实践基地10个，2000余名师生深入基层开展社会实践活动。做好社会实践总结表彰工作，举行“实践归来话感受”报告会，进一步提升社会实践育人成效。“益往黔行　筑梦少年”暑期支教志愿服务团获评省暑期“三下乡”社会实践优秀团队、“十佳团队”，校团委张成获“先进工作者”称号，学校获省暑期“三下乡”社会实践“先进单位”称号。学校社会实践工作获得媒体的广泛关注，中国青年报、江苏教育电视台、苏州电视台、铜仁电视台、苏州日报、铜仁日报、中青在线、新华网等40余家国家级、省市级媒体和网络新媒体对学校暑期“三下乡”社会实践活动进行报道。

8.强化志愿服务品牌化建设。围绕社区服务、大型赛会、禁毒宣传等志愿服务项目，依托专业优势，整合服务资源，打造志愿服务品牌。开展“青春建功新时代　七彩志愿社区行”志愿服务活动，组织青年志愿者团队积极参与苏州市青少年禁毒宣传教育“双百计划”、第五届中国青年创新创业大赛等大型赛会志愿服务。外国语学院张晓婷同学获2018年度苏州市“优秀青年志愿者”称号，商学院吴中区红庄“爱心小屋”项目获评江苏省“优秀七彩志愿服务示范项目”，“无毒校园　无瑕青春”项目获评苏州市青少年禁毒宣传教育“双百计划”十佳项目，外国语学院“苏州大型赛会志愿者专业化能力提升项目”获第三届江苏志交会优秀项目奖，校团委被评为第五届中国青年创新创业大赛组织工作优秀集体。

9.推进应急救护培训基地社会化服务。切实加强校应急救护培训基地师资队伍建设和推进应急救护科普活动开展，发挥社会服务职能。以世界急救日、全国防灾减灾日为契机，面向学校师生、走进民工子弟学校开展“防灾减灾科普知识”进校园活动。通过举办4期在苏高校、中小学校师生应急救护普及性培训，开展“博爱青春”暑期志愿服务，培养初级救护员600余人，普及性应急救护培训受益人群5000余人次。承办苏州市应急救护技能竞赛，学校大学生应急救护代表队获江苏省高校第四届应急救护竞赛苏南片区比赛二等奖，电子信息工程学院樊倩慧获评江苏省高校红十字会“博爱青春”暑期志愿服务项目优秀大学生志愿者，学校“一路黔行　筑梦少年”“博爱青春”暑期志愿服务项目获苏州市“博爱青春”暑期志愿服务项目一等奖、江苏省“博爱青春”暑期志愿服务项目“十佳优秀项目奖”，学校大学生应急救护培训基地被命名为“苏州市第二十批科普教育基地”。

三、积极推进共青团改革创新，提升团学组织工作活力

10.扎实推进共青团、学生会组织改革。认真学习宣传落实《高校共青团改革实施方案》《学联学生会组织改革方案》精神，出台《苏州市职业大学共青团改革实施方案》《苏州市职业大学学生会组织改革方案》，开展校学生会组织改革推进督导工作，指导二级学院团委、学生会召开团学代表大会，推动改革落地落实。协同相关部门、学院（部）制定《苏州市职业大学“第二课堂成绩单”制度建设三年行动计划（2018—2020）》，强化共青团育人职能，充分发挥“第二课堂”在学校人才培养中的重要作用。根据团省委统一部署，作为牵头高校，统筹做好全省市属高校共青团工作片区共建苏州片区工作。

11.着力提升基层团组织工作活力。做好团员民主教育评议、五四评比表彰工作，开展团员推优、团员发展和团员身份认定，加强“智慧团建”建设，推进基础团务、团员管理和团的信息统计网络化。依托PU平台，开展基层团支部网络团建，扩大基层团组织工作的覆盖面和影响力。开展“魅力团支部”“活力团支部”风采展示评选活动，强化基层团组织建设，提升基层团支部工作活力。在团市委五四系列表彰中，管理学院姜雨婷同学获苏州市“优秀共青团员”称号，商学院2016级国贸1班团支部被授予苏州市“五四红旗团支部”称号。在

江苏省大中专学校“魅力团支书、活力团支部”风采展示评选活动中，管理学院徐延梅同学获江苏省“魅力团支书”称号，教育与人文学院2015级学前2班团支部获“活力团支部”称号。

12.不断强化团干部队伍建设。推进从严治团，加强团干部思想政治理论学习、业务能力培训和作风建设。通过组织团干部开展习近平新时代中国特色社会主义思想、党的十九大、团的十八大专题学习会，基层团务工作专题培训，进一步提升团干部的思想政治素质、业务能力和服务水平。组织团干部参加2018年苏州市新上岗团干部培训班、优秀团干部和青年人才培训班培训，选派1名团干部到团省委挂职锻炼，加强团干部培养工作。重视学生兼职团干部的选拔、使用和培养，通过公开招聘，聘任两名学生团委副书记。校团委张成获苏州市“优秀共青团干部”称号，管理学院魏刚获评团省委挂职工作先进个人。

13.切实加强学生会组织建设指导。推进“一心双环”团学组织格局建设，指导校学生会组织建立健全工作制度、学生干部选拔培养和考核评优制度，精简优化学生会组织机构，规范学生会组织日常工作开展、学生干部选拔标准和程序，将改革落到实处。完善学生会主席联席会议制度，定期召开联席会议，加强理论学习、工作交流和作风建设。注重“网上学生会”建设，充分运用微信、微博、QQ新媒体平台。开展思想引领工作。推动学生会对学生社团的指导服务，召开学生社团建设管理专题工作会议，进一步规范学生社团工作开展。进一步完善校“星级社团”评选活动开展工作，在社团注册、日常管理、活动开展、年度考核等方面加强管理，推动社团活动有序高效开展。

14.有效维护青年学生的合法权益。通过加强“青年之声”平台建设、建立校园权益维护机制等形式，有效落实学生合法权益维护工作。完善学生会、基层团支部权益维护机构设置，在校院两级学生会设置权益部，在班级团支部设权益委员，建立健全权益维护队伍。通过加强大学生伙食管理委员会建设，搭建信息反馈平台，组织校园方案征集等活动，畅通信息反馈渠道，及时向学校有关部门反映，推动解决与大学生日常学习生活密切相关的现实问题。指导基层团支部开展困难学生群体信息统计，发挥学生党员、入党积极分子、学生骨干的作用，通过一对一帮扶的形式，帮助困难学生成长发展。

学工指导

2018年，学生工作处以习近平新时代中国特色社会主义思想为指导，立足学校实际，狠抓内涵质量，全面提升育人实效。

一、重点项目建设

1.学生一站式事务与发展中心。学生网上办事大厅建设：完成先期阶段的需求调研梳理，通过规划方案、建设方案的专家论证，顺利招投标，并启动开发建设，将学工、教务、财务、团委、总务后勤、信息中心等6个部门65项服务搬到网上，让数据多跑腿，让人少跑路。办事大厅线下建设：完成办事大厅基础设施建设，设3个服务区域、2个办公室、1个会议室；提供7个服务窗口，3类服务——受理类、咨询类、收发类，共计30余项线下服务。

2.抗挫折体验馆。大学生抗挫折教育体验馆的建设工作稳步推进，通过大量积极研讨、协商，完成场馆的基础建设、装潢布展、设备安装调试，场馆的运行、管理等一系列工作也已准备到位。

二、日常工作开展情况

1.学生思想政治教育。依托节日和重要纪念日，加强党史国情教育、革命传统教育、校史校情教育，深入培育和践行社会主义核心价值观。通过举办第十一届"唱响青春·星耀职大——奋斗的青春最美丽"校园之星评选，十佳校文明标兵班级、文明标兵宿舍评选答辩会，选树典型，引领和感召广大同学积极奋进，以榜样为力量，健康生活，快乐学习。创新采用"今日校园"移动迎新平台，顺利完成4700余名新生报到，同时通过校院共同打造，新生入学教育已形成内容丰富、形式多样的系列教育活动体系。充分发挥毕业典礼的育人功能，首次邀请全校毕业生参加毕业典礼，加深了母校与毕业学生的情感联结。

2.心理健康教育。充分发挥三级网络预警作用，成功干预各类心理危机事件24起，及时阻止学生伤害事件的发生。组织全校4700余名2018级新生进行心理健康普查，全面开展新生心理普查、建档、回访、干预工作。接待咨询学生580余人次，经过一段时间的个别辅导，大部分学生能够走出困惑，进入健康的生活、学习状态。加强班级心理委员的管理、培训与考核，提高心理委员朋辈心理辅导能力，增强其工作责任心和积极性。以"生命之美，你我共绘"为主题开展校园心理剧大赛、心理漫画比赛、主题班会大赛、心理微文比赛、广场宣传活动等一系列"320""525"心理健康节宣传活动，宣传心理健康知识，让心理服务深入人心。继续引领心理协会、同伴教育社社团的全面建设与发展，指导同伴教育社在全校范围开展100余场青春健康同伴教育活动。举办各类心理健康、生殖健康、防治艾滋病等知识讲座9场，面向全体新生普及艾滋病防护知识。

3.学生资助管理。开展2018学生资助成效系列宣传暨励志感恩责任主题教育、2018诚信教育主题月、第五届助学筑梦铸人主题教育等活动，举行国家奖学金评审答辩会；开展学生资助政策宣传社会实践活动，组织8个宣讲团分赴江苏、山西9个县市区开展宣传活动；完成2771名家庭经济困难学生认定、647名生源地助学贷款毕业确认、384名学生学费减免、886人次学生实践创新奖励、2008名优秀学生奖学金、12名新生奖学金评审等工作，完成239名军训优秀学员、2057人次省校级先进个人、176个校级先进集体评选；办理生源地助学贷款1498人次，金额1118.38万元；截至11月30日，累计奖励资助学生12359人次，金额1557.7256万元。

4.就创业服务。根据状态数据统计，2018届毕业生初次就业率为91.67%，截至12月7日，年终就业率为99.16%。毕业生专转本报名1167人，录取787人，录取率58%。启动2019届毕业生校园系列招聘活动，共举办校园综合场和院部专场等招聘会15场；其中3场综合场招聘会共提供岗位8173个，现场合计参会4330人次，投递简历2943份，1544人达成就业意向，133人当场签约。举办第十二届大学生职业生涯节，围绕"梦想·规划·成长"主题，开展了大学生职业生涯规划大赛、大学生创业设计大赛、"朝阳讲堂"名家讲座、电子商务创业设计大赛、简历设计大赛、创新创业训练营、创意集市、共成长职业体验、实习故事图文设计大赛、创业"idol"访谈等十几项活动，进一步增强学生双创能力。组织参加第四届中国“互联网+”大学生创新创业大赛，通过广泛动员学生踊跃参与，全校累计有206个项目申报参赛，经过团队组建、校内选拔、赛前打磨、模拟路演答辩等环节，最后5个项目入围省赛主赛道项目。最终项目《鑫·影·梦》获得省赛二等奖，《水肥自动灌溉系统》获得省赛三等奖。《鑫·影·梦》还获得十大最具网络人气奖，充分展现了学校学子的精神面貌和青春风采。

5.招生。2018年招生工作提前谋划，及早启动，全校共同参与招生宣传，圆满完成招生计划，共录取5046人。提前招生录取实现突破，录取1062人。对口单招7个科目共录取980人（含中职转段36人），其中6个科目组投档线取得全省第一，1个科目组全省第二。省内外普高计划完成良好，从投档情况和录取分数来看，生源充足、质量较高。

6.学工队伍建设。做好2018年江苏省大学生思想政治教育工作“学工干部领雁行动”培训项目参训推荐工作，选派9名辅导员参训。以赛促建，开展辅导员工作案例征集，辅导员心理主题班会评选；组织参加第七届江苏高校辅导员素质能力大赛，机电工程学院辅导员顾嘉获得苏通片区一等奖、江苏省决赛二等奖，组织参加省高校辅导员年度人物评选，计算机工程学院辅导员颜娟入围“2017江苏高校辅导员年度人物”，实现新突破。开展辅导员工作室申报建设，成立4个方向的辅导员工作室，并围绕教学、科研及能力提升开展工作。面向全校200余名班主任开展了2期主题培训，提升了一线班主任的育人理念与实践技能。

三、工作创新与工作成效

1.家庭经济困难学生能力素养培育升级计划（启航计划2.0），经省学生资助管理中心和省高校招生就业指导服务中心遴选评审，学校成为2018年江苏省大学生核心就业能力培训项目10所获批高校之一。该项目对100名家庭经济困难学生进行就业竞争力提升专项培训，被《扬子晚报》报道，并获苏州市优秀资助育人项目一等奖。

2.计算机工程学院辅导员颜娟获“2017江苏高校辅导员年度人物”提名奖；机电工程学院2018届学生祁陆强获“2017江苏省大学生年度人物”提名奖评选表彰；电子信息工程学院2009届毕业生董艳入围省励志成才典型；机电工程学院2017届学生孙敏入选《青春放歌》；机电工程学院辅导员顾嘉获第七届江苏省高校辅导员素质能力大赛苏通片区一等奖、江苏省决赛二等奖。

3.9月，学校迎接了省教育厅组织的毕业生就业创业专项督查，最终被评为“2018年江苏省高校毕业生就业创业工作考核优秀单位”。

4.在第四届中国“互联网+”大学生创新创业大赛中，项目《鑫·影·梦》获得省赛二等奖和十大最具网络人气奖，《水肥自动灌溉系统》获得省赛三等奖。

5.在“武进人才”杯江苏省第十三届大学生职业规划大赛中，艺术学院陈诚同学荣获特等奖，外国语学院王宇同学荣获一等奖，机电工程学院陈星洁同学荣获二等奖，机电工程学院辅导员顾嘉荣获“优秀指导老师”称号，学校连续三年荣获“最佳组织奖”。

6.“互联网+”学生工作模式全面开启，率先在苏州市高校中实现迎新工作全面移动办理，绿色通道工作前置至学生入学前进行，绿色通道、困难认定实现全过程无纸化办理，上线学工应用模块36个，基本支撑所有学生工作业务的IT系统管理，大大提高了工作效率，助推辅导员从大量日常事务中解脱出来，将更多时间用于工作的思考与谋划；学生请销假和重大节庆离返校、活动报名、查寝等日常事务管理工作的信息化应用办理在电子信息工程学院试点取得良好效果。

2018届毕业生就业情况

◎总体去向

学校2018届毕业生数为4262人，截至2018年8月31日，学校2018届毕业生初次就业率为91.67%。截至2018年12月末，学校2018届毕业生的年终就业率为98.50%。

分院（部）2018届去向分布

学院（部）	就业	灵活就业	升学	待就业	合计
电子信息工程学院	57.33%	0.00%	42.03%	0.64%	100.00%
管理学院	74.46%	0.18%	24.82%	0.54%	100.00%
机电工程学院	65.70%	0.00%	33.38%	0.91%	100.00%

续表

学院(部)	就业	灵活就业	升学	待就业	合计
计算机工程学院	69.33%	0.00%	30.30%	0.37%	100.00%
教育与人文学院	57.00%	14.75%	26.25%	2.00%	100.00%
商学院	73.55%	0.00%	24.69%	1.75%	100.00%
体育部	15.38%	61.54%	3.85%	19.23%	100.00%
外国语学院	57.74%	0.00%	39.07%	3.19%	100.00%
艺术学院	81.73%	0.00%	15.61%	2.67%	100.00%
全校平均	67.08%	1.78%	29.63%	1.50%	100.00%

注：本处“就业”包含自主创业。

◎就业地区

学校2018届就业的毕业生中，有91.21%人在江苏省内就业，8.79%在江苏省以外地区就业。江苏省仍然是毕业生就业的主要省份。在江苏省内各地级市中，在苏州大市就业的毕业生比例最高，占到75.03%。

◎就业行业分布

学校2018届毕业生就业量较大的行业为制造业（21.94%）、批发与零售业（15.54%）、信息传输、软件和信息技术服务业（12.10%）、租赁和商务服务业（11.41%）。

2018届毕业生就业地区省内外分布

地区	比例
江苏省内	91.21%
江苏省外	8.79%
全校合计	100.00%

2018届毕业生江苏省内城市就业分布

城市	比例
苏州市	75.03%
无锡市	2.59%
南京市	2.39%
南通市	2.11%
常州市	1.47%
扬州市	1.36%
泰州市	1.23%
盐城市	1.23%
镇江市	0.92%
宿迁市	0.85%
淮安市	0.75%
连云港市	0.75%
徐州市	0.55%
江苏省内合计	91.21%

2018届毕业生就业行业分布

奖助学工作

2018年苏州市职业大学学生获各类奖（助）学金情况统计表（全日制）

序号	类别	人数	奖金	合计	总计	备注
1	国家奖学金	5	8000	40000	40000	—
2	国家励志奖学金	457	5000	2285000	2285000	—
3	校优秀学生奖学金	249	2000	498000	498000	一等奖学金
		212	1500	318000	318000	二等奖学金
		450	1000	450000	450000	三等奖学金
		1093	500	546500	546500	单项奖学金
4	肇锳奖学金	10	5000	50000	50000	—
5	国家助学金	744	4000	2976000	2976000	一档
		897	3000	2691000	2691000	二档
		498	2000	996000	996000	三档
6	新生奖学金	2	5000	10000	10000	校长奖学金
		10	3000	30000	30000	院长奖学金
7	党员关爱助学金	80	1000	80000	80000	—
8	三星奖学金	1	2000	2000	2000	一等奖学金
		2	1000	2000	2000	二等奖学金
		12	500	6000	6000	三等奖学金
9	关工委助学金	18	1000	18000	18000	—
10	诚善助学金	30	5000	150000	150000	—
11	校设助学金	700	1000	700000	700000	生均1000元
12	圆梦助学资助	4	5000	20000	20000	—
13	学生竞赛实践创新奖学金	526	—	535150	535150	—
14	求职创业补贴	544	1500	816000	816000	每生1500元
15	伙食补贴	1364	50	68200	68200	—
16	困难补助	890	—	337800	337800	—
17	学费减免	384	—	1614150	1614150	—
18	生源地助学贷款	1498	—	11183800	11183800	—
19	入伍国家资助	62	—	627100	627100	—
20	勤工助学	516	—	424287	424287	—
21	绿色通道	632	—	185780	185780	—

第十三章 表彰与奖励

学校获校外单位表彰、奖励情况

2018年苏州市职业大学获校外单位表彰、奖励情况一览表

序号	被授予的荣誉称号	表彰单位	批文号及日期
1	2017年度江苏省公共机构节能示范单位	江苏省机关事务管理局	苏事管〔2018〕25号 2018.5.21
2	全省办学系统2017年度招生工作先进集体（苏州开放大学）	江苏开放大学、江苏城市职业学院	2018.5
3	2015—2017年度苏州市文明校园	苏州市精神文明建设指导委员会	苏文委〔2018〕6号 2018.9.17
4	江苏省高校档案工作先进单位	江苏省高校档案研究会	2018.11.7
5	2018年江苏省高校毕业生就业创业工作考核优秀单位	江苏省教育厅	苏教学函〔2018〕16号 2018.11.12
6	2018年度社会教育先进集体（苏州开放大学）	江苏省社会教育服务指导中心	苏社教指〔2018〕53号 2018.12.26
*7	全省百佳学生资助工作单位典型	江苏省教育厅	苏教办助〔2017〕5号 2017.6.22

注："*"为补录数据。

学校各部门获学校及校外单位表彰、奖励情况

2018年苏州市职业大学各部门获学校及校外单位表彰、奖励情况一览表

序号	受表彰的部门	被授予的荣誉称号	表彰单位	批文号及日期
1	管理学院行政管理系、商学院会计系、机电工程学院精密制造系、计算机工程学院软件与媒体技术系、电子信息工程学院电子技术系、教育与人文学院教师教育系、外国语学院综合办公室、数理部应用数学教研室、校长办公室（外事办公室）、教务处、组织人事部、学生工作处	2017年度先进集体	苏州市职业大学	苏职大政〔2018〕6号 2018.1.19
2	苏州市职业大学财务处	2016—2017年度苏州市"五一巾帼标兵岗"	苏州市总工会	苏工办〔2018〕24号 2018.2.2
3	苏州市职业大学关工委	2018年度关工委优秀工作团队	江苏省教育系统关心下一代工作委员会	苏教关委〔2018〕9号 2018.9.3

学校教职工获学校及校外单位表彰、奖励情况

2018年苏州市职业大学教职工获学校及校外单位表彰、奖励情况一览表

序号	姓名	被授予的荣誉称号	表彰单位	批文号及日期
1	戈凌云　徐　伟　吴蕴慧　何　慧　陶　莉　万　健　孙昳昊 沈　琳　范晓鹤　胡　宾　焦　燕　王　锋　李振兴　陆春元 赵海燕　胡忠文　郭南初　董晓岚　鲁春艳　牛　丽　关　辉 沈效良　沈萍萍　张　震　尚鲜连　钱　平　殷　凡　崔志磊 王　鹏　孙　洪　张苏新　陈　刚　陈　杰　范海健　季翼鹏 钱国林　戴丽霞　王　平　刘　臣　刘昌雪　张　丽　赵　争 童李君　王　怡　王莎莉　王　峻　孙　丹　严春姬　李　英 张　璐　赵　阳　蔡　骏　孙志达　李海燕　吴　桢　张辰婕 张颖娉　赵彦闻　程　建　谢　丹　雷兴武　王俪燕　顾　莉 顾莉亚　石阶瑶　刘　敏　邱浉闻　凌　霞　梁　淼　王　俭 张乃纪　林福新　施培根　沈密婷　顾澍嘉　谭　飞　吴　湘 唐　寅　方　毅　陈乳燕　陆　英　沈翠莲　傅中山　杨惠兴 刘　皓　江明娟　陈齐康　幸　娅　时　新　周一红　汤　剑 许如祥　冷永华　张福林　王成岳　张　辉　朱　嘉　许凌雯 何　鸣　张春梅　惠　钰　缪　岚　邢艳玲　任芸丹　严　莉 胡　清　王德鹏　李亚琴　陈　珂　葛　翔　成珏飞　张进峰 尚　丽　黄　艳　王海男　杨　庆　邱文颖　顾　伟　韩欣汝 孙　娴　李媛媛　裴素华　廖　萍　王书立　任　静　肖万忠 徐　军　叶捍军　邵文燕　黄　丹　陆卫丰　郭　峰　薛　铭 陆　峰　张　莹　居丽英　张　伟　姚卫东　刘诗琪　胡绍宜 凌　萍　沈凤英　董　剑　陈丽珍	2017年度先进个人	苏州市职业大学	苏职大政〔2018〕6号 2018.1.19
2	于晓晶　王大纲　王志刚　王俪燕　王莎莉　王晓东　王　赟 方　勇　叶　军　冯泉清　巩建青　朱元吉　朱向华　任侃侠 许　吉　许凌雯　孙　丹　孙加存　孙继云　严　淑　苏　涛 李凤云　李承东　杨卫东　杨　芳　吴文庆　吴　倩　吴彩燕 吴献峰　沈馨怡　张　成　张　燕　陈凤群　陈伟元　陈　杰 陈　静　邵　怡　茆　琦　罗金增　金　益　金　霁　孟秀红 项闪飞　赵　成　俞建伟　俞美香　俞　莉　顾苏怡　顾慧琴 钱丽娟　徐　峰　徐爱芳　黄　丹　黄　炜　曹丰文　董晓岚 董辅华　童李君　曾丽霞　路　冰　颜廷秦　潘　婧	2017年度优秀共产党员	中共苏州市职业大学委员会	苏职大委〔2018〕24号 2018.4.23
3	颜　娟	“2017江苏高校辅导员年度人物”提名奖	江苏省教育厅	2018.6
4	张　欣　齐　红　郭南初　谭方勇	2017—2018年度苏州市优秀教育工作者	苏州市教育局	苏教办〔2018〕50号 2018.9.5
5	丁　虎	苏州市单位内部安全保卫工作三等功	苏州市公安局	公办发〔2018〕455号 2018.12.14
*6	傅中山	全省百名优秀学生资助工作者典型	江苏省教育厅	苏教办助〔2017〕5号 2017.6.22
*7	顾　嘉	第四届苏州市高职高专院校辅导员职业能力大赛江苏赛区一等奖	苏州市教育局	苏教高职〔2017〕55号 2017.12.15

注：“*”为补录数据。

学生集体获校外单位表彰、奖励情况

2018年苏州市职业大学学生集体获校外单位表彰、奖励情况一览表

序号	受表彰的集体	被授予的荣誉称号	表彰单位	批文号及日期
1	2015级机电一体化技术3（对）	江苏省先进班集体	江苏省教育厅、共青团江苏省委员会	苏教学〔2018〕3号 2018.4.28
2	2015级视觉传达设计3	江苏省先进班集体	江苏省教育厅、共青团江苏省委员会	苏教学〔2018〕3号 2018.4.28
3	2016级会计3	江苏省先进班集体	江苏省教育厅、共青团江苏省委员会	苏教学〔2018〕3号 2018.4.28
4	2016级商务英语4	江苏省先进班集体	江苏省教育厅、共青团江苏省委员会	苏教学〔2018〕3号 2018.4.28

学生个人获校外单位表彰、奖励情况

2018年苏州市职业大学学生个人获校外单位表彰、奖励情况一览表

序号	学生姓名	获奖名称	颁奖单位	获奖时间
1	冯　煜	2017年全球语通百万大学生外语听说大赛（非新生高职专科组）二等奖	北京全球语通教育科技有限公司	2018.1.9
2	徐　敏	2017年全球语通百万大学生外语听说大赛（非新生高职专科组）三等奖	北京全球语通教育科技有限公司	2018.1.9
3	孙琳雨　相　也	第八届“盼盼食品杯”全国职业技术院校在校生创意西点技术大赛二等奖	中国烘烤食品糖制品工业协会 、中国轻工业职业技能鉴定指导中心	2018.5.11
4	朱　训　杨忻怡　杨晓昶　赵佳豪　张　驰　李　进	第五届全国高校物联网应用创新大赛总决赛挑战赛二等奖	教育部科技发展中心	2018.5.20
5	江依雯　李蕙林　宗　媛　孟庆文	“慧文杯”第八届全国商务秘书职业技能大赛（专科组）团体一等奖	中国对外经济贸易合作企业协会	2018.5.20
6	黄　莹　马嘉谣　姜雨婷　唐紫琪	“慧文杯”第八届全国商务秘书职业技能大赛（本科组）团体二等奖	中国对外经济贸易合作企业协会	2018.5.20
7	张北大	2018年“一带一路暨金砖国家技能发展与技术创新大赛”第二届3D打印造型技术大赛二等奖	金砖国家技能发展与技术创新大赛组委会	2018.5.25
8	孙艺纱	第八届全国大学生计算机应用能力与信息素养大赛全国总决赛计算机基础赛项（高职组）一等奖	全国高等院校计算机基础教育研究会、全国高等学校计算机教育研究会、计算机教育杂志社	2018.5.27
9	刘孟茹　王园园	第八届全国大学生计算机应用能力与信息素养大赛全国总决赛计算机基础赛项（高职组）二等奖	全国高等院校计算机基础教育研究会、全国高等学校计算机教育研究会、计算机教育杂志社	2018.5.27
10	陈思屹　李　伟　王　超　王　松　荣　欣　张　颖　周　颖　陆佳兰　崔晨宇　沈佳颖　蒋瑞萍　于文苏　陆瑶瑶　黄泽昌	第八届全国大学生计算机应用能力与信息素养大赛全国总决赛计算机基础赛项（高职组）三等奖	全国高等院校计算机基础教育研究会、全国高等学校计算机教育研究会、计算机教育杂志社	2018.5.27
11	华竹语　胡文艳　蔡慧琴　谭丽丽　蔡莹莹　何　政　贾惠羽　闫　震	2018年全国高校商业精英挑战赛国际贸易与经贸会展竞赛总决赛一等奖	教育部高等学校经济与贸易类专业教学指导委员会、中国国际贸易促进委员会商业行业分会、中国国际商会商业行会分会、中国会展经济研究会	2018.5.28

续表

序号	学生姓名	获奖名称	颁奖单位	获奖时间
12	王 进 徐德康	2018年全国职业院校技能大赛（高职组）“智能电梯装调与维护”赛项团体二等奖	全国职业院校技能大赛组委会	2018.5.31
13	王云凯 蔡 瑞 刘梓皓	2018年全国职业院校技能大赛（高职组）“光伏电子工程的设计与实施”赛项团体二等奖		
14	张雨琼 夏振新 黄冬林	2018年全国职业院校技能大赛（高职组）“虚拟现实（VR）设计与制作”赛项团体二等奖		
15	陈小峰 杜志虎 符 鑫 郭寅虎 潘启峰 浦文昊 戚 强 沈 磊 宋威华 唐文正 王奥杰 周 浩 宋庆祥 郑小康 刘树杰 王 凡 杨天祥 吴朝凡 杨晓辉 陈明官 程子立 王朗齐 王云凯 张 文 石培峰	第十七届全国大学生机器人大赛ROBOTAC赛事三等奖	中国共产主义青年团中央委员会学校部、中华全国学生联合会秘书处	2018.7
16	孙依婷 郭 颖 沙 悦	第六届全国高校数字艺术设计大赛二等奖	第六届全国高校数字艺术设计大赛组委会、工业和信息化部人才交流中心	2018.7
17	张 跃 李津任 张万里 李大臣 刘 亚	“杭州未来科技城杯”第八届全国大学生机械创新设计大赛(自动立体停车装置)一等奖	全国大学生机械创新设计大赛组委会、教育部高等学校机械基础课程教学指导委员会	2018.7
18	马宇婷	第五届“台达杯”高校自动化设计大赛三等奖	清华大学、中国自动化学会、“台达杯”高校自动化设计大赛组委会	2018.7
19	唐珊珊 裴 宇 史经铜 穆加瑞 张 超	2018年“挑战杯——彩虹人生”全国职业学校创新创效创业大赛一等奖	中国共产主义青年团中央委员会、中华人民共和国教育部、中华人民共和国人力资源和社会保障部、中国科学技术协会、中华全国学生联合会	2018.8.17
20	邱 亮 谢银鹏	2018中国汽车工程学会巴哈大赛（襄阳站）三等奖	中国汽车工程学会、中国汽车工程学会巴哈大赛组委会	2018.8.26
21	周 静 李 典 杨金强 黄 丹 季超越 邱 敏 李 帅 薛士豪 吕 叶 于法江	2018全国金融与证券投资模拟实训大赛团体三等奖	全国金融与证券投资模拟实训大赛组委会、中国量化投资学会	2018.8
22	吕 叶 于法江	2018全国金融与证券投资模拟实训大赛个人三等奖		
23	袁 涛	《发动机摇臂轴紧固孔孔径检测装置》	《工具技术》	2018.10.20
24	马宇婷 李 杨 邱文轩	2018年第十二届iCAN国际创新创业大赛中国总决赛三等奖	iCAN国际联盟、全球华人微纳米分子系统学会、iCAN国际创新创业大赛中国组委会	2018.10.21
25	周慧宇 李 雨 许宇翔	2018年第三届“踏瑞杯”全国高职高专人力资源管理技能大赛总决赛特等奖	全国人力资源和社会保障职业教育教学指导委员会	2018.10
26	于立佳 王 景	第五届“大唐杯”全国大学生移动通信技术创新大赛全国总决赛(高职组)一等奖	信息通信类国家级工程实践教育中心、北京邮电大学信息与通信工程学院、中国通信学会青年工作委员会、大唐通信设备有限公司、武汉凌特电子有限公司	2018.10
27	胡令帅 董梦磊	第五届“大唐杯”全国大学生移动通信技术创新大赛全国总决赛（高职组）三等奖		

续表

序号	学生姓名	获奖名称	颁奖单位	获奖时间
28	陈姝羽 钱梦钰 徐 迅 蔡 瑞 王 成 李 杨 马宇婷	第十三届全国高等职业院校“发明杯”大学生创新创业大赛（发明制作类）一等奖	中国发明协会、山东省教育厅、山东省知识产权局、山东省科学技术协会	2018.10
29	钱梦钰 徐 迅 王 成 樊倩慧 王国栋	第十三届全国高等职业院校“发明杯”大学生创新创业大赛（发明制作类）二等奖		
30	姜 峰 万全新 王 成 李 杨 韩绪凯	第十三届全国高等职业院校“发明杯”大学生创新创业大赛（发明制作类）三等奖		
31	林婷婷 刘瑞晨 施冬青	2018年全国高职院校财税技能大赛全国总决赛三等奖	全国高职院校财税技能大赛组委会、中国注册税务师协会	2018.11.10
32	彭 冲 石桂花 郭 晶 谷取民 黄宁宁 张 睿	2018全国大学生软件测试大赛团队赛三等奖	中国软件测评机构联盟	2018.11.18
33	周凝彤	2018年度全国人事人才研究主题征文三等奖	中国人事科学研究院	2018.11
34	管明杰 杨天祥 韦婷婷 周仕伟 王先德 韦 运 宋恒宇 顾云东	“软银机器人杯”2018中国机器人技能大赛二等奖	中国人工智能学会	2018.12.9
35	申晓青 张梦宇 张吉祥	“青年荣耀·中华美育情”第二届全国高校美育成果展演大赛学生组三等奖	中国雷锋报美育研究中心、中国电影家协会电影文学创作委员会、中国音乐家协会音乐教育学学会、全国美育成果编审委员会	2018.12
36	申晓青 张吉祥 汤 培 殷其轩	“美育新时代·绚丽年华”第十一届全国美育教学成果展评学生组一等奖	中国美育网专家委员会、全国美育成果展组织委员会、中国人生科学学会美育研究会、中国音乐家协会音乐教育学学会、全国美育联盟秘书处	2018.12
37	张梦宇 冯智文 武晓转	“美育新时代·绚丽年华”第十一届全国美育教学成果展评学生组二等奖		
38	王怀鑫 党娜娜	“美育新时代·绚丽年华”第十一届全国美育教学成果展评学生组三等奖		
39	李 典 李 浩 夏楷文	第四届“东方财富杯”全国大学生金融精英挑战赛二等奖	中国共产主义青年团中央委员会青年发展部	2018.12
40	赵 丹 周 倩 周玉琳	第四届“东方财富杯”全国大学生金融精英挑战赛三等奖		
41	郭 静 徐 伟	第三届全国大学生预防艾滋病知识竞赛一等奖	全国大学生预防艾滋病知识竞赛组委会	2018.12
42	樊恩愿 张婧缘 王浩田	第三届全国大学生预防艾滋病知识竞赛二等奖		
43	夏祖祥	一种快速固定台（发明专利ZL 2014 1 0554277.9）	中华人民共和国国家知识产权局	2018.2.6
44	夏祖祥	一种电磁铁式吊扇清理装置（发明专利ZL 2015 0 0523145.4）		2018.2.27
45	桑明喆	一种吊扇除灰装置（发明专利ZL 2015 1 0522732.1）		2018.2.27
46	夏祖祥	一种手臂支撑装置（发明专利ZL 2015 1 0166653.1）		2018.4.10
47	张 祥	一种传感器支架（发明专利ZL 2016 1 0495939.9）		2018.4.10
48	张 祥	一种下水道防尘盖（发明专利ZL 2016 1 0496942.2）		2018.4.10
49	桑明喆	一种用于手机散热的充电宝（发明专利ZL 2015 1 0154439.4）		2018.4.10
50	吴查穆	一种膨胀螺栓拆卸工具（发明专利ZL2016 1 0387439.3）		2018.7.17
51	董 跃	一种万向节式转向螺丝刀（实用新型专利ZL 2017 2 0749285.8）		2018.1.2

续表

序号	学生姓名	获奖名称	颁奖单位	获奖时间
52	贾雄荃	一种螺杆可拆卸的新型膨胀螺栓（实用新型专利ZL 2017 2 0437455.9）	中华人民共和国国家知识产权局	2018.1.2
53	赵　毅	一种多用途三爪卡盘（实用新型专利ZL 2017 2 0817148.3）		2018.1.12
54	董　跃	一种半自动送锡的电烙铁（实用新型专利ZL 2017 2 0751427.4）		2018.1.12
55	董　跃	一种锥齿轮式转向螺丝刀（实用新型专利ZL 2017 2 0749654.3）		2018.1.26
56	刘远晓	一种手持式自动浴室用清洁装置（实用新型专利ZL 2016 2 1442050.6）		2018.3.2
57	董　跃	一种快速夹紧台虎钳（实用新型专利ZL 2017 2 0982306.0）		2018.3.2
58	徐　锦	一种新型多功能埋墙暗盒（实用新型专利ZL 2017 2 1045223.5）		2018.3.2
59	任建林	一种扶手带断带保护装置（实用新型专利ZL 2017 2 1031761.9）		2018.3.2
60	王修杰	一种多功能手机支架（实用新型专利ZL 2018 2 0897596.3）		2018.3.24
61	徐　锦	一种小龙虾去壳工具（实用新型专利ZL 2017 2 0981341.0）		2018.3.27
62	高士同	一种硬币分类机（实用新型专利ZL 2016 2 1474457.7）		2018.4.10
63	董　跃	一种吊扇清洁装置（实用新型专利ZL 2017 2 0430052.1）		2018.4.27
64	曹　精	一种防尘暗盒（实用新型专利ZL 2017 2 1335299.1）		2018.4.27
65	赵经纬	一种双面胶清除器（实用新型专利ZL 2017 2 1332538.8）		2018.5.10
66	徐　锦	一种小龙虾虾线去除工具（实用新型专利ZL 2017 2 0981375.X）		2018.5.25
67	王修杰	一种管道行走小车（实用新型专利ZL 2018 2 0897596.3）		2018.6.11
68	赵祥文	一种订书钉拆钉器（实用新型专利ZL 2017 2 1586050.8）		2018.6.12
69	张万里	一种多功能的小型拆装车胎装置（实用新型专利ZL 2017 2 1477013.3）		2018.6.12
70	赵祥文	一种拆装钉一体的订书机（实用新型专利ZL 2017 2 1439234.1）		2018.6.22
71	赵祥文	一种订书钉取钉器（实用新型专利ZL 2017 2 1402178.4）		2018.6.22
72	张　跃	一种便携式电脑支架（实用新型专利ZL 2017 2 1583534.7）		2018.7.6
73	张　跃	一种可自锁的电缆挂钩悬挂装置（实用新型专利ZL 2017 2 1438339.5）		2018.7.6
74	张万里	一种多功能的手动拆装车胎装置（实用新型专利ZL 2017 2 1590081.0）		2018.7.6
75	徐　锦	一种新型平面取料装置（实用新型专利ZL 2017 2 1853256.2）		2018.8.14
76	赵祥文	一种燃气调压器上阀盖支撑架（实用新型专利ZL 2018 2 0110742.3）		2018.8.14
77	赵经纬	一种可拆卸的手动榨汁机（实用新型专利ZL 2017 2 1439237.5）		2018.8.14

续表

序号	学生姓名	获奖名称	颁奖单位	获奖时间
78	张万里	一种可调恒温杯 （实用新型专利ZL 2017 2 0811471.X）	中华人民共和国国家知识产权局	2018.8.14
79	张北大	一种储物空间可调节菜板 （实用新型专利ZL 2017 2 1404536.5）		2018.9.4
80	赵祥文	一种多用途衣架 （实用新型专利ZL 2017 2 1376257.2）		2018.9.4
81	赵祥文	一种维护燃气调压器的多功能辅助装置 （实用新型专利ZL 2018 2 0791426.7）		2018.9.4
82	赵祥文	一种多功能厨房工具 （实用新型专利ZL 2017 2 0896171.6）		2018.10.19
83	伏梦杰	一种发动机摇臂轴紧固孔孔径检测治具 （实用新型专利ZL 2018 2 0467402.6）		2018.10.19
84	伏梦杰	一种环形槽套筒的综合检测治具 （实用新型专利ZL 2018 2 0468679.0）		2018.10.19
85	马千鹏	一种可调节衣架 （实用新型专利ZL 2018 2 0141155.0）		2018.10.19
86	陈小峰	一种单电源供电多档位恒流源电路 （实用新型专利ZL 2017 2 1873548.2）		2018.11.6
87	张北大	一种水果采摘收集装置 （实用新型专利ZL 2018 2 0491554.X）		2018.11.9
88	赵祥文	一种组合式水果采摘器 （实用新型专利ZL 2018 2 0404461.9）		2018.11.9
89	袁　涛	一种可快速伸缩的套筒扳手 （实用新型专利ZL 2018 2 0474704.6）		2018.11.9
90	袁　涛	一种公共自行车租赁用停车箱 （实用新型专利ZL 2018 2 0324935.9）		2018.11.9
91	王　旭	一种用于螺丝螺纹矫正的装置 （实用新型专利ZL 2018 2 0547877.6）		2018.11.27
92	王明亮	一种用于固定防风绳的地钉 （实用新型专利ZL 2018 2 0547916.2）		2018.12.11
93	高　逸	一种易于拔起的地钉 （实用新型专利ZL 2018 2 0547883.1）		2018.12.25

注：国家级三等奖（含）以上。

学生获评省级先进个人名单

2018年苏州市职业大学学生获评省级先进个人名单

机电工程学院

祁陆强

计算机工程学院

王亚丽　徐　威

电子信息工程学院

蔡中臣　张丽芝

管理学院

姜雨婷

商学院

张　雯

教育与人文学院

刘　欣

外国语学院

周怡心　赵梦瑶

艺术学院

刘晓庆

校三好学生名单

2018年苏州市职业大学三好学生名单（全日制）

机电工程学院

葛有力　黄　安　熊　博　赵祥文　唐珊珊　王新林　张坤仑　孔伟国　袁帅帅　伏梦杰　牛诗惠
陈佳乎　季肖军　高　翔　唐海莉　林　帅　陆建峰　潘明亮　王　飞　蔡成燚　陈文静

计算机工程学院

高梦霞　李梦圆　孟　韩　盛　怡　孙依婷　谢淑婷　周凤婷　洪思寒　李海丽　李雪寒　林瑜玟
沙　悦　徐　苗　张雨琼　吴旭迈　宋海平　肖泽凯　曹　忍　宁　婧　王　瑞　周诗家　刘孟茹
刘瀚骏　陈丹丹　王　菲　张立娟　王紫阳　高一帆　任思艳　周佳丽　顾建保　曹　渲　谷取民
郭　晶　杨　锐　石雅宁　杨佳静　张辛茹　吴海洋　封斯文　朱　训　王　玥　王彩云　薛　含
孙妍闹　高丽洁　郭　宇　孙晓雯　徐　鑫　李鑫龙　葛一丹　张　宇　缪明晖　王　超　王　松
丁灿灿　顾　晨　周　钿　李　伟　候瑞林　李　双　常　源　姜舟洲

电子信息工程学院

赵仁杰　冀春鑫　赵后达　郭寅虎　王朗齐　王云凯　周效威　裴存浩　彭姚瑶　樊　浩　郭　笑
李　帅　刘树杰　袁　潇　葛　蓉　朱砚薇　陈　晨　叶　蓉　朱翔翔　胡龙珠　邱　悦　胡欣怡
赵月阳　储海燕　徐梦婷　周　鑫　王　成　陈志茹　王士涛　郑博文　吴洲阳　杨博云　朱大伟
潘晓雪　韩　政　罗　芳　陈庚彪　苏　硕　肖富明　韦婷婷　秦丁丁　庄　森

管理学院

陈越钦　韩　云　蒋东茹　孔晓雯　戚荣芳　谢　晋　卢春云　齐淑敏　王　玲　仇文婕　熊喜媛
陈凤霞　林　月　祁　硕　史金慧　张路遥　张　滕　陈　杨　李逸雯　王滢悦　吴彩云　唐　琦
孟莉莉　张　雨　花　薇　王恒惠　陈　娜　吴　蕊　吴一纳　刘　雨　许宇翔　黄雅娴　张静璇
顾春尚　安丽婧　董莹莹　花如梦　李睿智　钮晨怡　石冰艳　征琳琳　宗　媛　丁　乙　顾怿琛
黄　莹　蒋佳惠　经　雅　李文意　陆　艺　马嘉谣　钟俊琰　陈蓓蓓　蔡诗敏　陈佳灵　张　娟

商学院

时伟婷　史羽婷　管丽琴　黄栩妍　沈林桦　刘华超　王　跃　吴丽琴　吴小荣　岳秀莲　张　润
王世伟　黄　燕　魏双燕　尹　丹　杜　颖　刘佳周　刘丽娜　王娜娜　赵冬晨　董　聪　方明珠
李　滕　林晓琴　潘丽荣　申郑菁　施恒翠　杨紫寒　周兰兰　狄晗娇　万　进　张洪成　方昳欣
赵　梦　王　云　邬新星　夏影惠　张雅婷　李　莎　秦军妹　秦梦婷　王　萍　徐　敏　吴馨怡
季小倩　张雅茹　乔玉贤　陈丽萍　李　婷　王思懿　史成东　刘雨洁　吴　芳　齐亚男　王　寅
金妍村　沈厚甜　陆　迎　王梦姣　王守圆　王欣欣　孙怡婷　徐　景　方　媛　季　华　吴陈宇
武韶波

教育与人文学院

蔡慧琴　蔡莹莹　陈艳红　程　品　方丹丹　胡文艳　华竹语　蒋心雨　邵可心　石嘉蕾　石紫柳
宋　琴　王静静　王　宁　王先玉　王　媛　王宗苗　杨　香　杨雨佳　姚　兰　李雨晴　夏　琴
杨可天　赵舒婷　周　欢　李　娜　毛方方　孙琳雨　徐晓玲　葛康妮　梁　楠　殷　妍　张夕璠
赵晓云　郑明明　高　鹏　杨　云　殷李嘉　袁　莹　周　莉　丁风仙　高　煜　顾瑶珈　李倩倩
李　影　孟祥芸　倪雅雯　沈晓会　曹美丽　丁　扬　董艳如　黄晓红　姜雪佳　李　乐　刘　梦
陆　娇　宋路遥　孙敏慧　王　慧　王钰清　赵　曼　陈　诺　汪　彧　王依宁　陈梦婷　陈蓉蓉
戴菱慧　何雨亭　吉雷雅　贾　佳　姜迎巧　李　霞　卢慧玲　马洪鑫　潘丹丹　汪晓慧　王诗洁
魏鑫鑫　徐丽媛　余文洁　张　咪　陈欣怡　李雨晨　沈　芳　沈香玉　祝若宁　郝亚妮　陈　盈
韩秀丽　贾逸平　马可贞　王小焕　姜丽萍　赵佩佩　吕梦婷　魏　梦　朱香凝　贾红羽　孙扬扬
顾佳莉　高舒逸　汤　玲　吴昊敏　张　静

外国语学院

潘佳佳　吴雨晴　徐家盈　徐淑婷　尹福旗　朱许超　黄思文　沈　芳　孙秀云　王　惠　王秋怡
王亚南　吴　蓉　张　烨　郑雪芳　满　云　杨　婷　张梦倩　董青怡　葛克丽　华志霞　屠亚文
温草雨　臧　清　柴瑞雪　邓红玲　胡若瑜　黄心怡　汪本月　许　丽　张忠瑞　朱　洁　贾　汪
李艳秋　潘子衿　伍玲慧　张茹茹　赵　婷　朱楠楠　荘庆宜　丁惠敏　何　晴　王旭颖　徐　敏
薛　媛　周艳婷　韩　颖　孙璇璇　王　颖　张　陈　赵苏南　顾雅婷　赵瑞敏　戴慧慧　段晓蓓
胡蒙蒙　汪　琦　王罗艳　王田霞　王中婷　翁颖颖　张　秀　张莹莹　荣苗苗　滕　颖　杨浅进
招海伦　郑天琪　冯纪曼　刘忠玲　沈　怡　宋宇宁　童雨可　王梦娜　许紫薇　方　慧　周丹丹
庄　杰　陈　鑫　范甜甜　秦　缘　任苗苗　刘　艳　孙彩蓉　张　可　罗素娇　梅海燕　邱雯霞
林文文　丁文静　范思佳　谢仁婷　刘　璇　袁　媛

艺术学院

王子玉　曾莹慧　陈　丽　刘思宇　陆婉丽　桑　语　沈　晗　万宇琪　王梦玲　徐　瑜　杨　玲
张　蒙　张悦阳　赵　丹　宋　颖　杨青华　陈佳佳　董　泽　陶　洁　尹　诗　郦韦琴　王　新
王宇莹　徐昕宇　薛　钧　周海蓉　覃俗珺　孙丹雯　陶　晨　李　果　奴　靖　倪振杰　顾　娟
胡天琪　潘　素　王梦琪　王晓娜　姚兴沂　车昌胜　毛广坚　屠新婷　王　瑞　牟宗礼　毕　馨
陈雨柔　嵇蓉蓉　刘　颖　冯钟秀　赵丹宁　李　鹭　陆　婧　袁安念　张　静　杨梦圆　陈　诚
王鸣轩　蒋凌宵

体育部

吉佳敏　王恋恋　吴育青　谢雯静　吕苏雯

校三好标兵名单

2018年苏州市职业大学三好标兵名单（全日制）

机电工程学院

张北大　蔡越猛　严军军　李　安　沈文昌　王　如　严承铭　韩盼盼　曹　敏　丁　琳　陈梦婷

计算机工程学院

周　爽　丁若丹　仝梦奇　何　慢　王　楠　郭在旭　高思齐　张振满　陆佳兰　荣　欣　杨　敏
张　颖　周　颖　朱镇祥　陶馨荷　王园园　殷嘉佳　陶鑫琦　田雨恒　曹秀文　张明静　张清荣
朱　玲　康　慧　朱丽彬　朱铭铭　邹丽萍　王　雪　杨忻怡　张　驰　仇思琦　张梦露　邱　晓
文　姣　朱莉桦　桑爱兰　刘梦娇　黄娴渭　孙艺纱　沈佳颖　瞿　伟　于文苏　何　瑾　黄　鹏

电子信息工程学院

马成兰　仲文君　张志强　朱扬烁　李亚捷　王慧敏　冯　振　吕张飞　石培峰　王　胜　左　楠
刘文秀　高　举　孟令辉　浦文昊　沈　磊　张天翔　张　文　周　畅　蔡海良　陈　建　陈秋阳
代现成　杜　琳　蒋文军　王　晨　周有为　徐星雨　张　硕　赵明豪　于　愿　张梦奇　朱朦朦
郑小康　李材祥　梁　瑞　司琪斤　白　雪　曹淑婷　黄　芬　李　妍　刘淑慧　裴　晓　孙慧影
王　雨　于立佳　朱　彤　常金龙　李　飞　王　景　王言伟　丁雯丽　毕苏皖　王红波　许亚伟
张　悦　吕梦雪　田苏云　黄鹏壬　高　青　吴婷玉　席文凡　黄志坚　史长宇　陈梦艳　李思梦
王　迪　王雪纯　王　严　刘浩义　裔金晶　郁麟枫　杨天祥　李敬铮　段舒馨

管理学院

顾雅楠　刘东芹　刘　岩　罗　凤　丁慧姝　王　茹　周媛媛　花　森　江依雯　陈彦顺　洪文慧
姜雨婷　李仁会　王　梦　郭琪成　成佃金　林夏青　郑　娟　郑一鸣　胡可欣　严秀华　张明达
张玉蝶　金　澜　张兴霞

商学院

王志鹏　薛蓓蓓　刘迎迎　沈夏玲　张　玮　蔡婷婷　林婷婷　刘瑞晨　陆　玲　倪晨丽　邱梓涵
施冬青　苏凡凡　刘　静　马媛媛　周云霞　朱佳雯　朱婷婷　曹姝姝　黄园园　季泊淞　李佳维
刘　清　刘芸秀　赵　玲　闫佳妮　杲　灿　岑　枫　楼旭甄　武以婷　谢　楠　胡恒祥　高雨杰
耿琳琳　刘　云　牟　林　王康敏　卞　琳

教育与人文学院

贾惠羽　江雨欣　蒋　悦　谭丽丽　闫　震　周　欣　李婉莹　管云云　杨　清　翟康娣　冯　譞
孟羽茜　祁灿灿　任嘉敏　邵　鎏　肖媛媛　朱荣荣　黄　燕　陈　楠　高　颖　顾　荧　裴　徐
沈依婷　曹新艳　黄书婷　李梦宇　刘　慧　王　叶　徐文艳　赵　楠　卞文文　陈　静　郭　悦
王　慧　孙星星　闫贵花　任爱玲　于碧芸　曹文珺

外国语学院

叶莹莹　岳劭东　郑丽娜　孙宇红　花　珊　蒋慧芝　汪臣培　王秦玮　季　婷　王燕红　肖红红
练鹏雯　刘　妍　陆立钰　吕亚男　孙　华　朱莹莹　刘志翔　陈江伟　桂荣燕　李心敏　刘雨轩
陆　璐　王　宇　薛苏云　张玉婷　付金梅　郭海静　叶盼盼　袁念翠　张梦琦　周　敏　鲁继如
潘　琴　史正月　杨　婧　李环环　王　惠　王　擎　许婧芸　姚　梦　张　婕　张　露　张　煦
吴　雷　曹佳欣　陈子仪　杨慧霖　余慧敏　冯　煜　耿小娟　侯子艺　汪建君　王　萌　张妩焕

周子決　高若涵　吴　怡　柏寅松　林新宇　赵文萱

艺术学院

陶晓欢　顾　静　韩雨童　史心逸　王　丽　邹　玥　沈　涛　王雪纯　邹　悦　王紫月　夏梦琪
许延妍　杨　雨　赵慧莹　汪漫漫　冯清玲　黄芝薇　夏　玮　张高洁　赵　盟　黄　猛　谢卓霖
尚珂宇　戴岑岑　马　倩　徐平秀　刘金鹏　朱佳敏　陈安妮　秦晓涵　陈梦蝶　李佳佳　刘乐乐
刘　琰　王映凡　周芳香　吕佳欣　杨英桦　庞聪聪　徐雨萱　沈佳和　皇甫苏东

校优秀学生干部名单

2018年苏州市职业大学优秀学生干部名单（全日制）

机电工程学院

曹　庆　葛有力　姜陈陈　马千鹏　杨　玲　周明月　王博文　吴大双　熊　博　张慎法　田华宇
周春阳　李大臣　张北大　张智斌　赵祥文　唐珊珊　郭士政　张坤仑　孔伟国　许　康　袁帅帅
伏梦杰　张　跃　赵经纬　李欣桐　牛诗惠　潘　雨　邵寅生　陈　羽　唐海莉　王彦錡　林　帅
沈文昌　王　如　韩盼盼　刘蕊铃　张万里　曹　敏　丁　琳　黄　敏　肖雅云　薛　倩　蔡成燚
李祥鑫　陈梦婷　梁　玲　孙　旭　苗康宁　毛成敏　陈文静　李令铎　李晓静　王明亮

计算机工程学院

笪凌蕙　李　凡　李梦圆　刘　茜　王文静　周凤婷　丁若丹　沙　悦　仝梦奇　谢　宁　吴旭迈
梁富晓　乔一凡　宋海平　肖泽凯　曹　忍　邓　媛　何　慢　罗露露　宁　婧　王　楠　郭在旭
王　瑞　张振满　班成燕　孔纹静　刘孟茹　杨　敏　尹慧星　周　颖　朱镇祥　包　蕾　何　仪
刘　莹　孙　诚　王　菲　王园园　殷嘉佳　田雨恒　滕　燕　张怀玉　张明静　张清荣　周佳丽
朱　玲　朱文静　顾建保　雷　真　殳卫军　朱丽彬　杨　锐　季　爽　徐苏婷　朱　玲　程浩东
梁学磊　马　恒　聂亚雄　王子庆　吴海洋　朱　颖　蔡胜男　刘超华　钱宝茹　王　婷　杨忻怡
张　驰　周　灿　朱梦雅　张　俊　朱　训　仇思琦　韩　颖　王　玥　许　佳　于利雯　张梦露
邱　晓　王彩云　刘光超　谭春贵　赵佳豪　崔洁贤　李若娴　桑爱兰　孙妍闱　陈　婧　陈　云
程　雯　郭　宇　蒋梦楠　金　旻　李慧敏　武佳宇　朱倩华　姜新竹　焦　悦　孔丽洁　李　雯
刘　瑶　孙晓雯　王宝玲　王治钰　徐　鑫　宗婷婷　李鑫龙　陈　培　戴　越　黄嘉洁　蒋嘉雯
朱媛汝　曹鑫鑫　丁海燕　顾淑燕　黄娴渭　缪明晖　施银莹　孙艺纱　周晓钦　陈思屹　李　昂
王　超　王　松　陈　胜　邵泽瑞　肖　戎　张　硕　顾　晨　李　颖　邱　野　周　钿　范　伟
瞿　伟　李　伟　刘　云　王　芳　陆瑶瑶　于文苏　侯瑞林　李　英

电子信息工程学院

李亚捷　陈思荷　顾冬冬　刘　超　张志强　赵仁杰　朱扬烁　左承磊　胡迎春　王慧敏　冯　振
吕张飞　钱国辉　石培峰　王　胜　吴朝凡　张　猛　赵后达　殷　婧　陈小峰　孟令辉　沈　磊
姚　震　周　浩　周效威　陈　建　代现成　杜　琳　何　峰　孙　元　王　晨　周有为　朱朦朦
郑小康　蒋　玥　李材祥　梁　瑞　刘　恋　马　亮　赵明豪　司琪斤　张雅丽　刘梦宇　王　怀
丁雯丽　曹淑婷　黄　芬　裴晓雨　王　雨　常金龙　王言伟　徐廷宽　毕苏皖　葛　蓉　黄须亚
王红波　许亚伟　张　悦　朱砚薇　张　迪　陈　晨　李鑫鑫　吕梦雪　邱　阳　叶　蓉　韩凯元
田苏云　王如宪　朱翔翔　顾　瑾　胡龙珠　邱　悦　胡欣怡　黄鹏壬　赵月阳　黄志坚　储海燕
高　青　吴婷玉　席文凡　史长宇　姚尔康　张小康　徐佚鋆　袁　佳　王　成　陈梦艳　陈志茹
李思梦　王　迪　王雪纯　李志祥　王士涛　王　严　郑博文　蔡英健　吴洲阳　杨博云　姚宇阳
朱大伟　张晋铭　潘晓雪　韩　政　刘浩义　张俊杰　马丹华　王录红　裔金晶　周桂林　杨　刚

邓明玉　宋庆祥　杨天祥　陈庚彪　苏　硕　穆旭梅　张意焜　王钰森　肖富明　田林叶　张　晖
朱宏治　周　月　段舒馨　谈佳豪　庄　森

管理学院

蔡蔓莉　陈　静　陈　琰　陈越钦　张　赛　顾雅楠　韩　云　李红梅　周　馨　荀　鹏　卞蓝蓝
蒋东茹　戚荣芳　沈红艺　叶　柳　岳美辰　时训川　侯淑美　潘　婷　仇文婕　丁慧妹　胡　跃
曹方方　孟　娜　王　茹　杜　兰　孟　宇　吴　燕　熊喜媛　颜　颖　孔雯雯　郁艳萍　周媛媛
曾　娜　花　淼　季文静　江依雯　林　月　史金慧　余　露　张路遥　陶　达　陈彦顺　顾晨露
季　慧　姜雨婷　李仁会　刘　媛　潘　娉　汪　梦　王滢悦　吴彩云　唐　琦　杨首于　陆　瑶
孟莉莉　宋丹丹　王　梦　张莉君　张　雨　郭琪成　王恒惠　马继业　刘雅倩　郑一鸣　王彩凤
董佳怡　张　婕　祁康宁　严秀华　李苏蕾　张　菁　马　捷　许宇翔　张明达　张静璇　安丽婧
陈萌萌　陈　玉　花如梦　蒋乐涵　李睿智　宋　轶　孙丽娜　熊兰丽　张玉蝶　宗　媛　孟庆文
陈蓓蓓　丁佳琦　顾　姝　蒋佳惠　蒋诗静　经　雅　陆　艺　成　旭　钟俊琰　董　静　华　川
金　澜　马腾菲　潘茴玲　张　娟　杨　浩

商学院

王志鹏　高　静　时伟婷　张苏莹　黄栩妍　蒋志其　程　婷　姜怡妍　刘迎迎　王　跃　吴小荣
卜　瑾　吴佳炜　黄　燕　刘艳文　陆　云　王明静　刘瑞晨　刘　瑶　邱梓涵　赵冬晨　陈　彤
施恒翠　朱佳雯　朱婷婷　朱雪婷　肖　妍　余　雨　朱亚莉　何玲玲　华　睿　金　婕　秦子格
赵　梦　丁莹莹　杲　灿　李　莎　李维莹　徐芳琳　包　晨　岑　枫　吕　叶　徐　敏　楼旭甄
宋紫怡　王海月　吴馨怡　韩　雪　王　洁　夏　委　薛青卿　胡恒祥　袁文迪　陈佳敏　高雨杰
王天宇　陆　迎　孙怡婷　徐　景　朱妍雯　武韶波

教育与人文学院

蔡慧琴　蔡莹莹　程　品　贾惠羽　邵可心　石嘉蕾　谭丽丽　王静静　王　媛　闫　震　杨　香
杨雨佳　姚　兰　李雨晴　许　欢　薛　孟　杨　逸　赵倩倩　陈雪娇　丁爱燕　廉嘉仪　刘　妍
袁月月　管云云　赵舒婷　夏　颖　相　也　冷　丹　舒　娟　王国丽　翟康娣　陈思佳　冯　譞
葛康妮　孟羽茜　邵　鋆　杨　晔　殷　妍　张　丽　赵晓云　朱荣荣　高　鹏　陈　楠　丁风仙
高　煜　李　影　孟祥芸　倪雅雯　殷李嘉　周　莉　陈佳敏　丁　扬　董艳如　顾　荧　黄晓红
姜雪佳　刘　梦　陆　娇　裴　徐　沈依婷　孙敏慧　王　慧　刘良冰　曹新艳　李梦宇　马洪鑫
潘丹丹　孙　周　汪晓慧　魏鑫鑫　王依宁　柏佳筠　陈欣怡　李雨晨　刘昕茹　沈　芳　沈香玉
张玮璐　祝若宁　蔡晓艳　高宁宁　韩思纪　马婧婧　申　雯　张吉莹　卞文文　陈静怡　成健华
李楠欣　刘佳君　贾逸平　王梦贤　姜丽萍　王馨悦　陈　岩　韩小炜　缪媛媛　任爱玲　魏　梦
于碧芸　曹文珺　陈素雅　贾红羽　练　楠　刘爱静　孙扬扬　杨春蕾　张　圆　王智康　崔文文
李玟玟　王　菲　陈思婷　顾佳莉　范海琳　高舒逸　汤　玲　徐梦凡　张琳琳　朱南舒　庄玉灵

外国语学院

徐淑婷　岳劭东　刘　琦　孙秀云　王亚南　吴　蓉　张晶晶　刘　露　孙宇红　王　漪　花　珊
蒋慧芝　梁　敏　季　婷　臧　清　朱孙金　邓红玲　刘　妍　潘　蓉　汪本月　顾凯艳　王　宇
伍玲慧　薛苏云　张玉婷　朱楠楠　顾苏静　王佳佳　邢思思　叶盼盼　袁念翠　韩　颖　赵苏南
胡　玲　李铜灵　王星星　王　玥　赵瑞敏　李苗苗　张　秀　陈　澄　董淑玢　刘忠玲　方　慧
沈梦飞　王　林　何丽娜　雷卉晴　汪建君　郑又珍　韦雪萌　张　可　周子泱　许雄伟　谌　梦
胡若彤　赵雨昕　朱宇婷　邢潟潟　于　好　方晨燕　王晨如　于曼丽　王春燕　柏寅松

艺术学院

史心逸　宋　洁　张悦阳　赵　丹　沈　涛　宋　颖　杨青华　浦俊杰　邹　悦　丁鑫洁　陶　洁
紫　月　夏梦琪　许延妍　杨　雨　汪漫漫　尹　诗　郦韦琴　王　新　冯清玲　胡慧雯　黄芝薇
姜雨晴　孙丹雯　夏　玮　徐昕宇　周海蓉　覃俗珺　胡晶晶　陶　晨　赵　盟　尚珂宇　郑玲玲

黄猛 潘素 王晓娜 徐平秀 姚兴沂 车昌胜 戴昊 刘金鹏 王永康 刘家凡 吴思慧
朱佳敏 陈安妮 秦晓涵 屠新婷 王瑞 牟宗礼 史梦茹 张睿 汤璐菲 毕馨 曹梦丹
常倩 陈雨柔 方芳 嵇蓉蓉 刘乐乐 刘琰 孙菁 王鑫 赵晴 刘光辉 陈静
刘来创 李柔 靳雪 张颖 陈丹 范敏 郭昕旖 祁莹莹 夏永娜 杨洁 杨英桦
张静 朱天姿 庞聪聪 徐雨萱 杨梦圆 周三美 单丹 刘娜 陆晓娇 郝玮琪 蒋甜甜
陈诚 李阳 杏夏添 蒋凌宵 沈佳和 皇甫苏东

体育部

陈殿玉 王恋恋 谢雯静 朱守振 曾佳佳

校优秀毕业生名单

2018年苏州市职业大学优秀毕业生名单（全日制）

机电工程学院

董跃 王智明 马桂良 祁陆强 王永成 张进 曹金金 唐茂 周娟 曹敏 苏悦
姜奇君 刘亮 宋春艳 王进 王晓 徐德康 周砖 沈桂芳 沈海丽 王萍 张亚芹

计算机工程学院

陈青云 董亚萍 唐菲 张程 戴荣杰 张敏 王云宝 王学 谢春鸽 万洪旭 卜秋阳
李伟 王志琴 武宜涵 徐威 陈丹敏 曹营利 吴熳锘 袁将军 朱明 朱田宇 朱子衡
卢春晓 吴琦 于宝川 赵红雁 刘子宁 吴庆哲 李东 王语嘉 武虹宇

电子信息工程学院

单成洋 郭继洪 胡彬 沈冲 洪天情 吕文青 史志伟 唐威 郑中秋 朱进磊 朱小雨
陈婷 蒋佳佳 陆群 宋璟韫 张丽芝 周敏捷 陈林 丁飞 丁乐 董杰 何飞
梁会斌 穆威 田昌前 熊诗晨 于前 孙月 肖长江 姚俊飞 尹基正 张驹 张猛
柏璐璐 姜振亚 任韵秋 魏巧 姚雨晨 张梦真 赵云宇 石道胜 徐畅 韩晶晶 胡媛媛
李盼盼 徐云 张梦 赵祥晶 陈照虎 王硕 刘瑞萍 潘静 陈海涛 吴杰 李恒山
唐伟耀 曹发发 齐步祥 安萍 姜菲 刘俏 马金凤 张海莉 朱兰巧 陆鑫 尚琳
颜薇 周春晓 陈如愿 赵鹏 陈盼 李婷婷 彭撷蕙 吴圣洋 谢其成 薛育伟 尹桂康
周洁 李姿利 陆婷婷 祁一灵 赵明明 徐连城 袁超 张骏强 张真 陈站明 胡益东
刘梓皓 张瑞年

管理学院

韩惠莲 江艳 徐延梅 丁鑫 彭爽 徐香 何吟龙 李景 宋金莎 田丽 赵利鑫
常娟 胡甜甜 彭玲玲 闫玉 朱芹芝 曹亮亮 张政 曹艳 陈荣荣 仇彤 高绮扬
管美娟 黄学明 刘庆迎 潘昱彤 王艳杨 席溢晨 张秋月 张向莹 赵语晨 雷佳俊 陈晨
李乐 陈芳 姜玉娇 秦莉

商学院

何楠 彭皓月 王琳 丁楠 包玉佳 郭妍 王青青 吴蓉 邹雪连 姜刘华 蒋玉晴
邱丹丹 陈琪 姜怡 庞敏书 张海燕 周晓雨 周瑜婷 孟猜 孙芬 肖亚莲 徐冰
许婷婷 杨慧慧 顾爱光 郝雨欣 黄雨晴 蒋燕 陆佳钰 孟春花 秦玉洁 宋丽瑶 汤建姣
唐鑫 王畅 王艳 周琴 刘双双 袁慧 张雅敏 惠倩 陈彩凤 陈畅 李玲同
李青霞 李馨玥 张笑 刘富琪

教育与人文学院

蒋新颖　沈锁拦　王丽丽　曾　鳞　成桂钰　丁维纳　司慧萍　艾筱露　陈昕悦　杜　琴　傅　鑫
韩柯楠　胡梦钰　黄　羽　郦叶楠　刘兰英　刘　蓉　鲁　牙　陆雯婷　孟倩倩　钱丽君　阮文婷
沈于兰　王　申　翁晨晨　徐　丹　杨文欣　尤丫头　张路路　赵浩宇　朱梦娇　司　宇　陈文婷
胡　敏　刘　茜　刘　欣　陆静燕　陆晓丽　缪鹏鹏　任诗云　王佳敏　王　蕊　王　晓　严正婷
张丽云　洪　霜　蒋　丽　谭燕飞　卞毓颖　戴绘瑶　李晓娟　李亚楠　刘宏玉　刘　洋　陆宇铭
虞海秋　宗　林　王　丽

艺术学院

印梦云　韩鑫玉　景　秀　刘　莉　史新妍　王智宇　杨梦婷　张李星　黄嘉蓉　居家莉　曹小娜
黄锦秀　蒋　珍　李银红　刘莹莹　汤心蕾　王瑞洁　张佳玉　陈洁雨　冯茜茹　宋颖颖　闫　丽
尹　静　张　敏　赵　晶　朱云裴　王艳莉　马　帅　陈素素　卢雪莲　宋银凤　张　涵　张静慧
郑　冉　金　浪　管晶景　季玉方　刘婧怡　唐锦叶　盛明彦　卞欣愿　陈梦瑶　过雅雯　毛子涵
朱子英　简晓霞　彭　娟　魏　玉　向　欢　张艳芹　周　君　仇祥祥　王　剑　仓炜炜　陈　昕
丁思茹　付　静　何　欢　李万娟　马　倩　沙宇萌　孙伶俐　唐　艳　王　妍　吴　红　许琳琳
张美琪　仲姝颖　陈婉蓉　邓荣月　丁新雨　顾正艳　后　林　马海燕　明　玉　徐贤锋　张成香
张　叶　黄　娜　贾仁淼　施　芳　徐　梅　叶肖路　张　倩　张亚茹　曹婷婷　顾怡倩　张引引
陈　福　陈俞宇　韩子晨　何　逸　沈玥琳　王梦圆　谢成誉　谢紫文　刘晓庆　薛姗青

体育部

陈明静　郭　鑫　沈茜茜　王维佳　武　翩　朱　玥

校优秀团干部名单

2018年苏州市职业大学优秀团干部名单（全日制）

张明雷　吕华芹　杨　静　鲁　岳　严立艳　龙　蕊　徐　飒　宗　媛　谢泓荟　顾怿琛　陈曦娅
黄　莹　楼旭甄　郭　政　夏　委　黄雪莲　史心怡　耿泽阳　刘学富　朱晓萌　程家明　郭博文
詹开富　刘　泽　陈　颖　李绪贞　王浩田　赵元瑞　郭　琦　谈佳豪　蔡冬玉　樊倩慧　王　鹏
俞雯雯　桂迁芮　崔学会　郭　悦　王智康　陈紫萌　花　珊　何丽娜　魏　伟　刘光辉　高　冉
吕苏雯

校优秀团员名单

2018年苏州市职业大学优秀团员名单（全日制）

机电工程学院

倪庆安　邱　亮　刘　恒　周张象　王明亮　刘西亚　曾成龙　郭镇宇　李　坤　蒋明君　常明佳
陈梦婷　高　逸　戴灵宇　侯筱萍　朱俊杰　杨亮亮　王静茹　徐雪峰

计算机工程学院

蒋梦楠　金　旻　成　露　刘　瑶　陈　培　葛一丹　黄嘉洁　黄志越　王　松　王明宇　张　硕
李佳琪　王婉婷　褚　翔　李　伟　单岩石　吴　笛　陆文达

电子信息工程学院

张启昂　张意焜　王国栋　韩　晨　郭志铖　韦婷婷　王浩田　张　翔　赵舒畅　李敬铮　姜　超
杨　刚　宋庆祥　段舒馨　赵智轩

管理学院

张　颖　张　玲　陈觐欣　陈曦娅　崔石磊　顾怿琛　黄思凡　黄　莹　李思宏　骆心怡　唐嘉遥
汪　梦　严秀华　张　旭　周国燕　何引英　陶　锐　肖　雯

商学院

周慧娟　吉玉婷　吴　芳　张远丽　高雨杰　管倩兰　王彦彦　张钰也　朱佳琦　程　蓉　吴益凡
金妍村　沈厚甜　关　悦　薛萌萌　卞　琳　徐　景　朱妍雯　陈　琳　张雨秋　高家琦　朱倩倩
陆诗颖　沈　彤

教育与人文学院

杨春蕾　陈素雅　杨　莹　张琳琳　李楠欣　王　杰　朱　婷　沈心煜　宋苏豫　王　菲　陈羿璇
顾文怡　啜琪茹　孙莹颖　王语言

外国语学院

谌　梦　李　晨　刘颖妮　佟　瑞　张　可　赵雨昕　范琳娜　关　娟　王　林　杨慧霖　周语欣
周子泱

艺术学院

常　倩　陈雨柔　李　涛　李　阳　刘乐乐　王志文　魏　欣　吴艳彤　徐雨萱　张　睿　周　颖
朱奕波

体育部

候　笑

校军训优秀学员名单

2018年苏州市职业大学学生军训优秀学员名单

机电工程学院

罗云俊　刘慧慧　陈　玉　徐梦蝶　宋　叶　惠　浩　杨卓勋　夏　千　陆　凯　唐苏洋　许逸聪
杨洪亮　王文全　邓宝翔　张　伟　陈子龙　司新建　肖一波　冯文杰　王旭东　吕　健　高　将
李　舟　沈　杏　闻　亮　李　赛　杨　海　谢佳乐　石　磊　马　也　施开元　李意状　徐程慷
陈星宇

计算机工程学院

吴家兴　李　恒　王毅超　杨秀强　朱云洁　王文静　喜嘉欣　刘　成　刘亚龙　王俊杰　何明明
任彬彬　蒋茜茜　丁　雨　赵丽成　吴殷茹　刘毛毛　马立彪　张天琦　臧嘉文　王嘉奇　王建昕
朱文轩　魏　鑫　陆莹莹　宋鑫键　叶富成　代　雨　刘争先　叶　添　周　游　王赛楠　冷冬升
王笃鹏　王玉清　欧昌婷　丰　震

电子信息工程学院

李嘉乐　陈　俊　闫瑞君　史嘉诚　陈瑞瑞　单枫清　周紫阳　姜丙州　程　祥　刘方琪　张红武
施嘉濠　吴　琳　赵志威　张佳伟　何　剑　张宇晨　房宏伟　王添州　李家兴　陈　涛　史维凯
姚　铭　曹瞳晖　梁文生　林邑川　杨晨瑜　谭　涛　李景家　韩仲洋

管理学院

朱佳佳　辛明轩　程　语　吴星好　郝辰泓　李思豫　曹春燕　杭　莹　程　鑫　耿子健　王雪凤

陆　震　吴亚茹　徐浩宇　朱晓彤　徐　辰　杨　雪　张　耀　李　林　姜海洋　王雨荷　车锦月
席亚丽　李　洁　唐嘉遥　李定香　严晓怡　夏威益

商学院

王　慧　李丽滢　吴灿坤　高家琦　李佳文　黄春雨　刘文佳　李　解　代　炎　李佳莹　侯　秀
何　菁　崔庆昕　章　莉　殷　琪　倪　倩　向莹莹　朱　莹　陆页晓　佘陶钰　沈　彤　葛　烁
王　静　孟宇轩　王　静　颜积河　董怡君　张梓召

教育与人文学院

李　禹　杨　子　黄　雪　赵　玉　马思毓　何玉娇　胥　蕊　陆舒婷　胡明珠　袁　欣　李朝兴
张　缘　招　琳　柴森林　钟慧云　郑　杨　高　晶　赵艺文　魏丽娜　仓　拉　占　慧　颉雪芳
刘玲玲　孔玉娴　权姝如　张文莉　孙梦婷　张　简　杨俊鹏　史丹妮　赵　瑜

外国语学院

吴　梦　覃乘玉　黄依玲　刘　贝　司雨婷　陆温沁　王淑岑　甘　苗　舒琴琴　王　琦　李园园
田心雨　徐雪婷　覃森连　苏海洋　夏　婷　周　玥　王白雪　马春春　吴淑玲　毛　琴　赵晗宇
邹纯朋　杨　洋

艺术学院

杨正标　臧乾旭　童子芮　朱奕波　董仁丽　李馨乐　陈秦安　李　雯　傅方璇　钱喜蒙　胡　睿
唐　尹　李　柱　汤　培　龙梦菲　张　帅　於敏燕　陶　婧　朱　颖　王立碧　葛莹莹　徐　竟
林隆隆　皮子芮　吕何君

体育部

梁　林　张宇朦

校园之星名单

2018年苏州市职业大学校园之星名单

机电工程学院

陈文静

计算机工程学院

殷嘉佳　刘超华　瞿　伟

电子信息工程学院

王　成　于立佳　李亚捷　韦婷婷　黄志坚

管理学院

姜雨婷

商学院

蒋志其

教育与人文学院

许　欢　闫　震

外国语学院

孙　华　朱楠楠

艺术学院

刘　芸　庞聪聪

体育部

朱守振

获各类奖（助）学金学生名单

2018年苏州市职业大学学生获各类奖学金名单（全日制）

国家奖学金

2018年苏州市职业大学学生获国家奖学金名单

机电工程学院
李　安
计算机工程学院
殷嘉佳
电子信息工程学院
于立佳
管理学院
姜雨婷
教育与人文学院
闫　震

国家励志奖学金

2018年苏州市职业大学学生获国家励志奖学金名单

机电工程学院

韩盼盼　贾雄荃　张万里　丁　琳　胡炳彦　赵祥文　刘　叶　张北大　陈　宏　唐珊珊　王新林
赵等宏　张坤仑　郭士政　孔伟国　袁帅帅　许　伟　张文豪　曹　庆　姜陈陈　马千鹏　濮海祥
周春阳　牛诗惠　梁浩宇　朱新叶　李　昂　蔡越猛　严军军　林　帅　王彦錡　王　飞　王聿杰
化飞龙　李雅斌　张启敏　李晓静　吴战胜　王炳杰　王静茹　梁　玲

计算机工程学院

王　芳　周　爽　施金涛　孟　韩　沙　悦　李梦圆　刘超华　朱　训　张　驰　封斯文　王　婷
王缓缓　许　佳　于利雯　张梦露　潘　悦　文　姣　王彩云　薛　含　邱　晓　孙妍闹　桑爱兰
朱镇祥　杨　敏　陆佳兰　尹慧星　孙　诚　陶馨荷　王园园　梁富晓　曹　忍　王　楠　郭在旭
宁　婧　何　慢　张振满　张清荣　朱文静　任思艳　曹秀文　殳卫军　姜　昆　谷取民　朱铭铭
杨　锐　邹丽萍　杨佳静　吴海洋　徐苏婷　陈　云　焦　悦　瞿　伟　李　伟　刘　云　候瑞林
于文苏　孙艺纱　丁海燕　王　松　王　超　李鑫龙　刘梦娇　邵泽瑞　丁灿灿　李　颖　范　伟
刘孟茹　高天秀　郭　颖　嵇金莲　钱宝茹　刘成志　孔纹静　武佳宇　李　双　陈思屹

电子信息工程学院

席文凡　高　青　张小康　王成磊　崔　娜　王　成　胡龙珠　赵月阳　王　严　李思梦　王　迪
王雪纯　陈志茹　马　亮　蒋　玥　张　硕　于　愿　刘树杰　郑小康　朱朦朦　李材祥　袁　潇
司琪斤　邓　雨　王　怀　张志强　蒋谊冉　朱扬烁　刘　超　冯　振　吕张飞　王慧敏　王　胜
石培峰　殷　婧　周　畅　戚　强　姚　震　孟令辉　焦长猛　刘文秀　周有为　杜　琳　李天唱
何　峰　代现成　李　妍　徐廷宽　董　森　王　景　常金龙　孙慧影　黄　芬　刘淑慧　曹淑婷
刘智文　王红波　叶　蓉　陈　晨　胡令帅　穆旭梅　张意焜　韦婷婷　李　营　庄　森　周桂林
王录红　裔金晶　邓明玉　胡　宇　潘晓雪　刘浩义　韩　政　苏　硕　徐叶甜

管理学院

陈海英　卢春云　段秋萍　罗凤　刘岩　仇文婕　王贵武　胡跃　丁慧妹　曹方方　王茹
孟娜　阮爽　张令伟　熊喜媛　周馨　颜世平　李思彤　曹媛媛　杨曼曼　季文静　杨佳莹
李淑　李文玲　花淼　季慧　李仁会　陈彦顺　孙静南　张雨　王梦　宋丹丹　王恒惠
郭琪成　陈静　刘慧　陈青云　张允彤　戚荣芳　蒋东茹　叶柳　张明达　孙丽娜　闫兴伦
张玉蝶　石冰艳　李玉玲　王洪运　蒋佳惠　潘茴玲　张娟　郑娟　王露　赵慧媛　汪婷婷
卢娴娴　张婕　祁康宁

商学院

刘桂尧　魏双燕　黄燕　尹丹　林婷婷　杜颖　陆玲　赵冬晨　张晴　刘瑞晨　邱梓涵
刘静　朱婷婷　林晓琴　李滕　杨紫寒　朱雪婷　朱亚莉　季泊淞　赵梦　刘华超　许兰萍
吴小荣　吴丽琴　徐璐雯　丁相娟　张润　郁豆豆　王世伟　卜瑾　李莎　李维莹　丁莹莹
夏影惠　刘迎迎　程婷　姜怡妍　项亿石　包晨　岑枫　徐敏　吕叶　时伟婷　陈捷
周慧娟　张远丽　吴芳　张赢心　耿琳琳　刘云　高雨杰　王天宇　齐亚男　许艳红　程蓉
杨小可　高秀芹　闫胜男　史成东　卜萌萌　夏委　王洁　武以婷　卞琳　季华

教育与人文学院

程品　蔡莹莹　王宁　裴徐　李乐　孙敏慧　王叶　曹新艳　李梦宇　沈芳　冯譞
孟羽茜　杨晔　杨逸　许欢　丁爱燕　陈雪娇　夏颖　董育云　周欢　毛方方　马婧婧
韩思纪　李玟玟　崔文文　汤玲　范海琳　王宁宁　王智康　王冕　郭悦　卞文文　郝亚妮
李楠欣　彭光兰　杨圣娇　王慧　解宁馨　韩秀丽　王小焕　王梦贤　肖咪咪　赵佩佩　姜丽萍
闫贵花　于碧芸

外国语学院

郑丽娜　吴蓉　沈芳　王亚南　黄思文　杨婷　满云　孙宇红　张梦倩　王漪　汪臣培
王燕红　肖红红　季婷　许丽　练鹏雯　朱莹莹　邓红玲　孙华　汪本月　徐静　贾汪
薛苏云　桂荣燕　周艳婷　王佳佳　张梦琦　赵瑞敏　仲丽君　陈田甜　姚梦　吴雷　张婕
朱许超　刘忠玲　董淑玢　陈子仪　冯纪曼　曹佳欣　杨慧霖　庄杰　郑又珍　孙彩蓉　邱雯霞
梁娜　谢仁婷　王春燕　林新宇　刘璇

艺术学院

杨青华　王雪纯　陶洁　汪漫漫　陈丽　韩雨童　曾莹慧　李玉玲　宋洁　沈涛　沈艳
张高洁　夏玮　冯清玲　姚兴沂　李蓉　潘素　周高原　朱佳敏　荆凤杰　段言　陈安妮
李尊贤　王瑞　黄猛　刘金鹏　车昌胜　刘来创　毕馨　刘乐乐　刘光辉　陈梦蝶　宁玉欣
张燕　戴海帆　冯钟秀　周梦圆　张颖　张茹萌　杨梦圆　陆晓娇　高艳霞　单丹　史梦茹
徐不号

体育部

朱守振　王恋恋

国家助学金

2018年苏州市职业大学学生获国家助学金名单

机电工程学院

柏勇　李蓬勃　刘远贺　任思闯　施兆龙　孙峰　万明　王尚　张国辉　张炎　费文帅
胡定位　裴宇　孙国瑞　王福莉　陈永强　李嘉仁　刘俊远　念扎　祁昌义　王岩　吴胜宝
纪亮　李欣鹏　王龙　吴雪凡　夏君鑫　张东东　张露镊　关济京　纪宣　钱凡　田九月
吴优优　闫茂松　张方元　张庆康　贾健宇　李兴华　唐立斌　肖达金　朱亚博　王亚婷　黄安驹
刘亚　徐文杰　闫贺翔　旃宏　张郑　周新颖　陈琪元　施正泉　刘招娣　陆智恒　邵梦林
万鹏展　叶鑫权　包兴威　程肖克　丁丁　韩宇　刘志强　王立江　闫镇　张阳　李泽鑫

滕　俊　魏加洋　孙运超　王　可　吴　忌　陈　帅　刘　帅　陆文龙　包俊杰　曹　宁　潘　浪
杨露波　程争争　戴正兵　丁　禹　杜润浦　刘家祥　沈文昌　徐壮壮　朱　锋　丁加瑞　高　逸
耿泽阳　胡江华　刘　恒　汪允天　许晨阳　杨　光　周张象　左惠明　梁　颖　董前程　高　猛
吴战胜　严　威　王　湘　袁海琴　印　杰　翟雨林　左海亮　陈　雨　冯阳阳　苗文涛　陈艳军
凡顺刚　封天赐　李健良　帅锡红　王　波　范智豪　吕　涛　彭浩然　石　建　王富祥　谢宝杰
徐　权　杨安磊　张文博　仲崇乐　杜茂壮　王山文　叶　铖　禹日强　赵　坤　仲晓祥　朱博晖
马鸽鸽　袁　丽　段伟军　李虎军　李　坤　李志钧　刘圣贤　罗川南　沈自然　王　忠　杨　杰
朱海潮　朱　慧　崔丁红　江维波　刘兖虎　倪庆安　汪国强　卫　建　肖科旭　张安吉　王海运
陈星月　杨志祥　俞刘英　贺庆忠　胡　腾　石宸宇　孙　杰　万斯文　靳赛赛　卢俊杰　袁旭旭
张　权　张万锋　朱永静　康　浩　曹亚星　丁　扬　董统一　唐传月　王梦祥　戴灵宇　杜武全
贺　晨　刘长琪　沈炳善　谢银鹏　熊　风　杨亮亮　张健玮　朱雨飞　卞　阳　衡亚南　靖超琼
卢思楠　宋莉莉　王　梦　吴淑雯　陈伟康　陈文鹏　杜佳琦　付金泉　黄　磊　李青荣　刘　涛
张宏飞　赵效一　常明佳　高林洁　侯筱萍　胡宏峰　李秋播　邵　通　周　超　黄迪迪　陈学良
张礼浩　张　睿　刘　毅　于东云　金孝峰　张　琪　汪晓龙　于　惟　马之辉　张康晨　刘冰冰
唐苏洋　王阳阳　李向雨　耿友才　夏昌茂　孙梦晴　郭雪成　黄永炜　刘　宙　付星友　杨洪亮
吴显志　张克琪　王文全　曹　旭　冯　航　周丽鹏　刘彦云　史浩东　刘明明　朱　奕　王　晋
郭志恒　刘　强　魏雪峰　徐森楠　李启亮　韦　洋　陈星宇　秦　冬　唐　露　王福瑞　顾禧彤
王　媛　范洪庆　杨　海　曹　宇　薛　翔　毛登坤　王　雷　沈振华　李　慧　王　军　刘　霖
高祥恩　高修韬　姜启亮　杨　闯　秦　乐　张业久　赵　帅　张　欣　魏　海　陈　尘　徐　毅
奚思成　石　玉　缪秋琪　郭佳龙　黄佳成　李　臻　肖一波　张永康　石　成　杨思考　何洪瑞
刘　荣　李其俊　孙　研　盛俊翔　杨大帅　郑江南　施开元　黄　金　郭冬琴　潘荣亮　罗遵贵
朱　伦　冯文杰　田玉祥　孙文祺　邵亚军　王旭东　邓茜茜　王心潇　王　鹏　朱　炯　耿鹏飞
李欣益　王东逍　陈金博　熊恩慧　梁智华　陆　涛　缑春旺　裴钰浩　杨雪峰　陶玉昌　吴鹏翔
孙长江　贡觉旺塞　洛松向巴　扎西措姆　尼玛见参　皇甫天赐

计算机工程学院

陈雪云　孙　霄　王　翠　徐雅晴　蒋　菲　梁江勇　倪　博　徐　乐　傅国宁　郭风起　徐迎虎
张思伟　赵华强　李心茹　刘本群　孟珍珠　王媛媛　谢海敏　严梦洁　杨瑞敏　张喜菊　赵　敏
顾金顺　姜康伟　刘　雷　王志强　张赫楠　李鑫锐　刘　梦　穆　青　吴　进　邢　伟　杨洁茹
张莎莎　乔一凡　王宗树　杜　雨　黄嘉伟　毛加利　唐一银　于晓飞　贺琳博　廉苗苗　徐珂珂
张　宁　张晓芳　黄宁宁　陈圆圆　李楠楠　郭俞辰　李　清　裴政洋　尚修鑫　熊汉洋　苗伟峰
周成光　陈惠民　李文浩　汤敦虎　唐家杰　夏　宁　闫　宇　嵇　文　刘苏心　王　蓉　朱陈盈
戴双楠　史向鑫　王　清　颜亮星　张　峰　李舒敏　刘　燕　毛凤娇　王水银　董智文　刘光超
汤仁杰　喜耀先　裴　静　武　婷　黄鹏程　刘　欣　刘烨林　孟晓晓　彭梓萌　王　雪　周　芹
滕　腾　韩银霞　钱　蕾　季增品　谈星宇　张　鑫　单紫雨　吴　娟　刘尚尚　邵明明　胡琳伟
张哲君　陈心想　范智琰　莫立程　沈志东　韦涛涛　顾　晨　吴妤玲　易　佳　刁　进　李　成
申　鑫　孙　昇　夏汉清　李　晴　孙笑颜　陈　召　丁正杰　侍亚男　王志超　张　雷　朱承朋
李秋月　钱奕璇　张丹丹　韩振业　江　超　孙金胜　王明浩　王亚辉　向　川　张　睿　马汇娟
孙莹莹　许爽爽　张梦琪　赵　悦　郭凯东　刘开旺　马　超　赵立升　刘　瑶　郭彦涛　李凌霄
刘　丹　陆瑶瑶　杨　青　常鹏超　尚豫帅　吴　震　张　洋　吕倩茹　张利芳　冯　祺　胡阳光
黄泽昌　孙　恒　王　威　吴　笛　张　伟　赵宝平　周　博　刘　兴　董阵阵　孙庆宇　王玉龙
吴　贺　谢成宝　叶旭辉　张昌健　张小虎　陈笑虹　葛菲璠　姜广宇　焦天鑫　孙家楠　薛玉盛
张　斌　张海东　赵华传　周文猛　钟会香　朱小虎　黄娴渭　王　璇　张　梅　陈云辉　孙海燕
夏紫薇　于方旋　张　晓　姜云峰　马　尚　茆海强　辛春兴　郁安强　戴　越　司天慧　王　菲
杨　悦　袁玉玲　赵　勋　李书杰　马守祥　张虎林　蔡兰婷　董　悦　蒋瑞萍　戴　盼　刘　浩

李晨晨　王知心　单岩石　刘倩池　李素素　仇荣芳　陈梅玲　刘邦义　胡明宽　张钰珩　孙晨茜
李正文　宁巍巍　杨　庆　张明秋　陶恩洲　徐文素　张士雅　杨文杰　张　建　尤丽娟　刘　成
范文斌　谭本发　张光彪　刘亚龙　王　默　任彬彬　许世娇　吴　远　祁　颖　陆　慧　徐梦雨
贺忠贤　李　刚　徐家乐　刘　巧　刘　英　陈怡爽　王鑫鑫　李金龙　祁凡凡　冒钧亿　李星雨
陈　旭　曹　俊　温　瑞　曹娟娟　李笑笑　高志政　朱　帅　屈　凯　秦思奇　董自豪　徐秩斌
陈红平　刘　洋　张福娜　刘　佩　祁　怡　张鑫鑫　贾文艳　陈　松　吴海峰　许宇鹏　赵岩岩
张　洋　钱丹丽　王天来　华佳豪　管小冬　杨梓行　杨宇航　代　雨　吴　琼　杨尚云　李学琛
董志威　张棒棒　刘　赛　熊传奇　徐　虎　王赛楠　侯婷婷　刘文静　朱雪宇　李学瑜　周　游
张　楠　王　成　刘　鑫　朱　江　陈　妍　季佳伟　程耀煌　李　明　尹晓龙　周　琨　郁亚滨
管勤勤　李富祥　曹泽龙　高立强　姚明圆　任雨梦　任碧琼　牛亚鑫　李晶晶　乐贝琳　钟　元
李虹嶙　周俊璇　余　勇　王明月　杨安平　杨秀强　耿　娇　唐　愫　王　婧　陈丽婷　谢凯智
谭佳龙　董志豪　张　婷　吕文娟　常　瑞　杨艺虹　刘宇芳　赫文飞　程思童　郭国静　刘晨宁
王志权　杨鹏玉

电子信息工程学院

葛　奇　李　江　欧国威　渠海峰　吴　凯　王慧敏　安政宇　李聪聪　吕张飞　潘金如　石培峰
王　胜　朱桂翔　庄久维　张荣荣　何　峰　周立伟　蔡　静　李材祥　刘潘阳　王祥祥　张福康
邓　雨　梁　雪　司琪斤　袁　潇　王　怀　余晓龙　张子翔　左仁元　高　青　席文凡　赵　旭
蔡景情　万佩鑫　杨启明　姜婷婷　吴雪雪　郭芳全　王成磊　杨晓辉　张小康　漆芳婷　张芳芳
万全新　王　成　李　冬　刘　路　刘宗健　赵月阳　常金龙　单中洲　郑昌宇　王红波　陈　尧
刘智文　辛坤亚　黄春桃　刘晨冉　叶　蓉　赵梦影　董梦磊　孙　科　朱翔翔　陈少杰　李峻锐
宋威华　周　赟　李思梦　王　迪　王　严　高敏成　管明杰　钱　勇　张多多　张　笑　朱向伟
姜　钱　陈　庚　付　伦　王义洪　张光甫　张　翔　张志强　朱宇航　姬子鹤　林　勇　强　威
韦　天　赵舒畅　周　壮　邓帆帆　胡正海　李蒙恩　陈南阳　徐　勇　闫志超　周世豪　王录红
裔金晶　陈志铭　戴广泽　江　聪　吕钰瑜　马芝洋　穆加顾　瞿绍禹　王家乐　徐　振　于梦圆
张鸿飞　张开元　邓明玉　孙国慧　蔡超锐　李景文　李世昌　马　翔　宋庆祥　穆旭梅　张金凤
陈志麒　郭　琦　罗昭洪　倪志超　苏仁灯　孙益鑫　王贵洲　王　欢　武贤东　李林敏　谢寿凤
李成龙　李　龙　宋传浩　王家亮　严　智　杨珺睿　周宫民　蔡开霞　房　袁　黄爱华　李焱鑫
李　园　张金枝　韦婷婷　韩绪凯　钱　刚　朱宏治　曹　盼　罗泾源　王晓娇　闫　菲　朱丽丽
杜长飞　黄　涛　石星虎　王　琦　霍　静　陈东柱　韩宗俊　姜　超　李　鹏　秦文斌　王金伟
李　霞　孙扬博　胡天池　靳晶晶　韩永春　陈　康　李　逍　吕森森　金　宝　朱勇成　李兴旺
杜继锋　樊　荣　王青健　白文海　吴尚然　鹿维维　何金城　单枫清　赵　魏　李仁龙　李岩松
李忠政　薛斌斌　户亚龙　周紫阳　卞俊龙　孙　涛　孟　东　徐元龙　鲁赛赛　常维康　张　旭
吴佳军　陈明仁　刘　旭　徐文杰　靳　部　刘方琪　程　祥　高雪琪　倪靖怡　祁文静　彭震东
王　普　张宇晨　张诗琪　崔　晓　钱泽宇　刘　帅　耿文昌　王忠辉　霍召龙　王胜楠　张　闯
张雪丽　彭继红　常国杰　李光根　骆新琦　张忍奎　安凯凯　李家兴　曹钱生　周海洋　蒋璐月
夏　颖　李业健　田　雷　孟　婷　杨欣玉　卢明汤　顾小龙　蔡　威　赵志威　张子豪　王　振
苏水娇　白菱草　秦慧敏　李琳莹　李　刚　李　帅　胡建斌　王　伟　赵梦诗　张　娟　朱丹丹
于静文　刘华龙　张志恒　张兆源　张德民　马　凯　晏帅杰　刘高靖　吴　明　周兵兵　田迎迎
徐秀子　谌跃龙　张　威　李　涛　杨明远　强建忠

管理学院

王姣姣　杨华飞　张倩男　刘成义　袁慧玲　张　咪　曹方方　孟　娜　阮　爽　田盼盼　王　茹
杨思文　张美琴　朱　杰　罗宝红　毛　磊　李　盼　王苏南　王　芝　周佳云　朱　杰　李　强
莫　驹　马舒寒　申　丽　孙　洁　杨海霞　张敬之　蒋　礼　邵钇杰　崔花艳　李梦元　杨丹丹
贠芳玲　张廷廷　赵萌欣　赵为兰　陈莉莉　刘晓芹　陆　瑶　魏玉杰　杨梦娇　张佳佳　张文文

朱芳芳	郭琪成	姜红芳	尚晓娟	王恒惠	魏梦琳	徐敏婕	杨冬晴	朱月梅	施迎忠	蔡飞艳
胡金娇	秦　颖	岳美辰	张　莉	周　月	张正兴	房晓敏	李　丽	徐庆雯	张曼青	朱封茜
王　霞	戴丽娟	任　媛	孙方圆	王彩进	姚忠园	金　盼	刘莹莹	张　鑫	周媛媛	朱媛媛
李竹兰	周明尧	朱成凤	张宇翔	曹季伟	房悦悦	吴新婷	肖树云	周雪婷	陈　雪	丁容容
方萱萱	付俊莉	李慧然	余梦婷	张梦莹	朱启芹	江雯雯	陆依涵	孟露露	孙梦婷	单文静
刘诗宇	钱文雅	孙丽敏	谭秋萍	王禹含	杨　晓	郑　蒙	王　慧	王倩霞	朱　迪	李易泽
丁　静	杜梦君	彭程娣	孙庆雯	丁传安	孙高融	丁文芳	胡　洁	贾必艳	李晓榕	陈瑞峰
郭平衡	戴　娣	孟玉萍	曹赛南	单　野	陆宝宇	王士威	刘　文	唐思雨	王凤雨	张兴霞
周朝霞	钱新科	王朝辉	郑安健	万春艳	英　超	张贝贝	朱鑫鑫	左　如	穆如峰	杜媛媛
刘佳佳	祁康宁	颜子涵	朱延朝	宋　轶	王晓芳	熊兰丽	张姗姗	郑晓雨	丰秀成	刘玮轩
范迎来	胡云燕	葛友路	赵智晟	董杨琳	蒋黄玲	李　月	覃黎黎	王瑞娥	谢美娜	朱玉婷
黄　鑫	梁乾龙	马海洋	张有前	朱佳佳	薛　莹	孙　浩	张婉婷	李红琴	葛保利	何雅洁
吴　迪	陈　云	王银月	程　语	勾小月	赵　森	郭丽霞	高红清	卫龙博	景　通	武玉龙
曹春燕	蒋佳荣	褚　莹	吴佳爱	赵宇婷	沈子涵	赵　雨	高　格	潘筱怡	张隆朕	靳　轩
徐世纪	王硕硕	吴茂臻	蒋洪燕	付家威	朱筱筱	胡俏俏	李　丁	张国浩	张　凤	朱悦悦
孙晓艳	刘　婷	张廷廷	廖双双	谢岳桐	杨文玉	郑　文	郭壮壮	陈　浩	陆德让	胡　威
包勇军	李　雪	陈明娜	陈　娟	李沛龙	邵明珠	杨甜甜	杨弯弯	蔡淑婷	季程南	田子祎
万海峰	周　航	杨　扬	李　凯	刘　盼	白月飞	陈　洁	独梦婷	李　林	刘晓燕	孔文华
思　友	朱鑫鑫	王　媛	张志伟	魏礼娟	荣丽娟	张　桐	王　驰	刘　鹏	张艺露	李格格
席亚丽	武明会	廉曼曼	王　迪	尹　颖	张梦婷	赵　颖	李文洁	李　邦	瞿欣华	唐嘉遥
唐治学	周　舟	李定香	盛　杰	姜楠南	周梦宇	贺梦梦	彭　欢	郭媛媛	陈格伊	李立娜

商学院

陈慧杰	董栗莲	韩永正	嘉俊霞	李雪薇	王　盈	杨爱多	杨娇娇	叶香丽	高志军	何金存
朱潇涵	蔡秀秀	柴志双	陈甜甜	陈莹莹	崔　娜	高　静	李　萍	秦　彤	孙苏芹	王　帆
王　徽	王雨晴	韦亚静	武月芳	张苏莹	张婉婷	郑雨诗	仲灵芝	周玉洁	翟永杨	张子月
张佳峰	卜梅莹	曹晓锐	陈　云	董慧慧	高　婷	李文慧	刘　秒	刘艳文	王明静	张　勤
朱春艳	封　云	龚常玮	李　瑞	王娜娜	王　秀	咸玉清	云凤娇	周海庆	张　驰	陈　蕾
高明月	刘　妩	王媛潇	薛卓林	叶　茹	曹姗姗	陈其洁	戴　茹	杜　蜜	黄笑笑	井　慧
邱　悦	杨　晴	张　亮	张天笑	曹袁芷	柴诗语	陈　瑶	刘　露	刘小利	穆　梦	孙明惠
田　静	王秀洁	杨千姿	张童童	何净波	李团结	芦　青	陆　洲	丁荣荣	房海燕	冯艳娟
傅　莹	金　鑫	李建蓉	沈　贺	孙　弛	吴秋媛	杨　芹	余　扬	张雪儿	张　也	张宗怡
丁增光	陆宜文	殷长旭	张　乐	卞月清	韦　珊	吴　月	纪甜甜	尚甜甜	王梦雪	朱天凤
李文涛	傅恬滢	朱心语	于法江	蔡甜甜	焦　娟	穆诗洁	秦梦婷	张萌函	郑　铭	周　瑶
周园园	朱聪慧	侯叶蓓	莫钧铄	杜　倩	胡　娟	王元元	张海燕	张书云	赵雯雯	赵　琪
何　月	徐玉文	严　亚	江　瑜	滕凯莉	王　璐	王彦彦	张　朦	朱彩琴	顾美霞	李春苗
李梦蝶	王　静	王倩倩	郭　政	钱忠伟	王梦姣	徐　衍	崔　娇	郝胤恒	闫　红	刘　业
侍　继	王石豪	刘金梅	邵惠红	褚梦涵	邓　萌	高　媛	郭　曼	靳莫新	苗思琪	明凯婷
王　敏	王星晨	杨文婷	袁　瑶	鲍宜钰	王依宁	辛晓彤	董振宇	汤立春	梁启婧	马春雪
吴　婕	付文丽	高琪琪	李石秀	李小丽	吕红梅	魏俊平	张　亲	王有顺	段育芬	黄　玲
黄玉梅	李静怡	韦思敏	周云莉	曾虹雨	陈　峰	胡婷锶	梁洁恩	熊艳琳	张唯伟	朱雾莎
王　旗	陈慧娟	陈悦欣	高雅祺	苗雨晨	杨慧敏	付　杰	韩　江	刘文正	吕宗虎	程双双
戚　凛	褚子微	郝　静	马皓若	王　慧	孙　莹	陈雨涵	陈慧颖	赵金玲	吕冉冉	王思新
刘尊超	宋卫星	王佳强	朱翔宇	李江南	王浩远	高家琦	朱倩倩	刘　蕊	张芬芬	张　钰
李忻月	吴林泽	魏心意	周　晨	沈如意	黄茹苑	王雯绘	尹中一	卜令娟	王　雪	王繁繁

戴　吉　周天智　王　辉　邱晓云　李燕美　陈小慧　沈　婷　张桂兰　董　岩　李佳莹　张　玉
王　琪　徐苗苗　仲召文　吴　碟　封　娜　魏思梦　贾沈瑞　侯　秀　荣可可　李保清　石义秀
张　恒　路小兰　赵　兰　向　雪　赵丹丹　吕会玲　伏芸芸　李曙灿　李　琪　杨婉婷　林　枭
田梦海　张敏龙　田　敏　张震寰　王宇皎　王宇凤　夏香音　徐　颖　王文静　程靖雯　佘思琪
耿佳节　朱　璘　严　悦　郑斯玮　丁魏魏　李　丹　谢　婧　吴盼安　马　敏　陈文静　殷碧玉
刘雅露　胡金莎　班丝丝　王　韩　钟熔岩　刘　迪　程诗琪　吉婷婷　董怡君　刘言言　仲甜蜜
仲许诺　陈　宇　高恩典　石　创　张　壮　沈邈邈　盛智超　董　帅　陈玉晶　张发玲　常晶晶
田义源　颜淑琴　王　娟　李　伟　陈　晨　蒋　莉　韩悦悦　吴娜娜　王艳梅

教育与人文学院

陈欢欢　崔欣欣　郭鑫雨　康　玲　阮凤琰　王高玲　王　丽　相　也　徐　苹　闫　芳　杨梦云
张远娇　付美东　李　巍　范春燕　舒　娟　张雨涵　周　恒　陈小春　丁　爽　董　玉　房晓晓
李　丹　刘文静　倪庆梅　汪海娟　王露婕　王　婷　薛　孟　段　悦　靳春巧　李晨曦　李维俊
孙　芳　丁　扬　董艳如　高　颖　田秀娟　王　慧　王新月　王钰清　吴加欣　戴菱慧　丁紫薇
姜迎巧　卢慧玲　马洪鑫　汪晓慧　张　咪　周　凡　朱雨生　杜晓焕　梁　楠　王　娜　王甜甜
王星星　薛赟赟　郑明明　高　鹏　马玉华　钱　尹　徐　颖　吴大伟　徐苏州　蔡慧琴　蒋　邵
可　心　王　媛　王宗苗　夏礼芹　闫　震　周　欣　马修娴　蔡汉娟　卢琼琼　张　芸　仲涵玉
杜　燕　李玉静　刘姝欲　邵　晴　王　慧　王秋梅　王馨悦　印学芳　张春雨　张梦迪　陈　岩
陈　英　高　淳　黄　静　康慧敏　王美丽　张一男　郭保鑫　吴　科　杨新民　陈　静　成健华
单超云　郝美丽　李　倩　莫永凤　周弘瑾　耿腊花　徐明月　章若彤　朱红翠　李丽萍　马安霞
张月影　范月秀　卫晓露　夏晶晶　丁　文　高舒逸　龚　莉　何　茜　李　荣　李征征　侍宇婷
王晓晨　朱南舒　庄玉灵　卜奎翔　余红娣　张　雪　蔡晓艳　戴海燕　高宁宁　刘佳敬　刘诗羽
吴丽霞　杨玲馨　杨玉洁　杨　周　史林鹏　张志强　伏晴晴　骆园园　王　茹　黄梦欣　王阳阳
张梦娟　孙梦杰　李福云　李菊香　孔玉娴　姜　翼　李富娇　马娟丽　张凌敏　杨　梅　潘梦诗
郭世龙　宋晴琳　刘雨婷　陈华敏　刘丹丹　张文莉　叶家慧　吴彬连　梁秋芗　史　瑞　周贵娟
孙习文　杨　杰　李　骞　曹金锁　顾成慧　周丽琴　刘俏俏　程静芝　刘景娴　仝玉波　何玉娇
英　语　龚　芹　赵　纹　吴巧巧　吴　玥　范天宇　刘　柳　徐洪勤　孙建圆　钟慧云　朱凡苏
董　琴　杨权勇　白小凤　李晨晨　覃佳欣　周　敏　许子玉　颉雪芳　仓　拉　程　琳　啜琪茹
丁　恒　吴　健　马爽爽　赵浃辰　卢润发　金　震　顾冲冲　彭宗英　孙文静　张　妍　李　倩
王　冰　周　旺　王鹏轩　王媛慧　宋涛娜　王雨露　李毓彤　胡　婷　简芳娥　涂田田　董春光
林斯琦　穆少枫　樊慧杰　代金超　马　萁　石嘉伟　张云福　李　发　石苏克　朱琪太瑗

外国语学院

董爱心　李铜灵　王　玥　魏守艳　杨树敏　赵瑞敏　仲丽君　陈田甜　杨星星　邓　颖　荣苗苗
王文杰　姚　梦　袁　月　张　婕　吴　雷　陈倩婷　程佳玲　华志霞　季　婷　王燕红　肖红红
熊珊珊　张　莹　周晓雨　邓红玲　练鹏雯　邵晶晶　孙　华　汪本月　徐　杰　许　丽　朱莹莹
陈尚如　桂荣燕　贾　汪　徐　静　薛苏云　杨　雪　张　静　周雪英　胡　艳　李　琴　李　颖
卢静秋　覃容竞　王佳佳　席芳玲　张梦琦　周艳婷　黄思文　刘　琦　沈　芳　王晓漫　王亚南
吴　蓉　郑丽娜　达媛媛　邓洛丹　刘满云　宋双双　孙宇红　王荣耀　王　漪　吴　祎　徐　佳
杨　婷　张梦倩　燕旭杰　梁　敏　刘爱平　邵燕萍　覃语鑫　汪臣培　王文静　赵梓汝　黄　超
晋朵朵　倪娇娇　潘　珊　田慧慧　朱许超　方万泽　黄胜青　缪汶倩　孙　星　詹　雅　张慧婷
张音音　郑又珍　王　鑫　陈　宁　陈永平　何肖肖　刘方静　孙彩蓉　邱雯霞　杨　雪　朱李凤
梁　娜　刘艳菊　左丽娜　廖祎琳　陆开珍　申先艳　王春燕　韦金玉　谢仁婷　张婷婷　赵世英
杜丽丽　林新宇　刘　璇　马亚琪　宁榆茜　孙秀丽　姚　敏　曹佳欣　陈子仪　董淑玢　冯纪曼
刘忠玲　齐婉芹　杨慧霖　党娇艳　沈梦飞　唐志金　易文沁　庄　杰　刘　江　李　阳　沈亚玲
张慧腾　王绘宇　邢思思　王　盈　熊长青　沈宝仪　张宣宣　陈云亭　孙婉婷　曹宁宁　李真真

杨维清 刘善义 黄清梅 张光菊 张小娟 何秀秀 张 宁 张馨予 李昕然 李晓燕 侯国荣
成 虹 鲜佳佳 王煜灵 周遵美 赵仕芬 邹纯朋 李 涛 赵晗宇 赵成伟 盛 倩 王健苏
钱晓丽 张梦真 魏硕池 薛燚涵 何 静 田 静 崔付敏 黄建宇 章 苗 吉阳丽 张颖颖
刘铎翔 张茂袁 罗雪艳 黄梦真 覃淼连 王春华 陆慧玲 张 娟 王俊玲 曾桂英 王泽龙
兰丽芬 林 茜 石红周 马 融 罗振财 文林玉洁

艺术学院

郝思曼 徐 佩 朱梦凡 朱妍妍 费宇坤 徐 赛 陈 庆 黄芝薇 王敏婕 章新枝 范泽宇
李 曼 王 杰 黄芙蓉 李苗苗 刘 芸 贾 蒙 翟晓岭 温 云 张露露 曹 越 何 朗
沈盘春 吴琴瑞 龚 振 李佳鹏 王永康 张晓慧 张彩琴 何双艳 鱼 淼 赵芝茹 周雷云
王腾云 张 磊 霍亚婷 屠梦雪 胡家瑞 靳 雪 许阿倩 陈进南 李永刚 徐佳辉 李乔乔
吴 佳 刘 玄 嵇彩玲 李 晴 周 颖 蒋骄阳 坚 蓉 张梦宇 高 冉 李浩东 雒焕奎
郑涵丹 陈 实 杜天佑 刘 娟 叶 杰 梁玉燕 孙 洁 石瑞雪 孙梦梦 吴寿兰 刘雪倩
尚雅静 徐 邓 孟庆金 吴 迪 卜 霜 宋笑笑 唐 妍 王 静 黄 敏 戚继园 祖益凡
薛林坤 孟 娇 涂永娟 许 豆 李冬月 蒲兆慧 韩 莹 张芳敏 刘 迪 吴千明 邹昌浩
张梦梦 闫 缓 杜滐伶 黄海敏 杨 微 黄 欣 王 静 李孟蓉 甄 乐 杨正标 陈建华
刘大山 孔垂鹏 姚 颖 陈佩伦 赵卢穗 周子惠 戴 明 钱喜蒙 仇 艺 谷海荣 袁美洲
伍欣悦 周安琪 仲崇洋 刘格格 陈 硕 周子贺 王通淼 党娜娜 朱心慧 武晓转 王欣月
陈 凤 龚小娜 侯 静 郭嘉丽 蒲朝永 汤 培 相传兵 朱佳雪 张彩云 王思源 周静雯
王红梅 南 芮 王腾腾 张盼弟 陈丽娟 高佳敏 黄欣欣 苏 逸 章 琴 王一华 陈奇石
李 静 葛莹莹 颜 艺 何文琦 刘梦梦 王立碧 孙兴浩 王 飞 皮子芮 伍幸子 韩园园
刘 汝 黄单单 王建康 柴 景 孙家赞 张 科 巴桑次仁 加永拉姆 洛桑平措 贡日多吉

体育部

张宇朦 徐世威 范小雨 王 展 李刘虎 张 颖 刘子佩

校优秀学生奖学金

2018年苏州市职业大学学生获校优秀学生奖学金名单（全日制）

机电工程学院

一等奖学金

张北大 蔡越猛 严军军 李 安 沈文昌 韩盼盼 丁 琳

二等奖学金

王 如 严承铭 曹 敏 陈梦婷

三等奖学金

葛有力 黄 安 熊 博 赵祥文 唐珊珊 王新林 张坤仑 孔伟国 袁帅帅 牛诗惠 朱新叶
陈佳孚 季肖军 高 翔 唐海莉 林 帅 陆建峰 潘明亮 王 飞 蔡成燚

单项奖学金

徐缓缓 曹 庆 姜陈陈 马千鹏 张 亮 张 越 杨 玲 周明月 刘凯伦 陶吴家 王博文
吴大双 张慎法 冯本成 陆跃跃 濮海祥 苏 谦 田华宇 袁 涛 赵家林 周春阳 刘 叶
胡炳彦 李大臣 吕天奇 张智斌 陈 宏 郭士政 张仕岩 赵等宏 李福利 许 康 许 伟
姚 猛 张文豪 张 跃 赵经纬 李欣桐 潘 雨 秦紫月 顾天天 梁浩宇 邵寅生 陆新灵
陈 羽 李 昂 崔翔翔 王彦錡 刘蕊铃 贾雄荃 张万里 黄 敏 肖雅云 薛 倩 李祥鑫
倪春瑞 尹 星 梁 玲 王静茹 张倩倩 李梦婷 孙 旭 苗康宁 吴战胜 严沙徐 毛成敏
陈延杰 凌宇辉 范伟康 化飞龙 江 岩 李令铎 李雅斌 王聿杰 张启敏 李晓静 陈涵雨
赵 阳 王炳杰 蔡兵兵 王明亮

计算机工程学院

一等奖学金

周 爽 夏振新 丁若丹 仝梦奇 何 慢 郭在旭 高思齐 张振满 刘孟茹 荣 欣 张 颖
周 颖 朱镇祥 王园园 殷嘉佳 陶鑫琦 曹秀文 张明静 朱丽彬 朱铭铭 邹丽萍 朱 训
仇思琦 张梦露 邱 晓 桑爱兰 李鑫龙 黄娴渭 孙艺纱 瞿 伟 沈佳颖 何 瑾 黄 鹏

二等奖学金

盛 怡 施金涛 张雨琼 王 楠 陆佳兰 杨 敏 刘瀚骏 陶馨荷 田雨恒 张清荣 朱 玲
王紫阳 康 慧 王 雪 杨忻怡 张 驰 文 姣 朱莉桦 刘梦娇 于文苏

三等奖学金

笪凌蕙 高梦霞 李梦圆 孟 韩 孙依婷 谢淑婷 周凤婷 刘梦业 章安乐 周 浩 洪思寒
李海丽 李雪寒 林瑜玟 沙 悦 徐 苗 吴旭迈 宋海平 肖泽凯 曹 忍 宁 婧 王 瑞
周诗家 丁 悦 陈丹丹 王 菲 张立娟 高一帆 任思艳 周佳丽 顾建保 曹 渲 谷取民
郭 晶 杨 锐 石雅宁 杨佳静 张辛茹 吴海洋 封斯文 王 玥 王彩云 薛 含 孙妍闱
高丽洁 郭 宇 孙晓雯 徐 鑫 葛一丹 张 宇 施佳丽 缪明晖 王 超 王 松 丁灿灿
顾 晨 周 钿 李 伟 候瑞林 李 双 常 源 姜舟洲

单项奖学金

陈心怡 李 凡 刘 茜 刘艳文 裴 静 王文静 郑婷婷 朱 香 封功远 苏军宇 屠坤明
陈 鑫 高天秀 郭 颖 季圆圆 郎杨婷 刘 欣 彭梓萌 王 雪 谢 宁 尹伊君 朱明星
居 峰 滕 腾 王 锐 梁富晓 乔一凡 邓 媛 班成燕 陈雪云 孔纹静 尹慧星 孙天宇
包 蕾 何 仪 刘 莹 孙 诚 韩 倩 滕 燕 张怀玉 朱文静 雷 真 林家楠 殳卫军
杨城丹 姜 昆 季 爽 徐苏婷 朱 玲 程浩东 梁学磊 马 恒 聂亚雄 王 胜 王子庆
朱 颖 蔡胜男 嵇金莲 李丹丹 刘超华 钱宝茹 宋 晴 王缓缓 王 婷 周 灿 朱梦雅
苏志华 张 俊 韩 颖 嵇 文 缪伟芹 秦怡娇 许 佳 于利雯 刘成志 董 媛 潘 悦
赵红艳 刘光超 谭春贵 赵佳豪 代静俊 崔洁贤 李若娴 王远程 陈 婧 陈 云 程 雯
蒋梦楠 金 旻 李慧敏 武佳宇 张梓萱 朱倩华 姜新竹 焦 悦 孔丽洁 王宝玲 王治钰
吴贵琴 张 慧 宗婷婷 胡建梅 胡文龙 陈 培 戴 越 胥友鹏 杨 旺 张 鹏 李建莹
陈冉冉 黄嘉洁 蒋嘉雯 马晓婷 朱媛汝 殷勇斌 曹鑫鑫 丁海燕 顾淑燕 施银莹 吴琪雯
吴小玲 周晓钦 陈思屹 李 昂 伏 星 陈 胜 邵泽瑞 肖 戎 张 硕 陈 睿 黄 丽
李 丽 李 颖 孙闽斓 李荣标 陆英健 邱 野 安骞骞 范 伟 刘 云 王 芳 周 敏
陆瑶瑶 赵 璇 袁 鹏 王思瑞 李 英

电子信息工程学院

一等奖学金

李亚捷 马成兰 仲文君 张志强 朱扬烁 王慧敏 冯 振 吕张飞 王 胜 左 楠 高 举
孟令辉 沈 磊 张 文 周 畅 蔡海良 陈 建 代现成 杜 琳 王 晨 周有为 于 愿
张梦奇 郑小康 李材祥 司琪斤 丁雯丽 白 雪 曹淑婷 黄 芬 李 妍 刘淑慧 裴晓雨
孙慧影 王 雨 于立佳 朱 彤 常金龙 王 景 毕苏皖 王红波 许亚伟 刘智文 黄志坚
高 青 席文凡 史长宇 王雪纯 刘浩义 裔金晶 郁麟枫

二等奖学金

石培峰 刘文秀 浦文昊 张天翔 陈秋阳 蒋文军 朱朦朦 梁 瑞 徐星雨 张 硕 赵明豪
李 飞 王言伟 张 悦 吕梦雪 田苏云 黄鹏壬 吴婷玉 陈梦艳 李思梦 王 迪 王 严
杨天祥 李敬铮 段舒馨

三等奖学金

赵仁杰 冀春鑫 赵后达 郭寅虎 王朗齐 王云凯 周效威 裴存浩 彭姚瑶 樊 浩 郭 笑
李 帅 刘树杰 袁 潇 葛 蓉 朱砚薇 陈 晨 叶 蓉 朱翔翔 胡龙珠 邱 悦 胡欣怡

赵月阳　储海燕　徐梦婷　周　鑫　王　成　陈志茹　王士涛　郑博文　吴洲阳　杨博云　朱大伟
潘晓雪　韩　政　罗　芳　陈庚彪　苏　硕　肖富明　韦婷婷　秦丁丁　庄　森

单项奖学金

陈思荷　顾冬冬　刘　超　左承磊　胡迎春　钱国辉　吴朝凡　张　猛　殷　婧　陈小峰　杜志虎
杜洲源　韩　通　焦长猛　居泽桐　潘启峰　戚　强　唐文正　王奥杰　姚　震　张　昆　周　浩
蒋谊冉　何　峰　黄　冉　李天唱　刘　阳　孙　元　王子伟　徐　港　闫绍琪　何　松　蒋　玥
李俊来　马　亮　乔永健　任燕飞　邓　雨　张雅丽　刘梦宇　王　怀　董　森　申　虎　徐廷宽
黄须亚　张　迪　李鑫鑫　邱　阳　韩凯元　胡令帅　王如宪　顾　瑾　李凌云　崔　娜　王成磊
姚尔康　张小康　徐佚鋆　袁　佳　李志祥　倪　佳　蔡英健　胡　宇　姚宇阳　赵德晖　徐传旭
张晋铭　李甲可　张俊杰　马丹华　王录红　周桂林　杨　刚　邓明玉　马　赛　卫元芳　徐叶甜
穆旭梅　张意焜　王钰森　田林叶　张　晖　朱宏治　周　月　李　营　谈佳豪

管理学院

一等奖学金

陈越钦　顾雅楠　韩　云　刘东芹　刘　岩　罗　凤　齐淑敏　丁慧妹　王　茹　周媛媛　花　淼
江依雯　陈彦顺　姜雨婷　王　梦　郭琪成　王恒惠　成佃金　林夏青　郑　娟　郑一鸣　严秀华
顾怿琛　黄　莹　马嘉谣

二等奖学金

蒋东茹　陈海英　茆雪云　李蕙林　洪文慧　李仁会　花　薇　颜　蕊　胡可欣　徐海燕　张明达
花如梦　李　春　张玉蝶　征琳琳　宗　媛　陈蓓蓓　丁　乙　金　澜　张兴霞

三等奖学金

刘　慧　李思彤　孔晓雯　戚荣芳　谢　晋　侯梦雪　卢春云　王　玲　仇文婕　严　庭　熊喜媛
陈凤霞　李倩倩　李蓉蓉　李　淑　林　月　祁　硕　史金慧　张路遥　张　滕　陈　杨　李逸雯
王滢悦　吴彩云　唐　琦　孟莉莉　张　雨　费江南　陈　娜　徐　萍　王　露　吴　蕊　吴一纳
刘　雨　杨佳卉　徐　萍　许宇翔　张静璇　顾春尚　安丽婧　董莹莹　李睿智　李雨萱　林梦琪
钮晨怡　石冰艳　蒋佳惠　经　雅　李文意　李　颖　陆　艺　涂　煜　钟俊琰　蔡诗敏　陈佳灵
张　娟

单项奖学金

蔡蔓莉　陈　静　陈　琰　李红梅　孙雯雯　唐蓉蓉　昝　磊　陈青云　张　赛　柏珍珍　杜　静
李红梅　王文艳　周　馨　苟　鹏　卞蓝蓝　蔡飞艳　董　盼　刘　菲　沈红艺　王　涵　徐亚男
叶　柳　岳美辰　张明玉　张芸楠　周　月　时训川　安　楠　毕山朝　陈　静　段秋萍　侯淑美
潘　婷　苏豆豆　苏玮婕　徐安琪　张曼青　张琴艳　赵雅琪　朱梦妍　朱瑞凡　卞美琳　夏　凡
徐晶晶　杨华飞　胡　跃　袁慧玲　曹方方　成晓芳　戴桂兰　傅小倩　孟　娜　阮　爽　杜　兰
孟　宇　苏席席　王苏南　王　芝　吴　燕　颜　颖　陈　思　龚雪婧　胡　怡　孔雯雯　茅嘉怡
孟思晨　阚梦佳　王　倩　郁艳萍　曹媛媛　曾　娜　陈　薇　陈　纹　冯秀秀　葛　敏　季文静
金　鸣　李文玲　陆枫艳　潘　叶　孙连曼　王　霞　卫林燕　吴巧燕　杨佳莹　杨曼曼　杨　敏
余　露　朱欣宇　陶　达　毕胜云　丁雪雯　顾晨露　季　慧　季盼盼　金　盼　李庆芳　李诗玙
刘莹莹　刘　媛　陆苡萱　罗　洁　马倩雯　潘　娉　苏东瑞　孙　欣　唐紫琪　汪　梦　夏端玉
徐丽丽　徐星宇　徐逸寒　张　鑫　周媛媛　朱　婷　朱媛媛　杨首于　陈莉莉　李飞洋　刘晓芹
陆　瑶　宋丹丹　张莉君　陈　如　戴建敏　甘　露　姜红芳　魏梦琳　戴洋林　刘雅倩　王　慧
杨胜男　庄　耿　丁　静　彭程娣　秦宇鑫　孙庆雯　汪婷婷　王　甜　杨艳霞　赵慧媛　贾必艳
卢娴娴　马学茹　王彩凤　董佳怡　许　娜　张　婕　张晓艳　席中杰　张晶晶　冯龙娟　季抒禹
李　梦　刘佳佳　马佳美　祁康宁　辛玥儒　翟亚文　张舜杰　朱晚婷　常　蕊　黄小蓉　李苏蕾
刘佳珺　倪玉凤　潘　莹　沈佳艺　施　瑜　万春艳　王　芬　徐圣娟　叶　敏　尹　然　袁　琪
张　菁　周　涛　朱鑫鑫　金沈益　马　捷　陈玉莹　杨　天　张　津　王波澜　柴　浩　彭　霞

郭佳 孙丽敏 陈萌萌 陈玉 董文莉 付明洁 侯文静 蒋乐涵 冷晨颖 李玉玲 孟彦伶
宋轶 孙丽娜 王晓芳 王亚奇 熊兰丽 章悦 孟庆文 丁佳琦 顾秋彤 顾姝 胡云燕
华璐 蒋诗静 梁欣 孟凡惠 汪雨露 王洪运 吴雨莲 杨平 成旭 王伦 董静
华川 刘敏 马腾菲 潘茴玲 唐思雨 徐梦娜 杨颖 郭海峰 牟立夏 杨浩

商学院

一等奖学金

王志鹏 蔡婷婷 林婷婷 刘瑞晨 施冬青 苏凡凡 刘静 马媛媛 黄园园 季泊淞 李佳维
刘清 刘芸秀 岑枫 楼旭甄 武以婷 高雨杰 耿琳琳 刘云 卞琳

二等奖学金

薛蓓蓓 刘迎迎 刘华超 沈夏玲 刘桂尧 张玮 陆玲 倪晨丽 邱梓涵 周云霞 朱佳雯
朱婷婷 曹姝姝 赵玲 闫佳妮 杲灿 谢楠 胡恒祥 齐亚男 牟林 王康敏

三等奖学金

时伟婷 史羽婷 管丽琴 黄栩妍 沈林桦 王跃 吴丽琴 吴小荣 岳秀莲 张润 王世伟
黄燕 魏双燕 尹丹 杜颖 刘佳周 刘丽娜 王娜娜 赵冬晨 董聪 方明珠 李滕
林晓琴 潘丽荣 申郑菁 施恒翠 杨紫寒 周兰兰 狄晗娇 万进 张洪成 方昳欣 赵梦
李莎 秦军妹 秦梦婷 王云 邬新星 夏影惠 张雅婷 王萍 徐敏 吴馨怡 季小倩
张雅茹 乔玉贤 陈丽萍 李婷 王思懿 史成东 刘雨洁 吴芳 王寅 金妍村 沈厚甜
陆迎 王梦姣 王守圆 王欣欣 孙怡婷 徐景 方媛 季华 吴陈宇 武韶波

单项奖学金

柴志双 陈甜甜 陈莹莹 高静 王徽 王永霞 相露露 项萍 张苏莹 周玉洁 冯鼎
陈捷 丁佳柳 革宏玲 李金凝 施凉凉 邢雪姣 裔晴 蒋志其 程婷 冯艳娟 傅莹
姜怡妍 倪萍 沈贺 王海玲 杨芹 余扬 张宗怡 朱玉姣 陆宜文 项亿石 丁相娟
宋一璇 王晨曦 王梦娟 徐璐雯 许兰萍 赵敏 周红 周阳 马星怡 杨晴 周文雯
卜瑾 王阳 吴佳炜 夏林林 何净波 胡蒙蒙 李文慧 刘秒 刘艳文 陆云 王明静
姚佳乐 封云 刘瑶 张晴 朱香香 陈彤 葛书华 刘梦婷 刘雨 王丹 王茹
王雪 朱雪婷 陈梦媛 黄天荣 姜诗佳 秦隆威 王益 肖妍 余雨 张静 朱亚莉
何玲玲 华睿 金婕 尤芯磊 秦子格 丁莹莹 樊雪 冯仰鸽 李维莹 穆诗洁 沈甜甜
徐芳琳 于志慧 包晨 费梦辉 肖宜轩 周静 杨金强 陈晓月 黄丹 吕叶 潘存英
邱敏 沈妍妍 姜晓函 宋媛媛 宋紫怡 唐颖 王海月 王玲 韩雪 栾欣语 赵腊梅
高丽洋 顾瑾洁 施郁颉 王莹 吴田 徐芳婷 杨玉 卜萌萌 耿学萍 顾容嘉 苗雨晨
王洁 夏委 薛青卿 陈洁 陈璐瑶 薛萌萌 杨小可 袁文迪 张敏 陈妍 高秀芹
刘珍妮 闫胜男 殷丹 陈佳敏 吉玉婷 康倩 李凌晨 张书云 张莹 张远丽 周慧娟
曹娇 陈杰 何月 苏洁 汤婷婷 张赢心 张芝楠 周瑜 宗月 王天宇 华星月
周晨瑜 程蓉 黄梦丹 许艳红 朱佳琦 关悦 毛欣枫 毛宇慧 朱丽 权雯静 周玉琳
朱妍雯 陈琳 费文婷 李婷婷 王颖 吴婕 邱思佳 温敏

教育与人文学院

一等奖学金

蔡慧琴 蔡莹莹 程品 方丹丹 贾惠羽 江雨欣 蒋悦 宋琴 谭丽丽 王宁 闫震
杨雨佳 姚兰 周欣 李婉莹 杨清 翟康娣 孟羽茜 祁灿灿 赵晓云 朱荣荣 陈楠
高煜 李倩倩 周莉 高颖 黄晓红 李乐 刘梦 陆娇 裴徐 沈依婷 陈诺
曹新艳 黄书婷 刘慧 王叶 徐文艳 王依宁 卞文文 郭悦 王慧 孙星星 朱香凝
沈芳 祝若宁

二等奖学金

陈艳红 蒋心雨 石嘉蕾 王静静 王先玉 王宗苗 管云云 黄燕 冯譞 梁楠 任嘉敏

邵　鎏　肖媛媛　丁风仙　顾瑶珈　李　影　孟祥芸　倪雅雯　杨　云　殷李嘉　郑佳佳　顾　荧
姜雪佳　马俊玉　孙敏慧　李梦宇　王诗洁　赵　楠　陈　静　闫贵花　赵佩佩　任爱玲　于碧芸
曹文珺　李雨晨

三等奖学金

华竹语　邵可心　石紫柳　王　媛　徐文静　杨　香　张文颖　李雨晴　夏　琴　仲娇娇　杨可天
赵舒婷　周　欢　李　娜　毛方方　孙琳雨　徐晓玲　葛康妮　殷　妍　张夕璠　郑明明　高　鹏
马玉华　沈晓会　袁　莹　曹美丽　丁　扬　董艳如　宋路遥　王　慧　王新月　王钰清　徐苗苗
赵　曼　陈梦婷　陈蓉蓉　戴菱慧　何雨亭　吉雷雅　贾　佳　姜迎巧　李　霞　卢慧玲　马洪鑫
潘丹丹　汪晓慧　魏鑫鑫　徐丽媛　余文洁　张　咪　汪　彧　陈欣怡　沈香玉　郝亚妮　陈　盈
韩秀丽　贾逸平　马可贞　王小焕　姜丽萍　吕梦婷　魏　梦　贾红羽　孙扬扬　顾佳莉　高舒逸
汤　玲　吴昊敏　张　静

单项奖学金

胡文艳　薛天缘　韩　晶　林晓慧　刘　银　汤雨婷　王　婷　吴梦洁　许　欢　薛　孟　杨　逸
张　婷　赵倩倩　陈雪娇　丁爱燕　段　悦　靳春巧　李晨曦　李　静　李维俊　廉嘉仪　刘　倩
刘　妍　茆张霞　袁月月　赵梦玲　包文霞　董育云　郭鑫雨　康　玲　王高玲　夏　颖　相　也
徐　苹　张丹丹　张　雯　张远娇　蔡　莉　陈　敏　范春燕　冷　丹　沙宇宙　舒　娟　王　国
张亦秋　周　恒　周夕莉　陈思佳　王甜甜　杨　晔　张　丽　朱佳成　熊佳佳　钱　尹　张　琦
朱　倩　陈佳敏　崔素雅　田秀娟　刘良冰　查　欢　丁紫薇　范春雷　孙　周　周　凡　朱雨生
柏佳筠　曹微梓　刘昕茹　张玮璐　蔡晓艳　高宁宁　韩思纪　马婧婧　申　雯　张吉莹　陈静怡
成健华　韩　欣　郝美丽　王　玲　李楠欣　刘佳君　李丽萍　彭光兰　杨圣娇　袁佳慧　顾冰馨
卢琼琼　任　静　王梦贤　陈　颖　杜　燕　邱启洋　王秋梅　王馨悦　肖咪咪　张春雨　陈　岩
韩小炜　刘紫艳　缪媛媛　唐　娟　王美丽　徐凡轶　陈素雅　练　楠　刘爱静　杨春蕾　张　圆
王智康　庄威洋　陈静娴　崔文文　董晶晶　李玟玟　唐诗婵　王　菲　王馨怡　王　璐　陈思婷
吴凌波　陈欣钰　范海琳　龚　莉　何　茜　季勤雅　侍宇婷　徐梦凡　张琳琳　张文焱　朱南舒
赵情思雨

外国语学院

一等奖学金

叶莹莹　沈　芳　王亚南　吴　蓉　郑丽娜　张梦倩　蒋慧芝　汪臣培　王秦玮　温草雨　练鹏雯
陆立钰　孙　华　朱莹莹　李心敏　陆　璐　薛苏云　郭海静　王　颖　史正月　杨　婧　王　惠
余慧敏　冯　煜　柏寅松　林新宇

二等奖学金

徐淑婷　岳劭东　满　云　孙宇红　郑雪芳　朱靖圆　董青怡　花　珊　王燕红　肖红红　邓红玲
刘　妍　刘志翔　陈江伟　桂荣燕　刘雨轩　王　宇　张玉婷　付金梅　何　晴　叶盼盼　袁念翠
张梦琦　周　敏　张　陈　顾雅婷　潘　琴　段晓蓓　王　擎　姚　梦　张　婕　张　露　张　煦
吴　雷　曹佳欣　陈子仪　冯纪曼　刘忠玲　沈　怡　宋宇宁　王梦娜　杨慧霖　周丹丹　庄　杰
耿小娟　罗素娇　梅海燕　林文文　高若涵　吴　怡　赵文萱

三等奖学金

潘佳佳　吴　勍　吴雨晴　徐家盈　尹福旗　朱许超　黄思文　孙秀云　王　惠　王秋怡　黄　璐
杨　婷　张　烨　葛克丽　华志霞　季　婷　屠亚文　臧　清　柴瑞雪　胡若瑜　黄心怡　吕亚男
汪本月　许　丽　张忠瑞　朱　洁　贾　汪　李艳秋　潘子衿　伍玲慧　赵　婷　朱楠楠　莊庆宜
丁惠敏　祁　航　王旭颖　徐　敏　薛　媛　周艳婷　韩　颖　鲁继如　孙璇璇　赵苏南　赵瑞敏
戴慧慧　胡蒙蒙　汪　琦　王罗艳　王田霞　王中婷　翁颖颖　张　秀　张莹莹　李环环　荣苗苗
滕　颖　夏琪琪　许婧芸　杨浅进　招海伦　郑天琪　童雨可　陈　鑫　范甜甜　侯子艺　秦　缘
任苗苗　汪建君　刘　艳　孙彩蓉　张　可　张妩焕　周子泱　丁文静　范思佳　谢仁婷　刘　璇

袁　媛

单项奖学金

卞思敏　陈欣茹　琚　凤　王慧娟　刘　琦　王晓漫　张晶晶　胡苏蕾　刘　露　陆思思　宋双双
万云琳　王　漪　翁肃云　吴　祎　徐　佳　梁　敏　覃语鑫　李子寒　鲁兰娟　吕婷婷　许爱怡
叶盼盼　张　芹　张　莹　张　知　朱孙金　陈　兰　顾雨虹　郭　昕　潘　蓉　王　滢　徐　杰
杨　蔚　印志慧　姜　义　顾凯艳　霍晶磊　王杏雨　徐　静　张茹茹　周雪英　顾苏静　刘　莉
王佳佳　邢思思　张郁敏　刘　俊　董爱心　胡　玲　李　晶　李铜灵　李子馨　秦文静　王星星
王　玥　杨树敏　仲丽君　陈田甜　龚铭恬　李苗苗　王雪纯　肖梦言　徐葳然　陈　澄　黄　茜
吕　慧　乔　敏　朱梦纹　董淑玢　齐婉芹　许紫薇　方　慧　弓凌云　沈梦飞　陈家星　王　林
陈　敏　崔　红　何丽娜　雷卉晴　李　雅　刘爱秀　刘少杰　缪汶倩　孙　星　王　萌　吴俣梦
徐　婷　袁丽莉　郑又珍　曹亚娟　付　钰　蒋佳仪　韦雪萌　朱　艳　许雄伟　谌　梦　何　玥
胡若彤　李　悦　邱雯霞　施文涛　陶雅婷　薛　晗　杨　雪　张　端　赵雨昕　朱宇婷　陈嘉琳
郝云梦　侯欣然　胡媛媛　邢潟潟　姚熠馨　张　林　徐　皓　李晨晨　于　妤　范佳琳　方晨燕
梁　娜　盛舒婷　王晨如　吴一凡　于曼丽　曾紫烟　王春燕　吴清雅　徐小麒　张婷婷　高明辉
韩双双

艺术学院

一等奖学金

陶晓欢　顾　静　韩雨童　沈　晗　史心逸　万宇琪　王　丽　杨　玲　张　蒙　张悦阳　赵　丹
邹　玥　沈　涛　王雪纯　陈佳佳　纪丹丹　王紫月　夏梦琪　杨　雨　赵慧莹　汪漫漫　冯清玲
夏　玮　薛　钧　张高洁　周海蓉　赵　盟　李　果　刘　畅　尚珂宇　黄　猛　谢卓霖　徐平秀
刘金鹏　秦晓涵　李佳佳　刘乐乐　王映凡　杨英桦　徐雨萱　皇甫苏东

二等奖学金

陈　丽　韩园园　姜梦凡　刘思宇　陆婉丽　王梦玲　徐　瑜　朱夏秋　徐　颖　李　健　袁　烨
邹　悦　许延妍　尹　诗　王晓芳　黄芝薇　王宇莹　刘彦茹　戴岑岑　顾　娟　马　倩　潘　素
王梦琪　姚兴沂　朱佳敏　赵　亿　陈安妮　郭宁俐　刘香怡　陈梦蝶　刘　琰　周芳香　吕佳欣
袁安念　庞聪聪　沈佳和

三等奖学金

马　静　钱　倬　吴赵第　曾莹慧　黄丽丽　李玉玲　桑　语　宋　颖　曹　静　杨青华　浦俊杰
董　泽　陶　洁　沈　艳　陈昭燕　郦韦琴　王　新　许雨婷　陈心纯　孙丹雯　徐昕宇　覃俗珺
陈嘉玲　陶　晨　陈　瑾　奴　靖　徐玲玲　袁佳丽　倪振杰　孙　爽　胡天琪　王晓娜　车昌胜
荆凤杰　刘家凡　张彩琴　张　祎　周高原　毛广坚　王跃强　费宗梅　屠新婷　王　瑞　牟宗礼
毕　馨　陈雨柔　嵇蓉蓉　刘　颖　薛　静　钟思雨　陈月盼　冯钟秀　赵丹宁　李　鹭　陆　婧
张　静　杨梦圆　金晨玥　陈　诚　屈佳丽　王鸣轩　蒋凌宵

单项奖学金

张　晴　陈德凤　王子玉　李　璇　白湘湘　宋　洁　陈志超　许志鹏　耿　李　陆星月　吴旭婧
李佳莉　丁鑫洁　戈　雷　胡慧雯　姜雨晴　汪文君　胡晶晶　徐懿暄　许　雯　滕　飞　张露露
郑玲玲　周　倩　刘虎林　王　威　李　蓉　张明月　戴　昊　龚　振　蒋　俊　乔　灿　王永康
吴思慧　徐玉敏　何双艳　李尊贤　沈枫磊　董　薇　史梦茹　杨　澜　张　睿　汤璐菲　曹梦丹
常　倩　方　芳　刘　娟　孙　菁　王　鑫　徐可欣　赵　晴　刘光辉　陈　静　何天娇　张惠娴
张梦宇　朱　玥　刘来创　李　柔　张　燕　赵成程　陈新新　戴海帆　洪　楠　陆静漪　司婷婷
张　颖　周梦圆　陈　丹　范　敏　郭昕旖　黄婕妮　黄　倩　蒋　芗　祁莹莹　唐怡伟　夏永娜
杨　洁　张茹萌　朱天姿　丁宇娇　胡　玥　黄津凤　王　静　周三美　陈思奇　陈　云　单　丹
高艳霞　刘　娜　陆晓娇　许雅慧　李宽新　董　斓　骈　玉　吴金凤　徐不号　郝玮琪　蒋甜甜
廖治瑛　方蓉蓉　李　阳　杏夏添　郁靓蒨　朱　苗

体育部
单项奖学金
陈殿玉　朱守振　曾佳佳　于蔓蔓

开元奖学金

2018年苏州市职业大学学生获开元奖学金名单

机电工程学院
沈文昌　陈梦婷　王　如　梁　玲　周春阳　朱新叶　郭士政　林　帅　唐海莉　牛诗惠
计算机工程学院
朱丽彬　黄　鹏　张明静　瞿　伟　李鑫龙　朱　训　朱镇祥　何　瑾　仝梦奇　陶　鑫　张　颖
电子信息工程学院
裴晓雨　丁雯丽　黄志坚　张　晖　朱宏治　段舒馨　徐传旭　李敬铮　郁麟枫　杨天祥　裔金晶
管理学院
花　森　郑　娟　郭琪成　姜雨婷　刘　岩　罗　凤　王　茹　马嘉谣　陈彦顺　王恒惠
商学院
刘芸秀　马媛媛　王志鹏　何　月　王明静　张苏莹　牟　林　刘　清　黄园园　周云霞
教育与人文学院
曹新艳　闫　震　刘　慧　郭　悦　卞文文　赵佩佩　王　慧　程　品　蔡莹莹　李　乐
外国语学院
冯　煜　柏寅松　高若涵　齐婉芹　杨　雪　缪汶倩　高明辉　张　可　张妩焕　汪建君
艺术学院
刘金鹏　尚珂宇　张悦阳　朱佳敏　王永康　潘　素　徐平秀　姚兴沂　谢卓霖　许延妍
体育部
王恋恋　吉佳敏

新生奖学金

2018年苏州市职业大学学生获新生奖学金名单

校长奖学金
曹　曦　李佳玲
院长奖学金
机电工程学院
刘　骏
计算机工程学院
陈景阳
电子信息工程学院
余　洋
管理学院
李佳玲　马　玥
商学院
曹　曦　杨玉莹
教育与人文学院
鲍亚飞
外国语学院
申晓云

艺术学院
李子晴　唐　尹
体育部
谢智杰

圣保利奖助学金

2018年苏州市职业大学学生获圣保利奖助学金名单

机电工程学院
刘　冉　胡栋楠　周　娟　丁　琳　孔伟国　高　翔　胡春阳　黄立靓　王均东　包俊杰

美特奖助学金

2018年苏州市职业大学学生获美特奖学金名单

一等奖
机电工程学院
陈建峰
电子信息工程学院
刘浩义
二等奖
机电工程学院
赵祥文　葛有力　陈文静
电子信息工程学院
邓明玉　田林叶　韦婷婷
三等奖
机电工程学院
李大臣　尹　星　季肖军　高　翔　李祥鑫
电子信息工程学院
姚宇阳　蔡英健　张晋铭　庄　森

2018年苏州市职业大学学生获美特助学金名单

机电工程学院
孔伟国
电子信息工程学院
王雪纯

东吴餐饮励学金

2018年苏州市职业大学学生获东吴餐饮励学金名单

计算机工程学院
季佳伟　陈　妍　董　悦　蔡兰婷　瞿　伟　单岩石　李　伟　刘　云　王　芳　李晨晨　管勤勤
余　勇　陈　云　刘开旺　马汇娟　孙莹莹　武佳宇　许爽爽　赵立升　焦　悦
商学院
谢　婧　朱彩琴　程　蓉　许艳红　赵雯雯　吴　芳　张书云　张远丽　高雨杰　耿琳琳　何　月
刘　云　齐亚男　张赢心　王天宇　周慧娟　陈小慧　张芬芬　刘　蕊　武以婷
教育与人文学院
张梦娟　郭世龙　闫贵花　蔡汉娟　韩秀丽　王梦贤　肖咪咪　赵佩佩　王美丽　于碧芸

天翼奖学金

2018年苏州市职业大学学生获天翼奖学金名单

机电工程学院

李　安　沈文昌　李令铎　苗康宁　田华宇　袁　涛　冯本成　张慎法　许　康　张　跃

计算机工程学院

丁若丹　高思齐　荣　欣　沈佳颖　夏振新　黄娴渭　周　颖　王　雪　仇　思

电子信息工程学院

李亚捷　梁　瑞　杨博云　朱大伟　吴洲阳　陈庚彪　罗　芳　秦丁丁　谈佳豪

管理学院

黄　莹　韩　云　顾雅楠　陈越钦　刘东芹　严秀华　顾怿琛　林夏青　成佃金

商学院

施冬青　楼旭甄　沈夏玲　朱佳雯　杲　灿　胡恒祥　赵　玲　张　玮　苏凡凡　王　跃

教育与人文学院

陈　诺　刘　梦　曹文珺　孙星星　孙扬扬　周　莉　陈　楠　赵晓云　朱荣荣

外国语学院

林文文　周子泱　王　林　王晨如　于　妤　谌　梦　雷卉晴　赵雨昕　何丽娜

艺术学院

沈　涛　黄　猛　牟宗礼　刘家凡　王晓娜　杨青华　覃俗珺　郑玲玲　陶　洁

体育部

吴育青

肇铗奖学金

2018年苏州市职业大学学生获肇铗奖学金名单

机电工程学院

祁陆强　李　安　苏　悦　董　跃　曹　敏　张北大　沈海丽　韩盼盼　苏东循　蔡越猛

SUZHOU VOCATIONAL UNIVERSITY

第十四章　大事记

大事记

1月

1月4日，学校召开党委会，校党委书记钮雪林传达了省委常委、市委书记周乃翔和市委副书记、市长李亚平在苏州市委召开的十二届五次全会上的讲话精神。本次党委会会议上还提出，2018年要建立学校内涵质量发展的指标责任体系。

1月5—7日，在2017年全国高职院校体育工作研讨会暨2017年度会议上，学校被授予2017全国高等职业院校体育工作"一校一品"示范基地，体育部王俪燕老师主持申报的"舞动青春——团队体育竞赛"项目获"一校一品"阳光体育类成果二等奖。

1月8日下午，苏州市职业大学—力神电池（苏州）有限公司"现代学徒制"校企合作签约仪式暨"力神班"开班典礼在学校举行。

1月10日，学校2018年专转本考试共有1369位应届毕业生报名，最终录取787人。

1月11日，学校印发执行《关于召开2017年度组织生活会和开展民主评议党员工作方案》。（苏职大委〔2018〕4号）

1月12日，苏州市职业大学—友达光电（苏州）有限公司"现代学徒制"校企合作签约仪式暨第三届"友达班"开班典礼在惠和楼举行。

1月12日下午，苏州开放大学与苏州市民政局、相城区民政局、高新区民政局在华美楼会议室举行共建苏州市社会教育服务指导中心及培训基地签约合作仪式。

1月15日，学校印发执行《苏州市职业大学教学质量评价与考核办法》。（苏职大政〔2018〕3号）

1月15日上午，苏州科技大学副校长施琴芬教授为学校理工科学院100余名骨干教师做"自然科学研究中的若干重要问题探讨"学术讲座。

1月15日上午，学校召开离退休老干部学校情况通报会。

1月16日下午，苏州市委副书记、市长李亚平，副市长曹后灵，市政府秘书长杨知评、副秘书长马九根，市教育局局长张曙，市财政局局长吴炜一行专程到校，调研学校建设发展情况。校党委书记钮雪林、校长曹毓民等领导陪同调研。

1月17日，学校召开2018年工作务虚会。校党委书记钮雪林主持会议并讲话；校长曹毓民出席会议并讲话；副校长熊贵营、陶亦亦、张健，纪委书记蔡晓平等领导结合分管工作提出了工作思路和建议。

1月17日，学校举行第一次党委中心组理论学习，学习主题为"加快内涵式发展，建设全国一流品质院校"。

1月17日，学校成立发展规划委员会，校长曹毓民任组长。（苏职大政〔2018〕4号）

1月22日下午，校长曹毓民、副校长熊贵营带领相关部门负责人，至驻苏部队进行拥军慰问活动。

1月29日下午，校党委书记钮雪林、校长曹毓民、副校长陶亦亦在党委办公室、校长办公室等部门相关人员陪同下，看望慰问了寒假期间备战2018年江苏省高等职业院校技能大赛的在校师生。

2月

2月1日，机电工程学院祁陆强同学获2017年江苏省大学生"校园青春榜样"荣誉称号。

2月1日，教育与人文学院2015级学前2班团支部获评"活力团支部"称号；管理学院徐延梅同学获评江苏省"魅力团支书"称号。

2月8日，校团委被授予"2017年度苏州共青团工作先进单位"称号。

2月16日，学校举行第二次党委中心组理论学习，学习主题为观看警示教育片《纪律——不可逾越的底线》。

2月25日下午，学校召开党委会。校长曹毓民在会上传达了2018年全省教育工作会议主要精神。会议指出，2018年要着力抓好内涵质量指标体系建设和责任落实工作，加快开启内涵式高质量发展新时代的新征程，提升学校核心竞争力。

2月25日，学校印发执行《中共苏州市职业大学委员会关于贯彻落实〈中央八项规定实施细则〉的实施意见》。（苏职大委〔2018〕6号）

2月25日，学校调整创新创业工作领导小组，组长钮雪林、曹毓民，副组长刘丹、熊贵营、陶亦

亦、张健、蔡晓平。(苏职大委〔2018〕8号)

3月

3月2日,学校成立创新创业学院,熊贵营兼任院长,王赟兼任常务副院长。(苏职大政〔2018〕11号)

3月7日,学校成立华成学院,设立学院理事会,副校长陶亦亦任理事长,苏州华成集团有限公司董事长蒋元生任副理事长。(苏职大政〔2018〕12号)

3月7日,学校调整同策房地产学院部分人员,副校长陶亦亦任理事长,同策房产咨询股份有限公司集团副总经理赵刚任副理事长。(苏职大政〔2018〕13号)

3月9日,学校召开2017年度综合表彰暨创新创业重点建设年总结大会。

3月9日,学校调整党风廉政建设领导小组,组长钮雪林、曹毓民,副组长刘丹、蔡晓平、熊贵营、陶亦亦、张健。(苏职大委〔2018〕9号)

3月9日,学校印发执行《苏州市职业大学2018年度工作要点》。(苏职大委〔2018〕10号)

3月9日,学校印发执行《苏州市职业大学2018年度党风廉政建设工作要点》。(苏职大委〔2018〕11号)

3月9日,学校印发执行《苏州市职业大学2018年度党建工作要点》。(苏职大委〔2018〕12号)

3月16日下午,学校召开2018年工作部署暨党风廉政建设工作会议。

3月21日,经校党委会研究决定,同意张健等受聘为苏州石湖智库理监事,副校长张健任理事长。(苏职大政〔2018〕16号)

3月22—23日,学校参与协办的“2018国际模具成型创新技术高峰论坛”在苏州会议中心举办。会上,机电工程学院院长陈洁受托代表学校与台湾电脑辅助成型技术交流协会(ACMT)签约成为“CAE模具高校产学联盟”成员,台湾电脑辅助成型技术交流协会(ACMT)捐赠30套模具成型分析软件Moldex3D用于学校教学,培养学生模流分析技能。

3月23日,学校印发执行《苏州市职业大学科技创新工作行动方案》。(苏职大委〔2018〕16号)

3月23日,学校印发执行《苏州市职业大学2018年思想政治、意识形态工作要点》。(苏职大委〔2018〕18号)

3月23日,学校印发执行《2018年党委中心组学习计划》。(苏职大委〔2018〕19号)

3月23—25日,在2018年江苏省高等职业院校技能大赛中,苏州职业大学8个学院参加了全部39个竞赛项目中的32个项目,共获得4个一等奖、11个二等奖、31个三等奖。

3月26日上午,遂宁市基层民政服务能力提升培训班在苏州开放大学开幕。遂宁市委常委、副市长罗晖,校党委书记钮雪林,遂宁市民政局局长冯蓉志,苏州市民政局副局长胡跃忠等两地相关领导参加了培训班开班仪式。

3月26日,学校成立巡察工作领导小组,组长蔡晓平,副组长俞建伟。(苏职大委〔2018〕14号)

3月26日,学校调整档案鉴定小组成员,组长曹毓民,副组长朱剑刚。(苏职大委〔2018〕20号)

3月27日,铜仁市社区教育管理工作培训班开班暨结对帮扶签约仪式在苏州开放大学顺利举行。

3月28日,学校组织第三次党委中心组理论学习,苏州市委党校王涛教授做《苏州高质量发展呼唤新时代职业教育》报告。

3月29日,在第55届博洛尼亚童书展上,新蕾出版社举办了儿童文学作家、教育与人文学院教师王一梅作品版权推介会,王一梅做了题为《深爱家乡,充满梦想》的精彩发言。

3月30日下午,学校在图书馆学术报告厅召开校科技创新工作暨重点建设年动员大会。

3月30日,学校印发公布首批“基层党组织书记工作室”。(苏职大委〔2018〕17号)

是月,学校财务处荣获市总工会颁发的2016—2017年度苏州市“五一巾帼标兵岗”荣誉称号。

4月

4月4日上午,学校召开2018年平安校园建设工作会议。

4月4—20日,校巡察工作组进驻外国语学院开展巡察工作。

4月9日,学校印发公布苏州市职业大学2018年实事项目。(苏职大政〔2018〕21号)

4月13日,学校印发执行《苏州市职业大学2018年度主要工作任务分解方案》。(苏职大委〔2018〕22号)

4月13日,学校调整其他系列职称评审委员会,主任曹毓民,副主任刘丹、熊贵营、陶亦亦、张健。(苏职大政〔2018〕23号)

4月14—15日，2018年职业教育智能制造专业教学资源库共建共享联盟大会在学校学术报告厅举行。

4月16日上午，学校举行2018年基层党建工作推进会暨“基层党组织书记工作室”授牌仪式。

4月16日，学校印发公布2017年在线开放建设课程名单。（苏职大政〔2018〕22号）

4月19日，“We+2018智绘互联校园新生态峰会”在苏州太湖国际会议中心开幕，校党委副书记、副校长刘丹应邀做了《信息化应让师生更有获得感》主题报告。

4月20日下午，学校在天风楼演艺厅举办了艺术兼职教授受聘仪式暨师生交流会。校长曹毓民代表学校向6位艺术嘉宾颁发了兼职教授聘书，他们分别是苏州工艺美术职业技术学院教授、苏州大学博士研究生导师、江苏省雕塑家协会副主席、江苏省美协花鸟画艺委会委员廖军，扬州大学音乐学院院长、教授、男高音歌唱家张美林，火箭军政治工作部文工团创作室创作员、国家一级作曲家、中国音乐家协会会员文子，火箭军政治工作部文工团青年歌唱家曹芙嘉，上海歌剧院客席女高音歌唱家路琦，苏州大学音乐学院教授、抒情女高音歌唱家张红霞。

4月21日，由江苏省美术家协会、苏州市职业大学、苏州日报报业集团联合主办，苏州市美术家协会、古吴轩出版社和在苏各高职院校共同协办的“梅花三弄：诗画乐”——大学生素质教育活动周在校图书馆开幕。中国高等教育学会副会长、教育部高等教育司原司长张大良，江苏省教育厅副巡视员袁靖宇，苏州市副市长曹后灵，市政协副主席徐明，市政府副秘书长马九根，姑苏区区长徐刚，市教育局局长张曙，市文广新局局长李杰，苏州日报报业集团社长张建雄等领导，以及学校领导班子、中层干部、部分师生等近600人参加了此次开幕式。

4月23—24日，在第二届全国高校“两学一做”支部风采展示活动评选中，思政、数理、体育联合党总支思政党支部报送的微党课《聚力教育合作　助推“一带一路”》获评“全国高校教工党支部特色微党课”，管理学院学生党支部报送的《融“水的文化”　行“两学一做”》获评“全国高校学生党支部推荐展示特色成果”。

4月24日，学校调整艺术教育委员会，主任曹毓民，副主任陶亦亦。（苏职大政〔2018〕25号）

4月24日，学校调整公共艺术教育教学部，沈新艺兼任主任。（苏职大政〔2018〕26号）

4月25日，学校举办“不忘初心、牢记使命”专题干部培训班。会议由校党委副书记、副校长刘丹主持，校党委书记钮雪林出席开班仪式并做讲话。

4月25日，学校组织第四次党委中心组理论学习，苏州大学马克思主义学院党委书记张才君做《奋斗新时代扬帆新征程——学习十九大精神体会》专题报告。

4月26日，学校汪义旺老师荣获“苏州市劳动模范”光荣称号。

4月27—28日，在第七届江苏高校辅导员素质能力大赛苏通片区复赛中，机电工程学院辅导员顾嘉老师获得一等奖，晋级省决赛。

4月28日，学校召开2018年度内涵质量建设责任书签订会。

4月28日，校团委荣获2017年度江苏省“五四红旗团委”称号。

4月28日，学校印发执行《苏州市职业大学岗位基本职责》。（苏职大政〔2018〕28号）

是月，“苏州石湖智库”经苏州市民政局注册登记正式成立，并成立首届理事会，在首届理事会会议上产生了21名理事和3名监事成员。

是月，在2017年江苏省高等学校微课教学比赛评选中，学校共获得6个二等奖、6个三等奖。

5月

5月2日，校党委书记钮雪林，副书记、副校长刘丹等领导至江苏海事职业技术学院、南京工业职业技术学院进行学习考察。

5月3日，儿童文学作家、教育与人文学院教师王一梅在美国旧金山州立大学教育学院就文学创作和教学进行讲学。

5月3日，在全国文科学报研究会青年编辑技能大赛中，学术期刊中心石娟老师获得综合奖二等奖，单项奖策划案主题演讲一等奖、论文评析二等奖、栏目主题策划案三等奖、笔试优秀奖；宋现山老师获得单项奖论文评析三等奖。

5月3日上午，澳大利亚ICHM国际酒店管理学院区域市场经理Phillip Leong先生到校洽谈合作事宜。

5月3日下午，苏州市委巡察办副主任卢雄勇一行到校开展巡察反馈意见整改落实情况专项督查。

5月4日下午，2018年学生工作暨五四表彰大会在校图书馆学术报告厅召开。

5月4日下午，苏州清睿教育科技股份有限公司朱奇峰博士等一行到校访问交流，并与学校签订了校企合作框架协议。

5月4—6日，在“晋拓杯”第七届江苏省大学生机械创新设计大赛暨第八届全国大学生机械创新设计大赛江苏赛区预赛中，学校参赛队共获得一等奖1项、二等奖2项、三等奖2项。

5月6—8日，在2018年全国职业院校技能大赛（高职组）“智能电梯装调与维护”赛项中，机电工程学院王进、徐德康同学组成的参赛队获得大赛团体二等奖。

5月7—25日，2018年美国大学理事会AP考前培训会在苏州开放大学考点举行。

5月8日，学校印发执行《苏州市职业大学名誉教授、客座教授、兼职教授聘任及管理办法》。（苏职大政〔2018〕29号）

5月8日，学校印发执行《苏州市职业大学产业教授选聘及管理办法（试行）》。（苏职大政〔2018〕30号）

5月9日下午，学校全体中层及以上干部赴江苏省第三监狱开展了“知敬畏、存戒惧、守底线”现场警示教育。

5月9—11日，在第八届“盼盼食品杯”全国职业院校在校生西点创意大赛总决赛中，教育与人文学院学生相也和孙琳雨获得2枚银牌。

5月10日，学校组织主题为“解放思想大讨论”第五次党委中心组理论学习。

5月10日下午，湖南汽车工程职业学院党委副书记、校长罗先进等一行到校考察交流。

5月10日下午，苏州市光电缆产教融合战略发展签约仪式在苏州开放大学召开。

5月10—11日，在中国高职图书馆发展论坛（2018）上，校图书馆提交的案例《读蒙学经典　尽在“融融堂”——苏州市职业大学图书馆打造经典阅读推广品牌基地》荣获二等奖；案例《“听·看·读·谈·写·做”——层层推进文化传承创新系列活动阅读推广案例介绍》荣获三等奖；幸娅老师提交的论文《高职院校图书馆空间再造实践及思考——以苏州市职业大学图书馆为例》荣获三等奖。

5月11日上午，绍兴市高校学报编辑工作研究会理事长、《绍兴文理学院学报》副主编鲁越青等一行到校调研交流。

5月11日，1958年入校的105位原苏工专校友在学校举行“纪念苏工专复校六十周年，弘扬苏工专优良办学传统”活动。

5月13日，体育部李勇老师晋级羽毛球国家级裁判员。

5月16—17日，在第七届江苏高校辅导员素质能力大赛决赛中，机电工程学院顾嘉老师获得二等奖。

5月18日下午，澳大利亚ICHM国际酒店管理学院执行总裁、校长Gerald Lipman，区域市场经理Phillip Leong在凯莱酒店集团人力资源总监郭婵娟和人才发展总监史继东陪同下到校访问。

5月18—19日，第五届全国高校物联网应用创新大赛总决赛在校图书馆举行。开幕式由大赛执委会秘书长、清华大学何源副教授主持。来自全国43所高校的400余名师生共同出席了开幕式。副校长陶亦亦教授代表学校致开幕词。苏州市职业大学3支参赛队获挑战赛二等奖2项、命题赛三等奖1项。

5月18—30日，校巡审督查组进驻体育部开展巡审督查工作。

5月19日，校图书馆张学梅、吴继红、毛雁等3位老师被江苏省高等学校图书情报工作委员会读者服务与阅读推广专业委员会评为“江苏省高校读者服务与阅读推广工作先进个人”。

5月20日，在第八届全国商务秘书职业技能大赛中，管理学院专科组代表队获得了团体一等奖，本科组代表队获得了团体二等奖。

5月20日，在2018年全国职业院校技能大赛（高职组）“光伏电子工程的设计与实施”赛项中，电子信息工程学院参赛队获得团体二等奖。

5月21日，在2018年江苏省大学生计算机设计大赛暨2018年（第11届）中国大学生计算机设计大赛江苏省级赛现场决赛中，计算机工程学院6名学生获得了一等奖1项、二等奖1项。

5月23日，学校在图书馆剧场举行主题为“砥砺奋进新时代　聚力改革铸辉煌”——纪念改革开放40周年文艺汇演。校党委书记钮雪林、校长曹毓民等校领导及师生代表观看文艺汇演。

5月23日上午，以湖南省教育厅副厅长应若平为组长、湖南省委改革办信息中心主任胡远志为副组长的产教融合调研组一行考察学校产教融合校企合作情况。

5月24日，江苏开放大学在宁召开全省开放大学系统招生工作会议。苏州开放大学获评招生工作先进集体，陆红获评招生先进个人。

5月24日下午，全国报关职业教育教学指导委员会国际关务人才培养基地授牌仪式在商学院举行。报关行指委副主任委员兼秘书长郑俊田教授等领导应邀出席了本次揭牌仪式。

5月24日，学校印发公布苏州市职业大学骨干专业建设项目。（苏职大政〔2018〕31号）

5月24日，学校印发公布2018年校级在线开放课程专项建设课程名单。（苏职大政〔2018〕32号）

5月25—27日，在第九届"外教社杯"全国高校外语教学大赛江苏省赛区决赛中，外国语学院陆雷老师荣获高职组一等奖。

5月25—27日，在第八届全国大学生计算机应用能力与信息素养大赛中，计算机工程学院参赛学生获得一等奖1项、二等奖2项。

5月25—28日，在2018年全国高校商业精英挑战赛国际贸易与经贸会展竞赛总决赛中，教育与人文学院会展策划与管理专业学生团队获得一等奖。

5月26日，江苏省高校计算机基础教学工作委员会2018学术年会在校学园大厦召开。

5月26日，在江苏省普通高等学校第十五届高等数学竞赛中，学校参赛学生中7人获得一等奖，16人获得二等奖，41人获得三等奖。

5月26日，在第九届"蓝桥杯"全国软件和信息技术专业人才大赛全国总决赛上，电子信息工程学院参赛学生获得1个二等奖和1个优秀奖。

5月26—27日，在2018年"创青春"江苏省大学生创业大赛决赛中，机电工程学院参赛团队作品《江苏鼎力紧固机械有限公司》获得银奖。

5月28日，学校在惠和楼召开"放管服"改革与绩效考核专题座谈会。校党委书记钮雪林，校长曹毓民，副书记、副校长刘丹，副校长张健出席会议，相关部门、各学院（部）负责人参加会议。

5月29日下午，广东省中山市科协副主席（主持工作）沈小龙等一行6人，在苏州市科协副主席张志军、学会部部长陈嵘的陪同下到校调研考察。

5月29—31日，在2018年全国职业院校技能大赛（高职组）"虚拟现实（VR）设计与制作"赛项中，苏州市职业大学夏振新、张雨琼、黄冬林等学生组成的参赛队获得大赛团体二等奖。

5月29日，学校调整校教学单位内设机构设置。（苏职大委〔2018〕32号）

5月31日，学校调整部分校领导分工。原由蔡晓平分管的审计工作现由刘丹分管，教师发展工作由刘丹分管；原由刘丹分管的招生工作现由熊贵营分管；张健协助分管校长办公室工作。（苏职大委〔2018〕29号）

5月31日，学校调整校领导"两学一做"学习教育联系点。钮雪林重点联系机电工程学院；曹毓民重点联系管理学院；蔡晓平联系商学院。（苏职大委〔2018〕30号）

5月31日，学校调整校领导联系学院（部）。刘丹联系艺术学院、思政部、体育部、数理部；熊贵营联系电子信息工程学院、商学院、外国语学院；陶亦亦联系开放大学、继续教育学院、计算机工程学院、管理学院；张健联系机电工程学院、教育与人文学院。（苏职大政〔2018〕33号）

5月31日，学校印发执行《苏州市职业大学教师职业道德规范（试行）》。（苏职大委〔2018〕34号）

是月，2018年学校提前招生、对口单招录取工作结束。31个专业提前招生，共投放1220名招生计划指标，实际录取1062人（含中外合作办学专业79人），录取率达到87%；7个科目组13个专业对口单招，投放940名招生计划指标，实际录取980人（含中职转段36人）；另录取具备免考资格的考生4人，他们均为在国家级或省级技能大赛中获得前三名的考生。6个科目组投档线居全省第一，1个科目组居全省第二。

是月，电子信息工程学院2009届毕业生董艳入围省励志成才典型。

是月，学术期刊中心荣获全国高职高专期刊"励耘奖"特殊贡献奖；李平、石娟荣获突出贡献奖；沈凤英、宋现山荣获编辑标兵奖；张眉、孙文荣获编辑新锐奖；石娟荣获优秀成果奖一等奖；施建平、宋现山荣获优秀成果奖二等奖。

是月，学校被评为江苏省公共机构节能示范单位。

6月

6月1—3日，在"瑞升杯"2017—2018年全国啦啦操联赛（南通站）暨2018年江苏省健美操啦啦操锦标赛上，校精灵STAR啦啦操队获得青年组技巧1~2级自选动作混合冠军。

6月1—3日，在2018年第三届"踏瑞杯"全国高职高专人力资源管理技能大赛（中部赛区）中，管理学院李雨、许宇翔、周慧宇等学生组成的参赛队荣获团体特等奖。

6月4日，学校印发命名校内部分道路。（苏职

大政〔2018〕34号）

6月5日，由澳大利亚维多利亚省政府、澳大利亚启思蒙学院、苏州国际教育园管理办公室和苏州市职业大学联合主办的“《悉尼协议》范式下中澳合作工程专业建设论坛”在机电工程学院举行。维多利亚省政府代表Li Qian，澳大利亚驻上海总领事馆代表Emily Zhang，《悉尼协议》轮值主席、启思蒙学院资深专家Patrick Jones，以及来自全国近30所高职院校的代表出席了论坛。

6月5日上午，学校与苏州市吴中区文体局签订校地合作协议。

6月8日，全国机械行业自动化类电梯工程技术专业建设研讨会在学校召开。

6月8日上午，苏州市职业大学安防学院共建签约暨揭牌仪式在学校惠和楼召开。校长曹毓民与苏州市安全技术防范行业协会理事长、苏州科达科技股份有限公司董事长陈冬根签订了共建合作协议。

6月8—9日，在江苏省第十九届运动会高校部龙舟赛暨仙林大学城龙舟赛中，校龙舟队取得高职高专（乙组）200米第二名、500米第一名、团体综合排名第一的好成绩。

6月8—10日，在2018年“挑战杯——彩虹人生”江苏省职业学校创新创效创业大赛中，学校申报的4件作品共获得一等奖2项、二等奖2项。

6月11日，在江苏省大学生啦啦操大赛决赛中，学校“厉害了，我的青春！”代表队获得二等奖。

6月11日，在2018年“青春建功新时代　七彩志愿社区行”志愿服务主题月活动中，商学院青年志愿者协会策划开展的吴中区红庄“爱心小屋”志愿服务项目获评江苏省优秀七彩志愿服务示范项目。

6月12日上午，学校党委深化改革创新领导小组第一次会议在惠和楼召开。会议由校党委书记钮雪林主持，全体校领导、各有关部门负责人出席会议。会议听取了深化改革创新领导小组12个专项工作组的工作汇报以及2018—2020年内涵质量建设11个专项行动计划的推进情况。

6月14日，学校组织第六次党委中心组理论学习，主题为学习“关于进一步激励广大干部新时代新担当新作为的意见”。

6月14日下午，苏州市光电缆业商会二届一次会员大会暨推进光电缆业高质量发展授牌仪式在亨通集团国际会议室举行。校党委书记钮雪林应邀出席会议并为“光电缆及光通信产业知识产权学院”揭牌。

6月19—20日，校长曹毓民，校党委副书记、副校长刘丹等一行赴吉林工程技术师范学院和职业技术教育杂志社学习考察。

6月21日上午，学校召开校教育发展基金会三届三次理事会会议。基金会理事长、校党委书记钮雪林主持会议，基金会理事、监事出席会议。会议审议了2018上半年度基金会财务状况报告、基金会章程修订事宜。

6月21日，商学院会计文化馆“全景高清数字展馆”正式上线开放，会计文化馆在由“实体体验场馆”向集专业教育、职业素养养成、会计文化知识普及与推广于一体的会计文化育人基地转型升级道路上迈出坚实一步。

6月22日，学校2018思想政治工作年会在图书馆学术报告厅举行。会议回顾总结了学校一年来“三结合”思想政治工作落实情况，明确了下一阶段思想政治工作重点。校党委书记钮雪林做讲话并上党课。

6月22日，学校印发执行《苏州市职业大学“解放思想大讨论”活动实施方案》。（苏职大委〔2018〕37号）

6月23—24日，在第四届“外教社杯”江苏省高校外语教师翻译（笔译）大赛中，外国语学院孟祥德老师荣获高职组特等奖。

6月25日，学校印发执行《苏州市职业大学横向技术合同管理暂行办法》。（苏职大政〔2018〕40号）

6月25日，学校印发执行《苏州市职业大学横向科技项目及经费管理暂行办法》。（苏职大政〔2018〕41号）

6月25日，学校印发执行《苏州市职业大学纵向科研项目及经费管理暂行办法》。（苏职大政〔2018〕42号）

6月25日，学校印发执行《苏州市职业大学纵向科研项目间接费用管理实施细则》。（苏职大政〔2018〕43号）

6月25日，学校印发执行《苏州市职业大学财务报销管理办法》。（苏职大政〔2018〕45号）

6月27日，学校2018届毕业典礼暨优秀毕业生表彰大会在南区体育馆举行。全体校领导出席毕业典礼并为全校所有毕业生逐一颁发毕业证书。

6月28日，学校在天风楼剧场举行2018年校大学生暑期“三下乡”社会实践活动出征仪式。

6月28日下午，学校在图书馆剧场召开纪念建党97周年暨第十二届“先锋论坛”总结表彰大会，并重温了入党誓词。校党委书记钮雪林出席大会并做讲话。

6月28日，学校调整教师发展工作委员会，主任曹毓民，常务副主任刘丹，副主任马丁良。（苏职大委〔2018〕39号）

6月28日，学校印发执行《苏州市职业大学高层次人才队伍和团队建设专项行动计划（2018—2020年）》。（苏职大委〔2018〕40号）

6月28日，学校印发执行《苏州市职业大学“双师型”师资队伍建设专项行动计划（2018—2020年）》。（苏职大委〔2018〕41号）

6月28日，学校印发执行《苏州市职业大学学院（部）党总支部委员会会议制度实施意见（试行）》。（苏职大委〔2018〕42号）

6月28日，学校印发执行《苏州市职业大学学院（部）党政联席会议议事规则》。（苏职大委〔2018〕43号）

6月28日，学校印发执行《苏州市职业大学共青团改革实施方案》。（苏职大政〔2018〕44号）

6月29日上午，苏州市职业大学移动学院共建签约暨揭牌仪式在惠和楼举行。中国移动通信集团江苏有限公司苏州分公司党委书记、总经理周建成，副总经理顾一泓、尤方勇，校党委书记钮雪林、校长曹毓民、副校长陶亦亦及校企相关部门领导出席了签约和揭牌仪式。

6月29日上午，江苏省中华成语研究会教学科研实践基地落户学校，并在吴文化园石湖书院举行揭牌仪式。

6月29日上午，学校在苏州开放大学双焠楼会议室召开离退休老干部校情通报会。

是月，苏州开放大学代表苏州市与贵州省铜仁市建立社区教育对口帮扶工作关系。

7月

7月1—5日，在2018年（第十三届）泛珠三角+大学生计算机作品赛总决赛中，学校学生代表队获得高职组一等奖。

7月2日，学校召开第九次工会会员代表大会暨第七届教职工代表大会。全体代表投票通过了《苏州市职业大学校内绩效奖励分配试行办法》。大会通过了《苏州市职业大学工会第九次代表大会会议决议》和《苏州市职业大学第七届教代会第一次会议决议》。

7月3日上午，苏州丝绸创新与应用研讨会在学校惠和楼召开。苏州市文广新局局长李杰、文化产业处主任王斌，校党委书记钮雪林、校长曹毓民、副校长陶亦亦和苏州市丝绸行业协会秘书长张党敏等参加了研讨会。

7月4日，为进一步将学校“解放思想大讨论”活动向纵深推进，更好地把解放思想的成果转化为推动学校内涵式高质量发展的强大动力，学校围绕“思想大解放走进新时代、内涵高质量开启新征程”主题，召开2018年改革发展研讨会。全体校领导，各学院（部）、各职能部门主要负责人参加了会议。

7月4日，学校组织第七次党委中心组理论学习，主题为“思想大解放走进新时代、内涵高质量开启新征程”研讨。

7月4日，学校印发校长曹毓民在七届一次教代会上的工作报告。（苏职大政〔2018〕49号）

7月5日，校党委书记钮雪林、校长曹毓民带领党委办公室、校长办公室等分两队走访了苏州市吴江区人民法院、苏州市吴江东太湖大酒店有限公司、东南电梯股份有限公司等8家学校大学生就业实习基地。

7月5日下午，苏州市相城区副区长、科技镇长团团长李萍，区政府办公室、经济和信息化局、人力资源和社会保障局、科技发展局、高铁新城管理委员会、黄埭镇等有关领导到校进行考察交流。

7月10—14日，苏州市职业大学57名骨干教师参加了由清华大学主办的“骨干教师教学能力提升高级研修班”。

7月10—14日，苏州市职业大学管理干部综合素养提升培训班在复旦大学举行。

7月12日上午，2018年贵州省铜仁市（苏州）招才引智推介会在苏州福朋喜来登酒店召开。会上，校长曹毓民与铜仁广播电视大学校长田海燕代表双方学校签订合作协议。

7月17—21日，学校近40名科级干部参加了由上海交通大学举办的科级干部能力提升培训班。

7月22—25日，在第八届全国大学生机械创新设计大赛决赛中，机电工程学院代表队参赛作品“自动立体停车装置”荣获一等奖。

7月23—26日，在“西门子杯”中国智能制造挑战赛江苏分赛区暨华东赛区比赛中，电子信息工程学院6支代表队在2个赛项中获得了3个二等奖。

7月25—26日，江苏开放大学（江苏城市职业学院）思想政治教育研究会常务理事会2018年第二次会议在苏州开放大学召开。

7月27日至8月2日，学校各党总支书记、副书记和行政党支部书记近30人赴河北正定县委党校，参加由苏州市职业大学党委与正定县委党校（正定干部学院）联合举办的“不忘初心、牢记使命”专题党务干部培训班。

是月，在2018年江苏省大学生电子设计竞赛（TI杯）中，电子信息工程学院学生张允飞、沙玉龙、裴晓雨等获得省一等奖。

是月，学校申报的“吴文化传承与创新研究中心”获批成为江苏省2018年高校哲学社会科学重点研究基地。

8月

8月3—30日，外国语学院志愿服务总队以雷蕾同学为组长，带领一支6人的支教队伍飞赴“一带一路”国家印度尼西亚进行了为期一个月的支教志愿服务，生动诠释了“国之交在于民相亲”的深刻内涵。

8月4—5日，“e电梯”杯2018年苏州市电梯安装维修工职业技能竞赛暨苏州市大中专院校电梯相关专业实训比赛在苏州市职业大学电梯学院新建实训大楼举行。

8月14—17日，在2018年“挑战杯——彩虹人生”全国职业学校创新创效创业大赛决赛中，苏州市职业大学参赛作品获一等奖1项、三等奖1项。

8月15日上午，学校和中国联合网络通信有限公司苏州分公司校企合作签约仪式在惠和楼举行。

8月16—17日，由苏州市红十字会、中共苏州市委市级机关工作委员会、苏州市人力资源和社会保障局、苏州市总工会主办，苏州市职业大学协办的苏州市应急救护技能竞赛在学校举行。副市长、市红十字会会长曹后灵，市红十字会常务副会长严晓凤，校党委书记钮雪林等领导出席竞赛开幕式。

8月22—26日，在2018年中国汽车工程学会巴哈大赛（襄阳站）中，学校忠勇车队获得了三等奖。

8月25日，马尔代夫共和国马累市青年代表团一行14人在中马文化交流协会副主席Ali Waheed Hassan Manik的带领下到校交流访问。

8月27日上午，江苏省督学、省教育厅原副巡视员孙曙平，省教育厅高等教育处副调研员蔡华，省督学、省教育督导委员会办公室副调研员蒋明星等一行到校督导检查秋季开学工作。

8月30日，学校组织第八次党委中心组理论学习，主题为“一流品质院校”建设与治理能力现代化学习。

8月30日，为深入学习贯彻习近平新时代中国特色社会主义思想和党的十九大精神，全面落实学校第二次党代会精神，推进学校内涵质量建设，创建一流品质院校，根据校党委工作部署，党委组织人事部、党校和纪检监察室联合举办中层党政领导干部培训班。

是月，学校关工委荣获由江苏省教育系统关工委评定的“2018年度关工委优秀工作团队”称号。

是月，在第十届国际发明展览会暨第三届世界发明创新论坛上，电子信息工程学院汪义旺老师带领团队的发明创新成果《基于GIS的气体安全监测预警系统》获得“发明创业奖·项目奖”金奖。

是月，学校完成2018年江苏省普通文理、艺术、体育类等和大部分外省普高招生录取工作。2018年学校普高文理科招生计划数居江苏省第一，文科录取623人，投档线276分，投档线位列全省同类院校第六；理科869人，投档线279分，投档线位列全省同类院校第十。2018年学校面向江苏省以外的21个省、自治区、直辖市招生，共计录取外省生源1174人，学校在江苏以外各省的投档成绩均排在江苏省内同类院校在相关省份招生录取成绩的前三名。

9月

9月1日，学校组织的澳大利亚TAE四级证书培训和新西兰雅思考官培训结束，28名参训教师完满完成学习任务归国。

9月1日，学校印发执行《苏州市职业大学公务交通费用管理暂行规定》。（苏职大政〔2018〕54号）

9月1日，学校印发执行《〈苏州市职业大学差旅费管理办法〉补充规定》。（苏职大政〔2018〕55号）

9月1日，学校印发执行《苏州市职业大学保留车辆使用管理办法（暂行）》。（苏职大政〔2018〕57号）

9月2日，学校印发执行《苏州市职业大学高等教育研究所工作职责（修订）》。（苏职大政〔2018〕56号）

9月4日，在2017年江苏省普通高校本专科优秀毕业设计（论文）评选中，苏州市职业大学学生共获得3个一等奖、1个二等奖、4个三等奖和3个优秀团队。

9月6日，学校印发执行《苏州市职业大学科研平台建设三年行动计划（2018—2020年）》。（苏职大委〔2018〕47号）

9月6日，学校印发执行《苏州市职业大学科研创新团队建设三年行动计划（2018—2020年）》。（苏职大委〔2018〕48号）

9月6日，学校印发执行《苏州市职业大学科技成果转移转化三年行动计划（2018—2020年）》。（苏职大委〔2018〕49号）

9月7日上午，学校与苏州市吴中区人力资源和社会保障局校地协同合作协议签约仪式在吴中区第四届吴中技能状元大赛闭幕式上举行。吴中区人力资源和社会保障局局长丁晓娟和苏州市职业大学副校长陶亦亦共同在合作协议上签字。

9月10日，学校聘请中国工艺美术大师钟锦德为兼职教授，校长曹毓民为钟锦德颁发了兼职教授聘书。

9月10日下午，学校举行第34个教师节庆祝大会。

9月12日上午，苏州市职业大学—阿里巴巴“跨境电商人才培养合作高校”揭牌仪式暨表彰大会在商学院举行。

9月13日，刚果（布）黑角市政府代表团到校访问，就高等职业教育领域展开合作事宜进行了深入沟通和交流。

9月13日，学校印发执行《苏州市职业大学教育教学综合改革三年行动计划（2018—2020年）》。（苏职大委〔2018〕51号）

9月13日，学校印发执行《苏州市职业大学专业集群建设三年行动计划（2018—2020年）》。（苏职大委〔2018〕52号）

9月13日，学校印发执行《苏州市职业大学信息化教学水平提升行动三年行动计划（2018—2020年）》。（苏职大委〔2018〕53号）

9月14—17日，在2018“高教社杯”全国大学生数学建模竞赛中，苏州市职业大学参赛学生荣获乙组江苏赛区二等奖1项、三等奖1项。

9月15日，学校2018级新生开学报到4692人，首次采用“今日校园”App办理报到手续。

9月17日，苏州市职业大学荣获“2015—2017年度苏州市文明校园”称号。

9月17日，学校印发公布首批产业教授名单。（苏职大政〔2018〕61号）

9月18日，在“融通并茂——第三届江苏省高校设计作品展”中，艺术学院学生柳青春的室内设计作品《穿梭——中腰里工业建筑改造设计——室内设计方案》（指导教师：薄晓光）被评为优秀作品。

9月18日，学校印发公布首批“双师型”教师培养培训基地。（苏职大政〔2018〕63号）

9月19日，教育部下发《关于公布2018年度职业教育专业教学资源库备选库的通知》（教职成司函〔2018〕121号），苏州市职业大学智能控制技术专业教学资源库成功入选。

9月19日下午，由江苏省教育厅组织的第九督查组对学校毕业生就业创业工作进行了专项督查。

9月20日，全校教职工开展“慈善一日捐”活动，捐款人数961人，捐款金额107400元。

9月20日，江苏省高校学生会组织改革专项督导组到校督导学生会组织改革推进工作。

9月25日，南非共和国高教部工业和制造业培训署副署长Gregory Adams、南非中国文化和国际教育交流中心主任陆志雷博士等一行4人到校访问交流。

9月25日至10月12日，校巡审督查组进驻计算机工程学院开展巡审督查工作。

9月26日，为进一步加强和规范全省外国留学生管理工作，江苏省教育厅专项检查组到校检查外国留学生管理工作。

9月26日，民盟苏州市职业大学总支部召开换届改选大会。

9月26日，澳门科技大学基金会顾问吴晓宁博士、研究生院高级培训中心项目总监周瑞敏等一行到校交流访问。

9月27日，“苏高新杯”第五届“创青春”中国青年创新创业大赛志愿者动员大会暨培训会在苏州市职业大学举行。

9月27日，学校印发执行《苏州市职业大学校地深度融合发展行动计划（2018—2020年）》。（苏职大委〔2018〕56号）

9月27日，学校印发执行《苏州市职业大学就业指导服务质量提升三年行动计划（2018—2020年）》。（苏职大委〔2018〕57号）

9月27日，学校印发执行《苏州市职业大学“第

二课堂成绩单”制度建设三年行动计划（2018—2020年）》。（苏职大委〔2018〕58号）

9月28日，华中师范大学国家文化产业研究中心常务副主任、博士生导师詹一虹教授等一行到校调研。

9月28日，学校调整图书情报工作委员会，主任刘丹，副主任赵宁燕。（苏职大政〔2018〕65号）

9月28日，学校印发执行《苏州市职业大学合同管理暂行办法》。（苏职大政〔2018〕68号）

9月28日，学校印发执行《苏州市职业大学信息公开实施办法（试行）》。（苏职大政〔2018〕69号）

9月29日上午，学校2018级新生开学典礼暨军训成果汇报大会在南区体育场举行。

是月，外国语学院卞浩宇博士撰写的著作《晚清来华西方人汉语学习与研究》被美国耶鲁大学（Yale University）图书馆、美国埃默里大学（Emory University）图书馆收录。

是月，外国语学院严佳老师获得第九届“外教社杯”全国高校外语教学大赛江苏省微课比赛一等奖。

是月，在首届江苏省高校“云舟杯”共读一本书比赛中，校图书馆喜获优秀组织奖，艺术学院杜天佑同学、外国语学院王文静同学与图书馆张慧婷老师分别荣获一等奖、二等奖和优胜奖。

10月

10月7日下午，由苏州市职业大学协助举办的第二届夜泊枫桥文化节“诗泊枫桥”诗词大会在枫桥景区举行现场决赛。

10月9日，学校成立专业技术职务评审工作领导小组，组长钮雪林、曹毓民，副组长刘丹、熊贵营、陶亦亦、张健、蔡晓平。（苏职大政〔2018〕74号）

10月9日，学校印发执行《苏州市职业大学专业技术职务评审工作办法（试行）》。（苏职大政〔2018〕75号）

10月9日，学校印发执行《苏州市职业大学教师专业技术资格条件（试行）》等4个资格条件。（苏职大政〔2018〕76号）

10月11日，学校组织第九次党委中心组理论学习，主题为全国教育大会精神学习。

10月11日，学校印发执行《苏州市职业大学庆祝改革开放40周年主题宣传教育活动实施方案》。（苏职大委〔2018〕59号）

10月12—14日，学校基层党支部书记、党务工作人员近40人参加了由苏州市职业大学党委与盐城新四军干部学院联合举办的“不忘初心，砥砺前行”党支部书记培训班。

10月13日，在第四届中国“互联网+”大学生创新创业大赛中，苏州市职业大学共有5支学生团队入围江苏省赛主赛道项目，最终项目《鑫·影·梦》获得省赛二等奖、十大最具网络人气奖，《水肥自动灌溉系统》获得省赛三等奖。

10月14日，在江苏省第十届大学生知识竞赛（理工科）组比赛中，苏州市职业大学1名学生获得二等奖，14名学生获得三等奖。

10月15日，学校调整教学质量评议委员会，主任督学室主任。（苏职大政〔2018〕71号）

10月16日，学校2018级国际学生开学典礼在图书馆学术报告厅举行。

10月16日、22日，校纪委书记蔡晓平等一行3人到体育部、外国语学院开展巡审督查整改回头看。

10月17日下午，苏州市人工智能学会人工智能教育专业委员会成立大会暨第一次委员工作会议在苏州市职业大学召开。70余位来自全市14所高校和6家企业的会员及代表出席。

10月17日，学校组织第十次党委中心组理论学习，举办了保密工作讲座。

10月17日，学校印发执行《关于进一步加强学校后勤保障服务工作的意见》。（苏职大政〔2018〕73号）

10月18日，学校成立校地合作工作领导小组，组长钮雪林、曹毓民，副组长刘丹、熊贵营、陶亦亦、张健。（苏职大政〔2018〕77号）

10月20日，澳大利亚维多利亚州政府贸易投资北京代表处在国家会议中心召开了“中澳职业教育合作：最佳实践与未来展望”研讨会，副校长张健代表学校应邀参加会议并发表演讲。

10月20—21日，在全国地方高校学报研究会2018年学术年会暨第五届评优活动中，学校学术期刊中心获得多项殊荣：《苏州教育学院学报》被评为全国地方高校学报优秀期刊；《苏州教育学院学报》的《吴文化研究》栏目被评为全国地方高校学报名栏；《苏州市职业大学学报》的《职教论坛》栏目被评为全国地方高校学报特色栏目；时新老师荣获主编玉笔奖，李华老师荣获优秀编辑奖。

10月22—23日，在江苏省第四届大学生应急救护竞赛苏南片区初赛中，苏州市职业大学大学生应急救护代表队获二等奖。

10月24日，学校与科大讯飞股份有限公司在安徽合肥科大讯飞总部举行了校企战略合作框架协议签约暨智能应用技术学院揭牌仪式。

10月24日，现代光电职教集团专业建设委员会成立暨第一次工作会议顺利召开，来自学校、企业、光电缆商会的25名代表参加会议。本次会议由苏州市职业大学主办，江苏省吴江中等专业学校承办。

10月25日，西班牙阿利坎特市政府代表团在苏州市外事办公室领导的陪同下到校访问交流。

10月25日上午，学校2018年田径运动会在南区田径场举行。

10月25—26日，在江苏省高校红十字会“博爱青春”暑期志愿服务项目展示总结活动上，苏州市职业大学“益往黔行　筑梦少年”暑期志愿服务项目获得省十佳优秀项目奖。

10月26日，学校成功主办“共同体视野下地方高校学报地域文化栏目建设”研讨会，来自全国10余个省（区、市）近30家高校的学报主编参加会议。

10月26日，学校印发公布新道学院管理人员名单，院长张世林，执行院长吴文英，副院长陈惠智、倪爱东。（苏职大政〔2018〕78号）

10月26日，学校印发公布英凯睿智国际旅游管理学院管理人员名单，院长郭婵娟，执行院长马丁良，副院长史继东、陈继娜、冯清。（苏职大政〔2018〕79号）

10月26日，学校调整同策房地产学院理事会人员，理事长陶亦亦，副理事长赵钢。（苏职大政〔2018〕81号）

10月26日，学校调整NITE——博众·凡赛斯自动化学院理事会人员，理事长杜娇，副理事长陶亦亦、蔡志敏。（苏职大政〔2018〕82号）

10月26—28日，在2018年第三届“踏瑞杯”全国高职高专人力资源管理技能大赛总决赛上，管理学院2017级人力资源管理班李雨、许宇翔、周慧宇获得团体特等奖。

10月26日至11月9日，校巡审督查组进驻苏州开放大学管委会（继续教育学院）开展巡审督查工作。

10月27日，在2018年“领航杯”第三届江苏省青少年网络信息安全知识竞赛线下总决赛中，计算机工程学院王宗树、乔一凡、刘砥、沈志伟等4名同学组成的参赛队获得第二名。

10月27—28日，在“外研社杯”全国高职高专英语写作大赛（江苏赛区）复赛中，夏晶晶同学获得公共英语组二等奖，唐诗婵同学获得公共英语组三等奖，杨婧同学获得英语专业组特等奖。

10日29日，学校图书馆荣获“江苏省高校图书馆2016—2017年度先进集体”称号。

10月29日，学校公布执行《苏州市职业大学校内绩效奖励分配试行办法》。（苏职大委〔2018〕61号）

10月29日，学校印发执行《苏州市职业大学全面提升基层党建工作质量三年行动计划（2018—2020年）》。（苏职大委〔2018〕62号）

10月31日，在首届“外教社杯”江苏省大学生跨文化交际能力大赛决赛中，外国语学院王琪璇同学获得高职英语组一等奖，吴蓉同学获得日语组二等奖，鲁继如同学获得小语种组三等奖。

10月31日下午，学校在惠和楼召开全校后勤保障服务工作会议。校党委书记钮雪林、校长曹毓民、副校长张健出席会议。

10月31日下午，由江苏省教科院职教所陈向阳博士带领的专家组到校实地调研现代职教体系建设情况。

是月，在第五届“大唐杯”全国大学生移动通信技术大赛全国总决赛（高职组）中，电子信息工程学院学生代表队获得1个一等奖和1个三等奖。

是月，在2018江苏省艺术设计大赛中，艺术学院师生的15件参赛作品获得了学生组金奖1项、银奖4项、铜奖4项、优秀奖1项，教师组银奖1项、铜奖2项、优秀奖2项。

是月，国家广播电视产品质量监督检验中心总经理刘志刚等一行到校参观并洽谈合作事宜。

是月，《苏州市职业大学学报》荣获“2018年度中国高校优秀科技期刊”。

11月

11月2日，2018最佳东方高峰论坛暨第五届旅游服务业最佳雇主颁奖盛典在上海绿地会议中心举行，学校英凯睿智国际旅游学院获“旅游服务业2018年度优秀人才培养院校奖”。

11月3—4日，在第九届江苏省大学生机器人大赛机器人阵地攻防赛项中，电子信息工程学院学生代表队获得一等奖2项、三等奖1项。

11月6日，“校园可视化智慧消防平台”项目正式验收并交付使用。

11月7日，在江苏省高校档案研究会第十次代表大会上，苏州市职业大学荣获“江苏省高校档案工作先进单位”称号。

11月9日上午，学校组织第十一次党委中心组理论学习，主题为学习贯彻全国宗教工作会议精神。

11月9日下午，学校组织第十二次党委中心组理论学习，主题为举行“中国梦·我心中的梦”——庆祝改革开放40周年歌咏会。

11月9日，大运河文化带建设研究院苏州分院暨苏州大运河文化带建设研究院成立大会在苏州会议中心举行。校党委副书记、副校长刘丹任苏州分院暨苏州大运河文化带建设研究院副院长。

11月9日，在中国计算机学会（CCF）职业教育大会上，计算机工程学院刘业博士、陆公正博士获得表彰；刘昭斌教授获得优秀教育工作者奖；2016级动漫制作技术专业学生夏振新、张雨琼同学获得优秀学生奖。

11月9日，由江苏省高校图工委高职高专图书馆专业建设委员会主办，苏州市职业大学承办的江苏省高职院校第一届（2018）大学生文献信息检索技能大赛决赛在校图书馆举行。全省13个城市共42所高职院校参加了本次会议。曾子涵同学获一等奖，王语晗、周天承同学荣获二等奖，李世昌同学荣获三等奖。

11月9日，学校印发执行《苏州市职业大学党政干部鼓励激励担当作为实施细则（试行）》。（苏职大委〔2018〕63号）

11月9日，学校成立宗教工作领导小组，组长钮雪林、曹毓民，副组长刘丹、熊贵营、张健。（苏职大委〔2018〕64号）

11月10日，在2018年全国高职院校财税技能大赛全国总决赛上，商学院林婷婷、施冬青、刘瑞晨等3位同学获得总决赛三等奖。

11月12日，学校被授予“2018年江苏省高校毕业生就业创业工作考核优秀单位”荣誉称号。

11月14日，镇江高等专科学校党委书记林枫、党委副书记王桂龙等一行7人到校考察交流。

11月14日，江苏省高校体育工作督查调研组到校督查调研体育工作基本标准落实情况。

11月14日下午，苏州市相城区人民政府与苏州市职业大学校地全面合作签约仪式在惠和楼举行。

11月14—16日，在江苏省教育厅主办的江苏省第四届高职高专院校学生足球技能暨体能大赛中，体育部学生代表队获学生足球技能大赛团体二等奖1项，获学生体能大赛团体三等奖1项。

11月15日上午，苏州市哲学社会科学界联合会主席刘伯高、副主席王明国等一行到校调研苏州石湖智库建设工作。

11月15—17日，在第七届全国高等职业院校日语技能大赛中，外国语学院蒋慧芝同学获得个人赛二等奖。

11月15—17日，在2018“外研社杯”江苏省高职高专英语演讲大赛中，外国语学院刘秋宁、吕文泰同学获一等奖，张妩焕同学获三等奖。

11月16日，学校调整吴文化研究院院长，院长孙学文，副院长宋桂友、陈璇。（苏职大政〔2018〕88号）

11月16日，学校成立吴文化传承与创新研究中心，主任孙学文，执行主任宋桂友，副主任陶莉。（苏职大政〔2018〕89号）

11月16日下午，苏州东吴餐饮管理有限公司设立的“东吴餐饮励学金”捐赠签约仪式在学校惠和楼举行。

11月16—17日，在江苏省学生体协高校工作委员会苏南分会体育教师说课比赛中，体育部周正老师获得高职高专组一等奖。

11月16—18日，在2018年江苏开放大学、江苏城市职业学院办学系统技能竞赛中，苏州市职业大学许敏同学荣获会计技能比赛二等奖，沈佳伊同学荣获三等奖；马闪闪、戴佳欢、顾皓然、陆宇龙同学组成的“沙盘模拟企业经营”队荣获团体三等奖。

11月17日，在2018全国大学生软件测试大赛总决赛上，计算机工程学院郭晶、谷取民、张睿等3位同学组队在“拓思杯”移动应用测试（团队）赛项中获得总决赛三等奖；彭冲、黄宁宁、石桂花等3位同学组队在“慕测杯”Web应用测试（团队）赛项中获得总决赛三等奖。

11月21日上午，苏州石湖智库举行“石湖智库建设与吴地文化”专题研讨会，邀请群众杂志社副总编李程骅教授为智库建设提供指导性意见。

11月21日，学校举行张继馨艺术奖学金捐赠签约仪式暨“吴门花鸟画艺术研究院”落成仪式。吴门花鸟画的旗帜性人物、苏州市职业大学教授张继馨，苏州工艺美术职业技术学院教授、苏州大学博士研究生导师廖军和群众杂志社副总编李程骅等应邀出席。

11月21—22日，在江苏省科技期刊学会举办的第十届江苏科技期刊“金马奖”的评选活动中，《苏州市职业大学学报》的《工匠精神》栏目荣获创新创意奖中的“十佳品牌栏目奖”。

11月22日，苏州市宣传思想工作会议召开，会议表彰了第二届“姑苏文化名家”。艺术学院教授张继馨、兼职教授钟锦德同时荣获“姑苏文化名家”称号。

11月22日，澳大利亚维多利亚州政府首驻大中华区特派专员Tim Dillon、代表处教育经理Li Qian到校访问，并出席了《悉尼协议》研修班开学典礼。

11月23日，学校修订《苏州市职业大学学生工作考评实施办法》和《苏州市职业大学院（部）就业工作考核办法》。（苏职大政〔2018〕92号）

11月23日至12月7日，校巡审督查组进驻商学院开展巡审督查工作。

11月25日，茂名开放大学党委书记、校长董艳清等一行到校考察交流社区教育工作。

11月26日，学校“一路黔行　筑梦少年”“博爱青春”暑期志愿服务项目被认定为省级支持一类项目，获评2018年江苏省“博爱青春”暑期志愿服务“十佳优秀项目”。校团委龙蕊老师获评2018年江苏省高校红十字会“博爱青春”暑期志愿服务项目优秀指导老师，电子信息工程学院樊倩慧同学获评2018年江苏省高校红十字会“博爱青春”暑期志愿服务项目优秀大学生志愿者。

11月28日，学校金学智教授的专著《园冶多维探析》（上、下卷）获江苏省第十五届哲学社会科学优秀成果奖二等奖。

11月28日，在“武进人才杯”江苏省第十三届大学生职业规划大赛总决赛中，艺术学院陈诚同学荣获特等奖，外国语学院王宁同学荣获一等奖，机电工程学院陈星洁同学荣获二等奖。

11月29日，学校组织第十三次党委中心组理论学习，主题为传达省、市意识形态会议精神。

11月29日，学校调整各学院（部）专业带头人及专业负责人。（苏职大政〔2018〕96号）

11月29日至12月2日，由学校联合湖南汽车工程职业学院、佛山职业技术学院主办，领航未来（北京）科技有限公司协办的2018年职业教育智能控制技术专业教学资源库建设工作会暨共建共享联盟年会在校图书馆报告厅举行。来自全国各地的30余家院校、行业单位、企业单位的100余位代表参加会议。校党委书记钮雪林出席大会并致辞。

11月30日，学校印发执行《苏州市职业大学个性化学习拓展学分认定管理办法（试行）》。（苏职大政〔2018〕98号）

11月30日至12月3日，在2018江苏省高等院校健身气功比赛中，体育部学生代表队获得集体项目三等奖，并获“体育道德风尚奖”荣誉称号。

是月，体育部王俪燕老师荣获“全国高等职业院校优秀体育工作者”称号。

是月，瑞士科学工程院院士、IEEE Fellow、瑞士洛桑联邦理工学院（EPFL）教授Adrian M. Ionescu应邀到校交流并做《可穿戴设备及传感器》学术报告。

是月，体育部李勇老师的论文《职业导向视角下的高职院校体育教学改革困境及保障机制构建》获江苏省高等教育学会2017年度高等教育科学研究优秀成果奖三等奖。

是月，苏州开放大学获评2018年度苏州市社会教育优秀单位。

是月，2018年度国家奖助学金评审工作完成，5位同学获得国家奖学金、457位同学获得国家励志奖学金、2139位同学获得国家助学金。

截至11月30日，学校立项省部级科研项目20项、市厅级科研项目39项，纵向科研到账经费191.41万元；公开出版学术著作4本；发表学术论文391篇，其中核心期刊收录64篇；获授权专利228件，其中发明专利80件。学校科研成果获得推广应用的横向项目有43项，横向技术开发、咨询服务到账经费129.36万元；获得市级以上科研奖项20项，其中获江苏省第十五届哲学社会科学优秀成果奖二等奖1项，实现学校哲学社会科学领域研究成果获奖的新突破。

12月

12月1日，在2018年度“中国技术创业协会科技创业贡献奖”颁奖大会上，电子信息工程学院汪义旺老师荣获“科技创业导师贡献奖”。

12月2—5日，在全国高职电子信息类专业2018年学术年会上，苏州市职业大学授牌成为Arm中国嵌入式人工智能应用技术示范基地。

12月4日上午，博世全球技术服务售后副总裁Hornung Joerg、市场部总监Reif Timo，博世中国技术服务售后总监陈锋等一行到校访问，双方就合作建设学校博世售后培训中心、博世学院等相关事项进行了深入交流。

12月4日，学校成立2018年成人高等教育招生录取工作领导小组，组长陶亦亦，副组长俞建伟、戴涵莘。（苏职大政〔2018〕99号）

12月5日下午，苏州市人大常委会原主任黄俊度，苏州市委宣传部原副部长高志罡等12位市人大代表一行到校调研。校党委书记钮雪林、校长曹毓民陪同。

12月6日，苏州幼儿师范高等专科学校校长杨建良、副校长吕虹、陶华山等一行5人到校交流。

12月6日，学校印发公布江苏省苏州市职业大学教师高级专业技术资格评审委员会评审结果。（苏职大政〔2018〕100号）

12月7日下午，苏州市电梯业商会二届四次理事会在学校惠和楼召开。

12月7—9日，在2018中国机器人技能大赛炮战攻防赛项中，电子信息工程学院学生获得二等奖2个。

12月8日，在江苏省第二届高职高专院校思想政治理论课中青年教师教学竞赛中，思想政治理论教学研究部黄丹老师荣获二等奖。

12月8—9日，校长曹毓民、副校长陶亦亦等参加了在福建福州举办的全国高职高专校长联席会议2018年年会。曹毓民在本次大会信息化与课堂教学改革论坛做专题交流发言。

12月11日上午，上海市高职高专经济类专业教学指导委员会一行25人到校参观交流。

12月11日，学校调整财经工作领导小组，组长钮雪林、曹毓民，副组长刘丹、熊贵营、陶亦亦、张健、蔡晓平。（苏职大政〔2018〕101号）

12月11日，学校调整国有资产管理工作委员会，主任曹毓民，副主任刘丹、熊贵营、陶亦亦、张健、蔡晓平。（苏职大政〔2018〕102号）

12月12日，苏州市职业大学教育发展基金会第三届理事会第四次会议在惠和楼会议室召开。基金会全体理事、监事出席了会议。会议由理事长钮雪林主持。

12月12日，2018“庭前花开”苏州花鸟画作品展在学校图书馆开展。此次画展由苏州市职业大学和苏州市花鸟画研究会联合主办，吴门花鸟画艺术研究院具体承办，汇集展出了张继馨、吴中培、丁建中、廖军、袁牧、李伯庆、张小芹、戴云亮等30余位艺术名家的60件书画作品。

12月12日，学校印发执行《苏州市职业大学教学研究与建设项目管理及经费管理办法（暂行）》。（苏职大政〔2018〕103号）

12月13日，学校组织第十四次党委中心组理论学习，主题为《宪法》专题学习。

12月14日，在2018“鼎傲杯”江苏省高职院校英语听说大赛中，2018级文秘专业张旭获得一等奖，2017级商务英语专业王萌、汪建君获二等奖，2018级报关与国际货运专业李丽滢、2018级会计专业张婧缘获三等奖。

12月14日下午，学校召开2018年度党组织书记述党建、述思政及意识形态、述党风廉政建设会议。会议由校党委书记钮雪林主持。

12月14日，学校公布第二批“双师型”教师培养培训培育基地。（苏职大政〔2018〕104号）

12月17日，学校印发执行《苏州市职业大学“挑战杯”“互联网+”竞赛管理与奖励办法（试行）》。（苏职大政〔2018〕105号）

12月17—18日，纤维光学滤波器国家标准制定审查会在吴江召开。苏州市职业大学俞兴明教授作为特邀专家参加了会议。

12月18日下午，苏州市哲学社会科学界联合会第八次代表大会开幕。校长曹毓民、副校长张健等会议代表出席本次大会。曹毓民继续当选副主席，姚金凤当选常务理事。韩承敏、孙学文、李政当选理事。

12月20日，学校印发执行《苏州市职业大学2018年教职工年度考核、绩效考核工作实施方案》。（苏职大政〔2018〕107号）

12月21日，苏州市老科技工作者协会第九次会员代表大会在苏州市老干部局召开。苏州市职业大学姜左教授当选常务副会长，吴庆荣教授担任监事长。

12月21日，学校印发执行《苏州市职业大学专利管理办法（试行）》。（苏职大政〔2018〕108号）

12月22日，在第九届“外研社杯”全国高职高专英语写作大赛总决赛中，外国语学院2016级应用英语2班的杨婧同学获得专业组二等奖。

12月24日，学校印发执行《苏州市职业大学集中整治形式主义、官僚主义的实施方案》。（苏职大委〔2018〕69号）

12月27日，学校成立档案管理和信息化工作领导小组，组长曹毓民，副组长刘丹、熊贵营、陶亦亦、张健、蔡晓平。（苏职大委〔2018〕71号）

12月27日，学校公布移动学院管理人员名单，院长杨伟中，执行院长李金祥，副院长孔杰、曾海。

（苏职大政〔2018〕113号）

12月27日，学校公布翼云电信学院管理人员名单，院长常荣，执行院长李金祥，副院长许鑫、臧燕翔、曾海、陈伟良。（苏职大政〔2018〕114号）

12月28日下午，学校召开苏州石湖智库首批特约研究员聘任仪式，首批特约研究员共31名，包括6名校外兼职研究员。

12月29日，学校印发执行《智能控制技术专业教学资源库推广应用奖励暂行办法》。（苏职大政〔2018〕110号）

12月29日，学校公布电梯学院管理人员名单，院长顾德仁，执行院长陈洁，副院长张建宏、徐培根、陆春元。（苏职大政〔2018〕111号）

12月29日，学校公布安防学院管理人员名单，院长王坤泉，执行院长李金祥，副院长陈建、曾海。（苏职大政〔2018〕112号）

是月，苏州市职业大学太湖众创被认定为江苏省小型微型企业创业创新示范基地。

是月，苏州开放大学荣获江苏省“2018年度社会教育先进集体”称号。

是月，在中国图书馆学会公布的文件《中国图书馆学会关于公布2017年全民阅读相关称号的决定》（中图学字〔2018〕104号）中，苏州市职业大学图书馆被授予“2017年全民阅读先进单位”称号。

是月，在第四届“东方财富杯”全国大学生金融精英挑战赛上，苏州市职业大学两支代表队分别获得二等奖和三等奖。

是月，学校申报的“3C产品智能制造”获批省级工程技术研究开发中心。

是月，学校图书馆罗金增的论文《我国地方全民阅读法规比较研究》荣获第六届江苏省图书馆学情报学学术成果奖（论文类）二等奖。

是月，截至年末，学校2018届毕业生4262人，就业4198人，年终就业率为98.50%，其中2852人与用人单位签订就业协议书或劳动合同，协议就业率为66.92%；83人灵活就业，灵活就业率为1.95%；1263人升学，升学出国率为29.63%。

SUZHOU VOCATIONAL UNIVERSITY

苏州市职业大学年鉴 2019

第十五章 附录

规章制度文件目录

2018年苏州市职业大学新增、修订规章制度文件目录（一）

序号	发文单位	发文号	文件标题	发文日期
1	中共苏州市职业大学委员会	苏职大委〔2018〕6号	关于印发《中共苏州市职业大学委员会关于贯彻落实〈中央八项规定实施细则〉的实施意见》的通知	2018.2.25
2	中共苏州市职业大学委员会	苏职大委〔2018〕16号	关于印发《苏州市职业大学科技创新工作行动方案》的通知	2018.3.23
3	中共苏州市职业大学委员会	苏职大委〔2018〕34号	关于印发《苏州市职业大学教师职业道德规范（试行）》的通知	2018.5.31
4	中共苏州市职业大学委员会	苏职大委〔2018〕37号	关于印发《苏州市职业大学“解放思想大讨论”活动实施方案》的通知	2018.6.22
5	中共苏州市职业大学委员会	苏职大委〔2018〕42号	关于印发《苏州市职业大学学院（部）党总支部委员会会议制度实施意见（试行）》的通知	2018.6.28
6	中共苏州市职业大学委员会	苏职大委〔2018〕43号	关于印发《苏州市职业大学学院（部）党政联席会议议事规则》的通知	2018.6.28
7	中共苏州市职业大学委员会	苏职大委〔2018〕44号	关于印发《苏州市职业大学共青团改革实施方案》的通知	2018.6.28
8	中共苏州市职业大学委员会	苏职大委〔2018〕61号	关于公布执行《苏州市职业大学校内绩效奖励分配试行办法》的通知	2018.10.29
9	中共苏州市职业大学委员会	苏职大委〔2018〕63号	关于印发《苏州市职业大学党政干部鼓励激励担当作为实施细则（试行）》的通知	2018.11.9

2018年苏州市职业大学新增、修订规章制度文件目录（二）

序号	发文单位	发文号	文件标题	发文日期
1	苏州市职业大学	苏职大政〔2018〕3号	关于印发《苏州市职业大学教学质量评价与考核办法》的通知	2018.1.15
2	苏州市职业大学	苏职大政〔2018〕28号	关于印发《苏州市职业大学岗位基本职责》的通知	2018.4.28
3	苏州市职业大学	苏职大政〔2018〕29号	关于印发《苏州市职业大学名誉教授、客座教授、兼职教授聘任及管理办法》的通知	2018.5.8
4	苏州市职业大学	苏职大政〔2018〕30号	关于印发《苏州市职业大学产业教授选聘及管理办法（试行）》的通知	2018.5.8
5	苏州市职业大学	苏职大政〔2018〕40号	关于印发《苏州市职业大学横向技术合同管理暂行办法》的通知	2018.6.25
6	苏州市职业大学	苏职大政〔2018〕41号	关于印发《苏州市职业大学横向科技项目及经费管理暂行办法》的通知	2018.6.25
7	苏州市职业大学	苏职大政〔2018〕42号	关于印发《苏州市职业大学纵向科研项目及经费管理暂行办法》的通知	2018.6.25
8	苏州市职业大学	苏职大政〔2018〕43号	关于印发《苏州市职业大学纵向科研项目间接费用管理实施细则》的通知	2018.6.25
9	苏州市职业大学	苏职大政〔2018〕44号	关于印发《苏州市职业大学专项资金管理暂行办法》的通知	2018.6.25
10	苏州市职业大学	苏职大政〔2018〕45号	关于印发《苏州市职业大学财务报销管理办法》的通知	2018.6.25
11	苏州市职业大学	苏职大政〔2018〕54号	关于印发《苏州市职业大学公务交通费用管理暂行规定》的通知	2018.9.1
12	苏州市职业大学	苏职大政〔2018〕55号	关于印发《〈苏州市职业大学差旅费管理办法〉补充规定》的通知	2018.9.1
13	苏州市职业大学	苏职大政〔2018〕56号	关于印发《苏州市职业大学高等教育研究所工作职责（修订）》的通知	2018.9.2
14	苏州市职业大学	苏职大政〔2018〕57号	关于印发《苏州市职业大学保留车辆使用管理办法（暂行）》的通知	2018.9.1
15	苏州市职业大学	苏职大政〔2018〕66号	苏州市职业大学激励科技人才创新新增绩效工资总量分配办法	2018.9.26
16	苏州市职业大学	苏职大政〔2018〕68号	关于印发《苏州市职业大学合同管理暂行办法》的通知	2018.9.28
17	苏州市职业大学	苏职大政〔2018〕69号	关于印发《苏州市职业大学信息公开实施办法（试行）》的通知	2018.9.28
18	苏州市职业大学	苏职大政〔2018〕73号	关于印发《关于进一步加强学校后勤保障服务工作的意见》的通知	2018.10.17

续表

序号	发文单位	发文号	文件标题	发文日期
19	苏州市职业大学	苏职大政〔2018〕75号	关于印发《苏州市职业大学专业技术职务评审工作办法（试行）》的通知	2018.10.9
20	苏州市职业大学	苏职大政〔2018〕76号	关于印发《苏州市职业大学教师专业技术资格条件（试行）》等4个资格条件的通知	2018.10.9
21	苏州市职业大学	苏职大政〔2018〕92号	关于修订《苏州市职业大学学生工作考评实施办法》和《苏州市职业大学院（部）就业工作考核办法》的通知	2018.11.23
22	苏州市职业大学	苏职大政〔2018〕98号	关于印发《苏州市职业大学个性化学习拓展学分认定管理办法（试行）》的通知	2018.11.30
23	苏州市职业大学	苏职大政〔2018〕103号	关于印发《苏州市职业大学教学研究与建设项目管理及经费管理办法（暂行）》的通知	2018.12.12
24	苏州市职业大学	苏职大政〔2018〕105号	关于印发《苏州市职业大学"挑战杯""互联网+"竞赛管理与奖励办法（试行）》的通知	2018.12.17
25	苏州市职业大学	苏职大政〔2018〕107号	关于印发《苏州市职业大学2018年教职工年度考核、绩效考核工作实施方案》的通知	2018.12.20
26	苏州市职业大学	苏职大政〔2018〕108号	关于印发《苏州市职业大学专利管理办法（试行）》的通知	2018.12.21
27	苏州市职业大学	苏职大政〔2018〕110号	关于印发《智能控制技术专业教学资源库推广应用奖励暂行办法》的通知	2108.12.29

机构设置文件目录

2018年苏州市职业大学机构设置、调整文件目录

序号	发文单位	发文号	文件标题	发文日期
1	苏州市机构编制委员会办公室	苏编办复〔2018〕48号	市编办关于调整苏州市职业大学内设机构的批复	2018.6.5
2	中共苏州市职业大学委员会	苏职大委〔2018〕32号	关于调整学校教学单位内设机构设置的通知	2018.5.29

人事任免文件目录

2018年苏州市职业大学人事任免文件目录（一）

序号	发文单位	发文号	文件标题	发文日期
1	中共苏州市委员会	苏委人〔2018〕172号	关于张健等同志职务调整的通知	2018.6.20
2	中国教育工会苏州市委员会	苏教工〔2018〕42号	关于同意苏州市职业大学工会第九次会员代表大会换届选举结果的批复	2018.7.12
3	中共苏州市职业大学委员会	苏职大委〔2018〕1号	关于赵宁燕等同志任职的通知	2018.1.4
4	中共苏州市职业大学委员会	苏职大委〔2018〕2号	关于李承东等同志职务调整的通知	2018.1.4
5	中共苏州市职业大学委员会	苏职大委〔2018〕3号	关于张军、徐伟同志职务调整的通知	2018.1.4
6	中共苏州市职业大学委员会	苏职大委〔2018〕7号	关于张健等同志职务调整的通知	2018.2.25
7	中共苏州市职业大学委员会	苏职大委〔2018〕13号	关于孙赢等同志任职的通知	2018.3.9
8	中共苏州市职业大学委员会	苏职大委〔2018〕23号	关于吴建英等同志职务调整的通知	2018.4.13
9	中共苏州市职业大学委员会	苏职大委〔2018〕31号	关于叶良同志职务调整的通知	2018.5.31
10	中共苏州市职业大学委员会	苏职大委〔2018〕36号	关于鲜学丰等同志任职的通知	2018.6.14
11	中共苏州市职业大学委员会	苏职大委〔2018〕38号	关于李政同志职务调整的通知	2018.6.28
12	中共苏州市职业大学委员会	苏职大委〔2018〕39号	关于调整苏州市职业大学教师发展工作委员会的通知	2018.6.28

续表

序号	发文单位	发文号	文件标题	发文日期
13	中共苏州市职业大学委员会	苏职大委〔2018〕45号	关于吴建英等同志任职的通知	2018.7.13
14	中共苏州市职业大学委员会	苏职大委〔2018〕66号	关于顾慧琴等同志任职的通知	2018.11.28

2018年苏州市职业大学人事任免文件目录（二）

序号	发文单位	发文号	文件标题	发文日期
1	苏州市人民政府	苏府人〔2018〕31号	市政府关于张健等同志职务调整的通知	2018.6.28
2	苏州市职业大学	苏职大政〔2018〕47号	关于叶良同志职务聘任的通知	2018.7.4
3	苏州市职业大学	苏职大政〔2018〕48号	关于鲜学丰等同志职务聘任的通知	2018.7.4

媒体报道汇集

2018年媒体报道苏州市职业大学新闻稿汇总一览表

序号	媒体名称（版面）	标题	日期
1	扬子晚报A07版	苏州画家绘制　我国首套元宵节邮票	2018.2.9
2	新华报业网	中国诗词大会：苏州的美文美景给了我们灵感!	2018.3.24
3	扬子晚报网	《中国诗词大会》第三季开播　出题地点之一原是苏州	2018.3.25
4	扬子晚报网	“梅花三弄：诗画乐”——大学生素质教育活动周开幕	2018.4.22
5	扬子晚报网	八旬校友回母校设立奖学金　苏职大首届肇锳奖学金颁奖	2018.4.23
6	扬子苏州教育	十年回首，未雨绸缪	2018.5.12
7	扬子晚报第SZ04版	苏州市职业大学志愿者开展“防灾减灾科普知识”进校园活动	2018.5.18
8	扬子晚报网	第五届全国高校物联网应用创新大赛总决赛在苏开幕	2018.5.18
9	现代快报全媒体	实现馆院合作　创新文化传承模式	2018.5.21
10	扬子晚报网	苏州市职业大学开展省级大学生核心就业能力培训	2018.5.30
11	中国科学报第8版	苏职大：职业教育国际化的探路者	2018.6.5
12	交汇点	苏州职大牵手苏州安防协会合作共建安防学院	2018.6.8
13	扬子晚报网	苏州市职业大学安防学院揭牌成立	2018.6.12
14	扬子晚报第SZ04版	产教融合、精准发展　建设内涵式高质量品质学校	2018.6.22
15	中国青年报·中青在线	苏州为贵州山区孩子捐书1万册	2018.7.6
16	扬子晚报网	1万本爱心图书穿越1500公里到铜仁　苏职大支教团助力村小建“爱心书屋”	2018.7.18
17	扬子晚报网	跨越1500公里　苏职大志愿者铜仁开展禁毒宣讲调研	2018.7.28
18	新华网	苏州市职业大学志愿者走进铜仁开展禁毒宣讲调研	2018.7.30
19	中国青年报09版	让小山村留守儿童享受快乐暑假	2018.9.3
20	扬子晚报网	苏职大机电工程学院新生家长会开进了车间	2018.9.15
21	扬子晚报网	苏职大发明创新成果荣获第十届国际发明展览会金奖	2018.9.19
22	人民日报A01版	节日过出文化味	2018.10.8
23	新华日报第21版	搭大平台让高技能人才“有为有位”	2018.10.12
24	江苏教育报第1版	一体两翼，铸就技能型人才培养坐标——苏州市职业大学探索高质量发展之路纪略	2018.10.12
25	中国青年报T01版	苏州：让青春在创新创业中更加完美	2018.10.15
26	光明日报08版	学生创新创业的孵化器	2018.11.20
27	扬子晚报网	改变生活　一起来造！太湖众创·创客造物秀在苏职大开幕	2018.11.23
28	苏州日报A02版	26所高校申报项目获奖	2018.1.4
29	苏州日报B02版	苏职大获人工智能发明大奖	2018.1.8

续表

序号	媒体名称（版面）	标题	日期
30	苏州日报A01版	大力推动高等专科学校提升发展	2018.1.17
31	苏州日报A09版	艺术化地再现民间风俗——专访画家李涵	2018.1.31
32	苏州日报A09版	元宵节邮票　苏州画家绘	2018.1.31
33	引力播	中国诗词大会：“苏州的美文美景给了我们灵感！”	2018.3.23
34	姑苏晚报A07版	职大素质教育周开幕	2018.4.22
35	苏州日报A03版	用高雅的艺术感染人	2018.4.22
36	引力播	苏州市职业大学肇镆奖学金首届颁奖	2018.4.23
37	引力播	吴文化园里，老外体验吴文化	2018.4.23
38	引力播	防灾减灾科普知识走进小学校园	2018.5.12
39	姑苏晚报A09版	苏州市职业大学安防学院揭牌成立	2018.6.9
40	苏州日报A04版	市职大成立安防学院	2018.6.9
41	姑苏晚报B04版	苏州职业大学：深做“创新”大文章	2018.6.22
42	苏州日报A02版	捐赠图书　运往铜仁	2018.7.7
43	苏州日报B01版	市职大千里运送　共建“爱心书屋”	2018.7.16
44	城市商报A08版	万余册图书　捐往铜仁	2018.7.18
45	姑苏晚报B02版	苏职大外院志愿者助阵八国男篮赛	2018.7.23
46	苏州日报A03版	“电梯卫士”大比武	2018.8.6
47	名城苏州网	周乃翔调研在苏高校意识形态工作	2018.8.31
48	苏州日报A01版	始终筑牢高校意识形态工作主阵地　培养更多中国特色社会主义可靠接班人	2018.9.1
49	引力播	苏州市职大创新成果获第十届国际发明展览会金奖	2018.9.19
50	姑苏晚报A09版	市职大获第十届国际发明展览会金奖	2018.9.20
51	姑苏晚报A03版	“诗”泊枫桥醉游人	2018.10.8
52	苏州日报A01版	于张继夜泊处体悟诗词之美	2018.10.8
53	引力播	苏州吴中区多措并举加强高技能人才队伍建设	2018.10.12
54	苏州日报B03版	在天堂苏州诗意地栖居	2018.11.17
55	苏州日报A03版	数千人聚会　校园里办创客造物秀	2018.11.24

教职工出版教材目录

2018年苏州市职业大学教职工出版教材情况一览表

序号	著作名称	类别	作者	所在院（部）、部门	出版社	出版/修订日期
1	虚拟仪器应用（第2版）	主　编	刘　科　宋秦中	电子信息工程学院	机械工业出版社	2018.1
2	手绘效果图表现技法	副主编	陆宇澄	艺术学院	东南大学出版社	2018.1
3	新编商务英语应用文写作	主　编	刘小安	外国语学院	对外经济贸易大学出版社	2018.2
4	色彩设计基础与表现	主　编	张洁玉	艺术学院	中国纺织出版社	2018.2
5	版式设计基础与表现	主　编	张洁玉	艺术学院	中国纺织出版社	2018.2
6	机械制造技术课程设计指导书（第2版）	主　编	郭彩芬　万长东	机电工程学院	机械工业出版社	2018.4
7	食品生物化学	副主编	王毅婧	教育与人文学院	武汉理工大学出版社	2018.4
8	单片机应用技术	主　编	刘淑芬	电子信息工程学院	苏州大学出版社	2018.5
9	统计基础与应用	副主编	董　芸	商学院	企业管理出版社	2018.5

续表

序号	著作名称	类别	作者	所在院（部）、部门	出版社	出版/修订日期
10	外贸单证实务项目化教程（修订版）	主 编	缪鹤兵 陈丽红	商学院	东北大学出版社	2018.5
11	电梯修理与维护保养	主 编	顾德仁	机电工程学院	江苏凤凰教育出版社	2018.6
12	电梯电气构造与控制	主 编	顾德仁	机电工程学院	江苏凤凰传媒出版社	2018.6
13	电梯安装与调试	主 编	顾德仁 陆春元	机电工程学院	江苏凤凰传媒出版社	2018.6
14	软装设计	主 编	陆宇澄	艺术学院	同济大学出版社	2018.7
15	文秘英语实训（第三版）	副主编	陈 璇	管理学院	中国人民大学出版社	2018.8
16	旅游学概论（第五版）	副主编	冯 清	教育与人文学院	大连理工大学出版社	2018.8
17	工程制图与数字化表达	主 编	郭南初 赵海燕	机电工程学院	高等教育出版社	2018.9
18	线性代数（第6版）	主 编	王志刚	数理部	电子工业出版社	2018.9
19	Web基础渗透与防护	主 编	王德鹏 谭方勇	计算机工程学院	电子工业出版社	2018.11
*20	设计素描	副主编	程 建	艺术学院	安徽美术出版社	2017.9
*21	大学生创新创业教育	主 编	张国良 姚金凤	学生工作处	南京大学出版社	2017.12

注：“*”为补录数据。

全校毕业生名单

苏州市职业大学2018届普通全日制专科毕业生名单

机电工程学院

2013级　机电一体化技术

王　翔

2014级　机电一体化技术

马张海　柴文瑞　崔焱智　李　亮　王　震　肖鹏鹏　薛休刚　杨　迪　杨　强　易永进　李　昊
曹仕存　高国庆　刘皓宇　吴山山　许　超　颜湖存　杨林海　张凤欢　张　祥　赵国江　周　晖
张学成

2015级　机电一体化技术

查同慧　宋春艳　卜祥瑞　陈　浩　陈宇超　成绪远　费广建　葛　旭　吉　渊　兰二会　李文鹏
李宗泽　梅继猛　裴　超　任飞虎　申浩羽　苏占威　王　进　王　涛　王　涛　王　晓　徐德康
徐样样　杨　壮　于广路　张浩杰　张文琪　张于迁　赵瑞明　支程程　周济楠　周　涛　周　砖
朱小健　朱　振　耿莹莹　柏明明　崔来春　冯　强　胡佳伟　蒋兴兴　李明道　李志伟　刘国海
罗　件　马贯成　祁　猛　沈　奇　侍俊懿　唐健雄　王　迪　王祥洁　王　杨　谢宇寒　徐小刚
严加坤　杨林红　尤志伟　余文杰　张大龙　张凯亮　张　岩　张志强　郑　伟　周　辉　周明锐
周银朋　朱　达　朱新龙　陈之婧　冯丽芹　刘佳明　沈桂芳　沈海丽　王　萍　严凡香　张亚芹
周夏艳　陈　辰　陈　聪　陈　峰　陈　磊　成智伟　程志杰　丛吕刘　丁义峰　封志伟　顾　聪
顾宇彬　黄　阳　陆丹杰　陆振新　缪胜利　钱杨煜　秦佳杰　沈庭震　盛禹铭　施豪杰　宋　睿
孙兴涛　孙云鹏　田敏杰　王　亮　王　楠　姚　浩　姚　帅　叶　阳　印晨豪　张伯勇　张　景
周玉梁　朱剑飞

2015级　机电一体化（中外合作）

韩　越　黄天佶　霍东旭　李子涵　裴宇翔　颜嘉茂　移小鹏　赵　军　倪家松　张宇冲

2013级　机械制造与自动化

孙　诚　刘　欣　高　洋　武宏宾

2014级　机械制造与自动化

黄兰兵　马富豪　王海波　李　浩　倪伏清　吴　佩　张天福　王忠奎　董壮壮　冯　军　沈颖伟
宋朋飞　石磊峰　叶　凯

2015级　机械制造与自动化

曹　精　吕静雅　杨雨馨　卞宇航　陈　超　陈炜炜　陈章鹏　董　跃　韩　宇　胡　驰　胡庭方
金佳印　雷　波　李　恒　李　林　马畅通　平斌勇　秦文强　司佳雨　谭维彬　田　坤　汪晓朋
王智明　魏　尚　武轩宇　徐　锦　薛宝旺　张　杰　张天鹏　张志祥　赵　毅　朱宝锦　朱　权
陈春燕　汤智慧　张　路　蔡壮壮　陈浩明　陈文哲　陈正威　樊世冲　冯芒芒　龚金成　杭　轲
胡　春　华　奎　李艾民　李　济　李　宁　刘　潮　刘　鹏　路海洋　马桂良　潘海涛　祁陆强
孙　皓　唐传政　屠兴涛　王楠楠　王永成　韦昌辉　吴秉智　辛　杰　徐　翔　薛子涵　杨　浩
姚　耀　张　进　张　伟　周　杰　周圩爽　朱飞茗　朱伟伟　侯梦瑶　王慧慧　郑慧敏　陈林生
成　学　樊志远　冯　鑫　谷　欢　何　平　胡飞翔　黄逸哲　靳芝芒　李大鹏　李加旗　李　帅
刘福政　刘　爽　卢加胜　吕文浩　潘　蔚　强恩苗　沈　哲　孙茂恒　唐志坤　万　举　王均东
王　强　韦　琪　吴　浩　咸志林　徐　成　徐　扬　严　鉴　杨　逊　袁春阳　张　宁　赵庆飞

周立柱　周业帅　朱耀威　刘　冉　吴　益　安金成　陈　超　陈　宇　丁　尚　房　广　凤　好
公明超　胡宋爽　姜家豪　鞠　飞　李　浩　李康旺　李兆露　刘海洲　刘　松　鲁子豪　马爱华
孟虹旭　潘　翔　强　凯　史运森　孙兆华　万鑫垚　王立祥　王清云　王余康　韦正浩　肖　遥
徐海东　徐　源　严　鹏　杨青松　杨　志　叶梦权　臧秀石　张　涛　张　毅　赵星星　周路路
周一帆　朱　敏

2013级　模具设计与制造

顾　鹏

2014级　模具设计与制造

崔　阳　侍安杰　黄唯一

2015级　模具设计与制造

曹　敏　丁吉莉　葛亚玲　李　桃　史雨晴　薛宇婷　赵　丹　陈嘉鑫　陈寿亮　崔元峰　刁端鹏
葛跃强　顾国楼　纪　纬　蒋　胜　蒋玉柱　解　东　雷　健　李欣昕　刘奇童　刘　伟　陆立欣
孟凡成　任建涛　商大山　沈国鑫　宋文林　孙圣元　孙振阳　唐　超　王红星　王　杰　王文杰
闻　洋　吴　宁　吴　迅　徐天赐　许　浩　叶文龙　袁　皓　张桂荣　张　琦　赵　军　朱旭光
陈　文　伏兆娣　沈婷婷　苏　悦　张可馨　陈江涛　代军辉　高　聪　辜洪亮　顾　浩　姜奇君
蒋　熠　蒋兆君　金　毅　李晴雨　刘　亮　刘　琪　刘　亚　吕金耀　乔爱耀　沙　琳　尚　进
沈　怡　苏胶磊　孙绪亮　王　东　王建勇　王　彭　王志强　吴家昊　吴　涛　邢　健　徐　旺
杨佳佳　余德翔　张　聪　张来春　周迟钰　周田野

2015级　汽车检测与维修技术

窦荣丹　陈保君　陈如意　陈　耀　邓晓炜　高　庆　何玉靖　胡振环　黄俊杰　简如文　李玉露
刘　杰　刘　鹏　刘　鑫　卢文科　倪冬杨　彭永恒　孙召洋　谭玉钢　王　凯　王　宁　许致富
杨　煜　于　波　张　豹　张　登　张　惊　张　猛　章　丁　周俊杰　朱秉源　朱　帅　白曙祥
陈光训　陈　勇　丁中勇　巩恒通　胡栋楠　胡志成　黄　翔　江李杨　李　宁　李　壮　刘栋梁
刘相杰　刘言志　马　良　潘龙祥　齐小同　沈子鹏　宋志成　孙志超　王成业　王维宏　王亚超
魏汉林　吴立昊　夏　伟　徐　峻　颜　豪　尹万元　元　帅　张　彬　张明洋　周黄达　周　磊
周子清　朱凌峰　宗文一

2012级　汽车运用技术

吴　佳

2014级　汽车运用技术

车军德

2015级　汽车运用技术

郭　旭　丁丽梅　杨慧娟　杨　娟　鲍　志　曹　琦　陈　光　陈志园　程志豪　仇锦涛　戴　阳
丁家旺　高　杰　葛　欢　葛跃刚　胡白意　李留俊　梁家伟　鲁瑞南　陆　岩　孟庆浪　申川江
宋志康　苏东循　孙冬孝　王　韬　袁　皓　张　浩　张　强　赵意翔　郑俊宝　周　鹏　周文东

2012级　数控技术

陈　斌

2014级　数控技术

葛响亮　郎　聪　翟雨彤　张良任　张　欣　曹雪峰　黄帅俊　骆　实　吴佳成　肖鑫林

2015级　数控技术

曹金金　黄立靓　邱月娥　杨　旭　翟云霞　蔡　壮　曹明亮　陈　昶　陈镲升　程金鹏　丁家伟
范　杰　方　政　封嗣跃　顾　帅　胡锦昌　李　巧　李　想　李　杨　刘　成　刘年鹏　罗芳奇
马　凯　农勇亮　宋继豪　粟泽虎　孙　雷　孙运熙　唐　茂　王明凯　王振强　徐　兵　徐　帅
杨　聪　俞明高　章凌峰　周永能　何俊蓉　冷　洁　夏　沙　于芳芳　卞亚伟　曹　杰　曾哲蔚
陈　成　陈九江　戴　宇　杜辉红　方学成　封士余　冯圣威　顾　悦　胡文健　李文杰　李晓平

李卓潼 陆夏杰 罗金川 邱 雷 宋 森 孙佳傲 覃兴田 王弘昊 王文斌 魏 鑫 胥渡春
徐 锐 徐 扬 杨 飞 尹茂旺 余亚辉 张 江 郑 康 周 洪 庄晟国 邹金明 卜 雅
陈雅雯 费思蓓 黄亚婷 季心怡 吕 昀 潘梦佳 钱淑萍 时忆晴 王 萍 尤志丹 周 娟
蔡辉兵 蔡新忠 陈家振 陈 龙 单玉恒 方海波 顾冬梁 何双龙 黄镜桀 季玉清 蒋雨晨
金健杰 刘力润 卢礼鹏 钱俊龙 佘远为 汤新星 王鑫裕 夏振宇 邢 通 薛逸飞 殷海亮
袁 剑 袁 晶 赵涵涛 赵 南 朱中华

计算机工程学院

2014级 动漫设计与制作

李 妍

2015级 动漫设计与制作

陈欢欢 仇淑慧 董 玉 胡 敏 蒋梦霞 李 洁 刘雯晔 卢春晓 钱 睿 乔倩倩 沈进玉
舒 慧 孙梦瑶 王娇蕾 王子瞻 徐 颖 杨旭兰 于倩楠 张雨亭 周梦佳 周文茜 毕春敏
丁灌南 葛成利 顾泽阳 黄彬彬 罗 赟 庞晓磊 孙彦青 王 汉 吴 琦 徐 朋 杨 健
夷 鹏 朱 兴 陈怡平 董 瑜 顾 清 黄 蓉 孔雨静 李玉婷 孟 倩 乔梅琳 任晓楠
沈 玲 孙冷月 万 慧 王梦露 徐婉婉 颜莹丽 于宝川 张慧慧 赵 菡 朱芸洁 丁晓伟
华 帅 李士沪 孙家宇 唐骄阳 魏林康 许昌峰 叶 盛 于江川 张保柱 赵 标

2014级 计算机多媒体技术

赵 媛

2015级 计算机多媒体技术

岑 晔 陈巧莉 史香林 王雅靖 王志琴 武宜涵 姚 晨 周玲珠 朱 蕾 陈 亮 储 宇
樊荣程 高品阳 李 刚 陆川来 任红剑 宋顺鹏 王 开 徐 浩 徐 威 张乃东 郑国言
蔡洁茹 陈丹敏 程 雨 王 晨 张林芳 张婷婷 张 璇 朱至萍 刘 铭 沈继新 王海洋
王苏晨 杨亚楠

2014级 计算机网络技术

陈 威 林家豪 沈天浩 范子健

2015级 计算机网络技术

陈艳艳 高 静 黄 琴 金斯佳 李荟龙 刘亚妮 骆林艳 能倩倩 史 云 王 灿 徐 静
杨莉莉 张 宁 张 蕊 周 婕 周 卓 卜秋阳 曹成成 陈乐乐 陈宇航 顾孟培 黄 醒
李 鑫 李银威 路安亮 孟祥嘉 亓 瑞 王辰峰 王智文 吴 浪 项超群 徐 杰 俞思凡
张舒宇 赵 杰 郑 豹 成芙蓉 高景芝 谷晴晴 胡家荣 蒋 迪 冷双双 刘璐娜 刘正敏
闵泽萍 倪 桃 苏新江 魏 娜 徐丽婷 尹 雪 张 倩 赵小云 周 微 艾泳江 蔡 旭
陈金林 陈 伦 段梦焜 孔乐乐 李 伟 廖远洋 骆 威 史鹏辉 吴 浩 吴伟修 谢 康
徐少杰 余哲丰 喻鹏程 张晓东 朱超前

2014级 计算机信息管理

韩 坤

2014级 计算机应用技术

杜 愿 华龚星 唐荣凯 钱屹立

2015级 计算机应用技术

庄文迪 邹为响 陈青云 戴梦婷 董亚萍 顾 莹 侯 艳 嵇 露 柯亚萍 林 怡 刘晓庆
吕修晴 牟 薇 钱新月 沈 慧 唐 菲 王雅迪 许丽娟 张 程 张 微 赵 越 朱 颖
曹思维 戴龙春 高 悦 胡浩东 李 江 毛建刚 任雨生 沈逸杰 吴科委 杨 春 叶 俊
袁镇涛 赵崇文 顾泽磊 陈紫梅 戴荣杰 房文静 顾钰铃 黄如兰 李 琪 刘 苇 刘营营
马守静 潘婷婷 邱静静 施 玉 王 珊 吴承芸 吴艳龙 杨 圆 张 敏 张 笑 周星晨
卜义金 丁 进 房子玉 顾 鹏 胡强强 孟 兵 孙谈圆 王 波 王云宝 夏宝前 姚平昌

张　超　赵康康　朱　诚　崔祥锦　董　鑫　龚　袁　韩　芳　黄琬晴　李　艳　刘肖肖　卢　蕾
缪紫玲　祁阶兰　邵　颖　孙　丹　王　学　吴佳华　谢春鸽　叶　蓉　张诗佳　赵雅琴　周怡君
蔡庆丰　陈泽鹏　冯林林　贺晔东　李冻冻　侍　琳　万洪旭　韦民生　叶　欢　张嘉诚　赵阳阳
王桃月　卞慧婷　曹　颖　陈　慧　陈　洁　顾冬梅　何　雪　贺阅阅　江　艳　刘　迪　毛　伟
冉舒蓉　孙炳贤　王倩倩　王　旭　王映静　谢婷婷　杨梦丹　张　晶　张子夜　周　珏　周子忆
曹明亮　陈道勇　储楠军　代帅帅　冯　欢　季俊辉　金逸凡　欧　雷　阙紫邦　童钰津　王　甫
姚海龙　张正浩　周煜东　司马潘冬

2013级　软件技术

于　陶　王　舜

2015级　软件技术

曹营利　季　慧　李云仙　吕艳艳　邵　丹　王梦娇　韦余楠　吴熳锘　许一言　张　敏　张　玥
周　艳　曾凡归　常娇成　陈路臻　杜睿涵　范肖飞　胡　杰　黄志远　靳　帅　梁　威　刘　杰
刘垚成　陆群伟　侍聪迪　唐伟平　汪洪材　王　港　王俊策　王永超　王志洲　薛　龙　晏小刚
杨亚群　尹必龙　袁将军　张　迪　张　意　赵　磊　周瑞予　朱　明　朱文斌　朱自宇　刘　新
裴　敏　王亚丽　吴　典　徐晓燕　杨依林　张　婉　赵　静　朱　培　柴　荣　陈书鹏　樊海全
郭梓聪　胡重威　蒋治伟　孔庆屹　刘　超　龙　亮　施凯文　舒文剑　孙长钟　唐新松　王晨昔
王　李　王正凡　许立群　颜　靖　杨　帆　易　坤　余飞飞　袁胜磊　张帅帅　郑　爽　朱田宇
朱子衡

2015级　物联网应用技术

董少华　郭　影　季　洁　陆　莹　倪若彤　任全美　王　贤　翁幸娟　肖　燕　张丽静　赵红雁
朱礼芹　朱兆云　曹　飞　戴　旭　冯仕鹏　顾伟晨　何　骁　胡　浩　金灯文　李　浩　李泽洪
刘树国　刘子宁　倪庆丰　彭虹瑜　邵阳东　施维康　王　波　吴庆哲　相福瑞　徐　军　于　成
张　纯　张阳光　郑旭忠　周东辉　朱　亮　曹小杰　付雨婷　郝小桃　季甜甜　刘文华　骆一琼
潘健岚　孙文涛　王雨婷　吴庆梅　张彩虹　张梦蕾　仲歌歌　朱　莉　庄梦佳　曹　雨　陈　默
单建宇　高伟杰　顾　霄　何雪龙　黄维扬　李　东　李翔翔　刘陈东　刘志豪　罗舒文　宋承隆
王　硕　王　泽　吴毅恒　肖　坤　徐　鹏　臧　硕　张　昊　张　羽　仲　昊　周快乐　朱胜吉
丁　雨　郭菁璐　胡婉晴　靳艳萍　刘叶香　马佳佳　裴梦倩　万田玥　王语嘉　武虹宇　张　悦
朱海婷　朱媛媛　薄堉林　陈洪兵　崔　龙　樊子琪　何　腾　贺张帅　纪俊杰　李　浩　李新宇
刘　佳　刘　壮　马　响　潘尊强　沈慕容　王啸天　胥　灏　杨嘉俊　张　超　张建国　张　卓
周春苗　曹韩雪菲

2014级　游戏软件

陈青云　戴向辰　吕　杰　钮　寅

电子信息工程学院

2013级　电气自动化技术

伊春辉

2015级　电气自动化技术

韩金燕　李　安　王彩玲　周可婷　卜宽宽　陈铭毅　单成洋　杜春雨　房皓杰　高志强　郭继洪
胡　彬　李海波　李作明　刘柏毅　马爱军　马周沁　牛　备　潘中露　权　畅　沈　冲　史青松
孙传国　孙智会　涂名伟　王　丁　王　前　王文松　王　旭　温永志　徐精瑞　徐腾雨　杨佳庆
叶宏强　张翰林　张俊霄　张梦南　赵　腾　周阳林　朱文猜　朱　义　洪天情　吕文青　王　莉
卞国勇　卜艳龙　陈珍涛　丁　楷　杜　葵　冯　健　顾雪华　何军威　胡文龙　梁　仓　卢伟康
马　昊　孟晶晶　牛晏瑞　庞　浩　饶敦杰　沈万明　史志伟　唐　威　王昌猛　王　恒　王苏杰
王晓飞　王　毅　夏春城　徐礼棒　徐跃荣　杨　利　张　建　张令皓　章　中　郑中秋　周苏阳
朱进磊　朱小雨　庄云聪　曹文静　陈可欣　陈利颖　陈　婷　陈　宇　成　燕　蒋佳佳　李　娜

刘　露　唐季叶　王溢芳　武兴悦　徐　锦　杨　雪　张丹丹　周云娟　陈　杨　戴德刚　嵇绍军
贾小雷　李　闻　刘　苇　刘之伟　陆　恩　梅小祥　石岩松　史传伟　史海华　王荦涵　王　智
杨　浩　俞　佳　郁敏杰　张　涛　朱方成　朱佳敏　孙　月　卞奕贺　仓江南　成　瑞　董俊旭
凡　星　伏胜洋　管苡浩　侯晨祥　黄新阳　李　鑫　梁　贺　陆正计　马阳康　缪七迎　潘　浩
彭士东　申晨旭　石志健　孙曾阳　孙　宇　田冠力　王举宝　王文青　王鑫怀　王永伟　肖长江
徐鹏宇　杨　成　姚俊飞　尹基正　张　驹　张　猛　赵　杰　周朝阳　周　威　朱　伟　朱晓路

2015级　电气自动化技术（本专联合）

刘同倡　钱　邢　姚东方　陆　群　宋璟韫　袁满霞　张丽芝　周敏捷　白昊坤　陈　林　丁　飞
丁　乐　董　杰　何　飞　厉　懂　梁会斌　刘　康　刘星宇　吕瑞鹏　密万里　穆　威　彭爱涛
祁　波　秦珍勇　时苏南　孙大华　田昌前　万潇逸　王成轩　王南锋　王　响　王　鑫　熊诗晨
徐贵洋　许　建　许　岩　于　前　于　赢　袁俊杰　张　刚　张　坤　张　严　赵　远　朱　佳

2014级　电子信息工程技术

顾鸿赟　李　瑞

2015级　电子信息工程技术

柏璐璐　陈嘉琪　戴　争　胡小敏　姜振亚　李　倩　刘瑞雪　任韵秋　魏　巧　姚雨晨　张梦真
张　娜　赵云宇　陈　坤　陈亚云　丁加颜　韩小雷　华序剑　李　旺　刘必友　刘　敏　潘国磊
任林洋　石道胜　孙敏锐　汤佳信　王宝之　王　建　王天雄　吴少聪　徐　畅　许　军　严宇浩
杨　梓　殷　钞　尹相国　张念东　朱永恒　陈　辉　陈梦缘　韩晶晶　胡媛媛　李盼盼　林佳莉
秦春霞　孙亚梅　王　霞　徐　云　张　梦　张　敏　赵祥晶　朱　梦　陈　前　陈照虎　丁　威
高佳伟　胡加欢　栗　文　刘赐恩　吕　楷　钱志纯　佘松源　宋栓栓　孙奇永　田　宇　王　浩
王　硕　魏照林　谢　运　徐家润　闫　超　杨　林　姚　悦　殷昊昊　张家壮　赵佳佳　朱永胜

2014级　光伏应用技术

张业青

2015级　光伏应用技术

董媛媛　李兴茹　苗　伟　王学金　尤　欢　陈　彪　陈展鹏　陈站明　成　威　丁　豪　葛梦军
胡益东　黄　浩　蒋浩杰　刘梓皓　吕志新　孟　果　裴宇航　任旋中　沈　涛　施春晖　宋顾兵
孙中洋　王本亮　王　旭　巫鹏飞　吴恒光　徐　明　徐　翔　杨　安　殷仓万　袁　发　张瑞年
赵　康　周　强　周　宇　朱宇森

2013级　通信技术

彭正权　张可冉

2015级　通信技术

安　萍　付　丽　姜　菲　刘　俏　马金凤　王　冰　王　玉　薛　云　张海莉　朱兰巧　蔡中臣
陈　凯　邓毓庭　凡　爽　高　伟　郭栋梁　霍绍飞　姜　宝　黎　政　李　鹏　梁少龙　陆　鑫
马　旭　濮春明　商博智　时　潭　太志远　万治邦　王　超　王江北　王银鑫　吴明辰　奚凯凯
徐明强　杨朋飞　苑　超　张梦阳　张　逸　赵彩鹏　周军政　周　瑜　曹怡璇　高　可　李蒙蒙
刘田莉　潘云杉　尚　琳　王从娟　韦　鑫　颜　薇　张梓琪　周春晓　庄欣欣　蔡卓辰　陈如愿
董洪泉　樊　峰　韩新成　胡赛赛　焦虎飞　李成亮　刘岷骅　陆　意　戚长昆　邵春雷　唐　聪
汪宏伟　王永杰　吴秋生　肖　航　徐　周　张沛文　张永顺　赵　鹏　周琪程　訾武双　陈　盼
顾艳艳　李婷婷　卢佳欢　彭撷蕙　苏少娜　王　微　吴彤彤　于雪莲　赵　帆　周　舟　鲍　澈
曹　平　陈向阳　董　永　方健雄　葛毅杰　胡　滕　季明权　蒯智祥　李　佳　刘　祥　马乐乐
潘志伟　乔　龙　施昌国　孙　晨　陶　飞　王安山　王广超　王维好　韦光星　吴圣洋　谢其成
薛育伟　尹桂康　张建新　张生富　张　宇　赵鹏飞　周万成　邹　伟　周　洁　陈　莹　郝莉萍
李姿利　陆婷婷　祁一灵　滕　星　王秀秀　奚亚萍　张春萌　赵明明　朱寒寒　蔡　稳　车廷勇
程升升　杜武强　高　挺　龚琛峰　华　雷　雷庭港　李家辉　连厚倡　陆德清　沙　帅　施　棋

孙卫卫　田　振　王　博　王建辉　王　旭　徐连城　袁　超　张骏强　张痛快　张　真　赵　雨
周文豪
2013级　微电子技术
徐　坤
2015级　微电子技术
王　宇　沙圣涛　王雪晴　贲新宇　曹发发　陈　伟　陈小凯　崔　奇　杜　旋　韩鹤彬　胡　迟
李国庆　李海波　齐步祥　钱　政　任　岩　邵棒棒　沈俊杰　司恒铭　孙　奇　孙志豪　陶淳辉
万　旭　王飞飞　王　浩　王浩硕　夏　亮　徐伟男　徐　岩　薛昌玉　杨博文　杨　帆　杨　乐
姚　卫　张福森　张　华　张启蒙　张裕斌　章齐鑫　朱　锋
2013级　应用电子技术
邵润泽　王石满
2014级　应用电子技术
李　凯
2015级　应用电子技术
曹雨晴　丁丹丹　李梦迟　凌　彦　刘瑞萍　潘　静　盛海燕　王　茜　周冰竹　陈海涛　陈　建
陈童涵　丁瑜巍　范顺星　高　鑫　葛赛猛　龚　诚　郭凌凡　韩坤达　贺　勋　贾　涛　孔聪聪
李　帆　李明明　李子昂　刘后金　刘　洋　吕　昊　密法余　潘海平　秦　奇　孙　勇　童智民
王荣成　王　展　吴　杰　徐鹏程　杨志成　应榆锋　袁　炼　张　畅　张　进　张　阳　赵　飞
陈　扬　李虹亮　李　荣　刘慧敏　柳利利　阙兰兰　孙　涛　王彦霞　翟曼曼　边政超　陈治平
丁飞成　樊　亮　高英东　高　壮　葛阳阳　龚严钢　郭映良　何红帅　虎延猛　乐俊喜　李恒山
李顺林　刘祥根　路明轮　梅广阔　潘安松　乔映华　孙攀越　唐伟耀　汪　涛　王　祥　文　江
吴　伟　夏春阳　闫　昕　姚春明　袁　杰　翟长宇　张宏斌　张　宁　张中华　朱志国
2013级　应用电子技术（中外合作）
陈仁礼
2015级　应用电子技术（中外合作）
孙华迪　孙泽永　田柏谦　左加庆

管理学院

2012级　电子商务
张　硕
2013级　电子商务
段海峰　魏晋程　王雅莉
2014级　电子商务
曾　冲　曹童童　秦　磊　俞佳伟　张海兵
2015级　电子商务
鲍相男　陈　晨　高彩红　葛红艳　顾育璇　吉　梅　贾永丽　金佳蕾　景　丽　鞠　燕　李　乐
林　娇　刘梦媛　鲁　瑶　马小川　南春霞　孙　静　孙薇薇　仝　怡　王　洁　王　倩　王　霞
吴文英　严春旭　杨　敏　杨笑笑　张梦寒　赵俊梅　朱国梅　朱林夕　段恩来　顾政政　郝延新
孙钦磊　汪　骁　张东敏　曹　歌　陈　芳　丁慧婷　高方莲　耿　盼　华来翠　黄一婧　季秀婷
焦佳丽　金学芹　景邵莲　李丹丹　连芋玲　凌思柔　刘晚婷　鹿晓芳　毛苏婷　钱　妍　史　娇
孙　露　唐晓凡　汪小敏　王　璐　王　庆　王雪贤　许紫雯　杨　洁　张　萌　章　圆　朱丹丹
朱慧良　宗岳畅　廉　江　吕逞威　孙克帆　汪利锋　汪贞杰　魏晓波　杨　凯
2015级　行政管理
常　娟　常雯雯　陈赛红　戴旭阳　冯佳佳　葛荣华　何　厉　胡甜甜　黄　蓉　季明苏　李亚飞
罗湲湲　马　华　乔　贝　史佳慧　孙红珍　王　慧　王玲玲　王　雪　王雪可　王　越　韦　娴

韦袁媛　吴　萌　吴晓丽　夏海涛　肖　娟　谢　佳　徐　琳　于淼淼　张　慧　张　慧　张银霞
张圆洁　朱梦玉　朱正月　曹志龙　陈雨河　姜其东　秦　池　王　超　王　鹏　晏成军
2014级　人力资源管理
王文斌
2015级　人力资源管理
蔡雪文　陈　梦　陈　萍　陈钰婷　程　露　董博文　范海燕　葛　丽　郭神怡　黄苏琴　姜嘉慧
卢　艺　陆　娟　罗　淼　倪宏益　倪诗源　牛婷婷　彭玲玲　彭　薇　秦紫涵　史舟慧　谭佳佳
王兰月　王立秀　王宁宁　王　晓　王叶芳　王　钰　魏佳梦　肖晓慧　徐倩倩　闫　玉　严圣棋
杨　玥　赵心月　仲　艳　朱梦君　朱芹芝　卓　赛　曹亮亮　徐胜喜　张　政
2013级　市场营销（房地产经营与管理）
潘龙意
2014级　市场营销
胡玮娜　王元秀　吴　静　路承乾　王家鹏　闫　康　潘梦杉
2015级　市场营销
蔡晶晶　陈青青　仇　雪　封倩倩　韩惠莲　江　艳　林　雨　刘　爽　刘学莲　陆雨丹　彭福媛
钱　可　申　音　史奇奇　田世翠　王　瑶　韦恩云　谢　梅　徐延梅　薛　婷　杨　芳　张　柯
张　婷　赵冰洁　仲芝蓉　朱　洁　丁　鑫　高　维　郭凌航　姜　洋　李宪民　瞿　诚　孙　笑
王文学　尹升建　张　乾　朱名著　蔡敏华　曹　静　何弈轩　金　婷　李筱筱　刘传芳　刘思慧
路　倩　茆园园　彭　爽　秦春红　沈鲜花　孙　雨　王勇菲　温梦兰　徐晔雯　颜　燕　杨宇纯
尹亭亭　张　玲　张　婷　赵婷婷　周繁星　朱　敏　崔新中　葛　宇　黄　安　李小瑞　罗建刚
沈家凯　侍　楗　王　浩　吴安强　许劲松　薛　奇　杨　睿　于传奇　叶敬双　许　帅　蔡宇航
陈梁月　陈晓煜　董晶晶　管文静　计沈佳　靳紫园　林倩如　刘　璐　刘思颖　陆盈盈　麻玉函
潘　月　平乐乐　汝　娜　石　娜　田　静　王珊珊　王　宇　文　君　徐　香　薛　蒙　颜哲语
姚　慧　张　花　张柳柳　张雅婷　政莹莹　周　颖　柏　津　丁　嵩　顾　侨　李　宁　力宇飞
石鑫亮　宋　涛　肖　月　朱　昊　蔡铭鑫　陈心怡　丁　艳　高　慧　顾怡文　胡　凡　黄　腾
江静娜　蒋　艳　黎　琴　路红婷　冒彩银　梅晨昕　秦　怡　邱婷婷　邵倩倩　沈　璐　沈　娜
沈如意　盛荣玮　施磊娟　石　倩　王丹丹　吴　静　辛铭玙　徐庆香　杨　慧　杨凯亚　尹健兰
张　蕾　张　萍　张　婷　张笑天　赵　薇　周丽琦　朱立如　朱　琳　何吟龙　刘德华　陆亿超
汤家期
2014级　文化市场经营与管理
张　颖　周端阳　强超超　吉晨晨　蔡玲玲　曹　凡　曹　媚　陈　颖　陈　钰　丁　玲　樊云云
顾成宣　韩　佳　胡霜雨　黄　婷　姜　靓　姜玉娇　蒋敏娟　蒋祁函　蒋　茜　秦　慧　秦　莉
谭小溪　王金环　王林侠　王梦娜　王　也　王玉叶　王占风　吴加美　吴兰兰　张芳园　张金凤
张毛荔　朱品洁　陈　杰　陈立志　杜晓东　侯星瑞　李　杨　马绍继　沈　阳　沈智凯　王　成
韦豪余
2014级　文秘（本专联合）
王晓晴　王逸伦　顾　昇　马光伟
2015级　文秘
曹　艳　陈荣荣　陈园园　仇　彤　范冰晴　高绮扬　顾静怡　管美娟　郭　云　胡蝶兰　黄学明
鞠　蓉　刘　莉　刘敏敏　刘姝廷　刘　媛　马思雨　明　梅　彭春雪　桑玲玲　王　迪　王海宁
王佳雯　王　静　薛建强　薛祝岭　杨梦楠　姚树燕　殷晓兰　恽璐璐　翟　婷　支建英　朱梦霞
朱婷婷　朱馨琪　胡林同　史袁凯　王瑞康
2015级　文秘（本专联合）
陈　凤　陈梦婷　陈谢文　程芝霖　邓乔尹　冯　雨　黄鑫迎　惠梦丹　蒋孟婷　蒋　轶　蒋　莹

蒋咏玲 李 芳 李会敏 李可意 李 芹 刘庆迎 马 静 倪子涵 潘昱彤 彭欣雨 王艳杨
席溢晨 徐思佳 薛 莲 姚明明 袁春波 张秋月 张向莹 张雅洁 赵亦源 赵语晨 赵紫婷
仲 文 周莉燕 朱丹华 朱圆婷 陈 都 雷佳俊 陆文豪 钱云霄 王子翀 吴强强 徐 晨
赵 成

2013级 物流管理

吉 琴

2014级 物流管理

周 坤

2015级 物流管理

陈 旺 陈 云 崔 平 段思凡 韩 玉 侯 芬 胡 鑫 李 景 李志娟 刘 玉 刘 悦
骆 寒 芮玲慧 沈艳霞 孙莉莉 唐丽丽 王娇娇 王林玉 魏 娜 吴雨阳 闫韵如 杨 婕
张佳慧 赵靖靖 赵 一 周亚云 朱维维 邓旭明 樊家余 郭海群 郎伟杰 李 勋 李志鹏
马磊磊 宋颖灵 王瑞龙 王文强 吴蒙恩 杨 星 张松虎 诸李豪 鲍永非 陈伟婷 陈兆莹
狄莹莹 郭玉莲 和莹莹 柯曼丽 李小宁 刘 婷 刘玉婷 罗丽君 裴梦瑶 桑路威 沈幻茹
宋金莎 孙启文 田 丽 王 菊 王 娜 王尤瑶 吴 娜 许甜甜 严瑛琪 张 艳 赵利鑫
周楠楠 朱慧慧 崔维东 谷哲凡 何召付 李 宇 卢姬阳 马得草 祁德迎 王 健 王正清
杨 浩 于 鑫 赵 康 邹一丁

2013级 物流管理（中外合作）

唐尧杰

商学院

2014级 报关与国际货运

董伟杰 万春粽 刘 卓

2015级 报关与国际货运

白灵芝 陈 晨 陈 瑾 陈 艳 戴梦恰 丁颖华 高文凤 何 楠 胡 娴 华秋晨 霍贝贝
姜 寒 李 成 李慧敏 李伟菲 茆良越 彭皓月 祁海霞 秦 娜 芮雨杨 孙桂菊 孙忆斐
王 琳 夏宝婷 杨爱琴 尤 敏 张加燕 张梦晴 张婷婷 郑玲玲 周 敏 周 叶 周 玥
朱 丹 葛 健 江 帅 申锦锋 王宏伟 张超宇 周奕亨 白 雪 陈家娣 陈妍羽 陈燕霞
丁 楠 杜红丽 冯 梅 何 磊 何子威 胡晓蝶 黄 娜 冀婕予 黎 萍 李 琳 李 媛
刘聪慧 孟亚茹 彭 蒙 邱文亭 宋晗侨 孙斯雯 谭廷倩 王莉蓉 王雨婷 夏 莹 杨 雨
张 春 张娟娥 张桃慈 张 妍 仲 靓 周新月 周艺璇 周 云 陈明哲 管振瓯 金丞明
沈 杭 王浩然

2015级 财务管理

包玉佳 成佳钰 戴 伟 丁雨琳 付晓霞 郭莉莉 郭 妍 胡洁丽 蒋子慧 金 蕾 李 玲
李梦园 刘锦锦 刘 競 刘 婷 刘新茹 刘 云 潘佳梦 潘 倩 商 梦 宋建欣 唐学玲
王怀露 王青青 王 婷 吴 静 吴梦圆 肖萍萍 徐春兰 徐 妍 袁雯婷 张慧敏 张松美
张晓瑶 周 佳 周 敏 周 颖 朱 颖 左 静 戴云岭 黄 磊 季守信 李 想 龙晓俊
孙传森 蔡美龄 陈佳丽 仇冯迪 邓 妍 邓志颖 范秋雨 顾丽扬 黄佳丽 黄佳琪 惠丹萍
季佳雯 江琰婷 姜雨晴 金 翔 李 兰 李婷婷 廖何彦 吕梦悦 马良凤 浦蓥畴 宋肖肖
苏迪迪 王佳丽 王 蕾 王茜茜 王杨蕾 王 颖 温宗豫 谢素琴 杨晓晓 姚子新 余晓云
张甜甜 邹天香 凌 晨 潘毓坤 潘云峰 周睿轩 司马天予

2014级 法律事务

袁安楠

2015级 法律事务

陈彩凤 陈 畅 崔凤娇 伏 芹 甘旭斐 黄 芳 姜 燕 孔玲菲 李玲同 李青霞 李馨玥

刘依静　陆嫦娥　濮鎏倩　沈莎莎　沈燕飞　谭英慧　王　慧　许君莉　许美娟　许世婷　杨雨佳
尤　玥　张广梅　张校逸　张　笑　赵彦茹　朱慢慢　朱　芹　朱俞婷　董景元　胡　兵　刘富琪
刘　毅　马文秋　彭东旭　万　曲　王　昆　印　琪　朱　震　陈尹可人

2013级　法律文秘

施　梦

2015级　国际经济与贸易

陈　娟　谌雪冰　池甜甜　仇雨竹　丁海玲　丁　倩　付露云　郭秀华　胡丹丹　胡　静　李淑贤
李　月　陆泠君　马明珠　马玉萍　徐佳溪　钱佳玲　钱　悦　乔　雪　汤　婷　唐　娇　王丹凤
王锦丹　王梦雨　王　苏　王玉征　尹　珊　尤佳佳　张晶玲　张　路　张明明　张　沁　张思洁
张　颖　张　颖　周　琴　朱思琪　陈　刚　杜　嘉　房　兵　韩　剑　焦成杰　汪雪敏　杨雨露
张　瑞　华杨密斯

2014级　会计

蒋志涵　王文兵

2015级　会计

曹子青　陈梦凡　陈庆红　陈学可　葛婵婵　韩晓皖　花晓妤　姜淇林　李　丹　李　梅　李威威
刘　洋　鲁明艳　陆梦佳　骆梦娜　倪　珊　秦　磊　石曼曼　司东丽　孙　雯　王方圆　王晶晶
王婷婷　王　悦　吴　蓉　谢　雯　杨肖楠　俞小云　张林云　张　雯　张玉玲　赵玲玲　郑文梦
周　欣　朱　淼　祝　越　邹雪连　刘雪飞　邱鹏志　周　杰　陈佳裕　陈　晴　陈晓倩　陈艳艳
管朦雅　韩　雪　花　嘉　姜刘华　蒋玉晴　李晶晶　李培林　刘青杰　刘玉玲　陆楷文　马　靓
潘艳艳　邱丹丹　石梦雨　宋晶晶　田　婷　王佳欣　王　燕　吴　倩　吴雨亭　印建萍　郁松梅
张　慧　张淑雯　张　越　赵　倩　周晶晶　朱大林　朱　玉　宗卉卉　马华健　王楚联　武强武
周思远　陈超群　陈　琪　程　洁　丁芳玲　樊怡均　顾煜荻　衡　华　黄金淋　黄天逸　姜　怡
蒋佳佳　李　佳　刘天露　刘　颖　马　洁　潘佳男　庞敏书　钱美娜　邱冬梅　沈琰椋　盛绿婷
施彩莹　施丹妮　施雨菁　苏　燕　孙　秘　王　莉　王文文　谢小仙　徐暑暑　许　雯　薛语婧
杨清艳　杨文燕　张海燕　张　璐　张媛媛　周　娟　周晓雨　周　瑶　祝晓雨　范闽辉　孙昌国
李铭源　柏艳玲　蔡金吉　陈甜甜　丁　宇　冯晓玥　龚　雪　郭　悦　韩玥妍　李成婷　陆　晨
秦　妤　沈子娴　陶纪香　王若婷　吴季瑾　叶　雯　周艳婷　周芸帆　曹　磊　钱　力　施振豪
汤宇超　袁　雄　蔡纯洁　陈梦艳　陈雨肖　范　燚　高丽婷　顾晨璎　韩梦婷　金　悦　李昕然
钱　洁　沈　婷　宋彩虹　王凯琴　王兆怡　徐　璐　徐　旸　姚郑婷　张　玲　周瑜婷　朱　夏
金志洋　陆明宇　钱　宇　周　杰

2013级　会计与审计

李露露　张　欢

2015级　会计与审计

段夫媛　季孟茹　贾海艳　凌　燕　孟　猜　桑红霞　沙红林　孙　芬　王贵红　王　敏　王莹莹
夏　雯　肖亚莲　徐　冰　许婷婷　杨慧慧　张笑然　房若恩　邓　涵　高　波　葛恒梅　顾爱光
郝雨欣　黄雨晴　蒋　燕　陆佳钰　孟春花　缪　伟　秦玉洁　宋丽瑶　汤建姣　唐　鑫　王　畅
王梦玉　王晓珍　王　艳　徐　丹　许嫦玉　张俊鹏　张龙丽　张　宁

2013级　会计与审计（中外合作）

顾梦飘　施　敏　蔡志乾　陆晓杰　张琪峰　苏一暐　张　浪　赵元才

2014级　会计与审计（中外合作）

纪和星　陶晶晶

2014级　金融与证券

张　宁

2015级 金融与证券
曹 雨 陈翠翠 程珊珊 刘双双 刘思濛 毛 翠 邵春敏 苏 悦 孙 晨 徐梦寒 薛昕悦
叶丹丹 袁 慧 张雅敏 陈 浩 代宪柱 何 奇 张笑天 薄叶琪 葛文珍 郭念文 惠 倩
姜 芸 李淑园 刘 倩 倪 欢 孙良云 孙双玉 夏翊珊 徐星怡 徐 莹 颜 丽 杨 成
翟玲玲 张果馨 张慧慧 郑 欣 艾 明 成振宇 范于辉 张国庆
2014级 投资与理财
周志恒
2015级 投资与理财
吕晓杰 曹 娟 陈淑敏 戴倩倩 顾佳慧 秦 菲 束方平 王方圆 张 青 周玉涵 朱宝飞
朱 玲 朱雅洁 顾 尊 何培志 胡新东 尚明杰 王栋栋 王心成 徐 捷 杨超凡 余致乐
张 奇 陈 婷 陈 禹 董 婧 葛维芳 金庆梅 刘丽平 漆家睿 钱咏雪 施佳敏 施 敏
吴露露 徐启露 宗晓凡 姬德进 姚 耀 张壮壮 周 聪
教育与人文学院
2012级 工业分析与检验
凌 磊
2014级 工业分析与检测
陈桂宁
2015级 会展策划与管理
白颖芳 卞海香 蔡惠敏 陈明月 陈抒情 董红格 黄丽玲 霍玉华 李 玉 刘 娟 刘缘笛
路慧敏 任友杰 邵阿莲 唐小英 王 丽 杨佳敏 俞 潇 张 涔 张 倩 周长玟 朱 瑶
朱 莹 陈 琦 崔韩伟 方宇超 衡 拓 胡恒源 黄程成 罗 宇 茆寒雨 王福强 徐 洛
薛 猛 杨 鑫 袁金轩 张格宇 张乐平 赵敬仕 周 航
2013级 旅游管理
王祥龙 陈仕超
2014级 旅游管理
卢昱良 邱佚晨
2015级 旅游管理
蔡春艳 蔡凌云 陈姝娴 陈志凤 杜雅莉 高 雅 韩 菊 杭仁芹 胡 燕 金静娴 金 敏
梁 欣 刘 婷 茆 梅 缪 羽 彭 童 沈 琪 史佳佳 孙 红 王景怡 王亚梅 魏秀敏
徐 凤 徐蒋颖 杨 叶 张 慧 张靓轶 仲 娟 陈 郊 陈 晟 陈 卓 胡坚池 刘 威
薛海峰 尹智慧 仓 运 陈 潇 程 风 费 婷 冯丽媛 韩玉音 胡梦兰 吉冬梅 季梦琴
金凯玲 芦雪梅 苗璇璇 潘思琦 桑金花 沈心如 汤佳怡 万 云 王丽娜 王婷茹 吴梦萍
吴颖颖 徐 桢 杨珊珊 于 莹 张 娟 张益萍 赵月乔 朱天晴 陈圣嵩 高 昇 吉 斐
蒋 静 刘晓成 徐胜志 鲍星怡 仓志家 陈 雨 崔 窈 顾友菊 杭思宇 黄文慧 李 琼
李 颖 林李蓉 凌烨敏 刘红平 鲁 蓉 陆 婷 潘琳娴 荣鸿霞 邵文倩 宋丹丹 孙丹平
孙 楠 唐超群 唐瑜婧 王 琳 王 晔 武红利 徐 静 徐 兰 杨 婷 叶建霞 于迎峰
俞 田 张 玄 赵 敏 朱静菲 邹寒雪 徐鹏程 俞 琦 陈垚俊 陈 园 何佳倩 黄 星
金怡婷 李红梅 廉梦欣 梅 馨 倪立凡 倪立一 阚子莹 盛莉婷 王 娴 吴润桦 吴苏珍
吴雪花 席祎婷 夏成园 薛 铭 杨舒涵 易 琪 张 丽 张梦婷 钟旭文 朱馨妮 庄嘉英
陆逸凡 沈文浩 翁伟杰 徐 聪 张 喆 赵豪杰
2012级 旅游管理(会展管理)
孙 超
2013级 旅游管理(景区服务与管理)
张 成

2014级　食品营养与检测

丁梦芳

2015级　食品营养与检测

蔡　燕　曾维雪　陈　影　丁桔吟　杜月月　范肖华　顾玥玥　纪雨辰　蒋新颖　李华清　刘　珂
刘维娜　孟菲菲　沈锁拦　施卓君　时雨婷　苏小兰　唐湘云　王丽丽　吴　璇　谢思婷　严非非
杨春艳　臧一叶　赵冬冬　赵　娜　周　盼　朱漫漫　邹　阳　陈　欢　李晟昊　熊泽远　许　昊
曾　鳞　陈慧慧　成桂钰　丁维纳　段春芬　付柔逢　管莹玉　李兵娥　刘佳佳　刘羽昊　祁肖雯
司慧萍　孙　梅　王　静　王娜娜　吴志菊　熊丽慧　燕　丽　叶　盼　张梦寒　赵佳昕　郑弋娴
周子轩　庄平平　曹健强　陈新宇　经　纬　卢海东　陶荣恒　张　伟　赵鸿葵　于许子恒

2014级　新闻采编与制作

谷　斌　李　根　朱立训

2015级　新闻采编与制作

包美玲　陈　婷　樊高敏　顾　莉　洪　霜　黄文婷　吉梦婷　蒋　丽　金青青　孔娇娇　李　婕
李秀秀　李　云　凌　萍　陆心逸　罗　兰　祁　轲　沈　雯　谭燕飞　陶晓倩　王若妍　王亚梅
奚婉苏　徐　莉　张　吉　赵　静　郑文妲　朱　琳　左　燕　陈　欢　贾庆祥　唐　宇　谢骄阳
卞毓颖　戴绘瑶　顾莉荣　胡　月　姜国香　焦馨瑶　居　艾　冷静涵　李晓娟　李亚楠　梁宇凡
刘宏玉　刘　洋　陆宇铭　骆　义　邵晶晶　盛金霞　陶家琳　王　璐　王小丹　王媛媛　谢莉莉
薛　琪　虞海秋　张　娜　赵子萌　周　玲　朱景怡　宗　林　陈　承　黄　悦　吴立兴　袁海亭
冯媛媛

2012级　学前教育

项艳蕾

2015级　学前教育

艾筱露　陈昕悦　杜　琴　傅　鑫　韩柯楠　胡梦钰　华　静　黄　羽　郦叶楠　刘兰英　刘　蓉
鲁　牙　陆雯婷　孟倩倩　钱丽君　阮文婷　沈于兰　孙　朋　王梦袁　王　申　翁晨晨　徐　丹
杨文欣　尤丫头　张路路　张　雪　赵浩宇　郑雯雯　朱梦娇　司　宇　许博宇　陈文婷　陈星辰
董晓丹　范　叶　顾　靓　胡贝贝　胡　敏　黄苏梦　李璐璐　刘丹丹　刘　茜　刘　欣　陆静燕
陆晓丽　缪鹏鹏　浦莉芳　任诗云　邵琳珠　盛　娅　王佳敏　王　蕊　王　晓　吴　银　徐　燕
严正婷　尤超群　余晶晶　张丽云　张　旭　张　影　赵　欢　周　敏　朱紫欣　吴晨曦　朱孟枝

外国语学院

2015级　旅游日语

曹　霏　陈　佳　陈　鑫　陈艺婷　仇艳秋　顾曙蕊　李　翠　李　琳　刘　娅　彭　悦　孙娅文
田月影　吴　晗　徐　露　张　元　支　青　周　欣　周艳艳　周怡心　庄艳艳　莫祖源　杨佳奇
周靖涵

2015级　旅游英语

陈清清　董　美　方蕊涵　胡锦欢　胡文珠　胡晓蕾　梁星悦　浦　熙　钱敏捷　沈雯辉　王　娜
王莹辉　王泽嘉　吴文静　徐　昭　杨　乐　杨亚芳　叶　婕　张梦林　张艺帆　赵丽婷　周巧敏
程欣詠　高善谕　孟帆宇　逄　鑫　徐少杰　左双成

2014级　商务日语

吴亚梅　谭绍江

2015级　商务日语

蔡忠敏　陈　旺　丁亚文　郭杨坦　洪亚萍　李　蕊　李　怡　刘　越　陆静丹　冒美玲　裴昌丽
石　静　田婷婷　王秀清　王　云　吴　娟　薛黄金　杨珍珍　俞青玲　张雨梅　赵秀丽　周　萍
朱丽君　庄丽莹　高　明　康　洋　林子峰　梅　航　汤　洋　吴　键　徐　翔　薛　根　周　聪
陈苏云　程　丽　冯书怡　郭章鑫　郝湘萍　姜志晨　李彩云　李文慧　刘　娜　楼小佳　马莹莹

潘洋洋 钱佳樱 田凤月 王 笑 吴 非 吴梦园 吴轶慧 肖 露 杨月季 叶祖莹 岳显显
张文文 周 婷 朱丽晓 薄自强 程 星 卢家昊 苏 欣 王 健 王长欣 徐 丰 赵振杰
周俊黎

2012级 商务英语

翟世忠

2013级 商务英语

樊宇翔

2014级 商务英语

严静玉 杨玲萍

2015级 商务英语

曹佳蓓 陈守姣 高雨婷 何 柳 胡友杰 黄永媚 姜 楠 金 慧 李 华 李 珍 梁艳倩
刘 敏 刘 珍 骆 霜 马晓曼 潘 静 屈景伊 盛建梅 宋 莉 田蓓蓓 王高平 王 萍
王小雪 王玉晓 文 思 伍美玲 徐 卉 严佳慰 尤洋梅 张 萌 张 颖 赵 爽 蔡咏润
胡 杰 王自强 陈湘湘 冯嘉妮 顾晨雨 何 阳 胡梓凤 黄兆玲 蒋 云 景 婷 李 静
李 雯 李子莲 林孝迎 刘 雪 卢慧玲 吕 琼 毛灵素 潘萌萌 任 婷 盛雪婷 孙鑫鑫
涂 娜 王慧慧 王鑫鑫 王真真 巫怡凡 肖海娟 徐沛雨 杨 倩 于婉君 张淑娟 赵 丽
赵相娟 周 瑞 朱向艳 刘 鑫 陈慧慧 成 璐 高明威 顾世洁 何智花 黄 文 纪汝静
焦海莉 赖桂桢 李丽萍 李 想 梁凤妮 刘冰倩 刘耀嫔 苗 雨 史园园 唐 雨 汪丹丹
王梦琪 王思敏 王银利 魏家丽 肖雅楠 徐 琪 夷 惠 张思盼 赵丽萍 郑嘉玲 陈 敏
孙海龙 戴叶倩 高树鸿 顾新涵 胡宏敏 黄晓黎 季林玉 解娜娜 李冰雪 李苏皖 李 艳
梁思敏 刘 敏 刘 越 陆祝露 马静芳 倪爱园 钱世缘 沈 萍 陶 妍 汪 丽 王 平
王松月 王营春 魏书琪 吴燕男 谢 晴 薛佳莹 殷 迪 张蕾蕾 张新玲 赵梦瑶 仲梦园
朱启雯 左佳诗 陈 荣 张 聪 诸葛鑫萍

2015级 应用德语

卞迎紫 耿 婷 何 晴 胡 莹 刘 静 柳云云 闾佳佳 冒海燕 缪张泽 倪梦娇 邵宁斐
沈 洁 盛杨露 唐俊懿 唐 翎 徐晨妍 徐 敏 徐 一 徐玉雨 张秋艳 张姗姗 张 婷
张 婷 张 瑶 周昊天 周 茜 朱昱昊 彭 帅 章 聪 凌王冰雪

2015级 应用英语（国际交流）

仲继鹏

2015级 应用英语

卞荣珍 常赵敏 代赞美 丁秋月 耿奇婧 郭 丽 胡 爽 蒋思思 李 静 梁雨含 马春霞
彭永桐 秦金兰 施 雯 唐丹青 唐 瑀 王 聪 王秀丽 吴 晨 武 玉 谢婷婷 徐林艳
于 悦 张盼盼 张梓玲 赵敏华 周 庆 朱煜弘 陈 鹏 郎 勇 钮俊彦 王小川 朱 林
卞雪艳 陈丹丹 陈怡婷 戴榴霞 房淑琳 龚心怡 何 霞 金 钏 李雪嘉 刘 丹 陆艳婷
倪珉珉 钱玉莹 任亚楠 苏慧慧 唐 敏 陶淳薇 王梦珍 王智慧 吴美红 夏 叶 徐鸿艳
徐 萍 张雨欣 赵惠文 周金玥 朱 冰 陈聪聪 丁一伦 黄春新 罗爱伦 潘万程 唐振凯
张家森 曹 敏 陈 丽 仇同婷 邓姣桂 葛梦凡 郭 帆 蒋 丽 李昊楠 李紫嫣 刘何丽
路遥兰 欧双双 乔 红 任 艺 唐 微 田梦凡 王彤妤 吴 雨 杨 柳 张明媚 张增莉
赵健霞 周 莉 朱惠敏 陈佳康 葛靖钦 鞠国安 彭建明 王 松 张学达

艺术学院

2015级 表演艺术

鲍 捷 程云云 程紫馨 金 苓 李艳如 刘婷婷 刘 筱 沈建秀 司 璇 伍一丹 谢紫文
徐利娜 严曼丽 张丽娟 赵 佩 仲启梦 周思杰 周圆圆 王一安 谢文伟 叶华周

2014级 产品造型设计
樊 钞 马宗廷 唐 玲 桑 影
2015级 雕刻艺术与工艺
曹思源 陈 燕 刘晓庆 孟 平 吴朝欣 吴丹丹 薛姗青 杨悦河 张冉冉 赵智芳 郑岚芝
庄 娜 邹 倩 邸康杰 法鸿雨 靳济康
2014级 多媒体设计与制作
王 宁 江 明 张赛赛
2014级 服装制版与工艺
印梦云 秦 兵
2015级 服装制版与工艺
仓炜炜 陈 昕 丁思茹 付 静 何 欢 李万娟 马 倩 沙宇萌 孙伶俐 唐 艳 王 妍
吴 红 许琳琳 张美琪 仲姝颖 曹志伟 张 宣 周 洋 陈婉蓉 邓荣月 丁新雨 顾正艳
后 林 姜 琴 马海燕 明 玉 沈梦颖 唐 洁 王 萍 翁皖平 徐贤锋 张成香 张 叶
缪 伟 盛超杰 田志平 许光喜
2013级 环境艺术设计
鞠海燕
2014级 环境艺术设计
邹静文 刘 路 王 猛 王 阳 吴丛阳 夏梦欢 杨 帆 谷振瑞 陈 莹 付诗乐 邢 昭
2015级 环境艺术设计
白 晴 高贵南 韩鑫玉 黄玲岭 景 秀 刘 莉 彭 惠 史新妍 田 雪 王智宇 徐梦玉
杨梦婷 张李星 张玄玄 董昌海 高凯迪 李君研 李 政 陆 林 倪陆飞 田 枫 王 克
王肇禹 魏贤乾 向刘军 袁志勇 张 洋 周 杰 曹林钰 顾玲玲 黄嘉蓉 蒋 婷 居家莉
刘雅敏 马叶钽 邵心怡 孙 凤 王 吉 武晓庆 于玲玲 张平平 赵国苗 陈 龙 封亚光
葛进栋 韩玉阳 季奎鑫 李立涛 柳青春 沈 铤 王志康 薛元锁 殷昌盛 詹 磊 周开诚
曹小娜 郭敬义 黄锦秀 蒋 珍 李银红 刘莹莹 潘雯雯 史梦婷 汤心蕾 王瑞洁 夏 蕾
薛小梅 张佳玉 张 蕊 朱苏芹 陈 群 高 峰 顾永星 何术伟 金俊杰 李麟鹏 卢江建
孙淮宁 王 远 王 壮 杨 刚 殷 文 张 俊 周 笛 周毅栋 邹 旺
2013级 旅游工艺品设计与制作
郁新慧
2014级 旅游工艺品设计与制作
刘 慧
2015级 旅游工艺品设计与制作
丁忆双 顾银娣 简晓霞 陆宇婷 彭 娟 孙亚萍 王 梦 魏 玉 向 欢 徐 敏 许海荣
于艳娇 张艳芹 周 君 仇祥祥 胡 禹 王保林 王 剑 杨宇宁 樊 杰 黄 丽 刘 阳
石天琦 孙新玥 唐高玲 田 涛 魏丽丝 吴 英 徐 瑾 叶林美 赵 雪 范杨阳 谢宏威
2014级 美术教育
徐良艳
2013级 视觉传达艺术设计（多媒体设计方向）
李华林
2013级 视觉传达艺术设计
李 果 任太亮 许雨晴
2014级 视觉传达艺术设计
康 琪 刘 凡 麻 蕊 夏静宇 杨 璐 李光庆 李智斌 王良正 姚 煜 张恒秋 朱柏宇
傅 莹 关向杰 杨 朗 郭义微 谭雪帆 杜宗峰 李梦颖 邱治国 王 生 徐 涛 臧光曙

张鑫旺 范家豪 顾御耀 施昕宇 苗 苗 宋一飞 高玉虎 申晓君 汤明昊 王 杰 王之怀
姚亚东 欧阳子芊

2015级 视觉传达艺术设计

白晶晶 曾 睿 陈洁雨 陈亚文 丁 怡 冯茜茹 胡 湖 蒋晓黎 李凌雪 梁书瑜 罗雅心
蒙 媚 桑思雅 宋颖颖 田婷玉 王明婧 王 琰 徐 红 许清慧 闫 丽 尹 静 张建敏
张 敏 赵 晶 周星宇 朱云裴 丁秉哲 冯 阳 郭孟豪 靳颜恺 李兴祥 马吉明 任俊伟
王储扬 余强礼 张 耀 常玉荣 储兆敏 杜 婕 高蒙蒙 黄梦洋 李柳艳 刘聪缘 刘 雪
马婕婷 蒲 恬 邵文娟 汪茹玲 王舒萌 王艳莉 夏子雯 徐 琪 杨晓念 袁 卉 张晋瑜
张楠楠 赵 珂 董睿迪 高琮榕 李爱鹏 梁海鹏 马 帅 汤开封 王敬楠 韦明亮 许宇轩
张凯全 周天宇 曹 西 陈嘉钰 陈素素 崔继花 韩 杨 邝梓君 李晓玲 刘 敏 卢雪莲
马晓玉 邱笑月 宋银凤 田佩璇 王 静 王 盈 徐成倩 许陈叶 宣媛萍 姚 蕊 张 涵
张静慧 张小艳 郑 冉 陈叶楠 高嘉辉 金 浪 李 林 唐 攀 王 龙 吴 硕 杨 磊
卞欣愿 陈梦瑶 仇 思 戴孟灵 顾雯雯 管婧文 过雅雯 黄 宁 毛子涵 潘紫荆 任晨茜
沈雯文 孙嫣然 田 蓉 汪菡郡 王 琦 肖 萌 张康林 张星月 种晓露 周丽丽 周颖倩
朱 未 朱子英 林 成 姚俊杰 朱永平 艾园园 蔡书宁 陈 逸 仇 悦 段雪纯 冯 元
管晶景 郭 彤 黄海珍 季玉方 刘婧怡 钱丽文 沈采仪 史余琪 唐锦叶 田泽文 王佳宁
王启萌 许罗楠 张姚庆 仲 敏 朱 雯 陈昊灏 盛明彦 薛天禹 张胜楠

2012级 音乐教育

王子豪

2013级 音乐教育

王欢欢 张 曦

2014级 音乐教育

黄茜茹

2014级 装饰艺术设计

王 佳 赵慧妹 聂照光 胡雪婷 宋茜茜 朱 伟

2015级 装饰艺术设计

安 桃 陈苏红 葛 婷 韩冰雪 黄 娜 贾仁淼 李 培 刘美玉 施 芳 唐惠琼 王 巧
徐 梅 叶肖路 张 倩 张亚茹 曾 益 戴双翔 高晓杭 李翰文 王秋楠 于 斌 赵 盛
仲兴康 周中华 曹婷婷 顾怡倩 黄 敏 吉新月 乐 薇 马新萍 孙荣艳 孙 雨 王梅灵
王秀文 王颖楠 徐玉婷 张 乐 张雅妹 张引引 柴 猛 陈昱江 郝施光 刘希春 沈宗聂
吴昊天 赵江涛 赵 震 周宇航 朱福冬 陈 福 陈俞宇 付 静 高子涵 管雨槿 韩子晨
何 逸 刘晓红 吕容容 潘 琳 沙婷婷 沈玥琳 石金成 唐雯雯 王露尧 王梦圆 谢成誉
张信月 朱 敏 曹储勇 陈建国 叶佳豪 周 林 朱 强 朱 宇

体育部

2014级 体育教育

周 娜 房靖瑀

2015级 体育教育

陈明静 陈亚玲 郭 鑫 沈茜茜 王维佳 武 翩 许媛媛 朱 玥 冯 侠 郝极也 金 然
李烈华 毛雪敏 徐增胜 杨 锐 张念念 张 秋 张宇航

苏州市职业大学2018届成人高等教育专科毕业生名单（2018年7月毕业）

报关与国际货运（业余）

何 君

电气自动化技术（业余）

杨金良 曹越 严杰 薛一旻 芹浩杰 史佳豪 钱楠 谢泽锋 冷杰宇 俞杨 王雷
朱威威 徐启明 吴林涛 成嘉琪 张汉钦 王月季 朱孙方 江陆俊 顾志华 汤斌昌 郭鑫
吴志威 王俊懿 徐锋华 朱枫德 陈佳彬 管舜 徐云昊 程孝宇 陈凯平 马俊杰 郭天成
朱朕 夏介伟 张尧 王飞雨 徐云峰 金麒 王彪 张师猛 张宏睿 顾克凡 董旭健

电子商务（业余）

贺晶 梁加贺 余维圆 李佳豪 钱雨红 董陈琳 顾佳丽 沈可 何丹 张忆慈 赵仁诚
严怡静 袁虎 马静雨 张育铖 徐丽佳 金敏杰 许星缘 徐莉 朱慧栋 王倩 徐勋峰
徐秋艳 周婷 肖宁 张添一 陈晴 狄宇虹 何玉叶 苏凌 顾寅吉 陈鑫娟 金佳伟
许苹 杨梓怡 朱静 花艳红 张雨洁 王飞飞 肖雨欢 查影竹 徐青青 徐朦超 张宇豪
陆佳豪 姚筱雯 王鸿杰 陈雪静 陆新艳 孙主军 徐怡婷 周佳敏 丁艳秋 濮林学 杨锦镖
周宇晨 唐冬艳 黄晓丹 戴程蕾 韩荔 朱晓霞 颜渝婷 姚雯丽 梁玲 郑步娟 郭中亮
殷佳妍 袁晶晶 钟冬兰 李丹 王晴园 孙嘉懿 孔嘉源 赵洁 刘文文 朱丽君 魏文杰
王亚茹 高倩 夏玥 郑燕萍 祁钰 方芳 魏玮 黄莎琳 邹陈应 钱星 李国旗
储雷 罗鹏 金贝尔 马鸿逸 黄方家贝

工商企业管理（业余）

程先菊 郜佟佟 沈敏华 孙孟辉 田青 吴士晗 吴雄华 徐星 严鑫鑫 赵乐乐 计麟
朱松余 刘静 费星辰 杜亮 方齐 陈霞 黄宇锌 曹英杰 丁允强 周芳 张超
王晶晶 刘倩倩 薛莹 王俊辉 邓凯 赵春玲 刘志远 商权权 牟美锋 曹梓涵 张娅
刘翠艳 李迁迁 王月如 马燕 朱凤 陈任

行政管理（业余）

程源 刘云 田建设 王育凡 王雨晨 吴嘉恒 吉庆丰 陶佳文 周宇文 杜力 朱佩君
邹文娟 陶缘 陈怡娇 陆杰

会计（业余）

王丽琴 孙雨薇 王芸露 乔小萍 孙雯雯 李雯雯 陈浩 徐夏军 陶单乐 胥凤可 孔金凤
周雯雯 周佳晴 张成珍 庹万刚 陆晴霞 严心意 宋洁琳 李桂华 李雪 汪婵 卢姚彬
张晓敏 仇豫 刘桃 谢云泉 张雨虹 范慧敏 邸苗苗 张薇 曹诗雨 王利萍 王懿
金诗宜 何阳怡 芦兰兰 蒋紫馨 徐心愉 张智慧 徐艺帆 陆英姿 包泓漪 马小利 顾金英
李惠惠 钱怡凡 朱志强 姚振华 肖瑶 练明贤 丁寅珠 缪婷婷 王伊静 沈星 缪静芳
时金叶 魏丹燕 张翠萍 戴岳平 何佳怡 杨晨妍 曹敏 高凤娟 金瞿慧 周瑞娟 胡慧婕
吴甜盈 屈云磊 黄玉慧 王晓波 沈怡雯 陈俊 张艳 孙悦 李城 常倩 顾恬
仲明月 朱馨俞 张蕾 陈卉 黄子姣 柳思雨 李心茹 黄开叶 杨莉莎 马刘霞 黄立娜
戴莹 李莹莹 李艳琴 程庆兰 张天琢 张蕊 龚心瑜 王晓雯 黄珊 杨艳 顾婷怡
何春梅 华夕平 黄志刚 房兴帮 周洁 王华娟 李欣兰 姚碧婷 徐纯巧 李培英 钟启晨
何湲湲 钟悍豪 王靖雯 朱峰 秦怡 顾钥 陈澜 戴晓菁 刘沁怡 王二巧 吴敏
姚琪 张天翼 李春雨 王漫丽 沈旸旸 王维 姚思怡 支琦 陈欢欢 王银利 申情
马雨婷 周泽 董帮琼 肖燕 范莉 顾琪 姚佳 沈新怡 许丽娜 荀丽 谭海
张文静 朱锐卿 仲国平 聂小云 朱宇亭 梁攀 王君怡 计紫千 徐佳仁 商丹丹 胡金霞
邵钰轩 李一帆 李国青 徐丽丽 吴雨婷 江嫄 胡瑶瑶 许静倩 姚天世 金银霞 吉阳
贺惠 苏亚敏 林璐英 刘勐琦 莫晓怡 顾鑫磊 彭绮梦 谈蓉 陆一平 李好 徐晨城
杨媛媛 魏雨晴 顾春桃 仇祎琳 刘苏 俞嘉 魏思颖 彭妙月 胡佳栋 潘静 吴萍
吴曼 金怡嘉 秦素素 金艳芳 浦茜煜 张朱玥 王玉婷 李洲 王瑞元 周敏 薛雯彦
白雪 吕晓婷 孙秀芳 杨莹 钱丽 李怡冰 王慧 王洁 何秀秀 周海琴 金蔡敏
马雪丽 张晓叶 徐琼 徐晨洁 胡慧玲 朱静 王冲 徐婷 黄淑梅 周晓英 卢培杰

毛燕红

会计与审计（业余）

缪斌杰　汤惠江

会计与统计核算（业余）

杨文倩

机电一体化技术（业余）

俞博文　徐晓云　宗子超　朱晨晓　朱赟杰　刘艺程　朱照和　欧亚会　王晓栋　许瑞明　王嘉乐
郭　昊　顾钧达　陶裕杰　罗　超　赵　沛　郭　布　王治锋　王　冠　顾俊杰　施　恒　滕　磊
田嘉龙　张　胜　沈珂凡　陆志刚　金宗浩　孙　亚　程进磊　苗　伟　吴　豪　徐寅君　袁亦斌
范仪佳　汪雨生　顾益帆　朱占良　胡郴燊　关贺伟　赵　越　林成凤　周叶凡　曾凯成　王　晨
沈逸文　彭雪虎　王君昊　华仁玉　李静峰　汪贵芝　张海军　堵晓忠　朱晨皓　顾　宁　张　磊
周家宾　钱志豪　凌啸海　金思诚　黄　腾　李　杰　左启新　吕晓丰　赵柯伟　殷月敏　陆　航
宋之超　浦诞维　李岳旗　顾善康　施敏萱　王　丽　徐加明　邹保强　邱伟杰　严颖杰　曹　骏
许苏阳　钱陆诚　罗进余　刘震宇　李道成　朱悦文　周伟华　魏良红　朱　燚　李　杰　艾良健
尤　健　苗　龙　胡佳欢　王嘉豪　鲍庆虎　苏　杰　董现振　吴　竹　李钰斌　周铖宇　罗文中
刘志晨　陈佳伟　周晓晨　谢　宇　徐世明　魏　宴　吴德航　刘徐雯　居敬贤　刘　贺　胡巍峰
吴　健　滕　飞　黄　奇　陆文豪　黄　寅　盛天缘　顾汉扣　邓烈宇　张　旭　陈　淏　周王强
薛　仁　陈佳豪　刘雨恒　丁　超　周子扬　王　刚　张峻启　孔　波　秦　宪　黄志文　党波涛
钱宇廷　曹雄澄　周榆乂　杨君寅　姜聪聪　陈尚成　王溢润　周　平　马群威　陈泽华　郗　云
张杨俊　陆　夏　陶学兵　朱昌鹏　张　伟　张　奎　张小平　杨　鹏　查仲全　虞锦涛　尤晓锋
温佳伟　马晓波　黄　澄　冯凯伦　施佳怡　李　顺　董　伟　杨钦霞　杨　刚　史旭旻　郭耀东
徐胜杰　王星球　陆一彬　谢　鑫　陈玉苏　李　孟　臧伯兴　许　晴　何冬兴　殷　磊　艾克文
蒋梦辰　史屹锋　龚嘉诚　王　亮　张　浩　宋帅帅　周宝民　张　莹　廖义连　陈志强　李　炜
范雯渊　姚　哲　唐佳杰　顾志杰　邹　瑜　朱忆越　张　锋　杨　凯　王云燕　顾之怡　施异威
李奇杰　程　磊　陈　柯　李　龙　常　亮　程　强　朱晋慧　陈二辉　齐向雨　孔　杰　苏大鹏
胡志威　钱　聪　王奕啸　张慎一　李　晓　王满源　曹栋伟　严天平　王珺琥　李　原　冯钇泓
杜　亮　张雨婷　奚　凯　揭金兴　段煜冲　董强生　徐　铭　孙红松　陆智鑫　魏　超　周辛成
陆　昊　周慧洋　唐　君　刘克坚　张裕稔　董克阳　时修庆　张　扬　周立成　孙齐齐　郑星星
赵学思　陈一心　钱　欣　吴　任　陈玉洲　乐锦波　李广星　刘月星　徐　晗　郁陈仁　王令元
周　浩　袁润杰　吴樱芝　陈　杰　张　威　黄晓辉　盛文兵　汪庭玉　王天怡　王登飞　贺成青
曹一飞　严颖豪　曹贝贝　顾懿飞　朱正翱　伍菊胜　闫君孟　潘　兵　边晓凯　陆志刚　马红红
李　超　陈崟柯　赵镒彬　曹佳辉　张　彪　张二平　江桂英　高　超　万智逸　钱月松　尹小龙
周志强　孙宇涛　钱　宇　赵颖卿　邢乐乐　朱月高　陈志强　苏佳成　杨志刚　童晓晓　谭伟锋
高晓杰　陆钟涛　邵懿豪　陆桂冬　叶莜贤　祝　浩　姜　力　王　凡　戚永健　李　康　王　凯
浦宇杰　胡锦昊　赵宇衡　黎　鹏　王天鸣　郑跃赢　陈劲超　苗　勇　张杨瑜　付白杨　王礼赟
陈楚涛　刘　磊　李　杨　陆文斌　朱毅斌　王　朋　王　虎　于海洲　刘贤哲　辛培阳　王　立
魏刘文

机械制造与自动化（业余）

孙　瑜

计算机多媒体技术（业余）

薛　奕　余　谨　赵　英　陈思晴　刘恺怡　沈春光　王　卿　钱仙子　邹伟贺　朱文杰　黄　蕾
濮虹霞　张新然　沈　阳　仲奕琦　周　洋　钱安琪　潘雨婷　俞泽成　汤施奇　王　翔　许晓晓
吴逸凡　李亚敏　陆　娅　陈家琪　陈　季　徐梦婷　杜晨晨　朱　琦　张子昕　潘亚娜　石　伟
屈梦欢　王　秀　胡佳慧　金　岚　沈静意　吴钰婷　宋辰辰　邓　瑶　邹金叶　陈丽红　夏思思

吕　月　刘慧敏　吴悦闻　姜　娜　张　悦　曹　坚　居徐栋　蒋　康　田　晨　缪宇峰　项燕子
张　兴　张小康　于海涛　陈唯一　张文政　柯晓苏　孙　松　凌　羽　张　欢　高梦圆　夏紫晶
陈佳莉　周心怡　王　慧　张　颖　童泽凯　孙仕昊　颜　跃　刘建军

计算机网络技术（业余）

季振伟　邱思佳　张　颖　沈妤婕　黄　蕾　张美玲　钟舒敏　朱　梅　匡振楠　范卓尔　吴昭杰
顾汶心　葛皖苏　高　丰　邹　东　胡　彪　郭志文　任毅涛　郑一航　黄　凯　庄金成　黄佳琪
沐浩然　沈家禛　李震方　张俊杰　肖咸明　祁　虎　李　冬　李杰天　周子杰　苏子龙　朱宇洋
罗欣宇　徐诗宸　周长超　戴振宇　陈若逊　殷文杰　周振国　吴晨炜

计算机信息管理（业余）

王丽雯　卞　犇　韩毛毛　徐应弟　徐文庆　包喜缘　王　芬　陈雨杰　孙慧玲　龚爱悦　倪建华
严佳丽　辛晨轶　王　虎　邱　亮　杨　凯　朱　悦　周晓敏　魏　潇　王　静　沈逸秋　丁　盛
蒋雅兰　刘兴宇　朱晨燕　杨　晨　陈伟龙　顾吉星　李鹏辉　朱　伟　曹晓丹　俞博扬　马佳奇
乔金玲　孔佳伟　石晴雁　王可心　吴　健　钱慧敏　费荣梅　苏　鑫　王人杰　徐敏丹　张佳维
张思梦　沈　磊　袁　洁　沈水芳　宋雪红　沈　珂　周　胤　谈佳豪　陈淑懿　龚秋雯　林　欣
李莹亚　薛志强　钟子杰　张楦婕　尚阿香　徐　缘　陈思佳　张海曼　梁爱玲　袁慎弥　唐　蒙
龚炜烨　徐明超　薛　成　王小军　周丽静　张铭新　龚恩硕　刘俊杰　龚佳丽　丁　琳　管晓敏
肖海峰　陈嘉昊　陈　磊　邹丽萍　冯羽佳　李思源　揭文兵　俞志文　卢森林　徐　影　沈怡芳
俞星晨　金聪聪　王　凯　夏能亮　李梦霞　金　妍　朱文杰　陆丽秋　姚梦婷　杨雨晴　蒋梦婷
陆文杰　张　总　遇子明　韩江洪　王玉琪　许　伟　王兆祺　朱苏燕

建筑工程管理（业余）

戴安琪　邱　峰

旅游管理（业余）

汪　洋　江　帆　唐　飞　郭文家　任艺兰　颜维韦　姚　媛　汪玲巧　缪超顺　朱晓岚　施佳佳
陈　健　束　静　钱娅鑫　龚妍静　陆黎秋　狄瑜秋　徐一然　范彧麟　范　琴　郭　颖　陈文健
陆意静　尹慧敏　岳　文　韩　旭　尤正华　李晓玟　潘宵梦　郑宝云　李泽兰　梁　苏　金银贵
黄佳丽　徐静萍　邬丽敏　曹艺玲　肖苏佳　邓有为　谢书缘　张春明　吴宇晨　严鑫鑫　张　宇
刘敢烨　沈龙飞

模具设计与制造（业余）

潘　昊　周　晨　陈嘉伟　杨大伟　徐　剑　聂京城　姚云舟　顾　诚　罗春林　毛家辉　朱俊逸
夏海涛　李　鑫　陈　晨　张超懿　滕梦远　李　锟　黎海洋　王月恒　常卫周　胡文涛　于维俊
陆俊豪　李登宇　刘立虎　吴钦扬　朱振飞　李静静　朱鸣豪　郑　腾　朱佳铭　施　川　徐文彬
丁　顺　俞亚太　孙嘉铭　张国栋　朱　锋　梁奇凡　邱　翔　顾佳峰　方国平　金宇航　曹　威
费思维　柏峻飞　王豪森　李旭阳　崔帅鹏　邵星辰　施嘉晖　王　怡　严　睿　张俊杰　李　亮
丁权林　顾虎山　周敏捷　段　琼　孙今歌

汽车技术服务与营销（业余）

费　强　余乾龙　徐水杰　刘　冬　董　鹏　潘　勇　王　鑫　于荣庆　管泽金　金凡珉　沈殷浩
李坤铭　安金虎　史　越　朱　健　张骁涵　许宇杰　张　旭　张芷阳　李　阳　张　骏　何龙腾
周水明　冯君浩　王小峰　王平安　蒋苏豪　张飞龙　李腾飞　钱宇成　吴　凯　顾祎颉　周子恒
顾晓天　徐文超　陆晓方　饶玉杰　何毅强　施家荣　王昳韬　史安镇　袁中懿　沈　婷　周佳乐
陈　伟　刘文杰　吴明雷　李梦磊　龚学文　卜沿皓　秦东玲　于富江　张顾寅　马佳赟　李　飞
朱家乐　沈　天　周思远　刘佳楠　季梦颖　陆鑫江　黄　伟　柳润衔　何旭杰　高健明　吴俊杰
阚国豪　彭程秋　周恩泽　杨宏伟　卢　鹏　许寅杰　沈　洋　沈　天　赵金辉　刘　涛　张子童
钱书尚　缪俊宇　张新唯　曹佳吟　张　虎　张亚中　赵　杰　黄俊晖　马云峰　蔡永伦　沈　斌
刘　涛　张苏成　郁晓华　王志恒　吴　杰　许　韬　周晓阳　吴　明　张　硕　浦文磊　尹智鸣

陶 宇 黄文涛 蒋 创 徐常浩 张珉祺 王 信 黄怡超 李 超 王浩栋 周 满 梅傲雪
苏 蘅 汤奕城 吴 灿 张 鑫 马秦威 张 浩 陆嘉敏 顾 鹏 李 辉 陆仲洵 陈晓龙
王昆荣 余嘉永 张归港 陈志昂 陈天升 程 超 葛志洋 李 宁

人力资源管理（业余）

丁 怡 田华丽 吴 燕 杨敬凤 张海云 张宏伟 郑爱凤 周梦贞

市场营销（业余）

胡大双 李玉宝 秦 莉 文 慧 夏克田 徐 敏

数控技术（业余）

姚志成 朱嘉奕 盛佳豪 王 健 高 槅 董缪峰 李 飞 张逸帆 沈 扬 陈凯圆 马佳成
平嘉敏 王远远 朱 仪 黄若语 许文豪 曹维坤 吕征宇 仇天诚 杨文杰 黎遗朋 惠 杰
蒋梦丹 吴 旭 严 泽 高雨杰 薛 寅 府李伟 吴晓煜 李顺意 薛旭峰 乔 峰 陈 民
王裕杨 顾鑫煜 姚 嘉 徐宇航 沈 斌 王浩雪 许 毅 王开宇 张祥祥 沈 兵 袁 婷
蒋裕豪 王 雷 龚佳毅 沈文冰 李文杰 顾宇洋 凌代秋 叶 鹏 周宏健 郑文文 王涵杰
邵雨航 蒋 达 郭 阳 张 浩 周 琦 许文豪 史正炜 梁嘉豪 罗 涛 曹栋伟 李思涵
吴家豪 吴 凯 沈玲丽 黄佳怡 王鸣杰 于庆沛 刘冲冲 王 涛 邹瀚毅 陆栋麒 郝小虎
周志涵 章 新 潘 伟 邵益诚 吴 健 黄尚枫 朱成宇 张 浩 华晟玮 李帅帅 曹童杰
李杰明 邓张超 薛 阳 林晨祥 左甜丽 李豪亮 陈 怡 杨 浩 刘 楠 谢雪凯 金之祺
苏文达 王佳祺 钱宇潇 许裕骞 闫 许 陆伟杰 吕佳伟 顾晓春 朱建祥 宋学良 沈嘉宇
殷宇超 周舒婷 屈颖佳 方 浩 滕顺利 张桥虎 曹伟明 严加豪 鲍文文 张 振 施苇杭
任春辉 赵明春 管振飞 潘 铖 徐梦辉 刘大伟 葛有为 朱梓毓 曹 伟 张 斌 李梓杰
邹志健 贾 迪 王 锐 韩 勇 陈新泽 瞿志超 邵煜行 顾雨航 郑利升 陈 伟 俞成刚
王 恒 顾川江 吴志发 许 凯 钱逸麒 吴子鸣 黄 涛 高 智 陆 杰 顾 青 徐峰军
郭英杰 张宇恒 徐 超 赵佳怡 时晒晒 夏茂秋 陈 城 蒋许文 卞玫玫 柳浩杰 吴梦江
陈佳豪 吴虎宝 缪梓晖 顾嘉浩 李 想 杨贵港 池亦晖

物流管理（业余）

丁汉杰 何宇虹 刘颜丽 孙 燕 殷昌盛 罗雪莲 余婉如 唐 晴 秦凯丽 王晨艳 郭友锐
刘 琦 陈 陟 商胜英 张雪影 蒋叶仙 解颖莹 孙 妍 章 亭 孙梦茜 韩静妍 钱晓军
刘婷婷 江豫楠 戴 维 倪亚静 黄歆怡 盛小彩 魏昕怡 赵 丽 余韵涵 李蜀飞 苏文星
马旭辉 刘豪岑 孙苏华 黄 磊 刘忠豪 董智豪

营销与策划（业余）

徐 玲

应用电子技术（业余）

喻建成

人力资源管理（函授）

崔 萍

全校教职工名单

2018年苏州市职业大学教职工名单（截至2018年12月）

校党委

钮雪林 曹毓民 刘 丹 熊贵营 陶亦亦 张 健 蔡晓平 韩承敏 魏 影

党委办公室

刘 萍 陆怡静 盛 婷 孙 赢 谭 飞 王 喆 颜丙通 叶 军 张 莹 朱剑刚

校长办公室（外事办公室）

汤晓军 王 艳 王 赟 魏 刚 吴秋东 张 军 镇 浩 宗惠芳

组织人事部

金 雯 李弈诗 林休休 陆 英 魏 影 姚卫东

宣传统战部

陈 越 韩承敏 王大纲 赵京娟 朱海祥

纪检监察室

何佳应 沈密婷 俞建伟

离退休干部处

陈凤群 龚 卫 沈新艺 尤钟华 周 丽

工会

戴海峰 范 政 陆 峰 吴彩萍 吴建英

团委

陈 惠 刘诗琪 龙 蕊 张 成 周 赐

教务处

陈明娟 樊 凌 傅小芳 戈 扬 顾心怡 胡 明 居丽英 沈利平 唐 寅 吴 佳 吴 湘
项 丹 许 吉 杨 平 杨晓华 袁 江 张 洁 张玉姗 朱敏海 朱苏男

学生工作处

曹 婧 戴丽霞 丁梦扬 傅中山 葛春燕 吉冬梅 蒋君毅 李 平 沈翠莲 汪 清 王 琼
杨卫东 叶红萍 张 芬 张国良 朱敏峰

科技处

顾成喜 顾莹华 黄 震 沈 奇 吴佩华 鲜学丰 姚金凤 张 培 赵 苏 赵永刚 周一红

财务处

陈乳燕 戴劲芸 方 毅 胡 慧 黄 鑫 金文捷 李 羽 刘卓青 任琼益 佟京桦 谢丽健
徐爱芳 徐红梅 张羚雪 张 伟 张昕梅 张雅晖

审计处

顾慧琴 蒋莲华

总务处

陈 凯 陈丽珍 丁启辰 高根荣 葛丽萍 龚奇敏 郭 军 洪登成 胡洪新 胡敏舫 黄 炜
金 山 冷永华 李 旺 刘 群 刘永红 陆金生 陆秋生 陆雪元 马顺峨 缪志敏 钮庆红
孙荣良 汪国联 王成岳 王 殿 王新莲 吴 玥 徐成荣 徐凯静 徐 磊 许如祥 严 方
姚俊华 尉迟勤 张宝臣 张红琴 张惠娟 张金康 张 梅 张晓贤 郑 杰 仲 飙 周传勇

保卫处（人民武装部）

陈玉先 丁 虎 黄 达 李亦工 刘 刚 马 骏 潘 斌 钱建华 王建平 吴满华 杨惠兴

图书馆

曹 恒 曹慧芳 陈 琛 陈国霁 陈 欢 陈齐康 陈 钰 程海英 董秋荣 杜美萍 杜彦宾
范浩军 傅 萍 何 琳 胡绍宜 吉春华 江明娟 凌 萍 刘 皓 陆羊燕 陆玉妹 罗金增
毛 雁 潘 丽 祁春清 钱成科 石振维 苏 彪 宿瑞芳 王丽宏 王 轩 吴继红 吴 莉
吴 敏 吴倩倩 谢 艳 幸 娅 许东亮 杨建芬 杨 讴 杨 雪 于亚莹 张惠婷 张学梅
赵宁燕 周承东

学术期刊中心

李 华 李 平 李 政 刘翔云 沈凤英 施建平 时 新 宋现山 孙 文 张 眉

信息中心

董 剑 杜 跃 房晓阳 吕伟春 汤 剑 项闪飞 肖长水 周建伟 朱 晖 朱 欣

苏州开放大学管理委员会(干将路校区)

陈惠兰 戴涵莘 董建强 方建新 高觐悦 郭 峰 郭肇娴 黄 萍 李 果 李海平 李 琦
林福新 刘 冲 刘富博 芦小刚 潘 燕 钱 虹 邱 阳 任侃侠 施培根 宋 斌 汤文生
唐云春 王 俭 邬晓明 吴 红 吴献峰 吴云奇 谢华荣 薛 铭 严 强 杨立群 叶 芸
於 荣 俞 渊 张乃纪 周良英

其余人员

施 红

校督学室

陈雪芳 董敏芳 许钰民

发展与评估办公室

张红兵

机电工程学院

包 枫 陈 洁 陈 琪 陈祥林 董晓岚 董 志 杜建红 杜 洁 方 勇 付春平 傅 珺
盖立武 高 颖 顾 嘉 顾丽亚 顾苏怡 郭彩芬 郭南初 胡 清 胡忠文 黄海洋 黄解平
金 芬 居 奇 李洪伟 李建蓉 李少坤 李 潍 李耀辉 李振兴 刘 广 刘 杰 刘美娟
刘 旭 鲁春艳 路 冰 陆春元 陆建康 吕华芹 毛兰斌 茆 琦 聂福荣 宁海霞 潘丽敏
任芸丹 尚广庆 宋飞舟 宋秦中 孙春华 孙丽娅 田 菲 万长东 汪 浩 汪红兵 汪丽群
王爱霞 王 锋 王 莉 王 敏 王仁忠 邢艳玲 许春龙 许 海 许正清 严 莉 严勇健
杨 洪 杨益飞 易 飚 俞美香 张彩艳 张 良 张润良 张文峰 张亚琴 张义平 张永康
赵海燕 赵宏平 钟 鸣 周正存 朱 彤 朱晓斌 朱学超 朱 炎 邹甲军 左 斌

计算机工程学院

陈 静 陈 珂 陈小英 程 媛 戴敏利 丁 怡 范广慧 方立刚 傅颖丽 高小惠 葛 翔
顾才东 顾澍嘉 关 辉 郭翠珍 过 怡 华 英 贾震斌 姜真杰 金 益 柯 健 李爱军
李宏丽 李金祥 李克清 李 璐 李亚琴 廖黎莉 刘 畅 刘 刚 刘文芝 刘 业 刘媛霞
刘昭斌 陆公正 陆 侃 罗文煜 牛 丽 钱 平 羌 坚 秦云涛 瞿飞飞 任 平 尚鲜连
沈萍萍 沈效良 时 贞 姒茂新 宋雅娟 孙 逊 谭方勇 滕 刚 田凤秋 王德鹏 王 芳
王会燕 王 磊 王 敏 王勤宏 吴彩燕 吴建平 吴 伟 吴文庆 熊志勇 徐丽华 徐 涛
徐卫英 许璐蕾 许 旻 颜 娟 严立艳 杨静波 杨永娟 杨元峰 叶 良 殷 凡 游旷喆
于复生 于晓晶 曾 海 张国华 张 晶 张 量 张 苏 张晓艳 张 燕 张 震 赵敏涯
郑洪静 钟卫铭 周德富 周 莉 朱 敏

电子信息工程学院

陈 刚 陈光红 陈继红 陈 杰 陈伟元 陈永强 成珏飞 崔 鸣 戴桂平 邓建平 丁金林
范海健 范 静 高金生 高小荣 古玉年 胡 峰 胡志峰 淮文军 黄 艳 季翼鹏 贾克辉
金小华 李建康 李 亮 李晓霞 李艳霞 刘 科 刘莉莉 刘淑芬 刘 韬 陆春妹 罗 伟
吕莉萍 齐美星 钱国林 瞿 敏 尚 丽 邵 怡 沈中彦 史斌斌 宋 佳 苏品刚 孙 洪
孙加存 孙晓瑞 索 迹 陶文林 万嘉懿 汪义旺 王 峰 王静怡 王 鹏 王 茜 王 亚
王韵琪 邬丽娜 吴 尘 吴清鑫 相会杰 邢亚从 徐景皓 薛知言 颜廷秦 颜友钧 杨 静
姚 磊 姚文贤 叶国平 殷伟义 俞兴明 张 波 张佳永 张进峰 张 晶 张 丽 张苏新
张 微 张 欣 张 旭 张 愉 张玉学 赵 成 赵 卉 赵萍萍 赵志强 赵中琦 周昌雄
周 娜 周文华 周 燕 朱彩红 朱 臻

管理学院

包金龙 陈广宇 陈 静 陈 璇 戈凌云 管文娟 何 慧 姜能涛 蒋 奇 居一方 李宝多

李超逸　李文丽　李耀华　李　英　李　勇　陆锋明　罗敏怡　孟丽琴　乔　俊　秦天程　邵嫣嫣
沈玮楠　沈馨怡　宋桂友　宋　平　孙学文　陶　莉　田亦丰　王红梅　王敏杰　王硕亦　王晓东
王晓雪　吴蕴慧　徐　伟　许立莺　许凌雯　杨　靖　杨小银　俞海香　于晓菲　张　虹　张　平
张希文　张艳军　赵　睿　赵艳玲　郑丽娟　朱　嘉　朱书研　朱向华　朱远清　祖国峰

商学院

曹继平　陈建琼　陈　婧　陈丽红　陈　韬　陈晓娟　程　斌　戴　明　丁　俊　董　越　董　芸
葛柳燕　苟民华　顾瑞鹏　何　鸣　胡　宾　黄丹荔　黄东艳　黄　鹂　惠　钰　焦　燕　金莉萍
李东华　李泰山　李　文　刘淑春　吕伟建　缪鹤兵　缪　岚　倪爱东　潘　婧　祁丹萌　钱丽娟
沈　琳　孙继云　孙昳昊　汤　泉　万　健　汪月忠　王晟岚　王新荣　王玉兰　魏　庆　翁雪琴
吴庆荣　吴文英　向　群　徐　峰　许　华　许一青　严　郁　杨海波　杨　娟　杨　璐　杨艳玲
姚　莉　张春梅　张敬客　张　军　张　莉　张明雷　张若男　张　松　赵　扬　郑　淘　周　雷
朱晓玮

教育与人文学院

蔡　斌　曹　非　曹　冉　陈白妹　陈建伟　陈一虎　冯　清　冯玉梅　高丽红　顾　梅　顾　伟
韩欣汝　黄江燕　黄小萃　黄阳阳　蒋凤娟　冷桂军　李邦玉　李　冬　李世超　李士江　李树斌
李　杨　李易安　刘昌雪　刘　臣　刘　蕾　刘中文　马丁良　孟丽华　孟秀红　齐　红　邱文颖
任文汇　汝　骅　邵逸民　沈雪华　石　娟　苏　涛　孙宗广　唐　梅　童李君　汪渊之　王海男
王　平　王一梅　王毅婧　巫　军　吴家新　伍荣华　谢　逸　宣　强　杨德岗　杨　庆　于　莉
俞　莉　俞　晟　张宝琦　张　采　张磊玲　张　丽　张文明　张　翔　张晓芳　张雪明　张延颇
张振威　赵　争　郑红勤　周　俪　周　莉　周卫萍　朱逸冰　朱莹莹　邹　婷

外国语学院

卞桂秋　卞浩宇　蔡　骏　蔡玥琳　常　静　代　荣　戴　莉　狄小虎　丁家振　冯泉清　府亚琴
顾史佳　顾　韵　何　琳　何美麒　侯红娟　黄洁婷　黄亚萍　黄　悦　季宇平　蒋茵佶　金娜莉
金亚芝　李承东　李晓强　李　英　李媛媛　练稳山　梁　萍　廖　萍　林　卉　刘　宁　刘　伟
刘小安　卢　懿　陆　雷　骆碧筠　马黎明　马　亮　马文波　孟祥德　穆连涛　倪婷婷　潘春丹
裴素华　祁贞亚　钱鲍华　钱德明　钱　鑫　任凌云　施　晔　石成舫　时　岚　孙　丹　孙雯丽
孙　娴　王　峻　王　磊　王敏玲　王莎莉　王　怡　王友华　王志刚　邬争艳　吴广珠　吴　敏
吴　倩　吴文洁　吴悦茜　徐　冰　徐舟涟　严春姬　严　佳　严　军　杨　丽　杨　雪　余利霞
袁　元　袁　征　张　辉　张　璐　张天惠　张晓惠　赵凤娟　赵　良　赵　阳　朱　明　朱　琦
邹　丽

艺术学院

薄晓光　蔡勇军　蔡振宇　曹　芃　陈海峰　陈　蕾　陈　彤　程　建　范丽芳　范　杨　高　峰
高　勤　葛鸿志　郝思震　何园园　贺文斌　胡志栋　黄新羽　蒋艳俐　雷兴武　李丹华　李海燕
李　娜　李险峰　李　莹　廖一鹿　刘　燕　鲁　岳　陆　杨　陆宇澄　罗跃华　吕　伟　浦　江
任　静　任亚地　芮晓光　沈罗兰　沈　维　盛　鲁　孙志达　汪跃进　王　静　王静娟　王　玫
王书立　王　蔚　王亚敏　王占伟　王　政　吴　隽　吴　玲　吴蓉瑛　吴　薇　吴　桢　夏玉兰
肖万忠　谢　丹　徐　军　徐肖梅　薛伟明　严　淑　杨　芳　杨　光　杨海滨　姚琴芳　余　力
曾　毅　张辰婕　张　春　张洁玉　张璐璐　张鸣艳　张晓春　张晓坤　张　影　张颖娉　赵卫洪
赵彦闻　钟剑鸿　周　易　朱　洁　朱元吉　曾珠亚岚

思想政治理论教学研究部

曹文君　陈　民　陈　敏　傅济锋　顾燕新　黄　丹　居　茜　李凤云　李　敏　李永恒　刘丁玲
刘　敏　刘　勇　刘哲芬　彭　进　綦玉帅　邱浙闻　沈　洁　石阶瑶　孙　涛　王　迅　王　砚
许艳娟　杨德山　杨晓石　尤士洁　张　贺　张静芳　周建民　皇甫志芬

数理部

陈　剑　陈卫忠　黄振明　梁　淼　凌　霞　卢亦平　陆卫丰　潘荣英　钱荣华　孙信秀　王东强
王　珂　王丽华　王　庆　王志刚　尉　强　翁世有　吴　平　吴长男　徐　兰　徐亚娟　俞祚明
赵晓苏　朱　晓

体育部

曹　湘　顾　莉　顾莉亚　何　畅　黄晨曦　金　彤　李继鑫　李良桃　李　勇　梁　辉　罗　晨
孟祥波　邵文燕　谭吟月　王俪燕　王玉国　吴晅晔　邢　伟　徐　芳　徐建国　许晓部　姚巧泉
叶捍军　岳群英　张　远　钟建春　仲慧慧　周建明　周　正

思政、数理、体育联合党总支

范晓鹤　郎建华

本年度人员变动情况

2018年苏州市职业大学教职工调进人员情况一览表

姓名	性别	调进部门、院（部）	调进日期	姓名	性别	调进部门、院（部）	调进日期
徐凯静	女	总务处	2018.1.12	唐　梅	女	教育与人文学院	2018.9.3
殷　红	女	商学院	2018.3.1	房晓阳	男	信息中心	2018.9.3
黄　鹂	女	商学院	2018.3.1	杜　跃	女	信息中心	2018.9.3
李　冬	男	教育与人文学院	2018.4.2	刘翔云	女	学术期刊中心	2018.9.3
程　璐	女	管理学院	2018.1.22	胡　慧	女	财务处	2018.9.3
朱莹莹	女	教育与人文学院	2018.4.16	沈中彦	男	电子信息工程学院	2018.9.3
张延颇	女	教育与人文学院	2018.4.16	林　卉	女	外国语学院	2018.9.3
胡　峰	男	电子信息工程学院	2018.1.22	王静怡	女	电子信息工程学院	2018.9.3
张若男	女	商学院	2018.4.16	何佳应	女	纪检监察室	2018.9.3
李文丽	女	管理学院	2018.4.19	宋　平	女	管理学院	2018.9.3
王仁忠	男	机电工程学院	2018.5.4	周　赐	男	校团委	2018.9.3
孙晓瑞	女	电子信息工程学院	2018.5.18	祖国峰	男	管理学院	2018.9.27
俞祚明	男	数理部	2018.7.4	李继鑫	男	体育部	2018.9.14
刘　勇	男	思想政治理论教学研究部	2018.7.9	孟祥波	男	体育部	2018.9.14
杜彦宾	男	图书馆	2018.8.9	钱成科	女	图书馆	2018.9.14
张玉姗	女	教务处	2018.9.3	贾克辉	男	电子信息工程学院	2018.9.27
顾心怡	女	教务处	2018.9.3	刘　广	男	机电工程学院	2018.12.26
罗敏怡	女	管理学院	2018.9.3	朱远清	女	管理学院	2018.12.26
朱书研	女	管理学院	2018.9.3				

2018年苏州市职业大学教职工辞职、离职人员情况一览表

姓名	性别	离校前工作部门、院（部）	离校日期	姓名	性别	离校前工作部门、院（部）	离校日期
陈瑜华	女	艺术学院	2018.1.4	任珂瑶	女	教育与人文学院	2018.6.28
孙立增	男	商学院	2018.1.15	杨　静	女	商学院	2018.7.23
唐长波	男	教育与人文学院	2018.1.15	杜　跃	女	计算机工程学院	2018.9.2
孙建群	女	管理学院	2018.1.15	杨雄力	男	信息中心	2018.9.3
邹坚斌	男	财务处	2018.1.15	程　璐	女	管理学院	2018.11.14
李永超	男	国际学院	2018.3.22	巩建青	男	教育与人文学院	2018.12.4

2018年苏州市职业大学教职工去世人员情况一览表

姓名	性别	出生年月	生前所在部门、院（部）	原职务/职称	去世日期
邹德蓁	女	1918.4.28	原江苏省新苏师范学校	中教五级	2018.1.25
章　潜	女	1936.2.15	原苏州教育学院	讲师	2018.2.2
莫金鹏	男	1939.3.23	原苏州市教师进修学校	中学高级	2018.2.20
华慧明	男	1944.1.18	原苏州市广播电视大学	副教授	2018.3.16
宋安仁	男	1932.10.15	机电工程学院	副教授	2018.3.30
胡达修	男	1922.2.28	原江苏省新苏师范学校	副处级	2018.4.19
郑德华	女	1935.4.21	原江苏省新苏师范学校	职员	2018.4.19
狄俊勉	女	1939.3.8	原江苏省新苏师范学校	高级讲师	2018.5.1
张　洁	女	1935.6.13	教务处	助理研究员	2018.5.26

续表

姓名	性别	出生年月	生前所在部门、院（部）	原职务/职称	去世日期
张季春	男	1939.3.16	原江苏省新苏师范学校	中学高级	2018.6.29
李万森	男	1934.10.11	原苏州工人疗养院	主治医师	2018.6.29
黄　喜	男	1936.4.12	原苏州市广播电视大学	工艺师	2018.8.3
薛婉英	女	1934.11.10	原苏州教育学院	副教授	2018.10.7
徐志福	男	1933.2.27	原江苏省新苏师范学校	讲师	2018.11.18
陆玉琴	女	1937.3.31	管理学院	副教授	2018.12.1
朱浩棠	男	1931.10.4	原苏州市教师进修学校	中学一级	2018.12.5
廖正君	男	1970.9.2	思想政治理论教学研究部	讲师	2018.12.29

离、退休人员名单

苏州市职业大学离休人员名单

陈乃焯　陈瑞林　夏锡生　戴培基　陆锡明　顾祥彬　路　兴　施培厚　崔　毅　王玉献　黄雅琴
杨授经　黄岳洲　李光素　汤世忠　马学仁　佘士良　邵世贤　陆　玮　朱世德　陈忠一　张渭敏
王　曼　王文禄

苏州市职业大学2018年退休人员名单

校党委

姜　左

学生工作处

苏　敏

总务处

张　辉　贾来利　张福林　傅福珍　王耀祖　徐之芳　傅建芳　刘高吉　王祥根

图书馆

曾丽霞

学术期刊中心

毕士奎

发展与评估办公室

曹丰文

校督学室

曹　苹　马幸华

苏州开放大学管理委员会（干将路校区）

刘　超　龚坚震

计算机工程学院

崔志磊

管理学院

徐　静　董辅华　王国存

教育与人文学院

时志明

艺术学院

宋安苏　虞　村　王　勇　俞　熔

思想政治理论教学研究部

彭人哲

附:《苏州市职业大学年鉴(2019)》组稿部门、负责人及撰稿人

责任部门	撰稿人	负责人	责任部门	撰稿人	负责人
党委办公室	谭　飞	朱剑刚	保卫处	刘　刚	李亦工
校长办公室	宗惠芳 吴秋东 顾澍嘉	张　军	图书馆	杨　雪	周承东
			学术期刊中心	宋现山	李　平
			信息中心	汤　剑	杨静波
组织人事部	林休休 李继鑫	魏　影	苏州开放大学管理委员会(干将路校区)	叶　芸	戴涵莘
宣传统战部	朱海祥	韩承敏	机电工程学院	胡　清	朱　炎
纪检监察室	何佳应	俞建伟	计算机工程学院	吴彩燕	张　震
离退休干部处	陈凤群	沈新艺	电子信息工程学院	姚　磊	王　亚
工　会	吴彩萍	吴建英	管理学院	许凌雯	孟利琴
团　委	陈　惠	张　成	商学院	张敬客	吴文英
教务处	许　吉	孙学文	教育与人文学院	王毅婧	马丁良
学生工作处	沈翠莲	王　琼	外国语学院	蔡　骏 何美麟	吴　倩
科技处	赵　苏 周一红	姚金凤			
			艺术学院	朱寿昌	沈新艺
财务处	徐爱芳	李　羽	思想政治理论教学研究部	皇甫志芬	杨德山
审计处	蒋莲华	顾慧琴	数理部	王志刚	陈卫忠
总务处	张惠娟	黄　炜	体育部	张　远	王俪燕

后　记

《苏州市职业大学年鉴（2019）》是一部全面记载2018年学校各项事业发展概况的综合性纪实文献。本书通过翔实的信息汇编，以文字、数据、图表等形式真实反映一年来学校的中心工作、重大事件、发展特色和办学成果，持续推进档案资源开发能力建设，深入拓展信息公开领域和层次，不断提升档案利用服务水平，为学校的事业发展提供决策参考。

《苏州市职业大学年鉴（2019）》采用条目体编撰体例，框架结构保持稳定。根据内容安排，年鉴的类目、条目做如下调整："第四章　专题活动"栏设置两个条目，其中"苏州市职业大学科技创新工作暨重点建设年"条目分设"工作报告""行动方案""动员部署""主题沙龙"四个二级条目，"苏州市职业大学2017年度综合表彰暨创新创业重点建设年总结大会"条目分设"表彰决定""项目介绍""总结讲话"三个二级条目；"第五章　组织机构与人员"栏"各类非编制机构及人员名单"条目调整为"校级领导机构、议事协调机构及人员名单"；"第九章　学术科研"栏"科研成果与统计"类目调整为"科研成果"，"科研成果获奖"类目分设"省部级奖项""市厅级奖项"两个二级条目；"第十章　国际交流与合作"栏"来校交流、访问"条目调整为"到校交流、访问"；"第十三章　表彰与奖励"栏"省级先进个人名单"条目调整为"学生获评省级先进个人名单"，"获各类奖学金学生名单"条目调整为"获各类奖（助）学金学生名单"。

本书记载的主要内容和数据截至2018年12月31日，部分数据以统计口径为准。

本书的章节插图出自苏州市职业大学档案馆藏（原苏州教育学院吴民先老师作品）。

学校年鉴工作是编委会与各部门、各单位相互配合、共同努力的结果。在此，我们谨向关心和支持学校年鉴工作的各级领导、全体撰稿人员、年鉴编委会的各位老师、古吴轩出版社，以及在年鉴工作中付出努力的其他单位和个人表示衷心的感谢！

限于我们的编写水平，本书一定还有许多不足之处，衷心地希望并恳请读者在审阅本书过程中批评指正。

编　者
2019年9月